Die Einkünfte aus Leistungen nach § 22 Nr. 3 EStG

FINANZ- UND STEUERRECHT IN DEUTSCHLAND UND EUROPA

Herausgegeben von Klaus-Dieter Drüen, Hanno Kube und Rainer Wernsmann

Band 35

Zur Qualitätssicherung und Peer Review der vorliegenden Publikation

Die Qualität der in dieser Reihe erscheinenden Arbeiten wird vor der Publikation durch Herausgeber der Reihe geprüft.

Notes on the quality assurance and peer review of this publication

Prior to publication, the quality of the work published in this series is reviewed by editors of the series.

Florian Wenk

Die Einkünfte aus Leistungen nach § 22 Nr. 3 EStG

Eine Untersuchung zum Belastungsgrund der Einkommensteuer

PL ACADEMIC RESEARCH

Bibliografische Information der Deutschen Nationalbibliothek
Die Deutsche Nationalbibliothek verzeichnet diese Publikation in der Deutschen Nationalbibliografie; detaillierte bibliografische Daten sind im Internet über http://dnb.d-nb.de abrufbar.

Zugl.: Heidelberg, Univ., Diss., 2016

D 16
ISSN 1863-141X
ISBN 978-3-631-71477-5 (Print)
E-ISBN 978-3-631-71478-2 (E-PDF)
E-ISBN 978-3-631-71479-9 (EPUB)
E-ISBN 978-3-631-71480-5 (MOBI)
DOI 10.3726/b10615

PL Academic Research ist ein Imprint der Peter Lang GmbH.

Peter Lang – Frankfurt am Main · Bern · Bruxelles · New York · Oxford · Warszawa · Wien

Diese Publikation wurde begutachtet.

www.peterlang.com

Danksagung

Die vorliegende Arbeit wurde im Wintersemester 2015/2016 von der Juristischen Fakultät der Ruprecht-Karls-Universität Heidelberg als Dissertation angenommen. Rechtsprechung und Literatur konnten bis Mitte 2015 berücksichtigt werden.

Sehr herzlich danken möchte ich meinem verehrten Doktorvater Prof. Dr. Dres. h.c. Paul Kirchhof für die stete Förderung und Unterstützung mit Rat und Tat während der Anfertigung dieser Arbeit. Darüber hinaus ermöglichte er mir wertvolle Einblicke in das Verfassungs- und Steuerrecht bei meiner Tätigkeit im Heidelberger Institut für Finanz- und Steuerrecht und in der Forschungsstelle Bundessteuergesetzbuch. Herrn Prof. Dr. Ekkehart Reimer danke ich für die Übernahme und rasche Erstellung des Zweitgutachtens.

Ferner möchte ich allen ehemaligen Mitarbeitern der Forschungsstelle Bundessteuergesetzbuch danken, insbesondere Frau Ellen Reimann und Frau Karola Bossert, auf deren Unterstützung ich stets zählen konnte.

Besonderer Dank gilt all denen, die mich stets unterstützt und mich immer wieder aufs Neue motiviert haben. Sie alle namentlich zu erwähnen, ist an dieser Stelle nicht möglich. Dennoch möchte ich einige von ihnen hier hervorheben. Ich danke meinen Eltern Birgit und Christian Wenk, die immer für mich da sind und denen ich diese Arbeit widme. Ferner danke ich meinen Freunden, insbesondere Dr. Johann-Christoph Woltag und Dr. Rüdiger Reingruber, und natürlich meiner Frau Carolin für ihr Verständnis und ihre Unterstützung.

Hamburg im November 2016 — Florian Wenk

Inhaltsverzeichnis

Kapitel 1 – Einleitung 15

A. Fragestellung 15

B. Gang der Untersuchung 17

Kapitel 2 – Genetische Analyse 19

A. Die Geschichte der Norm 20

I. Reichseinkommensteuergesetz vom 10. August 1925 20

1. Auszug aus dem Gesetzeswortlaut 20

2. Die Begründung des Gesetzesentwurfs 21

a) Einschränkung der steuerbaren Sachverhalte 23

b) Dualismus und Ausgabenabzug 23

3. Resumee 25

4. Weiterer Gang der Untersuchung 26

II. Vor 1920 27

1. Überblick 27

2. Entwicklungen in Preußen 27

a) Erste Gesetze zur Einkommensbesteuerung 27

b) Das preußische Einkommensteuergesetz von 1891 29

aa) Auszug aus dem Gesetzeswortlaut 29

bb) Quellentheoretischer Hintergrund 30

cc) Quellentheorie und das preußische EStG 1891 40

dd) Zwischenergebnis 46

III. Ausgewählte Regelungen in den Einzelstaaten vor 1920 47

1. Sachsen 47

2. Überblick über andere Staaten 50

3. Stellungnahme 50

IV. Das Einkommensteuergesetz vom 29.03.1920 51

1. Auszug aus dem Gesetzeswortlaut 55

2. Anmerkung 56

a) Weiterungen durch die Erfassung sonstiger Einnahmen 57
b) Ergänzungen bei Einkünften aus Grundbesitz 59
c) Ergänzungen bei Einkünften aus Arbeit 59
d) Werbungskosten 60
3. Zwischenergebnis 63
V. Einkommensteuergesetz von 1934 und nachfolgende Entwicklungen 63
1. Auszug aus dem Gesetzeswortlaut des EStG 1934 63
2. Gesetzesbegründung 64
3. Stellungnahme 65
4. Nachfolgende Änderung 66
5. Zwischenergebnis 66
B. Ergebnis der historisch-genetischen Untersuchung 66

Kapitel 3 – Belastungsgrund der Einkommensteuer 69
A. Rechtfertigung der Einkommensteuer 69
I. Staatsrechtliche Implikationen bei der Erhebung der Einkommensteuer 69
1. Steuern im staatlichen Finanzsystem 69
a) Der Steuerstaat als Produktivitätsgemeinschaft 69
b) Keine materiellen Vorgaben der Finanzverfassung des Grundgesetzes für die Besteuerung 73
2. Steuerrecht und Belastungsgerechtigkeit 74
II. Grundrechtliche Implikationen für den Belastungsgrund 76
1. Belastungsgleichheit – vom Leistungsfähigkeitsprinzip zum Zahlungsfähigkeitsprinzip 76
2. Freiheitsrechtliche Implikationen für den Gleichheitssatz 78
a) Der Schutzbereich des Art. 14 GG und die Besteuerung des Einkommens 79
aa) Klassische Ansicht 79
bb) Kritik der klassischen Ansicht 81

cc) Steuern fallen in den Schutzbereich des Art. 14 GG 83
b) Rechtfertigung des Eingriffs der Besteuerung in die Grundrechte 85
c) Art. 14 GG als maßstabgebendes, spezielles Gleichheitsrecht 88
aa) Wertungsgesichtspunkte für die Schrankenbestimmung 88
bb) Zwischenergebnis 91
3. Die bedarfsgerechte Umsetzung des Leistungsfähigkeitsprinzips und die Markteinkommenstheorie 93
a) Realitätsgerechte Erfassung der Wirklichkeit 93
b) Systemgerechtigkeit im engeren Sinne und Folgerichtigkeit 94
c) Systemgerechtigkeit im weiten Sinne 94
d) Markteinkommen 96

B. Zwischenergebnis 101

Kapitel 4 – Untersuchung und kritische Darstellung des Tatbestands der „sonstigen“ Leistung in Literatur und Rechtprechung 103

A. Der Begriff der Leistung im Spiegel der Literatur 103
I. Hintergrund und Kommentarliteratur 103
II. Monographien 105
1. Harder 105
a) Fallgruppen 105
b) Stellungnahme 106
2. Pönicke 107
a) Fallgruppen 108
b) Stellungnahme 109
3. Krey 110
a) Fallgruppen 110
b) Stellungnahme 111

4. Kubicki ... 111
a) Fallgruppen ... 111
b) Stellungnahme ... 112
5. Zwischenergebnis ... 113
B. Grundlagen – Dogmatik und Problembereiche ... 113
I. Einkommensteuertatbestand ... 113
1. Klassischer Tatbestand ... 113
2. Dreigliedrige Erweiterung ... 115
a) Zustandstatbestand ... 116
b) Verhaltenstatbestand ... 117
c) Erfolgstatbestand ... 119
II. Problemfelder und ihre dogmatischen Ursachen ... 119
1. Auffang- oder Ergänzungstatbestand ... 119
2. Abgrenzung zu anderen Einkunftstatbeständen des EStG ... 122
3. Sphärentrennung – Privat- vs. Erwerbssphäre ... 122
4. Eigenständige Auslegung ... 124
5. Abgrenzung zur Erbschaft- und Schenkungsteuer ... 127
6. Leistung als Grundbebriff des Einkommensteuerrechts ... 127
7. Zwischenergebnis ... 129
C. Die Tatbestandsmerkmale des § 22 Nr. 3 EStG ... 130
I. Steuerpflichtiges Verhalten ... 130
1. Phänomenologische Betrachtung der Leistung ... 131
2. Zivilrechtliche Implikationen des Leistungsbegriffs für die Handlung ... 134
3. Handlung aus rechtstheoretischer Sicht ... 135
a) Renngewinne als Arbeitslohn ... 138
b) Verkaufsvergütungen ... 138
c) Aufgabe einer Mietwohnung ... 139
d) Karenzentschädigungen und Wettbewerbsverbote ... 140
4. Der Handlungsbegriff in der Literatur ... 141
5. Zwischenergebnis ... 142

II. Wirkbereich ... 143
1. Erwerbstätigkeit als wirtschaftliches Verhalten ... 145
a) Wirtschaftliche Vorgänge ... 146
aa) Gegenansicht ... 148
bb) Zwischenergebnis ... 151
2. Erwerbstätigkeit bei § 22 Nr. 3 EStG als Austauschverhältnis ... 152
a) Verwertungshandlung als marktoffenbarer Vorgang – Leistungsaustauschkriterium ... 153
aa) Exkurs zum Begriff des Leistungsaustauschs ... 153
bb) Weitere Aspekte des Leistungsaustauschs ... 159
b) Stellungnahme ... 160
3. Entgeltlichkeit der Leistung ... 161
a) Rechtsprechung ... 161
aa) Standort der Prüfung – Entgeltlichkeit als Annahme einer Gegenleistung ... 161
bb) Exkurs – Entgeltlichkeit im Zivilrecht ... 163
cc) Exkurs – Entgeltlichkeit im Umsatzsteuerrecht ... 164
dd) Exkurs – Unentgeltlichkeit im Schenkungsteuerrecht ... 164
ee) Voraussetzungen der Entgeltlichkeit im Rahmen der Leistungseinkünfte ... 166
b) Literatur ... 175
c) Stellungnahme ... 185
aa) Exkurs zum Veranlassungsbegriff ... 185
bb) Allgemeines Kriterium ... 191
cc) Auswirkungen auf die Fallgruppen der Leistungseinkünfte ... 195
dd) Zwischenergebnis und Ausblick ... 206
4. Einkünfteerzielungsabsicht oder Erwerbsgerichtetheit ... 207
a) Erwerbsgerichtetheit ... 209
aa) Liebhaberei ... 210
bb) Objektive Betrachtung ... 217
cc) Zwischenergebnis ... 222

b) Handlungswillen, Erwerbsaufnahme und Freiwilligkeit 226
aa) Rechtsprechung 229
bb) Literatur 231
cc) Stellungnahme 233
III. Privatsphäre 234
1. § 12 EStG 239
a) Kernbereich 242
b) Aufteilungsgebot 243
2. Liebhaberei als Privatsphärenschutz 244
3. Typische private Tätigkeiten 245
a) Mögliche Beurteilungskriterien 246
b) Abgrenzung im Bereich typischer Freizeitbeschäftigungen 248
c) Zwischenergebnis 252
4. Besondere private Tätigkeiten 254
a) Zufall und Geringfügigkeit als Kennzeichen der Privatsphäre 255
aa) Zufall, Spielcharakter und Sozialüblichkeit als mögliche Merkmale nicht-steuerbarer Tätigkeit? 255
bb) Geringfügigkeit der Gegenleistung 258
cc) Zwischenergebnis 258
b) Belohnung für Fund oder Aufklärung einer Straftat 259
c) Ehrenamtliche Betätigungen 260
d) Leistungen im engen Familienkreis 261
aa) Das Pflege-Urteil 261
bb) Stellungnahme 262
cc) Weitere Entscheidungen 262
dd) Zusammenfassung der Rechtsprechung 264
5. Zwischenergebnis 266
IV. Vermögenssphäre 267
1. Entwicklung des Begriffs der Vermögenssphären in der Rechtsprechung des RFH und BFH 268
a) Die Rechtsprechung des RFH 268

aa) Einwirkung auf Sachen im Eigentum des Steuerpflichtigen ... 269
bb) Einwirkung auf das Vermögen als solches durch Verpflichtungen ... 270
cc) Einwirkungen auf bestehende Rechtspositionen wie Forderungsrechte, Immaterialgüterrechte und deren Vorstufen ... 271
dd) Kritische Anmerkung von *Enno Becker* ... 272
b) Die Rechtsprechung des BFH ... 273
2. Stellungnahme ... 299
a) Vermögensneutralitätsprinzip – ein Scheinargument ... 300
aa) Vorgebliche dogmatische Begründung der Vermögensneutralität ... 300
bb) Überprüfung des dogmatischen Unterbaus ... 301
b) Vermögensneutralität als Kennzeichen für alle Überschusseinkünfte – Substanzerhaltungsgrundsatz ... 305
c) Vermögensneutralität – Unbeachtlichkeit von Bestandsänderungen ... 309
d) Vermögensneutralität und Privatsphärenschutz ... 310
e) Ausblick ... 311
3. Lösungsvorschlag ... 313
a) Nachhaltigskeitsfaktor ... 313
b) Spezialitätsgrundsatz ... 320
c) Bürgschaft als Beispiel einer Risikoübernahme in der Vermögenssphäre ... 322
d) Zwischenergebnis ... 329

Kapitel 5 – Ergebnisse ... 331

A. Zusammenfassung der Ergebnisse ... 331
I. Historische Grundlagen der Norm ... 331
II. Fallgruppenbildung ... 331
III. Dreigliediger Einkommensteuertatbestand ... 331
IV. Belastungsgrund ... 332

V. Nutzungstatbestand ... 332
VI. Erwerbsgrundlage ... 333
1. Privatsphäre ... 333
2. Vermögenssphäre ... 333
VII. Ausblick ... 335
B. Die Ergebnisse im Einzelnen ... 335

Literaturverzeichnis ... 343

Kapitel 1 – Einleitung

A. Fragestellung

§ 22 Nr. 3 des aktuellen Einkommensteuergesetzes bestimmt, dass „Einkünfte aus Leistungen, soweit sie weder zu anderen Einkunftsarten (§ 2 Absatz 1 Satz 1 Nummer 1 bis 6) noch zu den Einkünften im Sinne der Nummern 1, 1a, 2 oder 4 gehören, z.B. Einkünfte aus gelegentlichen Vermittlungen und aus der Vermietung beweglicher Gegenstände", zu den Arten der sonstigen Einkünfte gehören. Der Wortlaut deckt sich beinahe vollständig mit § 41 Abs. 1 Nr. 2 EStG 1925, der eine Besteuerung von Einkünften vorsah, „soweit sie infolge einer anderen Tätigkeit anfallen, die nicht zu den im § 6 Abs. 1 Nr. 1 bis 4, 6 bezeichneten gehört, insbesondere Einkünfte aus gelegentlichen Vermittlungen und aus der Vermietung beweglicher Gegenstände". Obwohl der Normtext der maßgeblichen Vorschrift somit über 90 Jahre nahezu gleich blieb, hat sich die Auslegung in Rechtsprechung und Literatur hingegen stark gewandelt.

Legte der Reichsfinanzhof in den zwanziger und dreißiger Jahren den Leistungstatbestand eher restriktiv aus, lässt sich in der Rechtsprechung des Bundesfinanzhofs eine immer weitere Ausdehnung des Tatbestands feststellen. Dies wird auch in den Standarddefinitionen des Leistungsbegriffs deutlich. Der RFH führte noch aus, dass als sonstige Leistung nur eine Tätigkeit im einkommensteuerrechtlichen Sinne anzusehen sei. Vorgänge, die mit anderen Einkunftsarten in engem Zusammenhang stünden, könnten keine sonstige Leistung darstellen. Ferner sollten alle Einkünfte im Bereich des Vermögens nicht der Einkommensteuer unterliegen.[1] Die Begriffe „enger Zusammenhang" und „Vermögensbereich" wurden dabei großzügig angewendet. Trotz der Gegenüberstellung eines einkommensteuerfreien Vermögensbereichs und einer einkommensteuerpflichtigen Einkommenssphäre unterließ der RFH eine Definition beider Sphären oder eine genaue tatbestandsmäßige Abgrenzung. Die Abgrenzung beschränkte sich auf die Tatsache, dass private Veräußerungsgeschäfte einer anderen Norm unterfielen und daher nicht vom Leistungsbegriff mit umfasst sein konnten. Dies kommentierte *Enno Becker* in den 1930er Jahren wie folgt: „Die Einkünfte aus sonstigen Leistungen sind nichts als ein Lückenbüßer, ein Behelf, aber keineswegs Kern und Grundlage des Einkommensbegriffs. [...] Daraus folgt aber keineswegs, dass alles, was sonst durch irgendeine andere Tätigkeit erzielt war, wenn es sonst nicht unterzubringen war, jedenfalls als sonstiger Leistungsgewinn einkommensteuerpflichtig gewesen wäre."[2]

Der BFH definiert in ständiger Rechtsprechung den Leistungsbegriff als „jedes Tun, Dulden und Unterlassen, dass Gegenstand eines entgeltlichen Vertrages sein kann und um des Entgeltes willen erbracht wird, sofern es sich nicht um Veräußerungen oder

1 RFH, Urteil vom 02. Februar 1932, VI A 1330/31, RStBl. 1932, S. 511 f.; RFH, 17.07.1941, IV. 94/41, RStBl. 1941, S. 755.

2 Steuer und Wirtschaft, Teil 1, Band 56, S. 1671, li. Sp.

veräußerungsähnliche Vorgänge im privaten Bereich handelt, bei denen ein Entgelt für die endgültige Aufgabe eines Vermögenswertes in seiner Substanz erbracht wird".[3] Von einem normalen Wortverständnis ausgehend ließe sich unter diese Begriffsdefinition der Leistung grundsätzlich jedes Verhalten subsumieren. In einem Urteil aus dem Jahr 2004 hat der BFH das zuvor verwendete Element „um des Entgeltes willen erbracht" in seiner Leistungsbegriffsdefinition aufgegeben.[4]

Diese Ambivalenz – weite und enge Auslegung – findet sich auch in den einschlägigen Kommentierungen wieder. Für die RFH-Richter *Enno Becker* und *Georg Strutz* war die Norm des § 22 Nr. 3 EStG eine eng auszulegende Ausnahmevorschrift. *Georg Strutz*, seinerzeit Senatspräsident des RFH, hielt den Leistungsbegriff für unverständlich.[5] Für *Heinrich Weber-Grellet*, gegenwärtig Richter am BFH, stellt § 22 Nr. 3 EStG die Grundnorm des Einkommensteuerrechts dar.[6] Demgegenüber hält *Leisner-Egensperger* die Norm für grundaussagelos, weil ihr keine einheitlichen Tatbestände zugeordnet werden könnten.[7]

Die Rechtsprechung wird durch wechselnde Begründungen und unklare dogmatische Strukturen gekennzeichnet. So soll der Verzicht auf Ansprüche aus einem Mietvertrag oder die Verwertung von Erfindungen unterschiedlich steuerbar und nicht-steuerbar sein.[8] Die Leistungsdefinition des BFH erweist sich als Leerformel, die sogar bei zeitlich nicht weit auseinander liegenden Fällen unterschiedliche Ergebnisse zulässt.

Gegenstand aktueller Rechtsprechung sind die Fälle der Besteuerung von Einnahmen aus Fernsehshows und die Abgrenzung von nicht-steuerbaren Gewinnen aus Gewinnspielen und Rateshows zu steuerbaren Einnahmen aus Fernsehsendungen, in denen zwar auch ein Geldbetrag gewonnen werden kann, dieser aber durch eine entsprechende Mitgestaltung der Show „verdient" wird.[9] Wo hier die Grenze zwischen Spiel, Glück und Leistung verläuft, ist unklar.[10]

---

3 BFH, Urteil vom 14. September 1999 – IX R 88/95 – BFHE 189, 424 (426), BStBl. II 1999, 776.

4 BFH, Urteil vom 21. September 2004 – IX R 13/02 –, BFHE 207, 284 (286), BStBl II 2005, 44.

5 *Georg Strutz*, in: Eugen Schiffer, u. a. (Hg.), Kommentar zum Einkommensteuergesetz vom 10. August 1925 – Zweiter Band §§ 19–117, 1929, § 42, S. 700.

6 *Heinrich Weber-Grellet*, in: Heinrich Weber-Grellet (Hg.), Schmidt Einkommensteuergesetz, 33. Aufl., 2014, § 22, Rn. 130.

7 *Anna Leisner-Egensperger*, in: Paul Kirchhof/Rudolf Mellinghoff (Hg.), Kirchhof/Söhn/Mellinghoff, Einkommensteuergesetz Kommentar, 254. Ergl. 01.2015, Stand: 132. Ergl. 2003, § 22, Rn. D 5.

8 RFH, RStBl. 1933, S. 958, StuW 1933 II Nr. 789; BFH, Urteil vom 10. September 2003 – XI R 26/02 –, BFHE, 203, 448; BStBl. II 2004, 218.

9 BFH, Urteil vom 28. November 2007 – IX R 39/06 –, Tz. 12, juris, BFHE 220, 67 (70), BStBl II 2008, 469 (70); BFH, Urteil vom 19. Juli 1990 – IV R 82/89 –, BFHE 161, 144 (146), BStBl II 1991, 333.

10 So seien Gewinne aus Preisausschreiben nicht steuerbar, außer es werde eine Leistung erbracht – so *Peter Fischer*, in: Paul Kirchhof (Hg.), Kirchhof, Einkommensteuergesetz,

Ferner erreichen die Finanzgerichte immer wieder Fälle von Entschädigungen für die Aufgabe von Abwehrrechten, also die Beschränkung von dinglichen und schuldrechtlichen Rechtspositionen, ohne dass sich bislang eine einheitliche Rechtsauffassung herausgebildet hat.[11]

Insbesondere sind folgende fünf Punkte umstritten:

- Welches Verhalten kann überhaupt den Tatbestand der Leistung erfüllen?
- Kommt es darauf an, dass der Leistungserbringer freiwillig oder gezwungenermaßen handelt?
- Setzt der Tatbestand einen Leistungsaustausch voraus?
- Muss überhaupt ein wirtschaftlichen Verhalten vorliegen?
- Wie bestimmen sich die Grenze der nichtsteuerbaren Vermögenssphäre?

Ziel der Arbeit soll die Untersuchung sein, ob und wie sich die Norm – auch unter verfassungsrechtlichen Gesichtspunkten – dogmatisch eingrenzen lässt.[12] Insbesondere sollen Wertungsgesichtspunkte sowie Vorschläge für geeignete Maßstäbe herausgearbeitet werden, um den Beurteilungsprozess transparent zu machen. Denn auch bei einer objektiven Auslegung handelt es sich selbstverständlich um eine wertende Rechtsanwendung. Insbesondere ist hierfür eine eingehende Diskussion des Begriffes der Vermögenssphäre erforderlich, da die Herleitung und der Umfang der nicht-steuerbaren Vermögenssphäre in der Rechtsprechung unklar scheinen. Für die Definition des Leistungsbegriffs ist auch die Abgrenzung von Privat- und Erwerbssphäre erforderlich. Sowohl die Vermögenssphäre als auch die Abgrenzung der Privatsphäre von der Erwerbssphäre betreffen grundlegende dogmatische Fragen der Einkommensbesteuerung, die sich beide am Belastungsgrund der Einkommensteuer messen lassen müssen.

B. Gang der Untersuchung

Zunächst sollen in Kapitel 2 in einer genetischen Analyse die rechtshistorischen Hintergründe der Leistungseinkunftsbesteuerung beleuchtet werden. Diese sind von Interesse, da die Rechtsprechung sich bis heute auf Grundkonzepte der Besteuerung beruft, die bis zu den Einkommensteuergesetzen der Länder im 19. Jahrhundert zurückreichen. Sodann soll in Kapitel 3 auf den Belastungsgrund der Einkommensteuer eingegangen werden, wie er dem geltenden EStG zugrundliegt. Weiterhin

---

13. Aufl., 2014, § 22, Rn. 71. Hier bleibt also unklar, was die Leistung konkret auszeichnet.

11 Vgl. FG Berlin-Brandenburg, Urteil vom 02. Juli 2014 – 3 K 3338/10 –, juris, EFG 2014, 1674 und FG Düsseldorf, Urteil vom 20. November 2013 – 7 K 1301/13 E –, juris, nicht rkr.

12 Bei alldem gilt die Prämisse, dass die Norm grundsätzlich verfassungsgemäß ist, vgl. BVerfG, Beschluss vom 13. August 1986 – 1 BvR 587/86 –, juris und BVerfG, Beschluss vom 30. September 1998, 2 BvR 1818/91, BVerfGE 99, 88 – Verlustabzug.

sollen Wertungsgrundlagen für eine Auslegung des Tatbestands der sonstigen Einkünfte aus Leistungen gewonnnen werden. In den Kapiteln 4 und 5 werden die für die Leistungseinkünfte spezifischen dogmatischen Strukturen in Literatur und Rechtsprechung untersucht sowie Vorschläge für die Auslegung der einzelnen Tatbestandsmerkmale unterbreitet.

Kapitel 2 – Genetische Analyse

In diesem Kapitel werden die rechtshistorischen Hintergründe des heutigen § 22 Nr. 3 EStG beleuchtet und Entwicklungslinien der Gesetzgebung aufgezeigt.

Eine eingehende Untersuchung zur Entstehungsgeschichte des § 22 Nr. 3 EStG findet sich bei *Harder*, von dem auch die erste Monographie zum Tatbestand der „Einkünfte aus Leistungen“ aus dem Jahr 1990 stammt.[13] Die heutige Norm des § 22 Nr. 3 EStG geht unmittelbar auf § 41 Abs. 1 Nr. 2 EStG 1925 zurück.

§ 22 Nr. 3 EStG aktuell:

> *„§ 22 Arten der sonstige Einkünfte*
> *Sonstige Einkünfte sind*
> *[...]*
> *3. Einkünfte aus Leistungen, soweit sie weder zu anderen Einkunftsarten (§ 2 Absatz 1 Satz 1 Nummer 1 bis 6) noch zu den Einkünften im Sinne der Nummern 1, 1 a, 2 oder 4 gehören, z.B. Einkünfte aus gelegentlichen Vermittlungen und aus der Vermietung beweglicher Gegenstände. Solche Einkünfte sind nicht einkommensteuerpflichtig, wenn sie weniger als 256 Euro im Kalenderjahr betragen haben. [...].“*

§ 41 Abs. 1 Nr. 2 EStG 1925:

> *„[...] 2. Einkünfte, soweit sie infolge einer anderen Tätigkeit anfallen, die nicht zu den im § 6 Abs. 1 Nr. 1 bis 4, 6 bezeichneten gehört, insbesondere Einkünfte aus gelegentlichen Vermittlungen und aus der Vermietung beweglicher Gegenstände einschließlich der Schiffe, die nicht ins Schiffregister eingetragen sind.“*

Harder kommt zu dem Ergebnis, dass der Norm, so wie sie heute im Gesetz zu finden ist, bei der Verabschiedung des Einkommensteuergesetzes von 1925 kein „Vorbild“ zu Grunde lag.[14] Aufbauend auf seinen Forschungsergebnissen wird sich die Darstellung auf die wesentlichen gesetzgeberischen Akte beschränken. Das Einkommensteuergesetz von 1925, das in seinen wesentlichen Teilen bis heute Bestand hat, bildet daher Anfangs- und Endpunkt der genetischen Darstellung, welche sodann um Untersuchungen zu den späteren und früheren Entwicklungslinien ergänzt wird.

In der nachfolgenden Darstellung sollen zunächst die Grundlagen zum heutigen § 22 Nr. 3 EStG, dem § 41 Abs. 1 EStG 1925, und die nachfolgenden gesetzgeberischen Veränderungen dargestellt werden. Hierdurch wird die Grundlage für das Verständnis für die sich dann anschließende Diskussion der vorherigen Gesetzgebungsakte geschaffen, die dann in gewohnter chronologischer Abfolge die maßgeblichen Einkommensteuergesetze behandelt: ausgehend von den einzelstaatlichen

13 *Nils Harder*, Die Sonstige Leistung im Einkommensteuerrecht, Diss., 1990, S. 1 ff.

14 *Harder*, Die Sonstige Leistung im Einkommensteuerrecht, Diss., S. 34 u. 38.

Einkommensteuergesetzen des 19. Jahrhunderts bis hin zum ersten Reichseinkommensteuergesetz aus dem Jahr 1920.[15]

A. Die Geschichte der Norm

I. Reichseinkommensteuergesetz vom 10. August 1925

1. Auszug aus dem Gesetzeswortlaut

§ 6 EStG 1925[16] definierte das Einkommen durch eine abschließende Aufzählung von acht Einkunftsarten und entsprach damit der heutigen Grundnorm des § 2 EStG:

> *„II. Einkommen*
> *§ 6*
> *(1) Der Besteuerung des Einkommens nach diesem Gesetz unterliegen nur*
> *1. Einkünfte aus dem Betrieb von Landwirtschaft, Forstwirtschaft, Gartenbau und sonstiger nicht gewerblicher Bodenbewirtschaftung (Einkommen aus Land- und Forstwirtschaft);*
> *2. Einkünfte aus Gewerbebetrieb;*
> *3. Einkünfte aus sonstiger selbständiger Berufstätigkeit;*
> *4. Einkünfte aus nichtselbständiger Arbeit (Arbeitslohn);*
> *5. Einkünfte aus Kapitalvermögen;*
> *6. Einkünfte aus Vermietung und Verpachtung von unbeweglichen Vermögen, Sachinbegriffen und Rechten einschließlich des Mietwerts der Wohnung im eigenen Hause;*
> *7. andere wiederkehrende Bezüge;*
> *8. sonstige Leistungsgewinne nach Maßgabe der §§ 41, 42.*
> *(2) Welche Einkünfte den einzelnen Einkommensarten (Abs. 1 Nr. 1 bis 8) zuzurechnen sind, bestimmt sich nach der Verkehrsauffassung, soweit nicht in den §§ 26 bis 45 eine besondere Regelung getroffen ist.*
> *(3) Der Besteuerung des Einkommens unterliegen insbesondere nicht einmalige Vermögensanfälle, wie Schenkungen, Erbschaften, Aussteuern, Ausstattungen, Lotteriegewinne, Kapitalempfänge auf Grund von Lebensversicherungen, Kapitalabfindungen, die als Entschädigung für Unfälle und Körperverletzungen gezahlt werden, ferner Kapitalabfindungen auf Grund der Reichsversicherung, der Militärversorgung und der Beamtenpensionsgesetze.“*

§ 41 Abs. 1 EStG 1925 behandelte die sonstigen Leistungsgewinne:

> *„8. Sonstige Leistungsgewinne*
> *(1) Sonstige Leistungsgewinne sind:*

---

15 1920 gab es 27 verschiedene Einkommensteuergesetze in Deutschland, die sich in ihrer Mehrheit jedoch an die preußische und sächsische Gesetzgebung anlehnten, *Mark Hacker*, Gibt es „Gerechtigkeit“ in der Steuerpolitik?, Diss., 2013, S. 67.

16 Einkommensteuergesetz vom 10.08.1925, RGBl. I S. 189.

1. Einkünfte aus Veräußerungsgeschäften in den Grenzen des § 42, es sei denn, dass es sich um Gegenstände handelt, deren Wert bei einer Gewinnermittlung nach §§ 12, 13 oder bei Einkünften der im § 6 Abs. 1 Nr. 4 bis 7 bezeichneten Art als Einnahme in Ansatz gebracht wird;
2. Einkünfte, soweit sie infolge einer anderen Tätigkeit anfallen, die nicht zu den im § 6 Abs. 1 Nr. 1 bis 4, 6 bezeichneten gehört, insbesondere Einkünfte aus gelegentlichen Vermittlungen und aus der Vermietung beweglicher Gegenstände einschließlich der Schiffe, die nicht ins Schiffregister eingetragen sind."

Damit unterteilte das Gesetz die „sonstigen Leistungsgewinne" in zwei Gruppen. Die sonstigen Leistungsgewinne nach Abs. 1 waren die Veräußerungsgeschäfte in den Grenzen des § 42 Nr. 1 EStG 1925 und die Einkünfte aus „anderen" Tätigkeiten im Sinne des § 41 Abs. 1 Nr. 2 EStG 1925. Bei letzteren handelte es sich ausdrücklich nicht um alle sonstigen Einnahmen, sondern nur um die „Leistungsgewinne", die nicht schon bei den anderen Einkunftsarten zu berücksichtigen waren.[17] Zu den „anderen" Tätigkeiten des § 6, auf die § 41 Abs. 1 Nr. 2 EStG 1925 bezug nahm, gehörten die den Einkünften aus Land- und Forstwirtschaft, aus Gewerbebetrieb, aus sonstiger selbständiger Berufstätigkeit, aus nicht selbständiger Arbeit und aus Vermietung und Verpachtung zugrunde liegenden Betätigungen. In der Aufzählung fehlen die Nr. 5 und 7, mithin die Einkünfte aus Kapitalvermögen und andere wiederkehrenden Bezüge. Hieraus lässt sich – vorläufig – der Schluss ziehen, dass diesen beiden Einkunftsarten aus der Sicht des Gesetzgebers keine „Tätigkeiten" zugrunde lagen und eine Konkurrenzsituation zu den sonstigen Leistungsgewinnen nicht denkbar war.[18]

2. Die Begründung des Gesetzesentwurfs

Von seiner gesetzgeberischen Konzeption her handelt es sich bei § 41 Abs. 1 Nr. 2 EStG 1925 um einen Ergänzungstatbestand für die erwähnten Einkünftegruppen und somit weder um den Grundtatbestand aller Einkunftsarten noch um einen Auffangtatbestand im Sinne einer „catch-all-Klausel".[19] Die Begründung zum damaligen

17 Begründung vom 23.04.1925, zu § 41, S. 59.

18 Diese Sichtweise entspricht wohl auch der Auffassung von *Mirre*, dass zum Beispiel das Einkommensteuergesetz von 1920 unter Kapitalvermögen solche vermögenswerten Rechte verstünde, „die ohne Arbeit einen Ertrag abwerfen", *Mirre*, Einkommensteuergesetz, Anm. 1 zu § 8 EStG 1920, zit. nach *Georg Strutz*, in: Handausgabe des Einkommensteuergesetzes vom 29. März 1920, 3. Aufl. 1921, S. 56, Anm. 1 zu § 8 EStG 1920, der meint, dass *Mirre* mit dieser Ansicht jedoch viel zu weit gehe; später betont *Strutz*, dass auch bei der Verwaltung und Nutzbarmachung von Kapitalvermögen durchaus eine wirtschaftliche Tätigkeit vorliege, *Georg Strutz*, in: Eugen Schiffer, u. a. (Hg.), Kommentar zum Einkommensteuergesetz vom 10. August 1925 – Erster Band §§ 1–18, 1927, Einleitung, S. 12.

19 *Ekkehart Reimer*, Der Ort des Unterlassens, 2004, zugl. Diss. LMU München 2003, S. 165 f.; *Sylvia Krey*, Besteuerung sonstiger Leistungen, Diss., 2010, S. 68; so auch schon *Enno Becker*, Die Grundlagen der Einkommensteuer, 1940, S. 5.

Gesetzesentwurf stellt ausdrücklich klar, dass „die letzte Einkommensart (§ 6 Abs. 1 Nr. 8) *nicht alle sonstigen Einkünfte*, sondern nur die Leistungsgewinne, die nicht schon bei Einkünften anderer Art in Ansatz zu bringen sind“ umfasse. Dies muss im Zusammenhang mit der Grundentscheidung des Gesetzgebers gesehen werden, das Einkommen im Gegensatz zum vormaligen Recht positiv zu definieren und eine abschließende Aufzählung der Einkunftsarten vorzunehmen. Ausdrücklich wurde deshalb das Wort „nur“ der Aufzählung in § 6 EStG 1925 vorangestellt.[20] Sodann betont die Begründung bereits damals schon die Unbestimmtheit dieser Norm, indem beiläufig festgestellt wird, dass eine erschöpfende Aufzählung der „anderen Tätigkeiten“ nicht möglich sei und als Beispiele die auch heute noch im Gesetz benannten gelegentlichen Vermittlungen und die Vermietungen beweglicher Gegenstände genannt werden. In den allgemeinen Ausführungen der Gesetzesbegründung findet sich als weiteres Beispiel noch das des Industriellen, der einen Verdienst aus einer gelegentlichen schriftstellerischen Tätigkeit bezieht.[21] An dieser Stelle wird in aller Klarheit festgestellt, dass auch das neue Einkommensteuergesetz die Steuerpflicht einmaliger Einnahmen grundsätzlich bejahe, indem zum einen bestimmte Veräußerungsgeschäfte und zum anderen „sonstige Einkünfte aus Leistungen einmaliger Art“ erfasst würden.[22] Hinsichtlich der Besteuerung der einmaligen Einnahmen wird in der Begründung ausgeführt, dass diese nach den auf den Quellentheorien fußenden Einkommensteuergesetzen grundsätzlich nicht steuerbar gewesen seien, jedoch unter den Begriff der „sonstigen Einnahmen“ im Sinne des § 11 EStG 1920 fielen, das auf der *Schanz'*schen Reinvermögenszugangsheorie fußte.[23] Als Beispiele für einmalige Einnahmen werden das Entgelt aus der entgeltlichen Vermietung eines Klaviers, das einmalige Konzerthonorar eines Industriellen, Einkünfte aus gelegentlicher schriftstellerischer Tätigkeit und generell die Vermietung beweglicher Gegenstände und die gelegentliche Vermittlung genannt.[24] Nach der Begründung war Zweck des § 41 Abs. 1 Nr. 2 EStG 1925 daher hauptsächlich die Besteuerung solcher einmaligen Einkünfte, die nach quellentheoretischen Überlegungen nur deshalb keiner Besteuerung unterlägen, weil diese dem Kriterium der „Regelmäßigkeit“

---

20 Begründung des Entwurfs vom 23.04.1925, Verhandlungen des deutschen Reichstags, III. Wahlperiode, Nr. 795, S. 22, Reichstagsprotokolle, 1924/28, 17 abrufbar unter http://www.reichstagsprotokolle.de/Blatt2_w3_bsb00000084_00082.html.

21 Begründung des Entwurfs vom 23.04.1925, Verhandlungen des deutschen Reichstags, III. Wahlperiode, Nr. 795, S. 25, Reichstagsprotokolle, 1924/28, 17 abrufbar unter http://www.reichstagsprotokolle.de/Blatt2_w3_bsb00000084_00082.html.

22 Somit befinden sich im Text der Entwurfsbegründung bereits die Bezeichnung des heutigen § 22 Nr. 3 EStG, nämlich die Worte „Einkünfte aus Leistungen“, Begründung vom 23.04.1925, S. 24.

23 Begründung vom 23.04.1925, S. 24; zu dieser siehe unten die Ausführungen zum REStG 1920.

24 Begründung vom 23.04.1925, S. 24 f.

nicht entsprechen würden und eine Besteuerung neben den einmaligen Spekulationsgewinnen geboten sei.[25]

a) *Einschränkung der steuerbaren Sachverhalte*

Dieser gesetzgeberischen Unschärfe kann der Grundtenor der Gesetzesbegründung gegenübergestellt werden: Dem Einkommensteuergesetz liege zunächst weder die *Schanz*'sche Reinvermögenszugangstheorie[26] noch die einkommensteuerliche Quellentheorie zugrunde; das Gesetz stelle eine Definition des wirtschaftlichen Begriffs des Einkommens dar, indem es eine *abschließende* Aufzählung vornehme, „was als Einkommen überhaupt herangezogen werden kann".[27] In § 6 Abs. 3 enthielt das Gesetz zudem eine deklaratorische Aufzählung all derjenigen Einkünfte, die gerade keine Leistungsgewinne darstellten. Ausdrücklich handele es sich nicht um eine erschöpfende Auflistung, sondern um Beispiele einmaliger Einkünfte, die außerhalb der Betätigungen anfielen, die in § 6 Abs. 1 Nr. 1 bis 4 genannt seien.[28] Und daneben seien eben nicht alle sonstigen Einkünfte, sondern nur die Leistungsgewinne zu besteuern, die sich wiederum aufspalteten in die „andere" Tätigkeiten und Veräußerungen. Und zu letzteren sollten auch nur die Spekulationsgeschäfte zählen, bei denen der Fruchtziehungsgedanke in den Hintergrund trete. „Mit dem Grundgedanken des Entwurfs ist es nicht vereinbar, alle Veräußerungsgewinne, die außerhalb einer Erwerbs- und Berufstätigkeit anfallen, zu besteuern."[29] Ausdrücklich erwähnt die Begründung, dass die Nichtsteuerbarkeit der „einmaligen Vermögensanfälle" sich bereits aus der Systematik des § 6 Abs. 1 EStG 1925 ergebe. Diese seien auch bereits nach dem REStG 1920 nicht steuerbar gewesen, lediglich hinsichtlich der Lotteriegewinne sei eine ausdrückliche Klarstellung erforderlich gewesen.[30]

b) *Dualismus und Ausgabenabzug*

Im Entwurf der Gesetzesbegründung findet sich auch eine Ausführung zum Dualismus der Einkunftsarten.[31] Bei den hier interessierenden Überschusseinkunftsarten

---

25 Begründung vom 23.04.1925, S. 21.

26 „Einkommen gleich Reinvermögenszugang zuzüglich Nutzungen und geldwerten Leistungen", so die Definition in Begründung vom 23.04.1925, S. 21 u. 24.

27 Begründung vom 23.04.1925, S. 21 f.

28 Begründung vom 23.04.1925, S. 40, mit dem Hinweis, dass auch Entschädigungen nach § 12 Nr. 5 EStG 1920 nicht steuerbar seien (Entschädigungen für Verletzungen Dritter, die dem Steuerpflichtigen unterhaltspflichtig sind).

29 Begründung vom 23.04.1925, S. 59 ff. zu § 42; zum Verhältnis des EStG 1925 zur Quellentheorie und der Reinvermögenszugangstheorie vgl. auch *Becker*, Die Grundlagen der Einkommensteuer, S. 206, 213 f. und S. 385.

30 Begründung vom 23.04.1925, S. 22, wobei die Begründung hier etwas ungenau von einer Freistellung spricht. Zuvor wird aber ausdrücklich klargestellt, dass die einmaligen Vermögensanfälle kein Einkommen sind.

31 So bereits einführend Begründung vom 23.04.1925, S. 23.

könne unterschieden werden zwischen Einkommen aus Tätigkeiten und Erträgen aus Vermögen. Im ersten Falle seien diesen Tätigkeiten regelmäßig keine Vermögensgegenstände irgendwelcher Art gewidmet, im zweiten Falle würden die Erträge ohne Arbeit oder lediglich aus einer begrenzten Verwaltungstätigkeit aus Vermögen bezogen und es käme nicht auf die Veränderung der Vermögensgegenstände, sondern lediglich auf die Erträge an, die sie abwürfen.[32] Jedoch wurde zugleich klargestellt, dass Ausgaben, die von Buchführungspflichtigen abgezogen werden dürften, nach allgemeinen Grundsätzen von allen Steuerpflichtigen berücksichtigt werden dürften.[33] Denn gewisse Erträge könnten nur durch Einsatz eines bestimmten Vermögens erzielt werden – dem Anlagekapital.[34] Und selbstverständlich könnten daher auch Überschussrechner gemäß § 16 EStG 1925 Absetzungen für Abnutzungen geltend machen.[35] Nach § 18 EStG 1925 zählten aber Aufwendungen zur Verbesserung und Vermehrung des Vermögens (also nicht Reparaturen, AfA, Verluste) zur unerheblichen Einkommensverwendungssphäre des Steuerpflichtigen, wenn die betroffenen Gegenstände nicht zuvor bei der Gewinnermittlung durch Vermögensvergleich berücksichtigt wurden.[36] Der Vermögensvergleich betraf zum einen bilanzierende Steuerpflichtige, § 13 EStG 1925 und zum anderen die sonstigen selbständigen Steuerpflichtigen, bei denen der Gewinn besteuert wurde, § 12 Abs. 1 EStG 1925. Der Gewinn setzte sich aus zwei Elementen zusammen, einmal dem Überschuss der Einnahmen über die Ausgaben und zum anderen aus einem Betriebsvermögensvergleich, § 12 Abs. 1 EStG 1925 in Verbindung mit den Bewertungsvorschriften der §§ 19–21 EStG 1925.[37]

---

32 Begründung vom 23.04.1925, S. 41.

33 Begründung vom 23.04.1925, S. 47.

34 Begründung vom 23.04.1925, S. 47 – mit der Unterscheidung zwischen dauernder (AfA) und nicht dauerernder Verwendung (sofortiger Abzug).

35 Begründung vom 23.04.1925, S. 48 und 49; dem BFH zufolge stellt heute die Abziehbarkeit der AfA im Bereich der Überschusseinkunftsarten gemäß § 9 Abs. 1 S. 3 Nr. 7 EStG eine rechtsbegründende Ausnahme von der quellentheoretischen Ausgrenzung des Stammvermögens dar, so zumindest *Joachim Lang*, in: Lang, et al. (Hg.), Tipke/Lang, Steuerrecht, 20. Aufl., 2010, § 9, Rn. 365 (auf das verwiesene Urteil BFH GrS BStBl. 1978, 620 kann sich diese Annahme jedoch nicht stützen, da der BFH lediglich den Gesetzeswortlaut wiedergibt und es sich damit eher um eine bloße Klarstellung handelt). Vor dem dargestellten Hintergrund stellt es sich jedoch aus historischen Perspektive genau umgekehrt dar: Jede Nichtberücksichtigung von Kosten, die mit der Einkünfteerzielung zusammenhängen, ist ihrerseits eine zu begründende Ausnahme zu dem Grundsatz, dass alle Werbungskosten gleich zu behandeln sind und mithin auch bei den Überschusseinkünften angesetzt werden können.

36 Begründung vom 23.04.1925, S. 49 ff. zu § 18.

37 Begründung vom 23.04.1925, S. 45 und 50 f.

3. Resumee

Eine eingehende Herleitung des Leistungsbegriffs findet sich in den Gesetzesmaterialen zum EStG 1925 nicht. Nach der Konzeption des Gesetzgebers handelte es sich bei den Einkünften aus Kapitalvermögen nicht um eine tätigkeitsbezogene Einkunftsart[38], im Gegensatz zu den Vermietungs- und Verpachtungseinkünften, denen eine Überlassung von Anlagekapital zugrunde lag. Ungeachtet dessen hat die Rechtsprechung und Literatur den Tätigkeitsbegriff stets weiter verstanden.[39]

Der Begriff der „sonstigen Leistungsgewinne" umfasste sowohl Spekulationsgeschäfte als auch tätigkeitsbezogene Einkünfte, wobei als Tätigkeit im Bereich vermögensbezogener Geschäfte (Vermögensnutzung) nur das Überlassen von Gegenständen (Anlagekapital) angesehen wurde. Das Überlassen von Wertpapieren und anderen Kapitalformen stellte hingegen aus Sicht des Gesetzgebers keine Tätigkeit dar.[40] Jedoch enthält die Entwurfsbegründung keine eindeutige Aussage, inwiefern andere Nutzungen der eigenen Vermögensausstattung sich als „andere" Tätigkeit im Sinne des § 42 Abs. 1 Nr. 2 EStG 1925 erweisen konnten, insbesondere dann, wenn keine gewöhnliche Überlassung von Vermögensgegenständen vorliegt (Grenzabstandsverzicht, Nutzungseinschränkungen, Bürgschaftsübernahmen). Hierbei helfen dem Gesetzesanwender die Tatsache, dass auch wiederkehrende Bezüge keine tätigkeitsbezogenen Einkünfte darstellten, und der deklaratorische Hinweis in § 6 Abs. 3 EStG 1925, dass einmalige Vermögensanfälle, wie zum Beispiel Lotteriegewinne und Entschädigungen, nicht versteuert werden sollten.

Bei einer Auslegung des § 22 Nr. 3 EStG ist mithin die Feststellung wichtig, dass § 41 Abs. 1 Nr. 2 EStG 1925 nicht alle Arten von denkbaren Einkünften erfassen sollte, sondern „nur" die Leistungsgewinne, die auf anderen Tätigkeiten beruhten. Vor dem Hintergrund dieses Telos lässt sich auch die nachfolgende Behutsamkeit und Zurückhaltung erklären, mit der die Norm anfangs in der Rechtsprechung des Reichsfinanzhofs behandelt und von der Literatur kommentiert wurde.[41]

Überdies soll noch nachfolgende Überlegung in Betracht gezogen werden: In Abs. 2 des § 41 EStG 1925 legte bereits das damalige Gesetz eine Freigrenze von 500,- Reichsmark fest. Die heutige Freigrenze beträgt € 256,-. Setzt man diesen Betrag in das Verhältnis zu den 600,- Reichsmark, die nach § 51 EStG 1925 bei der Veranlagung abzuziehen und mithin nicht steuerpflichtig waren, so ergebe sich heute ein Betrag von über € 8.000,-. Und selbst bei einem Kaufkraftvergleich ergäbe sich ein heutiger

38 Als klassisches Beispiel kann wohl der Kuponschneider gelten.

39 Siehe unten zum steuerpflichtigen Verhalten S. 130.

40 Möglicherweise ist dies Ausdruck der auch heute noch verbeiteten negativen Bewertung von „Kapitalisten", die auch schon im 19. Jahrhundert verbreitet war, vgl. *Andreas Thier*, Steuergesetzgebung und Verfassung in der konstitutionellen Monarchie – Staatssteuerreformen in Preußen 1871–1893, 1999, zugl. Diss. Universität München 1998, S. 392.

41 Diese Aspekte werden später in Kapitel 4 näher beleuchtet.

Betrag von ca. € 2.000,-.[42] Der Gesetzgeber, aufbauend auf die Arbeiten der Experten der Finanzverwaltung und deren Erfahrung aus dem Vollzug des EStG 1920, hatte diese großzügige Freigrenze ausdrücklich aus Vereinfachungsgründen eingeführt.[43] Dies verdeutlicht darüber hinaus, dass unwesentliche Zuflüsse als Leistungseinkünfte nicht abgeschöpft werden sollten.

4. Weiterer Gang der Untersuchung

Da das Gesetz sich erkennbar von seinem unmittelbaren Vorgängerwerk abgrenzte und zugleich nicht beabsichtigte, einfach nur die Dogmatik der vorherigen Ländereinkommensteuergesetze weiter fortzuführen, ist es erforderlich, diese wenigstens in ihren Grundzügen darzustellen, um die (dogmatischen) Intentionen des Gesetzgebers besser verstehen zu können.

Hierzu sollen die Einkommensteuergesetze herangezogen werden, die dem Gesetz von 1925 voraus gingen. Auf Reichsebene ist dies das REStG aus dem Jahr 1920. Wie oben ausgeführt, ordnete der Entwurf der Regierung von 1925 dieses der Reinvermögenszugangstheorie zu. Als Gegenentwürfe hierzu gelten die auf der Quellentheorie fußenden Einkommensteuergesetze in den meisten deutschen Ländern vor 1920. Beispielhaft soll hier auf die preußische Einkommensteuergesetzgebung eingegangen werden, da dieser eine Vorbildfunktion über die Landesgrenze hinaus für das gesamte Reich zukam.[44] Zudem ist eine auffallende Kontinuität hinsichtlich der handelnden Personen, sowohl was die Regierung und damit die Gesetzgebung anbelangt als auch in der maßgeblichen Rechtsprechung des Preußischen OVG und dem RFH feststellbar.

So wirkten *Georg Strutz* und *Bernhard Fuisting* als Regierungsräte unter dem preußischen Finanzminister *Johannes von Miquel* an der Fassung des preußischen EStG von 1891 mit.[45] Beide schrieben später allein und gemeinsam an Großkommentaren zum EStG, wurden anschließend Senatspräsidenten am Preußischen Oberverwaltungsgericht, der auch in Steuersachen entschied, und *Strutz* später Richter am Reichsfinanzhof.[46]

---

42 Vgl. die Kaufkrafttabelle und den Kaufkraftrechner bei http://fredriks.de/HVV/kaufkraft.htm#calc.

43 Begründung vom 23.04.1925, zu § 41, S. 59.

44 Auf das Königreich Preußen entfielen über 60% der Bevölkerung (1880: 27.279.111 von 45.234.061 Einwohnern) und der Wirtschaftsleistung des Deutschen Reiches und es war damit sowohl politisch als auch wirtschaftlich das mächtigste Land im Kaiserreich; flächenmäßig nahm es ca. 64% der Reichsfläche ein (348.258 qkm von 540.522 qkm), *Robert Hue de Grais*, Handbuch der Verfassung und Verwaltung in Preußen und dem Deutschen Reiche, 1886, S. 9.

45 *Thorsten Kassner*, Der Steuerreformer Johannes von Miquel, Diss., 2001, S. 204.

46 *Kassner*, Der Steuerreformer Johannes von Miquel, Diss., S. 205.

II. Vor 1920

1. *Überblick*

Zunächst sollen die wichtigsten Entwicklungslinien dargestellt werden, die schließlich in das Einkommensteuergesetz von 1925 mündeten. *Harder* kommt in seiner Untersuchung zu dem Ergebnis, dass sich in der Zeit vor 1925 keine Norm finden lasse, die dem Tatbestand der Einkünfte aus Leistungen entspräche[47]: „Die Leistungsbesteuerung beginnt mit dem EStG 1925."[48] Jedoch haben die Besteuerungssachverhalte, wie sie in der Einführung angeschnitten wurden, nicht erst mit dem Einkommensteuergesetz 1925 die Bühne der Steuerrechtswissenschaft betreten. Das erste reichseinheitliche Einkommensteuergesetz stammt aus dem Jahre 1920. Zuvor gab es 27 verschiedene Einkommensteuergesetze in den deutschen Einzelstaaten, die sich in ihrer Mehrheit jedoch an die preußische und sächsische Gesetzgebung anlehnten.[49]

2. *Entwicklungen in Preußen*

a) Erste Gesetze zur Einkommensbesteuerung

Gemeinhin gilt das Jahr 1808 als der Beginn der Einkommensbesteuerung auf preußischem Boden.[50] Mit dem Gesetz vom 23.02.1808 sollte – die Abgabe erfuhr jedoch massiven Widerstand und wurde bereits 1810 wieder beseitigt – durch eine progressive Einkommensteuer der Anteil der ostpreußischen Provinz an den französischen Kontributionsforderungen aufgebracht werden.[51] Wenig später wurde der Idee der Einkommensbesteuerung nochmals für kurze Zeit wieder Raum gegeben. Und auch wenn man die nachfolgende Vorschrift noch nicht als systematische Ausgestaltung einer allgemeinen Einkommensteuer ansehen mag, so zeigt sich bereits im Edikt vom 24. Mai 1812 der Versuch der Erfassung „sonstiger Einkünfte". In dem hieß es bezüglich der Einkommensteuer: „[D]iejenigen Untertanen, die noch ein besonderes reines Einkommen haben, welches nicht durch die Anwendung eines Vermögens hervorgebracht wird, oder die gar kein Vermögen, aber ein besonderes Einkommen besitzen, es mag [sich] durch den Ertrag eines

47 *Harder*, Die Sonstige Leistung im Einkommensteuerrecht, Diss., S. 31 zum pr. EStG 1851, S. 32 zum pr. EStG 1891, S. 34 zum RStG 1920.

48 *Harder*, Die Sonstige Leistung im Einkommensteuerrecht, Diss., S. 38.

49 *Hacker*, Gibt es „Gerechtigkeit" in der Steuerpolitik?, Diss., S. 67.

50 *Walter Mathiak*, Die erste Einkommensteuer in Deutschland: Das Reglement vom 23.2.1808 für Ostpreußen, in: StuW 1995, S. 352 (352).

51 *Thier*, Steuergesetzgebung und Verfassung in der konstitutionellen Monarchie – Staatssteuerreformen in Preußen 1871–1893, S. 36 f.; vgl. seine ausführliche Darstellung ab S, 26 ff.

Gewerbes, einer Besoldung, aus Emolumenten[52], aus einer Pension, einer Leibrente, oder auf welche Art es sonst sein wolle, [...] bilden, sollen einer Besteuerung von diesen Einkommen unterworfen werden".[53] Über die Natur dieses „besonderen Einkommens" schweigt das Edikt jedoch, wohl um der rudimentären Finanzverwaltung einen weiten Handlungsspielraum zu lassen.

Es fällt auf, dass bereits hier die Einkunftsarten enumerativ wie in den späteren Einkommensteuergesetzen aufgeführt wurden und zwischen Einkommen, das durch eine „Anwendung eines Vermögens" hervorgebracht wurde, und einem besonderen, sonstigen Einkommen, unterschieden wurde. Diese Unterscheidung prägt bis heute die Auslegung des Einkommensteuergesetzes – wenn auch nach anderen Gesichtspunkten – und findet sich auch, wie wir sehen werden, in den Kommentierungen zum heutigen § 22 Nr. 3 EStG wieder, der ausgerechnet beide Arten des Einkommens zu vereinen scheint.

Kennzeichnend für das preußische Einkommensteuersystem vor 1920 war die Zusammenfassung der verschiedenen „Einkommensströme" zu einem Gesamteinkommen, das besteuert werden sollte.[54] So unterschied zum Beispiel die preußische klassifizierte Einkommensteuer von 1851 zwischen drei Einkommensquellen: (1) Einkommen aus Grundvermögen, § 28; (2) Einkommen aus Kapitalvermögen, § 29 und zuletzt (3) Einkommen „aus Handel, Gewerbe, Pachtungen oder irgendeiner Art gewinnbringender Beschäftigung [...], überhaupt diejenigen fortlaufenden Einnahmen [...], § 30. Diese klassifizierte Einkommensteuer galt nur für Einkommen ab 1000 Talern jährlich.[55]

Eine Verbindung zum heutigen § 22 Nr. 3 EStG ließe sich lediglich zur Einkommensquelle „irgendeine Art gewinnbringender Beschäftigung" herstellen. Dafür

52 Kürschners Handlexikon für alle Wissensgebiete, ca. 1920, Stichwort 'Emolumente' definiert diese als Einkünfte. Der Begriff wird auch von *Burkart* in diesem Kontext verwendet: „Zu den Einkommen von Besoldungen [...] sind nicht blos alle aus Hof-, Staats- und öffentlichen Kassen fließende Geld- und Naturalbezüge, regelmäßige und zufällige, jedoch wiederkehrende Emolumente und Accidentien aller Art, sondern auch alle Bezüge aus dritter Hand, wie Leistungen von Eingepfarrten an Geistliche, Privathonorare, öffentliche Lehrer zu rechnen, wobei Diäten, Reisekosten und vorübergehende Gratifikationen, dann bloße Entschädigungen für dienstlichen Aufwand, und unmittelbar mit den Dienstleistungen zusammenhängende Annehmlichkeiten außer Ansatz bleiben dürfen." *Karl Burkart*, Die bestehenden Einkommensteuern. Eine vergleichende Darstellung, im Auftrage des Steuer-Reformvereins bearbeitet., in: Annalen des Deutschen Reiches für Gesetzgebung, Verwaltung und Statistik. Staatswissenschaftliche Zeitschrift und Materialsammlung 1876, S. 43; Akzidenzien stellen gelegentliche Einkünfte dar.

53 *Paul Krause*, Das preußische Einkommensteuergesetz vom 24. Juni 1891, 1892, S. 3.

54 *Walter Mathiak*, Was von einem großen Plan blieb: Die preußische klassifizierte Einkommensteuer von 1851, in: StuW 2001, S. 324 (327 u. 337, ‚synthetische Einkommensteuer').

55 *Walter Mathiak*, Das sächsische Einkommensteuergesetz von 1874/78, 2005, S. 23; für Einkommen bis 1000 Talern galt die Klassensteuer, ebd.

verlangte das Gesetz jedoch ausdrücklich „fortlaufende Einnahmen“, was wie oben gezeigt nicht dem gesetzgeberischen Willen zu § 41 Abs. 1 Nr. 2 EStG 1925 entspricht. Das Gesetz von 1851 führte damit die bisherige Tradition der preußischen Einkommensteuergesetze fort, einmalige Einnahmen von einer Einkommensteuer auszunehmen.[56] Zudem kann hier auch noch nicht von einer Einkommensbesteuerung im heutigen Verständnis gesprochen werden. Denn die Steuerpflichtigen unterlagen keiner umfassenden Deklarationspflicht bezüglich der Einkommensquellen, sondern lediglich einem Selbsteinschätzungsverfahren.[57] Nach heutigen Verständnis würde ein solches System fast an Absurdität grenzen. Letzteres muss jedoch vor dem Hintergrund des preußischen Dreiklassenwahlrechts gesehen werden: Die Selbsteinschätzung hatte unmittelbare Auswirkung auf die politischen Mitwirkungsrechte und das öffentliche Ansehen. Daneben dürfte sicherlich auch die bequemere Administrierbar- und Durchsetzbarkeit für eine solche Erhebungsart gesprochen haben. Eine umfassende Reform des preußischen Einkommensteuergesetzes erfolgte dann 1891, worin sich die weitrechende Umwälzung der Wirtschaftsverfassung in der zweiten Hälfte des 19. Jahrhunderts widerspiegelt.

b) Das preußische Einkommensteuergesetz von 1891

aa) Auszug aus dem Gesetzeswortlaut

§ 7 bestimmte das Einkommen, welches sodann in den §§ 12 bis 15 eingehender definiert wurde. § 8 bestimmte, dass außerordentliche Einnahmen nicht steuerbar sein sollten und § 9 definierte einen umfassenden Abzugstatbestand, der in Abs. 2 ausdrücklich die nicht abzugsfähigen Vermögensaufwendungen und privaten Lebensführungskosten nannte.

Die hier interessierenden Vorschriften lauten im Einzelnen:

„§ 7
Als Einkommen gelten die gesamten Jahreseinkünfte der Steuerpflichtigen in Geld- und Geldeswerth aus:
1) Kapitalvermögen.
2) Grundvermögen, Pachtungen und Miethen, einschließlich des Miethwerthes der Wohnung im eigenen Hause.
3) Handel und Gewerbe einschließlich des Bergbaues.
4) Gewinnbringende Beschäftigung, sowie aus Rechten auf periodische Hebungen und Vortheile irgend welcher Art, soweit diese Einkünfte nicht schon unter Nr. 1 bis 3 begriffen sind.

§ 8
Außerordentliche Einnahmen aus Erbschaften, Schenkungen, Lebensversicherungen, aus dem nicht gewerbsmäßig oder zu Spekulationszwecken entnommenen Verkauf von

56 *Mathiak*, Was von einem großen Plan blieb: Die preußische klassifizierte Einkommensteuer von 1851, S. 324 (329).
57 *Mathiak*, Das sächsische Einkommensteuergesetz von 1874/78, S. 23.

Grundstücken und ähnliche Erwerbungen gelten nicht als steuerpflichtiges Einkommen, sondern als Vermehrung des Stammvermögens und kommen ebenso wie Verminderungen des Stammvermögens nur insofern in Betracht, als die Erträge des letzteren dadurch vermehrt oder vermindert werden.

§ 9
I. Von dem Einkommen (§7) sind in Abzug zu bringen:
1) die zur Erwerbung, Sicherung und Erhaltung des Einkommens verwendeten Ausgaben,
[...]
II. Nicht abzugsfähig sind dagegen insbesondere:
1) Verwendungen zur Verbesserung und Vermehrung des Vermögens, zu Geschäftserweiterungen, Kapitalanlagen oder Kapitalabtragungen, welche nicht lediglich als durch eine gute Wirthschaft gebotene und aus den Betriebseinnahmen zu deckende Ausgaben sind;
[...]
§ 15
Das Einkommen aus Gewinn bringender Beschäftigung, sowie aus Rechten auf periodische Hebungen und Vortheile irgend welcher Art umfasst insbesondere [...], ferner [...] sowie [...] und sonstige fortlaufende Einnahmen, welche nicht als Jahresrenten eines beweglichen oder unbeweglichen Vermögens anzusehen sind, [...].“

bb) Quellentheoretischer Hintergrund

Das preußische Einkommensteuergesetz vom 24.06.1891 fußt auf der Quellentheorie[58], beruht doch der *Miquel'*sche Vorschlag u.a. auf dem Reformentwurf von seinem Amtsvorgänger *v. Scholz* und entstand damit unter Mitwirkung *Fuistings*[59], einem der Protagonisten der Quellentheorie im 19. Jahrhundert und späteren Senatspräsidenten am Preußischen OVG.[60] Die Bedeutung *Fuistings* erstreckt sich dabei nicht nur auf seinen Beitrag hinsichtlich der quellentheoretischen Fundierung des preußischen EStG und soll an drei Beispielen veranschaulicht werden: So beschreibt bereits *Fuisting* die Nichtsteuerbarkeit der Liebhaberei[61] und die Nichtbesteuerung möglicher Erträge oder Verluste des Gebrauchsvermögens[62] – ersteres bestätigt in seit über einhundert Jahren ständiger, von ihm selbst geprägter Rechtsprechung

58 Vgl. nur *Jürgen Ketterle*, Die Einkommensteuer in Deutschland -Modernisierung und Anpassung einer direkten Steuer von 1890/91 bis 1920, Diss., 1994, S. 41, Fn. 1.

59 *Walter Mathiak*, Das preußische Einkommensteuergesetz von 1891 im Rahmen der Miquelschen Steuerreform 1891/93, 2011, S. 91 ff. u. 115; *Kassner*, Der Steuerreformer Johannes von Miquel, Diss., S. 89.

60 Obgleich *Fuisting* sich in späteren Jahren abfällig über *Miquel* und dessen EStG-Reform äußerte, so *Kassner*, Der Steuerreformer Johannes von Miquel, Diss., S. 89, Fn. 553 u. S. 205, Fn. 1338, beruhte *Miquels* Vorschlag auf *Fuistings* Vorarbeiten, so *Mathiak*, Das preußische Einkommensteuergesetz von 1891 im Rahmen der Miquelschen Steuerreform 1891/93, S. 91; *Miquel* erhielt sein Adelsprädikat 1897.

61 *Bernhard Fuisting*, Die Grundzüge der Steuerlehre, 1902, S. 150 u. 186.

62 *Fuisting*, Die Grundzüge der Steuerlehre, S. 150.

und letzteres nunmehr – nach abweichender aktueller Rechtsprechung des BFH[63] – gesetzlich kodifiziert in § 23 Abs. 1 Satz 1 Nr. 2 Satz 2 EStG. Das dritte Beispiel betrifft die Auslegung des § 22 Nr. 3 EStG bis heute: bereits *Fuisting* unterschied bei der Besteuerung von Preisen für künstlerische, technische und weitere Leistungen danach, ob sie Ertrag einer bereits bestehenden Quelle waren und im Zusammenhang mit einer Teilnahem an einem Wettbewerb verliehen wurden oder „lediglich als Anerkennung derartiger Leistungen" vergeben wurden.[64] Wie die heutige herrschende Meinung hielt er letzteres für nicht steuerbar.

Während der Lektüre seiner ‚Grundzüge der Steuerlehre' meint man zugleich den Verfasser des EStG-Reformentwurfs von 1925 zu hören. Das preußische Einkommensteuergesetz von 1891 und dessen Einfluss auf die späteren EStG-Kodifikationen lassen sich daher vor dem Hintergrund der Quellentheorie und dem Ansatz *Fuistings* besser verstehen, deren Grunddeterminanten nachfolgend beschrieben werden.

(1) Quellentheoretischer Ansatz *Fuistings*

Nach *Fuistings* Einkommensbegriff bilden „nur" die Erträge dauernder Quellen der Gütererzeugung steuerbares Einkommen[65], womit drei Tatbestandsmomente definiert sind: ein Ertragsmoment im Sinne einer Fruchtziehung, ein Kontinuitätsmoment und ein Quellenmoment im Sinne einer Gütererzeugung. Hinsichtlich des Aspekt der Gütererzeugung betont *Fuisting*, dass nur Erträge, die Gegenstand eines vorherigen wirtschaftlichen Tauschverkehrs waren, einkommensteuerbar seien.[66] Die Erträge werden erst durch die Bestimmung des Quelleninhabers, sie für seine persönlichen Bedürfnisse aus der „Quelle" auszuscheiden, zum Einkommen – wobei *Fuisting* diesen Vorgang rein objektiv bestimmt.[67] Sein Verständnis eines wirtschaftlichen Tauschverkehrs ist ein weites: neben den unmittelbaren Sachbezügen zählt er auch die Verwendung von güterbildenden Quellen oder ihren Erzeugnissen für den Quelleninhaber zum Einkommen.[68] Hierdurch erklärt er auch die Mietwertbesteuerung: Der Mietwert stelle einen Naturalertrag der Quelle „Eigenheim" dar und sei wirtschaftlich eine Vermietung an sich selbst und der Wert somit Einkommen.[69] Hiervon trennt er die Ausgabenvermeidung durch Nutzung der eigenen Arbeitstätigkeit. Diese stelle ebenso wie die Ausnutzung günstiger Beschaffungspreise durch

63 BFH, Urteil vom 22. April 2008 – IX R 29/06 –, BStBl. II 2009, 296.

64 *Fuisting*, Die Grundzüge der Steuerlehre, S. 151.

65 *Fuisting*, Die Grundzüge der Steuerlehre, S. 110; daher erstaunt es nicht, dass sein Entwurf noch vorsah, auch „Lotteriewinste" ausdrücklich als „außerordentliche Einnahmen" von einer Einkommenbesteuerung freizulassen, so *Mathiak*, Das preußische Einkommensteuergesetz von 1891 im Rahmen der Miquelschen Steuerreform 1891/93, S. 91, Fn. 300.

66 *Fuisting*, Die Grundzüge der Steuerlehre, S. 111.

67 *Fuisting*, Die Grundzüge der Steuerlehre, S. 136.

68 *Fuisting*, Die Grundzüge der Steuerlehre, S. 112.

69 *Fuisting*, Die Grundzüge der Steuerlehre, S. 112.

den eigenen Gewerbebetrieb lediglich eine Ersparung von Ausgaben dar.[70] Letztere Unterscheidungen zeigen aber auch, dass sein Verständnis eines wirtschaftlichen Tauschverkehrs nicht klar definierten Begrifflichkeiten folgt, sondern eher pragmatischer Natur ist.[71] Dieser pragmatischer Ansatz setzt sich bei der Besteuerung von privaten Vermögensgegenständen fort: er differenziert willkürlich und ohne Begründung zwischen steuerbaren Erträgen und sonstigen nicht steuerbaren Vorteilen, die auf Geschäften mit privaten Vermögensgegenständen beruhen.[72] Unklar bleibt zum Beispiel, wieso die Mietwertbesteuerung nur bei Immobiliarvermögen und nicht auch bei Mobiliarvermögen greifen soll. Dennoch ist bemerkenswert, dass diese Unterscheidung bis dato nahezu unverändert fortgalt und teilweise noch gilt. So ist auch heute noch die Nichtbesteuerung des sogenannten imputed income selbstverständlich und die Mietwertbesteuerung wurde erst für die Veranlagungszeiträume ab 1987 abgeschafft.[73] Die Diskussion in der Schweiz zur Abschaffung der

---

70 *Fuisting*, Die Grundzüge der Steuerlehre, S. 113.

71 Anders daher auch *Georg Strutz*, in: Die preußischen direkten Steuern, Bd. 1, 1. Hälfte, Kommentar zum Einkommenssteuergesetz, 8. Aufl., 1915, § 13, Anm. 22, S. 586, der auf die abweichende Rspr. des Pr. OVG verweist und einen gleichlauf mit der Nutzungswertbesteuerung verlangt, also einen Ansatz der ersparten Aufwendung für eine Beschaffung einer vergleichbaren Leistung am Markt.

72 Augenscheinlich wird der Bruch in der Veräußerungsgewinnbesteuerung privater Vermögensgegenstände, wenn Zinsen bis zur Veräußerungsentscheidung keine Werbungskosten sein sollen, der Gewinn aber für die gesamte Haltedauer des Wirtschaftsguts anfällt und es zugleich auf eine Veräußerungsabsicht nicht ankommen soll. Mithin stellt sich die Rechtslage zwischen Mietwertbesteuerung und Veräußerungsbesteuerung unterschiedlich dar, obwohl wirtschaftlich betrachtet in beiden Fällen ein Nutzen- bzw. Tauschpotential des Wirtschaftsguts belastet wird, vgl. zur den Werbungskosten, *Weber-Grellet*, in: Schmidt, EStG, § 23, Rn. 82; die Verneinung einer Ausnahmelücke (teleologisch zu weiter Wortlaut und dadurch Verstoß gegen den Gleichheitssatz, nämlich Ungleiches auch ungleich zu behandeln) durch den BFH im Urteil vom 22. April 2008 – IX R 29/06 –, BStBl. II 2009, 296 ist daher abzulehnen; vgl. auch den süffisanten Hinweis von *Hansueli Schöchli*, Der Eigenmietwert ist besser als sein Ruf, in: NZZ Ausgabe vom 21. August 2012, über die „steuerlogischen Unebenheiten" der Eigenmietwertbesteuerung; allgemein kritisiert bereits *Schanz*, dass die Trennung zwischen Stammvermögensmehrungen und Einkommen künstlich sei, da es sich um identische Vorgänge handele, *Georg Schanz*, Der Einkommensbegriff und die Einkommensteuergesetze, in: FinanzArchiv 1896, S. 1 (57).

73 Bei der Mietwertbesteuerung versteht man das selbstgenutzte Eigenheim als Investitionsgut, weshalb auch entsprechende Abschreibungen und Aufwendungen abziehbar sein müssen. Man kann es – so wie heute das EStG – aber auch als Konsum- oder Privatgut ansehen, vergleichbar mit anderen selbstgenutzten Vermögensgütern (einschließlich der „selbstnützigen" Arbeitskraft, so dass es vollständig aus dem steuerlichen Nexus fällt, vgl. zum Schweizer Recht das Gutachten zum Systemwechsel bei der Besteuerung des selbstgenutzten Wohneigentums, 14. Januar 2000, Bundesamt für Justiz, S. 14 unter Verweis auf das deutsche Recht und auf *Christian Rüsch*, Wohnungsbau- und Wohneigentumspolitik im Rahmen der Einkommenssteuer, Frankfurt

Mietwertbesteuerung und das BFH Urteil zur Besteuerung von Veräußerungsvorgängen des Gebrauchsvermögens[74] sprechen Bände über die fehlende dogmatische Fundierung dieser Differenzierungen.

Bei der Bestimmung, was eine „Ertragsquelle" eigentlich ist, stellt sich die Frage, ob die Einkunftsart, der einzelne Vermögensgegenstand oder nur ein Rechtsverhältnis eine solche Quelle bildet. So vertritt *Maaßen* zum Beispiel die Auffassung, dass das Grundvermögen nicht als Quelle angesehen werden könne, weil nach § 7 preußischem EStG 1891 auch die „Pachtung" als Quelle verstanden werden müsse.[75] Anders *Fuisting*: Für ihn bildet zum Beispiel im Bereich der Vermietung das ganze Haus die Quelle, auch wenn sie nur teilweise vermietet werde; Miet- und Pachtvertrag bestimmten nur das Rechtsverhältnis, könnten aber niemals selbst die Quellen bilden; vielmehr teilten sich beide die Quelle „Landbesitz".[76] Im Übrigen bilde der gesamte Bodenbesitz eine Quelle.[77] Und nach seinem Verständnis besteht diese Quelle sodann aus einem Anlagevermögen, den einzelnen Grundstücken, wobei eine Zuordnung zu einer anderen, vorrangigen Quelle – wie zum Beispiel dem Gewerbebetrieb – vorgehe.[78] Zusammenfassend definiert *Fuisting* die Quellen als „alle Teile des Erwerbsvermögens, alle Arbeitstätigkeiten und Hebungsrechte, welche als maßgebende Einheiten dauernd zur Erzielung von Gütern für den Einzelnen bestimmt sind, [und] ihm einen Ertrag abwerfen sollen".[79] Eine Quelle diene damit der „fortgesetzten" Güterproduktion für den Inhaber und zeichne sich

aM 1996, S. 155 ff. abgerufen am 04.11.14 unter http://www.estv.admin.ch. Siehe auch *Bernd Heuermann*, in: Blümich (Hg.), Einkommensteuergesetz Kommentar, 124. Aufl., 2014, § 21, Rn. 560, der zu recht darauf hinweist, dass es bei der Nutzungswertbesteuerung weniger um die Abschöpfung wirtschaftlicher Leistungsfähigkeit geht, als um die Wohnbauförderung. ME verkennt die Argumentation mit einer Abschöpfung der wirtschaftlichen Leistungsfähigkeit den willkürlichen Charakter der Vermögensgutdifferenzierung und ist insb. hinsichtlich des Gleichbehandlungsgebot fraglich. Folgerichtig geht die Gesetzesbegründung davon aus, dass es sich beim Wohnen um private Lebensgestaltung und nicht um eine zu besteuernde wirtschaftliche Aktivität handelt, vgl. BTDrucksS 10/3633, S. 10. Fragen der Nichterfassung angeblicher wirtschaftlicher Leistungsfähigkeit war nicht Thema der Diskussion, vgl. BTDruckS, 10/5208, S. 34; zur Rechtslage in der Schweiz siehe auch *Peter Locher*, Eigenmietwertbesteuerung in der Schweiz, in: Joachim Lang (Hg.), Die Steuerrechtsordnung in der Diskussion – Festschrift für Klaus Tipke, 1995, S. 621.

74 BFH, Urteil vom 22. April 2008 – IX R 29/06 –, BFHE 221, 97 = BStBl. II 2009, 296; zur gesetzgeberischen Reaktion in der Form der Einführung des § 23 Abs. 1 S. 1 Nr. 2 S. 2 EStG vgl. *Andreas Musil*, in: Herrmann/Heuer/Raupach (Hg.), EStG/KStG, Stand: 266. Lieferung 10.2014, § 23, Rn. 158.

75 *Julius Maaßen*, in: Julius Maaßen (Hg.), Das Einkommensteuergesetz (vom 24. Juni 1891) für Preußen, 1891, S. 34, Anm. 5 zu § 7.

76 *Fuisting*, Die Grundzüge der Steuerlehre, S. 160 (Miete) und S. 161 (Pacht).

77 *Fuisting*, Die Grundzüge der Steuerlehre, S. 161.

78 *Fuisting*, Die Grundzüge der Steuerlehre, S. 158.

79 *Fuisting*, Die Grundzüge der Steuerlehre, S. 151.

mithin durch die Absicht der Wiedeholung der Einkünfte und zumindest auch ihrer Wiederholungsfähigkeit („Periodizität") aus.[80] *Fuisting* unterteilt die Quellen in fünf Hauptgruppen:[81]

- in fruchtbringender Weise werbend angelegte Kapitalien – das **Geldkapital**; Quelle ist dabei jedes einzelne für sich verbriefte Kapital
- mit oder ohne eigene Arbeit Ertrag abwerfende Teile der Erdoberfläche – der **Grundbesitz**; Quelle ist die jeweilige wirtschaftliche Einheit, nicht die einzelnen Rechtsverhältnisse
- zum Zwecke der Gewinnerzielung vereinigtes Kapital und Arbeit in der Form der selbständigen und berufsmäßigen Arbeitstätigkeit als Beteiligung am allgemeinen wirtschaftlichen Verkehr – der **Gewerbebetrieb**; Quelle ist die jeweilige wirtschaftliche Einheit
- zum Zwecke des Erwerbs ausgeübte reine Tätigkeit (gewinnbringende Beschäftigung) – die **reine Arbeitstätigkeit**; Quelle ist die bekleidete Stellung, die tatsächliche Ausübung des Berufs oder die Arbeitsgelegenheit[82]
- Rechte auf wiederkehrende Bezüge, die weder Früchte des vorhandenen Vermögens noch Entgelt für eine gegenwärtige Arbeitstätigkeit sind – die **Hebungsrechte**; Quelle ist der Rechtsanspruch, der nicht auf bloße Kapitalleistung gerichtet sein darf, sondern seiner Natur nach eine ‚Rente' sein muss

Wesentlicher Bestandteil der Einkommensbesteuerung ist für *Fuisting* die Berücksichtigung von Abschreibungen und Absetzungen für Wertminderungen der Quelle, die durch die Verwendung des Erwerbsvermögens zur Ertragserzielung eintreten.[83] Sie beruhten entweder auf einer qualitativen Verschlechterung des Vermögensgegenstands durch Abnutzung oder einer quantitativen Verzehrung der Substanz durch Substanzverringerung.[84] Er bezieht sich dabei nur auf die unmittelbare Produktionsfaktoren, nicht aber auch auf Finanzkapital und nimmt, ähnlich der überwiegenden Rechtsprechungslinie des BFH, diese nur gegenständlich ins Auge – die Möglichkeit einer „rechtlichen Substanz" spricht er hingegen nicht an.[85] Sehr wohl

80 *Fuisting*, Die Grundzüge der Steuerlehre, S. 150 f.

81 *Fuisting*, Die Grundzüge der Steuerlehre, S. 151–187.

82 Wobei auch hier unterschieden werden kann zwischen dem einzelnen Anstellungsvertrag und dem ausgeübten Beruf. So vertritt *Strutz*, in: Fuisting/Strutz, Die preußischen direkten Steuern, Einkommensteuergesetz, Bd. 1, § 8, Anm. 19, S. 243, in Anlehnung an die Rspr. die Ansicht, dass der Beruf als Quelle angesehen werden müsse, was unmittelbare Konsequenzen für den Werbungskostenabzug hat: Durch einen Wechsel des Anstellungsverhältnis verursachte Kosten sind dann abzugsfähig, anders aber, wenn man die Begründung einer neuen Quelle unterstellt.

83 *Fuisting*, Die Grundzüge der Steuerlehre, S. 142.

84 *Fuisting*, Die Grundzüge der Steuerlehre, S. 143.

85 Vgl. die nach wie vor andauernde Diskussion um den Eigentumsbegriff einerseits aus zivilrechtlicher Perspektive *Franz Jürgen Säcker*, in: Franz Jürgen Säcker/Roland Rixecker/Kurt Rebmann (Hg.), Münchener Kommentar zum Bürgerlichen

kennt er jedoch Abschreibungen auf Finanzkapital bei der Gewinnermittlung von buchführungspflichtigen Kaufleuten.[86]

Ferner grenzt *Fuisting* die Erträge – die Früchte der Quellen – zu den nicht steuerbaren Vermögensänderungen ab. Letztere sind Veränderungen des Zustandes einer Quelle, die nicht aus ihrer bestimmungsgemäßen Verwendung zur Ertragserzielung resultieren.[87] Aus dem „zu irgend welchen (sic!) verbrauchten Vermögen kann [...] niemals Einkommen entstehen“[88] und „der ursprüngliche Zustand der Ertragsfähigkeit“ einer Quelle müsse aus dem „Rohertrage“ erhalten bleiben[89]. Daher sind Betriebskosten und Abschreibungen, die die bei jedem Erwerbsvermögen durch den bestimmungsgemäßen Verbrauch verursachten Wertverminderungen ausgleichen, von dem „Rohertrag“ der Quelle abzuziehen.[90] Grundsätzlich seien Abschreibungen nur bei abnutzbaren Gegenständen möglich, nicht bei Grund und Boden, da hier kein „Stoffe“ dem Boden endgültig entzogen würden. Jedoch könnte auch dieser Gegenstand von Abschreibungen seien, wenn Umstände in fortgesetzter Weise die Gebrauchsfähigkeit und den Wert verminderten.[91] Wichtig ist die – nicht auf den ersten Blick hervorstechende Unterscheidung – zwischen dem bestimmungsgemäßen Gebrauch und zufälligen Ereignissen, die Einfluss auf das Vermögen und seinen Wert haben: Wertverminderungen, die dem Verhalten des Quelleninhabers zugeordnet werden können oder die auf Unglücksfällen beruhen, seien einkommensteuerlich nicht zu berücksichtigen, unerheblich ob sie Kaufleute oder gewöhnliche Steuerpflichtige treffen.[92] Hingegen sind Wertverminderungen, die durch die Verwendung zur Erzielung des Ertrags eintreten, in Form von Abschreibungen zu berücksichtigen.[93] Ferner sind als Aufwendungen auch die Betriebskosten in der Form

---

Gesetzbuch, 6. Aufl., 2013, § 903, Rn. 14 und *Hans Hermann Seiler*, in: Herbert (Bearb.) Roth/Hans Hermann (Bearb.) Seiler/Karl-Heinz (Red.) Gursky (Hg.), Julius von Staudingers Kommentar zum Bürgerlichen Gesetzbuch: Staudinger BGB – Buch 3: Sachenrecht, §§ 903–924 (Eigentum 1), 14. Aufl., Neubearbeitung 2002, § 903, Rn. 7 ff.; aus verfassungsrechtlicher Perspektive andererseits *Hans-Jürgen Papier*, in: Roman Herzog, et al. (Hg.), Maunz/Dürig, Grundgesetz Kommentar, 72. Erl., Juli 2014, Stand: 71. EL, 2014, Art. 14, Rn. 35 ff.

86 *Fuisting*, Die Grundzüge der Steuerlehre, Berlin, 1902, S. 177.

87 *Fuisting*, Die Grundzüge der Steuerlehre, Berlin, 1902, S. 147.

88 *Fuisting*, Die Grundzüge der Steuerlehre, Berlin, 1902, S. 142; gemeint ist wohl zu irgend etwas.

89 *Fuisting*, Die Grundzüge der Steuerlehre, Berlin, 1902, S. 137.

90 *Fuisting*, Die Grundzüge der Steuerlehre, Berlin, 1902, S. 136 u. 142.

91 *Fuisting*, Die Grundzüge der Steuerlehre, Berlin, 1902, S. 143 u. 145.

92 *Fuisting*, Die Grundzüge der Steuerlehre, Berlin, 1902, S. 147 f. und S. 171, wobei dieser Gleichlauf nur hinsichtlich der Quelle, beim Betrieb also das Anlagekapital, dem Vermögensstock gilt; für das Betriebskapital sollen die Ursachen wiederum gleichgültig sein, S. 177, da dieses nicht einzelne, d.h. selbständige Quellen darstellt, sondern die einzelnen Vermögensgegenstände „innerhalb des Betriebskapitals einen Faktor des quellenmäßigen Ertrags darstellt“.

93 *Bernhard Fuisting*, Die Grundzüge der Steuerlehre, Berlin, 1902, S. 142.

der Gewinnungs- und Instandhaltungskosten vom Ertrage abzuziehen – letztere als Reparatur- oder Ergänzungskosten, wenn die Gegenstände nicht repariert werden können.[94] Nicht abzugsfähig sind hingegen die Instandsetzungskosten, wenn diese bereits als Abschreibungen berücksichtigt werden.[95] Hintergrund für die Aufwandsberücksichtigung ist, dass das für die Ertragserzielung eingesetzte Kapital keinen Ertrag darstellt, sondern diesen mindert,[96] vom Rohertrag ausgehend also der Reinertrag gebildet werden muss. Wichtig ist auch, dass Verluste – wie uneinbringliche Forderungen, Missernten des Landwirts, Geldverlust des Gewerbetreibenden auf dem Heimweg – bereits den Rohertrag mindern bzw. einen solchen gar nicht erst zum Entstehen kommen lassen.[97] Verwendungen auf die Quelle im Sinne von Neu- und Erweiterungsinvestitionen sind nicht abzuziehen, sehr wohl hingegen der Erhaltungsaufwand als Kosten, die erforderlich sind, um den Zustand der Quelle zu bewahren: erstmalige Aufwendungen zur Begründung und Instandsetzung einer Quelle sind also nicht abziehbar, Kosten der daran anschließenden Instandhaltung und Wertminderungen sind jedoch durchaus zu berücksichtigen (als Abschreibungen oder Betriebskosten).[98]

Diese Unterscheidung gilt für alle Güterzuwächse (Erwerbungen): sie können entweder Ertrag und Einkommen darstellen oder außerordentliche Güterzuwächse des Vermögens, wenn sie ihren Ursprung nicht in einer bestimmten Ertragsquelle haben.[99] Da Quellen dauernden Ertrag liefern sollen, sind einmalige rechtliche und tatsächliche Vorgänge sowie sich in einmaliger Leistung erschöpfende Rechte keine geeigneten Ertragsquellen.[100] Hingegen genügen einmalige Tätigkeiten, wenn die Umstände auf die Gründung eines dauernden Erwerbszweigs schließen lassen, wobei die Länge der Dauer eine Frage der „tatsächlichen Beurteilung" sei, die sich nicht nach festen Regeln beantworten lasse.[101] Daher seien Abfindungen und Auseinandersetzungen einmalige Erwerbungen, die ihre Ursache nicht in einer Ertragsquelle hätten und auch Glücksfälle wie Lotterie- und Wettgewinne oder Funderwerbe seien Vermögenszuwächse durch einmalige tatsächliche Vorgänge.[102] Grundsätzlich seien Gütervermehrungen und –abnahmen nicht steuerbar, wenn sie das Gebrauchvermögen, sonstige, nicht zu Ertragszwecken gehaltene Vermögensgegenstände (Liebhaberei, Sport, Vergnügen) oder die Eingehung von persönlichen Schuldverbindlichkeiten einschließlich der hiermit einhergehenden

94 *Bernhard Fuisting*, Die Grundzüge der Steuerlehre, Berlin, 1902, S. 141.
95 *Bernhard Fuisting*, Die Grundzüge der Steuerlehre, Berlin, 1902, S. 139.
96 *Bernhard Fuisting*, Die Grundzüge der Steuerlehre, Berlin, 1902, S. 136 ff.
97 *Bernhard Fuisting*, Die Grundzüge der Steuerlehre, Berlin, 1902, S. 135 f.
98 *Bernhard Fuisting*, Die Grundzüge der Steuerlehre, Berlin, 1902, S. 137 ff.
99 *Bernhard Fuisting*, Die Grundzüge der Steuerlehre, Berlin, 1902, S. 148.
100 *Bernhard Fuisting*, Die Grundzüge der Steuerlehre, Berlin, 1902, S. 148 f.
101 *Bernhard Fuisting*, Die Grundzüge der Steuerlehre, Berlin, 1902, S. 148 f; diesen Ansatzpunkt übersieht *Hensel* bei seiner Beschreibung der Quellentheorie, *Albert Hensel*, Steuerrecht, 1933, S. 232.
102 *Bernhard Fuisting*, Die Grundzüge der Steuerlehre, Berlin, 1902, S. 149.

Kapitalaufnahmen und -abtragungen betreffen, soweit die Verbindlichkeiten nicht für die Zwecke einer Ertragsquelle eingegangen werden.[103]

(2) Die Quellentheorie in der Praxis

Zwar wird die Quellentheorie kritisiert, dass sie keinen klar abgrenzbaren Quellenbegriff definiere und sie daher an keinen tauglichen Tatbestand des steuerbaren Einkommens liefere.[104] Insbesondere ist das Erfordernis der Regelmäßigkeit ebenso regelmäßig der hauptsächliche Kritikpunkt an der Quellentheorie. So spricht *Schanz* diesem Kriterium die Fähigkeit einer ädequaten Anwendung ab.[105] Es komme nicht auf die Wiederholung oder Wiederholungsfähigkeit an, sondern nur, ob ein Reinertrag vorliege, also ein Zuwachs an wirtschaftlicher Leistungsfähigkeit ohne Aufzehrung des vorhandenen Kapitals.[106] Dennoch ist es unbestritten, dass die Quellentheorie auch im heutigen EStG fortwirkt und insbesondere *Fuisting* hierbei eine herausragende Rolle zukommt.[107] Daher sollte man nicht leichthin die beschriebenen quellentheoretischen Ansätze der historischen Einkommensteuergesetze bei einer Auslegung des heutigen Einkommensteuergesetzes ignorieren.[108]

---

103 *Bernhard Fuisting*, Die Grundzüge der Steuerlehre, Berlin, 1902, S. 150.

104 Diese Kritik findet sich bereits bei *Bruno Moll*, Probleme der Finanzwissenschaft (Band 1), 1924, S. 137; so auch *Paul Kirchhof*, in: Paul Kirchhof/Rudolf Mellinghoff (Hg.), Kirchhof/Söhn/Mellinghoff, Einkommensteuergesetz Kommentar, 254. Ergl., 01.2015, Stand: 34. Ergl., 1994, § 2, Rn. A 320 und ähnlich *Hensel*, Steuerrecht, S. 232, nach dem der Unterschied zwischen Ertrag und Einkommen nicht deutlich werde; das Problem der Abgrenzung von Ertrag, Einkommen, Vermögen und Konsumsphäre ist jedoch jeder Einkommensbesteuerung immanent; die Kritik kann daher mehr oder weniger auf alle Theorie angewendet werden und sollte nicht überwertet werden. Dies erkennt *Moll*, a.a.O. ausdrücklich an. Vgl. auch *Strutz*, in: Strutz, EStG 1925, Band I, Einleitung, S. 35, Fn. 1.

105 *Schanz*, Der Einkommensbegriff und die Einkommensteuergesetze, FinanzArchiv 1896, S. 16.

106 *Schanz*, Der Einkommensbegriff und die Einkommensteuergesetze, FinanzArchiv 1896, S. 17, der freilich auch nicht realisierte Wertschwankungen erfasst wissen wollte und der Frage der Abgrenzung der privaten von der einkommensteuerbaren Sphäre weitestgehend ignoriert, vgl. *ders.*, a.a.O., S. 44 u. 75, Fn. 2. Der Kapitalerhaltungsgrundsatz prägt auch die Quellentheorie.

107 *Kirchhof*, in: K/S/M, EStG, § 2, Rn. A 313.

108 So auch *Strutz*, in: Strutz, EStG 1925, Band I, Einleitung, S. 245; an anderer Stelle weist er daraufhin, dass *Popitz* die Bedeutung der Quellentheorie für eine praktisch durchführbare Einkommensteuer hevorgehoben und viele vorgebliche Mängel der Quellentheorie nicht unbedingt einem Manko der Theorie, sondern der konkreten gesetzlichen Umsetzung zugeschrieben habe und dass das EStG die Bemessungsgrundlage für die Einkommensteuer von der Quellentheorie ausgehend bestimmt habe, a.a.O., Einleitung, S. 29 f.; *Albert Hensel*, Steuerrecht, 3. Aufl. 1933, S. 233, weist denn daraufhin, dass nur das Gesetz und die aus ihm abgeleiteten Grundsätze herangezogen werden dürfen.

Zwar weisen schon *Hensel* und *Becker* zu recht daraufhin, dass man das EStG in erster Linie aus sich selbst heraus interpretieren müsse und dass das EStG 1925 nicht ausschließlich auf der Quellentheorie fuße.[109] Im Umkehrschluss heißt dies aber auch, dass die Quellentheorie nicht völlig bedeutungslos geworden ist, im Gegenteil.[110] Die heutige Besteuerung der Überschusseinkünfte folgt im Wesentlichen der Quellentheorie, wie auch *Lang* argumentiert.[111] Eine uneingeschränkte Umsetzung der Quellentheorie kam auch in der früheren Besteuerungspraxis nicht vor. Denn obwohl die Einkommensteuergesetze der Länder in ihrer überwiegenden Zahl in der Quellentheorie ihren dogmatischen Unterbau fanden, enthielten sie hierzu auch zahlreiche Ausnahmen und Durchbrechungen.[112] So zum Beispiel mit der Besteuerung der Spekulationsgeschäfte[113] oder der „Lex Schweckendick"[114],

---

109 *Alber Hensel*, Steuerrecht, 3. Aufl. 1933, S. 233, Fn. 1 und *Becker*, Die Grundlagen der Einkommensteuer, S. 206.

110 Selbst heute besteht bei der Definition des „Betriebs" Streit über die richtige Beschreibung der Quelle „Betrieb", vgl. *Wolfgang Heinicke*, in: Walter Drenseck (Hg.), Ludwig Schmidt, Einkommensteuergesetz, 30. Aufl., 2011, § 4, Rn. 25, und ist die Abgrenzung privat und betrieblich quellentheoretisch vorgezeichnet, *ders.*, a.a.O., Rn. 28, 42, 101 ff. und verneint die hM bis heute ein „Einkünftevermögen" bei den Überschusseinkünften gem. § 2 Abs. 1 Nr. 4–7 EStG, vertritt damit also eine klassisch quellentheoretische Folgerung; im Ergebnis so auch *Becker*, Die Grundlagen der Einkommensteuer, S. 215, wenn er als wesentlichen Unterschied die nicht mehr notwendige Dauerhaftigkeit einer Quelle hervorhebt, aber gleichzeitig darauf hinweist, dass das Kapitalvermögen quellentheoretisch verstanden werden müsse, was er jedoch nicht begründet. Für ihn bleibt die Unterscheidung zwischen Stammvermögen und Einkommenssphäre daher bestimmend, auch wenn es gewisse Ähnlichkeiten zwischen den Gewinn- und den Überschusseinkünftsarten gebe, z. B. bei den Einkünften aus Vermietung und Verpachtung, *ders.*, a.a.O., S. 221 u. 249, wobei er bei letzterer Einkunftsart nicht darauf eingeht, dass auch bei der Quellentheorie der „Wertverbrauch" im Bereich des abnutzbaren Stammvermögens als Aufwand berücksichtigt wird, vgl. *ders.*, a.a.O., S. 246.

111 *Lang*, Tipke/Lang, Steuerrecht (20. Aufl.), § 9, Rn. 50 u. 182.

112 *Strutz*, in: Handausgabe des Einkommensteuergesetzes vom 29. März 1920, § 4, Anm. 3, S. 39; *Schanz*, Der Einkommensbegriff und die Einkommensteuergesetze, S. 1 (46 ff.).

113 *Strutz*, in: Handausgabe des Einkommensteuergesetzes vom 29. März 1920, § 4, Anm. 1, S. 38; freilich versagte die Bestimmung in der Praxis zumindest in Preußen (§§ 11 Abs. 1, 13 Abs. 2 Nr. 4 preuß. EStG 1891), da nach dem OVG in jedem Einzelfalle die Steuerverwaltung dem Steuerpflichtigen eine Spekulationsabsicht nachweisen musste, dies jedoch regelmäßig nicht gelang, so *Ludwig Buck*, Die Ermittlung des steuerpflichtigen Einkommens auf Grund des neuen Reichseinkommensteuergesetzes vom 29. März 1920, 1921, S. 163.

114 Hiermit ist das nach dem Abgeordneten Schweckendieck benannte Gesetz „betreffend die Ergänzung des preußischen Einkommensteuergesetzes" vom 30. Dezember 1916, Pr. Gestzessammlung 1917, S. 1, gemeint. Zweck war die Erfassung der Einnahmen der „Kriegsgewinnler" durch die Veranlagung des

nach der ab 1916 die Besteuerung im preußischen Einkommensteuergesetz von Einkünften aus einmaligen Tätigkeiten im Rahmen der „gewinnbringenden Tätigkeiten" erfolgen sollte.[115] Für den Historiker *Herfried Münkler* wird 1916 damit sogar eine „steuerpolitische Zeitenwende" eingeläutet, nämlich die Arbeit an der Entwicklung des Steuerstaates, so wie wir ihn heute kennen:[116] Reichten damals die Anleiheverkäufe des Staates längst nicht mehr aus, um die rasant steigenden Kriegskosten zu finanzieren, mussten nun andere Quellen erschlossen werden – in erster Linie durch Ausbau des Steuersystems mit Einkommen- und Kriegsgewinnsteuer. Nach dem Krieg diente dieses Steuersystem dann als Grundlage für die finanzielle Bewältigung der gewaltigen Kriegsfolgelasten.[117] Darin zeigt sich auch die Tendenz, dass der Staat eine einmal geschaffene Steuerquelle nach Erledigung des ursprünglichen Finanzierungszwecks nicht einfach wieder aufgibt, sondern zur Finanzierung anderer, als notwendig oder wünschenswert erachteter staatlicher Leistungen heranzieht.[118]

(3) Zwischenergebnis

Das wesentliche Merkmal der einkommensteuerlichen Quellentheorie ist die Versteuerung des Reineinkommens lediglich dauernder Quellen der Gütererzeugung und die strikte Unterscheidung zwischen dem Vermögensstock und den daraus fließenden Erträgen. Grundsätzlich unberücksichtigt bleiben einmalige Erwerbungen

---

gesamten Vorjahreseinkommens auch einmaliger Einnahmen, *Ketterle*, Die Einkommensteuer in Deutschland -Modernisierung und Anpassung einer direkten Steuer von 1890/91 bis 1920, Diss., S. 72 f., siehe auch unten Fußnote 159.

115 Begründung vom 23.04.1925, S. 21; und auch *Fuisting* verlangte nicht immer eine dauernde Tätigkeit, sondern die Möglichkeit ihrer Dauerhaftigkeit und interpretierte das Quellenerfordernis weit weniger streng als zB *Albert Hensel* es ihm unterstellt.

116 *Herfried Münkler*, Interview in der F.A.Z. vom 28. Januar 2014; siehe auch *Herfried Münkler*, Der Große Krieg – Die Welt 1914 bis 1918, 2014, S. 592.

117 Nach *Münkler*, F.A.Z., stellte der Ausbau des Wohlfahrtsstaats – dessen Voraussetzung der Steuerstaat sei – die gesellschaftliche Antwort auf die Opferbereitschaft der Bevölkerung während und nach dem Ersten Weltkrieg dar; siehe auch *Münkler*, Der Große Krieg – Die Welt 1914 bis 1918, S. 794 f., insb. Fn. 73.

118 Dieses Phänomen verweist auf die Rechtfertigungsproblematik, wie sie in Kapitel 3 dargestellt wird. Herausragende Beispiele sind die Schaumweinsteuer von 1902 für das Flottenbauprogramm und der Solidaritätszuschlag von 1991/95. Aber auch heute in Zeiten steigender Steuereinnahmen werden solche Sondersteuern oder Ergänzungsabgaben nicht zur Verringerung der allgemeinen Steuerbelastung verwendet. Im Gegenteil wird diskutiert, wie der „Soli" in den allgemeinen Tarifverlauf integriert und als Manövriermasse bei der Neutarierung des Länderfinanzausgleiches genutzt werden kann. Vgl. ferner die seit Jahren andauernde Diskussion um die sog. „kalte" Progression und den „Mittelstandsbauch".

des Stammvermögens, die keine Erträge dauernder Ertragsquellen sind.[119] Unklar bleibt hierbei jedoch die Abgrenzung zwischen der Einkommens- und der Vermögenssphäre. Dieser Abgrenzung liegt kein stringentes Konzept zu Grunde, was in der willkürlichen Unterscheidung *Fuistings* zwischen beiden Sphären und den Auswirkungen bei der Gewinnermittlung von Kaufleuten und Privatleuten deutlich wird. Sein Ansatz ist vielmehr ein pragmatischer. Dies erinnert an *Tipkes* „Klugheitsregel".[120] In seinem Kommentar zum preußischen EStG 1891 schreibt *Fuisting* daher auch, dass die „Unterscheidung des Einkommens von der Vermehrung des Stammvermögens" besonders schwierig sei und dass das Gesetz hierfür keine erschöpfende Handreichung geben könne.[121]

cc) Quellentheorie und das preußische EStG 1891

Die Orientierung an der Quellentheorie wird in § 8 EStG 1891[122] deutlich, der diejenigen Einnahmen aussonderte, „'welche aus Erbschaften, Schenkungen, Lebensversicherungen, aus dem nicht gewerbsmäßig oder zu Spekulationszwecken unternommenen Verkauf' und dergleichen herrühren" und stellte hierdurch das Einkommen dem Stammvermögen gegenüber.[123] Erfasst wurden daneben aber auch bereits die „Veräußerungsgeschäfte" wie sie sich ähnlich heute noch in den §§ 22 Nr. 2, 23 EStG wiederfinden, wobei *Strutz* darauf hinweist, dass hierdurch strenggenommen das Vermögen und nicht das Einkommen besteuert werde.[124] Zugleich führt *Strutz* aus, dass – da nach der Quellentheorie die einzelne Kapitalie die Einkommensquelle darstelle – eigentlich auch eine Durchbrechung der Quellentheorie

---

119 So *Strutz*, in: Handausgabe des Einkommensteuergesetzes vom 29. März 1920, § 4, Anm. 1, S. 37.

120 *Klaus Tipke*, Die Steuerrechtsordnung II, 2003, S. 648 ff.: so sei die Erfassung von Vorgängen in der Privatsphäre zum Beispiel nicht praktikabel und nicht gleichmäßig durchführbar; vgl. auch *ders.*, StRO I, S. 485.

121 *Fuisting*, Das preußische Einkommensteuergesetz vom 24. Juni 1891 und die Ausführungsanweisung vom 05. August 1891, 1892, S. 67 und S. 132; *Schanz* hält die Unterscheidung für Haarspalterei und gänzlich unmöglich, da beides identisch sei, *ders.*, a.a.O. S. 57.

122 Nachfolgende §§-Angaben zum pr. EStG beziehen sich auf die Fassung von 1891. Bei der Neufassung 1906 hat sich die Numerierung geändert (minus 1, da § 4 wegfiel). Für die Untersuchung ist diese Neufassung jedoch ohne Auswirkung.

123 *Paul Krause*, Das preußische Einkommensteuergesetz vom 24. Juni 1891, Berlin, 1892, S. 16; Verluste wie Brand des Immobiliarvermögens und Ausfall einer Forderung des Kapitalvermögens waren nicht abziehbar (im Gegensatz zu betrieblichen Forderungen), *Strutz*, in: Fuisting/Strutz, Die preußischen direkten Steuern, Einkommensteuergesetz, Bd. 1, § 8, Anm. 10, S. 221.

124 *Strutz*, in: Fuisting/Strutz, Die preußischen direkten Steuern – Einkommensteuergesetz, 1. Band – 1. Hälfte, 8. Aufl. 1915, § 7, Anm. 9, S. 209 und auch zuvor § 7, Anm. 6, S. 199 unten.

vorliege (anders, wenn man alle Kapitalien als eine Quelle betrachte).[125] Die Abgrenzung der Stammvermögensmehrungen und –abtragungen vom steuerpflichtigen Einkommen sollte nach Ansicht des Gesetzgebers dabei nicht anhand der „subjektiven Anschauungen und Absichten der einzelnen Steuerpflichtigen, sondern nur nach allgemein gültigen wirtschaftlichen Grundsätzen" erfolgen, wobei eine erschöpfende Aufzählung aller nicht steuerbaren Fälle nicht möglich sei.[126]

Durch § 14 EStG 1891 gelangte zudem der Dualismus (der Einkünfteermittlung) in das preußische Einkommensteuergesetz, der zuvor schon in den Einkommensteuergesetzen von Bremen, Sachsen und Hamburg angelegt war.[127] Dieser Dualismus stellt zunächst eine Durchbrechung der Quellentheorie dar, zumindest soweit er Verluste und Wertminderungen des Vermögens, insbesondere beim Betriebskapital[128], zulässt. Wie oben gesehen, war aber nach *Fuisting* der Dualismus der Einkunftsarten durchaus mit der Quellentheorie vereinbar und stellt innerhalb der Quellentheorie nur eine Folge der unterschiedlichen Quellendefinition dar.[129] Dies wird auch bei der

---

125 *Strutz*, in: Fuisting/Strutz, Die preußischen direkten Steuern – Einkommensteuergesetz, 1. Band – 1. Hälfte, 8. Aufl. 1915, § 7, Anm. 7, S. 201.

126 Motive zum Gesetzentwurf vom 03. November 1890 zu § 8, zit. nach *Schanz*, in: FinanzArchiv 1896, S. 1 (78).

127 *Walter Mathiak*, Das preußische Einkommensteuergesetz von 1891 im Rahmen der *Miquel*'schen Steuerreform 1891/1893, Berlin, 2011, S. 135 f.

128 Vgl. nachfolgende Fußnote zur Definition des Betriebskapitals; der Dualismus findet sich aber auch im EStG 1920 wieder, das auf der *Schanz*'schen Reinvermögenszugangstheorie fußte und ist letztlich eine Folge der Abgrenzung von Erwerb- und Privatsphäre, einer Aufgabe, dem sich alle Einkommensteuergesetze stellen müssen, vgl. daher den Dualismus gegen Kritik *Tipkes* verteidigend *Jonas*, Fehlgeschlagene Aufwendungen als Werbungskosten, 1993, S. 19 ff., und betrifft auch die Gewinneinkünfte selbst, vgl. die unterschiedlichen Gewinnermittlungsarten durch Bestandsvergleich und Einnahmenüberschussrechnung, sog. 4 III-Rechner oder Überschussrechner und die Bemühungen der Lehre und Praxis hieraus resultierende Auswirkungen auf den periodenübergreifenden Totalgewinn zu eliminieren, vgl. *Wolfgang Heinicke*, in: Heinrich Weber-Grellet (Hg.), Ludwig Schmidt, Einkommensteuergesetz Kommentar, 33. Aufl., 2014, § 4, Rn. 10, 371 ff, 392.

129 *Fuisting* plädierte lediglich für eine steuerrechtliche Korrektur der Handelsbilanz, *Bernhard Fuisting*, Die Grundzüge der Steuerlehre, Berlin, 1902, S. 175 ff., anders interpretiert *Lang*, in: Tipke/Lang, Steuerrecht, 20. Aufl. 2010, § 9, Rn. 50 ff. den Ansatz von *Fuisting*; die Aufgabe der umgekehrten Maßgeblichkeit – also eine späte Bestätigung *Fuistings* – erfolgte durch das BilMoG, vgl. *Weber-Grellet*, in: Schmidt, EStG, § 5, Rn. 26; wesentlicher Unterschied ist freilich, dass nach *Fuisting* auch bei den Gewerbebetrieben der Vermögensstock nicht Bestandteil der Erwerbssphäre war, und daher außergewöhnliche Umstände bei Abschreibungen auf das Anlagekapital nicht zulässig waren, *Fuisting*, Die Grundzüge der Steuerlehre, S. 180, gleichwohl aber beim Betriebskapital, S. 176 f.; zum Unterschied von Anlage- (Grundstücke, Gebäude, Maschinen) und Betriebskapital (Umlaufvermögen, Forderungen, Schulden, Roh- und Hilfsstoffe) s. S. 170.

Definition der Werbungskosten deutlich. Nach *Strutz* ist ein wirtschaftliches Verständnis der Werbungskosten erforderlich: „Alles was aus dem werbenden Vermögen (Anlage- und Betriebskapital) der Quelle aufgewendet wird, um als Frucht der Quelle in ihrem bisherigen Zustande einen Überschuss der neuerworbenen über die aufgewendeten wirtschaftlichen Güter zu erzielen, gehört zu den Werbungskosten, mag dieser Zweck erreicht werden oder nicht, das Ergebnis Gewinn oder Verlust sein."[130] Dies hatte zum Beispiel zur Folge, dass Schuldzinsen bei einem Gewerbebetrieb Werbungskosten darstellen konnten, bei Einkünften aus Grundbesitz hingegen nicht, da bei letzterem die Quelle zugleich den Vermögensstock darstellte. Trotzdem ließ das Preußische OVG den Abzug, obwohl „wirkliche" Werbungskosten nicht vorlägen, zu, da diese zumindest wirtschaftlich gleich seien.[131] Die Konstruktion des Abzugs von Aufwendungen, die keine wirklichen Werbungskosten sind, sondern nur gleich wie Werbungskosten zu behandeln sind, führt der BFH in ständiger Rechtsprechung bis heute fort.[132]

Die Konstruktion „wirklicher" Ausgaben im Sinne tatsächlicher Geldabflüsse beschäftigte die Literatur auch im Rahmen der AfA. So findet sich bei *Wilmowski* die Aussage, dass „[d]er Verlust des Anlagekapitals [...] dem Gewinn des Einkommens in ebenso direktem ursächlichen Zusammenhang [steht] wie die Summe der innerhalb der Nutzungszeit verwendeten baren Geschäftsausgaben. Eben deshalb erscheint es billig, den allmählich sich vollziehenden Wertverlust bei der Feststellung des steuerpflichtigen Einkommens den wirklichen Betriebs- (Verwaltungs-, Wirtschafts-) Ausgaben gleichzustellen."[133]

Auch in der zeitgenössischen Literatur wurde versucht den spezifischen rechtlichen Hintergrund des „Einkommens" – so wie es das preußische EStG 1891 zu besteuern suchte – zu klären. So führt zum Beispiel *Maaßen* aus, dass das Einkommen der natürliche oder zivile Ertrag des Stammvermögens, der körperlichen oder geistigen Arbeitskraft sei: also Frucht und Benutzung (Gebrauch), Rente, Gewinn (Unternehmergewinn) und Lohn.[134]

Zudem könne dabei zwischen fundiertem und nicht fundiertem Einkommen unterschieden werden: fundiertes Einkommen sei vererbbares, übertragbares Einkommen, nicht fundiertes Einkommen sei persönliches, nicht vererbbares

---

130 *Strutz*, in: Fuisting/Strutz, Die preußischen direkten Steuern, Einkommensteuergesetz, Bd. 1, § 8, Anm. 9, S. 232.

131 *Strutz*, in: Fuisting/Strutz, Die preußischen direkten Steuern – Einkommensteuergesetz, 1. Band – 1. Hälfte, 8. Aufl. 1915, § 8, Anm. 18, S. 237; ab 1906 wohl nicht mehr möglich, so zumindest *Strutz*.

132 Vgl. *Heinicke*, in: Schmidt, EStG, § 4, Rn. 133 u. 139 hinsichtlich WG und BFH, Urteil vom 9. Februar 2012 – III R 67/09 –, BFHE 237, 39, BStBl. II 2012, 567 zur Abziehbarkeit von Kinderbetreuungskosten.

133 *von Wilmowski*, Kommentar zum preußischen Einkommensteuergesetz vom 24. Juni 1891, S. 38, Anm. 12 zu § 9.

134 *Julius Maaßen*, Das Einkommensteuergesetz für Preußen, 1891, S. 30, Vorbemerkungen zu § 7.

Einkommen.[135] Die Unterscheidung sei schwierig, aber notwendig, weil fundiertes Einkommen nicht oder nicht allein der wirtschaftlichen Leistung des einzelnen zu verdanken sei, sondern dem ohne wesentliche Arbeit Ertrag gewährendem Vermögen.[136] *Krause* stellt in seinem damaligen Kommentar fest, dass durch die Berücksichtigung von Veräußerungen wirtschaftliche Kraft besteuert werde, die nicht im Einkommen im landläufigen Sinne liege. Es handele sich dabei um Erwerbungen, die ohne wirtschaftliche Leistungen oder nur durch Anwendung einer geringen Tätigkeit dem Steuerpflichtigen *zufallen*, und im juristischen Sinne keine Vermögensnutzung darstellten.[137]

Für die Erfassung des steuerbaren Einkommens mussten somit unter anderem gemäß § 8 pr. EStG 1891 die Vermögenszuwächse des Stammvermögens ausgeschieden werden. So waren nach der damals herrschenden Meinung zum Beispiel Lotteriegewinne derartige Vermögenszuwächse im steuerlichen Sinne und daher nicht steuerbar.[138] Der Gedanke, dass diese bereits anderen Belastungen unterlägen – so wie von *Schanz* argumentiert[139] –, wurde mithin nicht als Begründung für die Steuerfreiheit der Lotteriegewinne angeführt. Anders aber knapp 30 Jahre später im Begründungsentwurf zum EStG 1925.[140]

Dem Geist der Quellentheorie entsprechend betraf das Schicksal der Quelle das Einkommen nur, wenn ein unmittelbarer Zusammenhang zu den Erträgen vorlag. Die Quelle selbst stand hingegen außerhalb der Erträgnisrechnung. So löste der Wegfall einer Einkommensquelle, zu dem auch der Verzicht auf eine Kapitalforderung gehörte, lediglich den Anspruch auf eine Ermäßigung der Einkommensteuer gemäß § 58 pr. EStG 1891 aus.[141]

Ferner waren auch nicht alle Einnahmen, die nicht zu den außerordentlichen des § 8 pr. EStG 1891 gehörten, automatisch steuerpflichtig. Voraussetzung für eine Steuerbarkeit sei, dass der „die Einkünfte Beziehende einen wirtschaftlichen

---

135 *Paul Krause*, Das preußische Einkommensteuergesetz vom 24. Juni 1891, Berlin, 1892, S. 27.

136 *Paul Krause*, Das preußische Einkommensteuergesetz vom 24. Juni 1891, Berlin, 1892, S. 27; interessant ist, dass für das letztere im vorvorherigen Jahrhundert eine höhere Besteuerung verlangt wurde, heute aber ausgerechnet Einkünfte aus Kapitalvermögen geringer versteuert werden.

137 *Paul Krause*, Das preußische Einkommensteuergesetz vom 24. Juni 1891, Berlin, 1892, S. 25, *Hervorhebung durch den Verfasser.*

138 *von Wilmowski*, Kommentar zum preußischen Einkommensteuergesetz vom 24. Juni 1891, S. 25, Anm. 4 zu § 8.

139 *Schanz*, in: FinanzArchiv 1896, S. 1 (75).

140 Die Begründung ist freilich nicht widerspruchslos: Entweder hält man die Lotteriegewinne für grundsätzlich steuerbar und stellt sie lediglich frei oder man verneint bereits ihre Steuerbarkeit. Der Gesetzgeber des EStG 1925 vertritt sicherlich letztere Auffassung, auch wenn die Formulierung in der Begründung ungenau ist (und die Konzepte von Steuerbarkeit und Steuerpflichtigkeit gleich verwendet).

141 *Paul Krause*, Das preußische Einkommensteuergesetz vom 24. Juni 1891, Berlin, 1892, S. 97, Anm. 2 f. zu § 58.

Anspruch auf dieselben habe, sei es in Folge einer Leistung, Tätigkeit, sei es in Folge einer ihm zustehenden Berechtigung (sei es in Folge beider Umstände)".[142] Beruhten die Zuwendungen auf sittlichen Gründen, scheide eine wirtschaftliche Grundlage in der Regel aus.[143] Hätten aber Leistungen und Aufwendungen einen „geschäftlichen Charakter", so sei die Vergütung ein Teil des steuerpflichtigen Einkommens.[144] Innerer, allgemeiner Grund jeden Einkommens sei eine Tätigkeit oder eine wirtschaftliche Berechtigung.[145] Ähnlich argumentiert *Maaßen* im Kontext des § 15 pr. EStG 1891: „Gewinnbringende Beschäftigung" nach § 15 pr. EStG 1891 verlange nach einer gewinnbringenden Beschäftigung im wirtschaftlichen Sinne. Eine rein gewinnbringende Tätigkeit, die letztlich dazu führt, dass einem Mittel aus Wohltätigkeit, Wohlwollen, etc. anderer zuflössen, sei für sich nicht ausreichend.[146] Eine wirtschaftliche Leistung erbringe der Bettler, Glückspieler oder Dieb daher nicht; mithin sei auch Unzucht nicht steuerbar.[147] Bei allen genannten Tätigkeiten fehle es an einem entsprechenden wirtschaftlichen Anspruch des Steuerpflichtigen.[148] Trinkgelder wurden grundsätzlich als nicht steuerbar angesehen; eine Besteuerung sollte nur dann erfolgen, wenn diese fester Bestandteil der Lohnabrede waren.[149] Preise ohne Ausschreibung seien nicht, mit Auslobung und Bewerbung jedoch einkommensteuerbar.[150]

---

142 *Paul Krause*, Das preußische Einkommensteuergesetz vom 24. Juni 1891, Berlin, 1892, S. 45, Anm. 2 zu § 7; hier wird also bereits der Begriff der Leistung verwendet, unklar aber insoweit, ob auch schon als Synonym zum Tätigkeitsbegriff.

143 *Paul Krause*, Das preußische Einkommensteuergesetz vom 24. Juni 1891, Berlin, 1892, S. 45, Anm. 2 zu § 7.

144 *Paul Krause*, Das preußische Einkommensteuergesetz vom 24. Juni 1891, Berlin, 1892, S. 46, Anm. 2 zu § 7.

145 *Paul Krause*, Das preußische Einkommensteuergesetz vom 24. Juni 1891, Berlin, 1892, S. 46 f., Anm. 5 zu § 7; vgl. die frappierend ähnliche Formulierung im heutigen § 24 Nr. 2 EStG, der von Tätigkeiten und Rechtsverhältnissen spricht; vgl. aber auch § 12 Nr. 1 S. 2 EStG, der von Beruf und Tätigkeit spricht, und sicherlich nicht die Rechtsverhältnisse hiervon ausschließt.

146 *Julius Maaßen*, Das Einkommensteuergesetz für Preußen, 1891, S. 61, Anm. 1 zu § 15.

147 *Paul Krause*, Das preußische Einkommensteuergesetz vom 24. Juni 1891, Berlin, 1892, S. 62, Anm. 2 zu § 14.

148 *Paul Krause*, Das preußische Einkommensteuergesetz vom 24. Juni 1891, Berlin, 1892, S. 64, Anm. 1 zu § 15.

149 *B. von Wilmowski*, in: Kommentar zum Preußischen Einkommensteuergesetz vom 24. Juni 1891, 1896, S. 88, Anm. 2 zu § 15; Erlass des OVG vom 19. Januar 1893, Bd. 1, S. 127 und vom 21. Dezember 1893, Bd. 2, S. 345; so auch bereits oben *Bernhard Fuisting*, Die Grundzüge der Steuerlehre, Berlin, 1902, S. 151.

150 *B. von Wilmowski*, Kommentar zum preußischen Einkommensteuergesetz vom 24. Juni 1891, S. 24, Anm. 1 zu § 8, unter Verweis auf § 988, Teil 1, Tit. 11 ALR, Windscheid, Pandektenrecht Bd. 2 § 308 und den Erlass des OVG vom 09. Oktober 1894, Bd. 3, S. 103.

Im gleichen Zusammenhang betont *Fuisting*, dass der Begriff der Beschäftigung in § 15 pr. EStG 1891 ein positives Schaffen voraussetze: so stelle der Kauf eines Loses nur den Abschluss eines Rechtsgeschäftes, aber kein darüber hinausgehendes positives Schaffen dar; ähnlich läge zwar beim Spiel eine positive Tätigkeit, aber noch kein Schaffen vor.[151] Interessant ist eine weitere Aussage *Fuistings* im Kontext der heute diskutierten Einkünfteerzielungsabsicht. Zur Steuerbarkeit komme es nur auf ein positives Ergebnis an, nicht aber auch noch zusätzlich auf die Absicht, durch diese Beschäftigung Gewinne zu erzielen. Eine ausdrückliche Einigung auf eine Gegenleistung und die entsprechende Höhe seien daher nicht erforderlich, weshalb auch renumeratorische Schenkungen für geleistete Dienste und Belohnungen, die den Wert der Leistung überstiegen, steuerbare Einkünfte aus gewinnbringender Beschäftigung seien.[152] Ausdrücklich greift dies *Strutz* auf. Eine gewinnbringende Beschäftigung setze weder eine Wiederholung noch eine anfängliche Absicht voraus. Entscheidend sei, dass die Beschäftigung tatsächlich einen Gewinn abgeworfen habe oder zumindest sich hierfür abstrakt eigne; dies sei dann der Fall, wenn sich Leistung und Gegenleistung gegenüberstehen.[153]

Mithin durfte für eine Steuerbarkeit ein Vermögenszufluss weder ein Zuwachs des Stammvermögens darstellen noch reichte nach verbreiteter Ansicht eine rein gewinnbringende Tätigkeit aus: erforderlich war vielmehr eine wirtschaftliche Beschäftigung. Der gleiche Wortlaut findet sich noch heute in aktuellen Urteilen des Bundesfinanzhofs und Kommentierungen zu § 22 Nr. 3 EStG, so zum Beispiel bei *Weber-Grellet*, der die Nichtsteuerbarkeit bestimmter Einnahmen – so bei ehrenamtlichen Betätigungen, Spielen, Pflege von Angehörigen – mit ihrer fehlenden wirtschaftlichen Grundlage begründet.[154] Auf die grundsätzliche Problematik einer Definition der „wirtschaftlichen Tätigkeit" hat bereits *Schanz* hingewiesen, da dieser Ansatz auch in der finanzwissenschaftlichen Diskussion angeführt wurde, um das Einkommen zu beschreiben.[155] Trotz der sicherlich berechtigten Kritik, wird das Unbehagen, auf dieses Erfordernis zu verzichten, aber auch in der finanzgerichtlichen Rechtsprechung deutlich. Und *Schanz* selbst kann seiner Kritik keine widerspruchslose Lösung folgen lassen, wenn er zum Beispiel die Ausgaben für Lotterieteilnahmen der „persönlichen Bedürfnisbefriedigung" zurechnet, Lotteriegewinne aber

---

151 *Fuisting*, Das preußische Einkommensteuergesetz vom 24. Juni 1891 und die Ausführungsanweisung vom 05. August 1891, 1892, § 15, Anm. 2, S. 177.

152 *Fuisting*, Das preußische Einkommensteuergesetz vom 24. Juni 1891 und die Ausführungsanweisung vom 05. August 1891, 1892, § 15, Anm. 2, S. 177, wonach zudem die Tätigkeit erlaubt sein müsse; anders heute § 42 AO.

153 *Strutz*, in: Fuisting/Strutz, Die preußischen direkten Steuern, Einkommensteuergesetz, Bd. 1, § 6, Anm. 14, S. 182 auf die Rechtsprechung des Pr. OVG verweisend.

154 *Weber-Grellet*, in: Schmidt, EStG, § 22, Rn. 133.

155 *Schanz*, in: FinanzArchiv 1896, S. 1 (9 ff.), der *Roscher* zitiert, nach dem „ […] Wirtschaften […] die planmäßige Tätigkeit des Menschen [ist], um seinen Bedarf an äußeren Gütern zu befriedigen."

vollständig der Besteuerung unterwerfen will, ohne diese Unterscheidung weiter zu begründen und dem Einsatz also den „wirtschaftlichen Charakter" abspricht.[156]

dd) Zwischenergebnis

Hauptkritikpunkt an auf der Quellentheorie aufbauenden Einkommensteuergesetzen ist die angebliche Nichtbesteuerung einmaliger Tätigkeiten.[157] Diese Feststellung ist in ihrer Allgemeinheit schlicht falsch. So erfasste § 8 pr. EStG 1891 ausdrücklich realisierte Veräußerungsgewinne durch einmalige Spekulationsgeschäfte, wobei auch alle damit in ursächlichem Zusammenhang stehenden Ausgaben abzugsfähig waren.[158] Schon *Fuisting* selbst wies daraufhin, dass die regelmäßige Wiederholung von Einnahmen keine Voraussetzung der Steuerbarkeit sei wie die Steuerpflichtigkeit der Spekulationsgewinne oder der Gewinne aus schriftstellerischer Tätigkeit zeigten; das pr. EStG 1891 habe sich insofern nicht den Auffassungen der Wissenschaft angeschlossen.[159] Auch die noch heute gängige Unterscheidung zwischen gewerblichem Grundstückshandel und privaten Veräußerungsgeschäften lässt sich direkt mit der Entstehungsgeschichte des preußischen EStG von 1891 in Verbindung bringen. Der damalige preußische Finanzminister *Johannes Miquel* führte aus, dass „wenn jemand einen Gegenstand kauft in der Absicht, ihn nicht als Gebrauchswert zu behandeln, sondern als Verkaufswert: so ist Spekulation vorhanden".[160] Jedoch ergaben sich Probleme gerade auch bei der Erfassung einmaliger Einnahmen, die in der Veranlagungssystematik begründet waren, da der Bestand der Quellen zu Beginn eines Steuerjahres entscheidend war und bei einem Wegfall der Quelle zu Beginn des neuen Steuerjahres eine Besteuerung ausgeschlossen sein konnte.[161] Dieser „Mangel" wurde durch die erwähnte „Lex Schweckendieck" im Jahre 1916 behoben.[162]

---

156 *Schanz*, in: FinanzArchiv 1896, S. 1 (75, Fn. 2).

157 Eine kurzen Überblick gibt *Martin Christian Jonas*, Fehlgeschlagene Aufwendungen als Werbungskosten (Die Vermögenssphäre bei den Überschusseinkünften), Diss., 1993, S. 20.

158 *B. von Wilmowski*, Kommentar zum preußischen Einkommensteuergesetz vom 24. Juni 1891, S. 25, Anm. 3 zu § 8; Erlass des OVG vom 21. April 1894, Bd. 3, S. 22; hierdurch wurde das objektive Nettoprinzip verwirklicht.

159 *Fuisting*, Das preußische Einkommensteuergesetz vom 24. Juni 1891 und die Ausführungsanweisung vom 05. August 1891, 1892, S. 144.

160 *B. von Wilmowski*, Kommentar zum preußischen Einkommensteuergesetz vom 24. Juni 1891, S. 24, Anm. 2 zu § 8.

161 *Jürgen Ketterle*, Die Einkommensteuer in Deutschland, Köln 1994, S. 72 f. und *Walter Mahiak*, Das preußsische Einkommensteuergesetz, S. 397, siehe auch Fn. 113 oben.

162 *Jürgen Ketterle*, Die Einkommensteuer in Deutschland, Köln 1994, S. 73 und *Walter Mahiak*, Das preußische Einkommensteuergesetz, S. 397, bei dem es jedoch statt Schwedendieck Schweckendieck heißen müsste.

Eine pauschale Zuordnung zu einer der beiden damals vorherrschenden Einkommenstheorien ist daher nicht möglich, setzte doch das preußische Einkommensteuergesetz 1891, zumindest im Zeitpunkt seiner Ablösung durch das REStG 1920 die Quellentheorie nicht in Reinform um.

Nicht überraschend kann es daher sein, dass die grundlegende Gliederung der Leistungsgewinne des § 41 EStG 1925 sich bereits in der Kommentierung *von Wilmowskis* zum pr. EStG 1891 wiederfindet, der die Spekulationsgewinne zusammen mit den „sonstigen unregelmäßigen Einnahmen“ behandelt.[163] Er diskutiert diese vor dem Hintergrund der Regelmäßigkeit der Einnahmen. *Wilmowski* folgert aus der Feststellung des Gesetzgebers, dass alle Erwerbungen steuerlich erfasst werden sollten, dass dies auch für Provisionen und „Einnahmen aus vereinzelter, d.h. nicht berufsmäßiger, schriftstellerischer oder künstlerischer Tätigkeit“ gelten müsse.[164] Als „vereinzelt“ definiert er die Gewinne, die sich nicht wiederholen lassen. Aber ganz im Geiste der Quellentheorie weist er daraufhin, dass dabei nicht in die nicht steuerbare Stammvermögenssphäre eingriffen werden dürfe. Insofern spricht auch *Wilmowski* von besonderen Bedingungen, die solche Gewinne erfüllen müssten. Es fällt zudem auf, dass auch hier von Gewinnen gesprochen wird, wie in § 41 EStG 1925. Letztere Einschränkung deckt sich mit der Feststellung *Fuistings*, dass ausdrücklich nicht die Besteuerung jedes „wie auch immer gemachten Gewinn aus einem Rechtsgeschäfte“ vorgesehen sei.[165] Wenn also die These der herrschenden Meinung richtig ist, dass die Überschusseinkünfte der Quellentheorie folgten, sollte erwartetet werden, dass die Rechtsprechung diesem Aspekt besondere Rücksicht widmet – nicht nur auf der Aufwand-, sondern gerade auch auf der Einnahmenseite.

III. Ausgewählte Regelungen in den Einzelstaaten vor 1920

1. Sachsen

Das erste sächsische Einkommensteuergesetz erging am 22.12.1874[166] und wurde nach Abschluss einer Experimentalphase durch das Gesetz vom 02.07.1878 abgelöst, das jedoch nur in unmaßgeblichen Punkten von der ersten Fassung abwich.[167]

Es nannte in § 18 sächs. EStG 1874 die vier Hauptquellen bei der Einschätzung des Einkommens:

---

163 B. von Wilmowski, Kommentar zum preußischen Einkommensteuergesetz vom 24. Juni 1891, S. 52, Anm. 5 zu § 10.

164 B. von Wilmowski, Kommentar zum preußischen Einkommensteuergesetz vom 24. Juni 1891, S. 49 f., Anm. 5 zu § 10.

165 Fuisting, Das preußische Einkommensteuergesetz vom 24. Juni 1891 und die Ausführungsanweisung vom 05. August 1891, 1892, S. 146.

166 Sächsisches GVBl. 1874, 471 ff., zit. nach *Mathiak*, Das sächsische Einkommensteuergesetz von 1874/78, S. 95 ff.

167 *Walter Mathiak*, Das sächsische Einkommensteuergesetz von 1874/78, Dresden 2005, S. 13.

„a) Verpachtung von Grundstücken, Vermiethung von Gebäuden oder Benutzung derselben zur eigenen Wohnung, Betrieb der Land- und Forstwirthschaft auf eigenen Grundstücken;
b) Capitalzinsen, Renten, Apanagen, Dividenden von Actien oder Kuxen, Naturalgefälle, Auszüge oder andere Gerechtsame;
c) Bekleidung einer ausschließlich oder zum Theile mit festem Gehalte oder Lohne verbundenen amtlichen oder sonstigen Stellung;
d) Handel, Gewerbe, einschließlich des Betriebs der Landwirthschaft auf fremden Grundstücken und jede andere Erwerbthätigkeit."

§§ 17 Punkt 2 und 22 Punkt 1 sächs. EStG 1874 regelten den Maßgeblichkeitsgrundsatz und führten damit auch in das sächsische EStG den Dualismus der Einkunftsarten ein.

§ 17 Punkt 2 sächs. EStG 1874 lautete:

„2. Außerordentliche Einnahmen durch Erbschaften und ähnliche Erwerbungen gelten jedoch nicht als steuerpflichtiges Einkommen, sondern als Vermehrungen des Stammvermögens, sie kommen daher ebenso, wie Verminderungen des letzteren – vorbehaltlich der Bestimmung in § 22 Punkt 1 – nur insofern in Berücksichtigung, als die Erträgnisse des Vermögens dadurch vermehrt oder vermindert werden."

§ 22 Punkt 1 sächs. EStG 1874 lautete:

„1. Beim Handels- und Gewerbebetriebe ist der Reingewinn nach den Grundsätzen zu berechnen, wie solche für die Inventur und Bilanz durch das Handelsgesetzbuch vorgeschrieben sind und sonst dem Gebrauche eines ordentlichen Kaufmanns entsprechen; insbesondere gilt dies vom Zuwachs und andererseits von der Abnutzung des Anlagecapitals, sowie von Forderungen und Schulden und deren Zinsen. Im Uebrigen leiden die in § 17 aufgestellten Grundsätze auch hier Anwendung."

Durch das Einkommensteuergesetz vom 02. Juli 1878 änderte sich im hier interessierenden Umfang lediglich die Nummerierung: aus § 18 wurde der § 17, aus § 22 der neue § 21 und aus § 17 Punkt 2 der neue § 15 Punkt 2.[168] Es trat am 01. Januar 1901 in Kraft.[169]

Für das Verständnis des Einkünftedualismus erhellend ist der Beitrag des damaligen Finanzministers *Friesen*, der während den Beratungen zum sächsischen EStG 1874 ausdrücklich hervorhob, dass der Einkommensbegriff im kaufmännischen Bereich nicht ohne weiteres mit dem Einkommensbegriff im Privatbereich vergleichbar sei:[170] Der Privatmann habe ein fest angelegtes Vermögen, könne daher

---

168 Sächsisches GVBl. 1878, 129 ff, zit. nach *Walter Mathiak*, Das sächsische Einkommensteuergesetz von 1874/78, Dresden 2005, S. 104 ff.

169 *Walter Mathiak*, Das sächsische Einkommensteuergesetz von 1874/78, Dresden 2005, S. 71.

170 *Richard Freiherr von Friesen*,in: Landtag 1873/74, Mitt. 2. K., 2. Bd., S. 1376 ff, zit. nach *Walter Mathiak*, Das sächsische Einkommensteuergesetz von 1874/78, Dresden 2005, S. 53.

immer genau nachweisen, wie weit sich die Nutzungen dieses Vermögens und sein Vermögen als solches vermehrt oder vermindert habe. Der Hauptunterschied sei, dass der Privatmann lediglich mit den Zinsen seines Vermögens wirtschafte, der Kaufmann jedoch mit der Vermögenssubstanz selbst arbeite und diese riskiere. Zinsen und Vermögensänderungen seien daher beim Kaufmann zusammenzufassen.

Von Interesse für das heutige Verständnis des § 22 Nr. 3 EStG ist in erster Linie die praktische Auswirkung des scheinbar umfassenden Einkommensbegriffs des sächsischen EStG 1874. Zwar äußerte sich das sächsische OVG in einer Entscheidung dahingehend, dass § 17 sächs. EStG 1878 (§ 18 sächs. EStG 1874) nur die „hauptsächlichsten wirtschaftlichen Erscheinungsformen" des Einkommens benenne.[171] Dennoch kann dieses Urteil auch einfach nur als Ausprägung einer besonders weiten Auslegung der jeweiligen Quelle angesehen werden, denn in weiteren Entscheidungen wurden „außerordentliche" Einnahmen stets unversteuert gelassen.[172] Besonders kasuistisch mutet die Entscheidungspraxis bezüglich der „Werbungskosten" an.[173] Hieraus lassen sich jedoch keine weiteren Schlüsse im Hinblick auf die Untersuchung zu § 22 Nr. 3 EStG ziehen. Interessant ist jedoch, dass auch nach dem sächsischen EStG Aufgabegewinne von Geschäftstreibenden gemäß § 15 Punkt 2 sächs. EStG 1878 steuerfrei blieben, teilweise Geschäftsveräußerungen dennoch steuerbar sein sollten.[174] Ferner legte das sächsische OVG die Einkommensquelle Handel und Gewerbe sehr weit aus – so zählten auch Spekulationsgeschäfte mit Grundstücken zu dieser Gruppe –, ließ aber auch bei nicht buchführenden Gewerbetreibenden Abschreibungen wegen Wertminderungen zu.[175]

Von einer umfassenden Besteuerung der „Leistungseinkünfte" bzw. „Einkünfte aus Tätigkeiten" im sächsischen EStG kann zumindest nicht gesprochen werden. Kennzeichnend ist sicherlich die großzügige Auslegung der vier Hauptquellen, aber auch der Versuch der scharfen Abgrenzung zu vermögenswirksamen Vorgängen im

---

171 Sächsisches OVG Urteil vom 02.04.1903–53 II S, Jb. 4, 106, zit. nach *Walter Mathiak*, Das sächsische Einkommensteuergesetz von 1874/78, Dresden 2005, S. 77 betreffend des Wertes von Steinmaterial aus einem eigenen Steinbruch. Interessant ist jedoch die Tendenz des Sächsischen OVG, dieses als mittelbares Einkommen aus dem Grundstück anzusehen, die Quelle eben weit auszulegen.

172 So *Walter Mathiak*, Das sächsische Einkommensteuergesetz von 1874/78, Dresden 2005, S. 77, der auf sächsisches OVG Urteil vom 08.09.1902–133 II S, Jb. 2, 367 verweist, das eine Enteignungsentschädigung betraf.

173 *Walter Mathiak*, Das sächsische Einkommensteuergesetz von 1874/78, Dresden 2005, S. 79.

174 *Walter Mathiak*, Das sächsische Einkommensteuergesetz von 1874/78, Dresden 2005, S. 85 mit Verweis auf sächsisches OVG Urteil vom 19.08.1902–109 u. 110 II S, Jb. 3, 82.

175 *Walter Mathiak*, Das sächsische Einkommensteuergesetz von 1874/78, Dresden 2005, S. 81 ff., S. 83 mit Verweis auf sächsisches OVG Urteil vom 30.12.1912–148 II S 12, Jb. 20, 85; insbesondere wurden damit auch einmalige, also gelegentliche Spekulationsgeschäfte erfasst, anderes als im preußischen EStG 1891, vgl. *Jürgen Ketterle*, Die Einkommensteuer in Deutschland, Köln 1994, S. 48.

Stammvermögen, die explizit nicht steuerbar waren und mithin den quellentheoretischen Vorgaben folgten.

2. Überblick über andere Staaten

Auffallend ist in nahezu allen einzelstaatlichen Einkommensteuergesetzen die Beschränkung des Einkommens auf vier Quellen (Grundvermögen, Gewerbebetrieb inkl. Spekulationsgeschäften, Kapitalvermögen und nichtselbständige Arbeit oder andere gewinnbringender Tätigkeit/Arbeit).[176] Kennzeichnend war also die Erfassung anderer gewinnbringender Tätigkeiten unter Ausschluss der Erfassung von Zuflüssen in das jeweilige Stammvermögen, also bei strenger Anwendung der Quellentheorie.[177] Als Ausnahmen können – zumindest zeitweise – die Einkommensteuergesetze der Hansestädte Hamburg, Bremen und Lübeck im 19. Jahrhundert angesehen werden, die ausdrücklich auch Erträge einzelner gewinnbringender Geschäfte, so auch aus Lotterien, der Einkommensbesteuerung unterwarfen – ausdrücklich aber einzelne Kapitalanfälle wie Schenkungen und Aussteuern nicht erfassten.[178]

3. Stellungnahme

Soweit der sächsische Finanzminister das „Risiko" der Betätigung anspricht, so entspricht dies auch der Gesetzesbegründung, wenn dort das Vermögen nicht als Risikokapital angesehen wird – also gleichsam ein risikoloses Einkommen unterstellt. Ähnlich, wenn auch nicht identisch, sieht man die Frage des „Risikos" zum Beispiel in einer Stellungnahme der Steuerbehörde der Stadt Lübeck vom 17. Februar 1886 – deren Erkenntnisse in das spätere lübische Gesetz eingeflossen sind. In der Stellungnahme heißt es, dass die Nutzung von Grundvermögen mit größeren Gewinn- und Verlustchancen verbunden sei, wie der „mühe- und gefahrlose Zinsgenuss eines sicher angelegten Kapitals".[179] Die Reichweite und Selbstverständlichkeit dieser Aussagen vor dem Hintergrund der Krisen an den Finanzmärkten – und nicht nur der aktuellen mit den bekannten Lehmann-Geschädigten – ist daher auch für

---

176 So zum Beispiel das „Württembergische Gesetz betreffend die Einkommensteuer vom 08. August 1903 oder das „Bayerische Einkommensteuergesetz vom 14. August 1910, vgl. die Darstellung bei *Jürgen Ketterle*, Die Einkommensteuer in Deutschland, Köln 1994, S. 90 ff.

177 *Jürgen Ketterle*, Die Einkommensteuer in Deutschland, Köln 1994, S. 93 (Bayern); 105 (Württemberg); 115 (Baden); 124 (Hessen); 206.

178 *Schanz*, in: FinanzArchiv 1896, S. 1 (60 ff.), wobei es wohl kein Zufall ist, dass ausgerechnet die Handelsstädte der Hanse eine umfassende Besteuerung vorsahen, im Gegensatz zu den mehr agrarisch geprägten deutschen Staaten. Wesentliches Kennzeichen einer solchen Besteuerung ist dabei auch stets die umfassende Berücksichtigung der Verluste und Geschäftsunkosten, vgl. ders., a.a.O. S. 68 f.

179 Zit. nach *Schanz*, in: FinanzArchiv 1896, S. 1 (67).

die damalige Zeit überraschend.[180] Risikoloser Gewinn ist ein Traum jedes Wirtschaftsakteurs, aber deshalb auch nicht Realität. Risiko ist vielmehr ein Kennzeichen jeder wirtschaftlichen Betätigung.[181] Daher ist das wirtschaftliche Risiko nicht der geeignete Anknüpfungspunkt für eine Differenzierung zwischen privater und betrieblicher Einkommenssphäre, wie sie die damaligen deutschen Einkommensteuergesetze vorsahen.

IV. Das Einkommensteuergesetz vom 29.03.1920

Wie bereits ausgeführt, wich das Reichseinkommensteuergesetz von 1920 von den meisten damaligen Landeseinkommensteuergesetzen ab[182], in dem es dem Grunde

---

180 Auch der sog. „Couponschneider" als Frührentier lebte nicht ohne Risiko wie der Ausfall der Panamakanalanleihen in den 1880er Jahren zeigt (unter ihrem Präsidenten, dem Grafen Ferdinand de Lesseps und Erbauer des Suezkanals, hatte die Panamakanalaktiengesellschaft erhebliche Summen an Aktien- und Anleihekapital eingeworben). Der Panamakanalskandal stellt eine der größten Finanzkrisen des 19. Jahrhunderts dar. Der Kanal selbst wurde schließlich durch die USA vollendet.

181 In diesem Sinne auch die Wirtschaftswissenschaftler *Knight* und *Keynes*, deren Konzepte über Unsicherheit und Wahrscheinlichkeit, also des Risikos einer wirtschaftlichen Betätigung, wesentliche Elemente ihrer wissenschaftlichen Theorien waren. Siehe hierzu die zusammenfassende Darstellung bei *Greer*, S. 33 ff., 44 u. die Tabelle auf S. 124; dort auch zu den unterschiedlichen Herangehensweisen zu den Begriffen Unsicherheit und Risiko bei *Keynes* und *Knight*.

182 Mit Ausnahme des von Bremens, das den Ertrag einzelner gewinnbringender Geschäfte erfasste, so auch früher in Hamburg und Lübeck, *Fritz Glaser*, Das EStG vom 29. März 1920, Berlin, 1922, § 4, Anm. 1, S. 63 f.; vgl. auch die umfassende Darstellung bei *Schanz*, in: FinanzArchiv 1896, S. 1 (31 ff.); Fritz Glasers Name tauchte nach den Gurlitt-Funden in anderem Zusammenhang in den Medien auf: *„Fritz Salo Glaser wurde im August 1876 in Zittau geboren. Nach einem Studium der Rechtswissenschaften ließ er sich in Dresden als Rechtsanwalt nieder. Der Kunstliebhaber fand dort Zugang zu jungen Künstlern, die er zum Teil auch in rechtlichen Fragen beriet. „Maler wie Paul Klee, Emil Nolde, Oskar Kokoschka oder Otto Dix waren in Glasers Haus zu Gast", sagt Rudolph. Es wird geschätzt, dass die Sammlung des Rechtsanwalts zu 90 Prozent Zeichnungen enthielt, aber wohl auch 40 Ölgemälde. Nach der Machtergreifung der Nationalsozialisten verlor Glaser jedoch schon früh seine Zulassung als Rechtsanwalt – bereits im Oktober 1933. Über seinen privilegierten Status als ehemaliger „Frontkämpfer" setzte man sich hinweg, indem man ihn als Kommunisten denunzierte. Glaser hatte einmal auf einem Diskussionsabend zum Thema „Kommunismus und kultureller Fortschritt" referiert. Nachdem er seine Anwaltszulassung verloren hatte, war Glaser gezwungen, nach und nach seine Kunstsammlung zu verkaufen, um den Lebensunterhalt seiner Familie zu sichern. „Er musste schon frühzeitig verkaufen und fürchtete ständig Hausdurchsuchungen", sagt Rudolph. Belege vernichtete er aus Angst vor Repressalien. Den Holocaust überlebte Glaser zurückgezogen in Dresden, wohl weil es ein Vorteil für ihn war, dass er eine*

nach nicht der Quellentheorie, sondern der *Schanz*'schen Reinvermögenszugangstheorie folgte.[183] Nach *Schanz* rechnet „zum Einkommen alle Reinerträge und Nutzungen, geldwerte Leistungen Dritter, alle Geschenke, Erbschaften, Legate, Lotteriegewinne, Versicherungskapitalien, Versicherungsrenten, Konjunkturengewinne jeder Art" abzüglich „alle[r] Schuldzinsen und Vermögensverluste".[184] Reinertrag ist dabei das einer Ertragsquelle Zuordnenbare, abzüglich damit verbundener Aufwendungen, einschließlich nicht realisierter Wertsteigerungen und Wertminderungen.[185] Einkommen ist daher alles, was dem Einzelnen neu zur Verfügung steht und nicht bereits zum vorhandenen Stammvermögen gehört.[186]

Da an dieser Stelle keine umfassende Darstellung des REStG 1920 erfolgen kann, soll hier schon darauf hingewiesen werden, dass das REStG 1920 keineswegs eine in sich konsistente Umsetzung der *Schanz*'schen Einkommenstheorie war. Auffälligster Konstruktionsmangel war die Beibehaltung des Einkünftedualismus, der sich als solcher nicht mit der reinen Lehre der Reinvermögenszugangstheorie verträgt.[187] Denn nach dieser wäre es konsequent gewesen, auch eingetretene Vermögensverluste umfassend zu berücksichtigen, denn dem *Schanz*'schen Einkommensbegriff war der Vermögensschutz immanent.[188] So sollten aber realisierte Kapitalverluste nicht zu berücksichtigende Minderungen des (Stamm-) Vermögens darstellen.[189] Zudem novellierte der Gesetzgeber bereits am 24.03.1921 die Verlustberücksichtigung bei einzelnen Veräußerungsgeschäften und beschränkte sie auf die Höhe der erzielten Gewinne.[190]

---

nicht jüdische Frau hatte. Zudem erzählt man sich unter seinen Nachfahren, dass ein befreundeter Polizist die schützende Hand über ihn gehalten haben soll – im Austausch für eine Belohnung mit Kunstwerken." *Tim Ackermann*, DIE WELT, vom 12.11.2013.

183 *Georg Strutz*, Handausgabe des EStG, Berlin 1921, § 4, Anm. 1, S. 37; so auch der Entwurf eines Reichseinkommensteuergesetzes vom 29.11.1919, S. 19., in den Verhandlungen des Reichstags, Bd. 340, 1919/1920; Schanz selbst sah sich nicht als Begründer der Reinvermögenszugangstheorie, darauf weist zurecht *Strutz,* in: Strutz, EStG 1925, Band I, Einleitung, S. 35, hin.

184 *Schanz,* in: FinanzArchiv 1896, S. 1 (24).

185 *Schanz,* in: FinanzArchiv 1896, S. 1 (S. 1 f. u. 44).

186 *Schanz,* in: FinanzArchiv 1896, S. 1 (24).

187 *Mark Hacker,* Gibt es „Gerechtigkeit" in der Steuerpolitik?, S. 180.

188 *Schanz,* in: FinanzArchiv 1896, S. 1 (5 f. u. 9), nach dem das eigene Vermögen nicht verzehrt werden sollte und daher auch wertlos gewordene Forderungen des Stammvermögens Abzugsposten darstellten, das für eine Besteuerung ungeschmälert fortbestehen musste.

189 Anders wohl *Buck,* Die Ermittlung des steuerpflichtigen Einkommens auf Grund des neuen Reichseinkommensteuergesetzes vom 29. März 1920, S. 148, der ausdrücklich zwischen Kursverlusten und realisierten Kursverlusten unterschied. Letztere seien nach den gleichen Methoden wie bei bilanzierenden Gewerbetreibenden auch bei „Kapitalisten" (Kapitaleinkünftebezieher) zu berücksichtigen.

190 *Strutz,* Handausgabe des EStG, Berlin 1921, § 4, Anm. 3, S. 41.

In diesem Zusammenhang ist es daher interessant, dass nach Ansicht einiger Autoren zur damaligen Zeit die Absetzung für Abnutzungen und anderer Abschreibungen nur auf Grund ihrer ausdrücklichen gesetzlichen Erwähnung zulässig waren. An sich sei die „allmähliche Wertminderung des Vermögens" ein Vorgang im Bereich des Vermögens, der „wie alle anderen Werterhöhungen und Wertverminderungen des Vermögens" für eine Einkommensbesteuerung nicht relevant sein dürfte – mithin konträr zur Reinvermögenszugangstheorie bei *Schanz*, für den gerade die Erfassung dieser Wertschwankungen essentiell für eine gerechte Besteuerung war.[191] Bereits vor der ersten Veranlagung nahm der Gesetzgeber zudem die Besteuerung von einmaligen Veräußerungsgewinnen wieder aus der Besteuerung heraus. Nach *Strutz*, Senatspräsident am 1918 eingerichteten RFH, konnte darin eine Rückkehr zur Besteuerung von Einkommensquellen gesehen werden, wenn man – im Gegensatz zu seiner Auffassung und der des Preußischen OVG[192] – einen weiten Begriff der Einkommensquelle zu Grunde legte: Beim Arbeitseinkommen zum Beispiel nicht die einzelne Stellung oder berufsmäßige Tätigkeit, sondern die Fähigkeit zu Arbeitsleistungen bestimmter Art; nur noch die Lotteriegewinne und hierzu ähnliche Einkünfte fielen dann durch dieses Raster.[193]

Von nicht nur zeitgeschichtlichem Interesse ist folgende Bemerkung von *Strutz*, in der er unmittelbar die Entstehungsgeschichte des REStG 1920 kommentiert:[194]

> *„War somit eine hochgeschraubte Reichseinkommensteuer unter den gegebenen Verhältnissen, die zu meistern es an den überragenden Männern fehlte, unvermeidlich, so wäre es nicht unvermeidlich gewesen, dass sie in ihrer Gestaltung die bewährten Bahnen der bisherigen Landesgesetze verließ und in bisher nur in der Theorie erörterte, völlig neue einlenkte. Diesen Schritt, der zum guten Teile wohl diktiert war von [der] den tatsächlichen Verhältnissen Preußens fernstehenden Voreingenommenheit des Reichsfinanzministers*

---

191 So zum Beispiel *Buck*, Die Ermittlung des steuerpflichtigen Einkommens auf Grund des neuen Reichseinkommensteuergesetzes vom 29. März 1920, S. 37, der darauf hinweist, dass nur die Erdoberfläche „für unsere Lebensverhältnisse ewig" bestehe, also hier eine gesetzliche Fiktion vorliege; vgl hingegen *Schanz*, in: FinanzArchiv 1896, S. 1 (5 ff. u. 44); auch *von Mises* wies darauf hin, dass wirtschaftlich von einer Aufzehrung von Bodenkräften gesprochen werden kann, *Ludwig von Mises*, Nationalökonomie – Theorie des Handelns und Wirtschaftens, 1980 (unveränderter Nachdruck der 1. Aufl., Genf 1940), S. 579; den Fiktionscharakter unterstreichen die spektakulären Bilder von Küstenerosionen an der US-amerikanischen Pazifiküste, am Ufer des Padma in Bangladesch (siehe *Sarker Protick/Florian Hanig*, Ein Land löst sich auf, in: GEO 2014, S. 94 (insb. 102) oder in Nachterstedt (Sachsen-Anhalt) vom 18.07.2009 als Folge des Tagebaus, vgl. nur SPIEGELONLINE http://www.spiegel.de/panorama/erdrutsch-von-nachterstedt-siedlung-wird-abgerissen-a-880848.html, abgerufen am 02.12.2014.

192 Wobei das Preußische OVG, wie gesehen, im Bereich der Arbeitseinkünfte nicht per se auf das einzelne Arbeitsverhältnis abstellte.

193 *Strutz*, Handausgabe des EStG, Berlin 1921, S. 6.

194 *Strutz*, Handausgabe des EStG, Berlin 1921, S. 3.

[Erzberger] gegen alle preußischen Einrichtungen, hätte man nur wagen sollen, wenn man den ausschlaggebenden Stellen in Regierung und Parlament die geeigneten, weitblickenden, praktisch erfahrensten, ruhig und objektiv urteilenden Sachkenner zur Verfügung gehabt und sich zur Durchdenkung und gesetzgeberischen Gestaltung der neuen Probleme ausreichend Zeit genommen hätte. An alledem fehlte es."[195]

Ruft man sich zudem den oben angesprochenen steuerpolitischen Hintergrund der Kriegsfinanzierung ins Gedächtnis, gewinnt das Bild der Ausdehnung der Besteuerung durch das REStG 1920 an Schärfe und stellt seine Systematisierungsleistung umso mehr in Frage. Da dem deutschen Reich als Verlierer eine Finanzierung der Kriegslasten durch Reparationen nicht möglich war, mussten zwangsläufig die Steuerquellen stärker in Anspruch genommen werden.[196] Und was lag hier näher als die Steuersätze zu erhöhen und zudem an eine Theorie anzuknüpfen, die eine weite Bemessungsgrundlage bot? Diese Annahme wird im Entwurf des Reichsministers der Finanzen *Erzberger* bestätigt, in dem es lautet, dass der Entwurf gezwungen ist, „im Interesse der erforderlichen Ausschöpfung der Quellen bis zum Äußersten durch eine weite Fassung des Einkommensbegriffs und durch hohe Steuersätze [...] neue Bahnen zu beschreiten".[197] Betrug der Spitzensteuersatz unter *Miquel* im preußischen Einkommensteuergesetz von 1891 noch 4%, so stiegt er jetzt unter Erzberger auf 60%, und das bei einer wesentlich breiteren Bemessungsgrundlage.[198]

Es liegt auf der Hand, dass sich *Erzberger* hierdurch auf dem steuerpolitischen Gebiet viele Feinde gemacht hat. Insbesondere auch vor dem Hintergrund, dass er die

---

195 Diese sehr scharfe, wenn nicht gar boshafte Kritik, gerade auch an *Erzberger*, erklärt sich wohl nicht nur aus sachlich begründeten Differenzen. Es mag wohl auch der unterschwellige Gegensatz zwischen dem im protestantischen Preußen wirkenden *Strutz* und dem süddeutschen Katholiken *Erzberger* eine Rolle gespielt haben, wie *Strutz* es selbst andeutet. *Strutz* hatte bereits unter *Miquel* an der Ausarbeitung des preußischen Einkommensteuergesetzes von 1891 mitgewirkt, das auf den Entwürfen *Fuistings* beruhte, siehe bereits oben 17, 30 f. und *Walter Mathiak*, Das preußische Einkommensteuergesetz von 1891 im Rahmen der *Miquel*'schen Steuerreform 1891/1893, Berlin, 2011, S. 430.

196 Ferner entstanden mit Ende des Krieges auch zusätzliche Lasten für das Reich wie der Unterhalt der neugeschaffenen Reichswehr. Das Deutsche Reich war spätestens 1923 bankrott, was zum Währungsschnitt und der Einführung der Rentenmark führte, *Marc Hansmann*, Vor dem dritten Staatsbankrott? Der deutsche Schuldenstaat in historischer und internationaler Perspektive, 2012, S. 12 f. Jedoch beruhte der Staatsbankrott und die Hyperinflation nicht nur auf den Reparationslasten. Hinzu kam eine desolate Ausgabenpolitik und schlechte Steuermoral, vgl. eingehend *Niall Ferguson*, Der Aufstieg des Geldes, 2009, S. 93 ff.

197 Entwurf eines Reichseinkommensteuergesetzes vom 29.11.1919, S. 16, in den Verhandlungen des Reichstags, Bd. 340, 1919/1920.

198 *Alfons Pausch*, Persönlichkeiten der Steuerkultur, 1992, S. 16 u. 38, wobei zu den 4% noch kommunale Zuschläge hinzukommen konnten.

Steuerverwaltung reformiert, die Reichsabgabenordnung auf den Weg gebracht und die Reichserbschaftsteuer eingeführt hat. Durch die Abschaffung der Matrikularbeiträge der Länder und Schaffung eines eigenen, unmittelbar dem Reich zustehenden Steueraufkommens im Rahmen dieser sogenannten *Erzberger*'schen Finanzreform wurde der Zentralstaat von den Ländern unabhängig.[199] Für die enorme Leistung dieser grundlegenden Reformen wird *Erzberger* noch heute gewürdigt. Er bezahlte sein exponiertes Wirken 1921 mit seinem Leben.[200]

Bemerkenswert, aber auch nicht wirklich erstaunlich, ist daher der zitierte Widerstand – nicht nur der Steuerpflichtigen, sondern gerade auch der Steuerpraktiker. Umso verständlicher erscheint vor diesem Hintergrund die oben dargestellte ausdrückliche Beschränkung der Steuersätze und Besteuerungstatbestände im EStG 1925.[201]

1. Auszug aus dem Gesetzeswortlaut

Das Einkommen wurde in § 5 REStG 1920 definiert:

> *„§ 5*
> *Zum steuerbaren Einkommen gehören Einkünfte aus Grundbesitz, aus Gewerbebetrieb, aus Kapitalvermögen und aus Arbeit sowie sonstige Einnahmen ohne Rücksicht darauf, ob es sich um einmalige oder wiederkehrende Einkünfte handelt oder aus welchem rechtlichen oder tatsächlichen Grunde sie dem Steuerpflichtigen zugeflossen sind."*
>
> *§ 9*
> *Zum Einkommen aus Arbeit gehören:*
> *[…]*
> *4. die Einnahmen aus einmaliger oder dauernder Tätigkeit jeder Art, […].*
>
> *§ 11*
> *Zu den sonstigen Einnahmen im Sinne des § 5 gehören insbesondere:*
> *[…]*

199 *Pausch*, Persönlichkeiten der Steuerkultur, S. 39 f.

200 Er war Zentrumspolitiker, unterzeichnete u. a. das Waffenstillstandsabkommen von Compiègne am 11.11.1918 und wurde wegen seines Eintretens für die Annahme des Versaillervertrages als Verzichts- und Erfüllungspolitiker geschmäht. So forderte Karl Hellferich: „Fort mit Erzberger." Er wurde am 26. August 1921 bei einem Spaziergang mit dem Reichstagsabgeordneten Diez auf dem Serpentinenweg von Bad Griesbach nach Kniebis/Freudenstadt von zwei rechtsterroristischen Attentätern der Organisation Consul, den ehemaligen Reichswehroffizieren Heinrich Schulz und Heinrich Tillessen, erschossen. Die Attentäter konnten ins Ausland fliehen, unter den Nationalsozialisten nach Deutschland zurückkehren und wurden erst nach dem 2. Weltkrieg verurteilt und nach einem Gnadenerweis der Witwe von Erzberger auf Bewährung aus der Haft entlassen, *Pausch*, Persönlichkeiten der Steuerkultur, S. 40 f.

201 Begründung vom 23.04.1925, S. 20 f.

2. Zuschüsse und sonstige Vorteile, [...];
4. Lotteriegewinne und ähnliche außerordentliche Einnahmen;
5. durch einzelne Veräußerungsgeschäfte erzielte Gewinne.“

§ 12 REStG 1920 zählte eine Reihe von Sachverhalten auf, die keiner Einkommensbesteuerung unterlagen. Darunter insbesondere Veräußerungsgeschäfte von Gegenständen, die auch nach dem Besitzsteuergesetz von 1913 steuerfrei waren und von Grundstücken, die erst nach 10 Jahren veräußert wurden. In beiden Fällen sollte im Falle einer im Erwerbszeitpunkt beabsichtigten Wiederveräußerung eine Besteuerung stattfinden (sog. Spekulationsbesteuerung).

Nach § 13 REStG 1920 waren Werbungskosten – für die Erwerbung, Sicherung und Erhaltung gemachte Aufwendungen – abzugsfähig. Nach § 15 REStG 1920 waren hiervon u. a. Aufwendungen ausgenommen, wenn sie zur Verbesserung und Vermehrung des Vermögens, Geschäftserweiterungen und Kapitalanlagen dienten.[202]

2. Anmerkung

Die Begründung zum Entwurf setzt sich ausführlich mit den Vor- und Nachteilen der Quellentheorie auseinander. Der gewichtigste Einwand gegen die Quellentheorie ist die theoretische Nichtbesteuerung einmaliger Einkünfte aus Vermittlungstätigkeiten von Zwischenhändlern und aus Spekulationsgeschäften, da diesen keine Quellen dauernder Gütererzeugung zugewiesen werden könnten.[203] Beispielhaft zählt der Entwurf auf: Einkünfte aus Veräußerungen von Grundstücken, Wertpapieren, Patenten, Praxen, aus Abfindungen, abgeschriebener Forderungen sowie Lotteriegewinne und Einkünfte aus Spiel, Wette, Fund, Schatz, usw. Zudem sei die Quellentheorie in den Ländergesetzen nicht folgerichtig umgesetzt und durch zahlreiche Ausnahmen durchlöchert, was nun eine völlige Abkehr rechtfertige.[204] Daher folge der Entwurf den Ideen von *Schanz*, ohne nun freilich seinerseits folgerichtig vorzugehen und auch die Berechnungsmethode der Einkommensermittlung umzustellen. So wurde insbesondere am Dualismus der Einkunftsarten und dem bisherigen Abzugssystem der Aufwendungen festgehalten. Dem Problem der Trennung zwischen Privat- und Erwerbssphäre widmet sich der Entwurf überhaupt nicht, obwohl jede Konzeption der Einkommensbesteuerung danach verlangt, insbesondere eine umfassende wie die vorliegende. Auch im Hinblick auf die Besteuerung der Spekulationsgewinne folgt der Entwurf nicht den Vorschlägen von *Schanz*, sondern setzt die bisherige preußische Besteuerungspraxis fort. *Schanz* hatte hingegen

202 So auch der Entwurf eines Reichseinkommensteuergesetzes vom 29.11.1919, S. 48 zu § 14, in den Verhandlungen des Reichstags, Bd. 340, 1919/1920.

203 Entwurf eines Reichseinkommensteuergesetzes vom 29.11.1919, S. 20, in den Verhandlungen des Reichstags, Bd. 340, 1919/1920; vgl. auch *Fritz Glaser*, Das EStG vom 29. März 1920, Berlin, 1922, § 4, Anm. 1, S. 65 f.

204 Entwurf eines Reichseinkommensteuergesetzes vom 29.11.1919, S. 21 f., in den Verhandlungen des Reichstags, Bd. 340, 1919/1920.

für eine umfassende Verlustberücksichtigung plädiert und hielt ein Abstellen auf Absichten, innere Motive und zeitliche Grenzen für eine „Ungeheuerlichkeit".[205]

a) Weiterungen durch die Erfassung sonstiger Einnahmen

Aus der Sicht der Regierung ging es bei der Einführung einer reichseinheitlichen Einkommensteuer hauptsächlich darum, nun auch einmalige Vorgänge erfassen zu können. Jedoch wurde dieser Grundsatz bei privaten Veräußerungsgeschäften (von Gegenständen) durch eine weitestgehende Beschränkung auf Spekulationsgeschäfte erheblich eingeschränkt.[206] Hinsichtlich der Werbungskosten stellte der Entwurf jedoch zumindest klar, dass diese „dem erweiterten Einkommensbegriff des Entwurfs in Einzelfällen" anzupassen seien.[207]

Die Besteuerung einmaliger Vorgänge erfolgte insbesondere durch die §§ 5, 11 REStG 1920, die nun ausdrücklich auch sonstige Einnahmen als steuerpflichtig deklarierten. Entsprechend wurde § 11 REStG 1920 als ein Sammelbecken für alle möglichen Einnahmen bezeichnet, „die man anderweit nicht unterbringen konnte".[208] Zwar zeigte sich die Aufgabe der Quellentheorie in diesen Normen unmittelbar, weil nun auch einmalige und außerordentliche Einnahmen erfasst wurden.[209] Unter die sonstigen Einnahmen fielen nach § 11 Nr. 4 EStG 1920 auch Lotteriegewinne und ähnlich außergewöhnliche Einnahmen. Das Lotteriespiel sei dabei keine fortgesetzte, in ihrem Erfolg einheitlich zu beurteilende Tätigkeit, sondern jeder einzelne Gewinn bilde eine besondere Einnahme, weshalb auch nur der jeweils zugehörige Einsatz als Werbungskosten abziehbar sei.[210] Damit vergleichbar und deshalb auch steuerbar seien Spiel- und Wettgewinne, aber auch Fund, Schatz- und Finderlohn

---

205 *Schanz*, in: FinanzArchiv 1896, S. 1 (54 f.).

206 Entwurf eines Reichseinkommensteuergesetzes vom 29.11.1919, S. 22 ff., in den Verhandlungen des Reichstags, Bd. 340, 1919/1920, also eine Beschränkung konträr zum angeblich verfolgten *Schanz'*schen Ansatz, der gerade für eine umfassende Besteuerung eintrat und gerade die Aussonderung der Spekulationsgeschäfte für unpraktikabel hielt; dieser Punkt war sogar sein Hauptkritikpunkt bei den vorherigen Einkommensteuergesetzen, vgl. *ders.*, in: FinanzArchiv 1896, S. 1 (42 ff).

207 Entwurf eines Reichseinkommensteuergesetzes vom 29.11.1919, S. 47, in den Verhandlungen des Reichstags, Bd. 340, 1919/1920.

208 *L. Buck*, Steuerlehrbuch, 3. Aufl. 1921, S. 160.

209 *L. Buck*, Steuerlehrbuch, 3. Aufl. 1921, S. 160.

210 *Georg Strutz*, Handausgabe des EStG, Berlin 1921, § 11, Anm. 20, S. 80; anders sieht dies interessanterweise *Schanz*, in: FinanzArchiv 1896, S. 1 (75, Fn. 2), für den beim Lotteriespiel die Befriedigung eines privaten Bedürfnisses vorliegt, dessen Ausgaben nicht abzugsfähig seien sollten, dessen Gewinne aber zweifellos zum Einkommen gehörten und nur auf Grund ihrer möglicherweise gesonderten Belastung durch andere Steuern einkommensteuerfrei sein sollten.

und Preise bei sportlichen Veranstaltungen.[211] Und auch Gewinne aus Vertragsstrafen und Optionsgeschäften fielen unter die sonstigen Einnahmen.[212]

Dennoch stellte das Gesetz in § 12 REStG zahlreiche Vorgänge steuerfrei. Zum Beispiel Preise für akademische Leistungen und Stipendien aus öffentlichen Mitteln oder von öffentlichen Stiftungen, § 12 Nr. 11 REStG 1920.[213] Und in der Literatur wurden neben diesen gesetzlichen Ausnahmen zusätzliche Einschränkungen der umfassenden Besteuerung diskutiert, die gerade auch die Abgrenzung der Vermögens- von der Erwerbssphäre betrafen. So sollten Entschädigungen für nicht steuerbare Einnahmen steuerfrei bleiben, z. B. im Falle der Zahlung einer Kapitalabfindung für einen nicht steuerpflichtigen Unterhaltsanspruch.[214] Nach Ansicht *Glasers* fielen unter § 5 REStG 1920 nicht solche Einnahmen, denen äquivalente, aus dem Vermögen des Steuerpflichtigen ausgeschiedene oder ausscheidende, nicht steuerbare Werte gegenüberstünden und nennt als Beispiel die Veräußerungsgeschäfte.[215] Veräußerung sei lediglich die volle Entäußerung eines Gegenstandes, der Erwerber müsse also an die Stelle des Veräußerers treten. Andere Entgelte seien nach § 5 REStG 1920 als sonstige Einnahmen darüber hinaus nur insoweit steuerbar, als sie den Betrag des jeweiligen Äquivalents überstiegen: etwa im Falle des Verzichts auf ein Recht, worin keine Veräußerung liege und gleichzeitig auch nicht die gesamte Einnahmen der Besteuerung unterliegen sollten.[216] Letzteres ganz im Sinne des finanzwirtschaftlichen Einkommensbegriffs wie in *Schanz* verwendet, nach dem nicht die Bruttoeinnahmen, sondern nur die Nettoerträge bzw. -gewinne versteuert werden sollten.[217]

---

211 Als außerordentliche Einnahmen so die Begründung, vgl. *Fritz Glaser*, Das EStG vom 29. März 1920, Berlin, 1922, § 11, Anm. 23, S. 160 f.; *Strutz*, Handausgabe des EStG, Berlin 1921, § 11, Anm. 21, S. 80.

212 *Strutz*, Handausgabe des EStG, Berlin 1921, § 11, Anm. 28, S. 83 mit Verweis auf *Fuisting-Strutz*, Kommentar zum Einkommesteuergesetz, 8. Aufl. 1916, Anm. 9b zu § 7, wonach eine Entschädigung für einen nicht zustande kommenden Kaufvertrag als außerordentliche, deswegen nicht steuerbare Einnahme nach § 7 pr. EStG 1906 zu werten sei; so behandelt der BFH auch heute noch sog. Reuegelder im Zuge von Grundstücksgeschäften im Privatvermögen, vgl. BFH, Urteil vom 24. August 2006 – IX R 32/04 –, DStR 2006, 2075 (2076).

213 *Strutz*, Handausgabe des EStG, Berlin 1921, § 12, Anm. 56, S. 99.

214 *Buck*, Die Ermittlung des steuerpflichtigen Einkommens auf Grund des neuen Reichseinkommensteuergesetzes vom 29. März 1920, S. 161.

215 *Glaser*, Das EStG vom 29. März 1920, Berlin, 1922, § 5, Anm. 9, S. 83.

216 *Glaser*, Das EStG vom 29. März 1920, Berlin, 1922, § 11, Anm. 33, S. 168; vgl. auch ders. a.a.O., § 9, Anm. 31, S. 148 und § 6, Anm. 17, S. 97.

217 Zu den Begriffen Roh-(Brutto-)ertrag, Netto-(Rein-)ertrag und Reingewinn *Schanz*, in: FinanzArchiv 1896, S. 1 (2 u. 4).

b) Ergänzungen bei Einkünften aus Grundbesitz

Die tatbestandliche Erweiterung des Einkommensbegriffes zeigte sich auch bei den Einkünften aus Grundbesitz. Nach § 6 REStG 1920 waren Einnahmen aus der Bewirtschaftung von Grundstücken steuerpflichtig: dabei lag dem Einkünftebegriff ein weites Verständnis des Nutzungsbegriffs zu Grunde, der lediglich Veräußerungen nicht erfasste, nämlich die Benutzung von Grundstücken zur Erzielung eines Ertrags durch Gewinnung von Erzeugnissen des Grundstücks im Sinne des § 99 Abs. 1 BGB oder aber die Gewinnung sonstiger Ausbeute, die aus dem Grundstück seiner Bestimmung gemäß in anderer Weise zu gewinnen ist.[218] Denn anders als das preußische EStG erfasste das neue REStG auch Einnahmen, die durch Eingriff in die Substanz, zum Beispiel das Holzbestandskapital, zustande kamen[219] oder Einnahmen aus Grundbesitz, der nicht Ertrags- sondern Liebhaberzwecken diente.[220] Jedoch wurde hier vertreten, dass mit sonstigen Wertminderungen unmittelbar zusammenhängende Einnahmen nicht steuerbar seien, wenn der Erlös nur als Äquivalent für diese Entwertung fließe.[221]

c) Ergänzungen bei Einkünften aus Arbeit

Zu den Arbeitseinkünften gehörten nach § 9 Nr. 4 REStG 1920 auch Einnahmen aus einmaliger oder dauernder Tätigkeit jeder Art. In der Literatur wurde vertreten, dass der Begriff der Tätigkeiten nicht mit dem Begriff der Handlung oder ihrem Gegensatz, einer Duldung oder Unterlassung gleichzusetzen sei.[222] Nach *Strutz* setze eine Tätigkeit Arbeitshandlungen von gewisser Dauer voraus, die jedoch nicht von der Absicht ihrer Wiederholung getragen werden müssten. Denn dann wäre man im Bereich der beruflichen Tätigkeiten. Die einmalige Tätigkeit sei auf die Erzielung eines oder desselben einheitlichen Ergebnisses gerichtet. Eine einmalige Handlung stelle nicht ohne weiteres eine einmalige Tätigkeit dar – *Strutz* definiert aber den Begriff der Handlung nicht.[223] Seine Definition entspricht der Auslegung des Tatbestandsmerkmals der „gewinnbringenden Beschäftigung“ durch das Preußische OVG: Eine Beschäftigung setze eine Reihe von Handlungen voraus, welche das nämliche Ziel verfolgen, ohne das diese dauerhaft vorgenommen werden müssten.[224]

---

218 *Strutz*, Handausgabe des EStG, Berlin 1921, § 5, Anm. 4, S. 42; § 6, Anm. 18, S. 49; vgl. auch Fritz Glaser, Das EStG vom 29. März 1920, Berlin, 1922, § 6, Anm. 17.

219 *Strutz*, Handausgabe des EStG, Berlin 1921, § 5, Anm. 5, S. 43 mit Verweis auf pr. OVG in St. 14, S. 102.

220 *Strutz*, Handausgabe des EStG, Berlin 1921, § 5, Anm. 7, S. 43.

221 *Glaser*, Das EStG vom 29. März 1920, Berlin, 1922, § 6, Anm. 17, S. 97 am Beispiel für Erlöse aus Entwaldungen eines eigenen Parks.

222 *Glaser*, Das EStG vom 29. März 1920, Berlin, 1922, § 9, Anm. 30, S. 148 unter Verweis auf *Zimmermann*, Anm. 15 zu § 9 und *Strutz*, s.o.

223 *Strutz*, Handausgabe des EStG, Berlin 1921, § 9, Anm. 34, S. 72.

224 *Strutz*, Handausgabe des EStG, Berlin 1921, § 9, Anm. 34, S. 72; pr. OVG in St. 10, S. 146; der BFH scheint hingegen mal den Handlungsbegriff und mal den

Der Begriff der Beschäftigung setze dem Wortlaut nach ein positives Schaffen voraus, wobei einzelne Handlungen nicht genügten. Daher setze nun der Begriff der Tätigkeit Arbeitshandlungen von gewisser Dauer voraus, die eben einmaliger oder gelegentlicher Natur sein könnten. Entsprechend fielen Finderlohn und Belohnungen für nicht planmäßige, sondern zufällig gemachte Erkenntnisse über Straftaten, nicht hierunter, sondern unter die „sonstigen Einnahmen" des § 5 REStG 1920, da sie also keiner Tätigkeit zugeordnet werden konnten.[225]

d) Werbungskosten

Wesensfremd zur Reinvermögenszugangstheorie definierte § 13 REStG 1920 die Werbungskosten, weil hierdurch eine umfassende Aufwands- und Verlustberücksichtigung bei der Einkommensermittlung abgeschnitten wurde und an der besagten Trennung der Einkommen- von der Stammvermögenssphäre festgehalten wurde – ein Punkt der nach *Schanz* gerade den Kern der Reinvermögenszugangstheorie ausmacht. Der Begriff der Werbungskosten stammt aus den Landeseinkommensteuergesetzen und damit aus dem Bereich der Quellentheorie.[226] Werbungskosten sind positive Aufwendungen in Form von Ausgaben und negative Aufwendungen (Wertverminderungen) in Form von Absetzungen und Abschreibungen[227]: nämlich wirtschaftliche Aufopferungen, um die Quelle in ihrem bisherigen Zustand zu erhalten, also mithin die „Kosten der Fruchtziehung [und] der Ertragserzielung aus einer Ertragsquelle".[228] An sich gehöre hierzu jede Herabsetzung des Gebrauchswertes eines Gegenstandes für den Steuerpflichtigen, wobei auf die Betrachtungsweise des Steuerpflichtigen abgestellt werden müsste.[229] Auch *Strutz* weist im Zusammenhang mit den Absetzungen für Abnutzungen (AfA) darauf hin, dass die Anschaffungskosten an sich für alle angeschafften Gegenstände, die zur Erzielung von Einkommen dienen und nur gebraucht, aber nicht verbraucht werden, abzugsfähig sein müssten,

---

Tätigkeitsbegriff als Oberbegriff zu verstehen, unter dem auch mehrere Tätigkeiten subsumiert werden können, vgl. BFH, *Urteil* vom 21. August 1985 – I R 60/80 –, BeckRS 1985, 22007368.

225 *Glaser*, Das EStG vom 29. März 1920, Berlin, 1922, § 9, Anm. 31, S. 148.

226 *Strutz*, Handausgabe des EStG, Berlin 1921, § 13, Anm. 9a, S. 106 f; vgl. auch *Walter Mathiak*, Das sächsische Einkommensteuergesetz von 1874/78, Dresden 2005, S. 79; wobei hervorzuheben ist, dass er in Bezug auf die einzelnen Ertragsquelle durchaus mit dem Aufwandsbegriff der Reinvermögenszugangstheorie in den meisten Punkten – aber eben nicht in seiner Totalität – überein stimmt, vgl. *Schanz*, in: FinanzArchiv 1896, S. 1 (2); kritisch zum Wortlaut auch des § 15 EStG 1920 *Glaser*, Das EStG vom 29. März 1920, Berlin 1923, 2. Lieferung, § 15, Anm. 1, S. 309.

227 *Glaser*, Das EStG vom 29. März 1920, Berlin, 1922, § 13, Anm. 9, S. 201 mit Verweis auf Fuisting-Strutz, Groß-Kommentar pr. EStG, Anm. 7 zu § 8, S. 220.

228 *Strutz*, Handausgabe des EStG, Berlin 1921, § 13, Anm. 9a, S. 106 f.

229 *Glaser*, Das EStG vom 29. März 1920, Berlin, 1922, § 13, Anm. 60, S. 233.

wenn die jeweiligen Gegenstände zum selben Zweck nochmals verwendet werden könnten und nicht als typische Vermögensanlagen anzusehen seien.[230]

Ausgangspunkt für die Berechnung der Werbungskosten ist daher zunächst die Bestimmung der betroffenen (Sach-)Substanz. Die Substanz sei der Gegensatz zu den Erzeugnissen einer Sache, während die sonstige Ausbeute nach § 99 BGB auch Bestandteile der Substanz erfasse, die nicht die Eigenschaft haben, sich periodisch zu erneuern und deren Wegnahme eine dauernde quantitative Verminderung des Bestands herbeiführt.[231] Letzteres lasse sich auch als Verbrauch definieren.[232]

Absetzungen für Substanzverluste waren deswegen nach § 13 Nr. 1 c REStG 1920 zugelassen, weil die Erträge aus der Substanz des Grund und Bodens stammen, der aber zugleich Vermögen des Steuerpflichtigen sei. Die Erträge, und damit die Ausbeute stellten daher nicht Früchte, sondern unmittelbar das Vermögen selbst dar und daher seien Abschreibungen auf diese Vermögensverringerungen zulässig.[233] Diese Ansicht wurde bereits zu Beginn des 19. Jahrhunderts vertreten, nämlich dass die Abnutzung eines Teils des Urvermögens keinen Ertrag darstellen könne, sondern allenfalls im Zuge einer umfassenderen wirtschaftlichen Tätigkeit die Grundlage einer „Rente".[234]

Im Gegenzug hierzu sollten die Kapitalanlagen als solches lediglich das Vermögen des Steuerpflichtigen betreffen.[235] Die Anschaffungskosten seien daher weder Werbungskosten, wie § 15 Nr. 1 REStG 1920 klarstellte, noch stelle der Ausfall einer Forderung einen zu beachtenden Vermögensverlust dar.[236] Auch dies stellt eine klassisch quellentheoretische Regelung dar, die für den Verlustfall nicht der Reinvermögenszugangstheorie entspricht.[237]

230 *Strutz*, Handausgabe des EStG, Berlin 1921, § 13, Anm. 10, S. 107.

231 *Strutz*, Handausgabe des EStG, Berlin 1921, § 13, Anm. 43, S. 124.

232 *Strutz*, Handausgabe des EStG, Berlin 1921, § 13, Anm. 42, S. 124, wonach Verbrauch keine qualitative Verschlechterung, sondern eine quantitative Aufzehrung der Substanz sei. Das ließe sich unmittelbar auch auf Rechte übertragen, wenn man das Recht sich als Rechtsbündel vorstellt. Ebenso kann eine qualitative Aufzehrung in eine quantitative Aufzehrung umschlagen, zum Beispiel im Falle eines Forderungsverlustes. So auch *Schanz*, in: FinanzArchiv 1896, S. 1 (7).

233 *Fritz Glaser*, in: Das Einkommensteuergesetz vom 29. März 1920 – Erste Lieferung, 1922, § 13, Anm. 79, S. 243.

234 Vgl. *Karl Murhard*, Theorie und Politik der Besteuerung, 1834, S. 269 für über- und unterirdische Abbautätigkeiten.

235 Realisierte Kursgewinne und –verluste sollten hingegen unter § 8 REStG 1920 fallen, *L. Buck*, Steuerlehrbuch, 3. Aufl. 1921, S. 148.

236 *Glaser*, in: EStG, I, § 13, Anm. 39, S. 218.

237 Entsprechend hält Schanz Ausgaben für Verbesserungen nicht mit einer bestehenden Ertragsquelle für verbunden, lässt aber den Abzug vom Bruttoertrag dieser „Quelle" zu, wenn sie sich im Ertrag niederschlagen, zum Beispiel bei Verbesserungen eines Vermögensguts und seiner anschließenden Veräußerung, vgl. *Schanz*, in: FinanzArchiv 1896, S. 1 (2 u. 54).

Von keinem Autor wird dabei problematisiert, wieso der Substanzverlust bei Gebäuden und Bodenschätzen, nicht aber bei Forderungen berücksichtigt wird. Hier lässt sich wohl nur der Schluss ziehen, dass im ersten Fall der Substanzverlust eine normale Konsequenz wirtschaftlichen Handelns sein kann, im zweiten Fall ein Substanzverlust des Kapitals theoretisch den rechtlichen Forderungsbestand nicht berührt, der rechtliche Forderungsbestand mithin nicht die Substanz der Einkunftsquelle „Kapitalvermögen" bildet, wirtschaftliches Handeln bei Kapitalanlagen daher nicht die Möglichkeit des Kapitalverlustes impliziert. Anders dürfte dies jedoch heute sein, weil das EStG nun auch in der Einkunftsart Kapitalvermögen die Veräußerungsgeschäfte vollständig erfasst und daher auch der Forderungsausfall unter § 20 Abs. 2 S. 2 EStG subsumiert werden kann.[238] Fraglich ist, ob diese Auffassung nicht ein Relikt der Denkweise des 18. und 19. Jahrhunderts ist, das unter Vermögen vorwiegend Grundbesitz verstand. Wie gesehen rechnete das Edikt von 1812 zum Beispiel ein Gewerbe nicht zum Vermögen. Hingegen ist heute das Recht am eingerichteten und ausgeübten Gewerbebetrieb ein verfassungsrechtlich geschütztes vermögenswertes Gut.

Umstritten war auch die Berücksichtigung von Aufwendungen bei Spielen und Wettgewinnen. So verlangte zum Beispiel *Glaser*, dass je nach Spiel und Wette das gesamte Spielen und Wetten Quelle der geflossenen Gewinne sei und es daher entgegen der Auffassung der Reichsregierung nicht auf die Wahrscheinlichkeit des Erfolgs ankommen dürfte. Auch könnte die Betrachtung nicht auf das jeweilige Spiel begrenzt werden. Vielmehr seien die Einsätze als Werbungskosten absetzbar, wenn die Gewinne auch auf den Erfahrungen der vorhergehenden Versuche beruhen könnten. Insofern komme es nicht auf das Geeignetsein der Ausgaben, sondern nur auf deren Bestimmung zur Einkunftserzielung an.[239] *Glaser* geht davon aus, dass Spieleinsätze deswegen nicht abziehbar seien, weil sie aus Freude an Spiel und Wette getätigt würden und die Gewinnerzielung an sich primäre Motivation des Spielenden sei. Eine Erfassung der Gewinne erfolge nur wegen der ausdrücklichen Erwähnung in § 11 Nr. 4 REStG 1920.[240]

---

238 Strittig, vgl. nur *Eckart Ratschow*, in: Bernd Heuermann/Peter Brandis (Hg.), Blümich, Einkommensteuergesetz Kommentar, 125. Aufl., 2105, Stand: 119. EL, 06.2013, § 20, Rn. 391; *Johanna Hey*, in: Seer, et al. (Hg.), Tipke/Lang, Steuerrecht, 21. Aufl., 2013, § 8, Rn. 281; *Hans-Jochem von Beckerath*, in: Paul Kirchhof (Hg.), Kirchhof, Einkommensteuergesetz, 13. Aufl., 2014, § 20, Rn. 144; *Bernd Heuermann*, Anteilsveräußerungen (§ 17 EStG) und Gesellschafterfinanzierung. Insolvenzrechtliche versus gesellschaftsrechtliche Bindung?, in: NZG 2009, S. 841 (847) zumindest eine AfaA annehmend; a.A. *Frank Bayer*, Verlorene Gesellschafterdarlehen im steuerlichen Privatvermögen, in: DStR 2009, S. 2397 (2402).

239 *Glaser*, Das EStG vom 29. März 1920, Berlin, 1922, § 11, Anm. 24, S. 161 f.

240 *Glaser*, Das EStG vom 29. März 1920, Berlin, 1922, § 11, Anm. 24, S. 162.; hinsichtlich der privaten Motivation vertreten *Glaser* und *Schanz* also die gleiche Ansicht, wohingegen Schanz aber die Berücksichtigung der Gewinne aus dem Einkommensbegriff selbst ableitet, *Schanz*, in: FinanzArchiv 1896, S. 1 (24 u. 77).

3. *Zwischenergebnis*

Bei der Besteuerung der zuletzt diskutierten Spiel- und Wettgewinne lässt sich schon damals der Versuch in der Literatur erkennen, zwischen reinen Glücks- und Geschicklichkeitsspielen zu unterscheiden, so wie es auch heute wieder in der Wissenschaft diskutiert wird.[241] Interessant ist auch der Versuch der Abgrenzung der Besteuerung von einmaligen Tätigkeiten zu gänzlich zufälligen Einnahmen. Hier lässt sich eine Linie zum EStG 1925 ziehen, das eben auch in § 41 EStG 1925 ausdrücklich nur von Tätigkeiten spricht und gerade nicht von sonstigen, zufälligen Einnahmen. Auch in den Materialien zum EStG 1925 wird lediglich auf einmalige Tätigkeiten eingegangen – zur Abgrenzung von der Quellentheorie –, aber all die anderen Beispiele, die im Rahmen des § 5 REStG 1920 genannt werden, fanden weder in den Gesetzestext noch in die Gesetzesbegründung Eingang.

Es lässt sich festhalten, dass auch das REStG 1920 keine klaren Abgrenzungskriterien zur Bestimmung sonstiger Einkünfte und nicht steuerbarer Vorgänge bot.[242] Im Vergleich zur heutigen Steuerpraxis ist jedoch die konsequente Besteuerung von Vertragsstrafeneinnahmen, Lottogewinnen und jeglicher Sportpreise bei gleichzeitiger zurückhaltender Zulassung von Werbungskosten auffällig. Die heutige Rechtsprechung subsumiert derartige Einnahmen (noch) nicht unter § 22 Nr. 3 EStG und verfährt auch bei der Auslegung des Werbungskostenbegriffs großzügiger.

V. Einkommensteuergesetz von 1934 und nachfolgende Entwicklungen

Seinen heutigen Wortlaut erhielt § 22 Nr. 3 EStG durch das Einkommensteuergesetz vom 16. Oktober 1934, das lediglich die Nummerierung und den Wortlaut des § 41 Abs. 1 Nr. 2 EStG 1925 änderte.

1. *Auszug aus dem Gesetzeswortlaut des EStG 1934*

§ 9 Nr. 6 EStG 1934 lautete:

> „Werbungskosten sind Aufwendungen zur Erwerbung, Sicherung und Erhaltung der Einnahmen. Sie sind bei der Einkunftsart abzuziehen, bei der sie erwachsen sind. Werbungskosten sind auch:
> [1. – 5.]
> 6. Absetzungen für Abnutzung und Substanzverringerung (§ 7)."

§ 22 Nr. 3 lautete:

241 Vgl. den Ansatz bei *Krey*, Besteuerung sonstiger Leistungen, Diss., S. 275.

242 Kritisch zur Reinvermögenszugangstheorie auch *Christoph Trzaskalik*, Vom Einkommen bis zu den Einkunftsarten. Marginalien zum steuertheoretischen Grundansatz von Klaus Tipke, in: Joachim Lang (Hg.), Die Steuerrechtsordnung in der Diskussion – Festschrift für Klaus Tipke zum 70. Geburtstag, 1995, S. 326.

„§ 22 Arten der sonstigen Einkünfte
Sonstige Einkünfte sind:
[Nr. 1–2]
Nr. 3 Einkünfte aus Leistungen, soweit sie weder zu anderen Einkunftsarten (§ 2 Absatz 3 Ziffern 1 bis 6) noch zu den Einkünften im Sinne der Ziffer 1 oder Ziffer 2 gehören, z. B. Einkünfte aus gelegentlichen Vermittlungen und aus der Vermietung beweglicher Gegenstände. Solche Einkünfte sind nicht steuerpflichtig, wenn sie weniger als 300 Reichsmark im Kalenderjahr betragen haben. Übersteigen die Werbungskosten die Einnahmen, so darf der übersteigende Betrag bei Ermittlung des Einkommens nicht ausgeglichen (§ 2 Absatz 2) werden."

2. *Gesetzesbegründung*

Laut der Begründung sollte nämlich auch der Einkommensbegriff des EStG 1934 – wie zuvor der des EStG 1925 – keiner einzelnen Lehrmeinung über den „privatwirtschaftlichen" Einkommensbegriff folgen, sondern vielmehr im Anschluss an das bisherige Gesetz und der entsprechenden Auslegung in Rechtsprechung und Verwaltung ausgelegt werden.[243] Die Reduzierung der acht Einkunftsarten auf sieben und die Zusammenfassung im neuen § 22 EStG 1934 erfolgte aus rein technischen Gründen.[244] Auch die Aufhebung des § 6 Abs. 3 EStG 1925, der „überwiegend deklaratorischen Charakter" hatte, sollte keine materielle Änderung des Einkommensbegriffs widerspiegeln.[245] Da die Aufzählung der nicht steuerbaren Vermögenszuflüsse bislang nicht vollständig gewesen sei, könne eben auch in toto auf sie verzichtet werden. Auch die Neufassung der „sonstigen Leistungsgewinne" stelle lediglich ein technische Zusammenfassung der bisherigen §§ 40–42 EStG 1925 dar.[246] Die neuen „'Einkünfte aus Leistungen' entsprechen sachlich den Einkünften aus anderen Tätigkeiten"; lediglich sei die Grenze von 500 RM auf 300 RM herabgesetzt worden

---

243 Begründung zum Einkommensteuergesetz vom 16. Oktober 1934, RStBl. 1935, S. 33 (34 re. Sp.); selbstverständlich fehlt auch nicht der (deklaratorische) Hinweis gleich zu Beginn, dass das „neue" Gesetz eine Basis schaffen soll, „die vom nationalsozialistischen Standpunkt aus für die Einkommensbesteuerung zu stellen sind" und dort an das „geltende" Gesetz anknüpfen könne, „wo dessen Vorschriften in ihrer Grundhaltung nationalsozialistischen Gedankengängen nicht entgegenstanden". Dieser deklaratorische Hinweis hatte, soweit ersichtlich, keine praktischen Auswirkungen im Gesetz. Zur Problematik der Gesetzesbegründung siehe auch *Hans-Ulrich Fissenewert*, in: Winfried et. al. Bergkemper (Hg.), Hermann/Heuer/Raupach, Einkommensteuer- und Körperschaftsteuergesetz, 21. Aufl. 2006, 267. Lfg. 01.2015, Stand: 244. Lfg. 12.2010, § 12, Rn. 56 aE.

244 Begründung zum Einkommensteuergesetz vom 16. Oktober 1934, RStBl. 1935, S. 33 (35 li. Sp.).

245 Begründung zum Einkommensteuergesetz vom 16. Oktober 1934, RStBl. 1935, S. 33 (35 li. Sp.).

246 Begründung zum Einkommensteuergesetz vom 16. Oktober 1934, RStBl. 1935, S. 33 (44 li. Sp.).

und ein Ausgleichsverbot für Verluste aus derartigen Leistungseinkünften mit Einkünften aus anderen Einkunftsarten eingeführt worden.[247]

3. Stellungnahme

Enno Becker – Schöpfer der Reichsabgabenordnung und späterer Senatspräsident am RFH, der erst mit 50 Jahren zum Steuerrecht kam[248] – verstand den Begriffswechsel von „Einkünften aus einer anderen Tätigkeit" zu „Einkünften aus Leistungen" lediglich als Klarstellung: Die Norm sollte nur Entgelte für Dritten erbrachte Leistungen erfassen und nicht das so genannte imputed income, also die Ersparung von Ausgaben durch die eigene Tätigkeiten des Steuerpflichtigen zum Beispiel durch Jagd, Fischerei oder Gartenbestellung.[249] Hatte das EStG 1925 noch von anderen Tätigkeiten gesprochen verweist es jetzt auf eine allgemeine Subsidiarität zu allen anderen Einkünften – hierin liegt wegen der unterschiedlichen Anknüpfung (Tätigkeiten vs. Einkünfte) jedoch keine Stellungnahme dahingehend, ob das Gesetz nun auch Kapitalvermögenseinkünfte einer bestimmten Tätigkeit des Steuerpflichtigen zuordnen will. Eine wesentliche Neuerung des Gesetzes von 1934 war hingegen die begriffliche Unterscheidung zwischen Werbungskosten und Betriebsausgaben. In der Begründung heißt es zu den Absetzungen im Rahmen der Überschusseinkunftsarten: „Die Aufführung der Absetzung für Abnutzung und für Substanzverringerung in § 9 Ziffer 6 war notwendig, weil derartige Absetzungen auch bei den Einkunftsarten vorkommen können, auf die sich § 9 bezieht."[250] Dem Wortlaut der Begründung nach stellt dies einen konstitutiven Verweis auf die Vorschriften des Betriebsausgabenabzugs dar. Damit wurde aber nur etwas zuvor Unstrittiges ausgedrückt, denn durch die Trennung von Werbungskosten und Betriebsausgaben musste eine inhaltliche Klarstellung erfolgen. Konstitutiv mag daher der Verweis auf § 7 EStG 1934 sein, eine Berücksichtigung der Aufwendungen im Rahmen der Überschusseinkünfte war aber, wie dargestellt, auch im Bereich der Quellentheorie nie umstritten und galt sowohl im quellentheoretisch fundierten preußischen Einkommensteuergesetz als auch in den beiden Reichseinkommensteuergesetzen von 1920 und 1925. Vielmehr handelt es sich hierbei um eine Selbstverständlichkeit, von daher sollten auch im Hinblick auf den Wortlaut („auch") von einer deklaratorischen

---

247 Begründung zum Einkommensteuergesetz vom 16. Oktober 1934, RStBl. 1935, S. 33 (44 re. Sp.).

248 Wobei er jedoch zuvor bereits von 1909 bis 1918 Mitglied am Oberverwaltungsgericht Oldenburg war, das zu der damaligen Zeit zuständig für die Steuersachen im Land war. Diese machten ca. 45% der eingehenden Sachen aus. Ab Mitte November 1918 bis Mai 1919 verfasste er in nur 6 Monaten die RAO, *Pausch*, Persönlichkeiten der Steuerkultur, S. 45.

249 *Enno Becker*, Zur Rechtsprechung, in: StuW 1935 I, Sp. 1 (9); *Becker*, Zur Rechtsprechung, StuW 1935 I, Sp. 779 (795).

250 Begründung zum Einkommensteuergesetz vom 16. Oktober 1934, RStBl. 1935, S. 33 (39 li. Sp.).

Klarstellung ausgegangen werden, die lediglich im Hinblick auf die Technik der Umsetzung auf § 7 EStG 1934 verweist, der selbst wiederum klarstellend die bisherige Rechtsprechung bestätigte.[251] Denn auch die Begründung stellt wie selbstverständlich dar, dass ebensolche Aufwendungen bei diesen Einkunftsarten vorkommen könnten (und daher auch berücksichtigt werden müssten). Gleichlautend äußerte sich bereits die Entwurfsbegründung zum EStG 1925.

4. *Nachfolgende Änderung*

Durch nachfolgende Änderungen des EStG ergaben sich keine maßgeblichen Änderungen am Wortlaut des § 22 Nr. 3 EStG. Lediglich die Regelung über den Verlustausgleich erfuhr – auch nach Intervention des BVerfG – Änderungen, die jedoch keine Auswirkung auf den Umfang der besteuerten Sachverhalte hatten.[252] Die früher unter § 22 Nr. 3 EStG subsumierten Stillhalterprämien werden jedoch nun von § 20 Abs. 1 Nr. 11 EStG erfasst.

5. *Zwischenergebnis*

Hinsichtlich der Reichweite der Norm ist nach wie vor das EStG 1925 maßgeblich, da durch die nachfolgenden Reformen in materieller Hinsicht – zumindest aus Sicht des jeweiligen Gesetzgebers – keine Änderungen erfolgen sollten.

B. Ergebnis der historisch-genetischen Untersuchung

Das Einkommensteuergesetz von 1925 formulierte im Gegensatz zum REStG 1920 wieder in positiver, enumerativer Weise verschiedene Einkunftsarten[253] *und* folgte dem äußeren Anschein nach der Quellentheorie. Im Gesetzesentwurf wurde jedoch betont, dass das „neue" Einkommensteuerrecht in Wirklichkeit keinem Modell folge, die Quellentheorie, die grundsätzlich regelmäßig fließende Einnahmen veraussetzt, aber immer noch ein wichtiges Kriterium für die Feststellung von Einkünften sei, aber dass daneben auch einmalige Tätigkeiten steuerbar seien.[254] Einen Unterschied machte das EStG 1925 zudem in der Gewinnermittlung und der Unterteilung der Einkunftsarten in Gewinn- und Überschusseinkünfte, wie wir sie auch heute noch kennen. Eine genaue Zuordnung des § 22 Nr. 3 EStG und seiner Vorläufernormen zu

---

251 Begründung zum Einkommensteuergesetz vom 16. Oktober 1934, RStBl. 1935, S. 33 (39 re. Sp.); vgl. nur *Schanz*, Der Einkommensbegriff und die Einkommensteuergesetze, S. 1 (2 u. 24), wonach nur Reinerträge bzw. Reingewinne zum Einkommen gezählt werden können.

252 Vgl. *Harder*, Die Sonstige Leistung im Einkommensteuerrecht, Diss., S. 37 f.; *Anneka Kubicki*, Die Dogmatik des § 22 Nr. 3 EStG einschließlich der Querbezüge zur Schenkungsteuer, Diss., 2011, S. 21 f.

253 Wenn auch das EStG 1925 noch nicht von von Einkunftsarten spricht.

254 Begründung vom 23.04.1925, S. 21 re. Sp.

Einkommenstheorien und -konzepten ist jedoch schwierig.[255] Weder stellt er eine umfassende Auffangnorm wie im REStG 1920 dar noch lässt er sich mit der reinen Quellentheorie in Einklang bringen.[256]

Die Aussagen, dass § 22 Nr. 3 EStG eine historische neue Norm sei, kann in ihrer Allgemeinheit jedoch nicht aufrechterhalten werden. Vielmehr hat sich gezeigt, dass viele Sachverhalte, die heute im Rahmen des § 22 Nr. 3 EStG diskutiert werden, bereits seit Anbeginn der direkten Einkommensbesteuerung Gesetzgebung und Rechtsprechung beschäftigten. So kommt auch *Mathiak* zu dem Ergebnis, dass sich die Grundgedanken des preußischen EStG bis heute erhalten haben und das EStG 1925 eine Rückkehr zum preußischen EStG 1891 darstelle.[257] Auch wenn seiner These, dass hierin eine Abkehr von der reinen Vermögenszuwachsbesteuerung des EStG 1920 zur „preußischen Quellentheorie" liege, in ihrer Absolutheit wie gesehen nicht gefolgt werden kann. Beide Gesetze stellten keine widerspruchslosen Umsetzungen der ihnen zugrunde liegenden Theorien dar. Nur stellte der Gesetzgeber des EStG 1925 dies ausdrücklich klar.

Als Ergebnis der historisch-genetischen Analyse kann daher festgestellt werden, dass der Gesetzgeber dem Normanwender wenig konkrete Auslegungshilfen an die Hand gegeben und es somit der Rechtsprechung und Wissenschaft überlassen hat, den Bedeutungsgehalt des § 22 Nr. 3 EStG zu ermitteln und die Abgrenzung zwischen der steuerbaren und nicht-steuerbaren Sphäre des Bürgers zu konturieren.

---

255 Vgl. *Becker*, Die Grundlagen der Einkommensteuer, S. 1 ff. u. 206 ff. und *Hensel*, Steuerrecht, S. 233.

256 Vgl. *Hensel*, Steuerrecht, S. 233.

257 *Mathiak*, Das preußische Einkommensteuergesetz von 1891 im Rahmen der Miquelschen Steuerreform 1891/93, S. 430.

Kapitel 3 – Belastungsgrund der Einkommensteuer

A. Rechtfertigung der Einkommensteuer

I. Staatsrechtliche Implikationen bei der Erhebung der Einkommensteuer

1. Steuern im staatlichen Finanzsystem

a) Der Steuerstaat als Produktivitätsgemeinschaft

Jedem staatlichem Geben geht zunächst ein staatliches Nehmen voraus. Versteht man dies als „Umverteilung" von Wirtschaftsgütern, so bedeutet das, dass der Staat im Bereich des Wirtschaftens die rechtliche und wirtschaftliche Bestimmungsmacht über die Wirtschaftsgüter usurpiert und diese sodann zur weiteren Nutzung zuweist.[258] Der verfassungsrechtlich durch das Grundgesetz gebundene Staat findet dabei die Eigentumsordnung vor[259] – er verfügt nicht selbst über die zu verteilenden Wirtschaftsgüter, sondern muss sich diese erst beschaffen, da das Grundgesetz die ertragsfähigen und verbrauchbaren Güter überwiegend als Eigentum der privaten Hand zuweist.[260] Die eigentumschonendste Form der staatlichen Finanzausstattung ist dabei die Beschränkung auf die Teilhabe am Erfolg privaten Wirtschaftens bei gleichzeitigem Verzicht auf Verstaatlichung.[261] Die Auferlegung von Steuerlasten rechtfertigt sich durch das Sozialstaats- und Solidaritätsprinzip: ein „marktwirtschaftlich organisiertes, auf Privatnützigkeit des Eigentums gegründetes" Staatswesen deckt seinen Finanzbedarf hauptsächlich durch Steuern und ist daher nicht

---

258 *Paul Kirchhof*, Steuergerechtigkeit und sozialstaatliche Geldleistungen, in: JZ 1982, S. 305.

259 Artt. 1 Abs. 3, 14 Abs. 1, 20 Abs. 3 GG.

260 *Paul Kirchhof*, in: JZ 1982, S. 305 (305); auf diesen Aspekt weist auch *Leisner* hin, *Walter Leisner*, Eigentum, in: Josef Isensee/Paul Kirchhof (Hg.), Handbuch des Staatsrechts – Band VIII, 3. Aufl., 2010, § 173, Rn. 11 u. 103 ff.; natürlich ist auch der Staat Eigentümer, siehe nur die ehemaligen Staatsunternehmen Post und Bahn. Daneben stellen auch die beiden großen Kirchen Eigentümer im großen Umfang dar, insb. im Hinblick auf land- und forstwirtschaftlich genutzte Ländereien. Für den Staat und die Kirchen gehört dies jedoch nicht zu dem Kernbestand ihrer Aufgaben, auch wenn das Eigentum zweifelsohne wichtige Funktionen für diese erfüllt. Vgl. zum Verwaltungsvermögen *Josef Isensee*, Staatsvermögen, in: Josef Isensee/Paul Kirchhof (Hg.), Handbuch des Staatsrechts – Band V, 2007, § 122, Rn. 20 ff.

261 *Paul Kirchhof*, Die Kunst der Steuergesetzgebung, in: NJW 1987, S. 3217 (3225); *Paul Kirchhof*, Der verfassungsrechtliche Auftrag zur Besteuerung nach der finanziellen Leistungsfähigkeit, in: StuW 1985, S. 319 (321).

Eigentümer-, sondern Steuerstaat.[262] Statt von einem marktwirtschaftlichen System kann auch „von einer Wettbewerbsordnung gesprochen werden", wobei ein funktionierender Wettbewerb grundsätzlich ein effizientes Verfahren ist, „um mit den vorhandenen Ressourcen eine möglichst hohe Wertschöpfung zu erzielen".[263] Und „[g]edachter Ort der Interaktion ist der Markt als Allokationsfeld für die Wettbewerbsakteure."[264] Diese Erklärung der Besteuerung behält selbst dann Gültigkeit, wenn man die Besteuerung nur als Werkzeug versteht, um die Gesamtnachfrage zu beeinflussen.[265] Denn sie setzt eine auf Privateigentum gegründete Wirtschaft voraus[266] und sieht sich ebenso der Forderung nach einem gerechten Maßstab der Steuerlastverteilung ausgesetzt. Nach der derzeitigen Finanzverfassung ist darüber hinaus eine monetäre Staatsfinanzierung durch unmittelbare staatliche Geldschöpfung durch Art. 123 Abs. 1 AEUV den Mitgliedsstaaten der EU nicht gestattet, also keine Finanzierung des Staates durch „Anwerfen der Druckerpresse".[267] Daher ist

262 *Klaus Tipke*, Die Steuerrechtsordnung I, 2000, S. 1; speziell zum Gesichtspunkt der Solidarpflichtigkeit *Otto Depenheuer*, Solidarität und Freiheit, in: Josef Isensee/Paul Kirchhof (Hg.), Handbuch des Staatsrechts – Band IX, 3. Aufl., 2011, § 194, Rn. 37, 46 ff; zum Begriff „Steuerstaat" siehe auch *Klaus Vogel*, Der Finanz- und Steuerstaat, in: HStR, Band II, 3. Aufl.2004, Rn. 51 ff.; *Paul Kirchhof*, in: JZ 1982, S. 305 (305).

263 *Johann Eekhoff/Christian Vossler*, in: Jürgen F. Bauer/Peter Salje/Matthias Schmidt-Preuß (Hg.), Regulierung in der Energiewirtschaft, 2011, Rn. 7.

264 *Bernd Grzeszick*, Hoheitskonzept – Wettbewerbskonzept, Band IV, HStR, 3. Aufl., 2006, § 78, S. 367–393, Rn. 9, wobei Hoheit Vorrang gegenüber Wettbewerb beansprucht, Rn. 28.

265 So *Warren Mosler*, Seven Deadly Innocent Frauds of Economic Policy, 2010, S. 17; *Hellwig* weist zutreffend darauf hin, dass die Schaffung von "Verbindlichkeiten" der EZB betriebswirtschaftlich keine Kosten für die Zentralbank verursacht, da die Verbuchung als „Verbindlichkeit" nur einer Konvention entspricht, aber keinen Kapitalabfluss bewirkt, da die Bank das Kapital im heutigen „Fiat-Geldsystem" selbst schaffen kann. Bedeutung hat die Finanzierung über Schulden hingegen für die Preisstabiliät und für etwaige geringere Gewinnausschüttungen der Zentralbank an seiner Anteilseigner, also indirekt die Staaten des EURO-Währungsraums, *Martin Hellwig*, Richtige und falsche Ängste vor einer expansiven Geldpolitik, in: F.A.S. 08. März 2015, S. 20; wegen des europarechtlichen Verbots der monetären Staatsfinanzierung hat dies daher dennoch Auswirkung auf die Nationalstaaten, vgl. die Kritik an *Hellwig* von *Hans-Werner Sinn*, Das Geld der EZB fällt nicht wie Manna vom Himmel, in: F.A.S. Ausgabe vom 15. März 2015, S. 20.

266 *Mark Peacock*, Introducing Money, 2013, S. 37 u. 42, der darauf hinweist, dass eine effektive Besteuerung im Sinne einer Belastung mit Geldleistungen einen Markt voraussetzt und gleichzeitig zum Ausbau des Marktes beiträgt; vgl. auch *Warren Mosley*, Seven Deadly Innocent Frauds of Economic Policy, 2010, S. 25.

267 Vgl. zu den Instrumentarien des ESZB wie Banknotenmonopol *Reiner Schmidt*, Geld und Währung, in: Josef Isensee/Paul Kirchhof (Hg.), Handbuch des Staatsrechts – Band V, 3. Aufl., 2007, § 117, Rn. 38.

der Staat – auch durch seinen Beitritt zu einer Gemeinschaftswährung – prinzipiell auf Abgabenerhebung und Schulden zur seiner Finanzierung verwiesen.[268]

Anforderungen an Effizienz und Gerechtigkeit können dabei durchaus in einem Zielkonflikt stehen, der zu seiner Lösung einer politischen Entscheidung bedarf. Hier ist das Grundgesetz, das nach der Rechtsprechung des Bundesverfassungsgerichts keine Wirtschaftsordnung vorgibt, zunächst systemneutral.[269] Gleichwohl macht das Grundgesetz durch die Grundrechte Vorgaben, die vom Gesetzgeber bei der Ausgestaltung einer Wirtschaftsordnung zu beachten sind. Insbesondere verhindern die Freiheitsgrundrechte auf diese Weise eine völlige Abschaffung von Markt und Wettbewerb.[270] Diese Entscheidung des Grundgesetzes erweist sich heute als vorausschauend, da alle sozialistischen Staaten, denen zumindest die Vergesellschaftung der Produktionsmittel gemeinsam war, nicht nur wirtschaftlich gescheitert sind.[271] Die Planwirtschaft diente zwar dem Machterhalt der Eliten, löste aber nicht die kybernetischen Probleme ihrer Wirtschaftsordnungen.[272] Heute sehen wir, dass Staaten wie China und Kuba in unterschiedlichem Umfang Elemente einer Marktwirtschaft integrieren um wirtschaftlichen Erfolg zu generieren.[273]

Das Gemeinwesen des Grundgesetzes zeigt sich aus diesem Blickwinkel als eine ideologieneutrale Produktivitätsgemeinschaft: Der Staat respektiert die Dispositionsfreiheit über das Privateigentum, nimmt aber anschließend an dem Erfolg und Misserfolg der privaten Eigentümerentscheidungen teil.[274] Hierin kann

268 *Christian Waldhoff*, Grundzüge des Finanzrechts des Grundgesetzes, in: Josef Isensee/Paul Kirchhof (Hg.), Handbuch des Staatsrechts – Band V, 3. Aufl., 2007, § 116, Rn. 84 u. 96. Die Möglichkeit des staatlichen Selbsterlasses von Schulden ist dem Staat heute wohl nicht mehr gestattet, *ders.*, a.a.O., § 116, Rn. 36. Vgl. hierzu die ähnliche Situation der Einzelstaaten in den USA, in denen sich diese ähnlichen Beschränkungen ihrer Finanzierungsmöglichkeiten ausgesetzt sehen. Freilich zeigen die aktuelle Diskussionen um einen möglichen Austritt Griechenlands aus dem ESZB und das qantitative easing durch die EZB, dass Theorie und Praxis auch hier auseinanderfallen und eine Abgrenzung nicht immer einfach ist; vgl. hierzu auch *Kerstin Witte-Petit*, Kein Recht, kein Vertrauen, in: DIE RHEINPFALZ Ausgabe vom 12. Januar 2015, über die „Bitburger Gespräche" 2015.

269 BVerfGE 4, 7 (17f.) – Investitionshilfe.

270 *Rainer Schmidt*, Staatliche Verantwortung für die Wirtschaft, in: Josef Isensee/Paul Kirchhof (Hg.), Handbuch des Staatsrechts – Band IV, 3. Aufl., 2006, § 92, Rn. 23; ähnlich *Michael Ronellenfitsch*, Wirtschaftliche Betätigung des Staates, in: Josef Isensee/Paul Kirchhof (Hg.), Handbuch des Staatsrechts – Band IV, 3. Aufl., 2006, § 98, Rn. 33.

271 Bereits *von Mises* wies auf die Probleme staatlichen Unternehmertums hin, *von Mises*, Nationalökonomie – Theorie des Handelns und Wirtschaftens, S. 657.

272 Vgl. *Fritz Stern*, Fünf Deutschland und ein Leben, 2009, S. 434, der auf die wirtschaftliche Uneinholbarkeit des Westens durch die DDR-Wirtschaft hinweist.

273 Vgl. aus volkswirtschaftlicher Sicht *Daron Acemoğlu*, der im Ergebnis die gleiche These vertritt, *Lena Schipper*, Warum Nationen scheitern, in: F.A.S. Ausgabe vom 08. März 2015, S. 36.

274 *Kirchhof*, in: NJW 1987, S. 3217 (3225).

ein Rechtfertigungsgrund für die Besteuerung gesehen werden, der von *Tipke* als „Rechtfertigungs-Äquivalenz" oder „Generaläquivalenz" bezeichnet wird.[275] Die Steuerpflicht entspringe einer (ethischen) Grundpflicht des Bürgers und diene dem Ausgleich der sich aus dem freien Wirtschaften ergebenden Ungleichverteilung der Einkommen und Vermögen.[276] Keineswegs soll hierbei jedoch der Eindruck entstehen, dass dies von der Natur vorgegebene Charakterisierungen einer ewig bestehenden Gesellschafts- und Wirtschaftsordnung sind. Die Sicherung von Grundrechten, konkurrenzwirtschaftlichen Märkten und des Privateigentums sind Ausdruck der Regeln einer Kooperationsgemeinschaft, so wie sie zum Beispiel von *Rawls* in seiner *Theorie der Gerechtigkeit* beschrieben wird, und die beschriebenen Grundannahmen beziehen sich daher zunächst (nur) auf markwirtschaftliche verfasste Rechtsstaaten.[277] Gemäß diesem Grundverständnis bedeutet jede Besteuerung die Minderung eines privaten Bestandes an Eigentum und damit Freiheitspotenzials.[278]

Eine gerechte[279] Verteilung dieser Steuerlasten ist damit auch Vorbedingung und normative Vorgabe eines gerechten Systems der Staatsleistungen.[280] Am

275 *Tipke*, StRO I, S. 232 u. 476.

276 *Tipke*, StRO I, S. 3; gleichwohl handelt es sich nach Kant bei der Steuerentrichtung nicht um eine ethische Pflicht im Sinne einer Tugend, sondern um eine Rechtspflicht gegenüber dem Staat, *Jan Renker*, Markt und Gerechtigkeit – Untersuchungen zum Selbstverständnis des Bürgers im Ausgang von Rawls, Kant und Hegel, 2012, S. 169; gleichzeitig stellt sie staatliche Machtausübung dar, die daher einer rechtlichen Bindung bedarf, so *Waldhoff*, Grundzüge des Finanzrechts des Grundgesetzes, HStR V, § 116, Rn. 3. Der bloße Verweis auf eine apriorische Solidarpflicht kann hierfür nicht genügen, so aber *Depenheuer*, Solidarität und Freiheit, HStR IX, § 194, Rn. 48, entgegen *Leisner*, Eigentum, HStR VIII, § 172, Rn. 50 der einen „absoluten Schutzbereich" des Eigentums annimmt.

277 Jan Renker, S. 42 ff unter Verweis auf Rawls, der zwischen „persönlichem Eigentum", das absolut geschützt sei, und dem Eigentum an Produktionsmittel unterscheide. Die Freiheit auf Produktionseigentum und der Vertragsfreiheit auf ökonomischem Gebiet seien hingegen nicht absolut geschützt. Vielmehr müsse hier besteuert werden, um eine Gefährdung der Freiheit durch Vermögensakkumulation zu vermeiden, vgl. *John Rawls*, Eine Theorie der Gerechtigkeit, 1979, S. 83 u. 311.

278 Auch *Flume* weist darauf hin, dass durch die Steuern immer ein Eingriff in die Güterverteilung erfolgt, wie sie sich nach der allgemeinen Rechtsordnung ergebe und die bei Überschreitung gewisser Grenzen diese auch außer „Kurs" setzen könne, *Werner Flume*, Steuerwesen und Rechtsordnung, in: Festschrift für Rudolf Smend, 1952 (Nachdruck 1986), S. 11.

279 *Von Mises* weist darauf hin, dass dem Idealtypus einer Steuer die neutrale Steuer entspreche, dass diese aber in einer Marktwirtschaft unmöglich sei, da Einkommen und Vermögen stets ungleich verteilt seien und daher auch die Belastungswirkungen bei einer neutralen Steuer ungleich ausfielen. Vor diesem Hintergrund werde der Frage nach der gerechten Steuer mehr Aufmerksamkeit zu teil als der nach der neutralen Steuer, *von Mises*, Nationalökonomie – Theorie des Handelns und Wirtschaftens, S. 658.

280 *Paul Kirchhof*, in: JZ 1982, S. 305 (305).

Gesamtvolumen staatlicher Leistungen lässt sich nämlich im Unkehrschluss eine zentrale Aussage über die Liberalität des Staatswesens treffen.[281] Die gerechte Gesamtsteuerlast sollte in einem angemessenen Verhältnis zu den staatlichen Leistungen stehen[282], wobei das Generieren von Steuerneinahmen in direkter Abhängigkeit vom unstillbaren Finanzbedarf des Gemeinwesens besteht.[283] Dementsprechend ist die Bewertung zugleich in hohem Maße von den herrschenden politischen Gegebenheiten abhängig.[284]

b) *Keine materiellen Vorgaben der Finanzverfassung des Grundgesetzes für die Besteuerung*

Eine ausdrückliche Beschränkung der Steuergewalt, die ihre grundsätzliche Anerkennung auch im Finanzverfassungsrecht der Art. 105 ff. GG findet, ist in materieller Hinsicht im Grundgesetz nicht vorgesehen. Die stichwortartige Aufzählung der einzelnen Steuerarten in Art. 106 GG rechtfertigt diese als zulässige Formen der Besteuerung und somit auch die Einkommensteuer (Art. 106 Abs. 3 GG).[285] Durch die Normierung der Gesetzgebungskompetenz und der Verteilung des Finanzaufkommens wird deutlich, dass der Staat des Grundgesetzes sich grundsätzlich durch Steuern finanziert.[286] In diesem System stellt die Steuer als Aufkommen ohne jede Zweckbindung das wichtigste Finanzierungsinstrument dar, wobei steuerliche Einnahmenseite und budgetrechtliche Ausgabenseite rechtlich getrennt sind und sich daher auch nach unterschiedlichen rechtlichen Maßstäben richten.[287] Über die Verwendung dieser Haushaltsmittel im Haushaltsplan entscheidet allein das Parlament,

---

281 *von Mises*, Nationalökonomie – Theorie des Handelns und Wirtschaftens, S. 657; *Paul Kirchhof*,, in: JZ1982, S. 305 (305); vgl. auch *Liam Murphy/Thomas Nagel*, The myth of ownership: taxes and justice, 2002, S. 14: "For what counts as justice in taxation cannot be determined without considering how government allocates its resources."

282 *Tipke*, StRO I, S. 229 (unter Verweis auf Vogel), nach dem nur die gerechtfertigte Steuer auch eine gerechte Steuer sei; vgl. auch *ders.*, StRO II, S. 578 f.

283 *Michael Droege*, Wie viel Verfassung braucht der Steuerstaat, in: StuW 2011, S. 105 (108, Fn. 37) verweist auf BVerfGE 84, 239 (268 ff.) – Kapitalertragsteuer.

284 Beispielhaft sei an die Wahlprogramme der Parteien zum Bundestagswahlkampf 2013 erinnert, wonach der Staat nach Meinung mancher zu wenig Geld ausgebe und einnehme, nach Meinung anderer bereits zu viel besteuere oder die immer wiederkehrende Diskussion um die Abschaffung des Solidaritätszuschlages.

285 BverfGE 93, 121 (135) – Einheitswerte II.

286 *Paul Kirchhof*, Die Widerspruchsfreiheit im Steuerrecht als Verfassungspflicht, in: StuW 2000, S. 316 (320 f.).

287 *Paul Kirchhof*, in: StuW 2000, S. 316 (321), daneben existieren Gebühren (Entgelt für konkrete Staatsleistungen), Beiträge (Ausgleich für ein staatliches Leistungsangebot), Sonderabgaben (Ausnahme), die sozialversicherungsrechtlichen Solidarabgaben und die Verbandslast als wesentliche Abgabentypen unter dem grundgesetzlichen Regime.

auch wenn es sich heute dabei weitgehenden Vorgaben ausgesetzt sieht.[288] Zu den Kriterien, nach der sich die Belastungswirkung der Besteuerung richten muss, findet sich im Finanzverfassungsrecht des Grundgesetzes jedoch keine ausdrückliche Norm.[289] Es handelt sich bei der Besteuerung um klassisches staatliches Eingriffsrecht, das als Konditionalprogramm im Wenn-dann Schema aufgebaut ist.[290] Es kann dabei grundsätzlich zwischen drei Normgruppen unterschieden werden: den Fiskal-, Sozial- und Vereinfachungszwecknormen.[291] Steuergesetze beinhalten in der Regel alle drei Normarten. Das Einkommensteuergesetz mit seiner Definition der Einkunftsarten ist zunächst und vornehmlich Fiskalzwecknorm, da es der Deckung des staatlichen Finanzbedarfes dient. „Fiskalzwecknormen müssen konkretisierter Ausdruck von Steuerwürdigkeitsentscheidungen auf der Grundlage von Kriterien oder Maßstäben zuteilender Gerechtigkeit sein."[292] Als Eingriffsrecht unterliegt das Steuerrecht dabei dem Gesetzesvorbehalt, der sich im Steuerrecht „zum Prinzip der Tatbestandsmäßigkeit der Besteuerung steigert und dadurch eine enge Tatbestandsbindung und eine besondere Gesetzesbestimmtheit zusichert".[293] Die weitere Frage lautet daher, welcher rechtliche Maßstab im Sinne eines gerechten Verteilungsmaßstabs die Auferlegung von Steuerpflichten anleitet.

2. Steuerrecht und Belastungsgerechtigkeit

Im Gegensatz zu den Abgabeformen der Gebühren und Beiträge, deren Verhältnismäßigkeit sich nach dem Äquivalenzprinzip richtet, das für diese eine Austauschgerechtigkeit fordert, bemessen sich Steuern vornehmlich nach der Belastbarkeit des Bürgers im Sinne des Leistungsfähigkeitsprinzips.[294] „An die Stelle einer Austauschgerechtigkeit tritt die Belastungsgerechtigkeit; an die Stelle des Ausgleichs

---

288 *Markus Heintzen*, Staatshaushalt, in: Josef Isensee/Paul Kirchhof (Hg.), Handbuch des Staatsrechts – Band V, 3. Aufl., 2007, § 120, Rn. 1, Fn. 5 und 63; vgl. zudem nur die Kontroversen zu den sog. Griechenlandhilfen. Wie die Kritik von *Sinn* am Target2-System des Eurosystems aufzeigt, gibt es dennoch unbeschränkte Haftungsrisiken durch andere souveräne Staaten, Hans-Werner Sinn 'So wurden die Euro-Retter erpressbar' in *F.A.Z.* of , wobei diese Risiken zunächst bei der Bundesbank lägen, die durch ihr Geldschöpfungsmonopol an sich nicht insolvent gehen kann. Auf einem anderen Blatt steht die Frage, ob in einem solchen Fall jedoch die Preisstabilität gewahrt bleiben könnte.

289 Im Gegensatz zum Art. 136 WRV.

290 Vgl. *Klaus Röhl/Hans Christian Röhl*, Allgemeine Rechtslehre, 2008, S. 242.

291 *Tipke*, StRO I, 77ff.

292 *Tipke*, StRO I, 77.

293 *Paul Kirchhof*, Besteuerung und Eigentum (Zweiter Beratungsgegenstand. 1. Bericht) in: VVDStRL (39) 1981, S. 213 (220); *Tipke*, StRO I, 128, die Tatbeständsmäßigkeit der Besteuerung umfasse sowohl den Tatbestand als auch die Rechtsfolge und schließe ein Ermessen aus.

294 *Andreas Goetze*, Die Ersetzung der sieben Einkunftsarten des EStG durch eine einzige, 2010, S. 12.

tritt die Belastungsgleichheit."[295] Wie bereits angedeutet, kann sich der Maßstab für die Belastungsgerechtigkeit nicht aus dem Finanzierungs- oder Abschöpfungszweck der Besteuerung ergeben: jede Form der Besteuerung ist an sich geeignet ein Finanzaufkommen zu generieren und kann daher nicht zugleich die Grenze seiner eigenen Belastungsreichweite in sich tragen. Denn dies würde letztlich darauf hinauslaufen, die Besteuerung damit zu rechtfertigen, dass der Staat besteuern darf, weil er besteuern kann.

Grundsätzlich könnte man annehmen, dass eine Steuer stets auch auf die Erhaltung ihrer Quelle angewiesen ist.[296] Es finden sich jedoch viele Beispiele von Steuern, die zwar auch einen Finanzierungszweck haben, die dennoch gemäß ihrem Lenkungszweck im Sinne einer prohibitiven Wirkung auf die Verkleinerung ihres Aufkommens (Quelle) abzielen, so zum Beispiel im Falle der Tabak-, Alkopop- und Ökosteuern.

Bei einer losgelösten Verhältnismäßigkeitsprüfung von Steuern an ihrem Fiskalzweck, also der Prüfung der Frage, ob die betreffende Steuer geeignet, erforderlich und zumutbar ist, wird die fehlende Eignung dieses Prinzips als Gradmesser einer gerechten Steuer deutlich. Denn eine Steuer ist bereits erforderlich und geeignet, wenn sie den Zweck, den staatlichen Finanzbedarf zu decken und damit Finanzmittel zu beschaffen, erfüllen kann.[297] Und hinsichtlich des dritten Elements, der Zumutbarkeit, hat der Gesetzgeber einen weiten Beurteilungsspielraum, was sowohl die Breite der Bemessungsgrundlage als auch den Verlauf des Tarifs anbelangt.[298]

Nach der Rechtsprechung des Bundesverfassungsgerichts wird dieser Ermessensspielraum auch hinsichtlich der Auswahl der Besteuerungsquellen und der Steuerzwecke lediglich durch das im Gleichheitssatz verankerte Willkürverbot begrenzt.[299] Der Gesetzgeber kann sich dabei von „finanzpolitischen, volkswirtschaftlichen, sozialpolitischen oder steuertechnischen Erwägungen leite lassen".[300] Diese

295 *Paul Kirchhof*, Empfiehlt es sich, das Einkommensteuerrecht zur Beseitigung von Ungleichbehandlungen und zur Vereinfachung neu zu ordnen? Gutachten F, in: Ständige Deputation des Deutschen Juristentages (Hg.), Verhandlungen des 57. Deutschen Juristentages, Mainz 1988, 1988, S. F 12.

296 Vgl. BVerfGE 93, 121 (139 f.) – Vermögensteuer, das fiskalische Interesse an der Erhaltung der Steuerquelle nennend.

297 *Rainer Wernsmann*, in: Hartmut Söhn/Bernd Heuermann (Hg.), Hübschmann/Hepp/Spitaler, Abgabenordnung/Finanzgerichtsordnung, Kommentar, 230. Lfg., 12.2014, Stand: 230. Lfg., 2014, § 4 AO, Rn. 566 f.

298 *Wernsmann*, in: Hübschmann/Hepp/Spitaler, Abgabenordnung/Finanzgerichtsordnung, Kommentar, § 4 AO, Rn. 568; zum Tariverlauf vgl. nur die Diskussion über den sog. Mittelstandsbauch und die „kalte" Progression, siehe hierzu kürzlich *Klaus Haase/Walter Georg Leisner*, Kalte Progression und Mittelstandsbauch im Steuertarif und ihr Einfluss auf die Leistungsfähigkeit des Handwerks – Leitplanken zu einer Neugestaltung des Einkommensteuertarifs, 2013, abrufbar unter www.lfi-muenchen.de.

299 Vgl. BVerfGE 117, 1 (30) – Erbschaftsteuer.

300 *Paul Kirchhof*, Steuergleichheit, in: StuW 1984, S. 297 (308).

Gesichtspunkte waren schon wesentlich für die vorkonstitutionelle Gesetzgebung: Staatlich gewünschte Vermögensbildung und soziale Gerechtigkeit[301] wirken sich unmittelbar auf den inneren Zusammenhalt einer Gesellschaft aus und bilden bis heute Grundpfeiler der Besteuerung und der Steuerreformdiskussionen bereits seit Ende des 19. Jahrhunderts. Hier wird bereits deutlich, dass die Besteuerung am ehesten beim Eigentumszuwachs (Einkommen) und der Eigentumsverwendung (Konsum) ansetzen sollte und weniger am ruhenden Eigentumsbestand.[302] Bei der näheren Ausgestaltung des Belastungstatbestandes ist der Gesetzgeber nach herrschender Meinung an Leitprinzipien gebunden[303], wie zum Beispiel dem Leistungsfähigkeitsprinzip und dem Gebot der Folgerichtigkeit.[304]

II. Grundrechtliche Implikationen für den Belastungsgrund

1. Belastungsgleichheit – vom Leistungsfähigkeitsprinzip zum Zahlungsfähigkeitsprinzip

Als Fundamentalprinzip der Besteuerung und damit auch als Maßstab für die Auslegung ist das Leistungsfähigkeitprinzip als Verteilungsprinzip grundsätzlich anerkannt[305], auch wenn es wegen seiner behaupteten Konturenarmut immer wieder vielfältiger Kritik ausgesetzt ist.[306] Auch *Radbruch* ordnete die Besteuerung nach Maßgabe der Tragfähigkeit als einen Unterfall der verhältnismäßigen Gleichheit der austeilenden Gerechtigkeit zu.[307] Seine dogmatische Heimat findet

---

301 Zur Kritik des Begriffs der sozialen Gerechtigkeit siehe *Friedrich August von Hayek*, Recht, Gesetz und Freiheit. Eine Neufassung der liberalen Grundsätze der Gerechtigkeit und der politischen Ökonomie, 2013, S. 219; siehe allgemein auch *Rawls*, Eine Theorie der Gerechtigkeit, S. 23 ff. zum Begriff „sozial justice" als „Maßstab zur Beurteilung der Verteilungseigenschaften der gesellschaftlichen Grundstruktur", S. 26f.

302 *Paul Kirchhof*, in: NJW 1987, S. 3217 (3225).

303 Vgl. unten Kap. 4, B. II. 4. *Höhn* und *Lehner* und *Tipke*, StRO I, S. 326 f. und *Tipke*, StRO II, S. 622.

304 *Joachim Wieland*, in: Horst Dreier (Hg.), Grundgesetz Kommentar, 3. Aufl., 2013, Art. 14, Rn. 68; *Bernd Grzeszick*, Rationalitätsanforderungen an die parlamentarische Rechtsetzung im demokratischen Rechtsstaat, in: VVDStRL 71 (Hg.), Grundsatzfragen der Rechtssetzung und Rechtsfindung, 2012, S. 49 (56); BFH, Beschluss vom 17. Juli 2014 – VI R 8/12 –, DStR 2014, 2216 (2222, Tz. 56); BVerfGE 117, 1 (30) – Erbschaftsteuer.

305 *Tipke*, StRO I, S. 77, 341 ff. u. S. 479; *Tipke*, StRO II, S. 581; *Dieter Birk*, Das Leistungsfähigkeitsprinzip als Maßstab der Steuernormen, 1983, S. 169 ff.; so auch schon *Fuisting*, Grundzüge der Steuerlehre, S. 11.

306 *Tibor Schober*, Verfassungsrechtliche Restriktionen für den vereinfachenden Einkommensteuergesetzgeber, 2009, S. 117 f.

307 *Radbruch*, Rechtsphilosophie, S. 125f., zitiert nach *Röhl/Röhl*, Allgemeine Rechtslehre, S. 340.

das Leistungsfähigkeitsprinzip im Gleichheitssatz des Art. 3 Abs. 1 GG, denn der Antwort auf die Frage nach der Belastungsgerechtigkeit liegt ein Vergleich der Steuerpflichtigen hinsichtlich ihrer wirtschaftlichen Belastungs- und Leistungsfähigkeit zu Grunde.[308] Für diesen Vergleich fordert der Gleichheitssatz, wesentlich Gleiches gleich und wesentlich Ungleiches verschieden zu behandeln.[309] Zu allererst muss daher ein gleichheitsgerechter Anknüpfungspunkt der Besteuerung gefunden werden.[310] Dieser richtet sich danach, was verglichen werden soll und ergibt sich aus der Funktion einer freiheitlichen Ordnung[311]. Fiskalzwecksteuern rechtfertigen sich nämlich nur, „wenn sie einen Beitrag zur gleichmäßigen Besteuerung nach der Leistungsfähigkeit erbringen und nicht gegen die Grundrechte verstoßen".[312] Hier kommt der oben skizzierte Belastungsgrund zum Tragen: Versteht man die Gemeinschaft als Produktivitätsgemeinschaft, der eine privatnützige Eigentumsordnung zu Grunde liegt, so liegt dem Vergleich im Bereich der Einkommensbesteuerung das durch die individuelle Leistung durch Arbeit und Kapital Hinzuerworbene zu Grunde.[313]

Der Gleichheitssatz rechtfertigt und fordert für diesen Sachverhalt daher eine Besteuerung des Einkommens.[314] Der Belastungsgrund weist dabei auf den Entstehungsaspekt der Leistungsfähigkeit hin. Leistungsfähigkeit und Belastungsgrund sind daher verschränkt. Das Leistungsfähigkeitsprinzip kann je nach Besteuerungsgegenstand unterschiedliche Ausprägungen erfahren. Da aber wie bereits oben aufgezeigt, jede Besteuerung unabhängig von dem konkreten Besteuerungsgegenstand eine Minderung des Eigentums bedeutet, ergibt sich für das Leistungsfähigkeitsprinzip auch die zentrale Prämisse, dass eine Eigentümersteuer sich nicht nach der bloßen Leistungsfähigkeit des Einzelnen, sondern nach der Zahlungsfähigkeit richten muss: Vergleichsmaßstab im Bereich der Einkommensteuer ist die Fähigkeit zur Steuerzahlung auf Grund des individuell Erworbenen und nicht die Fähigkeit Zahlungsfähigkeit durch Erwerbsanstrengungen zu erreichen.[315] „Steuerliche Leistungsfähigkeit ist danach die

---

308 Vgl. *Roland Jüptner*, Leistungsfähigkeit und Veranlassung, Diss., 1987/88, S. 47 u. 89.

309 Vgl. aktuell die Vorlagefrage des BFH zur Abziehbarkeit von erstmaligen Berufsausbildungskosten, BFH, Beschluss vom 17. Juli 2014 – VI R 8/12 –, DStR 2014, 2216 (2222, Tz. 55).

310 *Paul Kirchhof*, in: StuW 1984, S. 297 (298); so auch *Jüptner*, Leistungsfähigkeit und Veranlassung, Diss., S. 47.

311 *Paul Kirchhof*, Besteuerung im Verfassungsstaat, 2000, S. 33.

312 *Tipke*, StRO I, S. 232 u. 304 f., 480 zur steuerlichen Gleichbelastung im Hinblick auf die Gesamtsteuerbelastung.

313 Vgl. zum Belastungsgrundgedanken auch schon *Fuisting*, Steuerlehre, S. 10 und *Jüptner*, Leistungsfähigkeit und Veranlassung, Diss., S. 101, Fn. 1 zum „Verpflichtungsgrund" der Einkommensteuer.

314 *Tipke*, StRO I, S. 301 u. 326; vgl. auch S. 324 u. 491.

315 *Paul Kirchhof*, in: StuW 1984, S. 297 (298 f.); dieser Grundsatz bildete aber schon bei Adam Smith eine der vier Maximen der Besteuerung: contribution according to ability to pay, certainty, convenience and efficiency, vgl. *John Creedy*, Personal

Fähigkeit von Personen, Steuern aus dem gespeicherten Einkommen entsprechend der Höhe des disponiblen Einkommens zahlen zu können. Für Unternehmen gilt das Gleiche bezogen auf den Gewinn."[316] Im Übrigen ist der Einzelne frei, zu tun oder zu lassen, was er will. Insbesondere ergibt sich aus der Berufs- und der allgemeinen Handlungsfreiheit keine Pflicht zur erwerbswirtschaftlichen Betätigung.[317] Jedoch reicht die Feststellung, dass der Bürger leistungs- und zahlungsfähig ist, nicht aus, um eine gerechte Besteuerung zu bieten, d. h. die Lastenverteilung anzuleiten und zu rechtfertigen.[318] Maßstabbildend könnten daher an dieser Stelle die Freiheitsrechte wirken.

2. *Freiheitsrechtliche Implikationen für den Gleichheitssatz*

Grundsätzlich wird die Grenzziehungsfunktion der Artt. 2 Abs. 1, 12, 14 GG für den steuerlichen Zugriff anerkannt.[319] Auch nach der ständigen Rechtsprechung des BVerfG wird durch den Steuerzugriff wenigstens in den Schutzbereich der allgemeinen Handlungsfreiheit eingegriffen, da jeder Vermögensentzug zumindest auch eine Einschränkung der wirtschaftlichen Betätigungsfreiheit darstellt.[320] Wenn das Einkommen Teil des Eigentums des Steuerpflichtigen ist, nämlich hinzuerworbenes Eigentum, dann kann das Zahlungsfähigkeitsprinzip als Maßstab der Gleichheit zusätzlich durch das Übermaß abwehrende Freiheitsrecht, in das durch die Besteuerung eingegriffen wird, vergegenständlicht und verknüpft werden.[321] Vermögen und nicht-staatsbestimmte Einkommen sind Garanten für selbstbestimmtes Handeln, dass sich auch im Verzicht auf die Generierung von Einkommen äußern kann.

---

income tax structure: theory and policy, in: Iris Claus, et al. (Hg.), Tax Reform in Open Economies, 2010, 137, nach dem diese Grundsätze heute freilich verschieden interpretiert werden; in diesem Zusammenhang ist auch die Diskussion um die Besteuerung des sog. „imputed income" erwähnenswert, wie sie zum Beispiel in der Auseinandersetzung um die oben angesprochene Unterscheidung zwischen der Investitions- und der Konsumgutlösung im Privatvermögen geführt wird.

316 *Tipke*, StRO I, S. 481; siehe auch S. 301.

317 Vgl. die allgemeine Handlungsfreiheit aus Art. 2 GG und die Berufsfreiheit aus Art. 12 GG; so ähnlich bereits *Fuisting*, Steuerlehre, S. 11 u. 135.

318 *Paul Kirchhof*, in: StuW 1984, S. 297 (309); so auch schon *Fuisting*, Steuerlehre, S. 11.

319 *Tipke*, StRO I, S. 419; *Monika Jachmann*, Belastungsgrenzen im Steuerrecht, in: StuW 1996, S. 97 (101); anders zum Beispiel die Rechtsprechung der Verwaltungsgerichte, vgl. nur VGH Mannheim, Urteil vom 17. Juli 2012 – 2 S 3284/11 –, BeckRS 2012, 55396, wonach nur konfiskatorische Steuern den Schutzbereich des Art. 14 GG berührten und im Übrigen Art. 14 GG bei der Auferlegung von Geldleistungspflichten grundsätzlich unberührt bleibe.

320 *Wernsmann*, in: Hübschmann/Hepp/Spitaler, Abgabenordnung/Finanzgerichtsordnung, Kommentar, § 4 AO, Rn. 546 f.

321 *Kirchhof*, in: VVDStRL (39) 1981, S. 213 (246); *ders.*, in: JZ 1982, S. 305 (307) im Sinne eines Zuwachs an Eigentümerfreiheit.

Ob die Besteuerung neben dem Schutzbereich der allgemeinen Handlungsfreiheit auch den Schutzbereich des Art. 14 GG berührt, ist jedoch umstritten.

a) Der Schutzbereich des Art. 14 GG und die Besteuerung des Einkommens

aa) Klassische Ansicht

Die Behauptung, dass in den Schutzbereich des Art. 14 GG durch die Besteuerung grundsätzlich nicht eingegriffen werde und dass Art. 14 GG nicht geeignet sei, die Steuergesetzgebung materiell anzuleiten[322], fußt maßgeblich auf der Erwägung, dass das Vermögen als Ganzes von verfassungswegen nicht unter einen besonderen Schutz gestellt sei.[323] Geschützt sei nur das einzelne Recht – nicht das Eigentum als Ganzes. Daher seien auch Belastungen aller Eigentumsrechte in ihrer Gesamtheit, wie im Falle der Einkommensbesteuerung, nur durch Art. 2 Abs. 1 GG und nicht durch Art. 14 GG begrenzt.[324] „Art.14 Abs.1 GG [schützt] grundsätzlich nicht gegen die Auferlegung von Geldleistungspflichten".[325]

---

322 So *Tibor Schober*, Verfassungsrechtliche Restriktionen für den vereinfachenden Einkommensteuergesetzgeber, Baden-Baden, Nomos Verlag, 2009, S. 84ff.

323 So die vormalige ständige Rechtsprechung des BVerfG, zB BVerfGE 4, 7 (17) – Investitionshilfe; 14, 221 (241) – Fremdrenten – und heute noch der 1. Senat in BVerfGE 95, 267 (300) – LPG-Altschulden und 96, 375 (397) – Arzthaftung; *Wernsmann*, in: Hübschmann/Hepp/Spitaler, Abgabenordnung/Finanzgerichtsordnung, Kommentar, § 4 AO, Rn. 545, definiert das Vermögen als einen von konkreten vermögenswerten Positionen losgelösten Tauschwert und verweist darauf, dass der von der Nachfrage abhängige (Tausch-)Wert von Sach- und Aktieneigentum unstreitig nicht garantiert wird; hier verkennt *Wernsmann*, dass jeder Wert (im Sinne einer wirtschaftlichen Bewertung) von einer Bewertung Dritter abhängig ist und daher von niemanden garantiert werden kann. Auch der Enteignungswertschutz richtet sich nach diesen Werten. Nicht garantiert wird daher ein Gleichbleiben von Werten, aber garantiert wird die Berücksichtigung des jeweils vorhandenen Wertes, entweder bei der Enteignung im Zeitpunkt des Entzugs oder eben bei der Besteuerung im Zeitpunkt der Einkommensermittlung.
Alexander Werder, Dispositionsschutz bei der Änderung von Steuergesetzen zwischen Rückwirkungsverbot und Kontinuitätsgebot, 2005 (zugl. Diss. 2004), S. 176; *Anton Achatz*, Grundrechtliche Freiheit im Wettbewerb, Berlin, 2011, S. 25; anders heute der zweite Senat, vgl. BVerfGE 115, 97 (110) – Halbteilungsgrundsatz; zu Recht diese Auffassung ebenso ablehnend *Roman Seer*, Der sog. Halbteilungsgrundsatz als verfassungsrechtliche Belastungsobergrenze der Besteuerung, in: FR 1999, S. 1280 (1283) und *Tipke*, StRO I, S. 449.

324 *Anton Achatz*, Grundrechtliche Freiheit im Wettbewerb, Berlin, 2011, S. 25;

325 BVerfGE 30, 250 (271) – Absicherungsgesetz; BFH, Urteil vom 25. Juni 1996 – VIII R 28/94 –, Tz. 49, juris, BFHE 181, 133, BStBl II 1997, 202; in ihrer grundsätzlichen Weite ist diese Aussage richtig, denn sonst wäre jede Besteuerung unzulässig. Neben dieser Grundentscheidung geht es vornehmlich um die Regelung der Besteuerung und dem einschlägigen verfassungsrechtlichen Rahmen.

Wirkt sich der Zugriff des Staates jedoch auf den Bestand oder die Nutzung des einzelnen Eigentumsrechts aus, so sei Art. 14 GG sehr wohl auch im Bereich der Besteuerung einschlägig, zum Beispiel im Falle einer erdrosselnden, konfiskatorischen Steuer.[326] Dies wird damit begründet, dass zwischen Verhaltensbeeinflussung und Vermögensentzug unterschieden werden müsse.[327] Erst wenn die Steuer jemanden zwinge, die Tätigkeit oder das Objekt, an das die Steuer geknüpft sei, aufzugeben, stelle die Besteuerung einen Eingriff in das jeweilige speziellere Freiheitsgrundrecht dar (Kunst-, Berufs- oder Eigentumsfreiheit). Das Bundesverfassungsgericht spricht in diesen Fällen von einer Steuerpflicht, die „den Pflichtigen übermäßig belasten und seine Vermögensverhältnisse grundlegend beeinträchtigen würden" oder einen „Eingriff in die Kapitalsubstanz" darstelle.[328]

Wieso der Entzug von Geld durch Begründung einer Steuer- und Zahlungsschuld keinen Entzug von Eigentum bedeutet,[329] jedoch die Aufgabe eines Vermögensgegenstands[330], erschließt sich dabei nicht unmittelbar.[331] Für den umgekehrten Sachverhalt – Ansprüche des Bürgers gegen den Staat – sieht dagegen die herrschende Eigentumsdogmatik konkrete gesetzliche Zahlungsansprüche jedoch richtigerweise als Vermögenswerte an.[332]

---

326 BVerfGE 23, 288 (314) – Kriegsfolgelasten II; BVerfGE 63, 343 (368) – Rechtshilfevertrag; *Anton Achatz*, Grundrechtliche Freiheit im Wettbewerb, Berlin, 2011, S. 25 unter Verweis auf: BVerfG 30, 250, (272 f.); *Otto Depenheuer*, in: Christian Starck (Hg.), Das Bonner Grundgesetz, 4. Aufl., 1999, Art. 14, Rn. 163 f.; *Papier*, in: Maunz/Dürig, GG, Art. 14, Rn. 165 ff.; *Wernsmann*, in: Hübschmann/Hepp/Spitaler, Abgabenordnung/Finanzgerichtsordnung, Kommentar, § 4 AO, Rn. 548.

327 *Wernsmann*, in: Hübschmann/Hepp/Spitaler, Abgabenordnung/Finanzgerichtsordnung, Kommentar, § 4 AO, Rn. 549.

328 BVerfGE 63, 343 (368) – Rechtshilfevertrag = NJW 1983, 2757 (2760 f.) und BVerfGE 82, 159 (190) – Absatzfonds.

329 *Wernsmann*, in: Hübschmann/Hepp/Spitaler, Abgabenordnung/Finanzgerichtsordnung, Kommentar, § 4 AO, Rn. 545, der nicht erklären kann, wieso Geldeigentum kein Vermögensbestandteil ist und wieso weder durch Nutzung des Vermögens erlangtes Eigentum noch die Nutzung des Eigentums zu diesem Erwerb nicht verfassungsrechtlich geschützt ist; anders überzeugend *Wieland*, in: Dreier, GG, Art. 14, Rn. 69, denn Geld fällt entweder als Sachwert oder als Forderung selbstverständlich unter die Eigentumsgarantie, auch wenn er letztlich einen umfassenden Vermögensschutz verneint, Rn. 68; so auch *Eekhoff/Vossler*, Rn. 18, nach denen die wichtigste Form der 'Enteignung' Steuern und Abgaben darstellten.

330 *Wernsmann*, in: Hübschmann/Hepp/Spitaler, Abgabenordnung/Finanzgerichtsordnung, Kommentar, § 4 AO, Rn. 549.

331 So auch *Werder*, Dispositionsschutz bei der Änderung von Steuergesetzen zwischen Rückwirkungsverbot und Kontinuitätsgebot, S. 182; auf die konkrete Vermögensbestandsminderung hinweisend *Karl Heinrich Friauf*, Verfassungsrechtliche Anforderungen an die Gesetzgebung über die Steuern vom Einkommen und vom Ertrag, in: Karl Heinrich Friauf (Hg.), Steuerrecht und Verfassungsrecht, DStJG 12, 1989, S. 3 (23).

332 Vgl. Wieland, in: Dreier, GG, Art. 14, Rn. 75.

bb) Kritik der klassischen Ansicht

Nach *Achatz* klingt in dieser Argumentation die mit dem Nassauskiesungsbeschluss für überwunden gehaltene Schwere-Theorie nach.[333] Diese Auffassung verkenne die Funktion des Eigentums: diene das Eigentum der Sicherung der Unabhängigkeit des Bürgers und der Ermöglichung eines staatsfernen Raums, so setze auch eine Beeinträchtigung dieser Funktionen nicht erst bei einer erdrosselnden Wirkung der Steuerlast ein.[334]

Mit der Etikettierung von Steuerpflichten als bloße abstrakte Zahlungspflichten bricht die klassische Ansicht auch mit dem Grundprinzip der wirtschaftlichen Betrachtungsweise im Steuerrecht. Die materiellen und damit wirtschaftlichen Voraussetzungen, an denen diese Zahlungspflichten anknüpfen, werden schlicht negiert. Für ihre Vertreter läuft das Grundrecht auf Eigentumsfreiheit im Bereich des Einkommensteuerrechts daher grundsätzlich leer.[335] Nur im Fall einer extremen Belastung sei der Schutzbereich des Art. 14 GG eröffnet, wenn nämlich die quantitative Belastung mit der abstrakten Zahlungspflicht in eine qualitative Belastung umschlägt, gleichbedeutend mit dem Entzug einer konkreten Rechtsposition und somit erst dann konfiskatorisch wirkt. Denkt man diesen Ansatz konsequent zu Ende, müsste an sich die Möglichkeit einer Erdrosselungssteuer im Bereich der Einkommenssteuer ausgeschlossen sein[336]: Denn wenn die „Wegnahme" eines Teils eines Hinzuerwerbs keinen Eingriff in das Eigentumsrecht und damit keine Wegnahme von Eigentum darstellt, dann kann eigentlich auch nicht die Wegnahme des gesamten Hinzuerwerbs einen Eingriff darstellen – es sei denn, man setzt für einen Eingriff eben eine besondere Schwere voraus.[337] Denn der Hinzuerwerb ist schlichtweg von Anfang an steuerbelastet, so dass es insoweit begrifflich nie zu einer „Enteignung"

---

333 *Anton Achatz*, Grundrechtliche Freiheit im Wettbewerb, Berlin, 2011, S. 25; spätetestens mit BVerfGE 100, 226 (240) – Denkmalschutz hat das BVerfG die Schweretheorie zurückgewiesen, wonach eine Inhalts- und Schrankenbestimmung ab einer gewissen Schwere des Eingriffs in eine Enteignung umschlägt. Vgl. zu Inhalts- und Schrankenbestimmungen und Privatnützigkeit auch BVerfGE 58, 300 (174, 191) – Nassauskiesung.

334 *Anton Achatz*, Grundrechtliche Freiheit im Wettbewerb, Berlin, 2011, S. 25; *Papier*, in: Maunz/Dürig, GG, Art. 14, Rn. 165 ff.

335 Vgl. auch *Christian Waldhoff*, Die "andere Seite" des Steuerverfassungsrechts, in: Wolfgang Schön/Karin E. M. Beck (Hg.), Zukunftsfragen des deutschen Steuerrechts, 2009, S. 132.

336 *Friauf*, DStJG 12 (1989), S. 3 (22).

337 *Ernst-Wolfgang Böckenförde* weist in seinem Sondervotum zu BVerfGE 93, 121 (154) darauf hin, dass ein praktischer Fall einer konfiskatorisch wirkenden Steuer die Rechtsprechung noch nicht erreicht habe, ohne nach den möglichen Ursachen hierfür zu fragen; vgl. auch *Werder*, Dispositionsschutz bei der Änderung von Steuergesetzen zwischen Rückwirkungsverbot und Kontinuitätsgebot, S. 182; *Paul Kirchhof*, Die Steuern, in: Josef Isensee/Paul Kirchhof (Hg.), Handbuch des Staatsrechts – Band V, 3. Aufl., 2007, § 118, Rn. 85.

kommen kann, wie schwer der Eingriff auch immer sein mag. Im Übrigen wirkt auch jede andere Steuer, die nicht den Hinzuerwerb als Grundlage hat, konfiskatorisch, da sie nur aus gespeichertem Einkommen, also vorhandenem Eigentum, bezahlt werden kann. Würde man einen Erwerb im Sinne eines wirtschaftlichen Erfolges unterbinden oder diesen vollständig wegbesteuern, so würde mit der Zeit durch die allmähliche Wegbesteuerung und bei weiterem Bestand der übrigen, mit dem Eigentum verbundenen Verpflichtungen das gesamte Eigentum gänzlich auf den Staat übergehen (abgesehen von zurückfließenden Transferzahlungen).[338]

Art. 14 Abs. 1 GG hat neben seiner konkret-objektbezogenen Bestandschutzfunktion auch eine Eigentumswertschutzfunktion, da Eigentum auch gerade als Wertaufbewahrungsmittel dient.[339] Durch in Blicknahme der gesamten „Rechtspositionen" Einkommen oder Vermögen vollzieht die verfassungsrechtliche Prüfung lediglich die Anknüpfung des einfachen Rechts an diese Positionen nach und aktualisiert die Bedeutung der Eigentumsfreiheit.[340]

Im Übrigen ist es äußerst schwierig, die Grenze einer konfiskatorischen Besteuerung anzugeben.[341] So soll im Falle einer „Kampfhundesteuer" eine erdrosselnde Wirkung bei einer Steuer in Höhe von € 480,- noch nicht vorliegen[342], nach Ansicht des BVerwG wohl aber beim Überschreiten des Durchschnitts der Haltungskosten für einen Hund um das Doppelte, nach Ansicht anderer Gerichte bereits bei Steuerbeträgen in Höhe von € 900,- bis € 1000,- im Jahr.[343] Auch wenn hier die

---

338 Eine Gesamtbetrachtung aller Steuerarten, ohne eine willkürliche Trennung, drängt sich daher auf. Siehe als Beispiel die Aushöhlung des Eigentumsrechts bis zur „freiwilligen" Aufgabe fremdgenutzten Immobilieneigentums in der DDR.

339 *Friauf*, DStJG 12 (1989), S. 3 (23); siehe auch übernächste Fußnote.

340 *Leisner*, Eigentum, HStR VIII, § 173, Rn. 205.

341 Daher spricht sich zum Beispiel *Ernst-Wolfgang Böckenförde* in seinem Sondervotum gegen eine wertmäßige Vorgaben für die Besteuerung aus, BVerfGE 93, 121 (157) – Vermögensteuer; hingegen fordert *Leisner* gerade für diese Frage sogar wertmäßige Richtlinien: eine bloße Innehabungs-, und nicht Wertgarantie sei wirtschaftlich unsinnig und verfassungswidrig, *Walter Leisner*, Eigentum, in: HStR, and VIII, 3. Aufl. 2010, § 173 Rn. 76; auch *Fuisting*, Steuerlehre, S. 8, 12f., 17ff., wies schon auf die Problematik einer konfiskatorischen, also enteignungsgleichen Belastung durch Steuern hin und plädierte für ein System „verhältnismäßiger Gleichheit", das eine übermäßige Belastung vermeide; vgl. auch *Tipke*, StRO I, S. 451.

342 VGH Mannheim, Urteil vom 17.07.2012 – 2 S 3284/11, BeckRS 2012, 55396 zu Art. 14 GG.

343 VG Trier, Az.: 2 K 637/13, juris für eine jährliche Aufwandsteuer in Höhe von € 1.500,- in Anlehnung an das OVG Rheinland-Pfalz, Urteil vom 14. Juni 2005 – 6 C 10308/05 –, juris, das eine Grenze bei € 1.000,- sieht; die Gerichte diskutieren dies jedoch im Kontext der Gesetzgebungskompetenz der Gemeinden, da eine solche Steuer dann einem Haltungsverbot als einer an der Leistungsfähigkeit partizipierenden (Aufwands-)Steuer gleicht, für welches die Gemeinden aber keine Regelungskompetenz hätten; das BVerwG fragt als Maßstab, ab wann eine prohibitive

Erdrosselungswirkung im Rahmen der Gesetzgebungskompetenz diskutiert wird, stellt sich die Frage, wieso der Schutzbereich bei Art. 14 GG im Steuerrecht erst bei einem enteignungsgleichen, also rechtswidrigen Eingriff berührt sein soll. Die Frage der Verfassungswidrigkeit wird an sich erst im Zusammenhang mit der Frage aufgeworfen, ob ein Eingriff gerechtfertigt ist.

Weder überzeugen daher die dogmatische Begründungen noch die praktischen Auswirkungen der Erdrosselungsrechtsprechung, insbesondere weil Fragen der Tatbestandlichkeit mit denen der Rechtfertigung vermengt werden.[344] Sie sollte daher aufgegeben werden. Ferner führt das Beispiel der „Kampfhundesteuer" deutlich vor Augen, dass fiskalfremde Zwecke nicht mit dem Fiskalinstrumentarium verfolgt werden und Bund und Länder sich ihrer gesetzgeberischen Verantwortung stellen sollten.

cc) Steuern fallen in den Schutzbereich des Art. 14 GG

Der Leistungsstaat heutiger Prägung verlangt daher – oder gerade deshalb – konsequenterweise einen Eigentumsschutz, der sich im Bereich der Besteuerung nicht mit einem einfachen Gesetzesvorbehalt begnügt, sondern das Steuerrecht auch materiell anleitet.[345] Wie oben beschrieben, liegt der Produktivitätsgemeinschaft eine Wettbewerbsordnung zugrunde, die durch gewisse Mindestanforderungen gekennzeichnet ist, wie zum Beispiel der Vertragsfreiheit oder dem Haftungsprinzip.[346] „Wer für

---

(erdrosselnde) Wirkung eintrete, danach, ob der durchschnittlichen Aufwand für das Hundehalten deutlich überschritten werde und nimmt dies an, wenn die Steuer doppelt so hoch ausfällt wie der „normale" Aufwand, vgl. BVerwG, Urteil vom 15.10.2014 – 9 C 8.13 –, juris, Tz. 32; hinsichtlich der „Erdrosselungswirkung" im Zusammenhang mit Art. 14 GG geht das BVerwG hingegen von einer Tatsachenfrage aus, ohne die Erdrosselung auch nur ansatzweise zu definieren, vgl. BVerwG, Beschluss vom 25.03.2010 – 9 B 74/09, BeckRS 2010, 48703; ob die erdrosselnde Wirkung gleich der prohibitiven Wirkung im Rahmen der Gesetzgebungskompetenz verstanden werden kann, ist aus systematischer Sicht fraglich, da das BVerwG ausdrücklich hervorhebt, dass es im Rahmen der Gesetzgebungskompetenzprüfung nicht auf die Überforderung der Leistungsfähigkeit des Einzelnen ankommt, BVerwG, Urteil vom 15.10.2014 – 9 C 8.13 –, juris; mit Blick auf Art. 14 GG kann diese Argumentation nicht überzeugen, da es hier auf die individuelle Position und wirtschaftlichen Gegebenheiten des Einzelnen ankommt; im Übrigen ist die Grenze, ab der die Erdrosselung und damit konfiskatorische Wirkung eintreten soll, willkürlich gezogen.

344 *Waldhoff*, Die "andere Seite" des Steuerverfassungsrechts, S. 132.

345 *Friauf*, DStJG 12 (1989), S. 3 (13) verlangt genuin verfassungsrechtliche Wertungen und ein Hindurchgreifen durch die Technizität und Relativität des einfachen Gesetzesrechts; *Kirchhof*, Empfiehlt es sich, das Einkommensteuerrecht zur Beseitigung von Ungleichbehandlungen und zur Vereinfachung neu zu ordnen? Gutachten F, S. F 21; so auch *Tipke*, StRO I, S. 442 u. 457; kritisch *Droege*, in: StuW 2011, S. 105 (112).

346 *Eekhoff/Vossler*, Rn. 11, 15 f.

sein [wirtschaftliches] Handeln haften soll, braucht Eigentum".[347] Ein marktwirtschaftliches System ist ohne Eigentum daher nicht vorstellbar. Und zum Eigentum gehören nicht nur die Finanzmittel, sondern auch die Erträge aus Unternehmen oder eigener Arbeit: „Das Bilden und Mehren von Eigentum ist der wichtigste Antrieb für wirtschaftliches Handeln. Das umfasst auch das Bewahren von Eigentum, also das Vermeiden von Verlusten. Nicht nur hohe Effizienz, sondern auch Erfindungsreichtum und große Leistungsbereitschaft kommen vor allem durch die Aussicht auf Einkommen und Vermögen zustande."[348]

Legt man einer Untersuchung wie der vorliegenden das Staatsverständnis des Steuerstaates zu Grunde, so geht damit auch die Feststellung einher, dass Art. 14 GG den Steuerzugriff nicht kategorisch abwehrt, sondern die Freiheit des Eigentümers gerade auch im Steuerstaat sichert.[349] Das Besteuerungsverfahren greift in den Schutzbereich des Art. 14 GG ein, da dieser sowohl das Erworbene als auch das zum Erwerb eingesetzte Vermögen schützt. Ohne diesen Schutz würde das Freiheitsrecht hinsichtlich seiner materiellen Grundlage leerlaufen.[350]

Die als Grundpflicht verstandene Verpflichtung zur Steuerzahlung trifft den Steuerpflichtigen stets in einer bestimmten Phase der Nutzung seines Eigentums, immer ist dabei ein von Art. 14 GG geschützter Vermögenswert betroffen.[351] Mithin ist der Schutzbereich des Art. 14 GG eröffnet.[352] Dabei lassen sich die nachfolgend dargestellten, in ihrer Intensität unterschiedlichen Nutzungen des Eigentums ausmachen: zum einem der Gebrauch des Eigentums zum Waren- und Dienstleistungsaustausch als Ausfluss der ökonomischen Handlungsfreiheit, zum anderem das

347 *Eekhoff/Vossler*, Rn. 17 Einfügung durch den Verfasser.

348 *Eekhoff/Vossler*, Rn. 17; vgl. auch *John Maynard Keynes*, Economic Possibilities for our Grandchildren, in: John Maynard Keynes (Hg.), Essays in Persuasion, 1931, S. 368 ff., zitiert nach *William Greer*, Ethics and Uncertainty, 2000, S. 102 f; und vgl. auch *von Mises*, Nationalökonomie, S. 658.

349 *Kirchhof*, in: JZ 1982, S. 305 (307).

350 Dies hat auch Bedeutung für den Kerngehalt des Art. 14 GG. Nach Art. 19 Abs. 2 GG ist der Kerngehalt der Grundrechte der Verfügungsgewalt auch des Volkssouveräns entzogen.

351 *Waldhoff*, Die "andere Seite" des Steuerverfassungsrechts, S. 132 weist darauf hin, dass die Eigentumsgarantie hierbei „Eigentum im Sinne eines Handlungsspielraums aus den dem Eigentümer zustehenden Vermögenswerten auffasst"; ähnlich auch *Werder*, Dispositionsschutz bei der Änderung von Steuergesetzen zwischen Rückwirkungsverbot und Kontinuitätsgebot, S. 183.

352 *Jachmann*, Belastungsgrenzen im Steuerrecht, in: StuW 1996, S. 97 (100); BVerfGE 93, 121 (137) – Vermögensteuer; BVerfGE 115, 97 (111) – Halbteilungsgrundsatz; so auch *Kubicki*, Die Dogmatik des § 22 Nr. 3 EStG einschließlich der Querbezüge zur Schenkungsteuer, Diss., S. 5; *Tipke*, StRO I, S. 294; *Andreas Goetze*, Die Ersetzung der sieben Einkunftsarten des EStG durch eine einzige – zur Gleichheit aller Erwerbsgrundlagen in einem vereinfachten Steuerrecht, 2010, S. 9; vgl. auch *Werder*, Dispositionsschutz bei der Änderung von Steuergesetzen zwischen Rückwirkungsverbot und Kontinuitätsgebot, S. 183.

bloße Innehaben des Eigentums, einschließlich der „privaten" Nutzung, die nicht auf einen Leistungsaustausch gerichtet ist.

Es lassen sich drei Zugriffsphasen der Besteuerung des Eigentums abbilden:[353]

- Einkommen: Eigentumsmehrung verstanden als Zuwachs ökonomischer Handlungsfreiheit
- Bestand: Eigentum in seiner festen Zuordnung zu einem Rechtssubjekt
- Konsum: Eigentum verwendet als Tauschobjekt zur Realisierung der ökonomischen Handlungsfreiheit

Soll-Ertragsteuern wie die Vermögensteuer knüpfen nur an die Innehabung einer Eigentumsposition an. Demgegenüber stellen die Ertragsteuern[354] auf ein Inverkehrbringen, einen Zuordungswechsel, eine Nutzungsüberlassung[355] der betreffenden Eigentumsposition oder auf eine Verpflichtung gegenüber Dritten ab.[356] Hier zeigt sich, dass unabhängig vom Anknüpfungspunkt immer das Eigentum betroffen bleibt.[357]

b) Rechtfertigung des Eingriffs der Besteuerung in die Grundrechte

Für die Besteuerung bedarf es mithin einer hinreichend rechtfertigenden Begründung, wie für jeden anderen staatlichen Zugriff auf private Eigentumspositionen auch.[358]

Die Entscheidung zum Steuerstaat impliziert die Wertung, dass die Steuer nicht Gegensatz, sondern finanzstaatliche Voraussetzung für privates Eigentum ist. „The logical order of priority between taxes and property rights is the reverse of that assumed by [everyday] libertarianism."[359] Dies bedeutet jedoch nicht, dass die Steuern außerhalb des verfassungsrechtlichen Raumes stehen, sondern dass sie wie

---

353 *Dieter Birk/Marc Desens/Henning Tappe*, Steuerrecht, 2014, Rn. 70; vgl auch *Tipke*, StRO I, S. 501 u. 552 ff., Ausnahmen seien Steuern, die für eine Sonderleistung des Gemeinwesens erhoben werden, und durch das Äquivalenzprinzip gerechtfertigt würden, S. 478 und *Kirchhof*, in: NJW 1987, S. 3217 (3225).

354 Beachte den Bedeutungswandel des Begriffs der Ertragsbesteuerung in der Geschichte der Besteuerung: heute verstehen wir die Einkommensteuer als Ertragsteuer; früher galten aber auch rein objektive Steuern, die auch an die bloße Ertragsmöglichkeit einzelner Quellen anknüpften als Ertragssteuern (zum Beispiel auf den Gewerbebetrieb) vgl. *Strutz*, in: Strutz, EStG 1925, Band I, Einleitung, S. 48.

355 Die wiederum auf andere Eigentumspositionen wirken kann.

356 *Kirchhof*, in: StuW 2000, S. 316 (322).

357 Daher muss bei der Bewertung der gerechten staatlichen Teilhabe durch Besteuerung des privaten Eigentums auch die steuerartenübergreifende Belastungswirkung berücksichtigt werden; auf beide Aspekte weist auch *Tipke*, StRO I, S. 500, 510, 538, 95 ff. hin.

358 Und gerade bei der Inanspruchnahme von individuellen Rechten liegt eine besondere Argumentationslast auf Seiten des Staates, vgl. *Röhl/Röhl*, Allgemeine Rechtslehre, S. 662, die *Robert Alexy*, Recht, Vernunft, Diskurs, 1995, S. 225 zitieren.

359 *Murphy/Nagel*, The myth of ownership: taxes and justice, S. 33.

viele anderen staatlichen Regelungen Schranken der Eigentumsfreiheit bilden, die gerechtfertigt werden müssen.[360] Der Staat schafft die Grundvoraussetzung für die rechtlich anerkannte und somit geschützte Güterverteilung durch die Bereitstellung seiner Institutionen und Bildung der Rechtsinstitute wie beispielsweise Eigentum, Ehe und Vertrag. Dabei kommt es auf einen umfassenden und effektiven Schutz durch Polizei, Justiz, aber auch Garantierung von Sicherheit und Frieden und effektiven Vollzug staatlicher Normen an. Der Staat ist daher auf eine entsprechende Finanzausstattung angewiesen. Jedoch kann dem einzelnen Eigentumsgegenstand oder dem Nutzen, den der Einzelne daraus zieht, kein einheitlicher, für alle gleich hoher Preis zugeordnet werden. Dies wäre nur bei Mautgütern möglich, für die durch die „Maut" ein einheitlicher Preis festgelegt wird.[361] Für die (staatlichen) Gemeinkosten funktioniert dies jedoch nicht. Zudem gilt es bei der Ausgestaltung dieser Institutionen und Institute das Demokratieprinzip zu beachten: eine exakte (verfassungsrechtliche) Vorgabe des Inhalts dieser Institutionen und Institute gibt es nicht und kann es nicht geben, weil die Ansichten und Vorstellungen über die diesbezüglichen Inhalte in einer offenen Gesellschaft Veränderungen unterworfen sind. Gleichwohl lässt sich die staatliche Teilhabe aus der Nutzung dieser Institutionen rechtfertigen: Ist die einzige Steuerquelle das im Eigentum gespeicherte Einkommen, so wird die Verbindung von der Nutzung dieser Institution und der staatlichen Teilhabe deutlich. Die Teilhabe rechtfertigt sich nur, weil der Staat die Institution ‚Eigentum' gewährt. Ein Staat, der die Eigentümerfreiheit nicht gewähren würde, könnte mangels privatnützigen Eigentums die Nutzung des Eigentums nicht verfassungsgemäß besteuern.[362] Allenfalls könnte er die Nutzung des dann staatlichen Eigentums gegen „Gebühr" gestatten. Daher ist der Ansatz *Steichens* zurückzuweisen, nachdem sich die Besteuerung nur aus der Bedürfnisbefriedigungsfunktion des Staates rechtfertigen lasse und das Überlassen des Wirtschaftens an Private völlig irrelevant bei der Beantwortung der Frage sei, ob die Besteuerung auch gerecht sei.[363] *Steichen* verkennt bei seiner Kritik, dass ein anerkannter Finanzierungszweck noch nichts über die Rechtmäßigkeit der Mittelbeschaffung sagt – der Zweck also

360 So auch *Walter Leisner*, Eigentum, in: HStR, and VIII, 3. Aufl. 2010, § 173 Rn. 21 und 204.

361 Mautgüter sind kollektive Güter, bei denen die Ausschließlichkeit künstlich durch Rechtsnormen hergestellt wird, da ansonsten keine Rivalität im Konsum bestünde, z. B. bei Erfindungen durch die Gewährung von Patenten und der Vereinbarung von Lizenzgebühren zur entsprechenden Nutzung, vgl. *Röhl/Röhl*, Allgemeine Rechtslehre, S. 271 u. 341 ff.

362 Im Zweifel hätte der Staat dann auch nichts (mehr) zu besteuern; vgl. auch zur Begründungspflicht bei unzumutbarer Steuerbelastung, *Wernsmann*, in: Hübschmann/Hepp/Spitaler, Abgabenordnung/Finanzgerichtsordnung, Kommentar, § 4 AO, Rn. 568.

363 *Alain Steichen*, Die Markteinkommenstheorie: Ei des Kolumbus oder rechtswissenschaftlicher Rückschritt, in: Joachim Lang (Hg.), Die Steuerrechtsordnung in der Diskussion – Festschrift für Klaus Tipke zum 70. Geburtstag, 1995, 378.

nicht die Mittel heiligt.[364] Die Festlegung des Anknüpfungs- und Belastungsgrunds sowie des Besteuerungsumfangs ist eine essentielle Frage jeder Steuergesetzgebung in einem Rechtsstaat.[365]

Wie aufgezeigt impliziert der Steuerstaat die Rechtfertigung des Eigentumseingriffs. Im Grundgesetz wird dies durch die festgeschriebene Sozialbindung des Eigentums in Art. 14 Abs. 2 GG deutlich: „Eigentum verpflichtet. Sein Gebrauch soll zugleich dem Wohl der Allgemeinheit dienen." Hierdurch lässt sich zum einem kein Verbot der Besteuerung des Vermögensbestands herleiten, zum anderen aber eine gesteigerte Sozialpflichtigkeit des Eigentumsgebrauchs verfassungsrechtlich rechtfertigen.[366] Zwar wird gegen eine Heranziehung des Art. 14 GG als Konkretisierung des Leistungsfähigkeitsprinzips eingewendet, dass insbesondere Art. 14 Abs. 2 GG keine steuerrechtliche Funktion habe, sondern nur Nutzungsbeschränkungen des Eigentums durch Mieter-, Umwelt- oder Denkmalschutz, durch Bau- und Bodenrecht betreffe.[367] Doch daraus lässt sich nicht folgern, dass Steuern nicht genauso wie die Nutzungsbeschränkungen unter Art. 14 Abs. 2 GG subsumiert werden können. Eine Verneinung beruht auf der abzulehnenden Annahme, dass Geldleistungspflichten generell eigentumsrechtlich irrelevant seien.[368] Denn die soeben von *Tipke* zitierten Nutzungsbeschränkungen stehen wie die Steuern in direktem Zusammenhang zu den „Marktergebnissen": „[I]t still cannot be said that pretax outcomes are simply market outcomes. They are, instead, the returns generated by a market regulated in accordance with a certain set of government policies. [...] Any pretax distribution [...] is already shaped in part by judgements of political morality, and it is impossible to address questions of tax fairness without evaluating those judgements."[369] Im Gegenteil ergibt die Heranziehung des

---

364 BVerfGE 6, 55 (80) – Steuersplitting: „Der Finanzbedarf des Staates ist aber niemals geeignet, eine verfassungswidrige Steuer zu rechtfertigen."

365 Vgl. zum Fortschritt der Rechtfertigungskultur nur die Ausführung von Thier zur preußischen Besteuerungspraxis oder den Grundsatz „no taxation without representation"; eine Einkommensbesteuerung findet nicht in einem rechtsfreien Raum statt; vgl. auch *Eekhoff/Vossler*, Rn. 18 u. 21, denen zufolge Eingriffe in die Eigentumsrechte diese Leistungsbereitschaft beeinträchtigen oder vollständig lähmen könnten. Eingriffe des Staates in das Wirtschaftssystems sollten es leistungsfähiger machen oder die Vorteile des Eingriffs zumindest die Nachteile überwiegen; auch *Fuisting*, Steuerlehre, S. 14, weist drauf hin, dass die reine Anwendung des Gleichheitsgedankens für ein Steuersystem ungeeignet sei.

366 *Kirchhof*, in: StuW 1984, S. 297 (309) nach dem die Sozialbindung des Privateigentums auch ein zulässiges Maß der Besteuerung nennt. *Kirchhof* leitet hieraus auch den Halbteilungsgrundsatz ab, der aber nicht Gegenstand der weiteren Arbeit ist, vgl. BVerfGE 93, 121 (138) – Vermögensteuer und später ihn wiederum aufgebend BVerfGE 115, 97 (114) – Halbteilungsgrundsatz.

367 *Tipke*, StRO I, S. 452.

368 Vgl. oben II. 2. a. bb). Nach hier vertretender Auffassung stellen Zahlungspflichten sehr wohl Eingriffe in den Schutzbereich der Eigentumsfreiheit dar.

369 *Murphy/Nagel*, The myth of ownership: taxes and justice, S. 33 f.

Art. 14 GG also gerade Sinn, um die Rechtfertigung der Besteuerung zu diskutieren: Das Einkommen ist ein Aggregatzustand des Eigentums. Auch *Tipke* stimmt schließlich dem Ergebnis ausdrücklich zu, dass das Einkommen originär dem Einkommenserzielenden zustehe und die Besteuerung sich deshalb rechtfertige, weil das Einkommen sozialpflichtig sei.[370]

Die Einkommensteuer belastet aber nicht nur das Ergebnis eines Eigentumsgebrauchs, sondern auch das einer Erwerbstätigkeit. Wenn die Steuerpflicht an den wirtschaftlichen Erfolg bei der Ausübung eines Berufes anknüpft, ist neben Art. 14 GG auch der Schutzbereich des Art. 12 GG eröffnet.[371] Hierin spiegelt sich die Gleichbehandlung von unterschiedlichen Einkommensquellen wider.[372] Im Hinblick auf den Gleichheitssatz zieht dies keine unterschiedlichen materiellen Wirkungen nach sich. Daher wird nachstehend alleine auf Art. 14 GG abgestellt, dessen Wertungen aber entsprechend auf Art. 12 GG übertragen werden können.

c) Art. 14 GG als maßstabgebendes, spezielles Gleichheitsrecht

aa) Wertungsgesichtspunkte für die Schrankenbestimmung

Durch die Einordnung der Steuer als Inhalts- und Schrankenbestimmung[373] kann diese an der besonderen Ausprägung des Verhältnismäßigkeitsgrundsatzes in der Form einer „Abwägung zwischen der verfassungsrechtlich garantierten Rechtsstellung und dem Gebot einer sozial gerechten Eigentumsordnung" gemessen werden und dieses „spezifische Strukturprinzip" Anwendung finden: Es hindert den Gesetzgeber auf der einen Seite, die „Position des Eigentümers unverhältnismäßig zu verkürzen" und verpflichtet ihn auf der anderen Seite aber auch, „die Sozialbindung

370 *Tipke*, StRO I, S. 415.

371 *Werder*, Dispositionsschutz bei der Änderung von Steuergesetzen zwischen Rückwirkungsverbot und Kontinuitätsgebot, S. 183 u. 195 ff.; *Goetze*, Die Ersetzung der sieben Einkunftsarten des EStG durch eine einzige – zur Gleichheit aller Erwerbsgrundlagen in einem vereinfachten Steuerrecht, S. 10; *Tipke*, StRO I, S. 434; anders BVerfGE 47, 1 (21), wonach die Steuer eine berufsregelnde Tendenz haben müsste; vgl. auch *Paul Kirchhof*, Steuer als Ausdruck der Staatsverfassung, in: Everhardt Franßen (Hg.), Bürger – Richter – Staat, Festschrift für Horst Sendler, 1991, S. 65 (75), wonach die betroffene Eigentumsposition auf den Belastungsgrund verweist und den steuerlichen Zugriff rechtfertigt.

372 *Kirchhof*, in: StuW 1984, S. 297 (309); insoweit verengend die Kritik bei *Tipke*, StRO I, S. 452, der lediglich auf die Entstehungsseite abstellt mit der Behauptung, dass oftmals kein Eigentum zur Einkommenserzielung eingesetzt werde. *Tipke* übersieht oder ignoriert, dass Eigentum am Erworbenen entsteht. Genauso wie hier sieht er die Ausgangslage jedoch lediglich einige Seiten zuvor, wenn er zu dem Ergebnis kommt, dass das Einkommen originär dem Einkommenserzielenden zustehe und seine Besteuerung sich rechtfertige, da es sozialpflichtig sei, *Tipke*, StRO I, 415.

373 *Joachim Englisch*, Eigentumsschonende Ertragsbesteuerung, in: StuW 2003, S. 237 (245); so auch *Weber-Grellet*, in: Schmidt, EStG, § 2, Rn. 13.

nicht mehr als verhältnismäßig" einzuschränken.[374] So kann auch der Kreis zum Gedanken des Belastungsgrunds geschlossen werden: Denn „das Wohl der Allgemeinheit ist zugleich Grund wie auch Grenze für die dem Eigentümer aufzuerlegenden Beschränkungen. Diese müssen vom geregelten Sachbereich her geboten und in ihrer Ausgestaltung sachgerecht sein. Die Eigentümerbefugnisse dürfen durch das Gesetz nicht weiter eingeschränkt werden, als der Schutzzweck der gesetzlichen Regelung reicht."[375]

Eine Gefahr, dass das Bundesverfassungsgericht hierdurch zum Steuergesetzgeber werden könnte, liegt darin nicht begründet.[376] Dieser Einwand könnte für jeden Teilbereich der Rechtsordnung gelten. Durch die Sozialbindung wird dem Gesetzgeber und den Gerichten zudem ein Wertungsspielraum eingeräumt, um auch die Interessen der Allgemeinheit angemessen bei der Ausgestaltung der Eigentumsordnung zur Geltung zu bringen.[377] Daher erscheint es gerechtfertigt, die normativen Grundprinzipien des Eigentums – Privatnützigkeit und Verfügungsbefugnis[378] – auch im Bereich der Angemessenheitsprüfung der Steuerbelastung zu berücksichtigen.[379]

Insbesondere ist bei der Ausgestaltung der Inhalts- und Schrankenbestimmung die Garantie der Substanzerhaltung zu berücksichtigen, da die Bestandsgarantie des Art. 14 Abs. 1 GG auch die Gewährleistung der Substanz des Rechts umfasst.[380] Dieser Gewährleistungsanspruch kann auch in einem Wertanspruch bestehen.[381] Dieser Grundsatz wird durch die Rechtsprechung für die Einkommensteuer bestätigt, nach dem diese nur den ökonomischen Eigentumsgebrauch besteuern soll.[382] Es dürfen daher weder die wirtschaftlichen Voraussetzungen des Handelns (Freiheitsgebrauchs) entzogen werden noch darf es zu einer Bereicherung des Staates um den Besteuerungsgegenstand kommen.[383] Das Steuerrecht kennt hierfür die Konzepte des Nettoprinzips (weitgehende Typisierung des subjektiven Nettoprinzips und

374 *Wieland*, in: Dreier, GG, Art. 14, Rn. 145.

375 *Wieland*, in: Dreier, GG, Art. 14, Rn. 145.

376 So *Wieland*, in: Dreier, GG, Art. 14, Rn. 68.

377 *Wieland*, in: Dreier, GG, Art. 14, Rn. 31: gerade durch die Geltung des Art. 14 Abs. 2 werde der Gefahr der Bildung eines Jurisdiktionsstaats vorgebeugt.

378 *Wernsmann*, in: Hübschmann/Hepp/Spitaler, Abgabenordnung/Finanzgerichtsordnung, Kommentar, § 4 AO, Rn. 535; *Wieland*, in: Dreier, GG, Art. 14, Rn. 31.

379 So auch der Zweite Senat in BVerfGE 115, 113 (113 ff.).

380 BVerfGE 42, 263 (295) – Contergan; BVerfGE 87, 114 (139) – Pachtzins für Kleingärten; *Wieland*, in: Dreier, GG, Art. 14, Rn. 145; *Kirchhof*, in: StuW 1984, S. 297 (299); auch Grundsatz der Substanzerhaltung genannt; der Substanzerhalt betrifft das eingesetzte Eigentum, das man als erwerbswirtschaftliches Eigentum bezeichnen kann.

381 BVerfGE 42, 263 (295, 301) – Contergan.

382 RFH, Urteil vom 14. März 1929 VI A 1473 – StuW 1929 II, Urteil Nr. 494, Sp. 917 und ihm nachfolgend der BFH, zum Beispiel BFH, Urteil vom 21. September 1982 VIII R 73/79 – BFHE 137, 251; BStBl. II 1983, 201 (203 re. Sp.).

383 *Kirchhof*, in: VVDStRL (39) 1981, S. 213 (215 u. 241 ff.).

weitgehende Berücksichtigung des tatsächlichen Aufwandes beim objektiven Nettoprinzip) und das Quellprinzip.[384]

Das Einkommen muss somit auch nach der Besteuerung noch seine Privatnützigkeit aufweisen.[385] Für die Einkommensteuer als Teilhabesteuer am Erfolg privaten Wirtschaftens steht daher nur der geldwerte Ertrag dieser Eigentumsnutzung zur teilweisen Wegbesteuerung zur Verfügung. Die gerechte Festlegung dieser Nutzenteilhabe bestimmt die Steuergerechtigkeit der Einkommensteuer.[386]

Art. 14 GG rechtfertigt und begrenzt somit die Besteuerung vor dem Hintergrund sich einer kaskadenartig steigernden Sozialpflichtigkeit des Eigentums und erlaubt es, den Gedanken des personalen Charakters der Eigentumsgewährleistung für die Besteuerung fruchtbar zu machen. Diese kommt insbesondere darin zum Ausdruck, dass der eigenen Leistung des Grundrechtsträgers als Schutzgrund für die Eigentümerposition ein besonderes Gewicht beigemessen wird.[387] „Je höher der Anteil eigener Leistung ist, der einer vermögenswerten Rechtsposition zugrunde liegt, desto stärker tritt der verfassungsrechtlich wesentliche Freiheitsbezug und mit ihm ein tragender Grund des Eigentumsschutzes hervor."[388] Mithin seien die Grenzen der gesetzgeberischen Gestaltungsfreiheit umso enger, je mehr es „um die Funktion des Eigentums als Element der Sicherung der persönlichen Freiheit des Einzelnen geht" und umso weiter, „je mehr das Eigentumsobjekt in einem sozialen Bezug und in einer sozialen Funktion steht".[389] Zugleich garantiert

---

384 Zum Nettoprinzip und seiner verfassungsrechtlichen Verbindlichkeit siehe *Joachim Lang*, Die Bemessungsgrundlage der Einkommensteuer, 1981/88, S. 183 ff.; *Paul Kirchhof*, Freiheit im ausgleichenden Finanzstaat, in: Bernd Rüthers/Klaus Stern (Hg.), Freiheit und Verantwortung im Verfassungsstaat – Festgabe zum 10jährigen Jubiläum der Gesellschaft für Rechtspolitik, 1984, S. 157 (169); der BFH und das BVerfG vermeiden zwar die ausdrückliche Anerkennung des Nettoprinzips als verfassungsrechtliche Vorgabe, gehen aber von seiner grundsätzlich auch verfassungsrechtlich gebotenen Geltung aus Ausfluss des Prinzips der Folgerichtigkeit aus, vgl. BVerfGE 34, 103 (117); BVerfGE 122, 210 (233) – Pendlerpauschale. Kritisch hierzu *Oliver Lepsius*, Anmerkung zu BVerfG, U. v. 09.12.2008 – 2 BvL 1/07, 2 BvL 2/07, 2 BvL 1/08, 2 BvL 2/08 – (Erwerbsaufwendungen im Einkommensteuerrecht), in: JZ 2009, S. 260 (262); gegen diese Kritik *Grzeszick*, Rationalitätsanforderungen an die parlamentarische Rechtsetzung im demokratischen Rechtsstaat, S. 49 (56 f.).

385 BVerfGE 93, 121 (138) – Vermögensteuer; BVerfGE 115, 97 (117) – Halbteilungsgrundsatz; vgl. schon *Kirchhof*, in: StuW 1985, S. 319 (322).

386 Auf die Schwierigkeiten der verfassungsgerichtlichen Kontrolle der gesetzgeberischen Abwägung hinweisend BVerfGE 115, 97 (115) – Halbteilungsgrundsatz, dass eine Seite zuvor in der Entscheidung vom Halbteilungsgrundsatz wieder abgerückt.

387 *Wieland*, in: Dreier, GG, Art. 14, Rn. 32.

388 *Wieland*, in: Dreier, GG, Art. 14, Rn. 32.

389 *Wieland*, in: Dreier, GG, Art. 14, Rn. 32 unter Verweis auf BVerfGE 50, 290 (340) – Mitbestimmung; 53, 257 (292) – Versorgungsausgleich I, und *ders.*, a.a.O., Art. 14

Art. 14 GG den Substanzerhalt[390] der Steuerquelle: Sie ist in ihrem Bestand und in ihrer Privatnützigkeit garantiert und beschränkt so als Konkretisierung des Verhältnismäßigkeitsgrundsatzes den Finanz- und Steuerstaat.[391]

Im Kontext einer freiheitlichen Ordnung, die die ökonomische Verantwortlichkeit des Einzelnen anerkennt, verweist das Leistungsfähigkeitsprinzip daher auf die Besteuerung von Einkommen und Ertrag.[392] Das zum Zahlungsfähigkeitsprinzip modifizierte Leistungsfähigkeitsprinzip kann somit auf die Grundrechte der Art. 3, 14, 12, 2, 1, GG und zudem auf das Sozial- und Rechtsstaatsprinzip zurückgeführt werden. Bei einer Einkommensteuer ist somit Anknüpfungspunkt einer Besteuerung der durch Einnahmen erzielte (realisierte) Vermögenszuwachs, der als das Ergebnis einer Nutzung einer Erwerbsgrundlage gesteigert sozialpflichtig ist.[393]

bb) Zwischenergebnis

Im Rahmen der Bestimmung eines gerechten, gleichheitsgerechten Verteilungsmaßstabs soll Art. 14 GG somit als besonderer Gleichheitssatz verstanden werden, da das den Gleichheitssatz prägende Staatsverständnis hierdurch einen Maßstab für die Lastenverteilung bietet.[394] „Gleichheit wahrt die Ähnlichkeit im Recht, Freiheit schützt jeden Freiheitsberechtigten gleich vor übermäßigen Staatseingriffen."[395] Die Freiheitsrechte stehen allen Bürgen in gleichem Maße zu. Art. 14 GG begrenzt so als spezielles Gleichheitsrecht aus der Belastungsgrundentscheidung die Besteuerung auf die Teilhabe am Erfolg privaten Wirtschaftens, die sich in der Zahlungsfähigkeit manifestiert.[396]

GG, Rn. 89 vergleiche zum Beispiel im geltenden Recht den Unterschied zwischen der Besteuerung des privaten Aktienhandels und des Verkaufs einer selbstgenutzten Wohnung. Und die Probleme in der Schnittmenge zwischen Konsumausgaben und Werbungskosten beim „Einkünfteerzielungsvermögen" der Überschusseinkunftsarten.

390 *Walter Leisner*, Eigentum, in: HStR, and VIII, 3. Aufl. 2010, § 173 Rn. 71.

391 *Kirchhof*, in: JZ 1982, S. 305 (309); vgl. BVerfGE 42, 263 (295) – Contergan; BVerfGE 87, 153 (169) – Grundfreibetrag.

392 *Kirchhof*, in: StuW 2000, S. 316 (322); *Kirchhof*, in: Festgabe Gesellschaft für Rechtspolitik, S. 157 (168).

393 *Kirchhof*, in: NJW 1987, S. 3217 (3223).

394 *Englisch*, Eigentumsschonende Ertragsbesteuerung, S. 237 (247 f.); *Paul Kirchhof*, Grundlinien des Steuerverfassungsrechts in der Rechtsprechung des Bundesverfassungsgerichts, in: Steuerberater-Jahrbuch 1994/95 1995, S. 5 (7 ff.); *ders.*, in: StuW 1984, S. 297 (298 f.); *Paul Kirchhof*, Allgemeiner Gleichheitssatz, in: Josef Isensee/Paul Kirchhof (Hg.), Handbuch des Staatsrechts – Band VIII, 3. Aufl., 2010, § 181, Rn. 7.

395 *Kirchhof*, Allgemeiner Gleichheitssatz, HStR VIII, , Rn. 67.

396 *Paul Kirchhof*, Besteuerung im Verfassungsstaat, 2000, S. 33; *Kirchhof*, in: StbJB 1994/95, S. 5 (8).

Die Kritik, dass sich die Freiheitsgrundrechte nicht eignen würden, das Leistungsfähigkeitsprinzip und damit die Besteuerung zu rechtfertigen, verkennt den unterschiedlichen, hier dargestellten dogmatischen Ansatz, dass die Steuern als Voraussetzung und nicht als natürlicher Widersacher der Eigentumsfreiheit im privatnützigen Steuerstaat gedacht werden dürfen. Dies wird auch darin deutlich, dass ein „nur" am Gleichheitssatz ausgerichtetes Leistungsfähigkeitsprinzip zwar die konkrete Ausgestaltung einer Besteuerung im Sinne einer Binnenrechtfertigung bieten kann, nichtsdestotrotz aber für eine grundsätzliche Rechtfertigung des Steuereingriffs an allgemeine Prinzipien und Rechtfertigungsgedanken, wie zum Beispiel an ethische und sachgerechte Prinzipien, angeknüpft wird.[397] Letztlich trifft die Kritik auch materiell ins Leere, wenn die Besteuerung im Rahmen der verfassungsmäßigen Ordnung stets gerechtfertigt sei[398]: Im Ergebnis wird die Besteuerung einer Angemessenheitsprüfung unterzogen, weshalb es hinsichtlich der materiellen Rechtfertigung des Grundrechtseingriffs – sei es in Art. 14 Abs. 1, 12 Abs. 1 GG oder sei es in Art. 2 Abs. 1 GG – keinen Unterschied gebe.[399] Dasselbe gilt auch für den Schutz des Existenzminimums: So stützt das BVerfG den Schutz des Existenzminimums sowohl auf die Art. 2 Abs. 1 i.V.m. Art. 12, 14 GG als auch auf den Sozialstaatsgrundsatz, Art. 1 Abs. 1, 20 Abs. 1 GG, während zum Beispiel *Tipke* die Berücksichtigungspflicht des existenziellen Bedarfs unmittelbar aus dem Leistungsfähigkeitsprinzip herleitet, nach dem nicht das genommen werden dürfe, was ein jeder zum Leben brauche.[400] Hierbei wird bereits deutlich, dass dies gerade keine rein gleichheitsrechtliche Frage darstellt.

Das Leistungsfähigkeitsprinzip als Rechtserkenntnisquelle findet somit in den Artt. 3, 12, 14 GG sowie dem Rechts- und Sozialstaatsprinzip seine dogmatische Heimat.[401]

Im Ergebnis wirkt sich dies auf drei Bereiche des so verstandenen, modifizierten Leistungsfähigkeitsprinzips aus: Das spezielle Gleichheitsrecht definiert das Vergleichsziel, nämlich die finanzielle Belastbarkeit des Steuerpflichtigen in seinem Eigentum; sodann bestimmt es die Zuordnung zu den Vergleichsgruppen, indem es die Eigentümer je nach deren willentlich veränderbaren Eigentumslage in den Blick nimmt und zieht schließlich als Vergleichsmaßstab die Freiheit des Eigentümers bei Erwerb, Innehabung und Verwendung seines Eigentums heran.[402]

---

397 *Tipke*, StRO I, S. 314 f.; siehe auch zum Konkretisierungsbedarf der Blankettnorm des Leistungsfähigkeitsprinzips *Wieland*, in: Dreier, GG, Art. 14, Rn. 68.

398 *Tipke*, StRO I, S. 294.

399 *Wernsmann*, in: Hübschmann/Hepp/Spitaler, Abgabenordnung/Finanzgerichtsordnung, Kommentar, § 4 AO, Rn. 565 ff.; vgl. auch BVerfGE 115, 97 (114f.) – Halbteilungsgrundsatz.

400 *Tipke*, StRO I, 423, S. 423.

401 *Kirchhof*, Besteuerung im Verfassungsstaat, 2000, S. 21; dies wirkt sich insbesondere auf die fundierten Einkommensquellen aus, d.h. konkreten Vermögenswerten zuordnenbare Einnahmen. Vgl. unten zur Vermögenssphäre. Kap. 4, C. IV.

402 *Kirchhof*, in: StuW 1984, S. 297 (310ff.).

3. Die bedarfsgerechte Umsetzung des Leistungsfähigkeitsprinzips und die Markteinkommenstheorie

Nach *Kirchhof* entfaltet sich das so verstandene Leistungsfähigkeitsprinzip als Ausfluss des Gleichheitssatzes in drei Bereichen und verweist auf die Besteuerung des Markteinkommens.[403]

a) Realitätsgerechte Erfassung der Wirklichkeit

Der Gesetzgeber hat zwar den angesprochenen weiten Gestaltungsspielraum bei der Auswahl der Besteuerungsgrundlagen, ist aber durch das modifizierte Leistungsfähigkeitsprinzip, dem durch seine Verankerung in den Grundrechten Verfassungsrang beizulegen ist, auf die Besteuerung von Vermögen und Eigentum verwiesen.[404] Der Gesetzgeber muss daher eine sachgerechte Auswahl der Besteuerungsgegenstände bei Personensteuern treffen[405] und dabei sicherstellen, dass die Zahlungsfähigkeit unter Berücksichtigung des Vermögenseinsatzes und weiterer, unausweichlicher Zahlungsverpflichtungen realitätsgerecht ermittelt wird.[406] Dies bedeutet auch, dass es nicht auf hypothetische Kausalverläufe ankommt.[407] Das Einkommensteuerrecht berücksichtigt keine Opportunitätskosten[408], entsprechend einer objektiven wirtschaftlichen Betrachtungsweise. Es wird nicht etwas besteuert, weil etwas bewertbar ist, sondern weil es in einem Tauschprozess, für den der Markt

403 *Kirchhof*, in: StuW 1985, S. 319 (321; 327).

404 *Kirchhof*, in: StuW 1985, 319 (321); a.A. *Droege*, in: StuW 2011, S. 105 (109).

405 So auch BVerfGE 63, 343 (368) = NJW 1983, 2757 (2760 f.) unter Verweis auf BVerfGE 9, 291 (297) – Feuerwehrabgabe und 50, 57 (76 ff.) – Schwerbehindertenabgabe; vgl. auch *Kirchhof*, in: StuW 1985, 319 (321) und *ders.*, in: StbJB1994/95, S. 5 (9); vgl. zur denkbaren Kopfsteuer die grundsätzlichen Einwände bei *von Mises*, Nationalökonomie, S. 658, der darauf hinweist, dass hierdurch besonders niedrige Einkommensbezieher in ihrem Verbrauchspotential stärker betroffen wären.

406 BVerfGE 107, 27 (48 ff.) – Doppelte Haushaltsführung; *Volker Kreft*, Vorab veranlasste Erwerbsaufwendungen im Einkommensteuerrecht, 2000, S. 42beispielsweise durch das objektive und subjektive Nettoprinzip, *Kirchhof*, in: StuW 1985, 319 (321); hierzu vgl. auch BVerfGE 96, 1 (9) – Arbeitnehmerfreibetrag, wonach die Berücksichtigung auch typisiert erfolgen darf.

407 Dabei das objektive Nettoprinzip hervorhebend, wonach grundsätzlich nur Nettovermögensmehrungen in die Bemessungsgrundlage einfließen können, vgl. *Reinhard Pöllath*, Einkommensteuer – einfach am Ende, am Ende einfach, in: Paul Kirchhof, et al. (Hg.), Steuer- und Gesellschaftsrecht zwischen Unternehmerfreiheit und Gemeinwohl, Festschrift für Arndt Raupach, 2006, S. 153 (171) *Klaus Tipke*, Hütet das Nettoprinzip, in: Paul Kirchhof, et al. (Hg.), Steuer- und Gesellschaftsrecht zwischen Unternehmerfreiheit und Gemeinwohl, Festschrift für Arndt Raupach, 2006, S. 177 (178); und bereits zuvor *Becker*, Die Grundlagen der Einkommensteuer, S. 7.

408 Vgl. *Tipke*, StRO II, S. 649.

die Handlungsplattform ist, bewertet worden ist.[409] Fehlt es an dem Tauschprozess ist der Besteuerungsmöglichkeit die Grundlage entzogen. Nur weil die potentiell Steuerpflichtige ihre Wand weiß gestrichen hat und hierdurch Kosten für einen Maler erspart hat, ist sie einkommensteuerrechtlich nicht bereichert oder leistungsfähiger geworden. Genauso ist es unerheblich, ob ein Steuerpflichtiger sich in eine Hängematte legt und auf einen Erwerb verzichtet oder sein Vermögen verschwendet oder vernichtet. Generell sind Freizeit, Zeiteinsatz, Mühewaltung oder die Freude an der Arbeit steuerrechtlich unerheblich.[410]

b) Systemgerechtigkeit im engeren Sinne und Folgerichtigkeit

Das Einzelsteuergesetz muss folgerichtig konzipiert sein[411] und sich systemgerecht in das übrige Steuerrecht einordnen.[412] In diesem Kontext ist auch danach zu fragen, ob sich die durch das Einzelsteuergesetz intendierte Belastung gerecht in die Gesamtsteuerbelastung integriert.[413] Konsequenterweise müssten bei der Ermittlung der Gesamtsteuerbelastung alle Steuern berücksichtigt werden, unabhängig von der Phase der Besteuerung (Einkommenserwerbsphase, Einkommensverwendungsphase, Phase des konsolidierten Vermögens),[414] was jedoch entgegen *Tipke* nicht bedeutet, dass für alle Steuern das Leistungsfähigkeitsprinzip gleich auszulegen ist.[415]

c) Systemgerechtigkeit im weiten Sinne

Das Steuerrecht muss sich zudem systemgerecht in die Gesamtrechtsordnung einfügen und insbesondere die verfassungsrechtlichen Vorgaben beachten, wie sie sich im speziellen Gleichheitsrecht der Eigentumsfreiheit manifestieren.[416]

Das Einkommensteuerrecht hat dabei die folgenden Prämissen zu beachten:[417]

---

409 Vgl. die bereits angesprochene Aufhebung der Nutzungswertbesteuerung im Rahmen der VuV-Einkünfte.

410 BFH, Urteil vom 21. September 1982 – VIII R 73/79 –, BFHE 137, 251; BStBl. II 1983, 201 (203 re. Sp. unter Verweis auf *Brigitte Knobbe-Keuk*, Die Einkünfte aus sonstigen Leistungen (§ 22 Ziff. 3 EStG), in: DB 1972, S. 1130 (1131 li. Sp.).

411 *Birk/Desens/Tappe*, Steuerrecht, S. 56, Rn. 187; *Kirchhof*, in: StbJB 1994/95, S. 5 (12).

412 *Kirchhof*, in: StuW 1985, 319 (321); *ders.*, in: StbJB 1994/95, S. 5 (10).

413 *Tipke*, StRO I, S. 229 (mit Verweis auf Vogel); siehe zum Systemgedanken im Steuerrecht im Kontext der Gesamtsteuerbelastung und dem Prinzip der Leistungsfähigkeit bereits *Fuisting*, Die Grundzüge der Steuerlehre, S. 27.

414 *Tipke*, StRO I, S. 450, mit dem Hinweis, dass der Gleichheitssatz nicht nur im Binnenbereich einer Steuer anzuwenden sei; für eine Prüfung bei Verbrauchsteuern (hier Ökosteuern) siehe *Tipke*, StRO II, 1091; danach sind Spezialsteuern gleichheitssatzwidrig, wenn es keinen sachlichen Grund gebe, an sie eine Steuerpflicht zu knüpfen.

415 Zur Kritik an *Tipke* vgl. *Trzaskalik*, FS Tipke, S. 321 (324).

416 *Kirchhof*, in: StbJB 1994/95, S. 5 (10).

417 Vgl. *Tipke*, StRO I, S. 500 f.

1. Die Besteuerungsgrundlage ist das Privateinkommen.
2. Die Besteuerungsgrundlage bleibt Privateigentum.
3. Die Besteuerung wirkt als maßvolle Teilhabe des Staates am Erfolg dieser Privatnützigkeit[418].

Im Rahmen der Verhältnismäßigkeitsprüfung entfaltet das Leistungsfähigkeitsprinzip so eine Schutzfunktion zugunsten des Steuerpflichtigen:[419] Im Rahmen der Geeignetheit der Besteuerung geht es um den oben angesprochenen Erhalt der Substanz und bei der Angemessenheit der Besteuerung sorgt das Übermaßverbot für die Privatnützigkeit des Ertrags.

Im geltenden Einkommensteuerrecht definiert der Gesetzgeber diesen Vermögenszuwachs als Steuer- und damit auch als Einkommensquelle in sieben Einkunftsarten und unterscheidet zwischen den Gewinneinkunftsarten des § 2 Abs. 1 S. 1 Nr. 1 bis 3 EStG mit Betriebsvermögen und den Überschusseinkunftsarten des § 2 Abs. 1 S. 1 Nr. 4 bis 7 EStG mit teilweise fundierten Einkünften aus der Nutzung des Privatvermögens.[420] Gemeinsam sind beiden Einkünfteermittlungsmethoden, dass die Wirtschaftsgüter trotz Besteuerung in privater Hand verbleiben müssen.[421] Zudem ergibt sich aus der Trennung von Betriebsvermögen und Privatvermögen das Erfordernis, dass Entnahmen und Einlagen unbeachtlich sind.

Die Besonderheit der Einkünfte aus sonstigen Leistungen ist, dass sie zu den Überschusseinkunfsarten gehört und dabei Einkünfte mit und ohne Vermögenseinsatz in gleicher Weise erfasst.[422] Die steuerrechtliche Auslegung hat diese gesetzlichen Differenzierungen (so zum Beispiel den Einkünftedualismus) zu akzeptieren.[423] Das Demokratieprinzip verbietet es, diese Grundsätze unter Verweis auf höhere Sachprinzipien zu ignorieren.

Weiterhin darf der Gesetzgeber bei der Anknüpfung der Besteuerung an private Wirtschaftsgüter die angesprochene Sozialbindung auch typisierend ausgestalten und hierfür sozialtypisches Verhalten unterstellen (Alltagsgüter, Nichtberücksichtigung von Veräußerungsgewinnen und –verlusten).[424] Auch die Rechtsprechung

---

418 Zum Begriff der Privatnützigkeit *Leisner*, Eigentum, HStR VIII, § 173, Rn. 43 f.

419 *Kirchhof*, in: StuW 1984, S. 297 (308; 323).

420 *Kirchhof*, in: JZ 1982, S. 305 (309); *ders.*, in: StuW 1984, S. 297 (304; 308).

421 *Kirchhof*, in: NJW 1987, S. 3217 (3225).

422 Vgl. *Hensel*, Steuerrecht, 233, Fn. 1, der ausführt, dass „die – wenn auch nur eingeschränkte – Besteuerung der ‚sonstigen Leistungsgewinne', insbesondere der Spekulationsgewinne, im Rahmen der §§ 41 ff. [EStG 1925] [...] ein quellenmäßiges Fließen von Einkünften nicht voraus[setzt]".

423 Vgl. *Hensel*, Steuerrecht, 237, Fn. 1, der darauf hinweist, dass Einnahmen unterschiedlich behandelt werden können, wenn sie einmal als Einkommen aus Gewerbebetrieb steuerpflichtig sind, aber für den Nichtgewerbetreibenden nicht zwangsläufig als sonstiger Leistungsgewinn versteuert werden müssen.

424 *Ju-Lan Hsieh*, Die Reduktion der Sachverhaltsermittlungspflicht im Besteuerungsverfahren durch typisierende Normsetzung, Diss., 2008, S. 103; *Kirchhof*, in: StuW 2000, S. 316 (326).

beansprucht eine entsprechende Typisierungsbefugnis, wie zum Beispiel ihre Herausarbeitung der Drei-Objekt-Grenze im Bereich der Immobilienveräußerungen zeigt – nach dem Grundsatz, dass Quantität in Qualität umschlagen kann. Und auch der Verwaltung wird eine Typisierungsbefugnis eingeräumt.[425] Die Einfachheit und Praktikabilität einer Besteuerung, die Ausdruck des Grundgedankens der zulässigen Typisierung sind, bilden materielle Teilaspekte des Leistungsfähigkeitsprinzips, sind aber nicht Teilinhalt der Gleichheit.[426] Die Einzelfallgerechtigkeit bleibt hierdurch auf der Strecke, wobei das Steuerrecht für krasse Ausnahmesituationen das Instrument der Billigkeit vorsieht, §§ 163, 227 AO. Diese inkaufgenommene Ungleichheit ermöglicht paradoxerweise aber bei der übergeordneten Rechtsanwendung eine Gleichbehandlung: allgemeine Gesetze können denknotwendig keine Einzelfallregelungen treffen.[427] Dies impliziert die Rechtfertigung der Typisierung, solange sie angemessen ist[428] – eine Voraussetzung, die jedes Gesetz erfüllen muss. Das Gesetz muss eine möglichst weite Beobachtungsperspektive einnehmen. Insbesondere im Steuerrecht als Massenverfahren rechtfertigen verwaltungstechnische Gesichtspunkte wie eine Verwaltungsvereinfachung auch eine Ungleichbehandlung.[429] Denn der Gleichheitssatz fordert nicht die immer feinere Spezialregelung, sondern vielmehr die Gleichheit im Belastungserfolg, der gerade auch durch einen typisierenden Vollzug erreicht werden kann und dadurch gerade auch die Privatsphäre schützt.[430] Das Übermaß an steuerrechtlichen Vorschriften bewirkt hingegen eine nicht zu beherrschende Unübersichtlichkeit des Steuerrechts. Die damit verbundenen Vollzugsprobleme müssen unweigerlich zu materiellen Steuerungleichbehandlungen führen.

d) Markteinkommen

Sieht man von Ausnahmen ab, so ist allen Einkunftsarten die freiwillige Beteiligung an einem Leistungsaustausch gemein.[431] Grundsätzlich sind Entschädigungen für

---

425 *Droege*, in: StuW 2011, , S. 106 unter Verweis auf BFH, Urteil vom 19.10.1970 – GrS 2/70, BStBl. II 1971, 17 (19).

426 *Kirchhof*, in: StuW 1984, S. 297 (303, s. dort Fn. 86 und S. 308).

427 Nach BVerfGE 99, 367 (400) – Montan Mitbestimmung verbietet Art. 19 Abs. 1 S. 1 GG grundrechtseinschränkende Gesetze, die nicht allgemein sind, sondern nur für den Einzelfall gelten. Ausnahmen können sich nur aus der Verfassung ergeben, zB aus Art. 15 GG.

428 *Wernsmann*, in: Hübschmann/Hepp/Spitaler, Abgabenordnung/Finanzgerichtsordnung, Kommentar, § 4 AO, Rn. 451 ff., insb. 454; BVerfGE 96, 1 (6) – Arbeitnehmerfreibetrag.

429 *Birk/Desens/Tappe*, Steuerrecht, S. 67, Rn. 218.

430 BVerfGE 96, 1 (6) – Arbeitnehmerfreibetrag; *Kirchhof*, Besteuerung im Verfassungsstaat, 2000, S. 39f.

431 BFH, Urteil vom 17. Mai 1995 – X R 64/92 –, BFHE 177, 479; BStBl. II 1995, 640 (642 li. Sp.); BFH Urteil vom 21. September 1982 VIII R 73/79 – BFHE 137, 251; BStBl. II 1983, 201 (203 re. Sp.); BFH Urteil vom 14. September 1999 IX R 88/95 – BFHE 189, 424; BStBl. II 1999, 776 (777 re. Sp.); BFH Urteil vom 18. Dezember 2001 IX R

staatliche Eingriffe nicht steuerbar, da es keinen rechtfertigenden Grund für die gleichzeitige staatliche Teilhabe gibt.[432] Dieses Konzept wird auch als Markteinkommenstheorie bezeichnet.[433] Das bedeutet zunächst lediglich, dass nur marktmäßige Vorgänge erfasst werden.[434] Marktmäßig meint in der Regel das Vorliegen einer Austauschbeziehung, die von Angebot und Nachfrage bestimmt ist.[435]

Insoweit knüpft die Markteinkommenstheorie an die Rechtfertigung der Einkommensbesteuerung an: sie ist die Teilhabe am Wirtschaften, an Austauschprozessen, allgemeiner formuliert, an der erfolgreichen Marktbeteiligung im Sinne einer eingetretenen Einkommensmehrung.[436] Nach diesem Verständnis stellt die Einkommensteuer auch keine Teilnahmegebühr für die gesellschaftliche Veranstaltung „Markt" dar[437], sondern eine gerechtfertigte staatliche Teilhabe an den wirtschaftlichen Ergebnissen im staatlich garantierten Freiheitsraum. „[The m]arket economy as a structure of interaction can be thought of having its own value [... and] there is no incompatibility between this justification of the market, as a way of realizing the value of individual responsibility, and the inclusion in the system of taxes that modify the background conditions of choice."[438] Wenig überzeugend ist daher die Kritik *Tipkes*, dass die Markteinkommenstheorie als Ausfluss einer Äquivalenztheorie abzulehnen ist[439] – insbesondere, da er selbst im Ergebnis seinen Einkommensbegriff faktisch auf das Erwerbseinkommen reduziert und eine modifizierte Vermögenszugangstheorie vertritt.[440] Er begründet die Reduktion auf

74/98 – juris Tz. 12; BFH/NV 2002, 643; BFH Urteil vom 02. September 2008 X R 8/06 – BFHE 223, 31; BStBl. II 2010, 548 (550 li. Sp.).

432 Vgl. *Weber-Grellet*, in: Schmidt, EStG, § 22, Rn. 133; vgl. aber auch § 24 Nr. 3 EStG, der aber die Steuerpflicht nicht erweitert, sondern die Anwendung er ermäßigten Besteuerung nach § 34 Abs. 1 EStG herbeiführt.

433 *Hans Georg Ruppe*, Übertragung von Einkunftsquellen als Problem der Zurechung von Einkünften, S. 16, in: Übertragung von Einkunftsquellen im Steuerrecht, Hrsg. Klaus Tipke, 2. Aufl. 1979, Tagungsband DStJG.

434 BVerfGE 99, 280 (295) – Aufwandsentschädigung Ost.

435 *Astrid Pönicke*, Einkünfte aus Leistungen – Reichweite und Grenzen des § 22 Nr. 3 EStG, Diss., 1999, S. 27.

436 *Tipke*, StRO I, S. 442.

437 Vgl. nur *Wolfgang Schön*, Unternehmerrisiko und Unternehmerinitiative im Lichte der Einkommenstheorien, in: Paul Kirchhof/Wolfgang Jakob/Albert Beermann (Hg.), Steuerrechtsprechung, Steuergesetz, Steuerreform – Festschrift für Klaus Offerhaus zum 65. Geburtstag, 1999, 395.

438 *Murphy/Nagel*, The myth of ownership: taxes and justice, S. 68.

439 *Tipke*, StRO II, S. 616; auf den Unterschied zwischen der Äquivalenz als zutreffendem Rechtfertigungsgrund, aber untauglichem Verteilungsmaßstab hinweisend, *Tipke*, StRO I, S. 232 u. 476.

440 *Tipke*, StRO II, S. 630 u. S. 647 ff., insbesondere da er gerade den Zugriff auf das Einkommen mit dem staatlich gestifteten Nutzen einer freien und offenen Wirtschaft rechtfertigt, so in StRO I, S. 230; an anderer Stelle hebt *Tipke* hervor, dass dem Leistungsfähigkeitsprinzip idealiter die Vermögenszugangstheorie entspräche,

das Markteinkommen mit einer Klugheitsregel: Einkommensmehrungen, die ihre Ursache im privaten Lebensführungsvermögen und des Eigeneinkommens, dem sogenannten „imputed income", hätten, seien auf eine praktikable Weise nicht zu erfassen, da die Besteuerung dieser Vorgänge in der privaten Lebenssphäre weder gleichmäßig durchzuführen[441] noch deren Nutzungsvorteil einheitlich zu bewerten sei[442].

Vielfach wird kritisiert, dass die Markteinkommenstheorie zu sehr auf die Entstehungsseite einer Vermögensmehrung fixiert sei und die Vermögensmehrung an sich (als unterstellte Leistungsfähigkeitssteigerung) ausblende.[443] Im Gegenteil solle die Frage der Mittelherkunft für die Beurteilung der Leistungsfähigkeit gerade irrelevant sein.[444] Für eine reine Bereicherungssteuer könnte dem wohl ohne weiteres zugestimmt werden. Schon nach dem klaren Willen des Gesetzgebers sollen aber *wirtschaftliche Tätigkeiten* besteuert werden, so dass eine Ignoranz hinsichtlich der Mittelherkunft eine Auslegung contra legem darstellen würde.[445] Da jede rechtliche Verhaltensnorm – zu der auch die einkommensteuerrechtlichen Normen gehören – letztlich an eine Handlung der Normunterworfenen anknüpft,[446] kommt auch das Steuerrecht nicht umhin, das entsprechende Verhalten zu beschreiben. Entsprechend spricht auch das EStG durchweg von Betätigungen, insbesondere weist der ursprüngliche Wortlaut des § 41 EStG (1924) auf diesen Zusammenhang hin. De lege lata ist dies also hinzunehmen: Der reine Zufluss von Gütern nach § 8 Abs. 1 EStG

---

aber auf das Administrierbare zurückgenommen werden *müsse*, *Tipke*, StRO II, S. 629 f.

441 *Tipke*, StRO I, S. 485 und *Tipke*, StRO II, 648.

442 *Tipke*, StRO II, 653; gerade die Bewertungsproblematik verweist auf den „Vorteil" des Marktes, da er zumindest grundsätzlich geeignet ist, einen Preis, den Marktpreis, als Anknüpfungspunkt für die Besteuerung zu bieten, vgl. *Röhl/Röhl*, Allgemeine Rechtslehre, S. 341 ff. und auch *Goetze*, Die Ersetzung der sieben Einkunftsarten des EStG durch eine einzige – zur Gleichheit aller Erwerbsgrundlagen in einem vereinfachten Steuerrecht, S. 30 f.

443 *Steichen*, Die Markteinkommenstheorie: Ei des Kolumbus oder rechtswissenschaftlicher Rückschritt, 378f.; *Schön*, Unternehmerrisiko und Unternehmerinitiative im Lichte der Einkommenstheorien, 398, für den Vermögensmehrung einschließlich der Abgrenzung zur privaten Konsumsphäre den objektiven Steuertatbestand bilden und bewusst oder unbewusst die Frage der Zurechnung zunächst offen lässt; im Strafrecht kann diese jedoch auch im objektiven Tatbestand erfolgen.

444 *Schön*, Unternehmerrisiko und Unternehmerinitiative im Lichte der Einkommenstheorien, 396.

445 Auf die Notwendigkeit der Beurteilung der hinter den Vermögensvorgängen liegenden Handlungen und die damit einhergehenden Abgrenzungsprobleme zwischen Konsum- und Erwerbssphäre hinweisend *Lang*, Die Bemessungsgrundlage der Einkommensteuer, S. 46.

446 *Röhl/Röhl*, Allgemeine Rechtslehre, 482.

muss einer bestimmten Einkunftsart zugeordnet werden.[447] Die Kritiker kommen daher letztlich nicht umhin, sich der Frage der Mittelherkunft zu widmen, nämlich spätestens auf der Ebene der Einkünftezurechnung.[448] Und sie kommen dabei der Markteinkommenstheorie erstaunlich nahe. So stellt *Schön* für die Zurechnung gewerblicher Einkünfte darauf ab, wer das Unternehmerrisiko trägt, wer also den Erfolg oder Misserfolg der wirtschaftlichen Betätigung trägt oder tragen muss.[449] Und ganz allgemein sei für eine Einkommensteuerbarkeit ein Leistungsaustausch zu verlangen.[450] Dass es eben nicht nur auf die Ebene der Vermögensmehrung ankommt, zeigt sich auch im Kontext des Welteinkommensprinzips: es vertrüge sich angeblich nicht mit dem Markteinkommensprinzip[451], trotzdem fordere das Leistungsfähigkeitsprinzip eine Aufteilung des Welteinkommens, da die Besteuerung sich nach dem jeweiligen Staatsnutzen richten müsse.[452] Im Prinzip stellt die Markteinkommenstheorie daher keine deduktive Theoriebildung der Einkommensbesteuerung da, sondern sie fügt sich nur in das gefundene Ergebnis ein, dass eine Einkommenssteuer verfassungsrechtlich auch durch Art. 14 GG gerechtfertigt werden kann. Weder reduziert sie den Staat dabei auf eine „Marktgesellschaft" noch erweist sich Art. 14 GG als das kritisierte steuerrechtliche Weltenei, „aus dem bei geduldigem interpretatorischem Bebrüten die Markteinkommenstheorie als verfassungsgebotene [sic! Grundlage der] Einkommensteuer schlüpfen könnte".[453] Die Theorie fußt im Gegenteil auf dem zurzeit vorherrschenden Wirtschaftsmodell in Deutschland, welches prinzipiell kapitalistisch geprägt ist.[454] Der Staat braucht

447 Vgl. *Jürgen Schimmele*, Nutzungsüberlassung versus Vermögensveräußerung: zur Grenzlinie zwischen steuerbaren und nicht steuerbaren Einkünften im Anwendungsbereich des § 21 Abs. 1 Satz 1 Nr. 1 EStG, 1997, S. 30.

448 *Steichen*, Die Markteinkommenstheorie: Ei des Kolumbus oder rechtswissenschaftlicher Rückschritt, S. 481 vgl. auch zur Erbschaftsteuer S. 384.

449 *Schön*, Unternehmerrisiko und Unternehmerinitiative im Lichte der Einkommenstheorien, S. 400 u. 402, allgemein kann man daher einfach danach fragen, wer das Risiko der Marktteilnahme trägt.

450 *Schön*, Unternehmerrisiko und Unternehmerinitiative im Lichte der Einkommenstheorien, 388, weshalb Wett- und Spielgewinne nicht steuerbar seien.

451 *Tipke*, StRO II, S. 617.

452 *Tipke*, StRO I, S. 523.

453 So die Kritik von *Steichen*, Die Markteinkommenstheorie: Ei des Kolumbus oder rechtswissenschaftlicher Rückschritt, S. 371, der wenig später auf S. 381 unter Verweis auf J. Hackmann in Fn. 86 bemerkenswerter Weise in der Besteuerung die Übertragung von Kaufkraft auf die öffentliche Hand sieht und unter Kaufkraft private, kaufkraftmäßige Eigentumsrechte versteht. Wie letztere ohne einen Markt gedacht werden können, lässt er offen.

454 Kapitalistisch sei hier verstanden als Antipode zu sozialistisch/planwirtschaftlich. Siehe für Deutschland *Anna Leisner-Egensperger*, Zulässigkeit von Überschussprognosen bei Vermietungen?, in: DStZ 2010, S. 790 (798). Für die USA sprechen *Murphy/Nagel*, The myth of ownership: taxes and justice, S. 7 von einer Partizipation in der „market economy".

Geld und dieses kann er sich unter anderem durch maßvolle Teilhabe an den Ergebnissen des Wirtschaftens aneignen – verfassungsrechtlich gebunden. Ein bloßes Abstellen auf den Vermögenszufluss losgelöst vom Belastungsgrund der Teilhabe am wirtschaftlichen Erfolg würde zu einer Gleichbehandlung lediglich unter dem Aspekt der Leistungsfähigkeit führen. Dieses Prinzip kann wie oben gezeigt die Einkommensbesteuerung jedoch alleine nicht rechtfertigen, es erlaubt nicht auf die Frage der „wirklichen Fairness" der Steuerbelastung einzugehen.[455] Es bedarf daher einer weiterführenden Ergänzung.

Die Markteinkommenstheorie stellt für die Einkommensbesteuerung ein taugliches „Subprinzip des Leistungsfähigkeitsprinzips" zur Verfügung[456] und ist – trotz der geäußerten Kritik – auch grundsätzlich als das die Einkünftedogmatik bestimmende Prinzip überwiegend von der Rechtsprechung und Literatur anerkannt.[457] Wie jedes Prinzip kann es durch konkurrierende Gerechtigkeitserwägungen verdrängt oder modifiziert werden[458], so wenn auch abgeleitete Marktbezüge besteuert werden oder gemäß § 41 AO die moralische Wertigkeit zu besteuernder Sachverhalte nicht hinterfragt wird.[459]

---

455 *Murphy/Nagel*, The myth of ownership: taxes and justice, S. 163 f., für welche die politische Frage nach der Gerechtigkeit der Steuerbelastung zudem nicht ohne die Frage nach der Gerechtigkeit der Ausgaben gemacht werden kann; diese Sicht vermischt aber die oben beschriebene Trennung zwischen Einnahmen- und Ausgabenseite des Staates; entsprechend halten sie diese Trennung ihrerseits für bestimmte diskriminierende Elemente (Rasse, Geschlecht) nicht aufrecht, vgl. S. 164 ff. und sicherlich setzt auch das hier vertretene Modell als absolute Voraussetzung für eine Einkommensbesteuerung die Gewährleistung einer grundsätzlich privatnützigen Rechts- und Wirtschaftsordnung voraus.

456 *Hartmut Söhn*, Erwerbsbezüge, Markteinkommenstheorie und Besteuerung nach der Leistungsfähigkeit, in: Joachim Lang (Hg.), Die Steuerrechtsordnung in der Diskussion – Festschrift für Klaus Tipke zum 70. Geburtstag, 1995, S. 351.

457 *Joachim Lang*, Über das Ethische der Steuertheorie von Klaus Tipke, in: Joachim Lang (Hg.), Die Steuerrechtsordnung in der Diskussion, Festschrift für Klaus Tipke, 1995, S. 23; *ders.*, in: Tipke/Lang, Steuerrecht, 19. Aufl. 2008, § 9, Rn. 52, S. 244; im Ergebnis so auch *Steichen* mit dem Konzept einer „objektivierten ökonomischen Verfügungsmacht" unter Verweis auf das Prinzip der Menschenwürde, *Steichen*, Die Markteinkommenstheorie: Ei des Kolumbus oder rechtswissenschaftlicher Rückschritt, S. 380; wie hier auch *Pönicke*, Einkünfte aus Leistungen (1999), Diss., S. 23.

458 Allgemein *Röhl/Röhl*, Allgemeine Rechtslehre, S. 290; vgl. zum Leistungsfähigkeitsprinzip *Tipke*, StRO I, S. 329 ff.

459 Vgl. die hingegen die Kritik bei *Schön*, Unternehmerrisiko und Unternehmerinitiative im Lichte der Einkommenstheorien, S. 396 und bei *Steichen*, Die Markteinkommenstheorie: Ei des Kolumbus oder rechtswissenschaftlicher Rückschritt, S. 372, der danach fragt, wieso Aussteiger keine Einkommensteuer zahlen müssten. Hierauf kann entgegnet werden, dass die Einkommensteuer eben nur auf einen Hinzuerwerb marktmäßig erlangter Kaufkraft zielt und ihn ansonsten durch indirekte Steuern trifft, solange er am Wirtschaftsgeschehen teilnimmt.

B. Zwischenergebnis

Die Beschäftigung mit den Grundprinzipien des Steuerrechts dient im Wesentlichen der Beantwortung der Frage, wie die Steuerbelastung möglichst gerecht den Bürgern eines Gemeinwesens auferlegt wird. Versteht man die austeilende Gerechtigkeit nur als besondere Erscheinungsform der ausgleichenden Gerechtigkeit geht es letztlich um die gerechte Bewertung der Beiträge und Bedürfnisse der Steuerpflichtigen. Die Anknüpfung an Tauschvorgänge und damit an den Markt löst zumindest teilweise das Problem der Bewertung als Basis der Steuerlastzumessung.

Der weiteren Arbeit soll also die Idee einer Belastung des Markteinkommens zu Grunde gelegt werden. Selbst wenn man die verfassungsrechtlichen Schlussfolgerungen nicht teilen sollte, bestimmt doch wenigstens einfachgesetzlich das Erwerbseinkommen die Struktur des zu versteuernden Einkommens[460] und die Markteinkommenstheorie insoweit die Einkünftedogmatik[461].

Im Vergleich zum Erwerbstätigen wird er aber ökonomisch nicht reicher. Da die Einkommensteuer aber nur an diese Bereicherung anknüpft, ist sein Verhalten eben nicht besteuerungswürdig. Der liberale Staat nimmt also aus dieser explizit wirtschaftlichen Betrachtungsperspektive solche Trittbrettfahrer in Kauf und kann als Repräsentant des Marktes angesehen werden, vgl. *Paul Kirchhof*, Die verfassungsrechtliche Rechtfertigung der Steuern, in: Paul Kirchhof/Dieter Birk/Moris Lehner (Hg.), Steuern im Verfassungsstaat – Symposion zu Ehren von Klaus Vogel aus Anlaß seines 65. Geburtstags, 1996, S. 38.

460 *Lang*, Tipke/Lang, Steuerrecht (20. Aufl.), § 8, Rn. 31.

461 *Lang*, Tipke/Lang, Steuerrecht (20. Aufl.), § 9, Rn. 52.

Kapitel 4 – Untersuchung und kritische Darstellung des Tatbestands der „sonstigen“ Leistung in Literatur und Rechtprechung

A. Der Begriff der Leistung im Spiegel der Literatur

Bei der Auseinandersetzung mit dem Leistungstatbestand fällt auf, dass in den Kommentaren die Rechtsprechungsübersichten umfangreicher als die allgemeinen Darstellungen ausfallen. Vor diesem Hintergrund ist auch die Anmerkung *Leisners-Egensperger* zu lesen, dass den Einkünften aus Leistungen nichts Verallgemeinerungsfähiges zu Grunde liege.[462] Soll eine Besteuerung für den Steuerbürger vorhersehbar sein, müssen jedoch allgemeine Maßstäbe gefunden werden, an denen die Steuerbarkeit der in Frage kommenden Betätigungen beurteilt werden können. In der Literatur mangelt es nicht an Ansätzen, die Leistungseinkunftsbesteuerung zu systematisieren. Hierbei hat sich eine grobe Zweiteilung in der Kommentarliteratur durchgesetzt, die nachfolgend unter I. dargestellt wird. Sodann wird in II. auf detailliertere Fallgruppenbildungen in der Literatur eingegangen.

I. Hintergrund und Kommentarliteratur

Nach der Rechtsprechung erfasst § 22 Nr. 3 EStG eine entgeltliche Leistung in Form jeden Tuns, Duldens oder Unterlassens, das weder eine Veräußerung noch einen veräußerungsähnlichen Vorgang im Privatbereich betrifft, Gegenstand eines entgeltlichen Vertrags sein kann und eine Gegenleistung auslöst.[463] Aufbauend auf dieser Definition finden sich in sich in nahezu allen Kommentaren die Unterscheidung zwischen Leistungen, die „reine“ Tätigkeiten darstellen und Leistungen, die

---

462 *Leisner-Egensperger*, in: K/S/M, § 22, Rn. D 2 ff.; im Gegensatz dazu sieht *Weber-Grellet* hierin die einkommensteuerrechtliche Grundnorm, die mithin allen Einkunftsarten zugrundeliegt und damit gerade die einkommensteuerrechtliche Verallgemeinerung per se ist, *Weber-Grellet*, in: Schmidt, EStG, § 22, Rn. 130; anders hingegen wenn man nicht den Tatbestand des § 22 Nr. 3 EStG zur Grundnorm erklärt, sondern den Begriff der Leistung iS von Erwerbstätigkeiten und Vermögensnutzungen als gemeinsames Kriterium aller Einkunftsarten versteht so wie zum Beispiel *Killat-Risthaus* in: Herrmann/Heuer/Raupach, EStG/KStG, Stand: 266. Lieferung 10.2014, § 22 EStG, Rn. 388; das Kriterium muss jedoch mE dann einkunfsartenspezifisch ausgelegt werden, vgl. nur die Freilassung der Veräßerungsgeschäfte.

463 So zuletzt FG Baden-Württemberg, Urteil vom 09. September 2014 – 6 K 4193/12 –, BeckRS 2014, 96295 und BFH, Urteil vom 24.04.2012 – IX R 6/10 –, BFHE 237, 197, BStBl II 2012, 581.

sich einer Vermögensnutzung zuordnen lassen.[464] Wie in Kapitel 2 gezeigt wurde, geht diese Unterscheidung ursprünglich jedoch nicht auf die Rechtsprechung zurück, sondern ist bereits in der Gesetzesbegründung zum EStG 1925 angelegt.[465] Diese stellte bei der Begründung des Dualismus der Einkünfte auf diese Zweiteilung ab und führte aus, dass die Einkommensteuer im Bereich der Überschusseinkünfte lediglich die Erträge aus einer Verwaltungstätigkeit des Vermögens erfasse solle, da das Vermögen als solches durch diese Tätigkeit an sich unberührt bleibe. Einen wesentlichen Aspekt bildet daher sowohl in der Rechtsprechung als auch in der Literatur die Abgrenzung der Vermögensnutzung von Vorgängen in der „unbeachtlichen Vermögenssphäre", die vorgeblich dem Einkünftedualismus geschuldet ist.

Bei der Abgrenzung des Vermögensnutzungs- (später nur noch Nutzungsbereichs) vom bloßen Vermögensbereich wird allgemein darauf abgestellt, ob die Handlung des Steuerpflichtigen auf Verlust oder Aufgabe eines Wirtschaftsgutes in seiner Substanz gerichtet ist oder diesen zur Folge hat (die Gegenleistung also *Substanzwertersatz* leistet) oder aber auf die Einräumung der Nutzung des Wirtschaftsgutes durch einen Dritten (die Gegenleistung also die Nutzung *vergütet*). Beim Eigentümer sollen zum nicht-steuerbaren Vermögensbereich nur zählen entweder der vollständige Eigentumsverlust oder der Verlust eines Eigentumsteils, der zumindest die Voraussetzungen eines eigenständigen Wirtschaftsgutes erfüllen muss. Alle übrigen das Eigentum betreffende Vorgänge sollen hingegen dem steuerbaren Nutzungsbereich zuzuordnen sein.

Für den obligatorisch Nutzungsberechtigten – also nicht für den zivilrechtlichen Eigentümer – gehöre hingegen auch die nur teilweise Aufgabe oder Übertragung des Nutzungsrechts zum „unbeachtlichen" Vermögensbereich.[466] Gerade in der Frage der Vermögenssphäre und der jeweiligen Zuordnung zeigen sich die Probleme dieser Einteilung, nach welcher solche Vorgänge nicht besteuert werden, wenn der Bezugspunkt des Verzichts, das betroffene Rechtsverhältnis und der betroffene Vermögensgegenstand, durch den Verzicht dauerhaft aus der vermögensrechtlichen Sphäre des Steuerpflichtigen ausscheidet. Gleichzeitig weist diese Schlussfolgerung auf die Unzulänglichkeit der Rechtsprechung hin, wenn im Falle einer Mietswohnung oder anderer Vermögensgegenstände eine Aufgabe der vollständigen Rechtsposition nicht erforderlich ist.

Dem Tätigkeitsbereich sollen schließlich alle anderen, hiervon unabhängigen Handlungen angehören.[467]

---

464 Vgl. statt aller *Peter Bauschatz*, in: Klaus Korn, et al. (Hg.), Einkommensteuergesetz, 84. EL, 2014, § 22, Rn. 121 und *Weber-Grellet*, in: Schmidt, EStG, § 22, Rn. 132.

465 Kap. 2, A. I. 2. b).

466 Vgl. statt aller *Bauschatz*, in: Korn, EStG, § 22, Rn. 121 ff. (Hervorhebung durch den Verfasser).

467 *Bauschatz*, in: Korn, EStG, § 22, Rn. 22.

Dieser hier wiedergegebenen Zweiteilung kommt mE nur eine ordnende Funktion zu, da sie weder ihre dogmatische Grundlage hinreichend beachtet, noch eine Hilfe bei der Auslegung bietet. Dies bestätigt sich bei einer Durchsicht der zu § 22 Nr. 3 EStG erschienen Monographien, die sich alle auf Fallgruppenbildungen stützen, ohne dabei jedoch ausdrücklich auf der angesprochenen Zweiteilung aufzubauen.

II. Monographien

Durch eine zusammenfassende Darstellung der zu § 22 Nr. 3 EStG erschienen Monographien soll zunächst ein Überblick über die Lebenssachverhalte gegeben werde, die Rechtsprechungsfällen zu den Leistungseinkünften zu Grunde liegen. Die erste systematische Untersuchung der Rechtsprechung wurde 1990 von *Harder* vorgelegt. Es folgten weitere Untersuchungen von *Pönicke* in 1999, *Krey* in 2010 und *Kubicki* in 2011.

1. Harder

a) Fallgruppen

Harder unterscheidet vier Fallgruppen unter die sich alle Lebenssachverhalte, die im Rahmen der Leistungseinkünfte diskutiert werden, einordnen lassen:[468]

1. Betätigungen mit ungewissem Ergebnis
Nach der Rechtsprechung nicht-steuerbare Vorgänge:

- das Erlangen einer Vermögenszuwachschance durch den Einsatz eines bestimmten Geldbetrages (z.B. Lotterieteilnahme, Wetten)[469]

Nach der Rechtsprechung steuerbare Vorgänge:

- die Übernahme einer Vermögensminderungsgefahr gegen Entgelt (z.B. Übernahme einer Bürgschaft)[470]
- die Gewährung von Vorzugsrechten jedweder Art (z.B. Optionen, Vorkaufsrechte)[471]

2. Betätigungen, die einen Rechtsverzicht zur Folge haben
Nach der Rechtsprechung uneinheitlich entschiedene Fälle:

- der entgeltliche Verzicht auf das Recht zum Besitz unbeweglichen Vermögens (z.B. die Aufgabe einer Mietswohnung)[472]

---

468 *Harder*, Die Sonstige Leistung im Einkommensteuerrecht, Diss., S. 165; die identische Einteilung findet sich auch bei *Afra Waterkamp-Faupel*, Die sonstige Leistung im Einkommensteuerrecht, in: FR 1995, S. 41 (42–44).

469 *Harder*, Die Sonstige Leistung im Einkommensteuerrecht, Diss., S. 39.

470 *Harder*, Die Sonstige Leistung im Einkommensteuerrecht, Diss., S. 43.

471 *Harder*, Die Sonstige Leistung im Einkommensteuerrecht, Diss., S. 49.

472 *Harder*, Die Sonstige Leistung im Einkommensteuerrecht, Diss., S. 57.

Nach der Rechtsprechung steuerbare Vorgänge:

- der entgeltliche Verzicht auf einseitige Gestaltungsrechte (z.B. auf ein Kündigungsrecht)[473]
- der Verzicht auf gewerbliche Schutzrechte (z.B. Warenzeichen)[474]
- der Verzicht auf subjektiv-öffentliche Rechte (z.B. Abstandsrechte nach Baurecht)[475]
- der Verzicht auf Rechtsmittel (z.B. auf einen Drittwiderspruch im Baurecht)[476]

3. Gewerbsmäßige Unzucht (stets steuerbar)
   - Einnahmen aus Prostitution, Kuppelei, Zuhälterei und Erpressung[477]

4. Sonstige Betätigungen

Diese Fallgruppe umfasst den „Rest", der sich keine der obigen Gruppen zuordnen lasse. Nach der Rechtsprechung nicht-steuerbare Vorgänge:

- Hinweise zur Verbrechensbekämpfung[478]
- Einnahmen für Zufallserfindungen[479]

Nach der Rechtsprechung steuerbare Vorgänge

- Entgelte für gelegentliche Tätigkeiten (z.B. Vermittlungsprovisionen)[480]
- Einnahmen aus quasi-gewerblichen Tätigkeiten (z.B. durch Fundraising oder Pfandflaschen-Sammeln)[481]

b) Stellungnahme

Harder dient diese Unterteilung nur zur der Darstellung und teilweisen Kritik der Rechtsprechung. Seinen Lösungsvorschlag, auf den im weiteren Verlauf der Untersuchung eingegangen wird, leitet er aus dieser Einteilung jedoch gerade nicht her. Dies erklärt, wieso die vier Hauptgruppen gleichzeitig sowohl steuerbare als auch nicht steuerbare Tätigkeiten erfassen, die Zuordnung also gerade noch nichts über die einkommensteuerliche Rechtsfolge aussagt. Dabei kommen der dritten und vierten Gruppe reine Auffangfunktionen für die unterschiedlichsten Betätigungen zu. Die Zuordnung zu diesen Gruppen fragt nicht nach systematischen Merkmalen

---

473 *Harder*, Die Sonstige Leistung im Einkommensteuerrecht, Diss., S. 61.

474 *Harder*, Die Sonstige Leistung im Einkommensteuerrecht, Diss., S. 61.

475 *Harder*, Die Sonstige Leistung im Einkommensteuerrecht, Diss., S. 62.

476 *Harder*, Die Sonstige Leistung im Einkommensteuerrecht, Diss., S. 62.

477 *Harder*, Die Sonstige Leistung im Einkommensteuerrecht, Diss., S. 63 bis 71.

478 *Harder*, Die Sonstige Leistung im Einkommensteuerrecht, Diss., S. 72; Belohnung in Folge einer zufälligen Kenntnisnahme nicht steuerbar, in Folge systematischer Kenntnisnahme steuerbar.

479 *Harder*, Die Sonstige Leistung im Einkommensteuerrecht, Diss., S. 73.

480 *Harder*, Die Sonstige Leistung im Einkommensteuerrecht, Diss., S. 74.

481 *Harder*, Die Sonstige Leistung im Einkommensteuerrecht, Diss., S. 75.

der jeweiligen Betätigungen, sondern folgt einzig der Häufigkeit der entsprechenden Fälle in der (veröffentlichten) Rechtsprechung. In systematischer Sicht unterscheiden sich jedoch die beiden ersten Fallgruppen von den letzten beiden Fallgruppen: Bei den ersten beiden Fallgruppen ist im Gegensatz zu den beiden letzten Fallgruppen für die Betätigung ein unmittelbarer Bezug zur rechtlichen Sphäre, genauer zum status quo der vermögensrechtlichen Sphäre des Steuerpflichtigen, kennzeichnend. Die erfassten Betätigungen erweitern oder beschränken den Rechtskreis des Steuerpflichtigen durch die Übernahme von Verpflichtungen.

Die Ein- und Unterteilung der beiden Gruppen ist jedoch willkürlich: So lässt sich das Dulden rechtstechnisch als ein Unterfall des Unterlassens verstehen und beide lassen sich selbstverständlich auch als Verpflichtungen denken. Blendet man sodann die Untergruppe „Erlangen einer Vermögenszuwachschance durch Einsatz eines bestimmten Geldbetrages“ aus, so ergeben sich im Hinblick auf die Rechtsfolge der Steuerbarkeit der Betätigungen keine Unterschiede zwischen den beiden ersten Fallgruppen, mit Ausnahme der Aufgabe des Besitzes unbeweglichen Vermögens. Dies deckt sich mit der geschilderten Beobachtung, dass beide Gruppen entgeltliche Verpflichtungen erfassen. Die Besonderheit hinsichtlich der „Aufgabe des Besitzes unbeweglichen Vermögens“ resultiert aus dem Umstand, dass die Veräußerung von Vermögensgegenständen von eigenständigen Tatbeständen gemäß §§ 17, 22 Nr. 2 23 EStG erfasst wird. Die Aufgabe von Besitz und Eigentum wird nach herrschender Meinung deswegen nicht von § 22 Nr. 3 EStG erfasst.

Letzteres ist keineswegs eine zwingende Schlussfolgerung: Wenn ein Vorgang bereits die Tatbestandsmerkale des Veräußerungstatbestands nicht erfüllt, spricht auf den ersten Blick nichts gegen eine Subsumtion unter andere Steuertatbestände. Auf die der herrschenden Meinung zugrunde liegende Wertung – die sogenannte „Unbeachtlichkeit der Vermögenssphäre“ – soll später ausführlich eingegangen werden. Nach *Harder* seien zudem die Begriffe Einkommen und Vermögen der Rechtswissenschaft unbekannt und unvertraut.[482] Vor dem Hintergrund der Rechtspraxis und der geschichtlichen Entwicklung des Einkommensteuergesetzes lässt sich diese Aussage nicht halten. Im Gegenteil, beide Begriffe stehen seit Anbeginn der Besteuerung im Zentrum der steuerrechtswissenschaftlichen Diskussion. Es überrascht daher nicht, dass eine eindeutige Definition beider Konzepte bis heute nicht vorliegt. Was jedoch überrascht, ist die Weigerung des BFH sich dieses Themas anzunehmen.[483]

2. *Pönicke*

Aufbauend auf *Harders* Einteilung unternimmt *Pönicke* eine eingehende Analyse der Rechtsprechung, auch wenn sie sich hierbei nicht ausdrücklich auf *Harder* beruft.

482 *Harder*, Die Sonstige Leistung im Einkommensteuerrecht, Diss., S. 77.
483 Siehe Beispielsweise die pauschale Zuordnung der Bürgschaftsverluste zur Vermögenssphäre ohne dies näher zu begründen, Kap 4, C. IV. 3 c).

a) Fallgruppen

Auch *Pönicke* beschreibt vier Fallgruppen, denen sich alle Entscheidungen der Rechtsprechung zuordnen lassen:[484]

1. Zahlungen für die Beschränkung oder die Aufgabe dinglicher Rechtspositionen
   Zu dieser Gruppe gehören Zahlungen im Zusammenhang mit der Nutzung von Eigentum (Vorkaufsrechte, Nießbrauchsbestellung, Entschädigungen für Eigentumsbeeinträchtigungen), Zahlungen für die Nutzung oder Aufgabe sonstiger dinglicher bzw. absoluter Rechtspositionen (Übertragung von Gesellschaftsanteilen, Aufgabe von Nießbrauch, Überlassung von Know-how und Patenten) und der Verzicht auf Nachbarrechte oder auf die Inanspruchnahme von Rechtsmitteln, sofern diese in Zusammenhang zu dinglichen Rechten stehen.[485] Dabei kann festgestellt werden, dass nach der Rechtsprechung die Aufgabe von dinglichen Rechtspositionen im Gegensatz zur Nutzung mit dem Verweis auf die „Veräußerungsähnlichkeit": Da Veräußerungen von Vermögensgegenständen nicht von § 22 Nr. 3 EStG erfasst werden, müssen auch veräußerungsähnliche Vorgänge unbesteuert bleiben. Solange es aber nicht zu einer Aufgabe der dinglichen Substanz kommt, sind Vorgänge der steuerbaren Nutzungssphäre zu zuordnen, mithin auch der Verzicht auf nachbarrechtliche Abwehrrechte oder auf Rechtsmittel.[486]

2. Zahlungen für die Einschränkung oder die Aufgabe schuldrechtlicher Positionen bzw. die Begründung obligatorischer Pflichten im Allgemeinen
   Die zweite Gruppe umfasst Zahlungen für den Verzicht auf obligatorische Rechte wie Miete und Pacht oder einzelne Rechtspositionen aus diesen Rechtsverhältnissen. Anders als bei den dinglichen Rechten lässt sich nicht zwischen Nutzung und Aufgabe der Rechtsposition unterscheiden, da eine Abstraktion zwischen dinglicher (absoluter) und schuldrechtlicher Ebene unmöglich ist.[487] Diese gilt aber nur innerhalb des obligatorischen Rechtsverhältnisses: Verzichtet der Mieter dauerhaft oder zeitweilig gegenüber dem Vermieter auf die Wahrnehmung bestimmter Rechte, werden die betreffenden Ansprüche zeitweilig oder dauerhaft vollständig ausgeschlossen. Dritten gegenüber kann der Mieter hingegen die Rechtsposition „Miete" auf einen Nachmieter übertragen und dadurch vollständig aufgeben oder durch Untervermietung anderweitig nutzen und die Berechtigung an sich behalten.[488] Im ersten Fall sind die Vorgänge nicht steuerbar, im zweiten hingegen

484 *Astrid Pönicke*, Einkünfte aus Leistungen – Reichweite und Grenzen des § 22 Nr. 3 EstG, Diss. Augsburg, 1999.
485 *Pönicke*, Einkünfte aus Leistungen (1999), Diss., S. 41 f.
486 BFH, Urteil vom 26. Oktober 1982 – VIII R 83/79 –, BFHE 138, 177 = BStBl. II 1983, 404.
487 *Pönicke*, Einkünfte aus Leistungen (1999), S. 42f.
488 *Pönicke*, Einkünfte aus Leistungen (1999), S. 43.

schon. In der Rechtsprechung hat sich hierzu noch kein einheitliches Bild herausgebildet.[489]

3. Zahlungen für die Übernahme von Risiken als Begründung obligatorischer Pflichten im Besonderen
   Die dritte Gruppe umfasst Provisionen für Bürgschaften, Optionseinräumungen sowie Wett- und Spielgewinne.[490] Zahlungen im Zusammenhang mit Bürgschaftsübernahmen und Optionseinräumungen unterfallen dabei § 22 Nr. 3 EStG, nicht hingegen Wett- und Spielgewinne. Generell lösen die genannten Vorgänge auch keine Werbungskosten aus. Insbesondere bei Bürgschaften tritt nach der Rechtsprechung ein möglicher Vermögensverlust in der „unbeachtlichen Vermögenssphäre" ein.[491]

4. Zahlungen für Dienstleistungen und sonstige, selbständige, nicht nachhaltige Betätigungen
   Die letzte Gruppe umfasst neben den gesetzlichen Beispielsfällen „Vermietung beweglicher Gegenstände" und „gelegentliche Vermittlungen", Entgelte für Prostitution, strafbare Handlungen, Zufallserfindungen, Preise für Einzelleistungen, „mithin selbständige, nicht nachhaltige Betätigungen jeglicher Art"[492], die allesamt nach der Rechtsprechung steuerbar sind.

b) Stellungnahme

Pönickes Einteilung dient vornehmlich der Zusammenfassung und Darstellung der Rechtsprechung zu den Leistungseinkünften. Ihre Einteilung folgt dabei weitestgehend zivilrechtlichen Kategorien. In diesem Kontext verweist sie jedoch selbst auf *Trzaskalik*, der zivilrechtliche Unterscheidungen im Steuerrecht oftmals für unerheblich und teilweise sogar nachteilig hält.[493] Der Hintergrund ist einleuchtend: anders als Verkehrsteuern knüpft die Einkommensteuer nicht an rechtliche Tatbestände anderer Teilrechtsordnungen an, sondern definiert eigenständige Tatbestände, die eine Steigerung der wirtschaftlichen Leistungsfähigkeit abschöpfen sollen. Wirtschaftliche Sachverhalte lassen sich selten nur auf einem einzigen rechtlich zulässigen Weg realisieren – exemplarisch sei hier auf Kommentierungen zu § 42

---

489 Gegen eine Steuerbarkeit: RFH, Urteil vom 11. Juli 1940 – IV 113 –, StuW 1940 II, Urteil Nr. 375, Sp. 277; BFH, Urteil vom 05. August 1976 – VIII R 117/75 –, BStBl. II 1977, 27; für eine Steuerbarkeit: BFH, Urteil vom 16. Dezember 1966 – VI R 61/66 –, BStBl. III 1967, 251.

490 *Pönicke*, Einkünfte aus Leistungen (1999), Diss., S. 43 f.

491 BFH, Urteil vom 18. Januar 1963 – VI 242/61 U –, BFHE 76, 382; BStBl. III 1963, 141; BFH, Urteil vom 11. Januar 1966 – I 53/63 –, BFHE 85, 13; BStBl. III 1966, 218 (219 re. Sp.).

492 *Pönicke*, Einkünfte aus Leistungen (1999), Diss., S. 44 f.

493 *Pönicke*, Einkünfte aus Leistungen (1999), Diss., S. 45, Fn. 259; *Trzaskalik*, FS Tipke, S. 333 ff.

AO verwiesen. Stehen eindeutige rechtliche Anknüpfungstatbestände zur Verfügung, wie das Eigentum im Falle der Grunderwerbsteuer oder der Grundsteuer, ist ein steuerrechtlicher Gleichlauf relativ leicht darstellbar. Komplizierter wird dies hingegen bereits bei der Schenkungsteuer und letztlich unmöglich bei der Einkommensteuer. Nicht umsonst stellt die AO auf das wirtschaftliche Eigentum ab oder differenziert die herrschende Meinung im Rahmen des § 22 Nr. 3 EStG nicht zwischen Veräußerung und Nicht-Veräußerung, sondern zwischen nicht-steuerbaren Veräußerungen und veräußerungsähnlichen Vorgängen sowie steuerbaren Vermögensnutzungen. Es handelt sich dabei um fließende Übergänge, in denen zivilrechtliche Tatbestände Indizwirkung zukommen kann – und in den meisten Fällen folgt das Steuerrecht dieser Indizwirkung – jedoch nicht muss. Es sind diese pathologischen Fälle, die dann Gegenstand wissenschaftlicher Untersuchungen und obergerichtlicher Rechtsprechung sind.

Zudem handelt es sich bei Fallgruppen von *Pönicke* nicht um eindeutig von einander verschiedenen Kategorien, aus deren verschiedenartigen Zuordnung man Rückschlüsse auf die Auslegung des Leistungsbegriffs gewinnen könnte. Viele Vorgänge lassen sich nämlich zugleich mehreren Gruppen zuordnen, wie zum Beispiel Zahlungen für die Begründung von Vormietrechten in die zweite und dritte Gruppe. Zudem passen manche Zuordnungen auch begrifflich nicht, wie die Bezeichnung von Know-how als dingliche Rechtsposition. So handelt es sich bei dem Immaterialgut Know-how nicht um eine absolute subjektive Rechtsposition, sondern um den faktischen Besitz und tatsächlichen Zugriff auf Kenntnisse.[494]

In ihrer Analyse der Rechtsprechung, jedoch findet sich einige wenige kritische Kommentierungen, in denen sie die Brüche und Begründungsmängel in der Rechtsprechung des RFH und BFH aufzeigt.[495]

3. *Krey*

Krey unterscheidet in ihrer Untersuchung aus dem Jahr 2011 wie zuvor *Harder* und *Pönicke* vier Fallgruppen, weist aber ausdrücklich darauf hin, dass diese Unterscheidungen nicht zwingender Natur seien, da sich auch eine Vielzahl anderer Fallgruppen bilden ließe.[496] Auch hieran wird deutlich, dass die Fallgruppen in ihren Zuordnungsentscheidungen nicht unbedingt systematisch-materiellrechtlichen Erwägungen folgen.

a) Fallgruppen

Ihre vier Fallgruppen sind[497]:

---

494 *Wolfgang Gitter*, Gebrauchsüberlassungsverträge, Band 7, 1988, S. 445.
495 Vgl. ihre eigene Bemerkung *Pönicke*, Einkünfte aus Leistungen (1999), Diss., S. 135.
496 *Krey*, Besteuerung sonstiger Leistungen, Diss., S. 141.
497 *Krey*, Besteuerung sonstiger Leistungen, Diss., S. 141.

1. Veräußerungsgeschäfte und veräußerungsähnliche Vorgänge mit Unterlassen, Dulden und Verzicht[498]

   zum Beispiel die Bestellung von Dienstbarkeiten, die Aufgabe von Nachbarrechten und Mietrechten, die Vereinbarung von Reuegeldern und der Verzicht auf die Ausbeutung von Bodenschätzen und auf andere Rechte wie Vorkaufsrechte, Vetorechte.

2. Vergütungen für gelegentliche Tätigkeiten[499]

   zum Beispiel Entgelte für Dienstleistungen und sonstige selbständige, nicht nachhaltige Betätigungen wie Vermittlungsprovisionen, Finderlohn, Belohnungen, Streikgelder; ferner zählt sie hierzu Zufallserfindungen und die Vermietung beweglicher Gegenstände wie Yachten, Wohnmobile, Autos

3. Vergütungen für wiederholende Tätigkeiten[500]

   zum Beispiel im Rahmen von Stipendien, Fahrgemeinschaften, Prostitution und Zuhälterei

4. Risikovergütungen[501]

   zum Beispiel für Bürgschaften, Informationsweitergaben, Termin- und Differenzgeschäfte, Prozessfinanzierungen, Optionsgeschäfte, Preis- und Spielgewinne[502]

b) Stellungnahme

Eine Systematisierung auf Grund der Rechtsfolge einer Einkommensteuerbarkeit erfolgt auch durch ihre Zuordnung zu den vier Hauptgruppen nicht. Wie bezüglich der beiden vorangehenden Autoren muss und kann eine inhaltliche Auseinandersetzung mit ihren Ausführungen daher sinnvollerweise nur bei der Darstellung der materiellen Voraussetzungen der Steuerbarkeit im weiteren Verlauf der Untersuchung erfolgen.

4. Kubicki

a) Fallgruppen

Kubicki knüpft in ihrer Darstellung ausdrücklich an die vier Fallgruppen *Pönickes* an, unterscheidet jedoch zwischen sechs Gruppen, die sich wiederum in zahlreiche Unterkategorien aufgliedern:[503]

---

498 *Krey*, Besteuerung sonstiger Leistungen, Diss., S. 142 ff.

499 *Krey*, a.a.O., S. 159 ff.

500 *Krey*, a.a.O., S. 176 ff.

501 *Krey*, a.a.O., S. 187 ff.

502 *Krey*, a.a.O., S. 211.

503 *Kubicki*, Die Dogmatik des § 22 Nr. 3 EStG einschließlich der Querbezüge zur Schenkungsteuer, Diss., S. 101 ff., insb. Fn. 365; die hier vorgestellte Darstellung beruht auf einer nahezu wortgetreuen Wiedergabe ihrer Einteilung auf den Seiten 101 und 102.

1. Zahlungen für einen Rechtsverzicht oder die Aufgabe oder Einschränkung einer Rechtsposition
   zum Beispiel die Aufgabe dinglicher Rechtspositionen, schuldrechtliche Rechtsverzichte oder Duldungen von Beeinträchtigungen und sonstige Verzichte auf schuldrechtliche Positionen oder Begründung obligatorischer Nutzungsrechte
2. Zahlungen für eine Beschränkung von Eigentumsrechten
   zum Beispiel die Gewährung von Dienstbarkeiten gegen Entgelt, Gewährung von Vorkaufsrechten gegen Entgelt sowie sonstige Beschränkungen von Eigentumsrechten
3. Zahlungen für die Übernahme eines wirtschaftlichen Risikos bei Betätigungen mit ungewissem Ereignis (sic! gemeint ist wohl Ausgang, *Verfasser*)
   zum Beispiel Bürgschaftsprovisionen, Avalprovisionen für die Zustimmung zur Eintragung einer Grundschuld, Termin- und Differenzgeschäfte, Optionsprämien bei Durchführung von Optionsgeschäften, Entgelte für Wertpapierleihegeschäfte und Erlöse aus Wetten, Glückspielen und betrieblichen Losveranstaltungen
4. Gesetzlicher Regelfall des Entgelts für die Vermietung beweglicher Gegenstände
   zum Beispiel Vermietung und Verleasen von Wohnmobilien, Yachten und Flugzeugen
5. Gesetzlicher Regelfall der gelegentlichen Vermittlung
   zum Beispiel Entgelt für die Weitergabe von Informationen und Kontakten, Vermittlungsprovisionen für Lebensversicherungen und sonstiges nachträgliches Entgelt und Provisionen
6. Entgelt für sonstige, nicht nachhaltige Betätigungen
   zum Beispiel Prozessfinanzierungsverträge, Bestechungsgelder und Einnahmen aus anderen strafbaren Handlungen. Ferner Einnahmen aus Prostitution, Mitnahmevergütungen bei Fahrgemeinschaften, Gefälligkeiten gegen Entgelt, sonstige Preise, insbesondere aus Fernsehshows und Einnahmen aus ehrenamtlicher Betreuung und Aufwandsentschädigungen.

b) Stellungnahme

Auch *Kubickis* Einteilung dient nur der besseren Darstellung der Rechtsprechung. Dabei erleichtert ein solcher Vergleich sicherlich das Aufdecken zahlreicher Inkonsistenzen der Rechtsprechung, welche – wie zu zeigen sein wird – ihre Ursache in strukturellen Brüchen des Steuerrechts haben und dadurch das Tor weit für richterlichen Werturteile öffnen. Die Vielzahl der Fallgruppen und Untergruppen, die natürlich noch beliebig weiter aufgegliedert werden können, zeigt die Unübersichtlichkeit des Rechtsprechungsmaterials auf und verwischt die Gemeinsamkeiten und Unterschiede der Fälle, je nach Zuordnung zu einer der Gruppen, zum Beispiel Gewinnshows im Fernsehen ließen sich sicherlich auch unter die Glückspiele in Gruppe 3 statt in Gruppe 6 einordnen. Unklar ist auch der Unterschied zwischen der Begründung obligatorischer Nutzungsrechte in Gruppe 1 und der Beschränkung von Eigentumsrechten durch Dienstbarkeiten und Nießbrauchrechten in Gruppe 2 oder der Unterschied von Einschränkungen und Duldungen von Rechtspositionen in Gruppe 1 zu den Beschränkungen von Eigentumsrechten in Gruppe 2.

5. Zwischenergebnis

Die Differenzierungen von *Harder, Pönicke, Krey und Kubicki* sind in Rechtsprechungsübersichten sinnvoll. Sie bieten für sich allein jedoch noch keinen Erkenntnisgewinn und werden überflüssig und büßen zudem an Klarheit ein, wenn sich bestimmte Sachverhalte mehreren Fallgruppen zuordnen lassen. Eine Fallgruppenbildung ist aus rechtssystematischer Sicht sinnvoll, birgt aber auch wie vorliegend angedeutet die Gefahr, die den Urteilen zu Grunde liegenden Wertungen zu übersehen und ihre Gemeinsamkeiten oder Unterschiede zu verwischen.[504] Vorliegend wird zudem in der Beliebigkeit der Fallgruppenbildung deutlich, dass keine dogmatische Deduktion aus der Einteilung möglich ist. Es wird scheinbar der Weg eines Fallrechts beschritten. Wie die Ausuferung und Beliebigkeit der Fallgruppenzahl nahelegt, wird dabei der notwendige Rechtsgedanke des „case law" nicht beachtet.[505]

B. Grundlagen – Dogmatik und Problembereiche

I. Einkommensteuertatbestand

Die nachfolgende Darstellung nimmt ihren Ausgangspunkt an dem überkommenen, klassischen Aufbau des Einkommensteuertbestands, wie er in der 20. Auflage im Standardwerk „Steuerrecht" von Tipke/Lang dargestellt wird, und ergänzt diesen um den dreigliedrigen Einkommensteuertatbestand, wie er zum Beispiel von *Kirchhof, Risthaus oder Reimer* verwendet wird.

1. Klassischer Tatbestand

Die Ansätze des klassischen Tatbestandsaufbau finden sich bereits in der Gesetzesbegründung zum heutigen EStG aus dem Jahr 1924 als auch in den Kommentaren zu den Ländereinkommensteuergesetzen wieder, wie bereits im zweiten Kapitel dargestellt. Die Merkmale des klassischen einkommensteuerlichen Tatbestandsaufbaus

504 Auf die Ungeeignetheit der Fallgruppenbildung weist *Kubicki* in ihrer Untersuchung schließlich im Rahmen der besonders interessierenden Behandlung der sog. „Vermögenssphäre" selbst hin, *dies.*, a.a.O., S. 130; ähnlich kritisch auch *Peter Fischer*, Kommentar zu BFH, Urt. v. 19.12.2000 – IX R 96/97, in: FR 2001, S. 646.

505 Insbesondere erfolgt weder in der Literatur noch in der Rechtsprechung eine eingehende Auseinandersetzung mit Präjudizien und ein intensives „distinguishing" der zugrundeliegenden Sachverhalte, wie sie zur Ausbildung eines Fallrechts notwendig wären, vgl. zum Methode des Fallvergleichs und „distinguishing" *Röhl/ Röhl*, Allgemeine Rechtslehre, S. 567 ff.

lassen sich grob in zwei Gruppen einteilen – zum einem in die allgemeine Gruppe der Erwerbstätigkeit, zum anderem in die spezifische Gruppe der jeweiligen in Betracht kommenden Einkunftsart.

§ 2 EStG verlangt als Grundnorm des Steuerrechts die Bestimmung, welche Einkünfte der Steuerpflichtige erzielt hat. „Einkünfte sind allgemein nur dann steuerbar, wenn sie durch eine Erwerbstätigkeit erwirtschaftet worden sind."[506] Das Tatbestandsmerkmal der Erwerbstätigkeit grenzt die einkommensteuerbare Sphäre von der privaten Konsumsphäre, der Liebhaberei und der Erbschaft- und Schenkungsteuer ab, leitet über zum subjektiven Nettoprinzip und findet seine dogmatische Fundierung in § 2 Abs. 1 S. 1 EStG als gesetzesdirigierendes Prinzip.[507] Zutreffend spricht *Lang* hierbei von der Merkmalsgruppe der „Erwerbstätigkeit". Denn es handelt sich streng genommen nicht um ein eindeutig definiertes Tatbestandsmerkmal, sondern um eine Zusammenfassung verschiedener Untermerkmale im Sinne positiver und negativer Tatbestandsmerkmale. Auch die Rechtsprechung verlangt, dass die „allgemeinen Merkmale des Erzielens von Einkünften" vorliegen.[508] Jedoch finden sich weder in der Rechtsprechung noch bei *Lang* außer Ansätzen keine systematische Definition dieser Merkmalsgruppe, auch wenn die Merkmalsgruppe „Erwerbstätigkeit" je nach Einzelfall für oder gegen eine Steuerbarkeit angeführt wird. Dabei scheint man terminologisch von einem Archetyp der Erwerbstätigkeit auszugehen.[509]

Zu dieser Merkmalsgruppe, die für alle Einkunftsarten vorliegen muss, tritt nach *Lang* eine weitere Gruppe hinzu, nämlich die der einzelnen Einkunftsarten.[510] Erst gemeinsam mit diesen lässt sich überhaupt eine Erwerbstätigkeit beschreiben. Die Merkmale beider Gruppen stehen daher gleichberechtigt nebeneinander und ergeben erst in ihrer Gesamtschau den jeweiligen Einkunftstatbestand. So kann zum Beispiel die Frage nach der Veranlassung erst beantwortet werden, wenn feststeht, welche Tätigkeit im Rahmen welcher Einkunftsart überhaupt betrachtet werden soll. So sei bei den Leistungseinkünften entscheidend, dass eine „Erwerbstätigkeit" vorliege – unabhängig von der Art des konkreten Verhaltens.[511] Doch nirgends findet sich eine entsprechende Erläuterung, was diese „Erwerbstätigkeit" nun genau ausmacht. Mit der „Leistung" im Sinne des § 22 Nr. 3 EStG kann sie zumindest nicht gleichgesetzt werden, da ja gerade auf die Erwerbstätigkeit rekurriert wird, um die Leistung zu definieren.

Diese gesetzestechnische Zweiteilung, dass neben den Voraussetzungen der einzelnen Einkunftsarten auch die allgemeinen Voraussetzungen jeder steuerbaren Tätigkeit

506 *Lang*, in: Tipke/Lang, 20. Aufl., § 9, Rn. 121.
507 *Lang*, in: Tipke/Lang, 20. Aufl., § 9, Rn. 121. 52 u. 41.
508 Vgl. nur BFH, Urteil vom 14. September 1999 – IX R 88/95 –, BFHE 189, 424; BStBl. II 1999, 776 (777 re. Sp.) und aktuell FG Baden-Württemberg, Urteil vom 09. September 2014 – 6 K 4193/12 –, BeckRS 2014, 96295 zur Existenzgrundlage von Freizeitsportlern.
509 Die diskutierten Ansätze und der Versuch eines systematischen Ansatzes findet sich unten auf S. 129ff.
510 *Lang*, in: Tipke/Lang, 20. Aufl., § 9, Rn. 121.
511 *Lang*, in: Tipke/Lang, 20. Aufl., § 9, Rn. 136.

erfüllt sein müssen, wird in ständiger Rechtsprechung auch vom BFH – vorwiegend implizit – betont. Der BFH verlangt in diesem Zusammenhang ausdrücklich, dass stets ein erwerbswirtschaftliches Verhalten vorliegen müsse.[512] Dogmatisch verortet der BFH diese Voraussetzungen ebenso wie *Lang* in § 2 Abs. 1 S. 1 EStG.

2. *Dreigliedrige Erweiterung*

Dieser klassische Tatbestand lässt sich auch in Form des dreigliedrigen sachlichen Einkommensteuertatbestandes darstellen, wie ihn zum Beispiel *Kirchhof, Reimer, Zugmaier* und *Musil* beschreiben.[513] Hierdurch wird die Verknüpfung der ersten und zweiten Gruppe des klassischen Tatbestands deutlicher, da der dreigliedrige Tatbestandsaufbau diese zugrunde liegende Wertung eines die Einkunftsarten übergreifenden Erfordernisses einer Erwerbstätigkeit offenlegt, indem er das Einkunftsartspezifische mit der normativ zu bestimmenden Erwerbstätigkeitsvoraussetzung zusammenführt. Dieses Konzept lässt sich folgendermaßen zusammenfassen:[514]

Zustandstatbestand	markterschließende Einkunftsquelle
	+
Verhaltenstatbestand	menschliches Verhalten i.w.S.
	+
Erfolgstatbestand	Vermögensmehrung

512 Vgl. nur BFH, Urteil vom 14. September 1999 – IX R 88/95 –, BFHE 189, 424; BStBl. II 1999, 776 (777 re. Sp.).

513 *Paul Kirchhof*, in: Paul Kirchhof (Hg.), Einkommensteuergesetz Kommentar, 13. Aufl., 2014, § 2, Rn. 30 ff. u. 56 ff.; Reimer, Der Ort des Unterlassens, S. 45 ff.; *Oliver Zugmaier*, in: Hermann/Heuer/Raupach (Hg.), EStG, KStG Kommentar, Stand: Lfg. 207 2002, § 2, Anm. 51 u. 58 und *Andreas Musil*, in: Herrmann/Heuer/Raupach (Hg.), EStG/KStG, 21. Aufl. 2006, 267. Lieferung 01.2015, Stand: 267. Lieferung 01.2015, § 2 Rn. 51, 57 u. 86 ff.

514 *Reimer*, Der Ort des Unterlassens, S. 45 ff.

a) *Zustandstatbestand*

Im Anschluss an *Kirchhof*, *Zugmaier* und *Musil* geht es auf dieser Ebene zunächst um die Bestimmung der Einkunftsquelle. Dies bedeutet natürlich nicht eine wie auch immer geartete Rückkehr zu den Quellenkonzepten der Einkommensbesteuerung. Zur Strukturierung von Vermögensveränderungen kann durchaus einkünfteübergreifend auf die Quellentheorie zurückgegriffen werden.[515] Dies macht *Schön* am Merkmal der Gewinnerzielungsabsicht deutlich, die nach einem periodenübergreifenden Totalgewinn der einkommensteuerbaren Tätigkeit frage. Unter dem Begriff der Tätigkeit wird so nicht mehr die einzelne Handlung des Steuerpflichtigen verstanden, vielmehr bezieht sich der Begriff auf die Quelle dieses Totalgewinns: „[...] dabei werden die einzelnen Mehrungen und Minderungen des eingesetzten Vermögens durch ihre Zweckwidmung zum Gewerbebetrieb zusammengefasst".[516] Diese Sichtweise lässt sich auch auf alle übrigen Einkommensarten, die keinen Gewerbebetrieb zum Gegenstand haben, übertragen.

Auf dieser Prüfungsebene des Einkommensteuertatbestands ist daher die Erwerbsgrundlage herauszuarbeiten. Als grundlegendes Element des Einkommensteuertatbestands verweist diese auf den Belastungsgrund und stellt also die Verbindung zu den in Kapitel 3 gefundenen Ergebnissen und Prämissen für eine gerechte Erfassung und Besteuerung des Einkommens dar. Das Grundprinzip ist dabei die Belastung des Erfolgs der Teilnahme an Austauschbeziehungen, mithin muss sich bereits die Quelle zumindest abstrakt als markterschließend darstellen.

Zentraler Aspekt des Zustandstatbestands ist der Fundus, dessen Nutzung oder Verwertung eine Vermögensmehrung ermöglicht:[517]

⇨ Rechtsobjekte im Sinne des Zivilrechts
z.B. Gegenstände (Rechte, Sachen): Grundstücke, Geldvermögen, Kapitalgesellschaftsanteile
⇨ Komplexer, wirtschaftlicher Organismus
z.B. Gewerbebetrieb, land- und forstwirtschaftlicher Betrieb, Geschäft eines Freiberuflers
⇨ Potential des Steuerpflichtigen selbst
z.B. physische Arbeitskraft, Geschicklichkeit, Erfahrung, Schönheitssinn, Wissen, Denkvermögen

Durch sein Verhalten kann der Steuerpflichtige diesen Fundus nachhaltig nutzen oder durch einmalige Akte final verwerten (vor allem durch Rechtsgeschäfte, z.B. Veräußerung, Ausübung eines Gestaltungsrechts, die Aufgabe eines Betriebs).[518]

---

515 So auch *Musil*, in: H/H/R, EStG/KStG, § 2, Rn. 76.

516 *Schön*, Unternehmerrisiko und Unternehmerinitiative im Lichte der Einkommenstheorien, S. 402.

517 *Reimer*, Der Ort des Unterlassens, S. 46 ff.

518 *Reimer*, Der Ort des Unterlassens, S. 46, eigene Hervorhebung.

Die genaue Zuordnung der angesprochenen Ausprägungen des Fundus übernimmt dabei gesetzestechnisch § 2 Abs. 1 S. 1 EStG, der den Typus der Erwerbsgrundlage der jeweiligen Einkunftsart festlegt und für die Einzelheiten auf die §§ 13–24 EStG verweist: Der Zustandstatbestand grenzt so in typisierender Weise die einkommensteuerbare Sphäre gegen die Privatsphäre, insbesondere gegen die Einkommensverwendung (Konsumsphäre) und gegen andere Steuerarten, wie die Erbschaft- und Schenkungsteuer, ab.[519]

Die Erwerbsgrundlage beschreibt mithin den konkreten Fundus, auf den sich die Handlung des Steuerpflichtigen bezieht. Gehört der Fundus jedoch nicht zur steuerbaren Sphäre, so kann sich auch ein entsprechendes Verhalten des Steuerpflichtigen nicht hierauf beziehen. So sah zum Beispiel die Rechtsprechung jahrzehntelang die Prostitution nicht als steuerbare Tätigkeit an. Bereits dem Potential des Einzelnen, sich gegebenenfalls zu prostituieren, wurde die Tauglichkeit eines steuerbaren Fundus abgesprochen. Heute gilt dies zum Beispiel für Gegenstände des täglichen Gebrauchs. Diese stellen nach § 23 Abs. 1 Satz 1 Nr. 2 Satz 2 EStG bereits keinen tauglichen Fundus für Veräußerungsgeschäfte im Privatvermögen dar.

Ein positives Beispiel für ein Bestandteil des Fundus ist das Sach- und Realvermögen bei der Vermietung und Verpachtung, das entgeltlich zur Nutzung auf Zeit einem anderen überlassen wird.[520]

Bei den Leistungseinkünften soll es die bestimmte marktoffenbare Leistung durch Nutzung des allgemeinen Marktes sein: Erforderlich sei, dass sonstige Zugangswege zum Markt genutzt werden, die den Erwerb dem allgemeinen wirtschaftlichen Erwerb zuordnen und ihn von der Privatsphäre ausnehmen – und die Leistung damit als Erwerbstätigkeit oder Vermögensnutzung zutage tritt.[521]

Hierdurch wird deutlich, dass eine genaue Bestimmung der Erwerbsgrundlage im Bereich der Leistungseinkünfte im Einzelfall erst im Zusammenspiel mit dem Verhaltenstatbestand (Handlungstatbestand) herausgearbeitet werden kann.

b) Verhaltenstatbestand

Der Verhaltenstatbestand, nachfolgend auch Handlungstatbestand genannt, spiegelt die Nutzung der vorhandenen Erwerbsgrundlage wider – in seinen Ausprägungen der Verwertung oder substanzerhaltenden Nutzung.[522] Im Gesetzeswortlaut lässt sich dies am Wörtchen „aus“ des § 2 Abs. 1 S. 1 EStG festmachen.[523] Das Verhalten des Steuerpflichtigen muss sich also auf den Fundus einer spezifische Einkunftsart beziehen. Neben dieser Zuordnung von Erwerbseinnahmen und Erwerbsausgaben wird

519 *Kirchhof*, in: Kirchhof, EStG, § 2, Rn. 47.
520 *Kirchhof*, in: Kirchhof, EStG, § 2, Rn. 53.
521 *Kirchhof*, in: Kirchhof, EStG, § 2, Rn. 54 unter Verweis auf BFH, Urteil vom 24. August 2006 – IX R 32/04 –, BStBl. II 2007, 44.
522 Siehe oben S. 113.
523 *Kirchhof*, in: Kirchhof, EStG, § 2, Rn. 55; *Paul Kirchhof*, Subjektive Merkmale für die Erzielung von Einkünften, in: DStR Beihefter zu Heft 39 2007, S. 11 (13, re.Sp.).

über die Bildung von typischen Tätigkeitsbildern die steuererhebliche Erwerbssphäre von der insoweit irrelevanten Privatsphäre abgegrenzt.[524] Typische steuerrechtliche Tätigkeitsbilder sind zum Beispiel das Bild des Gewerbetreibenden, des Arbeitnehmers, etc. Das geltende Recht besteuert nur tatsächlich vorgenommene Betätigungen, reine Absichten oder Möglichkeiten fallen nicht in die steuerbare Sphäre. Es kann auch vorkommen, dass eine an sich steuerbare Handlung aus bestimmten Gründen als nicht steuerbar eingestuft wird, da diese nur innerhalb bestimmter Fristen besteuert wird. So ist die Veräußerung von Grundstücken generell steuerpflichtig, nicht aber nach Ablauf von 10 Jahren. Ab dann gehört die nicht nachhaltige und substanzverwertende Nutzung des Fundus „Verwertungsmöglichkeit" des Grundstücks in die private, weil unbeachtliche Vermögenssphäre.

Im Bereich der Leistungseinkünfte handelt es sich oft um Vorgänge, bei denen auf den Zustandstatbestand Bezug genommen werden muss, wenn sich das Verhalten des Steuerpflichtigen als Dulden, bzw. schlichte Passivität darstellt, an das nicht alleine angeknüpft werden kann.[525] Der wirtschaftliche Gehalt der maßgeblichen Geschäfte ergibt sich *aus seinem Gegenstand, dem Hingegebenen*; Verhaltensweisen, die nur punktuelle Veränderungen der Wirklichkeit, Rechtshandlungen im Sinne zivilrechtlicher Verkehrsgeschäfte oder bloße Entgegennahmen fremder Leistungen sind, sind aus teleologischen Erwägungen heraus nicht als Handlungen anzusehen.[526] Gleiches gilt zum Beispiel auch für das Einlegen von oder dem Verzicht auf Rechtsbehelfe. Hier ist vielmehr der Durchgriff auf Merkmale des hinter dem menschlichen Verhalten liegenden Zustandstatbestands möglich und nötig.[527] Diese Einschätzung wird durch die oben ausgeführten Gedanken zum steuererheblichen Verhalten bestätigt, findet aber in der aktuellen Rechtspraxis nicht immer die gebotene Beachtung.[528] Für den Bereich der Leistungseinkünfte gilt daher in besonderem Maße, dass Zustands- und Handlungstatbestand in einem wechselseitigen Prüfungsschritt bestimmt werden. Erst durch die spezifische Nutzung lässt sich erkennen, ob und welche Erwerbsgrundlage genutzt wird und ob dieses Verhalten „erwerbsgerichtet" ist. Denn was Teil der Erwerbsgrundlage ist, bestimmt sich nach der Erwerbshandlung und den dadurch verursachten Aufwendungen und Einnahmen.[529] Ähnlich *Lang*, wenn er für die Prüfung der Steuerbarkeit eines Verhaltens

---

524 *Kirchhof*, in: Kirchhof, EStG, § 2, Rn. 55 unter Verweis auf BFH v. 03.07.1995 GrS 1/93, BStBl. II 1995, 617 (619); v. 10.12.2001 – GrS 1/98, BStBl. II 2002, 291 (292).

525 *Reimer*, Der Ort des Unterlassens, S. 47, 57, 90.

526 *Reimer*, Der Ort des Unterlassens, S. 49.

527 *Reimer*, Der Ort des Unterlassens, S. 50; *Kirchhof* spricht unter Verweis auf ein Urteil des BFH zu VuV-Einkünften von einer Herleitung des Handlungstatbestands aus dem Zustandstatbestand, in: K/S/M, § 2, Rn. A 106.

528 Siehe beispielsweise die Rechtsprechung zur „Vermögensphäre", dargestellt unten ab S. 283.

529 *Kirchhof*, in: Kirchhof, EStG, § 2, Rn. 68.

auf die „Erwerbstätigkeit“ an sich abstellt, dieses Wechselspiel jedoch nicht ausdrücklich als solches bezeichnet.[530]

c) *Erfolgstatbestand*

Die nach § 2 Abs. 2 EStG zu versteuernden Einkünfte werden nur erfasst, wenn sie aus einer auf einen Totalerfolg angelegten Erwerbstätigkeit erwachsen.[531] Der Erfolgstatbestand bildet somit Voraussetzung und Rechtfertigung der Einkommensteuer und erfasst positive wie negative Einkünfte.[532] Berücksichtigt werden daher sowohl Gewinne und Überschüsse als auch Verluste und Unterschüsse. Nicht erfasst werden daher Tätigkeiten, die keine Gewinne generieren können oder bei denen Verluste hingenommen werden und eine Berücksichtigung dieser Verluste als „ungerecht“ und „sachfremd“ empfunden wird.[533] Daher seien ein Verhalten des Steuerpflichtigen und die damit verbundenen entstandenen Verluste steuerlich nicht zu berücksichtigen. Für einen Teil dieser Fälle hat sich der Begriff der steuerlichen ‚Liebhaberei‘ durchgesetzt. Die Liebhaberei beschreibt also einen tatsächlichen Sachverhalt. Diese Rechtsfigur hilft bei der erforderlichen Trennung zwischen Erwerbs- und Privatsphäre[534], da es um die Frage geht, ob eine steuerbare Tätigkeit an sich überhaupt vorliegt.[535] In diesen und anderen Fällen handele der Steuerpflichtige nach herrschender Meinung ohne „Einkünfteerzielungsabsicht“. Darauf soll unten näher eingegangen werden.[536]

II. Problemfelder und ihre dogmatischen Ursachen

Nach Darstellung der dogmatischen Grundlagen des Einkommensteuertatbestands, der dieser Untersuchung zugrunde liegt, werden nun kurz die Problemebereiche skizziert, die bei einer Auseinandersetzung mit der Literatur und Rechtsprechung immer wieder berührt werden.

1. *Auffang- oder Ergänzungstatbestand*

§ 22 Nr. 3 EStG bildet wie bereits die Vorgängernorm des § 42 Abs. 1 Nr. 2 EStG 1925 gliederungsmäßig den Schluss der einkommensteuerbaren Tatbestände. Daher verwundert die Diskussion ihrer dogmatischen Einordnung – ob es sich nun um

---

530 *Lang*, in: Tipke/Lang, 20. Aufl., § 9, Rn. 136.

531 *Kirchhof*, in: Kirchhof, EStG, § 2, Rn. 86; *Kirchhof*, Subjektive Merkmale für die Erzielung von Einkünften, S. 11 (14, li.Sp.).

532 BVerfGE 99, 88 (95) – Verlustabzug, zit. nach EStGB, 2004, § 2, S. 43, Rn. 27, Fn. 31.

533 Vgl. *Melanie Falkner*, Die Einkünfteerzielungsabsicht als subjektives Besteuerungsmerkmal, Diss., 2009, S. 90 f.

534 Vgl. *Falkner*, Einkünfteerzielungsabsicht, S. 81 und S. 112.

535 *Falkner*, Einkünfteerzielungsabsicht, S. 74, Fn. 368, wobei ihre Kritik am Veranlassungsprinzip zu pauschal ausfällt.

536 Unten C. II. 4.

einen Auffangtatbestand oder doch eher um einen Ergänzungstatbestand handelt – nicht.[537] Ungeachtet der Tatsache, dass eine solche Diskussion oftmals müßig ist, wenn die Begriffe und Weite dieser Kategorisierungen nicht definiert werden[538], zeigt die Diskussion aber die grundsätzliche Unsicherheit hinsichtlich der Grenzen, Abgrenzungen und Begrenzungen der Einkommensbesteuerung.

Wichtiger als die konkrete Bezeichnung des § 22 Nr. 3 EStG als Auffang- oder Ergänzungstatbestand ist somit die damit eigentlich implizierte Bestimmung der tatbestandlichen Reichweite.[539] Handelt es sich bei den „Einkünften aus Leistung" um einen Auffangtatbestand, dann geht damit notwendigerweise die Auffassung einher, dass alle Vermögenszuflüsse zu erfassen seien, die nicht unter eine andere steuerliche Norm – auch hinsichtlich der Erbschaft- und Schenkungsteuer – subsumiert werden können. Da der BFH grundsätzlich zwischen der Schenkung- und Erbschaftsteuer auf der einen Seite und der Einkommensteuer auf der anderen Seite keine Konkurrenz annimmt[540], käme man so zu dem Ergebnis, dass alle nicht unentgeltlichen Vermögensverschiebungen zumindest unter § 22 Nr. 3 EStG zu fassen seien. Im Ergebnis würde eine solche Auslegung § 22 Nr. 3 EStG zu einem Generaltatbestand und die Einkommensteuer zu einer Bereicherungsteuer machen.[541] Das dies nicht überzeugen kann, liegt auf der Hand: Zum einen entspricht es bereits der ständigen Rechtsprechung ausdrücklich auf die „Nichtsteuerbarkeit" der „Vermögenssphäre" hinzuweisen, wodurch bestimmte Vorgänge generell unbesteuert bleiben. Zum anderen zeigt auch die obige Analyse der Genealogie der heutigen Norm, dass die Einkommensteuer, zumindest nach dem „Willen" des historischen Gesetzgebers, nicht alle Vermögenszuflüsse erfassen soll. Eine weite – kritisch auch als uferlos bezeichnete – Auslegung würde somit zumindest gegen den klaren Wortlaut der Gesetzesbegründung verstoßen, wofür denn auch eine besondere,

---

537 *Kubicki*, Die Dogmatik des § 22 Nr. 3 EStG einschließlich der Querbezüge zur Schenkungsteuer, Diss., S. 33 ff. u. 99 f.

538 Vgl. etwa *Lindberg*, nach dem die Norm des § 22 Nr. 3 EStG die „Reste" innerhalb des § 22 EStG als Einkünfte aus Leistungen erfasse. Lediglich hinsichtlich von Entschädigungen könnte sie gegebenenfalls einen Auffangtatbestand darstellen, *Klaus Lindberg*, in: Gerrit Frotscher/Matthias Geurts (Hg.), Einkommensteuergesetz, Feb. 2015, Stand: 08.2012, § 22, Rn. 165.

539 So bezeichnen zum Beispiel *Killat/Risthaus* den § 22 Nr. 3 EStG als Auffangtatbestand, vertreten aber eine explizit enge Reichweite der Norm, womit sie im Kern dem hier vertretenen Ergänzungsgedanken nahestehen, *Anne Killat/Anne Risthaus*, in: Hermann/Heuer/Raupach (Hg.), EStG/KStG, 21. Aufl. 2006, 267. Lieferung 01.2015, Stand: 266. Lieferung 10.2014, § 22, Anm. 382, insb. 384.

540 *Kubicki*, Die Dogmatik des § 22 Nr. 3 EStG einschließlich der Querbezüge zur Schenkungsteuer, Diss., S. 278 f.

541 Gegen eine solche Auslegung daher auch BVerfG Beschluss vom 30. 9. 1998 – 2 BvR 1818–91, unter B. II. 2), NJW 1998, 3769.

gewichtige Begründung notwendig wäre. Folgerichtig handelt es sich bei § 22 Nr. 3 EStG nicht um eine „catch-all-Klausel".[542]

Grundsätzlich sollte daher besser der Ausdruck des „Ergänzungstatbestandes" verwenden werden. Dieser verweist bereits seinem Wortsinn daraufhin, dass nicht alles, sondern eben nur bestimmtes – ergänzend – erfasst werden soll und dass diese Ergänzung zudem in einem bestimmten Verhältnis des zu Ergänzenden steht.[543] Eine solche Begriffswahl wird auch dem Gedanken der synthetischen Einkommensteuer gerecht, die sich aus unterschiedlichen Einkunftstatbeständen bildet, welche sich auf diese Weise zu einer einheitlichen Einkommensteuer „ergänzen". Die Reichweite der einzelnen Einkunftstatbestände ist dabei stets eine Frage nach den zugrundeliegenden Besteuerungsprinzipien, mithin auch dem des Belastungsgrunds.

Dies gilt im besonderen Maße für § 22 Nr. 3 EStG, der durch seinen unklaren Wortlaut gekennzeichnet ist.[544] Nicht ohne Grund verwies der Gesetzgeber von 1925 auf die Unmöglichkeit, den Wortlaut der Vorgängernorm, § 41 Abs. 1 Nr. 2 EStG 1925, bestimmter zu fassen. Dies muss jedoch unweigerlich zu Verständnisschwierigkeiten der Normunterworfenen führen. *Leisner-Egensperger* fasst dieses Dilemma daher prägnant zusammen: Die Norm sei grundaussagelos und Leistung lediglich ein Sammelbegriff, dem sich allenfalls Abgrenzungs-, aber keine positiven Konstruktionskriterien für den Besteuerungstatbestand entnehmen ließen.[545] Dieser Aussage kann aber nur insoweit zugestimmt werden, dass damit lediglich zum Ausdruck gebracht wird, dass die Norm – zumindest auf den ersten Blick – schwer zu fassen ist. Der weitergehenden Kritik *Leisner-Egenspergers* soll jedoch nicht gefolgt werden, wenn sie behauptet, dass es weder einen Normalfall und einheitliche Strukturen der Leistungseinkünfte gebe noch dass die Norm einen einheitlichen rechtlichen und wirtschaftlichen Bereich regele.[546] Denn wenn die Norm nicht als zu unbestimmt dem Verdikt der Verfassungswidrigkeit erliegen soll, müssen für sie ein Normalfall[547] oder zumindest mehrere Normalfälle gebildet werden können.[548]

542 *Reimer*, Der Ort des Unterlassens, S. 165/166; siehe auch schon oben die Gesetzesbegründung 1925 unter Kap. 2, A. I. 2.

543 Auf die ergänzende Funktion hinweisend auch *Knobbe-Keuk*, in: DB 1972, S. 1130 (1131).

544 Vgl. nur *Bauschatz*, in: Korn, EStG, § 22, Rn. 114.

545 *Leisner-Egensperger*, in: K/S/M, EStG, § 22, Rn. D 5; daher kann es sich auch nicht um die einkommensteuerliche Grundnorm im Sinne *Weber-Grellets* handeln, der bezeichnend die Einkünfte aus Leistungen als Leistungseinkünfte definiert, *Weber-Grellet*, in: Schmidt, EStG, § 22, Rn. 130.

546 *Leisner-Egensperger*, in: K/S/M, EStG, § 22, D 4 u. D 2.

547 Zum Begriff des Normalfalls vgl. *Fritjof Haft*, Juristische Lernschule, 2010, S. 291 ff., wonach der Normalfall ein Typus ist; zum letzerem und den nur vordergründigen Unterschieden zum juristischen Begriff vgl. *Klaus-Dieter Drüen*, Typus und Typisierung im Steuerrecht, in: StuW 1997, S. 261 (266 f.).

548 Die das BVerfG wie zu erwarten bislang nie angenommen hat, auch wenn es bereits mehrfach hierzu Gelegenheit hatte, vgl. BVerfG, Beschluss vom 13. August

2. *Abgrenzung zu anderen Einkunftstatbeständen des EStG*

Vielfach findet sich in der Kommentarliteratur die Wendung, dass von § 22 Nr. 3 EStG nur Handlungen im Privatbereich erfasst würden.[549] Damit wird in der Regel eine Selbstverständlichkeit ausgedrückt, nämlich dass gewerbliche Handlungen von § 15 EStG und nicht von § 22 Nr. 3 EStG erfasst werden. Dies ergibt sich bereits aus der gesetzlich angeordneten Subsidiarität zu den anderen Einkunftsarten. Spezifische, gerade den Tatbestand des § 22 Nr. 3 EStG betreffende Abgrenzungsprobleme gibt es nicht.[550] Das bedeutet freilich nicht, dass sich eine Zuordnung unter Umständen nicht schwierig gestalten kann. Dies trifft aber auf jede Einkunftsart zu und ist stets zugleich eine Frage der Auslegung der jeweils konkurrierenden anderen Einkunftsart(en).

3. *Sphärentrennung – Privat- vs. Erwerbssphäre*

Nicht zu verwechseln mit der angesprochenen binnensteuerlichen Abgrenzung ist die Trennung von Privat- und Erwerbsphäre im Sinne der Trennung der steuerbaren zur nicht-steuerbaren Sphäre. Wobei dies zunächst nur hinsichtlich der Einkommensteuer erörtert werden soll, die Frage der intersteuerliche Abgrenzung wie zum Beispiel zum ErbSchStG wird später aufgeworfen.[551] Das ergänzend erfasste Erwerbseinkommen ist mangels weiterer Auffang- oder Ergänzungsnormen von nicht einkommensteuerbaren Vorgängen – die sowohl Vermögenszu- als auch Abflüsse umfassen können – abzugrenzen. Die Abgrenzung wird dabei in der Rechtsprechung und Literatur mit Hilfe des Begriffspaares *Erwerbssphäre* und *Privatsphäre* deutlich gemacht.[552] Aus Gesichtspunkten der begrifflichen Klarheit sollte man statt der Gegenüberstellung von Erwerbsphäre und Privatsphäre besser von der steuerbaren Erwerbsphäre und der nicht-steuerbaren Privatsphäre sprechen. Wie oben angesprochen siedeln viele Autoren den Tatbestand des § 22 Nr. 3 EStG im privaten Bereich an und grenzen diesen zum nicht-steuerbaren Privatbereich ab. Die Abgrenzung der Sphären ist aus rechtlicher Sicht natürlich eine wesentliche Aufgabe der Auslegung – ansonsten könnte schwerlich ein Besteuerungstatbestand bestimmt werden. Aus rechtssystematischer Sicht stellt sich das Steuerrecht als Eingriffsrecht dar. Von daher ist zumindest nach dem heutigen Freiheitsrechtsverständnis davon

---

1986 – 1 BvR 587/86 –, DStZ/E 1986, 334; BVerfGE 99, 88 – Verlustabzug. So auch der BFH, vgl. BFH, Urteil vom 25. Februar 2009 – IX R 33/07 –, BFH/NV 2009, 1253; BFH, Urteil vom 10. August 1994 – X R 42/91 –, BStBl. II 1995, 57. Und auch *Leisner* stellt die Verfassungsmäßigkeit bei Herausarbeiten hinreichender Abgrenzungskriterien nicht in Frage, wodurch sie, wenn auch durch die Hintertür, wieder „Normalfälle" einführen muss, vgl. *Leisner-Egensperger*, in: K/S/M, EStG, § 22, D 7.

549 Zum Beispiel *Weber-Grellet*, in: Schmidt, EStG, § 22, Rn. 131.

550 So auch *Leisner-Egensperger*, in: K/S/M, EStG, § 22, Rn. D 14.

551 Vgl. unten C. II. 3.

552 Vgl. *Fritz von Hammerstein*, Privatsphäre im Steuerrecht, 1993, S. 238 ff.

auszugehen, dass es eine zunächst unbeachtliche, sogenannte Privatsphäre gibt, die nicht der Einkommensbesteuerung unterliegt.[553] Die Sphärentrennung lässt sich dabei auch mit dem Leistungsfähigkeitsprinzip begründen.[554] Als Binnenprinzip kann das Leistungsfähigkeitsprinzip jedoch nicht die konkreten Maßstäbe vorgeben, wie diese Abgrenzung zu erfolgen hat.[555] Die Prüfung dieser Abgrenzung erfolgt daher am Maßstab der Erwerbsgerichtetheit, als Ausdruck des Belastungsgrundes der Einkommensbesteuerung, wie er oben dargestellt wurde. Die Erwerbsgerichtetheit findet ihr augenfälligstes Gegenstück in der privaten Bedüfnisbefriedigung und der Erlangung von wirtschaftlichen Vorteilen außerhalb der Einkunftssphäre.[556] Wie in Kapitel 3 ausgeführt, rechtfertigt sich der steuerliche Eingriff aus dem Gedanken des Belastungsgrundes. Auf Grund der Weite des Wortlauts muss gerade im „Ergänzungsbereich" der Einkommensteuer versucht werden, die nicht-steuerbare Privatsphäre positiv zu bestimmen, auch um der Tendenz entgegenzuwirken, zu Gunsten einer breiteren Besteuerungsbasis die Grenze der Nichtsteuerbarkeit von Privatvorgänge zurückzunehmen. Dies ist nicht nur eine Frage des möglichen Steuerwiderstands der betroffenen Steuerpflichtigen.[557] Es betrifft auch die steuerrechtliche Systematik an sich, wenn es zum Beispiel um die Berücksichtigung von Aufwendungen als Werbungskosten geht. Als Normen, die nichtsteuerbare private Vorgänge ausscheiden, finden sich im Einkommensteuerrecht insbesondere die Betriebsausgaben und Werbungskosten betreffenden §§ 4 Abs. 4 u. 5, 9 EStG und §§ 12, 33 EStG für Aufwendungen der Lebensführung. Diese spiegeln also die grundlegende Annahme wider, dass es eine unbeachtliche Privatsphäre im Steuerrecht gibt.[558] Beiden Sphären können sowohl Einnahme- als auch Ausgabevorgänge zugeordnet werden.[559] Entsprechend enthält das Einkommensteuergesetz neben Regeln zum objektiven Nettoprinzip in § 2 Abs. 2 EStG auch umfangreiche Regelungen zum subjektiven Nettoprinzip.

---

553 So auch *Leisner-Egensperger*, in: K/S/M, EStG, § 22, Rn. D 31, die dies e contrario aus den Normen §§ 2 Abs. 1, 17 Abs. 1 und 23 Abs. 1 EStG folgert, da das Gesetz zum Beispiel private Veräußerungsgeschäfte nur unter bestimmten Voraussetzungen besteuere.

554 *Falkner*, Einkünfteerzielungsabsicht, S. 80, Fn. 411 und S. 81, Fn. 413.

555 *Falkner*, Einkünfteerzielungsabsicht, S. 83, Fn. 438; kritisch zur Reichweite des Leistungsfähigkeitsprinzips auch *Drüen*, Typus und Typisierung im Steuerrecht, S. 261 (269).

556 *Kirchhof*, in: Kirchhof, EStG, § 2, Rn. 57 u. 60 mit umfangreichen Rechtsprechungsnachweisen in Fn. 4–7 u. 12.

557 *Leisner-Egensperger*, in: K/S/M, EStG, § 22, Rn. D 31, die darauf hinweist, dass dies auch zunehmend so von der Rechtsprechung gesehen werde; hierzu sei angemerkt, dass eine Untersuchung der Rechtsprechung keineswegs eine kontinuierliche Entwicklungslinie aufzeigen kann, eher gleicht die Anerkenntnis einer „Privatsphäre" einer Wellenbewegung, die mal mehr mal weniger präsent in den Urteilen auftaucht.

558 Vgl. *Falkner*, Einkünfteerzielungsabsicht, S. 85.

559 Vgl. BFH, Urteil vom 18. August 2009 – X R 21/07 –, BFH/NV 2010, 192.

Eine genaue Bestimmung der beiden Sphären ist mithin wesentlicher Teil der Auslegung. Auf die Privatsphäre wird daher unten nochmals vertieft eingangen.

4. Eigenständige Auslegung

Ziel der Arbeit ist es, eine „steuersystemgerechte" Auslegung des Leistungsbegriffs, wie er in § 22 Nr. 3 EStG verwendet wird, zu finden. Für die Auslegung im Steuerrecht verwendet *Paul Kirchhof* den Begriff der „steuerjuristischen Betrachtungsweise", der erkennbar an die Maxime der „wirtschaftlichen Betrachtungsweise" angelehnt ist[560], die jedoch nicht einer „Verselbständigung des Zweckgedankens" das Wort redet.[561] Das Steuerrecht ist wie jedes andere Rechtsgebiet von Begriffen bestimmt, die autonom zu entwickeln und „im Binnenbereich dieses staatlichen Eingriffrechts zu verstehen und auszulegen sind".[562] Es gibt keine Vermutung, dass zivilrechtliche Begriffe in steuerrechtlichen Tatbeständen auch im Sinne des Zivilrechtes auszulegen sind.[563] Das Zivilrecht entfaltet grundsätzlich keine Tatbestandswirkung für das Steuerrecht. Vielmehr handelt es sich um zwei gleichrangige Teilrechtsordnungen, die denselben Sachverhalt aus ihrer jeweiligen Perspektive abweichend bewerten können; hierfür findet sich die griffige Formel der Vorherigkeit des Zivilrechts, die

560 *Kirchhof*, Besteuerung im Verfassungsstaat, S. 89; vgl. zur wirtschaftlichen Betrachtungsweise § 4 RAO 1919 und allg. *Christian Möller*, Die wirtschaftliche Betrachtungsweise im Privatrecht, Diss., 1995/96, S. 63 ff.; § 4 RAO schrieb *Enno Becker* ins Gesetz und sah hierin einen Sieg Jhrings: „Der § 4 soll einer rein logischen, lediglich verstandesmäßigen, krankhaft verschnörkelten Handhabung des Steuerrechts den Weg verschließen, eine Arterienverkalkung der Rechtsanwendung vorbeugen und einer lebensfrischen Rechtsprechung den Weg frei machen, die im Leben steht und auf den Pulsschlag des Lebens horcht." zitiert nach *Pausch*, Persönlichkeiten der Steuerkultur, S. 51. Jedoch sollte hierdurch nicht die System- und Begriffsbildung im Recht allgemein unterschätzt werden, jedoch ist darauf zu achten, dass diese kein Eigenleben entwickeln, vgl. umfassend *Röhl/Röhl*, Allgemeine Rechtslehre, S. 71 f.; dass die wirtschaftliche Betrachtungsweise ein Unterfall der teleologischen Auslegung ist, sah der Gesetzgeber für die AO 1977 als selbstverständlich an und verzichtete daher auf eine Kodifizierung, *Wernsmann*, in: Hübschmann/Hepp/Spitaler, Abgabenordnung/Finanzgerichtsordnung, Kommentar, § 4 AO, Rn. 10.

561 Darauf im historischen Kontext der Rechtsprechung des RFH hinweisend *Hinrich Rüping*, Aufstieg und Fall des Reichsfinanzhofs, in: Mario Ascheri (Hg.), "Ins Wasser geworfen und Ozeane durchquert" – Festschrift für Knut Wolfgang Nörr, 2003, S. 827 (829).

562 *Kirchhof*, Besteuerung im Verfassungsstaat, S. 89; im Ergebnis auch *Tipke*, StRO I, S. 43 ff.

563 *Kirchhof*, Besteuerung im Verfassungsstaat, S. 89, der auf BVerfGE, NJW 1992, 1219 f. verweist; siehe auch allgemein kürzlich *Max Vogel*, Die Auslegung privatrechtlich geprägter Begriffe im Ertragsteuerrecht, 2015, zugl. Heidelberg, Diss. 2014,

keinen Vorrang des Zivilrechts bedeutet.[564] Gleichwohl sollte im Interesse der Einheit der Rechtsordnung nicht ohne Not derselbe Begriff unterschiedlich ausgelegt werden.[565] Selbstverständlich muss der Begriff der „Leistung" als einzelnes Tatbestandsmerkmal im Kontext der Norm und des Einkommensteuergesetzes gesehen werden. Dabei gilt es nach dem juristischen Auslegungskanon auch teleologisch auf den Sinn und Zweck einer Norm abzustellen und nicht an den einzelnen Wörtern als Begriffe im Sinne einer Begriffsjurisprudenz zu kleben.

Im Rahmen der zweckgerichteten Auslegung lässt sich zwischen zwei Zwecken unterscheiden: dem Normzweck und dem Gesetzeszweck.[566] Der Normzweck beziehe sich unmittelbar auf den einzelnen Rechtssatz innerhalb eines Steuergesetzes, der Gesetzeszweck gehöre hingegen zusammen mit der Entstehungsgeschichte, den verfassungsrechtlichen Gesichtspunkten und den präjudiziellen Folgen zu den mittelbaren Auslegungskriterien. Dabei komme diesen mittelbaren Kriterien entscheidende Bedeutung zu, wenn die unmittelbaren Kriterien zu keiner eindeutigen Normhypothese führen. Gerade im Steuerrecht sei der maßgebliche Zweck der einzelnen Norm, aber auch der des Gesetzes, für die Auslegung unergiebig, da sich beide in der Abgrenzung von steuerbaren und nicht steuerbaren Tatbeständen erschöpften: auf der einen Seite sollen steuerrechtliche Normen die Sachverhalte normieren, die dem Staat Einnahmen verschaffen, auf der anderen Seite sollen sie die Besteuerung vorhersehbar machen und damit auch den Zugriff des Fiskus begrenzen[567], da das Steuerrecht klassisches Eingriffsrecht darstelle.[568] Diese Grenzziehung kann in einem Rechtsstaat nicht wertfrei, sondern muss im Gegenteil prinzipientreu erfolgen, wobei insbesondere auf die Grundwerte Gerechtigkeit (Gleichheit und Billigkeit), Zweckmäßigkeit (individuelle Freiheit, Gemeinwohl, Kultur) und Rechtssicherheit geachtet werden muss.[569] Vier Grundprinzipien finden sich dabei schon bei *Adam Smith*, nach dem die Steuererhebung bequem und effizient erfolgen solle, zugleich die Steuergleichheit beachten werden und der Steueranspruch hinreichend bestimmt sein müsse.[570] Freilich müssen

564 *Kirchhof*, Besteuerung im Verfassungsstaat, S. 90, der auf BVerfGE, NJW 1992, 1219 f. verweist; *Tipke*, StRO I, S. 49.

565 *Röhl/Röhl*, Allgemeine Rechtslehre, 455f.; vgl. auch *Moris Lehner*, Wirtschaftliche Betrachtungsweise und Besteuerung nach der wirtschaftlichen Leistungsfähigkeit. Zur Möglichkeit einer teleologischen Auslegung der Fiskalzwecknorm, in: Joachim Lang (Hg.), Die Steuerrechtsordnung in der Diskussion – Festschrift für Klaus Tipke zum 70. Geburtstag, 1995, S. 239.

566 *Ernst Höhn*, Zweck(e) des Steuerrechts und Auslegung, in: Joachim Lang (Hg.), Die Steuerrechtsordnung in der Diskussion – Festschrift für Klaus Tipke zum 70. Geburtstag, 1995, S. 221 ff.

567 *Höhn*, Zweck(e) des Steuerrechts und Auslegung, S. 227 u. 234.

568 Siehe oben, Kap. 3.

569 *Höhn*, Zweck(e) des Steuerrechts und Auslegung, S. 229 ff.

570 Vgl. die Ausführungen bei *Birk/Desens/Tappe*, Steuerrecht, S. 4, Rn. 10.

sich diese Prinzipien heute in die geltende Verfassungsrechtsordnung einfügen.[571] Daraus folgt, dass im Interesse des Gemeinwohls nicht alle Vorgänge besteuert werden müssten und dass die Steuerpflichten hinreichend bestimmt, praktikabel und durchsetzbar sind. Letzteres folgt insbesondere aus dem Rechtsstaatsprinzip und wurde auch vom BVerfG in seinen Urteilen zu Zinseinnahmen und Spekulationsgewinnen hervorgehoben.[572] Entsprechend sind für *Höhn* diese Grundsätze keine dem Steuergesetz unmittelbar zuordenbare Zwecke, sondern Ausfluss des übergeordneten verfassungsrechtlichen Rahmens. Letztlich lässt er es aber selbst dahingestellt, ob diese wertgebundene Abgrenzung als Zweck des Steuergesetzes selbst angesehen werden könne oder nicht, da es materiell immer um die „gerechte" Abgrenzung gehe.[573] Zu dem gleichen Ergebnis kommt auch *Lehner*, wenn er objektiv-teleologische Kriterien des Leistungsfähigkeitsprinzips für die Auslegung von Fiskalzwecknormen heranzieht: Er beschreibt diese Auslegung als wirtschaftliche Betrachtungsweise, nach der die Auslegung zu einer gleichmäßigen Erfassung gleicher wirtschaftlicher Leistungsfähigkeit führen soll, wobei das formalisierte Gleichheitsverständnis, das mit dem Begriff der Leistungsfähigkeit unweigerlich verbunden ist, durch einen personalen Bezug des Gleichheitssatzes, der in der Menschenwürdegarantie des Art. 1 Abs. 1 GG gründet, verbunden werden müsse.[574] Differenzierungen als Ergebnisse von Auslegung müssten daher nicht nur sachgerecht sein, sondern auch der Garantie aus Art. 1 Abs. 1 GG entsprechen.[575] Bei der Besteuerung sind somit Prinzipien zu beachten, die, weil sie sich auch teilweise widersprechen, zu einem angemessenen Ausgleich zu bringen sind: so verlangen manche dieser Prinzipien eher eine extensive Auslegung und damit Besteuerung (Leistungsfähigkeitsprinzip), andere hingegen eine eher restriktivere Auslegung (Freiheitsrechte) und damit maßvolle Besteuerung.[576] Zusammenfassend handelt es sich dabei um Steuerrechtsstrukturen und -prinzipien, nach denen sich die Auslegung steuerrechtlicher Normen zu richten hat und die sich steuerübergreifend im Belastungsgrund einer Steuer wiederfinden[577], der beispielhaft in Kapitel 3 für die Einkommensteuer dargestellt wurde.

---

571 *Birk/Desens/Tappe*, Steuerrecht, S. 50, Rn. 172 ff.

572 BVerfGE 84, 238 (268) – Rundfunkentscheidung; 110, 94 (119) – Spekulationsteuer.

573 *Höhn*, Zweck(e) des Steuerrechts und Auslegung, S. 233 u. 236.

574 *Lehner*, Wirtschaftliche Betrachtungsweise und Besteuerung nach der wirtschaftlichen Leistungsfähigkeit. Zur Möglichkeit einer teleologischen Auslegung der Fiskalzwecknorm, S. 244 f.

575 *Lehner*, Wirtschaftliche Betrachtungsweise und Besteuerung nach der wirtschaftlichen Leistungsfähigkeit. Zur Möglichkeit einer teleologischen Auslegung der Fiskalzwecknorm, S. 247 f., S. 247 f.

576 *Höhn*, Zweck(e) des Steuerrechts und Auslegung, 236, S. 236.

577 *Kirchhof*, in: NJW 1987, S. 3217 (3222).

5. *Abgrenzung zur Erbschaft- und Schenkungsteuer*

Wesentlich für die Auslegung des Leistungstatbestands ist auch die Abgrenzung zur Erbschaft- und Schenkungsteuer. Letztere ist mit der Einkommensteuer wesensverwandt, da auch sie individuelle Vermögenszuwächse erfasst.[578] Hier können sich Überschneidungen mit den freigiebigen Zuwendungen gemäß § 7 Abs. 1 Nr. 1 ErbStG ergeben. § 22 Nr. 3 EStG und § 7 Abs. 1 Nr. 1 ErbStG befinden sich dabei in einem Spannungsverhältnis. Hierbei ist zu beachten, dass § 7 Abs. 1 Nr. 1 ErbSchStG – wie § 22 Nr. 3 EStG bei der Einkommesteuer – keine schenkungsteuerrechtliche Catch-All-Klausel darstellt und die Schenkungsteuer keinen Auffangtatbestand für ungeklärte Vermögenszuwächse bildet.[579] Ausführlich hat sich mit dieser Abgrenzung *Kubicki* in ihrer Arbeit befasst.[580] Auf ihre Ausführungen und Einzelheiten wird im weiteren Verlauf der Arbeit eingegangen, da sich die Abgrenzungsprobleme erst bei der konkreten Tatbestandsdefinition zeigen.

6. *Leistung als Grundbebriff des Einkommensteuerrechts*

Dieser Untersuchung liegt die Annahme zugrunde, dass es sich bei dem Begriff der „Leistung", so wie er in § 22 Nr. 3 EStG und § 41 EStG 1925 verwendet wird, um einen eigenständigen steuerrechtlichen Begriff handelt. Neben seiner Verwendung im Zivilrecht sorgen auch Äußerungen für zusätzliche Verwirrung, dass es sich bei dem Leistungsbegriff zudem gar um einen Grundbegriff des Einkommensteuerrechts handeln solle.

So verweisen zum Beispiel *Killat* und *Risthaus* auf ihre Grundprämisse, dass alle Einkünfte im Sinne des Einkommensteuergesetzes durch „Leistungen" des Steuerpflichtigen erzielt würden und berufen sich dabei auf *Musil.*[581] Steuergegenstand ist nach *Musil* sowohl die Handlung als auch der Erfolg und er folgt damit der *Kirchhof*schen Erwerbsgrundlagentheorie, die die Einkommenstheorie[582] und die Tätigkeitstheorie[583] in ihrem erfolgsqualifizierten Handlungstatbestand verknüpft.[584]

578 *Dieter Gebel*, in: Max Troll/Dieter Gebel/Marc Jülicher (Hg.),Stand: 15. Januar 2011, Rn. 15. Einf.

579 FG Köln, Urteil vom 28. November 2000 – 9 K 2480/94 –, juris, Tz. 50, entspr. EFG 2001, 767.

580 *Kubicki*, Die Dogmatik des § 22 Nr. 3 EStG einschließlich der Querbezüge zur Schenkungsteuer, Diss., S. 214 ff., insb. S. 245 ff.

581 *Killat/Risthaus*, in: H/H/R, EStG/KStG, § 22, Anm. 388 mit Verweis auf *Musil*, in: EStG/KStG, § 2, Anm. 72, zuvor die gleiche Ansicht vertretend *Zugmaier*, in: H/H/R, EStG, KStG, § 2, Anm. 51, 57 f., 72.

582 Vgl. *Musil*, in: EStG/KStG, § 2, Anm. 72, der auf *Hermann-Wilfried Bayer*, Die Erwerbstätigkeit – der Steuergegenstand des Einkommensteuerrechts, in: BB 1988, S. 141 (143) verweist.

583 Vgl. die Ausführungen bei *Harder*, Die Sonstige Leistung im Einkommensteuerrecht, Diss., S. 147 ff.

584 *Zugmaier*, in: H/H/R, EStG, KStG, § 2 Anm. 5; 50.

Musil bevorzugt hierbei den Begriff der „Leistungserstellung“ vor dem der „Erwerbstätigkeit“ oder dem „Nutzung einer Erwerbsgrundlage“.

Im Ergebnis ist nichts anderes gemeint, als dass die Einkommensteuer wirtschaftliche Betätigungen erfassen soll. In dieser Hinsicht äußert sich auch die Entwurfsbegründung zum Einkommensteuergesetz von 1925. Ob der damalige Gesetzgeber jedoch darüber hinausgehend generell davon ausging, dass der Begriff der Leistung mit dem der Betätigung im Sinne einer Tätigkeit oder Handlung gleichzusetzen ist, kann im Hinblick auf die genetisch-historische Untersuchung verneint werden. Generell steht es dem Gesetzgeber frei, Rechtsfolgen auch an Zustände und Vorgänge zu knüpfen, ohne zugleich nach der zugrunde liegenden Handlung oder dem jeweiligen Verhalten zu fragen. Entsprechend kann aus den allgemeinen Prämissen *Musils* und *Killat/Risthaus* nicht auf die Art und Weise dieser Leistungen geschlossen werden. Gleichsam als kleinster gemeinsamer Nenner steht danach lediglich fest, dass allen Einkünften eine Handlung des Steuerpflichtigen zu Grunde gelegt werden können muss. Die jeweilige Art der Leistungserstellung ergibt sich jedoch erst aus der Auslegung der einzelnen Einkunftsarten. Und zumindest das Einkommensteuergesetz von 1925 ging ausdrücklich davon aus, dass nicht allen Einkünften auch Tätigkeiten zu Grunde lägen, obwohl dieses Gesetz ja den Begriff der sonstigen Leistungsgewinne erstmals einführte. Daher erscheint auch die Aussage *Weber-Grellets* in einem anderen Licht, dass die Markteinkommenstheorie etwas nachträgliches an das Einkommensteuergesetz Herangetragenes sei und die Leistungseinkünfte die Grundlage jeder Einkommensbesteuerung seien. Es zeigt sich, dass auch er seine Auffassung der Norm nachträglich an das Gesetz heranträgt. Für eine Falsifizierung der Markteinkommenstheorie kann die Norm daher jedenfalls nicht dienen.

Nach heutigem Verständnis unterliegt jeder einkommensteuerbare, auf Einkommensmehrung gerichtete Vorgang mehr oder weniger intensiv auf einem Leistungsaustauschverhältnis außerhalb der einkommensteuerlich unbeachtlichen Privatsphäre. „Ein Leistungsaustausch ist auf Einkommensmehrung ausgerichtet, wenn die Absicht besteht, auf die voraussichtliche Betätigung oder Vermögensnutzung einen Totalüberschuss der Einnahmen über die Werbungskosten zu erwirtschaften.“[585] Jedoch wird damit nicht jede Betätigung unweigerlich erfasst. Denn neben der Ausrichtung auf positive Einkünfte muss die „Leistung“ auch der Einkünfteerzielung dienen: es kommt dabei auf das „Gebiet“ an, auf und in dem die Ausrichtung stattfindet, denn in der Privatsphäre werden keine einkommensteuerbaren Einnahmen generiert.[586] Dogmatisch begründen ließe sich das durch die

585 *Bauschatz*, in: Korn, EStG, § 22, Rn. 120.

586 *Zugmaier*, in: H/H/R, EStG/KStG, Lfg. 207 2002, § 2, § 2 Anm. 54 und *Musil*, in: H/H/R, EStG/KStG, § 2, Rn. 57: Nichtsteuerbare Einnahmen lägen zum Beispiel bei Leistungen innerhalb der familiären Lebensgemeinschaft vor.

Feststellung, dass solche Einnahmen nicht unter das Tatbestandsmerkaml „erzielen“ des § 2 EStG fielen, da keine Ausrichtung auf Erwerbs-Einkünfte vorliege.[587]

Das Ausrichten des Verhaltens auf „Erwerbs-Einkünfte“ ist somit zwar eine notwendige, aber noch keine hinreichende Bedingung für die Besteuerung des Verhaltens.

Letztlich offenbart dies den normativen Charakter der Bestimmung des Einkommensbegriffs: wie *Weber-Grellet* stellen *Killat/Risthaus* auf die Motive und den Bereich der Handlung ab, in dem eine Wirkung eintritt und ob das Erzielen von Einkünften dadurch in den Hintergrund gerückt wird. Die Grenze verläuft fließend. Es kann bei Untersuchungen wie dieser nur um das Aufdecken und das Bewusstmachen dieser Wertungsentscheidung und die Darstellung möglicher tauglicher Wertungsgesichtspunkte gehen. Eine völlig eindeutige Abgrenzung ist jedoch unmöglich und das Spannungsfeld, in dem sich die Norm zwischen den Anforderungen des Bestimmtheitsgebots staatlichen Eingriffsrechts und dem Gerechtigkeitsgebot einer ausgewogenen Besteuerung befindet, wird hierdurch besonders deutlich.[588]

7. Zwischenergebnis

Einer Leistungserstellung liegt damit eine Einkunftsquelle zu Grunde, die dadurch gekennzeichnet ist, dass „eine marktnahe, für den allgemeinen Güter- und Dienstleistungsaustausch zugängliche Erwerbsgrundlage“ durch eine entsprechende „Erwerbstätigkeit“ genutzt wird.[589] Eine derart verstandene Leistungsdefinition lautet daher, dass eine Leistung die entgeltliche Leistungserstellung im Rahmen eines Leistungsaustauschs ist, wobei die Grundlage einer Leistungserstellung dabei stets die kleinste Einheit ist, die selbständig für die Einkünfteerzielung eingesetzt wird.[590]

Bei der weiteren Untersuchung ist auf das Verhalten des (potentiell) Steuerpflichtigen einzugehen und zu fragen, welches Verhalten grundsätzlich steuerbar ist. Sodann ist zu untersuchen, ob es spezifische Tatbestandsmerkmale der Leistungseinkünfte gibt und welche Vorausstzungen aus der erwähnten Merkmalsgruppe der Erwerbstätigkeit folgen.

---

587 *Zugmaier*, in: H/H/R, EStG/KStG, Lfg. 207 2002, § 2, Anm. 57, 69 und *Musil*, in: H/H/R, EStG/KStG, § 2, Rn. 57, 59, 72.

588 Vgl. zum Erfordernis der „Offenheit“ und „Unvoreingenommenheit“ einer solchen Abwägung *Höhn*, Zweck(e) des Steuerrechts und Auslegung, S. 236.

589 *Zugmaier*, in: H/H/R, EStG/KStG, Lfg. 207 2002, § 2 Anm. 76 *Kirchhof*, in: K/S/M, EStG, § 2 Rn. A110 zitierend.

590 *Zugmaier*, in: H/H/R, EStG/KStG, Lfg. 207 2002, § 2 Anm. 76 unter Verweis auf *Jens Escher*, Steuerliche Liebhaberei und Subjektbezug der Einkünfteerzielungsabsicht, Diss., 2005, S. 84 ff.

C. Die Tatbestandsmerkmale des § 22 Nr. 3 EStG

Das Tatbestandsmerkmal der „Leistung" wird vom BFH – zumindest auf den ersten Blick – in Anlehnung an die §§ 241, 311 BGB definiert. Wie in dieser Arbeit unterstellt, müsste er sich bei seiner weiteren Auslegung der Norm von dem Belastungsgrund der Einkommensteuer leiten lassen. Eine Untersuchung der Literatur und Rechtsprechung ergibt, dass dieser Gedanke, wenn auch nicht explizit ausgesprochen, so doch zumindest bei den Begründungen oftmals mitschwingt. Die folgende Darstellung möchte diese Zusammenhänge aufdecken.

Sie geht dabei Hand in Hand mit einer Darstellung des „Leistungstatbestands", wie er in Literatur und Rechtsprechung definiert wird.

Im Ergebnis setzt sich der Leistungstatbestand der Rechtsprechung und herrschenden Meinung in der Literatur aus drei Elementen zusammen: einem Handlungs- bzw. Verhaltenselement, einem Wirkbereichselement, das den oben beschriebenen Zustandstatbestand betrifft, und schließlich einem Erfolgselement. Dies wird an der gängigen Definition des BFH deutlich, die in dieser Form regelmäßig unbestritten von der Literatur wiedergegeben wird:

Die (sonstige) Leistung sei jedes Tun, Dulden oder Unterlassen (Verhaltenselement), das Gegenstand eines entgeltlichen Vertrages sein könne (Wirkbereichselement) und das eine Gegenleistung auslöse (Erfolgselement und mithin kausale Verknüpfung zwischen Zustands-, Verhaltens- und Erfolgstatbestand).

Der Aufbau der Untersuchung greift diese Struktur auf und spiegelt dabei das Phänomen wieder, dass die genannten Elemente hauptsächlich in zwei Bereichen diskutiert werden: (1) dem der Tätigkeit und Handlung. Hier stellt sich die Frage, welches Verhalten den Tatbestand der Einkünfte aus Leistungen ausfüllen kann, welche Voraussetzungen also erfüllt sein müssen, um eine steuerbare Handlung dem Grunde nach bejahen zu können. Der zweite Diskussionspunkt (2) betrifft die Frage, in welchem „Bereich" die Leistung erfolgt, also die „leistungsspezifischen" Aspekte dieses Verhaltens. Man kann diesen Punkt auch als Frage nach dem Wirkbereich der Handlung bezeichnen. Es geht hier um die Abgrenzung zu anderen steuerbaren Tätigkeiten, aber in erster Linie um allgemeine Anforderungen an eine einkommensteuerbare Tätigkeit an sich, also um die Grenzziehung zu den nicht einkommensteuerbaren Vorgängen.

Hauptdiskussionselement ist hierbei der Gesichtspunkt der Entgeltlichkeit, der Fragen der Gegenleistung und der Verknüpfung zwischen dieser und der Leistungshandlung betrifft.

I. Steuerpflichtiges Verhalten

Nimmt man das Verhalten des Steuerpflichtigen in den Blick, stellt sich als erstes die Frage, ob bereits bestimmte Verhaltensweisen von vornherein aus dem steuerbaren Nexus der Leistungseinkünfte herausfallen. Anknüpfungspunkt kann hierfür gemäß dem heutigen Gesetzeswortlaut nur der Begriff der „Leistung" sein. Nach herrschender Meinung umfasst der Leistungsbegriff im Bereich des § 22 Nr. 3 EStG jedes Tun,

Dulden oder Unterlassen. Die sich zuvor stellende Frage ist einfach: Umfasst jedes Tun, Dulden oder Unterlassen tatsächlich jede menschliche Verhaltensweise? Gibt es also Verhaltensweisen, die nicht als (steuerrechtliches) Tun, Dulden oder Unterlassen qualifiziert werden (können)?

1. Phänomenologische Betrachtung der Leistung

Ein historischer Exkurs soll die scheinbare Banalität dieser Frage widerlegen. Als Beispiel dient die Kommentierung des § 41 EStG 1925 von *Strutz.*[591] *Strutz* hält den Leistungsbegriff für völlig unverständlich, weshalb eine Auslegung nur auf Grund der Beschreibung der Leistung als Tätigkeit – wie auch im Wortlaut des § 41 Abs. 1 Nr. 2 EStG definiert – unter Zuhilfenahme der Beispiele sinnvoll möglich sei.[592]

Hinsichtlich seiner Tätigkeitsdefinition unterscheidet *Strutz* zwischen einer Tätigkeit und einer Handlung, wobei eine Tätigkeit auch in einer fortgesetzten Handlung oder in kombinierten Handlungen gesehen werden kann, zum Beispiel die Überlassung in Rahmen von Mietverträgen. Insoweit sah also bereits ein Richter des RFH es als selbstverständlich an, dass eine Handlung auch in einem Gestatten und Dulden liegen könne.[593] Eine Tätigkeit im Sinne des § 41 Abs. 1 Nr. 2 sei also mehr als eine bloße Handlung und müsse aus mindestens zwei Handlungen bestehen. *Strutz* unterlässt es an dieser Stelle seinen Handlungsbegriff zu definieren. Als Beispiel führt er aber an, dass die Rettung eines Menschen aus einer Lebensgefahr lediglich eine Handlung darstelle. Danach muss eine Handlung eine Zusammenfassung vieler verschiedener Verhaltenselemente sein, die erst in ihrer Gesamtheit ein einheitliches Bild eines sinnvollen Ganzen ergeben. Offensichtlich kommt es *Strutz* auf die zeitliche und räumliche Nähe der Handlungen an. Als weitere Voraussetzung einer Tätigkeit sieht er den entsprechenden Vorsatz an: Im Zeitpunkt des Tätigwerdens müsse der Tätige im Hinblick auf die Gegenleistung handeln, wofür die Annahme einer nachträglichen Gegenleistung nicht ausreiche.[594] An anderer Stelle definiert er Tätigkeit als eine Handlung, die zumindest für kürzere Zeit zum Inhalt eines fortgesetzten Wirkens gemacht werden soll und sich zur Wiederholung eignet.[595]

591 Die nachfolgenden Ausführungen beziehen sich, soweit nicht anders angeben auf die Kommentierung § 41, *Strutz*, in: Strutz, EStG 1925, Band II, § 41, Anm. 6, S. 702, nach dem Wortlaut des § 41 Abs. 1 Nr. 2 EStG 1925 werden „andere Tätigkeiten" erfasst.

592 *Strutz*, in: Strutz, EStG 1925, Band II, § 41, S. 700.

593 *Strutz*, in: Strutz, EStG 1925, Band II, § 41, Anm. 6, S. 702.

594 *Strutz*, in: Strutz, EStG 1925, Band II, § 41, Anm. 6, S. 703; *Strutz*, in: Strutz, EStG 1925, Band I, Einleitung, S. 11 f.; ebenso heute *Krey*, Besteuerung sonstiger Leistungen, Diss., S. 76 u. 104 f.;und *Kubicki*, Die Dogmatik des § 22 Nr. 3 EStG einschließlich der Querbezüge zur Schenkungsteuer, Diss., S. 96 u. 254 ff., die ein „subjektiv finales Moment" bei der eigentlichen Leistungshandlung verlangt.

595 *Strutz*, in: Strutz, EStG 1925, Band I, Einleitung, S. 12.

Das Tätigkeitsverständnis von *Strutz* fußt auf der Rechtsprechung des Preußischen OVG zum preußischen Einkommensteuergesetz von 1891. Dies mag zunächst überraschen, da in diesem das Wort Tätigkeit nicht in Zusammenhang mit Einkommen oder Einkünften verwendet wird. Im Kommentar von *Strutz* zum REStG 1920, das hingegen bereits ausdrücklich von Tätigkeiten, zum Beispiel in § 9 Nr. 4 spricht, führt er aus, dass eine einmalige Handlung nicht ohne weiteres eine einmalige Tätigkeit sei:[596] Eine Tätigkeit setze Arbeitshandlungen von gewisser Dauer voraus, die der Erzielung „eines und desselben einheitlichen Ergebnisses" dienen. Er zitiert dabei die Definition des Begriffs der „gewinnbringenden Beschäftigung" durch das Preußische OVG, nachdem eine Beschäftigung ein positives Schaffen voraussetze: Einzelne Handlungen seien nicht ausreichend, vielmehr seien eine Reihe von Handlungen erforderlich, die das „nämliche Ziel" verfolgten.[597]

Dies zeigt, dass es eine Kontinuität zwischen den historischen Einkommensteuergesetzen und dem heutigen § 22 Nr. 3 EStG gibt. Wesentlicher Unterschied ist jedoch, dass mit der Erfassung auch einmaliger Tätigkeiten durch die Einkommensteuergesetze von 1920 und 1925 das Erfordernis der Wiederholungsabsicht obsolet wurde, welches für die der Quellentheorie folgenden Gesetze zuvor ein wichtiges Kriterium darstellte, um die Eröffnung einer dauerhaften Quelle bejahen zu können. Entsprechend können Aussagen zum Tätigkeitsbegriff in diesem Bereich ohne Bedenken vom EStG 1920 auf das EStG 1925/1934 übertragen werden.

Ein weiteres interessantes Detail in diesem Zusammenhang ist, dass nach *Strutz*, entgegen anderen Literaturstimmen, auch den Kapitaleinkünften zumindest Handlungen zugrunde liegen müssen.[598] Zur Frage nach der Intensität der erforderlichen Handlungen äußert er sich nicht. Jedoch kann hier nochmals an den Gesetzgeber von 1925 erinnert werden, nachdem allen Einkunftsarten Tätigkeiten zu Grunde lägen, außer denen der Kapitaleinkünfte.

Als Zwischenergebnis dieser Betrachtungen kann angenommen werden, dass nach der damals herrschenden Meinung der verwendete Begriff der „anderen Tätigkeit" in § 41 Abs. 1 Nr. 2 EStG 1925 wohl lediglich „Reihen von Handlungen" umfassen sollte, die auf ein einheitliches Ergebnis gerichtet sein mussten – und dabei durchaus Duldens- und Unterlassungselemente enthalten konnten –, aber dass Handlungen nicht mit einzelnen Bewegungen gleichzusetzen waren. Bereits unter der Rechtsprechung des RFH ist die Entwicklung zu beobachten, dass nicht so sehr die Art der Handlungen von Bedeutung ist, sondern der Kontext der Handlungen, der Handlungsrahmen. So stellte der RFH in einem Urteil aus dem Jahre 1935 fest, dass die Leistungsgewinne kein längerfristiges Tätigwerden (Tun) erforderten,

---

596 *Strutz*, Handausgabe des Einkommensteuergesetzes vom 29. März 1920, 1921, Berlin, Verlag von Otto Liebmann, S. 72, Anm. 34 zu § 9 EStG 1920.

597 *Strutz*, Handausgabe des Einkommensteuergesetzes vom 29. März 1920, 1921, Berlin, Verlag von Otto Liebmann, S. 72, Anm. 34 zu § 9 EStG 1920; pr. OVG in St. 10, S. 146.

598 *Strutz*, Handausgabe des Einkommensteuergesetzes vom 29. März 1920, 1921, Berlin, Verlag von Otto Liebmann, S. 56, Anm. 1 zu § 8 EStG 1920.

sondern dass sie auch Einkünfte aus einer einmaligen Vermittlung oder aus einer einmaligen Gebrauchsüberlassung (Vermietung) von beweglichen Gegenständen erfassten, und zwar auch dann, wenn ein bloßes Dulden der Nutzung von Wirtschaftsgütern durch einen anderen gegen Entgelt vorliege.[599] Insofern verschiebt sich der Fokus weg von der reinen phänomenologischen Betrachtung der Verhaltensweise, wie wir sie noch bei *Strutz* finden können, zu einer Bewertung auf Grund der wirtschaftlichen Betrachtungsweise.[600] Deutlich wird dies auch in einem Urteil des BFH zur Nachhaltigkeit einer Betätigung. Im Gegensatz zur Meinung von *Strutz*, für den Tätigkeit der Obergriff für eine Mehrzahl von Handlung war, verwendet der BFH die Begriffe Tätgkeit und Handlung synonym, wobei eine oder mehrerer Tätigkeiten je nach Wertung auch als einheitliche und einmalige Handlung gewertet werden können oder eine Tätigkeit aus mehren Handlungen bestehen kann.[601] Dieser Wandel wird noch heute zum Beispiel in der Kommentierung des § 20 EStG durch *von Beckerath* deutlich, nach dem das Tätigkeitsmerkmal bei den Kapitaleinkünften schwächer als bei den übrigen, tätigkeitsbezogenen Einkunftsarten ausgeprägt sei.[602] An die Stelle der phänomenologischen Betrachtung des Verhaltens rückt denn auch bei ihm eine wirtschaftliche Betrachtung. Bezeichnenderweise rekurriert heute niemand mehr auf den ursprünglichen Tätigkeitsbegriff, um den Bedeutungsgehalt des § 22 Nr. 3 EStG darzustellen.[603] Selbst wenn seitens der Wissenschaft ein steuerrechtlicher Handlungsbegriff gefordert wird,[604] bleibt deren dogmatische Grundlage

---

599 RFH, Urteil vom 17. Oktober – 1935 VI A 273 – StuW 1935 II, Urteil Nr. 704, Sp. 1708 (1710); für die Umsatzsteuer RFH, Urteil vom 12. Mai 1939 – V 553/38 –, RFHE 47, 57 (57 f.).

600 So zum Beispiel RFH, Urteil vom 22. Januar 1936 – VI A 16 – StuW 1936 II, Urteil Nr. 188, Sp. 484, dass zum EStG 1925 erging und ausdrücklich offen ließ, ob die Wertung bei § 22 Nr. 3 EStG genauso auszufallen habe.

601 BFH, Urteil vom 21. August 1985 – I R 60/80 –, Tz. 21 und Tz. 20, BFHE 145, 33 = BStBl II 1986, 88.

602 *von Beckerath*, in: Kirchhof, Einkommensteuergesetz, § 20, Rn. 2; gleichwohl zählte auch Stutz die Verwaltung und Nutzbarmachung von Vermögen zu den Tätigkeiten, *Strutz*, in: Strutz, EStG 1925, Band I, Einleitung, S. 12.

603 Unklar insoweit *Teßmar von Bonin*, Vorgänge in der steuerfreien Vermögenssphäre als sonstige Leistungen, in: FR 1986, S. 11 (13), der ein Tätigwerden bei einer Bürgschaftsverpflichtung verneint, gleichwohl hierin eine Handlung sieht. Im Ergebnis stellt er eine wirtschaftliche Betrachtung an und ordnet den Vorgang der Vermögenssphäre zu. Er übersieht, dass es sich hierbei um keine technische Zuordnung handelt, sondern um eine verdeckte Wertungsentscheidung: Die Zuordnung zur Vermögenssphäre und die Nichtsteuerbarkeit sind das Ergebnis der Subsumtion, nicht ihr Ausgang.

604 So zum Beispiel *Hermann-Wilfried Bayer*, Steuerlehre, 1997, Rn. 503, der als Steuergegenstand eine bestimmte Verhaltensweise, Leistung, Tätigkeit oder Handlung beschreibt und den Begriff der Handlung oder Tätigkeit wohl als grundlegend erachtet; vgl. auch ders., BB 1988, 141 (143), wonach eine steuerbare Erwerbstätigkeit nur bei einer auf Dauer angelegten, mit Gewinnerzielungsabsicht ausgeübten

und inhaltliche Konkretisierung vage.[605] Auch *Hey* weist darauf hin, dass die Steuerwürdigkeitsentscheidung allein vom wirtschaftlichen Erfolg abhänge, auch wenn dieser mit einer Handlung des Steuerpflichtigen verknüpft werden müsse.[606] Dogmatisch ist der „Erfolg" aus einer wirtschaftlichen Betätigung der Belastungsgrund der Besteuerung. Mithin kann danach nicht – solange ein Verhalten an sich vorliegt – die Frage nach der Art und Weise der Tätigkeit entscheidend sein, sondern nur die Qualifizierung der Betätigung als wirtschaftlich. Es zeigt sich, dass es immer auf die oben skizzierten drei Elemente des Steuertatbestands wie sie im Zustands-, Nutzungs- und Erfolgstatbestand beschrieben werden, ankommt.

2. *Zivilrechtliche Implikationen des Leistungsbegriffs für die Handlung*

Der BFH definiert die Leistung in ständiger Rechtsprechung als jedes „Tun, Dulden oder Unterlassen". Der BFH unterlässt es – wie die Literatur –, genau zu definieren, was ein „Tun" ist. Die Leistungsdefinition des BFH orientiert sich dabei an der zivilrechtlichen Definition des Anspruchs, wie sie sich in § 194 BGB findet. Danach ist ein Anspruch „das Recht, von einem anderen ein Tun oder Unterlassen zu verlangen". Die Idee des Anspruchs findet sich auch in § 241 Abs. 1 BGB, der den Gläubiger berechtigt, „von dem Schuldner eine Leistung zu fordern". Wobei „die Leistung auch in einem Unterlassen bestehen" kann.

Schon hinsichtlich des EStG von 1925 legte die Finanzgerichtsbarkeit den Begriff der „Tätigkeit" als Unterfall der „Leistungen" in diesem zivilrechtlichen Sinne aus.[607] Zur damaligen Zeit verstand auch *Popitz* unter dem steuerrechtlichen Begriff der Leistung in seinem Kommentar zum Umsatzsteuergesetz von 1926 „alles was man jemand anderem schulden kann".[608] Alles was Gegenstand eines Schuldverhältnisses sein kann, kann damit auch eine Leistung sein. Es war daher in Rechtsprechung und Literatur nie umstritten, dass zwischen den Begriffen „andere Tätigkeit" und „Leistung" in der Hinsicht kein Unterschied bestand, dass sie nicht auch Unterlassungen

---

Tätigkeit vorliegt, die freilich auch bei vermögensverwaltenden Tätigkeiten vorliegen kann.

605 So die berechtigte Kritik von *Johanna Hey*, Rezension des Buches "Steuerlehre" von Hermann-Wilfried Bayer, 1998, in: StuW 1998, S. 285 (287).

606 *Hey*, Rezension "Steuerlehre" von Bayer, in: StuW 1998, S. 285 (287), die in ihrer Argumentation aber übersieht, dass auch im Steuerrecht eine versuchte Einkommenserzielung Steuerfolgen auslöst, zum Beispiel wenn wirtschaftliche Misserfolge im Form vergeblicher Aufwendungen Berücksichtigung finden können.

607 RFH, Urteil vom 02. März 1932 – VI A 1330 – StuW 1932 II, Urteil Nr. 645, Sp. 1251 – auch wenn der RFH hier die Frage, ob ein Unterlassen erfasst sei, noch offen ließ.

608 *Johannes Popitz*, UStG 1926, S. 355 (zitiert nach *Harder*, Die Sonstige Leistung im Einkommensteuerrecht, Diss., S. 77, Fn. 367); *Johannes Popitz* wurde als Widerstandskämpfer in Folge des gescheiterten Attentats vom 20. Juli 1944 auf Adolf Hitler am 02. Februar 1945 in Berlin-Plötzensee hingerichtet, *Pausch*, Persönlichkeiten der Steuerkultur, S. 58; ausführlich zuletzt *Anne C. Nagel*, 2015.

und Duldungen umfassten.[609] Auch wenn gelegentlich manche Steuerpflichtige den Einwand vorbrachten, dass ein Unterlassen keine Tätigkeit sei, – gefolgt ist der RFH dieser Argumentation nie.[610] Dieser Teil der Leistungsdefinition folgt der zivilrechtlichen Prämisse, dass Leistung jede Verhaltensform umfassen könne, zu der man sich verpflichten kann und knüpft damit an rechtstheoretische Grundlagen an. Auf diese soll sogleich eingegangen werden. Entsprechend stellt der BFH klar, dass für eine Leistung „jedes wie auch immer geartete, aktive, passive oder nichtwirtschaftliche [einmalige] Verhalten des Steuerpflichtigen in Betracht" komme.[611] Jedoch unterschlägt diese Sichtweise einen wesentlichen Aspekt der zivilrechtlichen Leistungsdefinition. Nach überwiegender Ansicht umfasst der Leistungsbegriff neben dem bekannten Handlungselement auch ein Erfolgselement, kann also sowohl die Handlung als auch den Erfolg, also den Leistungserfolg, umfassen. Dies galt bereits zu Zeiten des RFH. „Den Begriff Leistung bestimmt das Gesetz nicht. Danach hat eine Leistung begriffsmäßig entweder ein positives Tun oder ein geschuldetes Nichtstun zum Inhalt. Im Übrigen wird der Ausdruck Leistung sprachgebräuchlich auch zur Bezeichnung des *Gegenstandes einer Leistung* verwendet."[612] Eine rechtshistorisch losgelöste Interpration des Begriffs der Leistung ist daher nicht vielversprechend.

3. *Handlung aus rechtstheoretischer Sicht*

Rechtstheoretisch ist die Handlung ein Unterfall des Verhaltens. Der Begriff des Verhaltens umfasst dabei die Formen der Handlung und des Unterlassens.[613] Geläufiger ist wohl die übliche strafrechtliche Einteilung von Tun und Unterlassen als Unterformen der Handlung.[614] Dieser Einteilung folgend und die Definition der Rechtsprechung aufgreifend findet sich bei *Reimer* folgende Darstellung der erwähnten Verhaltensmöglichkeiten:[615]

---

609 *Ernst Oskar John*, Einkommensteuer, S. 79 (zitiert nach *Harder*, Die Sonstige Leistung im Einkommensteuerrecht, Diss., S. 77, Fn. 367).

610 Vgl. RFH, Urteil vom 17. April 1935 – VI A 956 – StuW 1935 II, Urteil Nr. 341, Sp. 810 oder RFH, Urteil vom 28. Oktober 1936 – VI A 367 –, StuW 1936 II, Urteil Nr. 549, Sp. 1371.

611 BFH, Urteil vom 24.04.2012 – IX R 6/10 –, DStRE 2012, 867 (869, Tz. 26 f.).

612 Bessau/Oegg/Seyn, Kommentar zum BGB, 8. Aufl. 1934, Walter de Gruyter Berlin/ Leipzig: § 241, S. 364, Tz. 1, wo es in Tz. 2 sogleich heißt: „Eine Abart der Unterlassungspflicht ist die Duldungspflicht." Und eine Duldung sei ein Anspruch auf Unterlassen eines Widerspruchs oder auf Unterlassung eines Entgegenhandelns gegen das Tun eines anderen, selbst wenn dieses Tun in das eigene Rechtsgebiet eingreife.

613 *Röhl/Röhl*, Allgemeine Rechtslehre, S. 193.

614 *Michael Heuchemer*, in: Bernd von Heintschel-Heinegg (Hg.), Beck'scher Online-Kommentar StGB, Stand: 10.11.2014, § 13, Rn. 3.

615 *Reimer*, Der Ort des Unterlassens, S. 67.

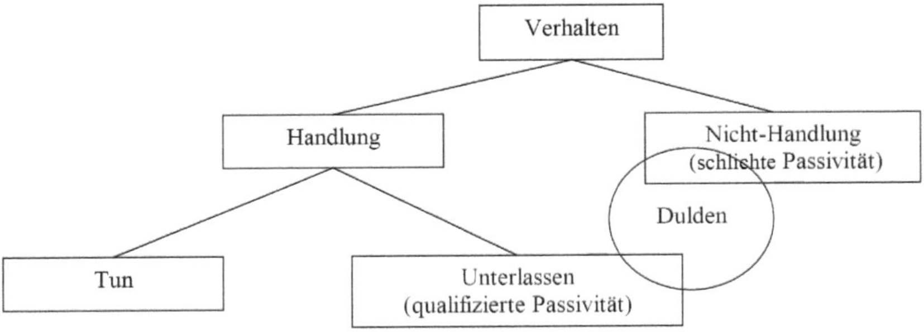

Das Dulden hat in diesem Modell eine Zwitterstellung. Es ist schlichte Nicht-Handlung, wenn es objektbezogen ist (wohl in der Regel der Verzicht auf die Inanspruchnahme staatlichen Rechtsschutzes). Hingegen stellt es ein Unterlassen dar, wenn es handlungsbezogen ist (also ein Eingriff zwar geduldet wird, die Abwehr jedoch rechtmäßig durch eine körperliche Handlung erfolgen könnte und dürfte und eben *unterlassen* wird).

Ansatzpunkt für die Qualifikation eines Verhaltens als Handlung ist zunächst ein atomisiertes Verhaltenselement. Tun nach diesem Konzept ist Umsetzung physikalischer Energie in eine Bewegung, Unterlassen hingegen die Nicht-Umsetzung (bei gedachter Möglichkeit).[616]

Unterlassen ist dabei nicht bloßes Nichtstun, sondern die Vornahme einer alternativen Handlung, denn der Mensch handelt auch, wenn er etwas unterlässt.[617] Alle möglichen Verhaltensweisen bilden insoweit einen Verhaltensraum und nur eine dieser möglichen Verhaltensweisen kann jeweils zur Handlung werden, „alle anderen bleiben Unterlassung“.[618]

Damit wird auch deutlich, dass die Differenzierung zwischen Handlung und Dulden die dritte Möglichkeit, das Unterlassen, verdeutlicht, nämlich bezogen auf die Nichtvornahme der alternativen konkreten Handlungsmöglichkeit(en). Das soll jedoch nicht zu der Annahme verleiten, dass alle Nicht-Handlungen im obigen Schema nicht steuerbar wären. Bedeutung erlangt diese Einteilung zunächst in der Erfassung des überhaupt erheblichen Verhaltens des Steuerpflichtigen und verweist im Falle der Duldungen auf den notwendigen weiteren Untersuchungsschritt, in welchem Zusammenhang diese Duldung erfolgt. Steuerrechtlich werden die atomisierten Verhaltensweisen zu einheitlichen wirtschaftlichen Akten zusammengefasst.[619] Ähnlich formuliert die Rechtsprechung, dass bei einer Leistung, die aus mehreren Elementen besteht, es für die Qualifizierung dieses Verhaltensbündels auf den wesentlichen Inhalt der Gesamtleistung ankomme – auf den Teil also, der

616 *Reimer*, Der Ort des Unterlassens, S. 59.
617 *Röhl/Röhl*, Allgemeine Rechtslehre, S. 193 f.
618 *Röhl/Röhl*, Allgemeine Rechtslehre, S. 193.
619 *Kirchhof*, in: Kirchhof, EStG, § 2, Rn. 71.

der Leistung das Gepräge gibt.[620] Dadurch wird auch deutlich, dass man ein Dulden nicht für sich, sondern stets in seinem Kontext betrachten muss.[621] Bei einer körperlichen Duldung zeigt sich das Moment des Unterlassens in der Regel eindeutig. Bei rechtlichen Duldungen hingegen ist bei einer Hinnahme äußerer Einwirkungen der „Rechtsgrund" der Duldung hingegen nicht ohne weiteres sofort ersichtlich. Als solches beinhaltet ein einkommensteuerrechtliches erhebliches Dulden immer ein Element eines Unterlassens.[622] Das Steuerrecht will wirtschaftliche Vorgänge besteuern, die zumindest dem Grunde nach einen Austauschvorgang voraussetzen. Das Dulden verlangt nach einer Berechtigung, das geduldete Verhalten oder die geduldete Einwirkung abzuwehren oder zumindest die (gedachte) Einwirkungsmöglichkeit des Duldenden.[623] Ohne diese Elemente läge eine sonstige unentgeltliche, einseitige Bereicherung vor. Die Nichtausübung dieser Berechtigung und Möglichkeit bedeutet nichts anderes als ein Unterlassen. Normtheoretisch wird also lediglich dieselbe Situation aus zwei unterschiedlichen Perspektiven betrachtet: Das Dulden nimmt die fremde Einwirkung, die Unterlassung das eigene Verhalten in den Blick. Gibt es nur eine Handlungsmöglichkeit, so kann diese sehr einfach explizit durch ein Unterlassensgebot verboten werden, sind jedoch mehrere Handlungen möglich, die die gewünschte Einwirkung behindern könnten, so ist eine Formulierung als Duldungspflicht einfacher. Die unterschiedliche Formulierung kann aber für sich alleine keine Auswirkung auf die Frage der Einkommensteuerbarkeit an sich haben. Hierin mag man auch einen Grund für die relative Weite des Wortlauts des § 22 Nr. 3 EStG sehen.

Bei gemischten Handlungen nimmt dabei das aktive Tun den Vorrang ein, da nach der angesprochenen Teleologie des Steuerrechts sowohl Tun als auch Unterlassen die wirtschaftliche Leistungsfähigkeit erhöhen können., wobei stets wirtschaftlich zu werten ist, ob eine oder mehrere Handlungen vorliegen.[624]

Eine darüber hinausgehende deskriptive Festlegung des steuerrechtlichen Handlungsbegriffs, zumindest soweit es den Unterfall des Unterlassens anbelangt, scheidet aus. Es handelt sich vielmehr um einen normativen Begriff.[625] Dies gilt auch für den Begriff des Duldens. Es bedarf zuerst eines Blickes auf die spezielle Teleologie der konkreten Steuerrechtsnorm und zweitens einer wertenden Berücksichtigung

620 BFH, Urteil vom 26. August 1975 – VIII R 167/71 –, BFHE 116, 550; BStBl. II 1976, 62 (64 li. Sp.).

621 Vgl. *Reimer*, Der Ort des Unterlassens, S. 50.

622 *Reimer* weist daraufhin hin, dass das Dulden dabei weder eindeutig als Unterfall des Unterlassens noch eindeutig als aliud gegenüber dem Unterlassen angesehen werden kann, a.a.O., S. 68.

623 Sofern es daher nicht auf den Ort des Unterlassens ankommt, kann das Dulden als Unterfall des Unterlassens verstanden werden, anders daher *Reimer*, a.a.O., S. 67 für die Zwecke seiner Arbeit. Dadurch verliert die Bedeutung des Durchgriffs auf den Zustandstatbestand jedoch nicht an Bedeutung.

624 *Reimer*, Der Ort des Unterlassens, S. 58, 65.

625 *Reimer*, Der Ort des Unterlassens, S. 57.

der sich im Einzelfall faktisch bietenden Anknüpfungsmerkmale, also der wirtschaftlichen Betrachtung der Wirklichkeit, die der Einkunftserzielung zugrunde liegt.[626]

Diese Prämissen sollen an Hand verschiedener Urteile zu den Leistungseinkünften veranschaulicht werden.

a) Renngewinne als Arbeitslohn[627]

Der Kläger war angestellter Testfahrer einer Automobilherstellerin und nahm für seine Arbeitgeberin auch an Autorennen teil. Gewinnprämien leitete diese an den Kläger weiter. Nun war es streitig, ob es sich bei den Gewinnen um Arbeitslohn oder das Ergebnis einer selbständigen Berufstätigkeit, bzw. „anderen" Tätigkeit im Sinne des § 41 Abs. 1 Nr. 2 EStG (1925) handelte. Der RFH qualifizierte die Gewinne als Arbeitslohn: Zum einen hätte der Kläger überhaupt kein eigenes wirtschaftliches Risiko getragen. Zum anderen wäre er nur im Auftrag seiner Arbeitgeberin gefahren. Seine Ansprüche auf Auszahlung der Siegprämien hätten sich zudem nur gegen sie gerichtet – wobei diese Auszahlungsbedingungen nur ein weiteres Argument für die Entscheidung des RFH waren. Entscheidend war jedoch vielmehr eine wirtschaftliche Gesamtbetrachtung der einzelnen Handlungen, nämlich dass der Testfahrer wirtschaftlich nicht *sowohl* einen „Rennpreis" erzielt habe, sondern vielmehr Entlohnung nur für eine *besondere* Arbeitsleistung empfangen habe.[628] Eine Qualifizierung als „andere" Tätigkeit schloss der RFH daher konsequent aus.

Es kommt also nicht auf die einzelne Handlung des Gasgebens an, noch auf die bloße Teilnahme am Rennen oder gar den Gewinn der Prämie, sondern auf den den Vermögenszufluss auslösenden wirtschaftlichen Gesamtzusammenhang der Tätigkeit. Die Rechtsprechung fasst also die Handlungen hier zu einem Tätigkeitskomplex „Teilnahme an einem Rennen" zusammen und ordnet diesen dann dem umfassenderen Tätigkeitskomplex der Testfahreranstellung zu. Letztere Zuordnungsentscheidung beruht dogmatisch auf dem Subsidiaritätsgebot der sonstigen Einkünfte.

b) Verkaufsvergütungen[629]

Der Kläger besaß ein Paket Aktien, das er nach einer Vereinbarung mit der Hauptaktionärin zu ihrer Verfügung halten sollte. Auf ihre Weisung hin verkaufte er das Aktienpaket an einen Dritten und erhielt von der Hauptaktionärin 50.000 RM. Der

---

626 *Reimer*, Der Ort des Unterlassens, S. 58; vgl. auch *Hey*, Rezension "Steuerlehre" von Bayer, in: StuW 1998, S. 285 (287).

627 RFH, Urteil vom 26. August 1931 – VI A 1552 –, StuW 1931 II, Urteil Nr. 961, Sp. 1731.

628 RFH, Urteil vom 26. August 1931 – VI A 1552 –, StuW 1931 II, Urteil Nr. 961, Sp. 1731 (1733); vgl. die Ähnlichkeit zu den heutigen Kriterien zur Scheinselbständigkeit im Arbeits- und Sozialrecht.

629 RFH, Urteil vom 24. Februar 1932 – VI A 276 –, StuW 1932 II, Urteil Nr. 471, Sp. 909.

RFH sah in der weiteren Zahlung (neben dem Kaufpreis) einen Bestandteil des Kaufpreises. Dieser hätte auch von dritter Seite beglichen werden können. Die Art der Beziehung zwischen diesem Drittem und dem Käufer sei gleichgültig gewesen. Die einzige Leistung hätte in der Übereignung bestanden, wofür der Kläger auch den weiteren Betrag erhalten habe. Wollte man diesen der Besteuerung unterwerfen, müssten alle Veräußerungsgewinne versteuert werden und § 41 Abs. 1 Nr. 1 EStG (1925) wäre mithin überflüssig. Auf die Vereinbarung zwischen dem Kläger und dem Dritten ging der RFH hingegen nicht ein. Alleiniger Anknüpfungspunkt ist die Übertragung der Aktien, und alle Zahlungen, die mit dieser in Verbindung stehen, werden durch diese einheitlich steuerrechtlich als Veräußerungsvorgang qualifiziert. Mithin verbietet es sich also, auf die einzelnen atomisierten Handlungsvornahmen und Entgeltentgegennahmen abzustellen. Solche einzelnen Vorgänge sind stets in ihrem Gesamtkontext zu stellen und sodann wirtschaftlich angemessen zu beurteilen. Diese Grundregel wird auch heute noch vom BFH angewendet. So hob er die Entscheidung eines FG auf, dass als Veräußerungserlös nur das wertete, was der Veräußerer für seinen Vermögensgegenstand vom Erwerber oder auf dessen Veranlassung von einem Dritten aus dem Veräußerungsgeschäft als Gegenleistung erhält, wobei diese Veranlassung nicht durch eine wirtschaftlich Gesamtschau begründet werden könnte.[630] Der BFH betont hingegen, dass der Veräußerungsvorgang alle im wirtschaftlichen Zusammenhang stehenden Handlungen umfasse und es unerheblich sei, ob das Entgelt hierfür von einem Dritten oder dem Erwerber gezahlt werde.[631]

c) *Aufgabe einer Mietwohnung*

In diesem Urteil ging es um die Aufgabe eines Wohnrechts und um die Besteuerung des hierfür gezahlten Entgelts.[632] In seinem Urteil vergleicht der BFH ausdrücklich diesen Fall mit einer früheren Entscheidung, in dem die Entschädigung sowohl für die dauernde Minderung des Nutzungswerts der Wohnung als auch für den Verzicht auf die Durchsetzung der verlorenen Mietansprüche geleistet wurde.[633] Die dortige Abfindung hätte die „Hingabe dieses Vermögenswertes", nicht aber die Erteilung der abstrakten Zustimmung zu einer Minderung des Wohnwertes entgolten.[634] Und das obligatorische Wohnrecht als Rechtsposition auf Nutzung der Wohnung stelle

630 FG Rheinland-Pfalz, Urteil vom 15. Februar 2006 – 1 K 1294/04 –, BeckRS 2006, 26022674.

631 BFH, Urteil vom 29. Mai 2008 – IX R 97/07 –, juris.

632 BFH, Urteil vom 09. August 1990 – X R 140/88 –, BFHE 161, 531; BStBl. II 1990, 1026 (Leitsatz).

633 BFH, Urteil vom 05. August 1976 – VIII R 117/75 –, BStBl. II 1977, 27.

634 BFH, Urteil vom 09. August 1990 – X R 140/88 –, BFHE 161, 531; BStBl. II 1990, 1026 (1028 li. Sp.).

ein solches vermögenswertes Recht dar[635], dessen Aufgabe nicht der Besteuerung unterliege. In beiden Entscheidungen macht der BFH deutlich, dass es bei der Beurteilung der Steuerbarkeit nicht auf das Verhalten an sich ankomme, also auch nicht, ob man aus diesem Verhalten ein Dulden fremden Handelns konstruieren könnte, sondern dass das Verhalten in „seinen" wirtschaftlichen Gesamtkomplex einzuordnen ist. Mit anderen Worten heißt das, dass die „Tätigkeiten" des Steuerpflichtigen nicht isoliert betrachtet werden dürfen, sondern stets im Hinblick ihres Kontexts zu beurteilen sind. Die Rechtsprechung folgt hierbei implizit dem oben beschriebenen dreigliedrigen Einkommensteuertatbestand, der sich aus einer Erwerbsgrundlage, dem Zustandstatbestand, einem Verhalten, dem Nutzungstatbestand und einem Erfolg, dem Erfolgstatbestand zusammensetzt. Die Besteuerung setzt zwar ein Verhalten voraus, seine Steuererheblichkeit richtet sich aber danach, ob sich dieses Verhalten auch als Nutzung einer Erwerbsgrundlage darstellt – hier umschrieben mit dem Begriff des „wirtschaftlichen Kontexts". Es zeigt sich zudem, dass diese „Gesamtschau" sowohl für reine Tätigkeiten als auch für „Duldungen" oder andere Handlungen mit Bezug auf Vermögensgegenstände gilt.

d) Karenzentschädigungen und Wettbewerbsverbote

Ein Wettbewerbsverbot stellt nur dann eine sonstige Leistung dar, wenn ihm eine eigenständige wirtschaftliche Bedeutung zukommt, so auch im folgenden Fall.[636] Die Kläger erhielten im Rahmen einer Unternehmensaufgabe und -veräußerung für ein umfassendes, fünf Jahre dauerndes Wettbewerbsverbot eine gesonderte vereinbarte Karenzentschädigung. Diese wollten sie dem Veräußerungserlös zurechnen. Der BFH sieht hingegen den Tatbestand der Leistungseinkünfte nach § 22 Nr. 3 EStG als erfüllt an. Zunächst kann das Entgelt für ein umfassendes Wettbewerbsverbot sowohl als ein unselbständiger Teil der Übernahmevereinbarung zum Veräußerungsgewinn i. S. von § 16 Abs. 1 EStG gehören als auch ein selbständiges Wirtschaftsgut darstellen. Dies hänge davon ab, ob der Verpflichtung zum Unterlassen von Wettbewerb eine eigenständige wirtschaftliche Bedeutung zukommt. Im Regelfall komme dem vereinbarten Wettbewerbsverbot keine eigenständige Bedeutung zu, da es dazu diene, das Ziel der Betriebsveräußerung, nämlich dem Erwerber die Gewinnmöglichkeiten des Unternehmens zu verschaffen, auf Dauer sicherzustellen. Es stelle indessen dann ein selbständiges Wirtschaftsgut dar, wenn es zeitlich begrenzt sei, sich in seiner wirtschaftlichen Bedeutung heraushebe und wenn dies

---

635 BFH, Urteil vom 09. August 1990 – X R 140/88 –, BFHE 161, 531; BStBl. II 1990, 1026 (1028 li. Sp.).

636 BFH, Urteil vom 23. Februar 1999 – IX R 86/95 –, BFHE 188, 552; BStBl. II 1999, 590; vgl. auch BFH, Urteil vom 21. September 1982 – VIII R 140/79 –, BFHE 137, 407; BStBl. II 1983, 289; BFH, Urteil vom 12. Juni 1996 – XI R 43/94 – BFHE 180, 433; BStBl. II 1996, 516; typischerweise liege keine eigenständige Leistung vor, wenn das Verbot lediglich eine Nebenpflicht eines Veräußerungsvertrags sei, BFH, Urteil vom 24. März 1983 – IV R 138/80 –, BFHE 139, 361; BStBl. II 1984, 233.

in den getroffenen Vereinbarungen, vor allem in einem neben dem Kaufpreis für das Unternehmen geleisteten Entgelt, klar zum Ausdruck gelangt sei. Die Beurteilung richte sich nach den tatsächlichen Umständen des Einzelfalles, die vom FG als Tatsacheninstanz insgesamt zu würdigen sind.

4. *Der Handlungsbegriff in der Literatur*

In der Literatur werden diese Grundannahmen im Zusammenhang mit § 22 Nr. 3 EStG nicht diskutiert und in der Regel den Ausführungen der Rechtsprechung schlicht zugestimmt.

Dieser Befund bestätigt sich am Beispiel von *Bauschatz*, nach dem der Begriff der Handlung sich nicht zu einer tatbestandlichen Eingrenzung eigne.[637] Ähnlich auch *Killat/Risthaus*, *Musil* und *Zugmaier*: Ihrer Ansicht nach der Steuergegenstand der Einkommensteuer eine Leistungserstellung, die sich aus einer Handlung und einem Erfolg zusammensetze.[638] Die Handlung selbst ist dabei aber nicht der primäre Anknüpfungspunkt: Der Leistungserstellung läge eine Einkunftsquelle zu Grunde, definiert als „eine marktnahe, für den allgemeinen Güter- und Dienstleistungsaustausch zugängliche Erwerbsgrundlage und ihre Nutzung durch Erwerbstätigkeit".[639] Diese Grundlage sei die kleinste Einheit, die selbständig für die Einkünfteerzielung eingesetzt würde.[640]

Auch *Weber-Grellet* bezieht sich nur allgemein auf eine Handlung, wobei es auf die tatsächliche Vornahme der Handlung jedoch nicht ankommen solle. Ausreichend sei das Versprechen der Leistungsvornahme, mit der Maßgabe, dass der Zahlende gerade dafür ein Entgelt entrichtet.[641] Wobei dann bereits im Versprechen selbst das steuererhebliche Verhalten zu sehen ist.

Auch *Leisner-Egensperger* verneint die Möglichkeit, bereits auf der Verhaltensebene einheitliche Strukturmerkmale der Leistungseinkünfte definieren zu können.[642] Eine scheinbare Einschränkung nimmt *Harder* vor, wenn er lediglich eine Nebenerwerbstätigkeit unter § 22 Nr. 3 EStG subsumieren möchte.[643] Da er aber

---

637 *Bauschatz*, in: Korn, EStG, § 22, Rn. 121.

638 *Zugmaier*, in: H/H/R, EStG, KStG, § 2, Anm. 5, 51; *Musil*, in: EStG/KStG, § 2, Anm. 72; *Killat/Risthaus*, in: H/H/R, EStG/KStG, § 22, Anm. 384, 388.

639 *Musil*, in: EStG/KStG, § 2, Anm. 72 und *Zugmaier*, in: H/H/R, EStG, KStG, § 2, Anm. 76, der *Kirchhof*, in: K/S/M, EStG, § 2, Rn. A 110 zitiert.

640 *Zugmaier*, in: H/H/R, EStG, KStG, § 2, Anm. 76 unter Verweis auf *Escher*, Steuerliche Liebhaberei, S. 84 ff.

641 *Weber-Grellet*, in: Schmidt, EStG, § 22, Rn. 132.

642 *Leisner-Egensperger*, in: K/S/M, EStG, § 22, Rn. D 2.

643 *Harder*, Die Sonstige Leistung im Einkommensteuerrecht, Diss., S. 159. Ferner soll nur planmäßiges Handeln steuerbar sein, S. 162. Das betrifft nach dem Konzept dieser Untersuchung die Frage nach der wirtschaftlichen Bewertung des Verhaltens und wird unten thematisiert.

Kriterien für eine solche Beurteilung schuldig bleibt, taugt sein Ansatz nicht zu einer steuerrechtlichen Handlungstheorie.

5. *Zwischenergebnis*

Es hat sich gezeigt, dass die gängige Definition der Leistungseinkünfte an sich nur drei Elemente aufweist: Ein Tun, Dulden oder Unterlassen, dass Gegenstand eines entgeltlichen Vertrages sein kann und eine Gegenleistung auslöst. Jedes Tun, Dulden oder Unterlassen umfasst zunächst einmal jedes Verhalten.[644] Gegenstand eines entgeltlichen Vertrages kann nach herkömmlicher zivilrechtlicher Auslegung alles sein, wozu man sich verpflichten kann, also was eine Leistung darstellen kann. Die Definition der Leistungseinkünfte würde daher lauten, dass eine Leistung ein Verhalten ist, dass eine Leistung sein kann und ein Entgelt auslöst. Da es nach § 40 AO für die Besteuerung – de lege lata – zudem unerheblich ist, ob ein Verhalten, das den Tatbestand eines Steuergesetzes ganz oder zum Teil erfüllt, gegen ein gesetzliches Gebot oder Verbot oder gegen die guten Sitten verstößt, kann es prima facie kein Verhalten geben, dass sich nicht unter den Begriff der „Leistung" subsumieren ließe. Mithin kommt es nach der herrschenden Meinung nur auf ein (potentiell) gegenleistungsauslösendes Verhalten an.

Die Frage, ob überhaupt ein Verhalten vorliegt, ist in der Regel niemals strittig. Daher ist das Verhaltenselement regelmäßig nicht geeignet, nicht-steuerbare Verhaltensweisen zu identifizieren. Vielmehr ist jedes Verhalten prinzipiell geeignet, die Voraussetzungen des Leistungstatbestands zu erfüllen und Literatur und Rechtsprechung betonen dies durch die Definition, dass *jedes* Tun, Dulden oder Unterlassen genüge.[645]

Das Verhalten stellt lediglich ein notwendiges, aber nicht hinreichendes Tatbestandsmerkmal dar, das für die weitere tatbestandliche Prüfung den notwendigen Anknüpfungspunkt bildet.[646] Es kommt somit bei der Frage der Steuerbarkeit eines Verhaltens also nicht auf das Verhalten als solches an, sondern auf dessen wirtschaftliche und steuerjuristische Bewertung im Zusammenhang mit einem „Entgelt", die gemeinsam den Steuergegenstand des Einkommensteuerrechts bilden.[647] Dies betrifft dabei die Art und Weise des Verhaltens, denn „[n]icht die Tatsache des Handelns kann daher von Interesse sein, sondern allenfalls die ihres ‚Warum' bzw. ihres ‚Wohin'".[648] Auf die Frage der Zweckgerichtetheit des Verhaltens, soll erst

644 *Lothar Fischer*, Zur Steuerpflicht von TV-Spielgewinnen, in: SteuK 2012, S. 391.

645 Vgl. BFH, Urteil vom 19. Dezember 2000 – IX R 96/97 –, Tz. 11, juris, BFHE 194, 178, BStBl II 2001, 391; *Killat/Risthaus*, in: H/H/R, EStG/KStG, § 22, Rn. 388; *Fischer*, in: Kirchhof, Einkommensteuergesetz, § 22, Rn. 66.

646 So auch *Lang*, Die Bemessungsgrundlage der Einkommensteuer, S. 237, der darauf hinweist, dass sowohl die Einkommenserzielung als auch die Einkommensverwendung eine Handlung (also ein Verhalten) ist.

647 *Reimer*, Der Ort des Unterlassens, S. 74.

648 *Jüptner*, Leistungsfähigkeit und Veranlassung, Diss., S. 133.

später eingegangen werden, da eine Handlung – zumindest aus rechtstheoretischer Sicht – willensgetragenes Verhalten ist, „ohne das es auf das Ziel der Handlung ankäme“.[649] Positiv lässt sich dabei die Handlung nicht bestimmen, lediglich negativ lassen sich die Verhaltensweisen aussortieren, die keine Handlungen darstellen (sollen).[650] Eine generelle Herausnahme von bestimmten Handlungen stünde auch im Widerspruch zur grundsätzlichen Freiheit des Gesetzes, an jedes erdenkliche Verhalten (final oder nicht), bloße Zustände oder natürliche Veränderungen von Sachen, Rechtsfolgen zu knüpfen.[651] Das Gesetz unterscheidet aber in der Regel nach dem Grad der Verantwortlichkeit (bloßes Handeln; rechtswidriges Handeln; schuldhaftes, vorsätzliches Handeln).[652] Aber auch diese Unterscheidungen und ihre Voraussetzungen können nur im Hinblick auf die konkrete Erwerbsgrundlage sinnvoll diskutiert werden.

Für das Verhaltenselement kann daher festgestellt werden, dass das Verhalten an sich neutral ist. Im dreigliedrigen Einkommensteuertatbestand kennzeichnet daher die abstrakte Fähigkeit zu einem Verhalten noch nicht den Zustandstatbestand oder die Erwerbsgrundlage. Das Verhalten braucht vielmehr einen Bezugspunkt. Dies wird im Nutzungstatbestand deutlich: Erforderlich ist ein Verhalten, dass eine Erwerbsgrundlage tatsächlich nutzt. Es kommt deshalb auf die Fragen an, ob eine Erwerbsgrundlage vorliegt und auf welche Art und Weise diese durch den Steuerpflichtigen genutzt wird. Zu weilen wird behauptet, dass die Rechtsprechung seit Einführung der Leistungseinkünfte den Tatbestand hinsichtlich der Verhaltensdefinition kontinuierlich ausgedehnt habe. Eine Untersuchung der Rechtsprechung seit den zwanziger Jahren des vorangegangen Jahrhunderts kann dieses Ergebnis nicht stützen. Dieses Ergebnis wird durch die Annahme der „Neutralität“ des Verhaltenselements bestätigt. Eine Ausweitung der besteuerungswürdigen Sachverhalte kann hingegen für den „Wirkbereich“ des Verhaltens festgestellt werden, welcher Gegenstand des nachfolgenden Abschnitts ist.

II. Wirkbereich

Unter diesem Punkt lassen sich die Diskussionen um den Bezugspunkt des Verhaltens einordnen, also welcher Art das zu beurteilende konkrete Verhalten sein müsse. Dies betrifft die interessanteren und komplizierteren Fragen nach der Art und Weise der Zurechnung eines Erfolgs zu einem zuvor festgestellten Verhalten und danach, ob der so identifizierte Verhaltenskomplex überhaupt steuerbar ist.[653] Im Folgenden werden daher die Voraussetzungen für die Zurechung von Handlung

649 *Röhl/Röhl*, Allgemeine Rechtslehre, S. 482.
650 *Röhl/Röhl*, Allgemeine Rechtslehre, S. 482.
651 *Röhl/Röhl*, Allgemeine Rechtslehre, S. 474.
652 *Röhl/Röhl*, Allgemeine Rechtslehre, S. 474 u. 475.
653 Zur unterschiedlichen Zurechnung im Schenkung- und Einkommensteuerrecht vgl. *Kubicki*, Die Dogmatik des § 22 Nr. 3 EStG einschließlich der Querbezüge zur Schenkungsteuer, Diss., S. 277.

und steuerrechtlichem Erfolg im Rahmen der Leistungseinkünfte untersucht. In diesem Zusammenhang kann sodann auch auf die Frage eingegangen werden, ob und unter welchen Voraussetzungen die Rechtsprechung auf die Frage der Finalität der Handlung eingeht. Da Handlungs-, Zustands-, und Erfolgstatbestand in einem Wechselspiel zueinander stehen, werden diese zunächst nicht getrennt dargestellt.[654]

In der Rechtsprechung und der Literatur werden die Elemente des Wirkbereichs und des Erfolgs dabei oftmals vermischt, da das Erfolgselement dazu gebraucht wird, den wirtschaftlichen Charakter des Verhaltens aufzeigen zu können. Da für gewöhnlich konkrete „erfolgreiche" Aktivitäten betrachtet werden, d.h. solche, bei denen ein tatsächlicher Zufluss an vermögenswerten Gütern feststellbar ist, bleibt dies in praktischer Hinsicht normalerweise folgenlos.

An der Unterscheidung zwischen Wirkbereich und konkretem Erfolg ist für eine grundlegende theoretische Auseinandersetzung dennoch festzuhalten, da es für den Wirkbereich nur auf die abstrakte Erfolgsgeeignetheit des konkreten Verhaltens ankommen kann. Denn steuerrechtlich fallen nach herrschender Meinung auch Verlustgeschäfte in den einkommensteuerlichen Nexus.[655] Zudem reichen weder das Verhaltenselement noch das Erfolgselement für sich aus, die Rechtsprechung und Kommentierungen zu verstehen. Denn es gibt nach der herrschenden Meinung Vermögenszuwächse, die eindeutig durch ein Verhalten des Steuerpflichtigen verursacht werden, aber dennoch nicht besteuert werden.[656] So bildet gerade der Privatbereich für die Steuerbarkeit eine Schranke, die sich nicht aus dem Wortlaut der §§ 2, 22 Nr. 3 EStG ergibt.[657]

Für eine Steuerbarkeit müssen die leistungseinkunftsspezifischen als auch die allgemeinen Voraussetzungen erfüllt sein, auf die bereits im Rahmen der Darstellung des klassischen Einkommensteuertatbestands hingewiesen wurde und auf die nun gemeinsam eingegangen wird.

---

654 Dies auch deshalb, weil Rechtsprechung und die ihr überwiegend folgende Literatur keinen systematischen Ansatz einer Tatbestandsprüfung, insb. im Bereich der Leistungseinkünfte, aufzeigt. Eine Trennung wurde an dieser Stelle zum einen künstlich wirken und zum anderen zunächst keinen Erkenntnisgewinn bieten, da eine inhaltliche Auseinandersetzung Zusammengehöriges auseinanderreißen müsste.

655 Vgl. nur die Vorlage des BFH zum BVerfG über die Frage des endgültigen Wegfalls von Verlusten im Rahmen der Mindestbesteuerung und dessen Vereinbarkeit mit dem objektiven Nettoprinzip, BFH, Vorlagebeschluss vom 26.02.2014, I R 59/12; beim BVerfG unter Az. 2 BvL 19/14 geführt.

656 So nach ganz hM Lotteriegewinne, Leistungen auf familienrechtlicher Grundlage, veräußerungsähnliche Vorgänge, geringfügige Überschusse durch Amateursport, etc.

657 *Leisner-Egensperger*, in: K/S/M, EStG, § 22, Rn. D 5.

1. *Erwerbstätigkeit als wirtschaftliches Verhalten*

Dem geltenden Einkommensteuerrecht liegt die Idee zu Grunde, dass der Mensch, um die Kosten seiner Lebensführung tragen zu können, einer Erwerbstätigkeit nachgeht. Da deshalb nur das Erwerbseinkommen steuerbar ist, muss es von den sonstigen, die finanzielle Leistungsfähigkeit erhöhenden Vermögenszuflüssen abgegrenzt werden.[658] Die Trennung zwischen Einkommenserzielung und -verwendung ist immanentes Grundprinzip des geltenden Einkommensteuerrechts, woraus sich zwangsläufig ergibt, dass zwischen zwei Sphären getrennt werden muss: der steuerbaren Erwerbs- oder Berufssphäre einerseits und der nichtsteuerbaren Privatsphäre andererseits. Voraussetzung ist ein Verhalten, das einen Einkunftstatbestand erfüllt: Steuerbare Einkünfte –Erwerbseinnahmen und Erwerbsaufwendungen – müssen einer Erwerbstätigkeit kausal zugeordnet werden können.[659] Dabei reicht das Vorliegen eines wirtschaftlichen Vorteils für sich alleine noch nicht aus um eine zugrunde liegende Erwerbshandlung zu vermuten, da § 22 Nr. 3 EStG nur einen Ergänzungstatbestand formuliert.

Nach der Rechtsprechung und der wohl herrschenden Meinung setzt sich das Tatbestandsmerkmal der Erwerbstätigkeit sowohl aus objektiven als auch subjektiven Elementen zusammen.[660]

In objektiver Hinsicht sei allen Einkunftsarten die Beteiligung am wirtschaftlichen Verkehr gemein – immer müssten die Einkünfte „erwirtschaftet worden sein –, außer es finden sich ausdrückliche Durchbrechungen dieses Prinzips wie in § 22 Nr. 1, 1a EStG.[661] Daher ist es auch im Rahmen der Besteuerung nach § 22 Nr. 3 EStG erforderlich, dass sich die Einkünfte – positive wie negative – als wirtschaftliches Substrat einer Erwerbstätigkeit darstellen.[662] Was genau der „wirtschaftliche Verkehr" umfasst, wird gemeinhin nicht definiert. Von der Konzeption des EStG stellen die Einkunftsarten die Definition der jeweiligen zu besteuernden wirtschaftlichen Tätigkeiten dar. Aber gerade im Bereich des § 22 Nr. 3 EStG hat der Gesetzgeber eine genaue Definition für unmöglich gehalten – mit der Folge, dass im „Randbereich" der Besteuerung der Schwerpunkt der Prüfung auf der

658 *Kirchhof*, in: Kirchhof, EStG, § 2, Rn. 56; dies gilt selbstverständlich auch für Aufwendungen, wenn sie die Bemessungsgrundlage nicht mindern sollen; vgl. daher auch immer die Hinweise der Rechtsprechung, dass nur Erwerbseinkünfte steuerbar sein, BFH, Urteil vom 25.02.2009 – IX R 33/07 –, Tz. 16, BeckRS 2009, 25015170, (II. 2. c)).

659 *Lang*, Tipke/Lang, Steuerrecht (20. Aufl.), § 9, Rn. 122.

660 *Markus Ernst/Stephan Schill*, Die Behandlung von Stipendien im Einkommensteuerrecht, in: DStR 2008, S. 1461 (1462); der Frage – ob und wenn ja welche subjektiven Elemente vorliegen müssen – wird bei der Erwerbsgerichtetheit nachgegangen.

661 *Lang*, Tipke/Lang, Steuerrecht (20. Aufl.), § 9, Rn. 123.

662 *Ernst/Schill*, Die Behandlung von Stipendien im Einkommensteuerrecht, S. 1461 (1463).

Abgrenzung zu der nicht-steuerbaren Privatsphäre liegt. Für diese „negativen" Vorgänge hat sich für einen Teil eine gefestigte Rechtsprechung gebildet: Neben Schenkungen und Erbschaften sind ferner das sogenannte „imputed income", Schadensersatzleistungen, Preisgelder und Vorgänge im Lebensführungsbereich von der Besteuerung ausgenommen.[663] Vieles davon wird in der Kommentarliteratur lediglich unreflektiert wiedergegeben. Vieles wurde auch noch nie ernsthaft einer Besteuerung unterworfen, wie zum Beispiel der Gemüseanbau im Hausgarten für den Eigenverbrauch.[664]

In subjektiver Hinsicht wird allgemein eine Einkünfteerzielungsabsicht verlangt.[665] Die Einkünfte müssen demnach von der Absicht getragen werden, „durch die Erwerbstätigkeit einen Überschuss der Bezüge über die Aufwendungen zu erzielen".[666]

Es geht mithin um die Frage der Abgrenzung zwischen Erwerbsphäre und Privatsphäre, Einkommenserzielung und Einkommensverwendung, wirtschaftlicher Tätigkeit und privater Lebensführung. Die Vielzahl der Begriffe lässt bereits auf die Ungenauigkeit der Abgrenzung schließen. Wer hinter all diesen Begriffen klare dogmatische Grenzen vermutet, muss enttäuscht werden. In den überwiegenden Fällen erfolgen die Definitionen durch Zirkelschlüsse oder apodiktische Feststellungen, die eher an stipulatorische Definitionen, als an schlüssige Argumentationsfiguren erinnern. Der Schwerpunkt muss darauf liegen, Wertungsgesichtspunkte herauszustellen und anzubieten.[667]

Zunächst soll aufgezeigt werden, dass die Leistungseinkünfte ein wirtschaftliches Verhalten erfassen[668] und dass gegenteilige Auffassungen auf einer missverstandenen und überholten Rechtsprechung des BFH aus den 1960er Jahren beruhen.[669]

a) Wirtschaftliche Vorgänge

Unter „wirtschaften" versteht die Betriebswirtschaftlehre „den sorgsamen Umgang mit knappen Ressourcen" als Folge des Spannungsverhältnisses zwischen den

---

663 *Hey*, Tipke/Lang, Steuerrecht (21. Aufl.), § 8, Rn. 124; ebenso *Lang* in der Vorauflage, § 9, Rn. 124; dort imputed income definiert als Einkommen aus Eigenleistungen.

664 *Hey*, Tipke/Lang, Steuerrecht (21. Aufl.), § 8, Rn. 124; ebenso *Lang* in der Vorauflage, § 9, Rn. 124; vgl. bereits aber schon die Ausführungen bei *Fuisting*, Die Grundzüge der Steuerlehre, S. 113 f. und *Becker*, Zur Rechtsprechung, StuW 1935 I, Sp. 1 (9) und *Becker*, Zur Rechtsprechung, StuW 1935 I, Sp. 779 (795 ff.).

665 Vgl. nur *Musil*, in: EStG/KStG, § 2, Anm. 345 und im Kontext des § 22 Nr. 3 EStG *Roland Ismer*, Glück im Spiel – Pech für die Dogmatik, in: FR 2007, S. 235 (238 li. Sp.).

666 *Lang*, Tipke/Lang, Steuerrecht (20. Aufl.), § 9, Rn. 125.

667 Vgl. den Hinweis von *Wolfgang Jakob*, Einkommensteuer, 2008, Rn. 580, dass eine Grenze nur durch die Rechtsprechung im Einzelfall gezogen werden könne.

668 Vgl. zur wirtschaftlichen Natur der Einkünfteerzielung ausführlich *Lang*, Die Bemessungsgrundlage der Einkommensteuer, S. 237 f.

669 So wie hier und ähnlich kritisch *Harder*, Die Sonstige Leistung im Einkommensteuerrecht, Diss., S. 63 ff., insb. S. 67; *Krey*, Besteuerung sonstiger Leistungen, Diss., S. 186; *Pönicke*, Einkünfte aus Leistungen (1999), Diss., S. 119 ff.

praktisch unbegrenzten menschlichen Bedürfnissen einerseits und den begrenzten Mitteln in Form von Gütern und Dienstleistungen zur Bedarfsdeckung anderseits.[670] Die grundsätzliche Anknüpfung an diese Definition rechtfertigt sich vor dem Hintergrund, dass die Einzelwirtschaft der Untersuchungsgegenstand der Betriebswirtschaftslehre ist und das Einkommensteuerrecht am Erfolg dieser „Einzelwirtschaften" partizipiert.[671]

Das Adjektiv „wirtschaftlich" kann sich im Einkommensteuerrecht nicht nur auf das bloße Zufließen von Vorteilen beziehen, da § 8 EStG das Zufließen solcher Vorteile als Einnahmen definiert, jedoch das Vorliegen einer Einkunftsart voraussetzt, § 2 Abs. 1, 2 EStG. Eine Einkunftsart, die nur ergänzt, kann nicht alles besteuern, was nur irgendwie dem Steuerpflichtigen als Zufluss zugerechnet werden kann. Vielmehr muss festgestellt werden, in welchem Zusammenhang derartige Vorteile fließen. Nur wenn eine wirtschaftliche, einkommensteuerrechtlich erhebliche Verknüpfung vorliegt, erklärt § 8 EStG alle derart verknüpften Vorteile als Einnahmen. Die Leistung muss sowohl wirtschaftlicher Natur und als auch hinreichend konkret sein. Im Umsatzsteuerrecht heißt es vergleichbar, dass wirtschaftliche Leistungen solche Leistungen sind, „bei denen ein über die reine Entgeltsentrichtung hinausgehendes, wirtschaftliches Interesse durch den Leistenden verfolgt wird".[672] Die Tätigkeit ist damit im Sinne des Einkommensteuerrechts wirtschaftlich, wenn sie geeignet ist, vor dem Hintergrund des Belastungsgrundes der Einkommensteuer positive Einkünfte zu erzielen.[673]

Eine positive Beschreibung aller möglichen Leistungen ist dabei ein unmögliches Unterfangen. So sah es bereits der Gesetzgeber im Jahre 1924. Vom Grundsatz, dass jedes Verhalten an sich geeignet ist, den Leistungstatbestand auszufüllen, verweist das Erfordernis des wirtschaftlichen Verhaltens auf die Zuordnung des Verhaltens in die angesprochene Erwerbs- und Privatsphäre. Insoweit sind Erwerbstätigkeit und wirtschaftliches Verhalten auch synonym verwendbar. Bei der Frage, ob eine Zahlung als Entgelt für eine sonstige Leistung oder als Ersatz für die endgültige Aufgabe eines Vermögenswerts in seiner Substanz geflossen ist, stellt der BFH maßgeblich auf den wirtschaftlichen Gehalt der zugrundeliegenden Leistungen ab.[674]

Jedoch findet sich sowohl in der Rechtsprechung des BFH als auch in der Literatur immer wieder die Behauptung, dass ein wirtschaftliches Verhalten im Rahmen der

---

670 *Ulrich Döring*, Wöhe, Einführung in die Allgemeine Betriebswirtschaftslehre, 2013, S. 4.

671 Für die Geltung im staatsrechtlichen Bereich vgl. *Christoph Gröpl*, Wirtschaftlichkeit und Sparsamkeit staatlichen Handelns, in: Josef Isensee/Paul Kirchhof (Hg.), Handbuch des Staatsrechts – Band V, 3. Aufl., 2007, § 121, Rn. 9 ff.

672 Leicht, in: Beck'sches Bilanzrechtslexikon, Edition, 1/14, Stichwort Leistung, Rn. 2.

673 *Falkner*, Die Einkünfteerzielungsabsicht als subjektives Besteuerungsmerkmal, Diss., S. 72.

674 Vgl. BFH, Urteil vom 18. August 1977 – VIII R 7/74 –, BFHE 123, 176, BStBl II 1977, 796 und BFH, Urteile in BFHE 159, 167 = BStBl II 1977, 796 und BFHE 159, 167 = BStBl II 1990, 1054.

Leistungseinkünfte gerade nicht erforderlich sei. Gleichzeitig mangelt es nicht an entgegngesetzen Äußerungen in der Rechtsprechung des BFH und der Literatur, in denen steuerbare Tätigkeiten per se mit wirtschaftlichen Betätigungen gleichgesetzt werden.

aa) Gegenansicht

Exemplarisch soll hier die Gegenansicht an Hand der Kommentierung des § 22 Nr. 3 EStG von *Weber-Grellet* betrachtet werden, nach dem Leistungen nicht zwingend wirtschaftlicher Art sein müssten.[675] Diese Aussage erklärt sich nur vor dem Hintergrund der auch von *Weber-Grellet* in Bezug genommenen Prostitutionsrechtsprechung, im Übrigen sein einziger Beleg für diese Behauptung.

Bis nach dem zweiten Weltkrieg wurde Prostitution vom sechsten Senat als nicht steuerbar angesehen. Im Gegensatz zur gewerbsmäßigen Kuppelei stelle die körperliche Hingabe einer Frau weder eine Tätigkeit noch ein Gewerbe oder gar eine Beteiligung am allgemeinen wirtschaftlichen Verkehr dar.[676] Der VI. Senat des BFH führte noch 1962 aus, dass der Begriff der Leistung zwar weit auszulegen sei und grundsätzlich jedes Verhalten umfasse, aber Prostitution nicht als Leistung gewertet werden könne.[677] Anders hatte schon 1943 der IV. Senat des RFH entschieden.[678] Und 1964 urteilte der Große Senat des BFH schließlich, dass eine Leistung dann vorliege, wenn der Geschlechtsverkehr nur wegen des zu erwartenden Entgelts angeboten und ausgeübt werde.[679] Dabei betonte der BFH, dass jedoch zu differenzieren sei, ob die intimen Beziehungen auf einem Liebesverhältnis beruhten und insoweit die persönliche Freundschaft zu „den Freunden" der Anlass für die Zuwendungen an die Steuerpflichtige gewesen seien oder ob „die Dirne" sich einem unbestimmten Personenkreis anböte.[680] Denn nur im letzteren Fall liege eine Leistung vor. Dieser Rechtsprechungswende des BFH wollten anfangs nicht alle Instanzgerichte ohne weiteres folgen. Es wurde argumentiert, dass kein wirtschaftlicher Leistungsaustausch vorliege und man von der bloßen wirtschaftlichen Folge – dem Entgeltzufluss – nicht auf die Natur des Austauschverhältnisses schließen könne. Der BFH sah sich daher anschließend zu einer spitzfindigen Argumentation veranlasst: Eine Leistung müsse gar keinen wirtschaftlichen Inhalt haben, es genüge, dass sie aus

---

675 *Weber-Grellet*, in: Schmidt, EStG, § 22, Rn. 132.

676 RFH, Urteil vom 04. März 1931 – VI A 16 –, StuW 1931 II, Urteil Nr. 338, Sp. 570; zur Kuppelei hingegen der gleiche Senat RFH, Urteil vom 03. Juli 1929 – VI A 875 –, StuW 1929 II, Urteil Nr. 628, Sp. 1175.

677 BFH, Urteil vom Urteil vom 22. Juni 1962 – VI 112/59 S –, BFHE 75, S. 537; BStBl. III 1962, 465.

678 RFH, Urteil vom 08. April 1943 – IV 33 –, StuW 1943 II, Urteil Nr. 213, Sp. 333 (334).

679 BFH, Urteil vom 23. Juni 1964 – Gr.S. 1/64 S –, BFHE 80, 73; BStBl. III 1964, 500 (501 re. Sp.).

680 BFH, Urteil vom 23. Juni 1964 – Gr.S. 1/64 S –, BFHE 80, 73; BStBl. III 1964, 500 (501 re. Sp.).

wirtschaftlichen Gründen erbracht werde.[681] Sie diene nämlich der Erzielung von Einkommen und Vermögen und sei somit auf einen wirtschaftlichen Erfolg gerichtet.[682] Zudem sei auch keine Gewinnerzielungsabsicht erforderlich, es reiche aus, dass die Leistung um des Entgelts willen erbracht werde. In diesem Urteil wird das Merkmal „um des Entgelts willen" – das schließlich im Jahre 2004 wieder aufgegeben wird[683] – das erste Mal verwendet,[684] wobei der BFH dabei eine Formulierung von *Strutz* aus den 1920er Jahren aufgreift.[685] Hiermit gelang dem BFH die Qualifikation der Prostitution als ein mit Gewinnerzielungsabsicht betriebenes Gewerbe und damit eine „Beteiligung am allgemeinen wirtschaftlichen Verkehr" zu verneinen und gleichzeitig aber eine Besteuerung sicherzustellen.[686]

---

681 BFH, Urteil vom 28. November 1969 – VI R 128/68 –, BFHE 97, 378; BStBl. II 1970, 185 (186 re. Sp.).

682 BFH, Urteil vom 17. April 1970 – VI R 164/68 –, BFHE 99, 200; BStBl. II 1970, 620 (621 re. Sp.).

683 BFH, Urteil vom 21. September 2004 – IX R 13/02 –, BFHE, 207, 284; BStBl. II 2005, 44 (46 li. Sp.).

684 Nur am Rande sei angemerkt, dass die Prostitution seit 2001 von Gesetzes wegen nicht mehr als sittenwidrig eingestuft und seitdem von zahlreichen Kommunen die Erbringung von sexuellen Dienstleistungen sogar als vergnügungsteuerpflichtige Veranstaltung eingestuft wird. So verlangt die Stadt Köln für die „Veranstaltung" Prostitution zum Beispiel pro Veranstaltungstag 6,- €, so gemäß § 6 Satzung der Stadt Köln über die Erhebung einer Steuer auf Vergnügungen besonderer Art; vgl. F.A.Z. vom 17.06.2014.

685 BFH, Urteil vom 28. November 1969 – VI R 128/68 –, BFHE 97, 378; BStBl. II 1970, 185 (186 li. Sp.); vgl. zur Herleitung auch *Bernd Heuermann*, Anmerkung zu BFH, U. v. 21.09.2004 – IX R 13/02 – (Vorliegen von Einkünften aus einer (sonstigen) Leistung), in: HFR 2005, S. 32; und schließlich die Formulierung bei *Strutz*, in: Strutz, EStG 1925, Band II, § 41, Anm. 6, S. 703; die natürlich in ganz anderem Kontext zu lesen ist, nämlich ob bereits bei Beginn der Tätigkeit eine absichtsvolle Tätigkeit vorliegen müsse, etwas, dass der BFH erstaunlicherweise ausdrücklich durch diesen Verweis verneinen können zu meint. Wahrscheinlich liegt dies darin begründet, dass der BFH in dieser Zeit der objektiven Theorie im Rahmen der Liebhabereirechtsprechung folgte und daher lediglich eine vordergründige Abgrenzung zum Tatbestandsmerkmal der Gewinnerzielungsabsicht im Rahmen der gewerblichen Einkünfte nach § 15 EStG benötigte. Dass der BFH knapp 15 Jahre später dieses Merkmal einkunftsartenübergreifend auslegen würde, konnte er hier noch nicht voraussehen. Vgl. zur Liebhaberei unten im Rahmen der Erwerbsgerichtetheit.

686 Vgl. hingegen die selbstverständliche Feststellung des österreichischen VwGH, der eine gewerbliche und ausdrücklich wirtschaftlich Tätigkeit bejaht: *„Liegt nämlich – was in anderem Zusammenhang ausdrücklich bejaht wird – in der Betätigung der Prostituierten eine steuerlich relevante „Leistung", dann nimmt die Prostituierte dadurch, daß sie ihre Leistung gegen Entgelt an den Markt bringt, am allgemeinen Güter- und Leistungsaustausch teil. Sie beteiligt sich im Sinne der vom Bundesfinanzhof gebrauchten, oben wiedergegebenen Definition der Wirtschaft an der planmäßigen Deckung eines auf dem Markt vorhandenen Bedarfes, indem sie ihre – immateriellen*

Schon damals wies der BFH auf die geänderten Rechts- und Moralvorstellungen der Bevölkerung hin, die für eine Neubewertung der Leistung „Prostitution" verantwortlich seien. Anscheinend konnte der BFH in den sechziger Jahren dem Zeitgeist geschuldet dennoch nicht soweit gehen, die Prostitution als wirtschaftliches Verhalten einzustufen. Um aber die Steuerbarkeit sicherzustellen, sah er sich veranlasst, für die Leistungseinkünfte ein wirtschaftliches Verhalten nicht zu verlangen und dafür umso mehr die Tatsache des Entgeltzuflusses in den Vordergrund zu rücken. Vor diesem Hintergrund sollte aus der Semantik des BFH nicht zu viel für die Auslegung des Leistungsbegriffs hergeleitet werden. Durch die Aufgabe des Merkmals „um des Entgelts willen" in 2004 und des wiederholten Gebrauchs der Formulierung in neueren Entscheidungen, dass ein wirtschaftliches Verhalten für die Leistung kennzeichnend sei, wird deutlich, dass die Aussagen des BFH in den besagten Urteilen zur Prostitution überholt sind. An sich unterliegt der BFH in diesen Urteilen auch einem Zirkelschluss: um zu beurteilen, ob eine Leistung und damit eine Einkommenserzielung vorliege, reiche die Feststellung aus, dass die Leistung der Einkommenserzielung diene. Das ist aber genau das, was eigentlich darzulegen wäre. Zudem behauptet der BFH einerseits, dass die Leistung nicht wirtschaftlicher Art zu sein brauche – wobei nicht deutlich wird, ob damit lediglich das Verhalten oder der gesamte Tatbestand der Leistungseinkünfte gemeint ist – zum anderen führt er aber aus, dass sich die Wertvorstellungen gewandelt hätten und die Prostitution nun anders bewerten werden könnte. Ersichtlich ist der Kontext des Verhaltens ausschlaggebend, wobei dieser „Wirkbereich" normativ bestimmt wird. Jedoch wird diese Feststellung geschickt sprachlich versteckt. Zugleich wirft der BFH mit der Einführung des Merkmals „um des Entgelts willen" eine Nebelkerze: Trotz des subjektivistisch anmutenden Klanges legt er das Merkmal rein objektiv aus und lässt die Hinnahme eines Entgelts genügen, um einen Tätigkeitskomplex der steuerbaren Sphäre zuordnen zu können ohne die Motivlage des Steuerpflichtigen diskutieren zu müssen. In der sogenannten Aufgabe des Merkmals im Jahre 2004 liegt daher weniger eine tatsächliche Aufgabe als vielmehr eine inhaltliche Klarstellung und Erweiterung auf zeitlich auseinanderfallende Vorgänge.[687]

Die Behauptung des BFH, das kein wirtschaftliches Verhalten erforderlich sei, kann nach der hier vertretenen Auffassung, dass es sich bei der Einkommensteuer nicht um eine bloße Bereicherungssteuer handelt, auch nicht richtig sein.[688] Zwar ist das Verhalten wie oben ausgeführt an sich neutral, aber es kann zu seiner Beurteilung nie von seinem Handlungsrahmen oder Verhaltensraum getrennt werden. Ein

---

– Leistungen gegen Vergütungen eintauscht." VwGH, Erkenntnis vom 16. Februar 1983 – 82/13/0208 –, VwSlg 5758 F/1983, abrufbar unter http://www.ris.bka.gv.at/Dokument.wxe?Abfrage=Vwgh&Dokumentnummer=JWT_1982130208_19830216X00.

687 Ähnlich sieht es auch *Bernd Heuermann*, Anmerkung zu BFH, U. v. 21.09.2004 – IX R 13/02 – (Neuer Begriff der sonstigen Leistung) in: INF 2004, S. 886.

688 Wie hier Maier, in: Beck'sches Steuer- und Bilanzrechtslexikon, Edition, 1/14, Stichwort Einkünfte aus Leistungen, Rn. 5 und auch bereits FG Berlin, EFG 1975, 317.

solches Vorgehen würde auch der wirtschaftlichen Betrachtungsweise im Steuerrecht widersprechen. Im Ergebnis stimmt dem auch *Weber-Grellet* zu, wenn er ausführt, dass nicht jeder Vermögenszufluss für die Annahme einer steuerbaren Leistung ausreiche, sondern es auf eine wirtschaftliche Veranlassung der Einnahmen im Sinne des § 8 EStG ankomme.[689] Damit weist er auf die erforderliche, bestimmte Verknüpfung hin, die gleichsam einer Brücke zwischen dem Verhalten und der (erstrebten) Gegenleistung gespannt sein muss, wodurch sie in beiden „Sphären" der Leistung, also der Leistungserbringung und der Gegenleistung gründen muss.[690] Im Übrigen urteilt der IX. Senat des BFH daher auch konsequent, dass dem der Leistung zugrundeliegende Verhalten eine „eigenständige wirtschaftliche Bedeutung zukommt und es vorrangig keiner anderen Einkunftsart zuzurechnen ist".[691] Wie ein Verhalten gleichzeitig nicht wirtschaftlich, aber dennoch wirtschaftlich bedeutungsvoll sein kann, lässt sich nur damit erklären, dass diese Feststellung schlicht ungenau und damit unbrauchbar ist. Dies erklärt auch, warum weder der BFH noch *Weber-Grellet* Definitionen der „wirtschaftlichen" und „nicht-wirtschaftlichen" Vorgänge anbieten.

bb) Zwischenergebnis

Mithin erfasst § 22 Nr. 3 EStG wirtschaftliche Betätigungen. Die häufig vorzufindende gegenteilige Ansicht entbehrt jeder dogmatischen und systematischen Grundlage und sollte daher aufgegeben werden, insbesondere vor dem Hintergrund, dass diese Ansicht weder eine plausible Begründung anführt noch den Begriff des „Wirtschaftlichen" wenigstens ansatzweise definiert.[692]

Die These der herrschenden Meinung, dass die Erwerbsphäre durch Teilnahme am Marktgeschehen – also einem wirtschaftlichen Verhalten – in Form einer der Einkünfteerzielung dienenden Leistung gekennzeichnet ist[693], kann bis hierhin und im Hinblick auf ein erforderliches wirtschaftliches Verhalten, bestätigt werden.[694]

---

689 So auch *Weber-Grellet*, in: Schmidt, EStG, § 22, Rn. 133.

690 Hierzu sogleich unten beim „Leistungsaustausch" und seiner „Entgeltlichkeit".

691 BFH, Urteil vom 19. März 2013 – IX R 65/10 –, BFH/NV 2013, 780 (Tz. 20), wobei diese Aussage im Kontext von Wettbewerbsverboten zu sehen ist, vgl. BFH, Urteil vom 11. März 2003 – IX R 76/99 –, BFH/NV 2003, 1161.

692 Vgl. auch *Axel Schmidt-Liebig*, Einkommensteuerbarkeit und Einkünftequalifikation von Spiel- und ähnlichen Gewinnen, in: StuW 1995, S. 162 (164); unverständlich, wieso es bei Preisen dann doch wiederum darauf ankommt, ob die Leistung wirtschaftlich ist, so *Weber-Grellet*, in: Schmidt, EStG, § 22, Rn. 150 ‚Preise' (Gegenschluss aus Rn. 133, nur solche Leistungen nicht steuerbar sein sollen, die aus nicht wirtschaftlichen Gründen erbracht werden).

693 *Musil*, in: EStG/KStG, § 2, Anm. 51, 72, der jedoch keine Definition des „Marktgeschehens" gibt; ferner *Lang*, Über das Ethische der Steuertheorie von Klaus Tipke, S. 23 und wohl auch *Weber-Grellet*, in: Schmidt, EStG, § 22, Rn. 1, der zwar die Markteinkommenstheorie ablehnt, ihr im Ergebnis aber nicht widerspricht.

694 *Becker*, Die Grundlagen der Einkommensteuer, S. 8 hebt hervor, dass die durch die Einkunftsarten vermittelte wirtschaftliche Kraft erfasst wird und verweist

2. *Erwerbstätigkeit bei § 22 Nr. 3 EStG als Austauschverhältnis*

Das Substrat der Erwerbstätigkeit oder Einkunftsquelle ist daher die Beteiligung am wirtschaftlichen Verkehr, die nach hier zunächst nicht zu bestreitender subjektiver Auffassung mit Gewinnerzielungsabsicht unternommen wird.[695] Nach *Lang* besteht diese Beteiligung in der entgeltlichen Verwertung von Arbeitsleistungen und Vermögenspositionen wie sie im Einkünftekatalog des EStG aufgezählt sind, weshalb die Entgeltlichkeit zu den Grundmerkmalen der Einkunftsquellen gehöre.[696] Genauso hatte bereits in den 1920er Jahren der RFH entschieden.[697] Nach der hier vertretenen Markteinkommentheorie unterliegen nur marktoffenbare Vorgänge der Besteuerung.[698] Marktoffenbar sind unstrittig solche Vermögensmehrungen, die durch die Teilnahme am allgemeinen, von staatlicher Gewerbe-, Handels- und Arbeitsaufsicht beobachteten Güter- und Dienstleistungsmarkt erzielt worden sind.[699] Demgegenüber unterliegen private Veräußerungsgewinne, Wertzuwächse, Nutzungen und Leistungen nicht immer der Besteuerung, wie §§ 22 Nr. 2, 23 EStG und die Rechtsprechung zu § 22 Nr. 3 EStG zeigen. Im Falle der Nichtsteuerbarkeit ist die – zweifellos vorhandene – wirtschaftliche Tätigkeit Teil der privaten Lebensführung.[700] Der einkommensteuerbare Erwerb setzt mithin ein Zweifaches voraus: das Hinarbeiten auf einen Hinzuerwerb bei gleichzeitigem Angebot an die Öffentlichkeit.[701]

auf die Erläuterungen zum Einkommensbegriff von *Popitz*, Handwörterbuch der Staatswissenschaften; so war auch schon nach *Albert Hensel*, danach zu fragen, ob eine Einkunft oder eine Ausgabe als ernsthafte Beteiligung am wirtschaftlichen Verkehr erscheine, den das Gesetz erfassen wollte, *Hensel*, Steuerrecht, S. 240.

695 *Lang*, Die Bemessungsgrundlage der Einkommensteuer, S. 237; zur Gewinnerzielungsabsicht bei der Erwerbsgerichtetheit.

696 *Lang*, Die Bemessungsgrundlage der Einkommensteuer, S. 245; *Hans Georg Ruppe*, Übertragung von Einkunftsquellen als Problem der Zurechnung von Einkünften, in: Klaus Tipke (Hg.), Übertragung von Einkunftsquellen im Steuerrecht, 2. Aufl., 1979, S. 31 weist zurecht auf die weitere Gruppe der Pensionsberechtigungen und Stammrechte auf wiederkehrende Bezüge hin, die aber ausdrücklich von anderen Einkunftsarten, insb. § 22 Nr. 1 EStG erfasst werden; so auch *Reimer*, Der Ort des Unterlassens, S. 74.

697 RFH, Urteil vom 14. März 1929 VI A 1473 – StuW 1929 II, Urteil Nr. 494, Sp. 917, freilich noch mit dem Hinweis, dass die Gewinnerzielungsabsicht – umschrieben mit dem Streben nach einem Einnahmenüberschuss – immer auch objektiv zu prüfen sei.

698 So auch *Kubicki*, Die Dogmatik des § 22 Nr. 3 EStG einschließlich der Querbezüge zur Schenkungsteuer, Diss., S. 8; 13.

699 *Kirchhof*, in: K/S/M, EStG, § 2, Rn. A 9 u. A 365.

700 *Kirchhof*, in: K/S/M, EStG, § 2, Rn. A 112 u. A 666.

701 *Kirchhof*, in: K/S/M, EStG, § 2, Rn. A 117.

a) *Verwertungshandlung als marktoffenbarer Vorgang – Leistungsaustauschkriterium*

Die Voraussetzung des Anbietens an die Öffentlichkeit kann in der rechtswissenschaftlichen Diskussion im Merkmal des „Leistungsaustausch" verortet werden. Das Erfordernins eines sogenannten „Leistungsaustauschs" findet sich dabei sowohl in der ständigen Rechtsprechung des BFH[702] als auch in der überwiegenden Literatur.[703] Nach *Pönicke* setzt die Einkommensteuerbarkeit generell eine Güterbewegung im Rahmen eines Leistungsaustauschs voraus, wobei jedem Leistungsaustausch eine wirtschaftliche Betätigung zu Grunde liege.[704] In erster Linie bedeutet dies, dass der Steuerpflichtige mit seiner Handlung nach außen – gleichsam an den Markt – tritt, mithin als Anbieter fungiert, und dort auf einen Nachfrager trifft, der dazu bereit ist, für diese Tätigkeit eine Gegenleistung zu entrichten, die als Einnahme nach § 8 Abs. 1 EStG der steuerbaren Tätigkeit bewertet werden kann.[705] Bei dem Angebot handele es sich um eine „entgeltliche Maßnahme".[706]

Hierbei ist jedoch zu beachten, dass die Verwendung des Begriffs des „Leistungsaustauschs" nicht immer einheitlich erfolgt. Dies soll in einem Exkurs verdeutlich werden.

aa) Exkurs zum Begriff des Leistungsaustauschs

Dieses Merkmal wurde materiell bereits durch den Reichsfinanzhof eingeführt, auch wenn es anfangs nicht explizit als Leistungsaustausch etikettiert wurde. Der RFH führte in einem Urteil zu Spielgewinnen aus, dass Tätigkeiten im Sinne des § 41 Abs. 1 Nr. 2 EStG (1925) nur solche sein könnten, die gegen ein Entgelt ausgeübt würden.[707] *Becker*, der Schöpfer der Reichsabgabenordung und Richter im entscheidenden VI. Senat des RFH in den 1920er Jahren, erläuterte in einer Anmerkung zu

702 Für die Rechtsprechung: BFH, Urteil vom 28. November 2007 – IX R 39/06 –, BFHE, 220, 67; BStBl. II 2008, 469 (470 re. Sp.); BFH, Urteil vom 14. September 1999 – IX R 88/95 –, BFHE 189, 424, BStBl II 1999, 776; FG Rheinland-Pfalz, Urteil vom 14. Oktober 1994 – 3 K 2772/93 –, EFG 1995, 311; BFH, Urteil vom 21. September 1982 – VIII R 73/79 –, BFHE 137, 251, BStBl II 1983, 201; BFH, Urteil vom 18. Dezember 2001 – IX R 74/98 –, Tz. 10, juris, BFH/NV 2002, 643.

703 Für die Literatur: *Kubicki*, Die Dogmatik des § 22 Nr. 3 EStG einschließlich der Querbezüge zur Schenkungsteuer, Diss., S. 16 ff.; *Lindberg*, in: Frotscher/Geurts, EStG, § 22, Rn. 167; *Bauschatz*, in: Korn, EStG, § 22, Rn. 120; *Weber-Grellet*, in: Schmidt, EStG, § 22, Rn. 142, 133; *Killat/Risthaus*, in: H/H/R, EStG/KStG, § 22, Rn. 391; *Leisner-Egensperger*, in: K/S/M, EStG, § 22, D114 u. D119.

704 *Pönicke*, Einkünfte aus Leistungen (1999), Diss., S. 136.

705 *Schmidt-Liebig*, Einkommensteuerbarkeit und Einkünftequalifikation von Spiel- und ähnlichen Gewinnen, S. 162 (165); dieses Bild aufgreifend auch *Pönicke*, Einkünfte aus Leistungen (1999), Diss., S. 19 u. 27.

706 *Pönicke*, Einkünfte aus Leistungen (1999), S. 18.

707 RFH, Urteil vom 14. März 1928 – VI A 783 –, StuW 1928 II, Urteil Nr. 231, Sp. 409 (410).

dieser Entscheidung die aus seiner Sicht damals maßgeblichen Wertungsgesichtspunkte: Ein Unternehmer schaffe durch seine Tätigkeit Werte, durch deren Absatz in Form von Lieferungen und Leistungen er Entgelt als Gegenleistung erzielt; „Spielen, Betteln, Schmuggeln und Klauen“ seien dagegen „einseitige Raubzüge“ und nicht steuerbar.[708]

Seitdem findet sich in ständiger Rechtsprechung der Hinweis, dass es bei Spielen an der Verknüpfung von Leistung und Gegenleistung fehle: Weder die Spieltätigkeit noch der Spieleinsatz stellten Leistungen dar, die durch den Spielgewinn vergütet werden würden.[709]

Zwischenzeitlich schien der BFH an diesem Merkmal nicht mehr festzuhalten. Hintergrund war ein Fall des Einsammelns von Pfandflaschen. Der Kläger war Angestellter der US-Streitkräfte und sammelte im Rahmen seiner Kassierertätigkeit in einem Kino auf dem Kasernengelände die leeren Cola-Flaschen im Kino ein, um danach das Pfand dafür einzulösen. Dies war zwar mit dem Manager des Kinos und Cola-Flaschen-Verkäufers abgesprochen, nicht aber mit dem Arbeitgeber des Klägers. Seine Einnahmen beliefen sich auf DM 9.000,- über einen Zeitraum von acht Jahren. Das FG nahm eine gewerbliche Tätigkeit an. Die verneint der BFH, da keine Beteiligung am allgemeinen wirtschaftlichen Verkehr vorläge. Denn dieses Merkmal verlange, dass der Tätigwerdende sich mit seiner Verkaufsabsicht an den allgemeinen Markt wendet, dass er eigene Leistungen gegen Entgelt an den Markt bringt, d.h., dass es sich um eine Tätigkeit handeln muss, die unmittelbar dem Leistungsaustausch dient.[710] Die Leistung bestünde hier lediglich im Einsammeln der leeren Flaschen, ohne dass diese unmittelbar auf einen Austausch gerichtet war. Für eine Besteuerung gemäß § 22 Nr. 3 EStG sei entscheidend, „dass sich der Kläger durch das Aufsammeln und Abliefern der Flaschen den wirtschaftlichen Vorteil der Pfandgelderstattung verschaffen konnte, ohne selbst den Pfandeinsatz geleistet zu haben“. Es kommt dem BFH ersichtlich nicht darauf an, wem gegenüber die Leistung erbracht wird. Es reicht aus, dass der Leistende durch eine Tätigkeit einen Vorteil erhält. Ein marktmäßiger unmittelbarer Leistungsaustausch liege im Einsammeln und Einlösen der Flaschen nicht vor. Genau dieses hatte die Vorinstanz noch bejaht und den Fall mit Altmetallsammlern verglichen. Der BFH geht hier also von einer Leistung aus, ohne jedoch zuvor den Tatbestand definiert zu haben. Er fragt auch nicht nach dem Rechtsgrund der steuerlichen Belastung, sondern stellt nur einseitig auf das Ausnutzen eines wirtschaftlichen Vorteils ab, der aber durch eigenes Tätigwerden erlangt worden ist. Dass er einen Leistungsaustausch

---

708 *Enno Becker*, Zur Rechtsprechung, in: StuW 1928 I, Sp. 589 (591); auch *Stuart Mill* hielt Geschenke und Raub nicht für Einkommen(squellen), worin sich das quellentheoretische Verständnis widerspiegelt, so *Strutz*, in: Strutz, EStG 1925, Band I, Einleitung, S. 38.

709 BFH, Urteil vom 19. Juli 1990 – IV R 82/89 –, BFHE 161, 144; BStBl. II 1991, 333 (334 re. Sp.).

710 BFH, Urteil vom 06. Juni 1973 – I R 203/71 –, BFHE 110, 22; BStBl. II 1973, 727 (728 re. Sp.).

verneint, liegt an seiner Definition des Merkmals der „Teilnahme am wirtschaftlichen Verkehr" im Rahmen der gewerblichen Einkünfte. Das Tatbestandsmerkmal solle solche Betätigungen ausgrenzen, die zwar von einer Gewinnerzielungsabsicht getragen werden, aber nicht auf einen Güter- und Leistungsaustausch gerichtet seien.[711] Dabei definiert der BFH nicht die darunter fallenden Sachverhalte. Hier liegt ein Widerspruch zur ständigen Rechtsprechung, die seit den 1920er Jahren bis heute für die sonstigen Leistungseinkünfte einen Leistungsaustausch verlangt.[712] Wie in der Prostitutionsrechtsprechung beruht auch diese Rechtsprechung auf einem all zu engen Verständnis des Merkmals des „allgemeinen wirtschaftlichen Verkehrs" im Rahmen des § 15 Abs. 1 EStG. Auf die Bedeutungslosigkeit des Merkmals „allgemein" hat bereits *Pönicke* hingewiesen.[713] Im Ergebnis geht es um die Frage, ob eine unternehmerische Tätigkeit vorliegt, die über die private Vermögensverwaltung hinausgeht und nicht darum, ob überhaupt ein Leistungsaustausch vorliegt.[714] Der BFH hätte also einen Austauschvertrag annehmen können, ohne zugleich zu gewerblichen Einkünften gelangen zu müssen.[715] Denn auch wenn unklar ist, welches Verhältnis zwischen Pfandeinlöser und Pfandeinlösendem vorliegt, kommt es zivilrechtlich in jedem Fall zu einem Vertrag zwischen dem Besitzer der Flaschen und der Rückgabestelle, unabhängig von der Frage, ob neben die zivilrechtliche auch eine öffentlich-rechtliche Verpflichtung zur Rücknahme und Pfandauskehrung tritt.[716] Mit dem Aufdruck „Pfand" ist das an Jedermann gerichtete Angebot verbunden, den Pfandbetrag gegen Rückgabe der Flaschen zu erstatten. Auch das Dazwischentreten eines Einzelhändlers kann an der Wertung, dass ein Austauschverhältnis vorliegt – Flaschen gegen Pfandbetrag – nichts ändern.[717]

Ungeachtet des letzteren Urteils – man mag es als eine einmalige Ausnahme betrachten – setzt der BFH in ständiger Rechtsprechung explizit einen Leistungsaustausch für

---

711 BFH, Urteil vom 22. Januar 2003 – X R 37/00 –, BFHE 201, 264; BStBl. II 2003, 464 (465 re. Sp.).

712 Vgl. RFH, Urteil vom 14. März 1928 – VI A 783 –, StuW 1928 II, Urteil Nr. 231, Sp. 409 (410); BFH, Urteil vom 21. September 1982 – VIII R 73/79 –, BFHE 137, 251; BStBl. II 1983, 201 (203 re. Sp.); BFH, Urteil vom 28. November 2007 – IX R 39/06 –, BFHE, 220, 67; BStBl. II 2008, 469.

713 *Pönicke*, Einkünfte aus Leistungen (1999), Diss., S. 26.

714 So im Ergebnis an selbiger Stelle: BFH, Urteil vom 22. Januar 2003 – X R 37/00 –, BFHE 201, 264; BStBl. II 2003, 464 (466 li. Sp.).

715 Im Ergebnis wohl auch *Kubicki*, Die Dogmatik des § 22 Nr. 3 EStG einschließlich der Querbezüge zur Schenkungsteuer, Diss., S. 95, wonach jeder Güteraustausch eine Teilnahme am Wirtschaftsleben voraussetze und die Intensität der Marktteilnahme nur für die Einkünftequalifikation von Bedeutung sei.

716 BGH, Urteil vom 09. Juli 2007 – II ZR 232/05, NJW 2007, 2912 (2913); BGH, Urteil vom 13. November 2009 – V ZR 255/08 – Tz. 21, BeckRS 2009, 87764.

717 Ob man dieses Verhältnis der nicht steuerbaren Vermögenssphäre zuordnet, ist eine andere Frage, s.u.

die Leistungseinkünfte nach § 22 Nr. 3 EStG voraus.[718] So seien Spielgewinne gerade deshalb nicht zu besteuern, weil kein Leistungsaustausch stattfinde, womit erkennbar an die zitierte Rechtsprechung des RFH angeknüpft wird.[719] In einer Entscheidung aus dem Jahre 1999 führt der BFH aus, dass wie bei allen Einkunftsarten auch für die Leistungseinkunftsart der Tatbestand eines auf Einkommens- und Vermögensmehrung durch Leistungsaustausch gerichteten wirtschaftlichen Verhaltens erfüllt sei müsste.[720] Das Vorhandensein des erforderlichen wirtschaftlichen Leistungsaustauschs prüft der BFH aber sodann im Tatbestandsmerkmal der Entgeltlichkeit, auf das gesondert eingegangen wird.[721] Mithin sollte man annehmen, dass ein Leistungsaustausch für den BFH ein konstitutives Merkmal der Leistungseinkünfte darstellt.[722] Etliche Urteile, die Widersprüchlichkeiten offenbaren, zeugen jedoch von einer terminologischen Verwirrung, die nur scheinbar mit klar umgrenzten Begriffen arbeitet. Eindringliches Beispiel sind Preisverleihungen. Hier urteilt der BFH, dass Preise dann steuerbar sind, wenn ihnen ein wirtschaftlicher Leistungsaustausch zu Grunde liegt oder – im konkreten Fall ging es um den Arbeitslohn eines Betriebsleiters – sie im Zusammenhang mit dem Dienstverhältnis stehen und als Frucht der Arbeit gelten können.[723] Dabei betont der erkennende sechste Senat in einem obiter dictum, dass dies auch für die Einkünfte nach § 22 Nr. 3 EStG gelte, also ein bloßer Zusammenhang mit einer – nicht näher definierten – Leistung ausreiche.[724] Der neunte Senat hält hingegen an dem Erfordernis eines Leistungsaustauschs fest[725], auch wenn er hinsichtlich gewonnener Preisgelder ausdrücklich keinen Austauschvertrag voraussetzt, sondern ein „Auslösen" im Rahmen eines Austauschverhältnisses für ausreichend erachtet.[726] Hier wird

718 BFH, Urteil vom 21. September 1982 – VIII R 73/79 –, BFHE 137, 251; BStBl. II 1983, 201 (203 re. Sp); für eine Innengesellschaft BFH, Urteil vom 26. Mai 1993 – X R 108/91 –, BFHE 171, 500; BStBl. II 1994, 96 (99 re. Sp.).

719 BFH, Urteil vom 08. Dezember 1981 – VIII R 125/79 –, BFHE 135, 426; BStBl. II 1982, 618 (620 li. Sp.); vgl. auch BFH, Urteil vom 6. Dezember 1983 – VIII R 172/83 –, BFHE 140, 82; BStBl. II 1984, 132 (134 li. Sp.).

720 BFH, Urteil vom 14. September 1999 – IX R 88/95 –, BFHE 189, 424; BStBl. II 1999, 776 (777 re. Sp.).

721 BFH, Urteil vom 14. September 1999 – IX R 88/95 –, BFHE 189, 424; BStBl. II 1999, 776 (777 re. Sp.).

722 Vgl. zu den Provisionsfällen BFH, Urteil vom 18. Dezember 2001 – IX R 74/98 –, juris Tz. 10; BFH/NV 2002, 643; BFH, Urteil vom 21. September 2004 – IX R 13/02 –, BFHE, 207, 284; BStBl. II 2005, 44 (46 li. Sp.); zu Preisen BFH, Urteil vom 23. April 2009 – VI R 39/08 –, BFHE, 224, 571; BStBl. II 2009, 668 (669 li. Sp.); zu betrieblichen Lotterien BFH, Urteil vom 02. September 2008 – X R 8/06 –, BFHE 223, 31; BStBl. II 2010, 548 (550 li. Sp.).

723 BFH, Urteil vom 23.04.2009 – VI R 39/08 –, NJW-RR 2009, 541 (542).

724 BFH, Urteil vom 23.04.2009 – VI R 39/08 –, NJW-RR 2009, 541 (543).

725 BFH, Urteil vom 28. November 2007 – IX R 39/06 –, BFHE, 220, 67; BStBl. II 2008, 469 (470 re. Sp.).

726 BFH, Urteil vom 24. 4. 2012 – IX R 6/10 –, DStRE 2012, 867 (869, Tz. 28), wobei im entschiedenen Fall ein gegenseitiger Vertrag gerade vorgelegen haben soll, diese

deutlich, dass das „Auslösen" einen bestimmten Zusammenhang voraussetzt, nämlich einen Bezug zu einem bestehenden Leistungsaustauschverhältnis. Ohne einen anderen, steuerbegründend wirkenden Austausch liegt jedoch keine steuerbare Tätigkeit vor, die den Zurechnungs- oder Veranlassungszusammenhang begründen könnte, mit der Folge, dass eine Preisverleihung nicht steuerbar wäre.[727] Der BFH bestätigt dabei das oben zum Verhalten festgestellte Ergebnis, dass die Annahme eines Leistungsaustauschs nicht von einer bestimmten Verhaltensweise abhängt. Für den BFH kann auch ein passives Verhalten Teil der Leistung sein.[728] Das FG Köln als Vorinstanz hatte noch entschieden, dass ein rein passives Verhalten nicht ausreiche – und dazu zählte es die reine „Spieltätigkeit", die gefilmt und ausgestrahlt wurde –, sondern dass erst die Mitwirkung bei weiteren Veranstaltungen wie zum Beispiel Foto-Terminen und Interviews dem gesamtem Verhalten die Qualität einer Leistung gäben.[729] Das FG verglich den Fall anschaulich mit einem Karaokesingen bei einem Schulfest, bei dem der Lehrer mit dem stärksten Applaus den Hauptpreis gewinne – einen Sachverhalt, den das FG ausdrücklich nicht unter § 22 Nr. 3 EStG subsumieren möchte. Der BFH ging auf diese Nuancen des FG Köln nicht ein.

Ein weiteres Beispiel für die unklare Definition des Leistungsaustauschsmerkmals sind die Differenzgeschäfte. Diese sollten vormals mangels Leistungsaustauschs nicht unter die Leistungseinkünfte zu subsumieren sein.[730] Hier verneinte der BFH auch regelmäßig einen Leistungsaustausch nach § 15 EStG und das Anbieten einer Tätigkeit gegen Entgelt.[731] Beiläufig stellte der XI. Senat in einem obiter dictum fest, dass dies auch für Optionsgeschäfte mit Barausgleich gelte.[732] Dem widersprach jedoch der X. Senat und betonte, dass es einen „Rechtsgrundsatz des Inhalts, dass Differenzgeschäfte wegen eines „Spielcharakters" schlechthin nicht steuerbar wären", nicht gäbe.[733] Heute sind Gewinne aus Differenzgeschäften nach § 20 Abs. 1 Nr. 3 Buchst. a) EStG steuerbar.[734] Nur hinsichtlich der Teilnahme an Lotterien verneint auch der X. Senat das Vorliegen

---

Frage als nicht entscheidungserheblich war, Tz. 34. Hier wird deutlich, dass es dem BFH auf die Entgeltlichkeit ankommt.

727 Vgl. die noch strengere Auffassung von *Fuisting*, bei dem man aber bereits alle auch heute diskutierten Argumente finden kann (Anerkennung vs. Bewerbung), *Fuisting*, Die Grundzüge der Steuerlehre, S. 151.

728 BFH, Urteil vom 24. April 2012 – IX R 6/10 –, DStRE 2012, 867 (870, Tz. 33).

729 FG Köln, Urteil vom 29. Oktober 2009 – 15 K 2917/06 –, DStRE 2010, 1444 (1445/1446).

730 BFH, Urteil vom 08. Dezember 1981 – VIII R 125/79 –, BFHE 135, 426; BStBl. II 1982, 618 (620 li. Sp.).

731 BFH, Urteil vom 13. Oktober 1988 – IV R 220/85 –, NJW 1989, 1240 mit Verweis auf die Umsatzsteuer und den Spielcharakter des Differenzgeschäfts.

732 BFH, Urteil vom 19. Februar 1997 – XI R 1/96 –, BeckRS 1997 23000756.

733 BFH, Urteil vom 28. November 2007 – X R 24/06 –, BFH/NV 2008, 774, BeckRS 2007, 25013024.

734 Vgl. *von Beckerath*, in: Kirchhof, Einkommensteuergesetz, § 20, Rn. 130, der von einem zukunftsbezogenen Leistungsaustausch spricht.

eines für § 22 Nr. 3 EStG erforderlichen Leistungsaustauschs.[735] Der VIII. Senat betont hingegen, dass auch spekulative Devisentermingeschäfte Gegenstand eines Leistungsaustauschverhältnisses und damit betriebliche Vorgänge sein können.[736] Und ausdrücklich entschied der XI. Senat im Falle eines Berufskartenspielers, dass dessen Tätigkeit auf einen Leistungsaustausch gerichtet war: „Seine Betätigung, die in dem Spielsalon nach außen hin für Dritte erkennbar in Erscheinung trat, war hiernach auf Leistungsaustausch gerichtet. Der Kläger spielte mit anderen um Geld. Seine Leistung bestand in der Teilnahme an dem Spiel und in der Zusage, bei verlorenem Spiel den jeweiligen Einsatz zu erbringen. Bei gewonnenem Spiel hingegen konnte der Kläger den Einsatz der Mitspieler für sich beanspruchen."[737]

Ähnlich formuliert der BFH im Falle der Weitergabe von Informationen, wenn diese noch keinen Wirtschaftgutcharakter angenommen haben. Dann liege kein Veräußerungsvorgang vor und damit auch keine Übertragung der Informationen im Wege eines auf Austausch gegenseitiger Leistungen gerichteten Vertrages, sondern um ein partiarisches Rechtsverhältnis, „bei dem es den Parteien auf die wirtschaftliche Verwirklichung des Vermögenswertes ankam, auf die hinzuwirken die Aufgabe beider Parteien war".[738] Selbstverständlich behauptet der BFH nicht, dass hier kein entgeltliches Verhalten vorliege. An sich liegt nämlich ein Austauschvertrag vor, wenn auch die ausgetauschte Leistung einen partiarischen Charakter aufweist, was im konkreten Fall lediglich die Argumentation stützen sollte, dass keine Veräußerung vorlag und der Vorgang mithin nach § 22 Nr. 3 EStG steuerbar war. Das Merkmal des angeblich erforderlichen und im konkreten Fall dann nicht vorhandenen Leistungsaustauschs wird dagegen häufig als Argument gegen eine Steuerbarkeit angeführt: So läge im Falle familienbezogener

---

735 BFH, Urteil vom 02. September 2008 – X R 8/06 –, BFHE 223, 31 = BStBl II 2010, 548 (549).

736 BFH, Urteil vom 06. Dezember 1983 – VIII R 172/83 –, Tz. 28, juris, BFHE 140, 82, BStBl II 1984, 132; BFH, Urteil vom 20. April 1999 – VIII R 63/96, NJW 1999, 2695; so auch *Wolfram Reiß*, in: Paul Kirchhof (Hg.), Kirchhof, Einkommensteuergesetz, 13. Aufl., 2014, § 15, Rn. 30.

737 BFH, Urteil vom 11. November 1993 – XI R 48/91 –, juris, Tz. 15, BFH/NV 1994, 622; siehe zuvor FG Berlin, Urteil vom 16. Oktober 1990 – VII 597/87 –, juris, EFG 1991, 319; a.A. noch RFH, Urteil vom 14. März 1928 – VI A 783/27 –, RStBl 1928, 181 und FG Nürnberg, Urteil vom 17. Januar 1979 – V 121/78 –, juris, EFG 1979, 339; so auch neulich einen gewerblichen Pokerspielbetrieb annehmend, FG Köln, Zwischenurteil vom 31. Oktober 2012 – 12 K 1136/11 –, juris, Tz. 46, DStRE 2013, 198.

738 BFH, Urteil vom 26. Oktober 2004 – IX R 53/02 –, BFHE, 207, 305; BStBl. II 2005, 167 (168 re. Sp.); vgl. aber auch BFH, Urteil vom 21. September 1982 – VIII R 73/79 –, BFHE 137, 251, BStBl II 1983, 201, in dem er ausdrücklich eine Informationsweitergabe als Leistungsaustausch ansieht.

Leistungen oder bei Lotterien kein Austausch vor[739], ohne dass der BFH hierfür eine Begründung anbietet.

bb) Weitere Aspekte des Leistungsaustauschs

Die Rechtsprechung prüft das Merkmal des Leistungsaustauschs im ungeschriebenen Tatbestandsmerkmal der Entgeltlichkeit. In der Literatur gibt es Ansätze, den Austauschcharakter eingehender zu beschreiben. Die Versuche – wie zum Beispiel *Pönickes* Begriff der „entgeltlichen Maßnahme“ oder *Leisner-Egenspergers* Erfordernis einer „Lageverbesserung“ – bleiben jedoch zunächst vage.[740] Dies hat im wesentlichen zwei Gründe: Der Leistungstatbestand kennzeichnet sich zum einen durch das Zusammenwirken von Leistung und Entgeltlichkeit und zum anderen durch seine regelmäßige „Einaktigkeit“ (einmaliger Leistungsaustausch) aus. Bei den meisten Einkunftsarten entspricht der Tatbestand einem überkommenen Tätigkeitsbild, zu dem fortwährend Ein- und Ausgaben zugeordnet werden können. Bei den Leistungseinkünften fällt hingegen häufig die Erwerbsgrundlage und ihre erfolgreiche Nutzung zusammen, eine Trennung von Tätigkeit und Gegenleistung scheint daher in der Regel weder möglich noch sinnvoll. Dies wird im Falle nachträglicher Vergütungen deutlich. Die anfänglich steuerlich indifferente Tätigkeit, an die später durch die Annahme des Entgelts, in der zumindest eine faktische Gegenleistungsvereinbarung zu sehen ist, angeknüpft wird, wird erst durch diese Vereinbarung uno actu zur steuerbaren Tätigkeit.[741]

Die Rechtsprechung trifft im Übrigen, ohne weitere Begründung, nur die negative Feststellung, dass Spielen keine Leistung darstellt, manchmal mit dem Zusatz, dass beim Spiel nichts über den Spieleinsatz hinaus gegenseitig gestattet werde. Es finden sich in der Rechtsprechung darüberhinaus jedoch keine Ansatzpunkte, was denn genaue die Leistung in einem Leistungsaustausch ausmacht und worin der Unterschied einer Leistung in einem Leistungsaustausch nach § 15 EStG oder nach § 22 Nr. 3 EStG liegt. Es geht dabei häufig nicht um die Verneinung eines Austauschs, sondern um die Zuweisung eines Vorgangs zur nicht einkommensteuerbaren Sphäre oder eben zum Tatbestand des § 22 Nr. 3 EStG. Wie die Beispiele von Berufskartenspielern und gewerblichen Spekulationen zeigen, ist die Behauptung, dass bei Spielen und Tätigkeiten mit „Spielcharakter“ generell Leistungsaustausche nicht stattfänden, kontradiktorisch zur Behauptung, dass allen einkommensteuerbaren Tätigkeiten Leistungsaustauschbeziehungen zu Grunde lägen.[742] Wie auch die

739 BFH, Urteil vom 02. September 2008 – X R 8/06 –, BFHE 223, 31; BStBl. II 2010, 548 (550 li. Sp.).

740 *Leisner-Egensperger*, in: K/S/M, EStG, § 22, Rn. D 119, hierzu sogleich vertiefter bei der Frage der Entgeltlichkeit.

741 BFH, Urteil vom 21. September 2004 – IX R 13/02 –, BFHE 207, 284, BStBl II 2005, 44.

742 BFH, Urteil vom 11. November 1993 – XI R 48/91 –, juris, Tz. 15, BFH/NV 1994, 622.

neueren Urteile zur Besteuerung von Preisgeldern für die Teilnahme an Fernsehshows zeigen, stellt der BFH vielmehr die Frage, ob die Gegenleistung, also hier das Preisgeld (und bereits zuvor schon die Chance auf das Preisgeld) als Vergütung für eine Tätigkeit angesehen werden können. Im Ergebnis ist daher der Leistungsbegriff untrennbar mit dessen Entgeltlichkeit verknüpft.

b) Stellungnahme

Im Ergebnis lässt sich festhalten, dass der BFH prinzipiell einen Leistungsaustausch – im hier verstandenen Sinne eines marktoffenbaren Vorgangs – für das Vorliegen von Leistungseinkünften voraussetzt.[743] Geprüft wird dieses Erfordernis im ungeschriebenen Tatbestandsmerkmal der Entgeltlichkeit. Zu beachten ist, dass die Rechtsprechung auch dann eine Steuerbarkeit bejaht, wenn nach den überkommenen Wertungen mancher BFH-Senate kein Leistungsaustausch vorliegen soll.[744] In den Fällen, in denen eine Steuerbarkeit wegen des angeblich nicht vorhandenen Leistungsaustausch verneint wird, verdeckt der BFH lediglich eine grundlegende Wertentscheidung, so im Falle von Spielgewinnen oder den Leistungen auf familienrechtlicher Grundlage.[745] Damit wird also bereits dem Grunde nach eine steuerbare Tätigkeit verneint. Das Argument des BFH, dass hier nichts gegenseitig ausgetauscht werde, scheint nicht stichhaltig. Zivilrechtlich werden Spiele durchaus als gegenseitige Austauschverträge verstanden.[746] Und auch der BFH verneint bei professionellen Spielen nicht den Austauschcharakter der Tätigkeit. Durch das vorgeblich technische Argument, dass es an einer Austauschbeziehung fehle, umgeht der BFH die Offenlegung der Wertung, ob ein „Spiel" eine geeignete Erwerbsgrundlage bildet. Hierauf weisen auch *Lang* und *Hey* hin, die die Steuerbarkeit nicht wegen des mangelnden Leistungsaustausch verneinen, sondern diese im Rahmen der subjektiven Einkünfteerzielungsabsicht prüfen möchten.[747] Unverständlich bleibt der von *Kubicki* beschriebene Unterschied im Austauschverhältnis zwischen der wechselseitigen Einräumung von Gewinnchancen zum bloßen Fall

---

743 BFH, Urteil vom 21. September 1982 – VIII R 73/79 –, BFHE 137, 251; BStBl. II 1983, 201 (203 re. Sp.); BFH Urteil vom 14. September 1999 – IX R 88/95 –, BFHE 189, 424; BStBl. II 1999, 776 (777 re. Sp.); BFH, Urteil vom 18. Dezember 2001 – IX R 74/98 –, juris Tz. 12; BFH/NV 2002, 643; BFH, Urteil vom 02. September 2008 – X R 8/06 –, BFHE 223, 31; BStBl. II 2010, 548 (550 li. Sp.).

744 Vgl. BFH, Urteil vom 24. 4. 2012 – IX R 6/10 –, DStRE 2012, 867 (869, Tz. 28 und 870, Tz. 43).

745 Nach *Kirchhof* gehören Spiele und damit auch Spielgewinne und -verluste der Konsumsphäre an, *Kirchhof*, in: Kirchhof, EStG, § 2, Rn. 56.

746 *Hartwig Sprau*, in: Peter Bassenge/u. a. (Hg.), Palandt, Bürgerliches Gesetzbuch, 73. Aufl., 2014, § 762, Rn. 1 ff., wonach sich die Parteien gegenseitige Leistungen, meist in Form des Geldeinsatzes, zusagen.

747 *Hey*, Tipke/Lang, Steuerrecht (21. Aufl.), § 8, Rn. 135; *Lang*, Tipke/Lang, Steuerrecht (20. Aufl.), § 9, Rn. 135.

eines Spieleinsatzes.[748] In beiden Fällen geht der Spieler über seinen Einsatz hinaus kein Verlustrisiko ein und in beiden Fällen tritt er nach außen als Konsument und Anbieter seiner Leistung auf. Da *Kubicki* gerade nicht auf den Zufall oder die Geeignetheit zur Einkunftserzielung als Differenzierungskriterien abstellen will, bleibt unklar, nach welchen Kriterien zwischen Spielen, die in ihrer Anlage und Durchführung identisch sind (zum Beispiel beim Pokerspiel), im privaten und steuerbaren Bereich unterschieden werden soll.[749]

3. *Entgeltlichkeit der Leistung*

Ein wesentlicher Schwerpunkt in der Prüfung, ob eine steuerbare Leistung vorliegt, liegt somit in der Frage, ob ein entgeltlicher Vorgang vorliegt. Zunächst soll auf die Rechtsprechung und anschließend auf die Literatur eingegangen werden.

a) Rechtsprechung

aa) Standort der Prüfung – Entgeltlichkeit als Annahme einer Gegenleistung

Der BFH prüft das Vorliegen eines Leistungsaustauschs in ständiger Rechtsprechung am Merkmal der Entgeltlichkeit, verstanden als Annahme einer Gegenleistung als solche.[750] Die Entgeltlichkeit ist dabei ein notwendiges Tatbestandsmerkmal jeder steuerbaren Leistungseinkunft. Bereits der RFH nahm die Entgeltlichkeit einer Tätigkeit an, wenn die Einkünfte als Gegenleistung für die Tätigkeit flossen: die Tätigkeit müsse gegen ein Entgelt ausgeübt werden.[751] Dabei stellte der RFH den Einkünften aus Tätigkeiten die Einkünfte aus Spekulationsgeschäften gegenüber. Aus der Tatsache, dass beide unter dem Begriff der Leistungsgewinne gemäß § 41 EStG 1924 zusammengefasst seien, folgerte er, Veräußerungs- und Spekulationsgeschäfte stellten grundsätzlich keine entgeltlichen Tätigkeiten dar und seien daher von den „anderen“ Tätigkeiten des § 41 Abs. 1 Nr. 2 EStG 1924 verschieden. Entsprechend seien auch den Spekulationsgeschäften ähnliche Vorgänge, wie zum Beispiel Spiele, keine entgeltlichen Tätigkeiten im Sinne der Norm, weil bei ihnen

748 *Kubicki*, Die Dogmatik des § 22 Nr. 3 EStG einschließlich der Querbezüge zur Schenkungsteuer, Diss., S. 88.

749 *Kubicki*, Die Dogmatik des § 22 Nr. 3 EStG einschließlich der Querbezüge zur Schenkungsteuer, Diss., S. 87 f.; Es geht an sich um die Frage der Erwerbsgerichtetheit, der Geeignetheit, ob ein Überschuss erzielbar ist und ob nicht als negatives Tatbestandsmerkmal die private Lebensführung ausnahmsweise eine Steuerbarkeit ausschließt, siehe hierzu unten Kap. 4, C. II. 4. u. III.

750 So BFH, Urteil vom 14. September 1999 – IX R 88/95 – BFHE 189, 424, BStBl. II 1999, 776 (777 li. Sp.); aktuell BFH, Urteil vom 24. April 2012 – IX R 6/10 –, Tz. 28, 30, II. 1. c), juris, BFHE 237, 197 = BStBl II 2012, 581.

751 RFH, Urteil vom 14. März 1928 – VI A 783 –, StuW 1928 II, Urteil Nr. 231, Sp. 409 (410).

die Zufallskomponente überwiegen würde.[752] Spielgewinne seien zwar von der Spieltätigkeit abhängig, stellten aber nach der Verkehrsauffassung kein Entgelt für diese dar. Auch der BFH urteilte, dass ein entgeltliches Verhalten bei einem auf Spiel angelegten Geschäft nicht erbracht werde. „Keine der Beteiligten gestattet dem anderen oder einem Dritten etwas gegen Entgelt. Es gibt lediglich Gewinner und Verlierer, die etwas erhalten und zahlen, ohne dass ein Leistungsaustausch stattfindet."[753] Wie oben gezeigt, sollte nicht pauschal ein Leistungsaustausch verneint werden, sondern besser von einem nicht steuerbaren Leistungsaustausch gesprochen werden.

Bis ins Jahr 2004 verortete der BFH die Prüfung der Entgeltlichkeit in den Prüfungspunkten „möglicher Gegenstand eines entgeltlichen Vertrages" und „um des Entgelts willen".[754] Die Aufgabe des Merkmals „um des Entgelts willen", das geschaffen wurde um angeblich nicht wirtschaftliche Verhaltensweisen steuerlich unter § 22 Nr. 3 EStG erfassen zu können, hatte keinen Einfluss auf den materiellen Inhalt der Kriterien. Insbesondere hielt der BFH an dem Erfordernis der Entgeltlichkeit fest.

Steuerrechtlich drängt sich zudem eine Abgrenzung zur Schenkungsteuer auf, die unentgeltliche Vermögenszuwächse unter Lebenden erfasst.[755] Hierbei gilt aber nicht, dass das Einkommensteuerrecht nur entgeltliche und das Schenkungsteuerrecht nur unentgeltliche Vorgänge erfasst.[756] Denn es gibt Vorgänge, die schenkungsteuerrechtlich weder entgeltlich noch unentgeltlich sind, wie zum Beispiel Leistungen auf Basis gesellschaftsrechtlicher Grundlage.[757] Es ist daher ein eigenständiger, einkommensteuerrechtlicher Entgeltbegriff zu bilden.[758]

752 *Becker*, Zur Rechtsprechung, in: StuW 1928 I, Sp. 809 (823 f.), der dort auch allgemein auf die Möglichkeit eines entgeltlichen Duldens im Rahmen des § 41 Abs. 1 Nr. 2 EStG (1925) hinweist (im Sinne einer Nutzung des Eigentums); ähnliche Anklänge finden sich heute noch bei *Weber-Grellet*, in: Schmidt, EStG, § 22, Rn. 133, der auch auf die Zufallskomponente der Gegenleistung abstellt; ebenso *Fischer*, Zur Steuerpflicht von TV-Spielgewinnen, S. 391 (394). Dies deutet auf die Wertung hin, dass keine geeignete Erwerbsgrundlage vorliegt (Prüfung in der Erwerbsgerichtetheit).

753 BFH, Urteil vom 08. Dezember 1981 – VIII R 125/79 –, BFHE 135, 426; BStBl. II 1982, 618 (620 li. Sp.) zu Differenzgeschäften.

754 BFH, Urteil vom 21. September 2004 – IX R 13/02 – BFHE, 207, 284; BStBl. II 2005, 44 (45 re. Sp.); a.A. FG Köln, Zwischenurteil vom 31. Oktober 2012 – 12 K 1136/11 –, juris, DstRE 2013, 198.

755 *Gebel*, in:Rn. 1.§ 7,

756 *Kubicki*, Die Dogmatik des § 22 Nr. 3 EStG einschließlich der Querbezüge zur Schenkungsteuer, Diss., S. 277.

757 *Georg Crezelius*, Schenkungsteuer bei Gesellschafterleistungen an eine Kapitalgesellschaft, in: ZEV 2008, S. 154.

758 *Kubicki*, Die Dogmatik des § 22 Nr. 3 EStG einschließlich der Querbezüge zur Schenkungsteuer, Diss., S. 277 und 41 ff.

bb) Exkurs – Entgeltlichkeit im Zivilrecht

Zivilrechtlich schließen Gegenleistungen jeder Art die Unentgeltlichkeit aus, „wobei nicht die objektive Gleichwertigkeit zwischen Leistung und Gegenleistung, sondern die von den Parteien vorgenommene subjektive Beurteilung des Wertverhältnisses der erbrachten Leistungen für die Bejahung der Entgeltlichkeit der Zuwendung maßgeblich ist, sofern diese Bestimmung nicht willkürlich ist".[759] Dabei führen auch immaterielle Gegenleistungen des Zuwendungsempfängers zur Entgeltlichkeit.[760] Für eine entgeltliche Zuwendung muss diese synallagmatisch, konditional oder wenigstens kausal mit der Gegenleistung verknüpft sein.[761] Neben den tatsächlichen, wirtschaftlichen Zusammenhang tritt also eine wie auch immer geartete rechtliche Verknüpfung von Zuwendung und Gegenleistung. Ein Synallagma verlangt die rechtliche Abhängigkeit beider Elemente im Sinne eines gegenseitigen Schuldversprechens, bei der konditionalen Verknüpfung reicht hingegen schon die Anknüpfung an die Gegenleistung als Bedingung und bei der kausalen Verknüpfung wird die Gegenleistung zur rechtlichen Geschäftsgrundlage erhoben, um den Zuwendungsempfänger zu einem nicht einklagbaren Verhalten zu veranlassen.[762] Im Gegensatz zur Zweckschenkung erwartet der Leistende bei einer kausalen Verknüpfung die Gegenleistung durch den anderen.[763]

Zivilrechtlich können Gegenleistung und Zuwendung auch nachträglich verknüpft werden. Man spricht dann von einer vorweggenommenen Erfüllungshandlung eines entgeltlichen Vertrages. Dies gilt unstreitig, wenn die vorangehende Zuwendung erkennbar in Entlohnungsabsicht erbracht wurde.[764] Im Übrigen kommt es bei nachträglichen Zuwendungen auf den Parteiwillen der Beteiligten an, ob eine nachträgliche Entlohnung oder eine belohnende, renumeratorische Schenkung vorliegt.[765] Wenn hierin nach Zivilrecht eine – wegen der Privatautonomie grundsätzlich anzuerkennende – Vertragsänderung liegt, stellt sich jedoch die Frage der

---

759 *Tiziana J. Chiusi*, in: Michael Martinek (Hg.), Julius von Staudingers Kommentar zum Bürgerlichen Gesetzbuch: Staudinger BGB – Buch 2: Recht der Schuldverhältnisse, §§ 516–534 (Schenkungsrecht), 15. Aufl., Neubearbeitung 2013, § 516, Rn. 39.

760 *Jens Koch*, in: Franz Jürgen Säcker/Roland Rixecker (Hg.), Münchner Kommentar zum BGB, 6. Aufl., 2012, § 516, Rn. 25.

761 *Chiusi*, in: Staudinger, BGB, 15. Aufl. 2013, § 516, Rn. 44.

762 *Walter Weidenkaff*, in: Palandt, Bürgerliches Gesetzbuch, 73. Aufl., 2014, § 516, Rn. 8; *Chiusi*, in: Staudinger, BGB, 15. Aufl. 2013, § 516, Rn. 45–47; vgl. auch den Fall der Vereinbarung eines Bonus durch einen Dritten, BGH, Urteil vom 28. 5. 2009 – Xa ZR 9/08 –, NJW 2009, 2737: Das Versprechen einer Siegprämie durch einen Sponsor ist ein entgeltlicher Vorgang innerhalb der Vertragsfreiheit nach §§ 241 Abs. 1, 311 BGB und keine Schenkung nach § 516 BGB.

763 *Koch*, in: Münchner Kommentar zum BGB, § 516, Rn. 29.

764 *Chiusi*, in: Staudinger, BGB, 15. Aufl. 2013, § 516, Rn. 48.

765 *Koch*, in: Münchner Kommentar zum BGB, § 516, Rn. 31.

steuerrechtlichen Anerkennung.[766] Nach Ansicht des BFH muss der Steuerpflichtige im Zeitpunkt der Leistungserbringung jedoch keine Gegenleistung erwarten.[767] Dabei erhebt sich das Problem der Abgrenzung zum Schenkungsteuerrecht.[768]

cc) Exkurs – Entgeltlichkeit im Umsatzsteuerrecht

Auch im Umsatzsteuerrecht ist ein Leistungsaustausch ein entgeltlicher Vorgang, bei dem sich die Leistung auf den Erhalt der Gegenleistung richten muss, weshalb sich die Kausalität aus der Sicht des Leistenden beurteilen soll.[769] Für die Verknüpfung reicht ein schlüssiges Verhalten der Beteiligten aus.[770] Voraussetzung ist dabei lediglich, dass eine Gegenleistung erwartbar und hinreichend konkretisierbar ist.[771] Entsprechend verneint der EuGH bei Straßenmusikanten einen Leistungsaustausch, da hierbei sowohl das Ob als auch die Höhe der Gegenleistung durch Passanten völlig unklar und vom Zufall abhängig seien.[772] Zwar können umsatzsteuerrechtliche Erwägungen nicht ohne weiteres auf das Ertragssteuerrecht übertragen werden. Aber es fällt auch hier auf, dass der EuGH wie der RFH und BFH im Einkommensteuerrecht für die Frage der Entgeltlichkeit einer Austauschbeziehung auch auf die Zufallskomponente abstellt.

dd) Exkurs – Unentgeltlichkeit im Schenkungsteuerrecht

Eine freigebige Zuwendung gemäß § 7 Abs. 1 Nr. 1 ErbStG setzt in objektiver Hinsicht voraus,

> *„dass die Leistung zu einer Bereicherung auf Kosten des Zuwendenden führt und dass diese Leistung unentgeltlich erfolgt. Der Erwerb eines Gegenstands, auf den kein Rechtsanspruch besteht, ist unentgeltlich, wenn er nicht rechtlich abhängig ist von einer den Erwerb ausgleichenden Gegenleistung des Erwerbers, wobei als rechtliche Abhängigkeit*

---

766 *Koch*, in: Münchner Kommentar zum BGB, § 516, Rn. 30.

767 BFH, Urteil vom 25.02.2009 – IX R 33/07 –, BFH/NV 2009, 1253 (1254); anders zum Beispiel *Leisner*, die eine Erwartungshaltung des Leistenden voraussetzt, im Sinne das die Leistung auf den Erhalt des Entgelts gerichtet ist, s.u. Ob dies auch zu unterschiedlichen Ergebnissen führt, kann nicht gesagt werden, denn sie äußert sich nicht explizit zu nachträglichen (Um-)Widmungen.

768 *Kubicki*, Die Dogmatik des § 22 Nr. 3 EStG einschließlich der Querbezüge zur Schenkungsteuer, Diss., S. 90 u. S. 293 f. nimmt in diesen Fällen allenfalls renumeratorische Schenkungen an.

769 *Leicht*, in: Beck'sches Steuer- und Bilanzrechtslexikon, Edition, 1/14, Stichwort Leistungsaustausch, Rn. 31.

770 *Leicht*, in: Beck'sches Steuer- und Bilanzrechtslexikon, Edition, 1/14, Stichwort Leistungsaustausch, Rn. 31.

771 *Leicht*, in: Beck'sches Steuer- und Bilanzrechtslexikon, Edition, 1/14, Stichwort Leistungsaustausch, Rn. 31.

772 EuGH, Urteil vom 3. März 1994, Rs. C-16/93, NJW 1994, 1941.

sowohl Verknüpfungen nach Art eines gegenseitigen Vertrags als auch durch Setzung einer Bedingung oder eines entsprechenden Rechtszwecks in Betracht kommen".[773]

In subjektiver Hinsicht muss dies durch einen entsprechenden Willen zur Unentgeltlichkeit begleitet sein, der dann vorliegt, „wenn der Zuwendende in dem Bewußtsein handelt, zu der Vermögenshingabe weder rechtlich verpflichtet zu sein noch dafür eine mit seiner Leistung in einem synallagmatischen, konditionalen oder kausalen Zusammenhang stehende Gegenleistung zu erhalten".[774] Eine kausale Verknüpfung liegt zum Beispiel dann vor, wenn die Bewirkung der erstrebten Gegenleistung Geschäftsgrundlage für die eigene Leistung ist. Damit ist eine Abgrenzung von der unentgeltlichen Zweckschenkung erforderlich. Diese wird nach dem Parteiwillen vorgenommen: „Je mehr die Zweckerreichung dem Interesse des Leistenden oder eines Dritten dient, desto näher liegt die Annahme einer kausalen Verknüpfung; je mehr die Zweckerreichung dem Interesse des Leistungsempfängers dient, desto näher liegt die Annahme einer Zweckschenkung."[775]

Im Ergebnis setzt sich der Schenkungsteuertatbestand aus drei Merkmalen zusammen:

„– die objektive Entreicherung des Schenkers („auf Kosten des Zuwendenden");
– die objektive Bereicherung des Beschenkten („soweit der Bedachte ...bereichert wird");
– den Willen des Schenkers zur „Freigebigkeit" als subjektives Element".[776]

Die Abgrenzung folgt damit auch schenkungsteuerrechtlich den zivilrechtlichen Prämissen, wobei der BFH ausdrücklich keine Bereicherungsabsicht im Sinne eines „animus donandi" auf Seiten des Schenkers verlangt.[777] Nicht erforderlich soll die

773 FG Köln, Urteil vom 28. November 2000 – 9 K 2480/94 –, Tz. 35, juris, EFG 2001, 767; vgl. auch BFH, Urteil vom 02. März 1994 – II R 59/92 –, BFHE 173, 432, BStBl II 1994, 366.

774 BFH, Urteil vom 15. März 2007 – II R 5/04 –, Tz. 66, juris, BFHE 215, 540, BStBl II 2007, 472; BFH, Urteil vom 02. März 1994 – II R 59/92 –, Tz, 31, juris, BFHE 173, 432, BStBl II 1994, 366.

775 BFH, Urteil vom 15. März 2007 – II R 5/04 –, Tz. 53, juris, BFHE 215, 540, BStBl II 2007, 472; vgl. auch *Anton Steiner*, Der Sponsor in der Schenkungsteuerfalle?, in: ErbStB 2007, S. 204 (206).

776 *Anton Steiner*, Der Alltag als Schenkungsteuerfalle? – 10 Praxisfälle, in: ErbStB 2007, S. 110 (111).

777 BFH, Urteil vom 15. März 2007 – II R 5/04 –, Tz. 53, juris, BFHE 215, 540, BStBl II 2007, 472; zum „animus donandi" BFH, Urteil vom 02. März 1994 – II R 59/92 –, Tz. 30 juris, BFHE 173, 432, BStBl II 1994, 366; vgl. eingehend und kritisch *Jens Peter Meincke*, in: ErbStG, Kommentar, 16. Auflage, 2012, § 7, Rn. 10 f. in Zweifelsfällen greift aber auch die Rechtsprechung wieder die Motive des Handelden auf, misst diese dann aber an dem Verkehsüblichen oder der durchschnittlichen Verkehrsauffassung, *Dietmar Moench*, in: Dietmar Moench/Norbert Weinmann (Hg.), Moench/Weinmann, ErbStG Kommentar, 56. EL 2011, § 7, Rn. 115 f., insb.

Einigung über die Unentgeltlichkeit sein; hierbei handelt es sich aber eher um eine Beweisvermutung, denn wenn der Beschenkte die Unentgeltlichkeit ausdrücklich ablehnt, folgt regelmäßig auch keine Schenkungsteuerpflicht.[778]

ee) Voraussetzungen der Entgeltlichkeit im Rahmen der Leistungseinkünfte

Entgeltlichkeit setzt nach dem BFH nicht voraus, dass die Austauschbeziehung auf einem gegenseitigen Vertrag beruht. Maßgeblich ist allein, dass das Entgelt durch die Leistung ausgelöst werde und Leistender und Leistungsempfänger übereinstimmend die Leistung als angemessen vergütet sehen, auch wenn Leistungsempfänger und Zahlender nicht identisch zu sein brauchen.[779] Ein do-ut-des von Leistung und Gegenleistung ist also nicht erforderlich. Die Betonung, dass eine Entgeltlichkeit keine do-ut-des-Verknüpfung verlange, ist aus zivilrechtlicher Sicht keine Besonderheit. Soweit ersichtlich hat die finanzgerichtliche Rechtsprechung für die Leistungseinkünfte auch noch nie eine synallagmatische Verknüpfung gefordert. Das Entgelt kann dabei sowohl nachträglich fließen als auch nachträglich vereinbart werden.[780] Voraussetzung ist also nicht, dass der Steuerpflichtige bereits im Zeitpunkt der „Leistungserbringung" eine Gegenleistung erwartet, sondern es ist ausreichend, dass dieser die Gegenleistung später als solche annimmt.[781]

---

120. *Meincke* weist jedoch a.a.O. auf die geringen praktischen Unterschiede hin, da auch bei Abstellen auf den Bereicherungswillen dieser – wie natürlich jeder innerer Vorgang – nur an Hand äußerer und damit objektiven Umständen bestimmt werden kann, vgl. auch *Moench*, a.a.O., § 7, Rn. 119. ME geht es dabei um die objektive Nachvollziehbarkeit, siehe hierzu unten bei der Veranlassung und der Erwerbsgerichtetheit.

778 *Meincke*, in: ErbStG, Kommentar, § 7, Rn. 11; so auch FG Köln, Urteil vom 26. September 2013 – 13 K 3908/09 –, DStRE 2015, 65 (68 unter d)) für den Begriff der Unentgelichkeit im Rahmen des § 4 Abs. 5 Satz 1 Nr. 1 EStG (Geschenke als Betriebsausgaben): „Der Wille bestimmt sich dabei, wie sie für den Erklärungsempfänger zu verstehen ist. Nicht erklärte Absichten oder Erwartungen bleiben im Bereich der unbeachtlichen Motive." So auch BFH, Urteil vom 04. Februar 1987 – I R 132/83 –, Tz. 12, juris, BFH/NV 1988, 352.

779 BFH, Urteil vom 12. November 1985 – IX R 183/84 –, Tz. 7, juris, BFHE 145, 576 und BFHE 147, 305 = BStBl II 1986, 890 und BStBl II 1986, 340.

780 BFH, Urteil vom 14. September 1999 – IX R 88/95 –, BFHE 189, 424; BStBl. II 1999, 776 (777 re. Sp.).

781 BFH, Urteil vom 25.02.2009 – IX R 33/07 –, BFH/NV 2009, 1253 (1254); anders zum Beispiel *Leisner*, die eine Erwartungshaltung des Leistenden voraussetzt, im Sinne das die Leistung auf den Erhalt des Entgelts gerichtet ist, s.u. Ob dies ihrer Ansicht nach auch zu unterschiedlichen Ergebnissen führen muss, kann nicht gesagt werden, denn sie äußert sich nicht explizit zu nachträglichen (Um-)Widmungen. Wie *Leisner-Egensperger* auch *Kubicki*, Die Dogmatik des § 22 Nr. 3 EStG einschließlich der Querbezüge zur Schenkungsteuer, Diss., S. 90.

Für die Entgeltlichkeit einer Tätigkeit müssen folgende Merkmale vorliegen[782]: Die Gegenleistung muss in einem wirtschaftlichen Zusammenhang mit der Leistung stehen, dass heißt durch die Leistung ausgelöst werden und als solche angenommen werden.

Indem der BFH einen wirtschaftlichen Zusammenhang fordert, erweitert er die zivilrechtliche Entgeltdefinition um den steuerrechtlichen Veranlassungszusammenhang, also um eine entsprechende Wertung.

Für die Steuerbarkeit der Gegenleistung tritt als drittes Element hinzu, dass die Gegenleistung sich als Ergebnis einer Erwerbstätigkeit darstellt, dass also die allgemeinen Merkmale des § 2 EStG vorliegen.[783] Dies ist aber mE keine Frage der Entgeltlichkeit im eigentlichen Sinne, sondern Voraussetzung jeder steuerbaren Tätigkeit. Mit dem Begriff der „Leistung" meint der BFH an dieser Stelle zunächst das Verhalten, also jedes Tun, Dulden oder Unterlassen, da ansonsten die weitere Voraussetzung „Ergebnis einer Erwerbstätigkeit" keinen Sinn ergeben würde.

(1) Wirtschaftlicher Zusammenhang in der Rechtsprechung

Über die bloße Entgegennahme des Entgelts hinaus muss also ein wirtschaftlicher Zusammenhang vorhanden sein, was auf eine Zurechnungsfrage hinweist.[784] In einem Urteil zu Streikgeldern stellte der BFH sein Verständnis des wirtschaftlichen Zusammenhangs näher dar.[785]

Das Urteil beschäftigt sich zunächst eingehend mit der Frage, ob Arbeitslohn vorliegen könnte. Die Ausführungen sind auch auf die Leistungseinkünfte übertragbar, da für beide Einkunftsarten entscheidend auf den Gegenleistungscharakter abgestellt und dieser an Hand der inneren Verknüpfung zwischen Leistung und Gegenleistung geprüft wird. Der BFH verneint sowohl für § 19 EStG als auch für § 22 Nr. 3 EStG den Gegenleistungscharakter der Zahlung.

Zum Sachverhalt: Der Steuerpflichtige, Arbeitnehmer und Gewerkschaftsmitglied bei IG Metall, bezog von der IG Metall im Rahmen eines Schwerpunktstreikes eine Streikunterstützung in Höhe von ca. 2.000 DM. Diesen Betrag, abzüglich einiger Werbungskosten, versteuerte das FA als Arbeitslohn. Das FG wies die Klage ab. Der BFH weicht in dem Urteil von der Annahme, dass Arbeitslohn vorliegt, ab. Er führt an, dass der Arbeitnehmer Vorteile „für" eine Beschäftigung erhalten müsse.

---

782 BFH, Urteil vom 21. September 2004 – IX R 13/02 –, BFHE, 207, 284; BStBl. II 2005, 44 (46 li. Sp.).

783 BFH, Urteil vom 21. September 2004 – IX R 13/02 –, BFHE, 207, 284; BStBl. II 2005, 44 (46 li. Sp.).

784 BFH, Urteil vom 25. Februar 2009 – IX R 33/07 –, BFH/NV 2009, 1253 (1255).

785 BFH, Urteil vom 24. Oktober 1990 – X R 161/88 –, BFHE 162, 329; BStBl. II 1991, 337 und Abkehr von der vorherigen Rechtsauffassung, dass die Gelder Entschädigungen nach § 24 EStG darstellten, vgl. BFH, Urteil vom 30. Oktober 1970 – VI R 273/67 –, BFHE 100, 504, BStBl II 1971, 138; BFH, Urteil vom 30. März 1982 – III R 150/80 –, BFHE 135, 488, BStBl II 1982, 552.

Dabei bedeute das „für", dass der Vorteil „nur mit Rücksicht auf das Dienstverhältnis eingeräumt werde und sich im weitesten Sinne als Gegenleistung für das Zurverfügungstellen der individuellen Arbeitskraft des Arbeitnehmers erweist".[786] Werde der Vorteil durch einen Dritten erbracht, so müsse eine innere Verknüpfung zwischen der Leistung des Arbeitnehmers und der Zuwendung bestehen und der Dritte dürfe nicht gegen den Willen und die Interessen des Arbeitgebers handeln. Die Zuwendung dürfe ferner auf nicht auf eigenen, unmittelbaren rechtlichen oder wirtschaftlichen Beziehungen zwischen dem Arbeitnehmer und dem Dritten beruhen.[787] Ein bloß sachlicher Zusammenhang reiche daher nicht aus. Vielmehr stelle § 19 i. V. m. § 2 EStG eine typisierende Festlegung dieser Einkunftsart dar – „mit der Folge, dass andere Einnahmen, die in diesem Katalog nicht aufgeführt sind, den ausdrücklich genannten in ihrem Kern entsprechen, d. h. im weitesten Sinne Gegenleistungscharakter aufweisen müssen".[788] Sinn und Zweck der Streikgelder sei es zu verhindern, dass der Arbeitnehmer in Folge des streikbedingten Lohnausfalles in soziale Not gerate. Die Zahlung richte sich wie der Streik gegen die Interessen des Arbeitgebers und beruhe auf der freiwilligen und unmittelbaren Mitgliedschaft des Arbeitnehmers in der Gewerkschaft.[789] Mithin liege kein Arbeitslohn vor, auch wenn die Höhe sich an dem Lohn orientiert und die Mitgliedsbeiträge Werbungskosten darstellen. Denn letztere verlangten nur, dass sie dem Beruf dienen, nicht aber, dass aus ihnen zugleich Lohn fließt.[790] Die Streikgelder stellten auch keine Entschädigung für einen Einnahmenausfall nach § 24 EStG dar. Denn der Begriff der Entschädigung verlange, dass der Steuerpflichtige das schadensstiftende Ereignis nicht aus eigenem Antrieb herbeigeführt habe; der Ausfall der Einnahmen müsse von Seiten Dritter verursacht worden sein.[791] Wenn der Steuerpflichtige wie vorliegend selbst an der Herbeiführung beteiligt gewesen sei, so müsse zumindest ein rechtlicher, wirtschaftlicher oder tatsächlicher Druck vorgelegen haben. Mithin müsse die Frage geklärt werden, zu welcher Sphäre sich der Ausfall zurechnen lässt. Eine Zwangslage läge nie vor, wenn die Ursachenkette freiwillig in Gang gesetzt worden sei, selbst wenn der Entscheidungsspielraum letztlich wegfallen sollte. Auch die eigene Krankheit sei zum Beispiel der eigenen Sphäre zuzuordnen. Mit dem Beitritt zur Gewerkschaft habe sich das Mitglied freiwillig dem Prozedere

---

786 BFH, Urteil vom 24. Oktober 1990 – X R 161/88 –, BFHE 162, 329; BStBl. II 1991, 337 (338 re. Sp.).

787 BFH, Urteil vom 24. Oktober 1990 – X R 161/88 –, BFHE 162, 329; BStBl. II 1991, 337 (338 re. Sp.).

788 BFH, Urteil vom 24. Oktober 1990 – X R 161/88 –, BFHE 162, 329; BStBl. II 1991, 337 (338 re. Sp.).

789 BFH, Urteil vom 24. Oktober 1990 – X R 161/88 –, BFHE 162, 329; BStBl. II 1991, 337 (339 li. Sp.).

790 BFH, Urteil vom 24. Oktober 1990 – X R 161/88 –, BFHE 162, 329; BStBl. II 1991, 337 (339 li. Sp.).

791 BFH, Urteil vom 24. Oktober 1990 – X R 161/88 –, BFHE 162, 329; BStBl. II 1991, 337 (339 re. Sp.).

der Gewerkschaft unterworfen, selbst wenn das Mitglied später gar nicht streiken wolle.[792] Mithin sei der Entschädigungscharakter zu verneinen.[793] Sodann schließt der BFH auch die Anwendung des § 22 Nr. 3 EStG aus. Die Unterstützung sei keine Gegenleistung für die Teilnahme am Streik. Und das einzelne Mitglied nehme auch nicht am Streik teil, um die Streikunterstützung zu erlangen.[794]

Nachfolgend betonte der BFH, dass der erforderliche innere Zusammenhang zumindest dann vorliege, wenn der Leistende zumindest wirtschaftliche Interessen verfolge.[795] Eine weitere Definition dieser maßgeblichen Interessen findet sich nicht. Es können aber zwei Wertungsgesichtspunkte hervorgehoben werden: Zunächst kann aus der bloßen Entgegennahme von Geld oder Sachleistungen noch nicht automatisch auf eine entgeltliche Leistung geschlossen werden. Und dann ist ein Anhaltspunkt für die Wertung, ob wirtschaftliche Interessen des Leistenden vorliegen, der Aspekt, dass der Leistende seinen Rechtskreis in Abhängigkeit zum Leistungsempfänger stellt oder diesen auf seinen Rechtskreis einwirken lässt, dem Leistungsempfänger also etwas gestattet.[796] Der letzte Punkt beinhaltet den Auftrag, den Zweck der „Gestattung" zu untersuchen und verweist auf den möglichen

792 BFH, Urteil vom 24. Oktober 1990 – X R 161/88 –, BFHE 162, 329; BStBl. II 1991, 337 (339 re. Sp.).

793 Bezüglich des Arbeitslohns und damit der Frage des Veranlassungszuammenhangs entschied der X. Senat wie zuvor der II. und VI. Senat. Der BFH verneinte in allen drei Urteilen das Vorliegen von Arbeitslohn. Lediglich in der Frage, ob es sich um eine steuerbare Entschädigung handelt, vertrag der X. Senat eine divergierende Rechtsauffassung, ohne jedoch den Großen Senat anzurufen, vgl. BFH, Urteil vom 30. Oktober 1970 – VI R 273/67 –, BFHE 100, 504, BStBl II 1971, 138 und BFH, Urteil vom 30. März 1982 – III R 150/80 –, BFHE 135, 488, BStBl II 1982, 552.

794 BFH, Urteil vom 24. Oktober 1990 – X R 161/88 –, BFHE 162, 329; BStBl. II 1991, 337 (340 li. Sp.); vgl. auch *Walter Seuffert*, Über die Einkommensteuerpflicht gewerkschaftlicher Streikunterstützungen, in: DStR 1979, S. 395 (399); anders früher der III. Senat, BFH, Urteil vom 30. März 1982 – III R 150/80 –, BFHE 135, 488, BStBl II 1982, 552, wonach eine Entschädigung gemäß § 24 Nr. 1 lit. a EStG vorliegt. Der Rechtsprechung des X. Senats hat sich die Sozialgerichtsbarkeit inzwischen angeschlossen, BSG, Urteil vom 17. Februar 2011 – B 10 EG 17/09 R –, Tz. 33, juris, SozR 4–7837 § 2 Nr 7.

795 BFH, Urteil vom 25.02.2009 – IX R 33/07 –, BFH/NV 2009, 1253 (1255); vgl. zum Umsatzsteuerrecht Leicht, in: Beck'sches Bilanzrechtslexikon, Edition, 1/14, Stichwort Leistung, Rn. 2; vgl. zum Begriff der Entgeltlichkeit und des hierfür erforderlichen betrieblichen Interesses beim Geschenkbegriff des § 4 Abs. 5 Satz 1 Nr. 1 EStG FG Köln, Urteil vom 26. September 2013 – 13 K 3908/09 –, DStRE 2015, 65 (67 unter c)).

796 BFH, Urteil vom 08. Dezember 1981 – VIII R 125/79 –, BFHE 135, 426; BStBl. II 1982, 618 (620 li. Sp.) zu Differenzgeschäften; wie bei den Geschenken sollte die Leistung also über die bloße Kontaktverbesserung und Wohlwollenserreichung hinreichend konkretisiert sein, vgl. nochmals FG Köln, Urteil vom 26. September 2013 – 13 K 3908/09 –, DStRE 2015, 65 (67 unter c)).

Umstand eines alternativen, konkurrierenden Kausalverlaufs, der die Bejahung des wirtschaftlichen Interesses des Leistenden ausschließen kann.

Hier sei als Beispiel noch der Fall der Verleihung eines Nachwuchspreises dargestellt.[797]

Der Kläger war Marktleiter eines Supermarktes, der zu einer genossenschaftlichen Struktur gehörte. Ein mit dieser Struktur verbundener Prüfungsverband lobte einen Nachwuchspreis in Höhe von 10.000 DM aus, den der Kläger erhielt. Das FA erfasst die Einnahmen als Lohn. Auch das FG sah in dem Preis Entgelt für eine nichtselbständige Arbeit, die zwar von einem Dritten geleistet, aber immer noch „für" seine beruflichen Leistungen gewährt wurde. Bei einer Gesamtwürdigung der Verhältnisse stelle er sich als Frucht der Arbeitsleistung dar. Der BFH fühlt sich an die tatrichterliche Gesamtwürdigung gebunden und führt weiter aus, dass man die Grundsätze für die Zurechnung solcher Preise zur betrieblichen Sphäre oder zur Sphäre des Steuerpflichtigen auch auf die Fälle des § 19 EStG übertragen könne: Voraussetzung sei stets, dass auch die unentgeltliche Zuwendung einen wirtschaftlichen Bezug zum Betrieb aufweise. Ein äußerer Zusammenhang reiche jedoch für sich nicht aus. Erforderlich ist, dass typische Berufsleistungen ausgezeichnet werden sollten und der Auslobende auch ein besonderes wirtschaftliches Interesse an dem Ergebnis des Wettbewerbs habe.[798] Bei Auszeichnungen für das Lebenswerk oder das Gesamtschaffen liege hingegen kein Leistungsaustausch vor, auch wenn die Verleihung in einem äußeren Zusammenhang mit einer bestimmten beruflichen Leistung bestehe, da hier die Ehrung der Persönlichkeit im Vordergrund stünde. Das FG habe dies entsprechend korrekt und nachvollziehbar gewürdigt, § 118 Abs. 2 FGO. Es sei nämlich nicht ausgeschlossen, dass der Prüfungsverband im wirtschaftlichen Interesse seiner beteiligten Genossenschaften, und damit auch für deren Mitglieder, gehandelt habe. Die Auslobung als „Nachwuchspreis" unterstreiche im Gegenteil, dass die wirtschaftliche Zielverfolgung als Arbeitnehmer gewürdigt werden sollte.[799] Im Übrigen käme auch § 22 Nr. 3 EStG in Betracht, denn entscheidend sei, „ob die Gegenleistung (das Entgelt) – wofür im Streitfalle einiges spreche – durch das Verhalten des Steuerpflichtigen veranlasst sei; dafür genügt schon die Annahme einer für das Verhalten gewährten Gegenleistung".[800] Die besondere Rechtsnatur als Auslobung nach § 657 BGB schade dem wirtschaftlichen Charakter solcher leistungsbezogenen Entgelte nicht.[801]

797 BFH, Urteil vom 23. April 2009 – VI R 39/08 –, BFHE, 224, 571; BStBl. II 2009, 668.

798 BFH, Urteil vom 23. April 2009 – VI R 39/08 –, BFHE, 224, 571; BStBl. II 2009, 668 (669 li. Sp.).

799 BFH, Urteil vom 23. April 2009 – VI R 39/08 –, BFHE, 224, 571; BStBl. II 2009, 668 (669 re. Sp.).

800 BFH, Urteil vom 23. April 2009 – VI R 39/08 –, BFHE, 224, 571; BStBl. II 2009, 668 (670 li. Sp.).

801 BFH, Urteil vom 23. April 2009 – VI R 39/08 –, BFHE, 224, 571; BStBl. II 2009, 668 (669 li. Sp.).

In einem obiter dictum geht der BFH sodann von der Übertragbarkeit dieser Wertungsmaßstäbe auf die Leistungseinkünfte aus. Jedoch darf dadurch im Falle des § 22 Nr. 3 EStG nicht auf die Interessenbewertung der beteiligten Personen verzichtet werden, wenn nämlich durch die Preisverleihung ein Leistungsaustausch erst begründet wird. Hierzu gehört zum einen der Aspekt der Anerkennung der bestehenden wirtschaftlichen Interessen des Leistenden und die Interessen des Gegenleistenden. Ansonsten würde die Grenze zu unentgeltlichen Zuwendungen überschritten. Zurecht hebt der BFH hervor, dass die Ehrung der Persönlichkeit nicht steuerbar wäre und damit auch nicht unter § 22 Nr. 3 EStG fallen könnte.

In den Fällen, in denen es zugleich um die Begründung der steuerbaren Tätigkeit an sich geht, ist die weitere Forderung des BFH zu beachten, dass die Leistung die allgemeinen Anforderungen jeder Erwerbstätigkeit erfüllen muss. Die Beurteilung des wirtschaftlichen Zusammenhangs ist damit auch abhängig von weiteren Gesichtspunkten, auf die erst weiter unten eingegangen wird.[802]

(2) Beurteilungsperspektive der Rechtsprechung

Bei der Beantwortung der Frage der Entgeltlichkeit einer Leistung – besser eines Verhaltens, da eine Leistung ja bereits nach dem Wortlaut den Tatbestand in Gänze bildet – stellt der BFH zunächst auf die Perspektive des handelnden Steuerpflichtigen, also des Leistenden, ab und fragt danach, ob aus dessen Perspektive die Gegenleistung mit seinem Verhalten derart verknüpft ist, dass diese eine Gegenleistung als solche ist. Gleichzeitig ist dessen Perspektive aber nicht allein maßgeblich. Die finanzgerichtliche Rechtsprechung stellt auch immer auf die Perspektive und die Interessen des Leistungsempfängers ab, der freilich nicht zugleich Gegenleistender sein muss.[803] So stellt der BFH bei TV-Shows zur Abgrenzung zu Glücksspielen nicht auf den Zufallsmoment ab. Maßgeblich sei, ob noch von einer gewissen Mitwirkungshandlung des Steuerpflichtigen ausgegangen werden könne: Nur durch seine Beteiligung lebe die Show und aus diesem Interesse heraus gewähre der Produzent der Show die Gewinnchance als Entgelt; in diesem Fall reichten daher auch lediglich bedingte oder indirekte Einflussmöglichkeiten des Leistenden.[804] Zivilrechtlich handelt es sich bei

802 So zum Beispiel die Einkünfteerzielungsabsicht und die Privat- und Vermögenssphäre. Methodisch scheint der BFH diese Fragen mit dem Veranlassungszusammenhang zu vermischen, auch wenn es streng genommen nicht um die Einordnung des auslösenden Moments geht. Da aber im Ergebnis die selben Wertmaßstäbe herangezogen werden, wirkt sich dies nicht auf die Beurteilung aus.

803 BFH, Urteil vom 12. November 1985 – IX R 183/84 – BFHE 145, 576; BFHE 147, 305; BStBl. II 1986, 890 (891 re. Sp.); vgl. auch *Roland Ismer*, Die einkommensteuerliche Privatsphäre nach „Big Brother“ – dogmatische Grundfragen bei den sonstigen Leistungen, in: FR 2012 2012, S. 1057 (1060).

804 BFH, Urteil vom 28. November 2007 IX R 39/06 – BFHE, 220, 67; BStBl. II 2008, 469 (470 re. Sp.); das der Zufallsmoment nicht entscheidend ist, hebt auch *Fischer*, Zur Steuerpflicht von TV-Spielgewinnen, S. 391 (393) hervor. Die Bedeutung von über den Einsatz hinausgehenden Mitwirkungshandlungen hebt auch *Ismer*, Glück

derartigen Gewinnshows im Fernsehen auch gar nicht um Glücks- oder Geschicklichkeitsspiele, sondern um Auslobungen gemäß § 657 BGB.[805]

Auch im Falle des FG Rheinland-Pfalz, in dem das Gericht die über die Einkommensteuerbarkeit von Spendengeldern an einen Missionar zu entscheiden hatte, war wesentlicher Punkt der Begründung, in welchem Maße man von einer echten Gegenleistung sprechen könnte. Das Gericht verneinte dies mit folgenden Erwägungen: „Sie [die Spender, also mutmaßlichen Leistungsempfänger] erwarten hierfür von dem Kl. keine Gegenleistung. Als Gegenleistung könnte allenfalls die allgemeine Förderung der Verbreitung christlicher Lehren angesehen werden; hierbei handelt es sich aber um kein wirtschaftliches Interesse, sondern um eine Glaubensfrage. Von dem Kl. direkt erwarten die Spender keine Gegenleistung und erhalten diese auch nicht."[806] Und vergleichbar argumentierte das Niedersächsische FG: „Für freiwillige Leistungen hat die Rechtsprechung seit jeher einen Leistungsaustausch angenommen, wenn ‚zwischen den gegenseitigen Leistungen eine innere Verknüpfung gegeben ist' in dem Sinne, daß die Zahlungen davon abhängig sind oder geleistet werden, weil der Leistende die von ihm erwartete Tätigkeit entwickelt hat. Diese Voraussetzungen sind hier nicht erfüllt. Die Spenden sind unabhängig von einer konkreten Tätigkeit des Klägers geleistet worden, die damit hätte entgolten werden können. Der Kläger führte seine Missionstätigkeit unabhängig davon durch, ob ihm eine bestimmte Spende zuging. Die Spender erwarben keinen Anspruch auf eine weitere Missionstätigkeit des Klägers oder darauf, daß er das Geld an Waisenhäuser oder bedürftige Personen weiterleitete. Sie hatten an der Tätigkeit des Klägers auch kein wirtschaftliches Interesse, sondern spendeten einseitig zur allgemeinen Förderung der Verbreitung christlicher Ideen."[807]

Die beiderseitige Interessenberücksichtigung gilt dabei sowohl für die angesprochenen tätigkeitsbezogenen Vorgänge als auch die vermögensbezogenen Vorgänge. Auch hier sei die Steuerbarkeit nach dem wirtschaftlichen Gehalt der zugrunde liegenden Leistungen zu bestimmen und diese richte sich nach dem Gesamtbild

---

im Spiel – Pech für die Dogmatik, S. 235 (237) in Anschluss an das FG Schleswig-Holstein, Urteil vom 28. März 2006 – 5 K 159/05 –, EFG 2006, 1328 hervor, wonach es für die Annahme einer Leistung mehr als eines minimalen Einsatzes bedarf (freilich nicht im Sinne des Geldeinsatzes).

805 *Sprau*, in: Palandt, Bürgerliches Gesetzbuch, § 657, Rn. 1; zu „Wer wird Millionär?" siehe OLG Köln, Beschluss vom 10.4.2014 – 11 W 64/13, NJW-RR 2014, 1138.

806 FG Rheinland-Pfalz, Urteil vom 14. Oktober 1994 – 3 K 2772/93 –, EFG 1995, 311. Gerade die Erwartungshaltung markiert zivilrechtlich die Grenze von Unentgeltlichkeit zur Entgeltlichkeit.

807 Niedersächsisches FG, Urteil vom 15. Dezember 1978 – V (IV) 109/73 –, juris mit Verweis auf RFH, Urteil vom 19. Juli 1935 V 500/34, RStBl. 1935, 1152 und RFH, Urteil vom 24. August 1938 – V 306/37 –, RStBl. 1938, 903.

der wirtschaftlichen Verhältnisse, „nämlich was die Parteien wirklich gewollt und tatsächlich bewirkt hätten".[808]

(3) Zeitpunkt des Zusammenhangs

Der BFH stellt anders als bei Dienstverhältnissen oder gewerblichen Einkünften bei der Prüfung des Zusammenhangs zwischen Verhalten und Gegenleistung nicht auf den Zeitpunkt der Tätigkeit ab. Auch eine zunächst indifferente Tätigkeit ist demnach steuerbar, wenn sie durch die Entgegennahme eines Entgelts als solches in die steuerbare Sphäre gehoben wird. Dies wird deutlich bei nachfolgendem Fall:

Der Kläger empfahl seinem Schwager, der für seine Firma umfangreiche Investitionen vornehmen wollte, die Zusammenarbeit mit einer bestimmten Investitionsgesellschaft (IG). Diese schloss sodann entsprechende Verträge mit der Firma des Schwagers, an der auch die Frau des Klägers beteiligt war, und einer weiteren GmbH, die der Frau des Klägers gehörte, ab. Später überwies die IG dem Kläger DM 100.000,- und ließ sich eine Quittung unterschreiben, auf der der Zweck „Provision" angegeben war. Das FG sah den Tatbestand des § 22 Nr. 3 EStG als erfüllt an, obwohl der Kläger einwandte, dass er die Informationen nur zufällig erfahren habe und niemals eine Vereinbarung mit der IG getroffen worden sei. Auch der BFH bejaht eine steuerbare Leistung. Die Weitergabe der Information über die IG stelle eine Tätigkeit dar, die Gegenstand eines entgeltlichen Vertrages sein kann. Dafür spreche, dass genau dafür die IG DM 100.000,- bezahlt habe. Die Zufälligkeit der Informationserlangung spiele keine Rolle, da es für die Besteuerung nicht auf die Art und Weise der Informationsbeschaffung ankomme. Denn eine Leistung liege unabhängig davon vor, ob sie mit oder ohne Mühe erbracht werde und ob eine daraus resultierende Einnahme wirtschaftlich gerechtfertigt sei.[809] Ferner liege auch das Merkmal „um des Entgelts willen" vor, da es ausreiche, dass für die betreffende Tätigkeit zumindest nachträglich ein Entgelt gewährt werde, die Zahlung deswegen durch die Tätigkeit ausgelöst worden sei. Beide Parteien sahen in dem Entgelt eine angemessen Vergütung und daher sei wie bei den „anderen Einkunftsarten, der Tatbestand eines auf Einkommens – und Vermögensmehrung durch Leistungsaustausch gerichteten wirtschaftlichen Verhaltens erfüllt".[810] In diesem Urteil wird ersichtlich, dass der BFH das Tatbestandsmerkmal „um des Entgelts willen" 2004 inhaltlich nicht einfach aufgegeben, sondern durch die Formulierung „durch eine Tätigkeit ausgelöst" konkretisiert hat. Der BFH hat eine subjektive Formulierung durch eine objektive ersetzt. Materiell bedeutet dies keine wirkliche Änderung, sondern ein Anknüpfen und Fortführen seiner Rechtsprechung.

---

808 BFH, Urteil vom 19. Dezember 2000 – IX R 96/97 –, BFHE 194, 178; BStBl. II 2001, 391 (392 li. Sp.).

809 BFH, Urteil vom 21. September 1982 – VIII R 73/79 –, BFHE 137, 251; BStBl. II 1983, 201 (203 re. Sp. unter Verweis auf *Knobbe-Keuk*, in: DB 1972, S. 1130 (1131 li. Sp.).

810 BFH, Urteil vom 21. September 1982 – VIII R 73/79 –, BFHE 137, 251; BStBl. II 1983, 201 (203 re. Sp.).

(4) Unterbrechung des Zusammenhangs durch Spielcharakter

Eine Entgeltlichkeit scheidet nicht aus, wenn die Gegenleistung zunächst in einer bloßen Gewinnchance besteht. Dies mag verwundern, da der BFH sonst immer betont, dass „[d]ie (auch erfolgreiche) Teilnahme an einer Lotterie [...] keinen Leistungsaustausch [begründet]“.[811] Der BFH begründet dies damit, dass es bei Glückspielen „am Verhältnis von Leistung und Gegenleistung fehle, da der Spielgewinn weder die Spieltätigkeit noch den Spieleinsatz als entsprechende Leistungen vergüte“.[812] Den gleichen Gesichtspunkt hob der BFH auch in der oben angesprochenen Entscheidung zu den – damals – nicht-steuerbaren Devisentermingeschäften hervor.[813] Wie gezeigt kann diese Aussage in ihrer Allgemeinheit nicht überzeugen, wenn selbst der BFH in einem obiter dictum die Nichtbesteuerung von Differenzgeschäften wegen ihres angeblichen Spielcharakters in Frage stellt. Interessanterweise findet sich in keinem Urteil eine Definition des „Spiels“. Der BFH stellt zur Unterscheidung lediglich auf Indizien ab: Im Falle des bloßen Glückspiels sei kein Leistungsaustauch vorhanden. Wenn der Steuerpflichtige hingegen für eine Tätigkeit eine Gewinnchance erhält und die Tätigkeit auch im Interesse des Gewährenden liegt, sei eine Entgeltlichkeit zu bejahen, auch wenn die Entlohnung nur in einer vom Glück abhängigen Gewinnchance liege. So führt der BFH aus: „Die Chance zu gewinnen ist mithin Teil des Entgelts, die der Teilnehmer erhält; die Größe der Gewinnchance habe deshalb keine Bedeutung.[814] Mithin stellt das Zufallsmoment nicht das maßgebliche Kriterium der Bestimmung der Entgeltlichkeit dar. Entscheidend ist, dass dem Spieleinsatz nachfolgende Tätigkeiten entfaltet werden, die zudem im Interesse des Gegenleistenden liegen. Dies soll am Beispiel eines Falles, der die Gewinne von Trabrennstallbetreibern betraf, verdeutlicht werden. Zunächst ist auch für einen Trabrennstallbesitzer der Gewinn eine zumindest teilweise Glücksache. Für die Annahme der Entgeltlichkeit spiele dies aber keine Rolle, höchstens für das Vorliegen der Gewinnerzielungsabsicht. Im Gegensatz zu Renngewinnen (Wettgewinnen) liege jedoch gegenüber dem Veranstalter eine Leistung in der Teilnahme an dem Rennen vor. Denn Trabrennen seien Unterhaltungsveranstaltungen mit Wettmöglichkeit. Die Gegenleistung für die Teilnahme sei in der Einräumung der Gewinnchance zu sehen. Der Teilnahme sei daher nicht mit einem Wetteinsatz vergleichbar, selbst wenn ein Startgeld geleistet werden müsse. Dieses stelle einen auch in anderen Vertragsverhältnissen nicht unüblichen Kostenzuschuss dar und sei nicht alleinige Voraussetzung der Teilnahme. Ferner würden die Gewinne in der Regel nicht aus den Startgeldern geleistet, sondern aus den Wetteinahmen. Auf die

---

811 BFH, Urteil vom 02. September – 2008 X R 8/06 –, BFHE 223, 31; BStBl. II 2010, 548 (550 li. Sp.).

812 BFH, Urteil vom 28. November – 2007 IX R 39/06 –, BFHE, 220, 67; BStBl. II 2008, 469 (470 re. Sp.).

813 BFH, Urteil vom 08-12-1981 – VIII R 125/79 –, NJW 1982, 2279.

814 BFH, Urteil vom 28. November 2007 – IX R 39/06 –, BFHE, 220, 67; BStBl. II 2008, 469 (471 li. Sp.).

Größe der Gewinnchance komme es, wenn die Gegenleistung für die Teilnahme an der Unterhaltungsveranstaltung die Gewährung einer Gewinnchance sei, nicht an. Die Frage, ob die Gewinnchancen einen nachhaltigen Gewinn versprächen, sei eine Frage der Liebhaberei.[815] Der pauschale Verweis auf den Spielcharakter eignet sich daher mE nicht, um die Entgeltlichkeit zu bejahen oder zu verneinen. Es kommt zwar darauf an, ob der Gewinnchancengewährende ein Interesse an einem weiteren Verhalten des Steuerpflichtigen hat. Liegt dies nicht vor, wie zum Beispiel bei einer Rubbellotterie, einer Tombola oder dem gewöhnlichen Lotto, spricht dies dafür, reine Konsumtätigkeiten anzunehmen. Liegt hingegen ein gemeinsames Spiel vor, kann dies durchaus bejaht werden.[816] Jedoch setzt diese Meinung die vorherige Wertung voraus, ob ein Spiel überhaupt vorliegt. Diese Frage ist mE aber keine der Entgeltlichkeit, sondern der Erwerbsgerichtetheit.

(5) Einmaligkeit der Tätigkeiten

Bei den soeben angesprochenen Spielen hob der BFH bervor, dass die bloß einmalige Tätigkeit kein Besteuerungshindernis darstelle. Dieses Ergebnis verdient vor dem Hintergrund der Entstehungsgeschichte der Norm an sich keine Beachtung, sondern bringt nur den ausdrücklich geäußerten gesetzgeberischen Willen der Besteuerung einmaliger Tätigkeiten zur Geltung.

b) Literatur

(1) Weber-Grellet

Nach *Weber-Grellet* können Einkünfte aus Leistungen nur dann vorliegen, wenn diese als wirtschaftliche Gegenleistung durch die Leistung veranlasst seien.[817] Für die Qualifizierung als eine entgeltliche Leistung reiche aus, dass die Handlung in der Aussicht auf ein Entgelt vorgenommen worden ist.[818] Aber nicht jede Gegenleistung, die in einem wirtschaftlichen Zusammenhang mit einer Handlung des Steuerpflichtigen stünde, könne als eine wirtschaftliche Gegenleistung angesehen werden. So seien zufällige Leistungen nicht steuerbar, wie zum Beispiel im Falle von Finderlohn und Belohnungen für Hinweise auf Straftaten. Entscheidend sei, welches Motiv den Steuerpflichtigen bei seiner Handlung leite.[819] *Weber-Grellet* unterlässt also eine Definition der wirtschaftlichen Gegenleistung, sondern stellt auf die Umstände ab, die das Verhalten des Steuerpflichtigen kennzeichnen. Dabei

---

815 BFH, Urteil vom 19. Juli 1990 – IV R 82/89 –, BFHE 161, 144; BStBl. II 1991, 333 (335 li. Sp.); anders wohl BFH, Urteil vom 24. April 2012 – IX R 6/10 –, FR 2012, 928.

816 FG Köln, Zwischenurteil vom 31. Oktober 2012 – 12 K 1136/11 –, juris, DStRE 2013, 198.

817 *Weber-Grellet*, in: Schmidt, EStG, § 22, Rn. 133, 142.

818 *Weber-Grellet*, in: Schmidt, EStG, § 22, Rn. 132.

819 *Weber-Grellet*, in: Schmidt, EStG, § 22, Rn. 133.

blendet er im Falle von Finderlohn und Belohnungen die nachfolgende „Verwertungshandlung" – die in der Regel nicht zufällig erfolgt – aus. Genau aus diesem Grunde hält *Pönicke* diese Vorgänge wiederum für steuerbar.[820] Bei anderen Tätigkeiten, wie zum Beispiel der Weitergabe eines werthaltigen Tipps, solle es hingegen nicht auf die Umstände der Erlangung des Wissens ankommen, sondern nur auf die Verwertungshandlung selbst. Die Gründe der Differenzierung werden nicht ersichtlich. Es ist festzuhalten, dass die Zufälligkeit der Leistung nach *Weber-Grellet* trotz seiner gegenteiligen Formulierung eigentlich nicht das entscheidende Kriterium ist. Durch das Abstellen auf die Zufälligkeit wird der Wertungscharakter der Entscheidung kaschiert.

Er prüft die Frage der Entgeltlichkeit und des Leistungsaustauschcharakters, den er ja durch das Erfordernis der Gegenleistungsverknüpfung ebenso wie die Rechtsprechung voraussetzt, im Tatbestandsmerkmal des Veranlassungszusammenhangs. Dieser stellt für *Weber-Grellet* einen bestimmten wirtschaftlichen Zusammenhang dar, der im Einzelfall für sich nach den jeweiligen Umständen zu ermitteln sei.[821] Die bloße Verknüpfung einer Handlung mit einer Zahlung erachtet auch er mithin als nicht ausreichend. Als Beispiele nennt er rechtliche, staatspolitische, moralische, sportliche und spielerische Leistungen, die in der Regel nicht besteuert werden, wenn „Zahlungen mehr oder weniger zufällig gelegentlich solcher Leistungen erfolgen". Entscheidend für die Einordnung in die oben genannten Kategorien ist nach *Weber-Grellet* der Grund, weshalb diese Leistungen erbracht werden, welche Motive den Steuerpflichtigen bei der Leistung leiteten.[822] So seien auch Teilnahmen an Qualifizierungsmaßnahmen von Behörden und Streikhandlungen von Arbeitnehmern keine steuerbaren Leistungen.[823] Er verneint also in den genannten Fällen den „bestimmten wirtschaftlichen Zusammenhang", ohne freilich vertieft auf seine Wertungsgesichtspunkte einzugehen, geschweige denn eine Begründung hierfür zu liefern.

(2) Killat-Risthaus

Killat-Risthaus verlangen wie bereits oben angesprochen eine Marktteilnahme durch Leistungserstellung, wobei in Anlehnung an die Rechtsprechung der entgeltliche Charakter dadurch erkennbar sein müsse, dass die Leistung einen gestattenden Charakter habe, eine Gestattung also zugunsten des Leistungsempfängers abgegolten werde.[824] Für sie ist eine solche gestattende Leistung ein Tatbestandsmerkmal der Marktteilnahme durch Leistungserstellung, verstanden als Teil eines umfassenderen Leistungsaustauschs.[825] Was jedoch genau eine sogenannte „gestattende" Leistung

820 *Pönicke*, Einkünfte aus Leistungen (1999), Diss., S. 125 u. 128.
821 *Weber-Grellet*, in: Schmidt, EStG, § 22, Rn. 142.
822 *Weber-Grellet*, in: Schmidt, EStG, § 22, Rn. 133.
823 *Weber-Grellet*, in: Schmidt, EStG, § 22, Rn. 150 'Tätigkeistvergütung'.
824 *Killat/Risthaus*, in: H/H/R, EStG/KStG, § 22, Rn. 391.
825 *Killat/Risthaus*, in: H/H/R, EStG/KStG, § 22, Rn. 391.

ist, definieren beide nicht. Es fällt auf, dass ihr einziges Beispiel für eine nicht vorhandene Gestattung das Spiel ist: über den Gewinn und den Einsatz hinaus werde nichts ausgetauscht, keiner würde hier dem anderen etwas gestatten, es gebe nur Gewinner und Verlierer, die etwas erhalten und zahlen, aber ansonsten nichts darüber hinaus austauschen.[826] Ihre Aussage greift die Formulierung des BFH im Zusammenhang mit der Nicht-Besteuerung von Differenzgeschäften auf. Demnach ist nach *Killat-Risthaus* für einen Leistungsaustausch eine Mehrwertgenerierung erforderlich: Es muss ein Vorteil gewährt werden, der im Falle eines Spiels über den bloßen Spieleinsatz hinausgeht. Doch selbst wenn im klassischen Sinne ein Austausch vorliegt – zum Beispiel bei einer Dienstleistung –, verneinen sie das Vorliegen eines Leistungsaustauschs in Fällen, in denen Vereinbarungen zwischen Angehörigen einem Fremdvergleich nicht standhalten.[827] Die Verneinung des Merkmals Leistungsaustausch ist jedoch sprachlich ungenau, weil hierbei andere Gesichtspunkte als die der „Gestattung" eine Rolle spielen. Daneben seien die Entgegennahme von Spenden und hoheitliche Eingriffe in die Eigentumsrechte des Steuerpflichtigen nicht Teil eines Leistungsaustauschs, weil beide Male keine Leistung vorliege, auch wenn im letzteren Fall ein gegenseitiger Vertrag vorliegen sollte.[828] Eine vorherige Erwartungshaltung des Leistenden in Bezug auf das Entgelt sei nicht erforderlich. Das heißt, dass auch eine „nachlaufende" Entgeltvereinbarung die Leistung zur einer entgeltlichen machen könne.[829] Ferner sei notwendig, aber auch ausreichend, dass ein Entgelt gewährt werde, dass mit diesem Verhalten in einem wirtschaftlichen Zusammenhang stehe.[830] Gemeint ist also, dass ein Veranlassungszusammenhang vorliegt, wie ihn auch die Rechtsprechung fordert. Insoweit erschöpft sich die Kommentierung auf das oben angesprochene Erfordernis des entgeltlichen, abgeltenden Charakters der Gegenleistung.[831] Falle das Entgelt sowohl in die Erwerbs- als auch Privatsphäre, sei das Entgelt aufzuteilen.[832] Bei einer nachträglichen „Charakteränderung" könne zudem über § 175 Abs. 1 Satz 1 Nr. 2 AO im Sinne eines rückwirkenden Ereignis korrigiert werden.[833]

---

826 *Killat/Risthaus*, in: H/H/R, EStG/KStG, § 22, Rn. 391.
827 *Killat/Risthaus*, in: H/H/R, EStG/KStG, § 22, Rn. 391.
828 *Killat/Risthaus*, in: H/H/R, EStG/KStG, § 22, Rn. 391.
829 Dies ändert mE an der Beurteilung, welche Handlung eine Leistung darstellt, nichts; lediglich kann ihr entgeltlicher Charakter auch rückwirkend bewirkt, bzw. vereinbart werden.
830 *Killat/Risthaus*, in: H/H/R, EStG/KStG, § 22, Rn. 391.
831 *Killat/Risthaus*, in: H/H/R, EStG/KStG, § 22, Rn. 391.
832 So noch *Risthaus*, in: H/H/R, EStG/KStG, Lfg. 207 2002, § 22 Anm. 394.
833 Für Werbungskostenabzug: *Killat/Risthaus*, in: H/H/R, EStG/KStG, § 22, Rn. 387; umfassender zuvor nur *Risthaus*, in: H/H/R, EStG/KStG, Lfg. 207 2002, § 22 Anm. 394.

(3) Leisner-Egensperger[834]

Auch *Leisner-Egensperger* verlangt, dass die Einnahmen oder Einkünfte als Gegenleistung gewährt werden.[835] Die bloße Entgeltabgabe sei für sich nicht ausreichend.[836] Die Leistung[shandlung] sei notwendigerweise Voraussetzung und Ursache des Entgelts, wenn man von einer Gegenleistung sprechen will. Das verknüpfende Element sei hierbei eine qualifizierte Veranlassung. Erforderlich sei aber kein notwendiges, synallagmatisches Kausalverhältnis im Sinne eines „do, ut des". Es reiche aus, dass die Gegenleistung durch die Leistung ausgelöst werde.[837] Der Zusammenhang müsse ein wirtschaftlicher sein, also ein ökonomischer Kausalzusammenhang.[838] Es komme dabei weder auf die Höhe, noch die Angemessenheit oder die Üblichkeit des Entgelts an. Der Zusammenhang zeige sich in der besonderen Verknüpfung des Entgelts mit der Leistung „als Gegenleistung".[839] Eine Gegenleistung zeichne sich dadurch aus, dass es dem Leistungserbringer um die Erlangung des Entgelts als solches gehe.[840] Gegenstand des Verhaltens des Steuerpflichtigen und Leistenden sei dabei immer die tatsächliche oder bezweckte Besserstellung des Leistungsempfängers. Nicht das Verhalten, sondern die mit dem Verhalten bezweckte Verbesserung der Lage des Leistungsempfängers werde entgolten. Das Entgelt müsse gerade für diesen Zweck gezahlt werden.[841] *Leisner* prüft damit das Vorliegen einer Austauschbeziehung wie der BFH sowohl aus der Perspektive des Leistenden als auch der des Leistungsempfängers: objektiv betrachtet müsse etwas hingegeben und dadurch ein Entgelt ausgelöst werden.[842] Daraus folgert *Leisner-Egensperger*, dass die Leistung demjenigen erbracht werden müsse, der auch das Entgelt gewähre.[843] Gleichzeitig sei es jedoch unerheblich, ob ein Dritter und nicht der Leistungsempfänger das Entgelt zahle.[844] Sofern sie mit letzterem nicht den selbstverständlichen Fall einer Zahlung für Rechnung eines Dritten meint, liegt hierin ein Widerspruch in ihren Ausführungen vor, den sie nicht auflöst. Die Leistung müsse für der anderen zwar keinen vermögensmehrenden Charakter haben. Trotzdem müsse die Leistung die Lage des Leistungsempfängers positiv verändern bzw. eine solche zumindest

834 Früher *Leisner, heute Leisner-Egensperger.*
835 *Anna Leisner-Egensperger*, in: Paul Kirchhof/Rudolf Mellinghoff (Hg.), Kirchhof/Söhn/Mellinghoff, Einkommensteuergesetz Kommentar, 254. Ergl., 01.2015, Stand: 132. Ergl., 2003, § 22, Rn. D 139.
836 *Leisner-Egensperger*, in: K/S/M, EStG, § 22, Rn. D 101.
837 *Leisner-Egensperger*, in: K/S/M, EStG, § 22, Rn. D 140.
838 *Leisner-Egensperger*, in: K/S/M, EStG, § 22, Rn. D 140.
839 *Leisner-Egensperger*, in: K/S/M, EStG, § 22, D 139, 121 ff.; durch ihre Wortwahl wird bereits deutlich, dass es sich nicht um eine genaue Definition, sondern um eine Wertung handelt.
840 *Leisner-Egensperger*, in: K/S/M, EStG, § 22, Rn. D 139.
841 *Leisner-Egensperger*, in: K/S/M, EStG, § 22, Rn. D 119.
842 Vgl. *Leisner-Egensperger*, in: K/S/M, EStG, § 22, D114.
843 *Leisner-Egensperger*, in: K/S/M, EStG, § 22, D102.
844 *Leisner-Egensperger*, in: K/S/M, EStG, § 22, D140.

bezwecken.[845] Da sowohl das tatsächliche Bewirken der Leistung als auch der Eintritt eines Leistungserfolges für die Besteuerung irrelevant seien[846], handelt es sich mE um eine objektive Prüfung, da es nach *Leisner-Egensperger* entscheidend auf die Lageveränderung aus Sicht des Leistungsempfängers ankommt. Im Übrigen mag an der Absolutheit der Aussage, dass eine Leistung nicht bewirkt werden müsse – die ebenso von *Weber-Grellet* vertreten wird – gezweifelt werden: Auch wenn ein Bewirken der Leistung nicht notwendig sei, so muss mE dennoch ein Verhalten als Anknüpfungspunkt vorliegen, das in diesen Fällen durch das Leistungsversprechen gegeben ist.[847]

Zur Veranschaulichung führt sie sodann Beispiele an, bei denen es an dieser Lageverbesserung mangeln soll. Typischerweise keine Entgelte seien Entschädigungen, Schadensersatzleistungen und Spielgewinne, da bei hier jeweils die enstsprechende besondere Verknüpfung als „Gegenleistung" fehle.[848] So werde durch die Teilnahme an Gewinnspielen wie Lotto, Geschicklichkeitsspiele, Radio- oder Fernsehquizsendungen die Lage des Entgeltgewährenden nicht verbessert.[849] Darüber hinaus fehle es auch bei einer Preisverleihungen, durch die das Lebenswerk einer bestimmten Person geehrt werde, an einer unmittelbaren Lageverbesserung des den Preis Verleihenden.[850] Im Übrigen seien Gewinne für Preisausschreiben nur dann steuerbar, wenn die Veranstalter durch die Teilnahme etwas Verwertbares erhielten.[851] Ebenso seien Amateurpreise nicht steuerbar, hierfür gibt sie aber keine wirkliche Begründung an, sondern folgt einfach der herrschenden Meinung.[852]

(4) Harder

Harder problematisiert die Frage der Entgeltlichkeit ebenso wenig wie er sich mit dem Aspekt des Leistungsaustauschs auseinandersetzt. Er verlangt jedoch als Kennzeichen der möglichen Leistungshandlungen, dass sie den Tätigkeiten der übrigen Einkunftsarten ähnlich seien und nennt seinen Ansatz „Analogietheorie". Ähnlich seien lediglich solche Tätigkeiten, die zu einer Steiergerung der finanziellen Leistungsfähigkeit führten und wenn diese zudem auf einer Risikoübernahme (in Anlehnung an § 15 EStG), einer Abhängigkeit (§ 19 EStG) oder einem zeitlich begrenzten Verzicht auf eine den Rechtspositionen der §§ 20, 21 EStG ähnliche

845 *Leisner-Egensperger*, in: K/S/M, EStG, § 22, D119.

846 *Leisner-Egensperger*, in: K/S/M, EStG, § 22, D115.

847 So dann auch *Weber-Grellet*, in: Schmidt, EStG, § 22, Rn. 132; hier wird wohl der Leistungserfolg gemeint; vergleichbar genügt auch bei Arbeitsverträgen das Versprechen zur Arbeitsleistung, *Roland Krüger*, in: Heinrich Weber-Grellet (Hg.), Schmidt, Einkommensteuergesetz Kommentar, 33. Aufl., 2014, § 19, Rn. 25.

848 *Leisner-Egensperger*, in: K/S/M, EStG, § 22, D139, 121 ff.

849 *Leisner-Egensperger*, in: K/S/M, EStG, § 22, D120.

850 *Leisner-Egensperger*, in: K/S/M, EStG, § 22, D123.

851 *Leisner-Egensperger*, in: K/S/M, EStG, § 22, D125.

852 *Leisner-Egensperger*, in: K/S/M, EStG, § 22, D123.

Rechtsposition beruhten.[853] Insoweit kann man hierin den Versuch erkennen, den Telos des § 22 Nr. 3 EStG an Hand eines Vergleichs mit den anderen Einkunftsarten zu bestimmen.[854] Eine wirkliche Analogie liegt hierin aber natürlich nicht. Von daher erübrigt sich auch eine Auseinandersetzung mit dem steuerrechtlichen Analogieverbot.[855] Seine gefundenen drei Fallgruppen eignen sich aber mE weder, um zwischen entgeltlichen und unentgeltlichen Vorgängen zu unterscheiden, noch um eine taugliche Bestimmung der „Leistung" an sich vorzunehmen. Letzteres liegt darin begründet, dass sich nahezu jedes wirtschaftliche Handeln durch ein gewisses Maß an Risiko auszeichnet, das Kriterium zu unbestimmt ist. Dasselbe gilt für das Verzichtsmoment: Zu recht weist *Harder* daraufhin, dass nicht der Verzicht an sich, sondern die Rechtsfolge und das Objekt des Verzichts entscheidend sind. Jedoch kann wie oben dargestellt, in jeder Handlung der Verzicht auf eine andere Handlung gesehen werden, sein Kriterium also gerade nicht Ausdruck des Telos des § 22 Nr. 3 EStG sein: So soll denn auch der Verzicht auf ein Rechtsmittel nicht steuerbar, jedoch der Verzicht auf ein gewerbliches Schutzrecht steuerbar sein.[856] Wie *Harder* selbst richtig erkennt, sollte die zugrunde liegende Frage sein, wie sich das Leistungsfähigkeitsprinzip jeweils verwirklicht und wie sich der Einzelne seine Leistungsfähigkeit erkauft. Ansatzpunkt müsste deshalb die alle Einkunftsarten verbindende Grundnorm des § 2 Abs. 1 und 2 EStG sein und damit die Frage, was allen Einkunftsarten gemein ist. Wieso § 22 Nr. 3 EStG bei dieser Frage keine Rolle spielen soll, erklärt *Harder* nicht. Auch bleibt er eine Begründung für seine Behauptung schuldig, wieso nur solche Vorgänge steuerbar sein sollten, die einer anderen Tätigkeit ähnlich sind.[857] Der Gesetzgeber hat erkannt, dass Einkommen auf den verschiedensten Verhaltensweisen der Steuerpflichtigen beruhen kann. Die Norm des § 22 Nr. 3 EStG kommt eine Ergänzungsfunktion zu, die sich aus der subsidiären Anwendung ergibt. Wenn Tätigkeiten ähnlich zu einander sind, fallen sie in die

853 *Harder*, Die Sonstige Leistung im Einkommensteuerrecht, Diss., S. 109, 112 f.; das Merkmal der Ähnlichkeit ablehnend *Waterkamp-Faupel*, in: FR 1995, S. 41 (45); eine vergleichbare Einteilung findet sich bereits bei *Wiemer*, der jedoch zu gänzlich konträren Schlussfolgerungen kommt, *Hans-Joachim Wiemer*, Nicht einkommensteuerpflichtige Einkünfte, Diss., 1961, S. 59.

854 So auch *Pönicke*, Einkünfte aus Leistungen (1999), Diss., S. 155; vgl. *Harder*, Die Sonstige Leistung im Einkommensteuerrecht, S. 106.

855 Vgl. zum Verbot der steuerbegründenden Analogie BFH, Urteil vom 08. Dezember 1981 – VIII R 125/79 –, BFHE 135, 426; BStBl. II 1982, 618; kritisch hierzu *Volker Wendt*, Das Verhältnis von Entnahme/Einlage zur Anschaffung/Veräußerung im Einkommensteuerrecht, 2003, S. 77, insb. S. 80.

856 *Harder*, Die Sonstige Leistung im Einkommensteuerrecht, S. 121 ff.

857 Auch *Pönicke*, Einkünfte aus Leistungen (1999), Diss., S. 153 kommt zu dem Ergebnis, dass die Ähnlichkeit kein taugliches Kriterium für eine Eingrenzung des Tatbestands des § 22 Nr. 3 EStG ist und inhaltlich zudem kein Erkenntnisgewinn feststellbar sei; kritisch hinsichtlich eines Ähnlichkeitskriteriums auch *Leisner-Egensperger*, in: K/S/M, EStG, § 22, Rn. D 12 u. D 30.

gleiche Einkunftsart. Nur wenn sie sich in wesentlichen Punkten unterscheiden, dürfen sie nicht unter derselben Einkunftsart zusammengefasst werden. Trotzdem erscheinen sie steuerwürdig, weil sie, insoweit kann *Harder* zugestimmt werden, geeignet sind, die finanzielle Leistungsfähigkeit zu erhöhen. Deshalb kommt es aber nicht darauf an, dass sie spezifische Ähnlichkeiten zu bestimmten Einkunftsarten aufweisen, sondern etwas „innehaben", was allen Einkunftsarten gemein ist. Dies zeigt sich systematisch bereits darin, dass mit § 2 Abs. 1 EStG eine alle Einkunftsarten verbindende Norm im EStG existiert. Und betrachtet man *Harders* Fallgruppen, so fällt auf, dass allen ein wirtschaftliches Handeln im Sinne eines Leistungsaustauschs zugrunde liegt.[858]

(5) Pönicke

Auch für *Pönicke* liegt ein Leistungsaustausch bei Entgeltlichkeit der zu beurteilenden Handlung vor.[859] Die Gegenleistung (Einkünfte) müsse Entgeltcharakter haben, welcher dann vorliege, wenn sie als Gegenleistung eines Nachfragers für den Erhalt der Leistung des Anbieters erscheint.[860] Hierdurch werde der steuerliche Leistungsbegriff gegenüber dem zivilrechtlichen deutlich eingeschränkt. Dort reiche die Handlungsverpflichtung aus, im Steuerrecht müsse sie hingegen durch die entgeltliche Verwertung am Markt konkretisiert sein.[861] Es wird deutlich, dass die Frage der Entgeltlichkeit für *Pönicke* auch eine Frage des kausalen Veranlassungszusammenhangs ist: Dieser spiele auch bei der Bewertung der Steuerwürdigkeit eines bestimmten Vorgangs eine „praktische" Rolle und wird zum Beispiel im Falle der Verleihung von Preisen das entscheidende Kriterium zur Scheidung von steuerbaren zu nichtsteuerbaren Vorgängen.[862] So stellt sie bei Preisen nicht auf die Güterbewegung ab – was nach ihrem Standpunkt naheliegen würde – sondern auf die Wahrscheinlichkeit der Auszeichnung.[863] Auch wird nicht klar, wieso bei einer Verwertung eines Fundes in Form der Erlangung des Finderlohns eine verwertende und damit steuerbare Leistung vorliegen, hingegen in der Erlangung von Pfandgeld jedoch ein neutraler Vorgang vorliegen soll.[864]

---

858 So auch bereits *Wilhelm Roscher*, System der Volkswirtschaft, 1. Bd. Die Grundlagen der Nationalökonomie, 25. Aufl. Stuttgart Berlin 1918, S. 438 der zwischen Einnahmen und Einkommen differenziert und letzteres nur bei wirtschaftlichen Tätigkeiten annimmt (zitiert nach Harder, S. 132, Fn. 579).

859 *Pönicke*, Einkünfte aus Leistungen, S. 17f. unter Verweis auf *Lang*, Die Bemessungsgrundlage der Einkommensteuer, S. 45 ff. (insb. S. 48 f.).

860 *Pönicke*, Einkünfte aus Leistungen, S. 19.

861 *Pönicke*, Einkünfte aus Leistungen, S. 19f. unter Verweis auf die Konkretisierungslehre von Meyer, Einkommensteuerliche Behandlung des Nießbrauchs und andere Nutzungsüberlassungen, S. 36f.

862 *Pönicke*, Einkünfte aus Leistungen, S. 32 u. 133.

863 *Pönicke*, Einkünfte aus Leistungen, S. 133 f.

864 *Pönicke*, Einkünfte aus Leistungen, S. 128.

(6) Kubicki

Ebenso setzt *Kubicki* für die Einkommensteuerbarkeit auf objektiver Ebene einen Güter- und Leistungsaustausch voraus, wobei die Leistung am Markt gegen ein Entgelt verwertet werden müsse.[865] Einkommenserzieler sei nur der Anbieter der Leistung, der eine Tätigkeit ausübe um ein Entgelt hierfür zu erlangen.[866] Entgelt sei der Lohn des Nachfragers für den Erhalt der Leistung.[867] Einen bloßen Veranlassungszusammenhang mit einem Verhalten des Steuerpflichtigen erachtet sie nicht für ausreichend. Erforderlich sei ein „hinreichend konkrete[r], objektiv feststellbare[r] unmittelbarer Zusammenhang" mit einem Mindestmaß an Gegenseitigkeit.[868] So müsse beispielsweise der Preis einer Preisverleihung typische Folge der Tätigkeit des Steuerpflichtigen sein, um besteuert werden zu können.[869] Er müsse zugleich Konsument der Gewinnchance als auch Anbieter einer Leistung sein. Sie verweist dabei jedoch auf BFH-Rechtsprechung, die gerade keine spezifische „Angebotsleistung" voraussetzt.[870] Ebenso wie *Pönicke* stellt sie auf den Veranlassungszusammenhang ab, ohne jedoch zu beachten, dass zuvor eine steuerbare Handlung identifiziert werden muss.[871] Auch zur Abgrenzung von Spiel- und Wettgewinnen zu steuerbaren Gewinnen in TV-Shows bleibt sie vage. Erforderlich seien Tätigkeiten, die über die reine Spieltätigkeit hinausgingen.[872] Da sie jedoch Spieltätigkeiten nicht definiert und ein Verweilen in einer Fernsehsendung als ausreichende Tätigkeit ansieht,[873] kann es gar nicht auf die Spieltätigkeit an sich ankommen: So bleibt der Unterschied zwischen einem steuerbaren Verweilen und einem nicht steuerbaren Gewinnen von

---

865 *Kubicki*, Die Dogmatik des § 22 Nr. 3 EStG einschließlich der Querbezüge zur Schenkungsteuer, S. 16 u. 18.

866 *Kubicki*, Die Dogmatik des § 22 Nr. 3 EStG einschließlich der Querbezüge zur Schenkungsteuer, S. 95.

867 *Kubicki*, Die Dogmatik des § 22 Nr. 3 EStG einschließlich der Querbezüge zur Schenkungsteuer, S. 17 unter Verweis auf *Weber-Grellet*, in: Schmidt, EStG, § 2, Rn. 18.

868 *Kubicki*, Die Dogmatik des § 22 Nr. 3 EStG einschließlich der Querbezüge zur Schenkungsteuer, S. 255.

869 *Kubicki*, Die Dogmatik des § 22 Nr. 3 EStG einschließlich der Querbezüge zur Schenkungsteuer, S. 194.

870 *Kubicki*, Die Dogmatik des § 22 Nr. 3 EStG einschließlich der Querbezüge zur Schenkungsteuer, S. 193, Fn. 683.

871 So auch für im Falle der Weitergabe von Informationen, bei denen die Wahrscheinlichkeit der Veranlassung entscheidend sein soll, im Gegensatz zur Gewinnchance bei Gewinnspielen, in denen die Wahrscheinlichkeit für den Erfolgseintritt (und damit die Veranlassung) unerheblich sei, vgl. Kubicki, S. 74.

872 *Kubicki*, Die Dogmatik des § 22 Nr. 3 EStG einschließlich der Querbezüge zur Schenkungsteuer, S. 196.

873 *Kubicki*, Die Dogmatik des § 22 Nr. 3 EStG einschließlich der Querbezüge zur Schenkungsteuer, S. 197, in Anschluss an die Rechtsprechung des FG Köln und des BFH zu Big Brother, Fn. 698.

Geldern in Fernsehshows unklar.[874] Beim „normalen" Spielen nimmt sie hingegen eine Leistung als Anbieter erst an, wenn wechselseitige Gewinnchancen ausgetauscht werden.[875] Dabei versäumt sie aber Kriterien zur Unterscheidung zwischen nichtsteuerbaren und steuerbaren Einräumungen von wechselseitigen Gewinnchancen herauszuarbeiten, da sie bei „privaten" Spielen keine Steuerpflicht annimmt. Es wird vielmehr ersichtlich, dass der vorgeblichen begrifflichen Differenzierung eine verdeckte Wertung zu Grunde liegt, die wohl auf Grund der Schwierigkeit, schlüssige Kriterien zu benennen, nicht offengelegt wird.

(7) Krey

Nach *Krey* kommt es zur Beurteilung, ob eine steuerbare Tätigkeit vorliegt, auf den Veranlassungszusammenhang der Leistung und der Gegenleistung an.[876] Für die Ausgestaltung und die konkrete Verknüpfung gibt sie dem Leser jedoch keine konkreten Anhaltspunkte an die Hand, außer dass es einer konkreten Leistung bedürfte.[877] Sie bezieht sich damit auf ein BMF-Schreiben, dass für Preisverleihungen dann einen Entgeltcharakter des Preisgeldes bejaht, wenn es sowohl Ziel als auch unmittelbare Folge der Tätigkeit des Steuerpflichtigen sei. Entsprechend seien Ehrungen für das Lebenswerk nicht steuerbar.[878] Der Zusammenhang sei rein objektiv zu prüfen: veranlasst sei, was der Leistende vernünftigerweise erwarten konnte.[879] Da sie die Veranlassung im Übrigen mit einer reinen conditio-sine-qua-non Kausalität gleichsetzt, kann sie auch keine anderen Kritererien zur Beurteilung des Kausalzusammenhangs anbieten.[880] Eine Gegenleistung sei dann veranlasst, wenn die Leistung als Hauptveranlassung zu werten sei, und dies liege wiederum vor, wenn die Leistung die wesentliche Ursache der Gegenleistung sei.[881] Naturgemäß verschiebt sich bei ihr die Wertung daher auch in andere Prüfungspunkte, insbesondere in die Einkünfteerzielungsabsicht.[882] Auf die Sicht des Gegenleistenden soll es dabei aber nie ankommen.[883]

---

874 Dies wird deutlich, wenn es zum Schluss heißt, dass die Teilnahme an Fernsehshows regelmäßig eine steuerbare leistung darstellt, ohne darzulegen, was denn einen regelmäßigen Fall ausmacht, vgl. *Kubicki*, Die Dogmatik des § 22 Nr. 3 EStG einschließlich der Querbezüge zur Schenkungsteuer, S. 197 u. 199.

875 *Kubicki*, Die Dogmatik des § 22 Nr. 3 EStG einschließlich der Querbezüge zur Schenkungsteuer, Diss., S. 88.

876 *Krey*, Besteuerung sonstiger Leistungen, Diss., S. 53.

877 *Krey*, Besteuerung sonstiger Leistungen, Diss., S. 204.

878 *Krey*, Besteuerung sonstiger Leistungen, Diss., S. 204 f.; BMF-Schreiben vom 05.09.1996, BStBl. I 1996, 1150, IV B 1 – S 2121 – 34/96; a.A. *Lang*, Die Bemessungsgrundlage der Einkommensteuer, S. 264.

879 *Krey*, Besteuerung sonstiger Leistungen, Diss., S. 54 u. 66.

880 *Krey*, Besteuerung sonstiger Leistungen, Diss., S. 46 u. 56.

881 *Krey*, Besteuerung sonstiger Leistungen, Diss., S. 56 u. 286.

882 *Krey*, Besteuerung sonstiger Leistungen, Diss., S. 102 u. 119.

883 *Krey*, Besteuerung sonstiger Leistungen, Diss., S. 168.

(8) Sonstige Literaturstimmen

Auch nach *Knobbe-Keuk* zeichnet sich eine Leistung durch ihre Entgeltlichkeit aus: Der Steuerpflichtige müsse das Entgelt für ein bestimmtes Tätigwerden oder Nichttätigwerden als solches erhalten. Zudem müsse die Leistung zu den anderen Einkunftsarten ähnlich sein, also entweder einem Arbeitskrafteinsatz oder einer Vermögensnutzung.[884] Eine Vermögensnutzung liege dann nicht vor, wenn lediglich ein bereits vorhandener Vermögenswert umgesetzt oder ein finanzielles Wagnis eingegangen werde.[885]

Lindberg gibt im Wesentlichen die Rechtsprechung des BFH wieder.[886] Einen Leistungsaustausch verneint er ohne Begründung bei Spielen und Wetten.[887] Voraussetzung sei zwar kein gegenseitiger Vertrag, aber eine Auslösung der Gegenleistung durch die Leistung. Hierfür reiche auch eine nachträgliche Entgegennahme aus, jedoch müsse das Entgelt immer als Lohn für die Leistungsvornahme qualifizierbar sein.[888] Kriterien für eine solche Qualifikation bietet *Lindberg* nicht.

Nach *von Bonin* muss eine Leistung durch eine entgeltliche Verwertungshandlung am Markt konkretisiert werden. Mithin muss auch nach ihm ein Leistungsaustausch vorliegen. Genauere Vorgaben macht er jedoch nicht.[889]

Auch *Waterkamp-Faupel* sieht in einem entgeltlichen Leistungsaustausch das Grundmerkmal der Leistungseinkünfte: erfasst würde der durch einen entgeltlichen Leistungsaustausch veranlasste wirtschaftliche Erfolg, ohne dass die Leistung mit einer anderen Einkunftsart ähnlich sein müsse.[890]

Die Unterscheidung in Anbieter und Nachfrager – gerade auch im Hinblick auf Spiele – geht soweit ersichtlich auf *Schmidt-Liebig* zurück, der sich wiederum auf entsprechende Rechtsprechung stützt.[891] Allein durch den Kauf der Gewinnchance sei der Spieler Konsument und nicht Anbieter. Auf sein Geschick, Wissen oder Glück komme es daher nicht mehr an. Lediglich bei der wechselseitigen Einräumung von

884 *Knobbe-Keuk*, in: DB 1972, S. 1130 (1131 f.).

885 *Knobbe-Keuk*, in: DB 1972, S. 1130 (1133 f.): Es fehle hier die Ähnlichkeit zu allen anderen Einkunftsarten. Unklar bleibt, wieso das Verlustrisiko gerade bei Kapitaleinkünften keine Ähnlichkeit begründen kann, steht doch die Zinshöhe in unmittelbaren Zusammenhang zum Risiko.

886 Lediglich hinsichtlich der sogenannten Provisionsfälle weicht er von dieser ab, ohne seine Argumentation jedoch ausführlicher zu begründen.

887 *Lindberg*, in: Frotscher/Geurts, EStG, § 22, Rn. 167.

888 *Lindberg*, in: Frotscher/Geurts, EStG, § 22, Rn. 165 f.

889 *von Bonin*, in: FR 1986, S. 11 (12).

890 *Waterkamp-Faupel*, in: FR 1995, S. 41 (44 re. Sp. f.); seine Fallgruppenbildung entspricht der *Harders*, s.o.

891 *Schmidt-Liebig*, Einkommensteuerbarkeit und Einkünftequalifikation von Spiel- und ähnlichen Gewinnen, S. 162 (165 u. 169, Fn. 18 f.) mit Verweis auf EFG 1985, 459 (jedoch kein Urteil zu Spielen, sondern zum Vorliegen eines Gewerbebetriebs).

Gewinnchancen lägen gleichzeitig Anbieter- und Nachfragerleistungen vor, deren Steuerbarkeit im Privatbereich von der Einkünfteerzielungsabsicht abhinge.[892]

Auch *Ismer* stellt maßgeblich auf die Bewertung des Gegenleistungscharakters ab: Die Leistung müsse für den Leistungsempfänger derart von Interesse gewesen sein, „dass sie ihn zur Erbringung der Gegenleistung veranlasst hat. Dies erfordert eine sorgfältige Analyse seiner Interessenlage und damit einen Rückschluss von der Gegenleistung auf die Leistung."[893]

Gebhard möchte hingegen für die Prüfung der Entgeltlichkeit nur auf das konkrete Erzielen und die Perspektive des Steuerpflichtigen abstellen, da das Abstellen auf das Interesse des Leistungsempfängers gegen die Einkünftedogmatik und das Veranlassungsprinzip verstoße.[894] Maßgebend sei, ob der Steuerpflichtige mit einer Gegenleistung als Entgelt für sein Verhalten rechnen konnte. Hier für sei ein typisches erwerbswirtschaftliches Verhalten Voraussetzung, das jedoch in Fällen der Teilnahme an TV-Rate-Shows oder Sendungen wie Big-Brother nicht vorliege, da der Teilnehmer keinen Einfluss auf den Gewinn habe. „Der Teilnehmer leistet keinen Wissenstransfer und erhält keine erfolgsabhängige Vergütung wie ein – ggf. erfolgsabhängiges – Beraterhonorar oder eine Schauspielergage."[895]

c) Stellungnahme

aa) Exkurs zum Veranlassungsbegriff

Im Rahmen des wirtschaftlichen Zusammenhangs verweisen Rechtsprechung und Literatur stets auch auf die Prüfung des Veranlassungszuammenhangs, denn auch bei Einnahmen gilt das das ganze Steuerrecht prägende Veranlassungsprinzip, also ein objektiver Zusammenhang zwischen Einnahme und Handlung.[896] Dabei sollte beachtet werden, dass der Veranlassungszusammenhang an sich nichts über die grundsätzliche Frage sagen kann, ob eine steuerbare Tätigkeit an sich vorliegt.[897]

892 *Schmidt-Liebig*, Einkommensteuerbarkeit und Einkünftequalifikation von Spiel- und ähnlichen Gewinnen, S. 162 (170 re. Sp. und 171 re. Sp.).

893 *Ismer*, Die einkommensteuerliche Privatsphäre nach „Big Brother" – dogmatische Grundfragen bei den sonstigen Leistungen, S. 1057 (1060).

894 *Thomas Gebhardt*, „Münchner Steuer-Roulette" – Dogmatische Zufälligkeiten bei der BFH-Rechtsprechung zu Preisgeldern in: FR 2013, S. 65 f.; ähnlich bereits *Krey*, Besteuerung sonstiger Leistungen, Diss., S. 168; vgl. hierzu jedoch nur die gegenteilige Rechtsprechung des BFH zum Veranlassungsbegriff, auf den *Gebhardt* und *Krey* abstellen: bei Werbungskosten auf die Perspektive des Dritten abstellend: BFH, Urteil vom 19. März 1982 – VI R 25/80 –, BStBl. II 1982, 442, 443 (li. Sp.).

895 *Gebhardt*, „Münchner Steuer-Roulette" – Dogmatische Zufälligkeiten bei der BFH-Rechtsprechung zu Preisgeldern S. 65 (66).

896 *Krüger*, in: Schmidt, EStG, § 19, Rn. 45; *Friedrich Loschelder*, in: Heinrich Weber-Grellet (Hg.), Schmidt, Einkommensteuergesetz Kommentar, 33. Aufl., 2014, § 9, Rn. 6.

897 A.A. *Krey*, Besteuerung sonstiger Leistungen, Diss., S. 58, 286 und *Pönicke*, Einkünfte aus Leistungen (1999), S. 32 f.; unklar *Kubicki*, Die Dogmatik des § 22 Nr. 3 EStG einschließlich der Querbezüge zur Schenkungsteuer, Diss., S. 91.

Seiner Konzeption nach – als steuerrechtliches Kausalitätskonzept – setzt er sowohl das Anzuknüpfende als auch den Anknüpfungsgegenstand voraus. Im Rahmen der Leistungseinkünfte, bei denen aber oftmals nur eine einzige Tätigkeit zu beobachten ist oder auf den Zustandstatbestand durchgegriffen werden muss, kommt die Prüfung der Tatbestandsmäßigkeit jedoch nicht umhin, den Veranlassungszusammenhang auch bei der Beantwortung der Frage heranzuziehen, ob denn eine steuerbare Tätigkeit dem Grunde nach überhaupt vorliegt, an die dann angeknüpft werden kann. Die bloße kausale Verknüpfung einer Handlung mit einer Zahlung im Sinne der Adäquanztheorie ist hierfür noch nicht ausreichend; erforderlich ist vielmehr ein bestimmter wirtschaftlicher Zusammenhang zwischen beiden, der im Einzelfall nach den jeweiligen Umständen zu ermitteln ist.[898] Damit umfasst die Veranlassungsprüfung die Filterung der kausalen Gründe und eine wertende Zuordnung dieser zu den Sphären Einkommenserzielung und Einkommensverwendung.[899]

(1) Veranlassung als Zurechnung zur Erwerbstätigkeit

Die Zurechnung eines steuerrechtlichen Erfolgs – im Rahmen der einschlägigen Überschusseinkunftsart des § 22 Nr. 3 EStG – in Form der Einnahmen nach § 8 Abs. 1 EStG erfolgt nach ganz herrschender Meinung an Hand des Veranlassungsprinzips.[900] Es bezweckt die kausale Verkpnüfung von Einnahmen und Ausgaben zur steuerbaren Erwerbstätigkeit.[901] Der Zurechnungsbereich wird dabei nicht durch eine bestimmte Handlung oder Handlungsabfolge gebildet, sondern durch das Spezifische der jeweiligen Einkunftsart bestimmt: diese steckt den Rahmen der Kausalitätsprüfung ab.[902] Vergleichbares meint der BFH, wenn er im Rahmen der Einkünfte nach §§ 19 Abs. 1, 22 Nr. 3 EStG nur dann eine Steuerbarkeit bejaht, wenn die Einnahmen „als solches" die Leistung entgelten sollen: Es gilt dabei das Besondere der Einkunftsart zu bestimmen, das sich nicht in einer Handlung erschöpft, sondern eine bestimmte Verknüpfung zwischen der in Betracht kommenden Tätigkeit und

---

898 BFH, Urteil vom 25. Februar 2009 – IX R 33/07 –, BFH/NV 2009, 1253 (1255); vgl. auch *Weber-Grellet*, in: Schmidt, EStG, § 22, Rn. 142 und *Reimer*, Der Ort des Unterlassens, S. 73.

899 *Oliver Zugmaier*, Einkünftequalifikation im Einkommensteuerrecht bei Einzelpersonen, in: StuW 1998, S. 334 (336); *Franz Wassermeyer*, Veranlassung und Fremdvergleich, in: Paul Kirchhof/Wolfgang Jakob/Albert Beermann (Hg.), Steuerrechtsprechung, Steuergesetz, Steuerreform – Festschrift für Klaus Offerhaus zum 65. Geburtstag, 1999, S. 405 (413).

900 *Birk/Desens/Tappe*, Steuerrecht, Rn. 1001.

901 *Guido Weber*, Die Abgrenzung zwischen Erwerbs- und Privatsphäre nach dem Veranlassungsprinzip, in: StuW 2009, S. 184 (194); *Hey*, Tipke/Lang, Steuerrecht (21. Aufl.), § 8, Rn. 206 u. 213 f.

902 *Jüptner*, Leistungsfähigkeit und Veranlassung, Diss., S. 129, Fn. 177; S. 131 f.; 138.; *Lang*, Die Bemessungsgrundlage der Einkommensteuer, S. 316.

dem Erfolg verlangt.[903] Dem Grundprinzip nach geht es um die Verknüpfung eines finalen Handelns – der Erwerbstätigkeit – zu einer steuererheblichen Folge – einer Erwerbseinnahme oder Erwerbsausgabe – also um eine kausalrechtliche Bestimmung.[904] Der Zurechnungsbereich wird dabei zwar durch eine Verhaltensweise des Steuerpflichtigen konstituiert und zeichnet sich daher zweifellos auch durch entsprechende Handlungen aus; er wird jedoch von diesen Verhaltensweisen nicht begrenzt.[905] Vergleichbar sprechen *Lang* und *Hey* von einer sogenannten „Risikosphäre" der steuerbaren Tätigkeit, die auch solche Folgen erfasst, die nicht beabsichtigt waren und rein zufällig oder auch unfreiwillig eintreten können (z. B. der Verlust eines Wirtschaftsguts).[906] Entsprechend soll der Streit zwischen finaler und rein kausaler Veranlassung an dieser Stelle nicht vertieft werden, da es sich dabei im Anschluss an *Weber* um nur vordergründig bestehende Meinungsunterschiede rein begrifflicher Natur handelt, die regelmäßig keine unterschiedlichen materiellen Folgerungen nach sich ziehen.[907]

(2) Veranlassungsprüfung

Die steuerbare Tätigkeit ist damit (eine) entscheidende Ursache, wenn sie nicht hinweg gedacht werden kann, ohne das der Erfolg entfiele.[908] Dabei kann man den Veranlassungszusammenhang, wie es *Weber* im Anschluss an den BFH empfiehlt, zweistufig prüfen: Zunächst kann in einem ersten Schritt das „auslösende Moment" ermittelt werden, welches anschließend in einem zweiten Schritt der Erwerbs- oder Privatsphäre zugeordnet wird.[909] Da es letztendlich um eine einzige Zuordnungsentscheidung geht – die Bestimmung einer steuererheblichen Ursache für einen steuererheblichen Erfolg – ist jedoch eine einstufige Prüfung, wie sie *Jüptner* vorschlägt,

903 Vgl. BFH, Urteil vom 24. Oktober 1990 – X R 161/88 –, BFHE 162, 329; BStBl. II 1991, 337 (338 re. Sp. U. 340 li. Sp.) zu Streikgeldern.

904 *Lang*, Tipke/Lang, Steuerrecht (20. Aufl.), § 9, Rn. 206.

905 *Jüptner*, Leistungsfähigkeit und Veranlassung, Diss., S. 135; vgl. auch unten zur Freiwilligkeit.

906 *Hey*, Tipke/Lang, Steuerrecht (21. Aufl.), § 8, Rn. 208; *Lang*, Die Bemessungsgrundlage der Einkommensteuer, S. 310.

907 *Weber*, Veranlassungsprinzip, S. 184 (187).

908 *Jüptner*, Leistungsfähigkeit und Veranlassung, Diss., S. 164.

909 *Weber*, Veranlassungsprinzip, S. 184 (186); siehe aber schon ebenso BFH, Urteil vom 18. April 2007 – XI R 60/04 –, Tz. 13, juris, BFHE 218, 56, BStBl. II 2007, 762 (763): „Maßgeblich dafür, ob ein solcher Zusammenhang besteht, ist zum einen die --wertende-- Beurteilung des die betreffenden Aufwendungen „auslösenden Moments", zum anderen die Zuweisung dieses maßgeblichen Bestimmungsgrundes zur einkommensteuerrechtlich relevanten Erwerbssphäre (vgl. Beschluss des Großen Senats des BFH vom 4. Juli 1990 GrS 2-3/88, BFHE 161, 290, BStBl II 1990, 817, unter C.II.2.b bb der Gründe)".

ausreichend.[910] Auf beiden Ebenen kommt es im nämlich Kern auf eine Wertung an[911]: „Das ‚auslösende Moment' ist der durch Wertung bestimmte relevante Kausalfaktor" und bei der Zuordnungsentscheidung ist eine „wertende Auswahl und Gewichtung von Kausalfaktoren [...] unabweislich".[912] Die Veranlassung als juristische Bewertung von Kausalverläufen wurzelt in den „rechtsethischen Überzeugungen des Rechtsanwenders", die sich nicht positivrechtlich aus dem Gesetz ableiten lassen.[913] Der Veranlassungsbegriff muss durch Präjudizienbildung zur Bildung eines Einkünftebegriffs führen, der „leistungsfähigkeitsgerecht, ökonomisch vernünftig (z.B. durch Anerkennung der ökonomischen Risiken des Wirtschaftens), praktikabel und mit dem Blick auf die Gesamtrechtsordnung" gebildet wird.[914] Dies bedeutet nicht, dass diese Präjudizien im rechtsfreien Raum entstehen. Diese sind vielmehr an die Gesamtrechtsordnung und dabei insbesondere an die Verfassung und die juristische Methodenlehre gebunden.[915] *Lang* räumt sodann ein, dass die „Grundfigur des Veranlassungszusammenhangs" der „quellentheoretischen Ergänzung" bedürfte, da die „Überschusseinkünfte Mehrungen und Minderungen des sog. Stammvermögens nicht erfassen".[916] Damit zeigt sich bereits hier der Problemkreis der Abgrenzung der Privat- zur Erwerbssphäre. Hierauf wird im Rahmen der Darstellung der Vermögenssphäre zurückzukommen sein.[917] Damit zeigt sich ein dreifaches Problem: Die Zuordnung der Ursachen zur Erwerbs- und / oder Privatsphäre, die Feststellung des Zusammenhangs und die Entscheidung, ob die Ursachen wesentlich waren.[918]

---

910 *Jüptner*, Leistungsfähigkeit und Veranlassung, Diss., S. 164 f.; so auch *Krey*, Besteuerung sonstiger Leistungen, Diss., S. 50.

911 Ganz herrschende Meinung, vgl. *Hartmut Söhn*, in: Paul Kirchhof/Rudolf Mellinghoff (Hg.), Kirchhof/Söhn/Mellinghoff, Einkommensteuergesetz Kommentar, 254 Ergl. 01.2015, § 4, Rn. E 68 und *Paul Kirchhof*, Gesetzlich nicht abzugsfähige Betriebsausgaben und Werbungskosten, in: Hartmut Söhn (Hg.), Die Abgrenzung der Betriebs- oder Berufssphäre von der Privatsphäre im Einkommensteuerrecht, 1980, S. 201 (204).

912 *Weber*, Veranlassungsprinzip, S. 184 (187 u. 191).

913 *Lang*, Tipke/Lang, Steuerrecht (20. Aufl.), § 9, Rn. 206.

914 *Lang*, Tipke/Lang, Steuerrecht (20. Aufl.), § 9, Rn. 237.

915 *Röhl/Röhl*, Allgemeine Rechtslehre, S. 603 ff.

916 *Lang*, Tipke/Lang, Steuerrecht (20. Aufl.), § 9, Rn. 182 u. 238; das System wird ferner verkompliziert, wenn es daneben selbstverständlich sowohl rein private Veranlassungszusammenhänge als auch Fälle gemischter Veranlassung gibt, a.a.O., Rn. 206.

917 In ihrer Pauschalität ist diese Aussage *Langs* zurückzuweisen, s.u. zur Vermögenssphäre. Dies wird insbesondere an den Urteilen des BFH zu Feuer- und Besatzungsschäden bei Einkünften aus Vermietung und Verpachtung deutlich.

918 Siehe hierzu die Ausführungen zur wesentlichen Verursachung von *Hartmut Söhn*, Betriebsausgaben, Privatausgaben, gemischte Aufwendungen, in: Hartmut Söhn (Hg.), Die Abgrenzung der Betriebs- oder Berufssphäre von der Privatsphäre im Einkommensteuerrecht, 1980, S. 13 (72 ff.); das Abstellen auf die wesentlichen Gründe beinhaltet eine – subjektive – Wertung, nämlich die des Richters. Aus der

Hierbei können und müssen als Folge des Gleichheitsatzes typische Kausalverläufe herausgearbeitet werden, denn „[d]ie Qualifizierung muss […] nach Merkmalen erfolgen, die generalisierbar gleiche Schlussfolgerungen erlaubten".[919] Die Beurteilung des Veranlassungszusammenhangs – zumindest auf Einnahmenseite – erfolgt dabei objektiv unter Berücksichtigung der Beteiligten Personen und ihrer zu bewertenden Interessen.[920] Ausdrücklich stellen zwar die Vertreter der „subjektiven Theorie" darauf ab, dass man Handlungen und Folgen nicht nur daran bemessen kann, ob sie objektiv der Erwerbstätigkeit dienen, sondern dass es dabei auch auf die subjektive Motivation des Steuerpflichtigen ankommt.[921] Diese scheinbare Absolutheit erfährt dabei zwei Einschränkungen: zum einen auf der Beweisebene. So müssen die subjektiven Zwecke durch objektive Kriterien erwiesen werden.[922] Zum anderen aber auch schon auf der Tatbestandsebene: Die Erklärungen im Verfahren müssen „der Wirklichkeit" entsprechen, was sie nur dann tun sollen, wenn die in Frage stehende Handlung oder Ursache tatsächlich der Erwerbstätigkeit dient oder mit ihr im Zusammenhang steht.[923] Damit folgt *Tipke* der Rechtsprechung des RFH, wonach es bei der Beurteilung eines Vorgangs nur darauf ankomme, „was er [der Vorgang] in Wirklichkeit und nach der Verkehrsauffassung ist".[924] Selbstverständlich bleibt der Steuerpflichtige hierdurch Bezugspunkt und damit Subjekt der Betrachtung.[925] Der Veranlassungszusammenhang beschreibt mithin einen (wirtschaftlichen)

Sicht des Steuerpflichtigen erfolgt sie daher objektiv, da es auf seine Wertung nicht zwangsläufig ankommt. Wenn hier die Vertreter einer subjektiven Theorie sich auf *Söhn*, berufen, den dezidierten Vertreter der objektiven Theorie, wird hier bereits die Weiche zur Anwendung der objektiven Theorie gestellt; so auch *Falkner*, Die Einkünfteerzielungsabsicht als subjektives Besteuerungsmerkmal, Diss., S. 208; der Ansatz der Wesentlichkeitstheorie findet sich bereits bei *Becker*, Die Grundlagen der Einkommensteuer, S. 28, der auf einen „überwiegenden" Zusammenhang bei der Zuordnungsentscheidung abstellt.

919 *Jüptner*, Leistungsfähigkeit und Veranlassung, Diss., S. 159 f.

920 Vgl. nur *Krey*, Besteuerung sonstiger Leistungen, Diss., S. 52 f.; *Falkner*, Die Einkünfteerzielungsabsicht als subjektives Besteuerungsmerkmal, Diss., S. 206; *Kirchhof*, in: Kirchhof, EStG, § 8, Rn. 9 und bereits oben die Rechtsprechung zur Beurteilungsperspektive; bei Werbungskosten auf die Perspektive des Dritten abstellend: BFH, Urteil vom 19. März 1982 – VI R 25/80 –, BStBl. II 1982, 442, 443 (li. Sp.).

921 *Weber-Grellet*, in: Schmidt, EStG, § 22, Rn. 132 f.

922 Vgl. *Andreas Koller*, Abgrenzung von Einkunftstatbeständen im Einkommensteuerrecht, 1993, S. 11.

923 *Klaus Tipke*, Rechtfertigung der Themenwahl; Ziel der Tagung, in: Hartmut Söhn (Hg.), Die Abgrenzung der Betriebs- oder Berufssphäre von der Privatsphäre im Einkommensteuerrecht, 1980, S. 1 (11).

924 RFH, Urteil vom 07. Juli 1927 – VI A 255 –, StuW 1927 II, Urteil Nr. 356, Sp. 443 (448, 449).

925 A.A. anscheinend *Escher*, Steuerliche Liebhaberei und Subjektbezug der Einkünfteerzielungsabsicht, Diss., S. 15, der sich jedoch selbstwiderspricht, wenn er eine

Kausalzusammenhang, der einer objektiven Bewertung unterliegt. Die Frage, ob Handlungen und Folgen wirtschaftlich zusammenhängen, ist damit nicht so sehr eine Frage der Entscheidung, ob man der subjektiven oder objektiven Theorie folgt, sondern die materielle Frage nach den Anforderungen, die man an den Zusammenhang stellt.[926] Und wie gezeigt, knüpfen auch die Vertreter der subjektiven Theorie nicht an die individuellen Absichten und inneren Wertungen der Steuerpflichtigen, sondern legen Anforderungen und Kriterien fest, nach denen die nach Außen wirkenden Handlungen und feststellbare Folgen allgemein für alle Steuerpflichtigen gleich bewertet werden können.[927] Was die Ebene der Handlung und damit die Begründung der einkommensteuerbaren Tätigkeit anbelangt, bestreiten auch die Vertreter der objektiven Theorie nicht die Bedeutung des subjektiven, finalen Moments, trotzdem ist gerade für die Zuordung zur Erwerbssphäre kein Raum für rein subjektive Elemente.[928] Die Bestimmung, ob eine Veranlassung vorliegt, erfolgt mithin objektiv. Die Anknüpfung an subjektive Merkmale ist nur bei bezweckten Folgen möglich und diese sind letztlich objektiv – durch die Finanzverwaltung und die Gerichte – nachzuvollziehen. Das betrifft sowohl die Ebene der Zuordnung zu einer steuerbaren Tätigkeit als auch die Ebene des anschließend zu beurteilenden Kausalzusammenhangs.[929] Dabei ist als Gegensatz zur steuerbaren Tätigkeit die Sphäre der Lebensführung zu beachten.[930] In die Bewertung des wirtschaftlichen Zusammenhangs fließt somit eine Vielzahl von Wertungsgesichtspunkten hinein, weshalb eine abschließende Beurteilung erst am Ende der vorliegenden Untersuchung erfolgen kann.[931] Daher soll zunächst nur der spezifische Entgeltcharakter der Leistung beleuchtet werden.

Verobjektivierung der Absicht und eine objektivierende Betrachtungsweise verlangt. Viel eindeutiger kann man die objektive Theorie nicht vertreten.

926 *Söhn*, Betriebsausgaben, Privatausgaben, gemischte Aufwendungen, S. 13 (28); so auch schon *Becker*, Die Grundlagen der Einkommensteuer, S. 250 am Beispiel von Rechtsverfolgungskosten im Rahmen von VuV-Einkünften; hierauf wird nochmals im Rahmen der Erwerbsgerichtetheit eingegangen, Kap. 4, C. II. 4.

927 *Falkner*, Die Einkünfteerzielungsabsicht als subjektives Besteuerungsmerkmal, Diss., S. 133, 136 u. 261 f.

928 BFH, Urteil vom 13. Oktober 1960 – IV 196/59 S –, Tz. 5, juris, BStBl. III 1960, 511, BFHE 71, 699; *Söhn*, Betriebsausgaben, Privatausgaben, gemischte Aufwendungen, S. 28; *Falkner*, Die Einkünfteerzielungsabsicht als subjektives Besteuerungsmerkmal, Diss., S. 260 f.; *Kreft*, Vorab veranlasste Erwerbsaufwendungen im Einkommensteuerrecht, S. 68;

929 So schließlich auch *Weber*, Veranlassungsprinzip, S. 184 (190); eine rein subjektive, auf die Absicht abstellende Bewertung würde den Verfassungsauftrag eines gleichmäßigen Steuervollzugs gefährden, vgl. *Söhn*, Betriebsausgaben, Privatausgaben, gemischte Aufwendungen, S. 13 (18).

930 *Jüptner*, Leistungsfähigkeit und Veranlassung, Diss., S. 165 f.; der Aspekt der Lebensführung wird im weiteren Verlauf der Arbeit diskutiert.

931 Auf die Aspekte der Wertung, Abwägung und Gewichtung im Rahmen der juristischen Kausalität weisen auch *Tipke*, Hütet das Nettoprinzip, S. 177 (184) und

(3) Zwischenergebnis

Der Veranlassungszusammenhang ermöglicht die Zurechnung steuerbarer Einnahmen und Aufwendungen. Er bildet zwar eine notwendige, aber nicht hinreichende Bedingung, bei der Feststellung, ob ein Verhalten eine steuerbare Tätigkeit darstellt. Im Rahmen des § 22 Nr. 3 EStG fällt die Prüfung, ob eine steuerbare Tätigkeit dem Grunde nach vorliegt, mit der Frage, ob eine Einnahme mit dieser Tätigkeit zusammenhängt, oftmals zusammen. Zutreffend führt der BFH daher aus, dass es auch auf die allgemeinen Erwerbstätigkeitsmerkmale im Sinne des § 2 Abs. 1 EStG ankommt. Die Feststellung des Veranlassungzusammenhangs ergibt sich aus einer umfassenden Beurteilung des konkreten Einzelfalles. Hinsichtlich spezifischer Voraussetzungen des Veranlassungszusammenhangs bleiben die Kommentierungen und die Rechtsprechung vage. Die Auseinandersetzungen spielen sich im „Gesamtbereich" des wirtschaftlichen Zusammenhangs ab, so wie er oben skizziert worden ist.

Dem BFH lässt an sich ein objektiv feststellbares Verhältnis von Leistung und Gegenleistung ausreichen, die Literatur stellt zum Teil noch auf die Motivlage des Steuerpflichtigen ab.[932] Im Ergebnis wirkt sich dies jedoch selten aus. Dies liegt auch daran, dass der BFH nur scheinbar eine einheitliche Terminologie verwendet – vergleiche nur die oben dargestellte Kontroverse um sein Verständnis des Leistungsaustauschs. Und auch die Literatur versucht grundsätzliche Wertentscheidungen in Begrifflichkeiten zu verankern, um anschließend mit ihrer Hilfe operieren zu können – vergleiche die Verneinung des Leistungsaustauschs bei Spielen und Wetten: hier soll weder eine Leistungshandlung, noch ein Austausch, ein Entgelt oder eine Veranlassung vorliegen. Dabei versteckt sich dahinter die wertende Entscheidung, ob eine Spielteilnahme grundsätzlich steuerbar sein kann. Ist sie es nicht, kann der Gewinn für die Spielteilnahme niemals ein steuerbares Entgelt sein, unabhängig eines etwa bestehenden oder nicht bestehenden Veranlassungszusammenhangs. Generell sollte das Wort Spiel nur noch für die wirklich nicht-steuerbaren Spiele verwendet werden.[933]

bb) Allgemeines Kriterium

Begreift man die Besteuerung als Teilhabe des Staates an Tauschbeziehungen und im Falle der Einkommensteuer spezieller als Teilhabe am Ertrag des Einzelnen aus diesen Tauschbeziehungen, so liegt diesen Beziehungen eine Tauschgerechtigkeit zu Grunde, die auf die gerechte Güterverteilung hinwirkt: Leistung und Gegenleistung sollten sich entsprechen und „ein unrechtmäßiger Eingriff, durch den sich jemand

---

Hans Georg Ruppe, Die Abgrenzung der Betriebsausgaben/Werbungskosten von den Privatausgaben, in: Hartmut (für DStJG) Söhn (Hg.), Die Abgrenzung der Betriebs- oder Berufssphäre von der Privatsphäre im Einkommensteuerrecht, 1980, S. 103 (147).

932 *Weber-Grellet*, in: Schmidt, EStG, § 22, Rn. 132 f.

933 Da hier auch zivilrechtlich nicht immer Spiele vorliegen.

einen Vorteil verschafft hat, ist auszugleichen".[934] Dabei spielt die Art der verteilten Güter keine Rolle, auch nicht, ob sie materieller oder immaterieller Natur sind. Es soll von drei Grundkonstellationen des Tausches ausgegangen werden:[935]

1. *Tausch positiver Güter (Ware gegen Geld, Arbeit gegen Lohn, Hilfe gegen Lob)*
2. *Ausgleich eines negativen Beitrags durch einen negativen Beitrag (Vergeltung einer Untat durch Strafe)*
3. *Ausgleich eines negativen Beitrags durch einen positiven Beitrag (Zufügung von Schaden und Schadensersatz; Rückgabe einer ungerechtfertigten Bereicherung)*

Eine privatnützige Wirtschaftsordnung ist gekennzeichnet durch den Tausch positiver Güter. Der Ausgleich eines negativen Beitrags kann per se schon keinen Ertrag darstellen, ersetzt er doch nur bereits Vorhandenes und soll nach seiner Intention nicht zu einer Bereicherung des Geschädigten führen.[936] Diese Feststellungen stützen die Tauglichkeit der Markteinkommenstheorie. Durch das Anknüpfen an Tauschbeziehungen entgeht die Einkommensbesteuerung der Bewertungsproblematik[937], indem sie von dem Grundsatz ausgeht, dass sich fremde Dritte nichts schenken und einen angemessenen Wert der Leistung vereinbaren.[938] Eine Einkommensteuer, die den Ertrag teilweise abschöpfen will, muss also fragen, zu welchem Wert die Leistung erstellt wurde und zu welchem Wert sie wieder weggetauscht worden ist: die Differenz entscheidet über Erfolg oder Misserfolg (objektives Nettoprinzip). Da lediglich Subjekte handeln können, knüpft sie die Steuerpflicht an diese und den ihnen zugeordneten Tauschvorgängen. Aus der Funktion des § 22 Nr. 3 EStG als Ergänzungstatbestand wird zumindest in Abgrenzung zu den unternehmerischen Einkünften (Gewinnermittlung nach § 4 Abs. 1, 3 EStG) deutlich, dass eine konkrete Tauschbeziehung gemeint ist. Also können im Gegensatz zu den betrieblichen Einkünften, die lediglich einen objektiven Zusammenhang mit der betrieblichen Sphäre verlangen, um eine Betriebseinnahme bejahen zu können, bei den Leistungseinkünften nur konkrete, unmittelbar auf einander bezogene Tauschbeziehungen berücksichtigt werden. Dies spiegelt sich auch in der Literatur und der Rechtsprechung wider.

---

934 *Röhl/Röhl*, Allgemeine Rechtslehre, S. 341.

935 *Röhl/Röhl*, Allgemeine Rechtslehre, S. 341.

936 Vgl. § 249 Abs. 1 BGB und das schadensrechtliche Bereicherungsverbot im Zivilrecht BGH, Urteil vom 20. Juni 1989 – VI ZR 334/88 –, VersR 1989, 1056. Lediglich bei einem Betriebsvermögen kann theoretisch auch eine Ersatzleistung gewinnerhöhend wirken, wenn durch sie stille Reserven gehoben werden. Dann liegt die Ursache für diese scheinbare Ausnahme aber nicht im Ausgleich eines negativen Beitrags, sondern im Prinzip des Betriebsvermögensvergleichs und der AfA.

937 Vgl. *Röhl/Röhl*, Allgemeine Rechtslehre, S. 341.

938 Zum Fremdvergleich: *Hans-Jürgen Pezzer*, Der Fremdvergleich als Prüfmaßstab für Verträge zwischen nahestehenden Personen. Sachverhaltswürdigung oder rechtliche Subsumtion?, in: DStZ 2002, S. 850 ff. und BFH, Urteil vom 31. Juli 2007 – IX R 8/07 –, BFH/NV 2008, 350.

Sowohl der BFH als auch die Literatur fordern für einen nach § 22 Nr. 3 EStG steuerbaren Leistungsaustausch eine Entgeltlichkeit der Leistung, wobei Leistungsempfänger und Entgeltzahlender nicht identisch sein müssen.[939] Für die Rechtsprechung genügt hierfür bereits die Annahme einer Zahlung als Entgelt, wobei es nicht darauf ankommt, dass der Steuerpflichtige dies ausdrücklich kundtut, sondern das Gericht diese Annahme objektiv feststellen kann. Die Frage der Entgeltlichkeit ist für den BFH mithin eine rein objektive Frage. Die erforderliche „innere Verknüpfung" zwischen Leistung und Gegenleistung muss daher dergestalt sein, dass für den Gegenleistenden sich die Leistung gerade als Gegenleistung für seine „Zahlung" darstellt. Insofern stimmen die Stimmen in der Literatur mit den Feststellungen der Rechtsprechung überein.

Hierbei ist jedoch zu beachten, dass sowohl die Rechtsprechung als auch die entsprechenden Reaktionen der Literatur stets den Einzelfall vor Augen haben. Der vorliegenden Untersuchung liegt jedoch der Versuch zu Grunde, das Gemeinsame dieser Fälle zu definieren, also Argumentationsmuster, die möglichst auf alle Fälle des § 22 Nr. 3 EStG zutreffen, um eben auch der Forderung des Rechtsstaatsgebots nach Bestimmtheit und Klarheit gesetzlicher Normen gerecht zu werden. Die Rechtsprechung verlangt mit der überwiegenden Literatur stets ein Zweifaches: Das Verhalten muss für das Entgelt ursächlich sein, was im Wege des steuerrechtlichen Veranlassungszusammenhangs geprüft werden kann. Weiterhin muss die Leistung „fremdnützig" sein. Damit ist der gestattende, lageverbessernder Charakter der Leistung gemeint ist, der aus der Perspektive von Leistendem und Leistungsempfänger bestimmt wird.[940] Diese Bestimmung bestätigt auch *Reimers* Vorschlag zum Entgeltbegriff: nur eine Vermögensmehrung, die als Gegenleistung in einem *synallagmatischen Nexus* zu einer Hauptleistung bestehe, könne steuerrechtlich ein Entgelt darstellen.[941] Auch er verlangt ein Zweifaches: Zum einen müsse das Verhalten conditio-sine-qua-non für das Entgelt sein und zum anderen die Handlung fremdnützig sein, was nicht vorläge, wenn eine Zahlung reinen Versorgungscharakter hätte.[942] Ausgehend von seinem Entgeltbegriff für Unterlassungen hieße dies auf die Leistungseinkünfte übertragen, dass es dem Zahlenden gerade auf das Verhalten des Steuerpflichtigen ankommen muss. Die hierin zum Ausdruck kommende Fremdnützigkeit liegt dann vor, wenn der Gegenleistende oder ein mit ihm verbundener Dritter sich aus dem Verhalten des Steuerpflichtigen einen spezifischen Vorteil verspricht.[943] Ein Indiz hierfür ist insbesondere

939 So auch schon *Becker*, Die Grundlagen der Einkommensteuer, S. 293 f. u. 369 f., wonach das Entgelt für das Verhalten fließe müsse und nicht einen einmaligen Vermögensanfall darstellen dürfe; vgl. auch *Musil*, in: H/H/R, EStG/KStG, § 2, Rn. 90, der vom Typus einer entgeltlichen Leistung spricht.

940 Ablehnend soweit ersichtlich nur *Gebhardt*, „Münchner Steuer-Roulette" – Dogmatische Zufälligkeiten bei der BFH-Rechtsprechung zu Preisgeldern S. 65 (66).

941 *Reimer*, Der Ort des Unterlassens, S. 73.

942 *Reimer*, Der Ort des Unterlassens, S. 75 f.

943 *Reimer*, Der Ort des Unterlassens, S. 76; schon *Becker*, Die Grundlagen der Einkommensteuer, S. 293 f. betonte für die Leistungseinkünfte, dass stets Entgelt

das Interesse an der Leistung als Vorstufe einer weiteren Verwertungshandlung oder der Konsum der so eingekauften Leistung.

Damit gelingt auch die Abgrenzung zur schenkungsteuerrechtlich erheblichen Unentgeltlichkeit. Das Entgelt hat in der Regel die Funktion, einen an sich bestehenden Interessengegensatz zu überbrücken und den Leistenden zu einem Verhalten zu motivieren, dass zumindest nicht primär eigennützig ist.[944] Diese Auffassung fußt wiederum auf der Rechtsprechung des BFH zur Verknüpfung von Arbeitsleistung und Lohn nach § 19 Abs. 1 EStG und der Rechtsprechung zu Entschädigungsleistungen nach § 24 Nr. 1 Buchst. b) EStG. In beiden Fällen verortet der BFH den Zusammenhang im „für". Hierin käme zum Ausdruck, dass „[d]ie Zahlung [...] zumindest auch im Interesse des Zahlungsverpflichteten [...] liegen"muss.[945] Im Tatbestand des § 22 Nr. 3 EStG kann dieses Erfordernis im „aus" gesehen werden. Zumindest wenn es um die Begründung der Steuerbarkeit geht, kann ein rein naturwissenschaftlich begründetes Kausalitätsverständnis die Belastungsgrundentscheidung des EStG nicht hinreichend widerspiegeln.[946] Erforderlich ist daher, die Nutzung der Erwerbsgrundlage durch die Bewertung der Handlung und der Erwerbsvorkehrungen des Steuerpflichtigen positiv festzustellen.[947]

Die oftmals anzutreffende Formulierung, dass die Gegenleistung dann vorliege, wenn sie durch die Leistung ausgelöst sei, verleitet dazu, die auch vom BFH geforderten Kriterien dieses Auslösens zu übersehen und eine reine kausale Veranlassung ausreichen zu lassen. Die geschilderte besondere Verknüpfung ist zwar eine hinreichende, aber auch notwendige Bedingung, um eine entgeltliche Leistung bejahen zu können.

Nach Analyse von Rechtsprechung und Literatur kann daher zum Entgeltcharakter der Leistung festgestellt werden: Die Leistung muss hinreichend konkret sein, damit mit ihr ein spezifischer fremdnütziger Aspekt verknüpft werden kann.[948]

---

für ein Verhalten vorliegen müsse und nicht das bloße Erzielen eines Vermögensanfalls.

944 *Reimer*, Der Ort des Unterlassens, S. 130; vgl. auch *Randolf Schnorr*, Die steuerrechtliche Abzugsfähigkeit von “Drittaufwand”, in: StuW 2003, S. 222 (234), der vom rousseauistischen Sündenfall spricht: Aufgabe von Autarkie und Beteiligung am gesellschaftlich vermittelten Markt.

945 BFH, Urteil vom 28.02.2002 – IV R 64/00 –, DStRE 2002, 1061 unter Verweis auf *Jacobs-Soyka*, in: Littmann/Bitz/Pust, Das Einkommensteuerrecht, § 24 EStG Rn. 71 a. E.

946 Zur juristischen Einschränkung naturwissenschaftlicher Kausalität im Steuerrecht vgl. *Söhn*, Betriebsausgaben, Privatausgaben, gemischte Aufwendungen, S. 13 (20).

947 Siehe hierzu *Kirchhof*, in: Kirchhof, EStG, § 2, Rn. 61, der diesen Zusammenhang zudem im „erzielt" ... „aus" des § 2 Abs. 1 EStG als eine Grundvoraussetzung des gesamte Einkommensteuerrechts betrachtet, vgl. ders., a.a.O., § 2, Rn. 8 u. 55; so auch *Musil*, in: H/H/R, EStG/KStG, § 2, Rn. 90, der einen wertenden Vergleich von Lebenssachverhalt und dem Typusbegriff der Entgeltlichkeit als Voraussetzung einer Steuerbarkeit vorschreibt.

948 *Becker*, Die Grundlagen der Einkommensteuer, S. 370 verlangt ähnlich einen unmittelbaren Zusammenhang zwischen Leistung und Entgelt und verneint diesen

Dies liegt zumindest dann vor, wenn beiden Seiten das fragliche Entgelt als angemessene Gegenleistung ansehen. Dieser Zweck muss objektiv nachvollziehbar sein. Daher kommt es bei der Beurteilung auf die Beteiligten und insbesondere auch auf die Zwecksetzung des Leistungsempfängers und Zuwendenden an.[949] Ohne diese Verknüpfung ist die Gegenleistung potentiell schenkungsteuerpflichtig. Da das Einkommensteuerrecht an wirtschaftliche Vorgänge anknüpft, ist der hier vertretene Entgeltbegriff enger als der oben dargestellte zivilrechtliche im Rahmen der Abgrenzung von Entgeltlichkeit zur Unentgeltlichkeit im Schenkungsrecht. Im Einkommensteuerrecht besteht die geforderte Konnexität nicht schon bei einer rechtlichen, sondern erst bei einer wirtschaftlichen oder tatsächlichen Geschäftsgrundlage.[950] Dabei reicht bei der Begründung der steuerbaren Tätigkeit eine tatsächliche Anknüpfung nicht aus, so dass hier zumindest eine wirtschaftliche Geschäftsgrundlage zu fordern ist.[951]

cc) Auswirkungen auf die Fallgruppen der Leistungseinkünfte

Die Problematik der Entgeltlichkeit wird soweit ersichtlich lediglich im Rahmen der „Tätigkeitsvergütungen" diskutiert. Hier sei an die oben beschriebene Unterscheidung in die zwei Fallgruppen der Tätigkeiten und vermögensbezogenen Vorgänge erinnert.

(1) Vermögensbezogene Vorgänge

Immer wenn durch das Verhalten in irgendeiner Weise auf bestehende Vermögenspositionen eingewirkt wird, lässt sich eine Zahlung unschwer dieser Einwirkung zuordnen. Dies betrifft zunächst konkrete bestehende Vermögenspositionen in der Form von Veräußerungsvorgängen – Vermögensgut gegen Geldzahlung –, veräußerungsähnlichen Vorgängen – Aufgabe einer Vermögensposition gegen Geldzahlung – und Nutzungsüberlassungen – Besitzeinräumung oder Beschränkung der Eigennutzung gegen Entgelt. In allen vorgenannten Fällen lässt sich als Gemeinsamkeit eine hinreichende Konkretisierung des Verhaltens des Steuerpflichtigen darstellen, im Zweifel durch Durchgriff auf den Zustandstatbestand.

Eine Entgeltlichkeit liegt zumindest immer dann vor, wenn ihr eine konkrete Einwirkung auf bestehende Vermögenspositionen des Leistenden durch den Leistenden

---

wohl in Fällen, bei das Interesse des Entgeltgewährenden sehr unspezifisch und allgemeiner Natur ist und das Eigeninteresse des „Leistenden überwiegt".

949 Dies verdeutlicht *Waterkamp-Faupel*, in: FR 1995, S. 41 (44 re. Sp.) am Beispiel der Streikunterstützung und der Belohnung im Rahmen der Aufklärung einer Straftat.

950 Vgl. zum Schenkungsrecht *Weidenkaff*, in: Palandt, Bürgerliches Gesetzbuch, § 516, Rn. 8; zum Veranlassungsbegriff bei § 4 EStG, *Heinicke*, in: Schmidt, EStG, § 4, Rn. 27 ff.

951 Ein entgeltliches, wirtschaftliches Austauschverhältnis verlangt auch schon *Wiemer*, Nicht einkommensteuerpflichtige Einkünfte, Diss., S. 57, auch wenn er im Übrigen den Kreis der nicht-steuerbaren Vorgänge sehr großzügig zieht und damit zwar die Rechtsprechung des RFH bestätigt, aber dadurch zu genau gegensätzlichen Ergebnissen als die BFH Rechtsprechung der letzten 50 Jahre kommt.

gegenübersteht. Hierbei gilt das oben im Zusammenhang mit der Verhaltensweise Festgestellte: immer muss ein Handlungspotential des Steuerpflichtigen feststellbar sein und die Gegenleistung muss eine Einwirkung auf dieses Potential entgelten, also aus Sicht der Beteiligten bezwecken. Eine Zahlung ohne eine solche Einwirkung wäre aus Sicht des Gegenleistenden weder synallagmatisch, noch konditional oder bloß kausal mit einer *erhaltenen* Gegenleistung verknüpft und mithin in den meisten Fällen unentgeltliche Schenkung.[952] Aus diesem Grunde sind auch Schadensersatzleistungen nicht steuerbar, wenn sie lediglich einen eingetretenen Schaden ausgleichen.[953]

(2) Sonstige Tätigkeiten

Komplizierter ist die Lage bei der Gruppe der sogenannten bloßen Tätigkeiten, dort insbesondere die Fälle der Begründung von Zahlungspflichten. Diese betreffen in der Regel zwar auch das Vermögen, was im Hinblick der Berücksichtigung von Zahlungsabflüssen als Werbungskosten interessant ist und womit die Reichweite der sogenannten „Vermögenssphäre“ angesprochen ist.[954] Hiervon zu scheiden ist jedoch die Frage, ob in der Eingehung von Zahlungsverpflichtungen oder bereits in der konkreten Zahlungsleistung steuerbare Tätigkeiten vorliegen. Die Rechtsprechung lässt sich dabei wie folgt unterteilen:

Zunächst gibt es die Fälle, in denen der Steuerpflichtige ein Entgelt dafür erhält, dass er eine Zahlungspflicht übernimmt, so im Falle der Bürgschaftsübernahme gegen eine Avalprovision. Hier lässt sich in der Regel unschwer sogar eine synallagmatische Gegenleistung bejahen.

Problematisch sind dagegen die Fälle in denen der Steuerpflichtige zunächst eine Zahlung an den Gegenleistenden leistet und im Gegenzug die Aussicht auf einen Gewinn erhält. Hierzu gehören alle Spiele und Wetten, aber auch Prozessfinanzierungverträge. Die Frage, ob in diesen Fällen der Leistende dem Gegenleistenden etwas über die bloße Zahlung hinaus gestattet, wird bei reinen Glücksspielen und Wetten von Literatur und Rechtsprechung in der Regel verneint. Eine Prozessfinanzierung begründe hingegen ein partiarisches Rechtsverhältnis, der Finanzierungsbeitrag stelle eine Leistung dar.[955] Diese Frage hat Ähnlichkeit mit den Fällen, in denen es um eine nachträgliche Vergütung von Informationsweitergaben geht, auch dort liegt dem BFH zufolge ein partiarisches Rechtsverhältnis vor.

---

952 Vgl. zur Schenkungsteuer und die Zwecksetzung durch den Schenkenden *Moench*, in: Moench/Weinmann, ErbStG, § 7, Rn. 113; ferner *Steiner*, Der Sponsor in der Schenkungsteuerfalle?, S. 204 ff.; dass es stets auf die Sicht der Beteiligten ankommt, betont auch *Meincke*, in: ErbStG, Kommentar, § 7, Rn. 13, was selbstverständlich nicht bedeutet, dass diese Sicht nicht nachvollziehbar sein muss.

953 So auch Leisner-Egensperger, in: K/S/M, EStG, § 22, D139, 121 ff.

954 Hierauf wird unten unter IV. eingegangen.

955 Niedersächsisches Finanzgericht, Urteil vom 21. Juni 2007 – 10 K 76/07 –, juris; BFH, Urteil vom 10. Juli 2008 – IX R 47/07 –, juris.

(a) Informationsweitergabe, nachträgliche Provisionen und Prozessfinanzierung

In den entschiedenen Fällen ging es um Sachverhalte, in denen die Steuerpflichtigen behaupteten, dass sie bei Vornahme der Handlung – der Informationsweitergabe, der Vermittlungsleistung[956] und dem Zuschuss zu den Prozesskosten[957] – nicht mit Einkünfteerzielungsabsicht gehandelt und eine „Entlohnung" gar nicht bezweckt hätten, ihre Handlung also einkommensteuerlich irrelevant war. Dies sind nun die Fälle, in denen der BFH ausführte, dass für eine Steuerbarkeit nach § 22 Nr. 3 EStG ein wirtschaftlicher Zusammenhang mit dieser steuerlich irrelevanten Ersthandlung ausreiche, wenn nur nachfolgend eine Zuordnung zur Erwerbsphäre erfolge. Dabei unterstreicht der BFH, dass nicht jede durch eine Tätigkeit ausgelöste Einnahme ausreiche, sondern dass es entscheidend darauf ankomme, dass die Gegenleistung *als solche* angenommen werde. Eine ausdrückliche Vereinbarung für die Zahlung müsse hierfür nicht vorliegen, deren Annahme könne insbesondere auch nachträglich erfolgen. Die Möglichkeit einer solchen nachträglichen Vergütung verneint die hM hingegen bei Dienstverhältnissen, die als tatsächliche Zustände nicht rückwirkend hergestellt werden können.[958] Wesentlich entschiedenen Fall war aber zudem, dass die Prozessführung auch im wirtschaftlichen Interesse des Steuerpflichtigen lag.[959]

Nach *Kubicki* und *Fuhrmann/Kohlhaas* entfalten die Steuerpflichtigen in allen vorgenannten Fällen keine steuerbare Tätigkeit: entweder läge ein nicht steuerbarer Veräußerungsvorgang oder – wenn die Information noch keine Wirtschaftsgutqualität hätte und im Falle des Prozesskostenzuschusses – eine renumeratorische Schenkung vor.[960] In allen Fällen hinge der Erfolg nur vom Zufall ab.[961] Dies widerspricht jedoch den oben dargestellten schenkungsteuerrechtlichen Grundsätzen, denn aus Sicht des „Schenkers" liegt wohl selten eine bloß unentgeltlich gewollte Bereicherung vor. Im Gegenteil wird die „Belohnung" solvendi causa geleistet, nämlich aus der Verpflichtung des Prozesskostenfinanzierungsvertrages. Was die nachträgliche Entlohnung der Informationsweitergabe anbelangt, kann wohl davon ausgegangen werden, dass hier der Vorgang der Steuerbehörde zunächst nicht bekannt gemacht wurde und der Steuerpflichtige daher aus Eigeninteresse sowohl eine Leistung als auch eine Schenkung verneinte. Aber auch hier sollte

---

956 BFH, Urteil vom 21. September 2004 – IX R 13/02 –, BFHE 207, 284, BStBl II 2005, 44.

957 BFH, Urteil vom 10. Juli 2008 – IX R 47/07 –, juris und BFH, Urteil vom 25. Februar 2009 – IX R 33/07 –, juris.

958 BFH, Urteil vom 08. Mai 2008 – VI R 50/05 –, Tz. 16, BFHE 221, 157, BStBl II 2008, 868.

959 BFH, Urteil vom 25. Februar 2009 – IX R 33/07 –, juris, Tz. 19: offenlassend, wie der Fall bei rein altruistischen Motiven läge.

960 *Kubicki*, Die Dogmatik des § 22 Nr. 3 EStG einschließlich der Querbezüge zur Schenkungsteuer, Diss., S. 80, 84, 88 und *Claas Fuhrmann/Karl-Friedrich Kohlhaas*, Erfolgsbeteiligung an einer Prozessfinanzierung als Leistungseinkünfte?, in: FR 2008, S. 1081 (1086).

961 *Kubicki*, Die Dogmatik des § 22 Nr. 3 EStG einschließlich der Querbezüge zur Schenkungsteuer, Diss., S. 74.

der Grundsatz gelten, dass sich Geschäftsleute nichts zu schenken pflegen.[962] Daher sollte einkommensteuerrechtlich die zweifellos bestehende causa-Abrede der Beteiligten anerkannt und nachvollzogen werden.[963] Denn schenkungssteuerrechtlich würde die Verknüpfung ausreichen, um eine Unentgeltlichkeit verneinen zu können, und aus den vorgetragenen Sachverhalten ging immer hervor, dass die Parteien letztlich von einer angemessenen, wenn auch nachträglichen Vergütung ausgingen. Erst recht gilt dies, wenn eine Belohnung im Vorfeld versprochen oder ausgelobt wird.[964]

Diese Rechtsprechung, dass es nicht auf die subjektive Absicht des Handelnden ankommt, sondern auf eine objektive und wirtschaftliche Betrachtung, geht übrigens mindestens auf den RFH und das RG zurück. Einem Urteil von 1927 lag der Fall eines Richters zugrunde, der für eine einmalige Schiedsgerichtstätigkeit RM 9.000,- erhalten hatte und den Fall mit einer nicht steuerbaren renumeratorischen Schenkung verglich. Der RFH verwarf diesen Einwand und beurteilte den Vermögensanfall als Entgelt. Die Beurteilung des Vorgangs hinge insofern nur davon ab, „was er in Wirklichkeit und nach der Verkehrsauffassung ist, und dass nach der Rechtsprechung des Reichsgerichts und des Reichsfinanzhofs auch zunächst unentgeltlich übernommene Leistungen nachträglich vergütet werden können“.[965]

(b) Wetten, Glückspiele und Erfolgsbeteiligungen

Entscheidend bleibt daher letztlich nur noch der Einwand, dass Spiele, Wetten und Erfolgsbeteiligungsverhältnisse im Sinne eines partiarischen Rechtsverhältnis wegen ihres Spielcharakters nicht einkommensteuerbar seien.[966]

---

962 *Moench*, in: Moench/Weinmann, ErbStG, § 7, Rn. 152.

963 Bereits *Wiemer*, Nicht einkommensteuerpflichtige Einkünfte, Diss., S. 44 problematisiert die renumeratorische Schenkung, nimmt aber typisierend vorweggenommene Erfüllungshandlungen an um der Forderung des § 6 Abs. 1 StAnpG zu entsprechen. ME genügt hier das Rekurrieren auf den Gedanken, dass sich Geschäftsleute nichts zu schenken pflegen, ein Grundsatz der auch bei den Betriebsausgaben gilt. Eine Steuerbarkeit wegen der Entheltlichkeit bejaht auch *Musil*, in: H/H/R, EStG/KStG, § 2, Rn. 90.

964 In diesem Fall liegt auch zivilrechtlich keine Schenkung vor, vgl. BGH, Urteil vom 28. Mai 2009 – Xa ZR 9/08 –, NJW 2009, 2737; den Veranlassungszusammenhang bei Bonuszahlungen Dritter bejahnd BFH, Urteil vom 07. August 2014 – VI R 58/12 –, juris, BFH/NV 2015, 184.

965 RFH, Urteil vom 07. Juli 1927 VI A 255 – StuW 1927 II, Urteil Nr. 356, Sp. 443 (448, 449) mit Verweis auf RGZ 72, 188; 74, 139; RFH, Urteil vom 30. Januar 1925 II A 1082 – StuW 1925 Nr. 240; Becker, StuW 1925, Sp. 964; Ott, GrErwStG, 3. Aufl. Anm. 25 zu § 8.

966 Vgl. für Wetten und Spiele BFH, Urteil vom 25. August 1987 – IX R 65/86 –, BFHE 151, 132; BStBl. II 1988, 248 (249 li. Sp.) und zuvor bereits RFH, Urteil vom 30. Juni 1927 – VI A 261 –, StuW 1927 II, Urteil Nr. 300, Sp. 338.

Kubicki weist zurecht darauf hin, dass die Frage der Unterbrechung des Veranlassungszusammenhangs nichts mit der Frage zu tun hat, ob Spielgewinne an sich steuerbare Entgelte darstellen. Denn hierfür muss das Spielen zunächst eine geeignete steuerbare Tätigkeit darstellen.[967] Sie verwechselt sodann aber die Frage der Entgeltlichkeit mit der der Steuerbarkeit: Sie bejaht grundsätzlich die Entgeltlichkeit von Spielen, nur um dann festszustellen, dass durch die Spielteilnahme an sich keine „Situationsverbesserung“ des Veranstalters eintrete und der Vorgang sich daher in der nicht-steuerbaren Vermögenssphäre abspiele – einem Kriterium, dass gerade die Entgeltlichkeit begründen soll.[968] Denn die Zuordnung zur „Vermögenssphäre“ ist eine gesonderte Frage.[969] Hier findet sich das auch in anderem Zusammenhang immer wieder vorgebrachte Argument wieder, dass der Steuerpflichtige bei Spielen und Wetten lediglich Konsument der entgeltlich erworbenen Gewinnchance sei und er gerade nicht Anbieter einer eigenen Leistung sei.[970] Im Rahmen gemeinschaftlicher Spiele und bei Spielen im Rahmen von Unterhaltungssendungen liege hingegen immer ein Austauschverhältnis vor[971], weshalb hier die Ankpnüpfung an den Begriff des Spiels leer läuft.

Die Frage des „Spiels“ stellt sich mithin nur in den Fällen, in denen der Steuerpflichtige gegen Entgelt eine Gewinnchance erhält ohne dabei eine weitere Handlung erbringen zu müssen. Hier kann man eine Leistung verneinen, da sich die Tätigkeit im Kauf der Gewinnchance erschöpft.[972] Ein solches Verhalten – Geld gegen eine Forderung – stellt vielmehr die Nutzung des Kapitalvermögens dar und eine Besteuerung kann sich daher nur aus § 20 EStG ergeben. Würde § 22 Nr. 3 EStG alle diese Vorgänge erfassen, wäre die ausgefeilte Technik des § 20 EStG sinnwidrig. Die Leistungseinkünfte verlangen also über eine Kapitalhingabe hinaus einen weiteren Anknüpfungspunkt, so dass die Hingabe des Kapitals lediglich als Eintrittsgeld oder Einsatz für eine anschließende Tätigkeit angesehen werden kann, nicht aber als die steuerbegründende Tätigkeit an sich. Der Gegenleistende muss die Gewinnchance eben für diese weitere Tätigkeit einräumen und nicht für die Leistung des Einsatzes, was sich in seinem Interesse an der Entfaltung der Tätigkeit durch den Steuerpflichtigen zeigt. So lebten dem BFH zufolge „Spielshows“ von der Mitwirkung der Teilnehmer.[973] Hier zeigt sich

967 *Kubicki*, Die Dogmatik des § 22 Nr. 3 EStG einschließlich der Querbezüge zur Schenkungsteuer, Diss., S. 86.

968 *Kubicki*, Die Dogmatik des § 22 Nr. 3 EStG einschließlich der Querbezüge zur Schenkungsteuer, Diss., S. 88.

969 Vgl. unten zur Vermögenssphäre, IV.

970 *Schmidt-Liebig*, Einkommensteuerbarkeit und Einkünftequalifikation von Spiel- und ähnlichen Gewinnen, S. 162 (170 re. Sp. und 171 re. Sp.).

971 *Schmidt-Liebig*, Einkommensteuerbarkeit und Einkünftequalifikation von Spiel- und ähnlichen Gewinnen, S. 162 (170 re. Sp.).

972 So auch *Ismer*, Glück im Spiel – Pech für die Dogmatik, S. 235 (237).

973 BFH, Urteil vom 28. November 2007 – IX R 39/06 –, Tz. 12, juris, BFHE 220, 67, BStBl II 2008, 469; a.A. *Gebhardt*, „Münchner Steuer-Roulette“ – Dogmatische

also, dass die Fremdnützigkeit jenseits eines etwaigen Einsatzes eines Kapitalbetrags liegen muss. Folgt man dieser Einschätzung, stellt sich die weitere Frage der Steuerbarkeit von den oben angesprochenen Erfolgsbeteiligungsverhältnissen im Rahmen der Prozesskostenfinanzierungen. Eine Erfolgsbeteiligung gegen Kapitalbeteiligung hatte bereits der RFH zu den Leistungseinkünften gezählt: Es entspreche Sinn und Zweck des Einkommensteuergesetzes, ein solches Zwischending aus Kapital-, Gewerbeeinkommen und Einkommen aus Vermietung und Verpachtung als anderweitigen Leistungsgewinn steuerlich zu erfassen.[974] In concreto hatte der Steuerpflichtige gegen Entgelt das Recht auf gewisse Bezüge erworben, deren Anfall und Höhe jedoch ungewiss waren.[975]

ME unterfallen derartige Gestaltungen heute § 20 Abs. 1 Nr. 7 EStG, da die Erfolgsbeteiligung ein Entgelt für die Hingabe des Kapitals darstellt. Aus der Gesetzesbegründung zur heutigen Nr. 7 ergibt sich, dass der Gesetzgeber sowohl dem Grunde als auch der Höhe nach von einem ungewissen Ereignis abhängige Rückzahlungen und Entgelte erfassen wollte[976], also eine typische Fallgestaltung aus dem Bereich des Risikokapitals[977].

Zufälligkeiten bei der BFH-Rechtsprechung zu Preisgeldern S. 65 (66), wonach die Gewinnchance nicht geeignet sei, den Veranlassungszusammenhang herzustellen, da der Teilnehmer keinen Einfluss auf den Gewinn habe, die Steuerbarkeit wohl eher wegen der Höhe des Gewinns auf Kosten der Dogmatik irgendwie begründet werden müsse. Sicherlich spielt die Tatsache der hohen Gewinne eine Rolle für die Beurteilung der steuerbaren Tätigkeit. Immerhin stellt aber auch Gebhardt darauf ab, dass eine typische Erwerbstätigkeit vorliegen müsse. In Anbetracht der Häufigkeit solcher Shows kann hier möglicherweise eine solche typische neue Erwerbsmöglichkeit geschaffen worden sein. Auch andere steuerpflichtige Tätigkeiten sind mit Risiken und Ungewissheiten verbunden und trotzdem steuerbar.

974 RFH, Urteil vom 17. Oktober 1935 – VI A 273 –, StuW 1935 II, Urteil Nr. 704, Sp. 1708 (1710). Für Kapitaleinkünfte hätte das Kapital für die Beteiligung für einen längeren Nutzungszeitraum hingegeben und auch mit einer Vergütung gerechnet werden müssen, a.a.O., S. 1709 f.

975 RFH, Urteil vom 17. Oktober 1935 – VI A 273 –, StuW 1935 II, Urteil Nr. 704, Sp. 1708 (1709).

976 *von Beckerath*, in: Kirchhof, Einkommensteuergesetz, § 20, Rn. 112; *Weber-Grellet*, in: Schmidt, EStG, § 20, Rn. 102: nunmehr würden auch „reine Spekulationsanlagen" erfasst. Aber dann stellt sich die nächste Frage nach der von der hM bejahten Steuerbarkeit von Bürgschaftsprovisionen. Auch hier geht der Bürge letztlich ein Risiko auf dem Gebiet seines Vermögens ein, überlässt aber zunächst kein Vermögen. Daher soll diese Frage später im Rahmen der der Vermögenssphäre unter IV. behandelt werden.

977 Risikokapital zeichnet sich gerade aus durch die Ungewissheit eines wirtschaftlichen Erfolges, korrespondierend mit einer in der Regel hohen Gewinnmöglichkeit im Erfolgsfalle, vgl. *Weber-Grellet*, in: Schmidt, EStG, § 22, Rn. 150 'Risikogeschäfte'.

Im Übrigen bleibt festzuhalten, dass man auch bei Spielen generell einen Leistungsaustausch bejahen kann, weshalb die reine Abgrenzung über die Rechtsfigur der Entgeltlichkeit in den Fällen nicht überzeugen kann, in denen sich die Tätigkeit nicht in einem Kapitaleinsatz erschöpft.[978] Zum einen erinnern diese Versuche an eine Begriffsakrobatik, die den wirtschaftlichen Hintergrund der Fallgestaltungen völlig auszublenden scheint. So kann im Falle der Prozesskostenfinanzierung – wenn sie entgegen der hier vertretenen Auffassung unter § 22 Nr. 3 EStG subsumiert wird – schwerlich eine Lageverbesserung des betroffenen Anspruchinhabers geleugnet werden. Der Zuschuss liegt gerade im Interesse des Anspruchsinhabers, der möglicherweise auch ein Interesse an einem Nachschuss hat. Darin zeigt sich, dass es eben auch einen Markt für Risikokapital gibt. Stets ist der Steuerpflichtige Anbieter und Nachfrager zugleich – entweder Anbieter von Geld und Nachfrager von Zinsen und Gewinnchancen oder Anbieter von sonstigen Vermögensgütern und Arbeitsleistungen und Nachfrager von Geld. Inwiefern der Zufall eine Rolle spielt, ist hingegen keine Frage der Entgeltlichkeit, sondern der Erwerbsgerichtetheit.[979] Die Besteuerung dieser Vorgänge sollte daher nicht wegen einer angeblich nicht vorhandenen Entgeltlichkeit verneint werden, wodurch man letztlich in wirtschaftlich gleich gelagerten Sachverhalten den Steuerpflichtigen veranlasst, Umgehungsgeschäfte abzuschließen. Vielmehr sind diese Fälle über die allgemeinen Voraussetzungen der Erwerbstätigkeit im Sinne des § 2 Abs. 1 EStG zu lösen – wie es auch der BFH in ständiger Rechtsprechung allgemein für die Leistungseinkünfte fordert. Es ist also insbesondere zu prüfen, ob eine ausreichende Erwerbsgerichtetheit vorliegt oder sich der Vorgang in der nicht-steuerbaren Privatsphäre abspielt. Daher kritisiert auch *Lang* mE zu Recht die dieser Auffassung zugrundeliegende Rechtsprechung: Unter Verweis auf die zivilrechtliche h.M., nach der Spiel- und Wettgeschäfte sogar synallagmatische Austauschverhältnisse seien, zieht er die Verneinung eines Leistungsaustausches bei den genannten Geschäften in Zweifel.[980] Ebenso stellt er mE zu Recht bei der Prüfung der Steuerbarkeit solcher Tätigkeiten auf die Erwerbsgerichtetheit ab, ohne freilich die näheren Kriterien für eine entsprechende Prüfung zu benennen.

---

978 So auch *Ismer*, Glück im Spiel – Pech für die Dogmatik, S. 235 (236) mit der Paralle zum Zivilrecht; vgl. aktuell zum Pokerspiel: FG Köln, Zwischenurteil vom 31. Oktober 2012 – 12 K 1136/11 –, juris, DstRE 2013, 198.

979 Siehe unten, so auch *Roland Ismer*, Nochmals: Zur Dogmatik der sonstigen Leistungen nach § 22 Nr. 3 EStG in: FR 2013, S. 66 (67 f.). Hingegen erfolgen zum Beispiel Zahlungen an Straßenmusikanten und Pflastermaler nicht im Rahmen eines entgeltlichen Leistungsaustauschs. Es handelt sich um freigebige Zuwendungen, weil die Zuwendung typischerweise keine wechselseitige Verpflichtungsabrede oder einen Leistungsaustausch begründet.

980 Lang, in: Tipke/Lang, 20. Aufl., § 9, Rn. 136.

(c) Reichweite des Interesses und Konkretheit der Leistung – Stipendien, Transferzahlungen, Streiks und Preise[981]

Bei einem Stipendium stellt der Geldzufluss keine Vergütung dar.[982] Es dürfte in den meisten Fällen an einer konkreten Leistung mangeln, die eine ausreichende Fremdnützigkeit aufweist. Die Gewährung des Stipendiums liegt in der Regel zwar in beiden Interessensphären begründet. Jedoch schuldet der Stipendiat keine konkrete fremdnützige Leistung.[983] Die Zahlung dient als Zuschuss zu den allgemeinen Lebensführungskosten oder der Übernahme konkreter Forschungsaufwendungen, ohne dass der Leistende hierbei für die Stiftung tätig wird. Es fehlt also an einer Lageverbesserung der Stiftung. Mithin überwiegt das Interesse des Leistenden an der Zuwendung, so dass es sich an sich um eine Zweckschenkung oder Schenkung unter Auflage handelt, die aber dann nicht dem Schenkungsteuerrecht unterliegt, wenn Rechtsgrund der Stiftungszweck ist und damit keine freigebige Zuwendung vorliegt.[984] Anders läge der Fall, wenn ein konkreter Auftrag, beispielsweise ein Gutachten vorliegen würde, oder wenn im Gegenzug die Verwertungsrechte an der geförderten Tätigkeit übertragen würden und der Fall vergleichbar mit der Gewährung eines Honorars an einen Schriftsteller wäre. Im Übrigen würde ein anderes Ergebnis § 22 Nr. 1 Satz 2 Hs. 2 EStG widersprechen[985], der von der Ausnahme des § 22 Nr. 1 Satz 2 Hs. 1 EStG, eine Rückausnahme für eng begrenzte Fälle statuiert. Denn Hs. 1 erklärt all die wiederkehrenden Bezüge für unbeachtlich, die freiwillig oder auf Grund einer freiwillig begründeten Rechtspflicht an den Empfänger fließen. Bei diesen Einnahmen handelt es sich also um nicht einkommensteuerbare Vermögensmehrungen, so dass auch § 3c Abs. 1 EStG nicht greift und ein unbegrenzter Werbungskostenabzug – im Falle von Studienstipendien als vorweggenommene Werbungskosten – erlaubt ist.[986] Auf die Mittelherkunft kommt es insoweit nicht an.[987]

---

981 Die Themen Belohnungen, und Finderlohn und werden unten unter III. im Rahmen der „Privatsphäre“ erörtert.

982 H.M., vgl. nur *Ernst/Schill*, Die Behandlung von Stipendien im Einkommensteuerrecht, S. 1461 ff.; *Ekkehart Reimer*, Schnecke mit Spoiler: Das Steuerverinfachungsgesetz 2011, in: FR 2011, S. 929 (934); *Fischer*, in: Kirchhof, Einkommensteuergesetz, § 22, Rn. 9; darüberhinaus greift auch unter bestimmten Voraussetzungen die Steuerbefreiung des § 3 Nr. 44 EStG.

983 Im Hochschulkontext häufig geforderte universitäre Leistungsnachweise oder Berichte stellen keine Leistungen dar.

984 *Meincke*, in: ErbStG, Kommentar, § 7, Rn. 88. Siehe im EStG auch die Befreiungsvorschrift des § 3 Nr. 44 EStG.

985 *Ernst/Schill*, Die Behandlung von Stipendien im Einkommensteuerrecht, S. 1461 (1464).

986 *Ernst/Schill*, Die Behandlung von Stipendien im Einkommensteuerrecht, S. 1461 (1462).

987 *Schnorr*, Die steuerrechtliche Abzugsfähigkeit von "Drittaufwand", S. 222 (229); *Ernst/Schill*, Die Behandlung von Stipendien im Einkommensteuerrecht, S. 1461 (1464).

Auch bei Preisen für das Lebenswerk fehlt es an dieser konkreten Verknüpfung.[988] Selbst wenn der Preis für eine in der Vergangenheit liegende Leistung verliehen wird, müsste ein entsprechender Zusammenhang feststellbar sein. Dies wäre der Fall, wenn der Steuerpflichtige seine ausgezeichnete Leistung schon vor der Preisverleihung der steuerbaren Sphäre zugeordnet hätte. Es handelt sich nicht um eine Zuordnungsentscheidung im klassischen Sinne; sondern es genügt bereits ein Veranlassungszusammenhang zu einer steuerbaren Tätigkeit, wie im Falle von Lehrpreisen.[989] Für die Unterscheidung, ob für eine Auszeichnung noch ein ausreichender individueller Zusammenhang mit der einkunftserzielenden Tätigkeit – und im Falle des § 22 Nr. 3 EStG ihrer Begründung – besteht, hat das FG Hamburg die maßgeblichen Kriterien der Abgrenzung von nicht-steuerbaren Preisen der Ehrung des Lebenswerks und des Gesamtschaffens herausgearbeitet.[990] Auf diesen Unterschied ist daher zu achten. Ansonsten liegt auch hier ein Fall der Schenkung vor. Die Zuordnung kann dabei aber auch aktiv durch Einreichung eines Wettbewerbsbeitrags erfolgen, so im Falle eines Architektenwettbewerbs.[991] Daher entfällt mE auch bei Sportpreisen nicht das Merkmal der Entgeltlichkeit und des Leistungsaustauschs. Die Gegenleistung ist die Einräumung der Gewinnchance, die – ohne Marktwert – erst bei Realisierung eine Steuerpflicht auslöst. Die Leistung ist die Teilnahme an der Veranstaltung durch Einbringen der persönlichen Fähigkeiten und Möglichkeiten oder Wirtschaftsgüter.[992] Wenn Berufsportler durch eine Teilnahme an Wettkämpfen einen Leistungsaustausch begründen können, so gilt dies auch für Amateur- und

---

988 *Weber-Grellet*, in: Schmidt, EStG, § 22, Rn. 133 u. 150 'Preise'.

989 FG Berlin, Urteil vom 17. Mai 2000 – 6 K 6422/97 –, juris, Tz. 19 f. = EFG 2000, 936; und für eine Habilitationsschrift Schleswig-Holsteinisches Finanzgericht, Urteil vom 15. März 2000 – I 210/95 –, juris, Tz. 27 ff. = EFG 2000, 787; Lehrpreise waren schon nach dem Pr. OVG als Ergbnis gewinnbringender Beschäftigung steuerbar, da diese wirtschaftlich und rechtlich als Gegenleistung für die ausgezeichnete Arbeit angesehen werden können, *Strutz*, in: Fuisting/Strutz, Die preußischen direkten Steuern, Einkommensteuergesetz, Bd. 1, § 14, Anm. 2, S. 633.

990 FG Hamburg, Urteil vom 25. Februar 2014 – 3 K 126/13 –, juris, Tz. 71 ff. = EFG 2014, 1790; vgl. auch die umfassende Darstellung bei *Siegfried Grotherr/Inga Hardeck*, Zur Steuerpflicht von Preisgeldern für Wissenschaftspreise, in: StuW 2014, S. 3 ff.

991 BFH, Urteil vom 16. Januar 1975 – IV R 75/74 –, juris, Tz. 24, BFHE 115, 42, BStBl II 1975, 558; so bereits *Fuisting*, Die Grundzüge der Steuerlehre, S. 151.

992 Wie hier BFH, Urteil vom 19. Juli 1990 – IV R 82/89 – BFHE 161, 144; BStBl. II 1991, 333 (334 re. Sp.).; A.a. *Felix Enneking/Cornelia Denk*, Qualifikationsprobleme bei der Besteuerung der inländischen Einkünfte von unbeschränkt steuerpflichtigen Sportlern, in: DStR 1996, S. 450 (451), da angeblich nur eine Chance und keine garantierte Gegenleistung eingeräumt würde; dies ist jedoch keine Frage des Austauschs, sondern der Erwerbsgerichtetheit oder Einkünfteerzielungsabsicht; vgl. die Ausführungen zu „Spiel“ und „Spielcharakter“.

Freizeitsportler. Wie beim Spiel handelt es sich nicht um eine Frage der Gegenleistung, sondern der Erwerbsgerichtetheit, auf die unten eingegangen wird.[993]

Transferzahlungen[994]

Die Bedeutung der Interessenbeurteilung wird auch in einem Urteil über Zuschüsse für eine Fortbildung deutlich.[995] Im entschiedenen Fall war der Kläger Angestellter in einem landwirtschaftlichen Erzeugerbetrieb. Für die Teilnahme an einem Förderprogramm zur Förderung umweltgerechter Landwirtschaft erhielt er in den Jahren 1997 und 1998 ca. € 3.600 und € 3.000. Auch die Kosten für die Kursteilnahme wurden zu 90%, bzw. 70% durch das Land Thüringen und den Europäischen Ausrichtungs- und Garantiefonds finanziert. Das Finanzamt berücksichtigte die Zahlungen als Bruttoarbeitslohn. Das FG ging sodann von Einkünften nach § 22 Nr. 3 EStG aus. Und auch der BFH bejaht das Vorliegen sonstiger Einkünfte. Arbeitslohn liege nicht vor, da der Arbeitgeber auf die Durchführung der Fortbildung keine Einflussmöglichkeit gehabt hätte (fehlendes Direktionsrecht). Und auch zum Ausbilder bestünde kein Arbeitsverhältnis. Es liege aber einer Leistung vor. Dabei komme es entscheidend darauf an, ob die Gegenleistung (das Entgelt) durch das Verhalten der Steuerpflichtigen veranlasst sei. Ausreichend sei, dass er eine im wirtschaftlichen Zusammenhang mit seinem Verhalten gewährte Gegenleistung als solche annehme. Auf diese Weise ordne er sein Verhalten der erwerbswirtschaftlich und damit auch steuerrechtlich bedeutsamen Sphäre zu. Die Förderung sei vergleichbar mit der Förderung von Existenzgründern und keine sozialstaatlich motivierte Leistung.[996]

Für den BFH besteht hier also die Leistung in der Teilnahme an dem Förderprogramm und die Fördergelder stellen das Entgelt für diese Teilnahme dar. Der BFH stellt also überhaupt nicht darauf ab, ob hier irgendein Vorteil dem Leistungsempfänger oder einem sonstigen Dritten gewährt wird und erklärt lapidar, dass die für das Streikrecht entwickelten Grundsätze speziell auf die Wahrnehmung des Streikrechts zugeschnitten seien.[997] Der BFH bejaht vorliegend die Steuerbarkeit einzig auf Grund der Nähe zur Berufstätigkeit des Steuerpflichtigen. Die hinter der Entscheidung liegende Wertung ist wohl folgende Erwägung: Da die Zahlungen im Zusammenhang mit der beruflichen Förderung des Steuerpflichtigen stehen, seien sie vergleichbar mit Zuschüssen für Existenzgründer, weshalb sie einkommensteuerbar seien müssten. Zudem fließen sie anstelle des regulären Arbeitslohn, der ja

---

993 So wie hier *Max Reisch/Oswald Reichardt/Urs Urbanke*, Probleme bei der Besteuerung von Amateursportlern aus nationaler und internationaler Sicht, in: DB 1988, S. 359 (360).

994 Hierunter werden alle Einnahmen aus Übertragungen verstanden, die nicht erwirtschaftet werden. Sie umfassen Sozialhilfe, Leistungen aus der gesetzlichen Sozialversicherungen, usw., vgl. *Tipke*, StRO II, S. 654.

995 BFH, Urteil vom 13. Februar 2008 – IX R 63/06 –, BFH/NV 2008, 1138.

996 BFH, Urteil vom 13. Februar 2008 – IX R 63/06 –, juris, Tz. 13, BFH/NV 2008, 1138.

997 BFH, Urteil vom 13. Februar 2008 – IX R 63/06 –, juris, Tz. 14, BFH/NV 2008, 1138.

eindeutig in die Erwerbssphäre des Steuerpflichtigen falle. Leider geht das Urteil dabei nicht auf § 24 Nr. 1 lit. b EStG ein, der Entschädigungen für die Nichtausübungen von steuerbaren Tätigkeiten erfasst.[998]

Bei konsequenter Anwendung der oben dargestellten Grundsätze hätte der BFH hier zur Nichtsteuerbarkeit kommen können, da die Teilnahme nicht spezifisch fremdnützig war. Entsprechend sieht auch *Weber-Grellet* in Teilnahmen an Qualifizierungsmaßnahmen von Behörden wie im vorliegenden Fall keine Leistungen; sie sind mit Streikgeldern vergleichbar, die auch der BFH als nicht steuerbar ansieht.[999] Sofern der BFH also das Leistungsaustauschmerkmal als Grundvoraussetzung der Steuerpflicht sieht, sollte er sich zumindest in Zweifelsfällen hiermit auch argumentativ auseinandersetzen. Er negiert damit das Erfordernis des Gegenleistungscharakters, eine Grundvoraussetzung und das Typische des § 22 Nr. 3 EStG.

Im Streikurteil hat der BFH mE zurecht – und es lässt sich auch in der Literatur keine Kritik finden – den Erwerbscharakter des Streikens und damit eine entsprechende Erwerbsgrundlage der Streikunterstützung verneint. Streiken stellt keine Beteiligung am Wirtschaftsleben durch eine wie auch immer geartete Austauschbeziehung dar und ihre Erfassung ist also prima facie vor dem Hintergrund des Belastungsgrundes der Einkommensteuer nicht geboten. Die Zahlung beruht vielmehr auf einer Grundlage, die außerhalb des Erwerbsstrebens liegt.[1000] Und auch auf Seiten der Gewerkschaft fehlt der Bezug zur ihrer eigenen Interessensphäre. Der Streikende streikt nicht zugunsten der Gewerkschaft und der Streik dient der Gewerkschaft auch nicht als Vorstufe einer weiteren Erwerbstätigkeit noch stellt der Streik Konsum für sie dar.[1001] Die Streikunterstützungszahlung hat vielmehr den Charakter einer Versicherungsleistung.[1002] Daher hat ihre Leistung auch keinen Schenkungscharakter, der Streikende hat den Anspruch durch Zahlung seiner Mitgliedsbeiträge erworben.

---

998 Hierzu vgl. BFH, Urteil vom 8.11.2007 – IV R 30/06 –, BFH/NV 2008, 546.

999 *Weber-Grellet*, in: Schmidt, EStG, § 22, Rn. 133 u. 150 'Tätigkeitsvergütung'; vgl. das oben im Rahmen der Entgeltlichkeit diskutierte Streikurteil.

1000 So auch *Wiemer*, Nicht einkommensteuerpflichtige Einkünfte, Diss., S. 82.

1001 Dies kann vor dem Hintergrund der Auseinandersetzung zwischen der GDL und mit der DB AG und die Reichweite ihrer Vertretungsbefugnis möglicherweise anders zu beurteilen sein. Vorliegend geht es aber auch im ureigenste Interessen der bereits vertretenen Mitglieder und daher fehlt es an der erforderlichen Fremdnützigkeit.

1002 So auch Reimer, S. 131; *Lang* und *Hey* sehen hierin einen Gleichheitsverstoß, *Lang*, Tipke/Lang, Steuerrecht (20. Aufl.), § 9, Rn. 475 und *Hey*, Tipke/Lang, Steuerrecht (21. Aufl.), § 8, Rn. 475; der anteilige gewerkschaftliche Mitgliedsbeitrag wurde soweit ersichtlich jedoch noch nicht unter dem Gesichtspunkt einer Versicherungsteuerpflicht betrachtet. Fraglich wäre dabei der Eingriff in den Schutzbereich der Koalitionsfreiheit, Art. 9 Abs. 3 GG.

Auch im Falle der Transferzahlung fehlt es an der Fremdnützigkeit der Teilnahme an der Fortbildung, sie erfolgt nicht zugunsten des Landwirtschaftsministeriums.[1003] Schwerlich liegt der Zweck der Fortbildung in der Erlangung des Fördergelds noch besteht ein Interessengemeinschaft nach Abschluss der Förderung, wie man sie im Falle eines partiarischen Rechtsverhältnisses annehmen könnte. Hinzu kommt ein weiterer Gesichtspunkt: Die Behörde tritt hier nicht als Marktteilnehmer auf; vielmehr handelt es sich um eine Transferleistung aus einem öffentlichen Haushalt.[1004] Aus Sicht der Behörde liegt keine marktmäßige Entgeltung ihres Nachfrageinteresses an Fortbildungsteilnehmern vor, sondern die politisch gewollte allgemeine Förderung der Verbreitung wünschenswerter Kenntnisse und Fähigkeiten vor.[1005] Mithin begründet die Zahlung keinen entgeltlichen Leistungsaustausch. Eine Besteuerung als Entschädigung gemäß § 24 Nr. 1 lit. b EStG, die auch von einem Dritten für einen zukünftigen Einnahmeausfall geleistet werden kann, hätte vorliegend in Erwägung gezogen werden können.

dd) Zwischenergebnis und Ausblick

Hiernach sind also die Kriterien für die Bejahung eines entgeltlichen, wirtschaftlichen Leistungsaustauschs herausgearbeitet. Die bloße Annahme einer Gegenleistung ist für eine Besteuerung nach § 22 Nr. 3 EStG nicht ausreichend, vielmehr ist im Anschluss an den BFH die Annahme einer Gegenleistung als „solcher“ zu fordern. Dies liegt bei einem Gegenseitigkeitsverhältnis vor, wobei es nicht darauf ankommt, welche Absicht der Steuerpflichtige beim Handeln oder gegebenenfalls bei der Entgegennahme des Entgelts hat, sondern darauf, ob ein objektives Verhältnis zwischen Leistung und Einnahme im Sinne einer kausalen Zweckverknüpfung – die durchaus auch im Nachhinein entstehen kann – vorliegt. Dieser Zweck und der Zusammenhang ist dabei rein objektiv an Hand der Fremdnützigkeit aus der Perspektive von Leistendem und Leistungsempfänger

1003 Selbst bei einer Bejahung der Fremdnützigkeit, vgl. Reimer, S 76, Fn. 339 zu Flächenstillegungsprämien, fehlt es mE hier an einer spezifischen Leistung, auf die es zumindest bei der Begründung der steuerbaren Tätigkeit ankommt. Anders, wenn es um die Zurechung zu einer bestehenden Einkunftsart ginge, vgl. die Wettbewerbspreise oben.

1004 So würde wohl auch *Tipke*, StRO II, S. 657 entscheiden, der einen Wertungswiderspruch darin sieht, einen besonderen, durch Geldzahlung herausgehobenen staatlichen Förderungszweck durch eine gegenläufige Besteuerung zu konterkarieren.

1005 Auch *Weber-Grellet*, in: Schmidt, EStG, § 22, Rn. 130, 133 u. 150 'Tätigkeitsvergütung', lehnt die Steuerbarkeit von staatspolitisch gewollten Leistungen wie im Falle von Qualifizierungsmaßnahmen ab. Er vermeidet dabei die Begründung, dass diese außerhalb des Marktes erfolgen – wobei er wohl eine Nähe zu der von ihm abgelehnten Markteinkommenstheorie vermeiden will.

zu bestimmen. Der Entgeltbegriff im Rahmen der Leistungsbesteuerung ist also ein engerer als der zivil- oder schenkungsteuerrechtliche.[1006]

„Indes führt nicht jede Einnahme, die durch eine Tätigkeit ausgelöst wird, auch zu Einkünften gemäß § 22 Nr. 3 EStG. Die Norm erfasst, ergänzend zu den übrigen Einkunftsarten, das Ergebnis einer Erwerbstätigkeit und setzt wie diese die allgemeinen Merkmale des Erzielens von Einkünften nach § 2 EStG voraus."[1007] Mithin müssen also die weiteren Punkte wie die Einkünfteerzielungsabsicht (im Folgenden auch Erwerbsgerichtetheit genannt) und das nicht Vorhandensein konkurrierender Veranlassungszusammenhänge der nicht-steuerbaren Sphäre bewertet werden, die später übergreifend als „Lebensführung" bezeichnet werden sollen und als negative Tatbestandsmerkmale Eingang in die Tatbestandsprüfung finden.[1008]

4. *Einkünfteerzielungsabsicht oder Erwerbsgerichtetheit*

Wie oben bereits ausgeführt, verlangen Literatur und Rechtsprechung das Vorliegen der allgemeinen Voraussetzungen jeder Erwerbstätigkeit, die ihre dogmatische Fundierung in § 2 Abs. 1 EStG finden. Hierzu gehört als subjektives Tatbestandsmerkmal unter anderem auch die „Einkünfteerzielungsabsicht", die als Voraussetzung der Berücksichtigung von sowohl positiven als auch negativen Einkünften im Rahmen der jeweiligen Einkunftsart bestehen muss.[1009] Das Erfordernis der Einkünfteerzielungsabsicht, die nicht ausdrücklich als Tatbestandsmerkmal durch den Gesetzgeber definiert worden ist, lässt sich über die Rechtsprechung des RFH bis hin zum Preußischen OVG zurückverfolgen. Dem RFH zufolge ergibt sich aus dem obersten und letzten Endes alleinigen Zweck des Einkommensteuergesetzes – dem Staat Einnahmen zu verschaffen –, dass, soweit die in § 6 Abs. 1 des EStG (1925) aufgezählten Einkommensarten eine bestimmte Tätigkeit, eine Beteiligung am Wirtschaftsleben voraussetzen, wesentliches Merkmal dieser Tätigkeiten nicht nur das Streben nach Erzielung von Einnahmen, sondern vielmehr von Einkommen im Sinne eines Gewinns bzw. eines Einnahmeüberschusses sein müsse.[1010] Diese Zwecksetzung ergibt sich aus dem Belastungsgrund der Einkommensteuer – die leistungsfähigkeitsgerechte Teilhabe am Erfolg privaten Wirtschaftens –, ohne das

---

1006 Vgl. zum eigenständigen steuerrechtlichen Entgeltbegriff *Kubicki*, Die Dogmatik des § 22 Nr. 3 EStG einschließlich der Querbezüge zur Schenkungsteuer, Diss., S. 277.

1007 BFH, Urteil vom 21. September 2004 – IX R 13/02 –, Tz. 15, BFHE 207, 284, BStBl II 2005, 44 und BFH, Urteil vom 14. September 1999 – IX R 88/95 –, Tz. 19, BFHE 189, 424, BStBl II 1999, 776.

1008 Vgl. auch *Waterkamp-Faupel*, in: FR 1995, S. 41 (45), der den vermögenssphäreberührenden Vorgang als negatives Tatbestandsmerkmal ansieht.

1009 BFH, Urteil vom 06. März 2003 – XI R 46/01 –, Tz. 10, juris, BFHE 202, 124, BStBl II 2003, 602 (603).

1010 RFH, Urteil vom 14. März 1929 – VI A 1473 –, StuW 1929 II, Urteil Nr. 494, Sp. 917.

hiermit die Möglichkeit der Verlustberücksichtigung abgeschnitten wäre.[1011] Denn gerade Verluste gehören unweigerlich zur (markt)wirtschaftlichen Betätigung dazu. Wie das Chapter eleven Verfahren in den USA zeigt, ist es ein Markenzeichen des amerikanischen Kapitalismus, Verluste als normale Folge unternehmerischer Entscheidungen zu akzeptieren und den Schuldner hiervon zu befreien.[1012] In der Wissenschaft werden neben dem Fiskalzweck auch das Leistungsfähigkeitsprinzip, eine Analogie zu § 15 Abs. 2 EStG, eine Herleitung aus § 2 Abs. 1, 2 EStG und aus § 12 EStG als dogmatische Grundlagen dieser Prämisse diskutiert.[1013] Für die weitere Untersuchung soll – da zumindest über das Erfordernis des Merkmals prinzipielle Einigkeit besteht – der Streit über die Begründung nicht vertieft werden.[1014]

Zur Ermittlung dessen, ob ein derartiges Streben des Steuerpflichtigen nach Überschüssen vorliegt, führt der RFH weiter aus, dass nicht das ernstliche Ausüben, sondern das ernstliche Rechnen mit einem Ausgleich zwischen Aufwand und Ertrag (Einnahmen und Ausgaben) und einem wenn auch bescheidenen Nutzen (Einkommen) die einkommensteuerrechtlich bedeutsame Tätigkeit von der Liebhaberei

---

1011 So aber die nicht überzeugende Kritik bei *Escher*, Steuerliche Liebhaberei und Subjektbezug der Einkünfteerzielungsabsicht, Diss., S. 28, der jedoch zurecht darauf hinweist, dass zumindest die objektive Erwerbsgeeignetheit ihre Begründung in der Markteinkommenstheorie finden kann. Die weitergehende Erfolgsabsicht liest er hingegen aus dem Leistungsfähigkeitsprinzip heraus, a.a.O., S. 32 f. Hiergegen überzeugend, wenn auch ein wenig plakativ *Falkner*, Die Einkünfteerzielungsabsicht als subjektives Besteuerungsmerkmal, Diss., S. 143; eine kurze und überzeugende Begründung durch Verweis auf § 2 Abs. 2 Nr. 1 und 2 EStG liefert *Rüdiger von Groll*, Zur Bedeutung des § 2 EStG für die Systematik des Steuerrechts, in: Paul Kirchhof, et al. (Hg.), Steuer- und Gesellschaftsrecht zwischen Unternehmerfreiheit und Gemeinwohl, Festschrift für Arndt Raupach, 2006, S. 134.

1012 *Ferguson*, Der Aufstieg des Geldes, S. 57, der auf die zunächst gescheiterten Unternehmerpersönlichkeiten John Henry Heinz, Phineas Barnum und Henry Ford verweist. Vgl. für Deutschland heute die Regelungen zum Insolvenzplanverfahren und der Restschuldbefreiung der InsO.

1013 Vgl. nur die ausführlichen Nachweise bei *Michael Stein*, Der Geist des EStG als Rechtfertigung für Liebhaberei, 2013, S. 69 ff., S. 110 u. S. 126 mit Verweis auf *Hartmut Credo*, Abgrenzung von Einkünfteerzielungsabsicht und Liebhaberei am Beispiel der Einkünfte aus Vermietung und Verpachtung von Immobilien, Diss., 2005, S. 30 f.; *Stefan Berz*, Liebhaberei und Segmentierung einer einheitlichen gewerblichen Tätigkeit von Personengesellschaften, in: DStR 1997, S. 358 (359); *Falkner*, Die Einkünfteerzielungsabsicht als subjektives Besteuerungsmerkmal, Diss., S. 92; *Heinrich Wilhelm Kruse*, Über Liebhaberei, in: Paul Kirchhof, et al. (Hg.), Steuer- und Gesellschaftsrecht zwischen Unternehmerfreiheit und Gemeinwohl, Festschrift für Arndt Raupach, 2006, S. 143 (151); *Matthias Schell*, Subjektive Besteuerungsmerkmale im Einkommensteuerrecht, Diss., 2006, S. 106.

1014 Ebenso *Lang*, Die Bemessungsgrundlage der Einkommensteuer, S. 45, insb. S. 48 und die Nachweise bei *Credo*, Abgrenzung von Einkünfteerzielungsabsicht und Liebhaberei am Beispiel der Einkünfte aus Vermietung und Verpachtung von Immobilien, Diss., S. 20, Fn. 95 und S. 414, These 1.

unterscheide.[1015] Hierfür sei eine Bewertung (freie Sachverhaltswürdigung) an Hand aller Umstände des Einzelfalls von Bedeutung. Maßstab seien zum einen allgemeine Erfahrungssätze (objektive Komponente), ob die Tätigkeit überhaupt lohnend ausgeführt werden könne, und zum anderen die subjektive Einstellung des Steuerpflichtigen (subjektive Komponente), ob dieser selbst ernstlich mit einem Ausgleich rechne. Diese Einstellung könne an Hand von objektiven Merkmalen ermittelt werden, wie zum Beispiel den wirtschaftlichen Verhältnissen, in denen der Steuerpflichtige lebt.[1016] Dieser Rechtsprechung, nach einer zwischenzeitlichen Zuwendung zur rein objektiven Betrachtung, folgt nunmehr seit dem Grundsatzbeschluss des Großen Senats aus dem Jahr 1984 auch wieder der BFH.[1017] Als objektive Voraussetzung definierte der BFH damals: „Kennzeichnend für diese Einkunftsarten [§ 2 Abs. 3 Nr. 1 bis 7 EStG] ist, daß die ihnen zugrunde liegenden Tätigkeiten oder Vermögensnutzungen auf eine größere Zahl von Jahren gesehen der Erzielung positiver Einkünfte oder Überschüsse dienen. [...]. Dieser Beurteilung für den Bereich der Gewinneinkünfte (§ 2 Abs.3 Nrn.1 bis 3 EStG) entspricht es, wenn die neuere Rechtsprechung des BFH bei Überschußeinkünften (§ 2 Abs.3 Nrn.4 bis 7 EStG) eine einkommensteuerrechtlich relevante Betätigung oder Vermögensnutzung nur dann als gegeben ansieht, wenn die Absicht besteht, auf Dauer gesehen nachhaltig Überschüsse zu erzielen".[1018] Anstelle dieses subjektiv/objektiv gemischten Ansatzes soll im Folgenden eine objektive Betrachtungsweise dargestellt werden.

a) Erwerbsgerichtetheit

Da Einnahmen und Ausgaben nur dann steuerrechtlich relevant sind, wenn sie auf ein der Erwirtschaftung eines Erfolges gerichtetes Verhalten zurückgeführt werden können[1019], folgt die Etablierung des Tatbestandsmerkmals der „Erwerbsgerichtetheit". Diese setzt die „gegenwärtige Nutzung einer Erwerbsgrundlage und einen zukünftigen Erwerbserfolg voraus".[1020] Ausgangspunkt ist daher zunächst die Prüfung, ob eine und welche Einkunftsart vorliegt.[1021] Sodann ist anhand der

---

1015 RFH, Urteil vom 14. März 1929 – VI A 1473 –, StuW 1929 II, Urteil Nr. 494, Sp. 917 (918, 919).

1016 RFH, Urteil vom 14. März 1929 – VI A 1473 –, StuW 1929 II, Urteil Nr. 494, Sp. 917 (919, 920).

1017 BFH, Beschluss vom 25. Juni 1984 – GrS 4/82 –, BFHE 141, 405, BStBl II 1984, 751.

1018 BFH, Beschluss vom 25. Juni 1984 – GrS 4/82 –, Tz. 183 u. 184, juris, BFHE 141, 405, BStBl II 1984, 751 unter Verweis auf u. a. BFH, Urteil vom 21.Juli 1981 – VIII R 154/76 –, BFHE 134, 113, BStBl II 1982, 37; für die § 22 Nr. 3 EStG: BFH, Urteil vom 23. Januar 1991 – X R 37/86 –, BStBl II 1991, 398, unter 3. der Gründe.

1019 *Escher*, Steuerliche Liebhaberei und Subjektbezug der Einkünfteerzielungsabsicht, Diss., S. 5 u. 36; *Lang*, Die Bemessungsgrundlage der Einkommensteuer, S. 49.

1020 *Kirchhof*, in: Kirchhof, EStG, § 2, Rn. 66.

1021 *Manuel René Theisen*, Die Liebhaberei – Ein Problem des Steuerrechts und der Betriebswirtschaftlichen Steuerlehre, in: StuW 1999, S. 255 (258).

konkreten „Nutzungsvorkehrungen“ eine Erfolgsprognose zu erstellen, die nach dem typischen Bild der Tätigkeit vermutet wird.[1022]

Mithin geht es bei § 22 Nr. 3 EStG zunächst um die Feststellung, ob ein Leistungsaustausch vorliegt oder ein solcher durch den Steuerpflichtigen bezweckt wird. Sind die objektiven Tatbestandsmerkmal der einzelnen Einkunftsart erfüllt, wird die Erwerbsgerichtetheit zunächst vermutet. Denn dann hat sich der Steuerpflichtige zunächst wie ein „Einkünfteerzieler“ verhalten, seine Tätigkeit hält einem normativen Fremdvergleich stand.[1023] Im Erfolgsfalle kommen subjektive und objektive Theorie zum gleichen Ergebnis, da beide als Beweisanzeichen auf die dann erfolgreiche tatbestandsmäßige Tätigkeit abstellen.[1024] So ist kein Fall bekannt, in dem der Steuerpflichtige erfolgreich eine gewinn- oder überschusserzielende Tätigkeit als Liebhaberei deklarieren konnte.[1025]

aa) Liebhaberei

Im Verlustfalle erfolgt die Prüfung mit Hilfe der Rechtsfigur der Liebhaberei. Der BFH prüft die Liebhabereisachverhalte nach einem „zweigliedrigen“ oder zweistufigen Liebhabereibegriff:[1026] (1) Ist die Tätigkeit geeignet, einen positiven Erfolg zu vermitteln[1027] und (2) wird diese Tätigkeit von einer entsprechenden Absicht

---

1022 *Kirchhof*, in: Kirchhof, EStG, § 2, Rn. 66; a.A. *Leisner-Egensperger*, Zulässigkeit von Überschussprognosen bei Vermietungen?, DStZ 2010, S. 790 (796) nach der es nicht auf die konkreten Nutzungsvorkehrungen ankomme. Gleichwohl fordert auch sie eine Erwerbsgerichtetheit (a.a.O., S. 797), wobei sie einfach eine abstrakte Gerichtetheit unterstellt, obwohl sie wenig später feststellt, dass abstrakte Feststellungen nur schwierig zu treffen seien (a.a.O., S. 797). Sie übersieht die notwendige Trennung der Erwerbs- von der Konsumsphäre, die nicht abstrakt bestimmbar ist, sondern nur an Hand des konkreten Handlungszusammenhangs. Wie hier *Lang*, Die Bemessungsgrundlage der Einkommensteuer, S. 46.

1023 *Weber-Grellet*, in: Schmidt, EStG, § 2, Rn. 23; so auch *Kirchhof*, in: Kirchhof, EStG, § 2, Rn 66; vgl. auch BFH, Urteil vom 30. September 1997 – IX R 80/94 –, BFHE 184, 406, BStBl. II 1998, 771.

1024 BFH, Urteil vom 07. März 1996 – IV R 2/92 –, Tz. 54, juris, BFHE 180, 121, BStBl II 1996, 369 (372); *Roland Wacker*, in: Heinrich Weber-Grellet (Hg.), Schmidt, Einkommensteuergesetz Kommentar, 33. Aufl., 2014, § 15, Rn. 31; *Heinrich Weber-Grellet*, Steuern im modernen Verfassungsstaat, 2001, S. 262.

1025 *Hans-Joachim Kanzler*, Von Steckenpferden und ihren Reitern – Einige Gedanken zur Liebhaberei, in: DStZ 2005, S. 766 (767); BFH, Urteil vom 16. Januar 1975 – IV R 75/74 –, Tz. 28 f., juris, BFHE 115, 42, BStBl II 1975, 558; BFH, Urteil vom 24. Juli 1986 – IV R 137/ 84, BStBl. II 1986, 808; *Falkner* spricht hier von einem Exklusivitätsverhältnis zwischen steuerlichen und privaten Motiven, *Falkner*, Die Einkünfteerzielungsabsicht als subjektives Besteuerungsmerkmal, Diss., S. 34 Falkner, Einkünfteerzielungsabsicht, S. 34.

1026 *Thomas Eisgruber/Ulrich Schallmoser*, Einkommensteuerrecht, 2010, Rn. 382, S. 131.

1027 Dabei kann der BFH an die vorherige, der „objektiven Theorie“ folgenden Rechtsprechung anknüpfen, vgl. BFH, Urteil vom BFH, Urteil vom 22. November 1979

begleitet oder liegen vielmehr der Verlusthinnahme außersteuerliche Motive, insbesondere solche persönlicher Neigung, zugrunde.[1028] Dabei ist zu beachten, dass diese Rechtsprechung im Kontext von über einen längeren Zeitraum verlustreichen Tätigkeiten entwickelt worden ist, und es darum ging, ob dem Steuerpflichtigen (weiterhin) erlaubt sein sollte, seine Verluste mit anderen positiven Einkünften zu verrechnen.[1029] Durch das Rechtsinstitut der Liebhaberei sollen nicht marktbezogene Erwerbsvorgänge aus dem steuerlichen Nexus herausgelöst werden.[1030] Der BFH bezeichnet dies als nicht „marktorientiertes Verhalten"[1031] – es fehlt somit hier an der Verknüpfung mit dem erforderlichen Belastungsgrund. Die übliche Definition der einkommensteuerrechtlichen Liebhaberei als eine objektiv steuerbare Tätigkeit aus privater Hingabe oder Neigung ohne Einkunftserzielungsabsicht greift dabei zu kurz.[1032] Es handelt sich um eine Betätigung, die dem äußeren Erscheinungsbild nach einer Einkunftsart zugerechnet werden kann, dem Verhalten nach aber kein wirtschaftliches, auf Erzielung von Erträgen gerichtetes Handlungsmotiv zugrunde liegt, sondern lediglich ein persönliches Motiv:[1033] insbesondere der privaten Lebensführung, der privaten Passion und der persönlichen Neigung[1034], aber eben auch alle anderen einkommensteuerrechtlich unbeachtlichen Motive. Der Liebhaberei als eine a priori nicht erwerbsgerichtete, hobbymäßige Tätigkeit entspricht also das steuerrechtliche Rechtsinstitut der Liebhaberei als Verlustverrechnungsverbot. Dieses setzt nicht nicht bei der einzelnen Ausgabe, sondern bei der Gesamtheit der Tätigkeit an.[1035]

Im Verlustfalle ist also zunächst eine Erfolgsprognose über den gesamten Zeitraum der Einkünfteerzielung zu erstellen, ob die Tätigkeit nach ihrer Wesensart und der Art

– IV R 88/76 –, Tz. 17, juris, BFHE 129, 269, BStBl II 1980, 152; grundlegend: RFH, Urteil vom 24. Januar 1934 – VI A 1230/31 –, RStBl. 1934, 501.

1028 Eisgruber/Schallmoser, Einkommensteuerrecht, 2. Aufl. 2010, S. 131, Rn. 382.

1029 BFH, Beschluss vom 01. März 2005 – IX B 170/04 –, BFH/NV 2005.

1030 Falkner, Einkünfteerzielungsabsicht, S. 86, Fn. 454.

1031 BFH, Vorlagebeschluss vom 28. Juli 2004 – XI R 54/99 –, Tz. 78, juris, BFHE 207, 404, BStBl II 2005, 262.

1032 *Hey*, Tipke/Lang, Steuerrecht (21. Aufl.), § 8, Rn. 133; *Tipke*, StRO II, S. 663; Falkner, Einkünfteerzielungsabsicht, S. 26.

1033 Falkner, Einkünfteerzielungsabsicht, S. 26.

1034 *Stephan Schuck*, Veranlassung als Kriterium der "Liebhaberei", in: DStR 1993, 975 (978); vgl. auch BFH, Urteil vom 16. Januar 1975 – IV R 75/74 –, Tz. 27, juris, BFHE 115, 42, BStBl II 1975, 558.

1035 *Falkner*, Die Einkünfteerzielungsabsicht als subjektives Besteuerungsmerkmal, Diss., S. 60 ff.; *Reiß*, in: Kirchhof, Einkommensteuergesetz, § 15, Rn. 37; BFH BStBl. II 1985, 205, 207; *Theisen*, Die Liebhaberei – Ein Problem des Steuerrechts und der Betriebswirtschaftlichen Steuerlehre, S. 255 (259); *Lang*, Tipke/Lang, Steuerrecht (20. Aufl.), § 9, Rn. 65. Während in Deutschland auch die Einnahmenseite einer liebhaberischen Tätigkeit unberücksichtigt bleibt, wird in den Vereinigten Staaten auch der Zufluss einer solchen besteuert. In Deutschland findet also eine Zusammenfassung der gesamten Liebhabereiaktivitäten statt.

und Weise ihrer Durchführung auf Dauer geeignet ist, positive Einkünfte zu erwirtschaften.[1036] Eine negative Prognose wird dabei durch langjährige Verluste indiziert.[1037]

Fällt diese Prognose negativ aus – im positiven Falle darf also eine Verlustverrechnung weiter stattfinden – ist weiter zu fragen, ob denn tatsächlich die Absicht bestünde, langfristig Erfolge zu erzielen.

Die Frage ist nun, wie diese Ernsthaftigkeit oder Absicht festzustellen ist. Aus Sicht der subjektiven Theorie geht es um eine innere Tatsache, für deren Feststellung und Beurteilung sich aber lediglich äußere Umstände anbieten. Die objektive Theorie stellt hingegen nur auf solche äußeren Umstände ab. Da das Steuerrecht grundsätzlich nicht nach den Motiven des (einzelnen) Steuerpflichtigen frage, sondern die vorgefundene finanzielle Leistungsfähigkeit belasten wolle, seien deren Umstände nach objektiven Kriterien zu bestimmen.[1038] Die subjektive Theorie schlägt hingegen eine Motivforschung vor, da es keine objektive Zielgerichtetheit eines Sachverhalts geben könne; Situationen und Handlungen erhielten eine Zielrichtung nur durch den Willen der beteiligten Personen.[1039]

Der BFH folgt – vordergründig – der subjektiven Theorie und verneint das Vorliegen der Absicht, wenn Beweisanzeichen für außersteuerliche Motive vorliegen. Ein vorliegender Gewinn verdrängt dabei stets etwaige „außersteuerliche“ Motive. Der BFH nimmt hierbei eine Gesamtbetrachtung vor und verneint steuerliche Motive, wenn die Verluste aus Gründen der persönlichen Lebensführung und Neigung hingenommen werden. Im Kern unterläuft dem BFH hierbei ein Zirkelschluss, wenn er persönliche Gründe als alle einkommensteuerlich unbeachtlichen Motive und gleichzeitig die einkommensteuerlich unbeachtlichen Motive als persönliche Gründe bezeichnet.[1040] In Anlehnung an § 12 zählen hierzu die Gründe der privaten Lebensführung und das Streben nach Minderung der Einkommensteuerschuld.[1041]

Lediglich für die Prüfung der außersteuerlichen Motive entfaltet daher der Absichtsbegriff des BFH Wirkung.

1036 *Wacker*, in: Schmidt, EStG, § 15, Rn. 28; *Dieter Birk*, Liebhaberei im Ertragsteuerrecht, in: BB 2009, S. 860 (862); zur Kritik an der Totalerfolgsprognose siehe die ausführlichen Nachweise bei *Stein*, Der Geist des EStG als Rechtfertigung für Liebhaberei, S. 33, Fn. 172.

1037 Für diesen Absatz: Eisgruber/Schallmoser, Einkommensteuerrecht, 2. Aufl. 2010, S. 132, Rn. 382.

1038 *Kirchhof*, in: Kirchhof, EStG, § 2, Rn. 61.

1039 *Fritz von Hammerstein*, Der verfassungsrechtliche Schutz der Privatsphäre im Steuerrecht, 1993, S. 245.

1040 BFH, BFH, Beschluss vom 19. März 1997 – III B 90/96 –, Tz. 8, juris, BFH/NV 97, 571 und BFH, Urteil vom 19. November 1985 – VIII R 4/83 –, Tz. 37, juris, BFHE 145, 375, BStBl II 1986, 289.

1041 *Heinrich Weber-Grellet*, Wo beginnt die Grenze zur “Liebhaberei”? (Teil I), in: DStR 1992, S. 561 (565); zum Motiv der Minderung der Einkommensteuerbelastung: BFH, Urteil vom 21. August 1990 – VIII VIII R 25/86 –, BStBl. II 1991, 564; DStR 1991, 677.

Dieses Merkmal suggeriert dabei eine Subjektivität, als käme es auf die tatsächliche Absicht und die Gewinnmotive des Steuerpflichtigen an. Dass dem in dieser Absolutheit nicht gefolgt werden kann, zeigt eine Analyse der Rechtsprechung.[1042] Bei der Prüfung der Absicht stellt der BFH auf einen rein normativen Vergleich ab und fragt, ob die Tätigkeit zur Erzielung eines Totalüberschusses weder bestimmt noch geeignet ist. Auf die Ernsthaftigkeit, also die absichtsvolle Tätigkeit kommt es nicht an, diese kann und ist im Verlustfall einkommensteuerrechtlich unbeachtlich.[1043] Vielmehr geht es darum, ob sich der Steuerpflichtige „wie ein zum Erfolg verurteilter Steuerpflichtiger verhält“.[1044] Weder die Rechtsprechung noch die Literatur verwenden die Gewinnerzielungsabsicht daher im Sinne eines subjektiven Merkmals bei dem es auf die Vorstellungen und Motive des Steuerpflichtigen ankommt – im Falle der Gewinnerzielungsabsicht also den Erfolgswillen.[1045] Vielmehr werden objektive Beweisanzeichen am Maßstab des Willens eines fiktiven, typischen Steuerpflichtigen gemessen, der einen Überschuss anstrebt.[1046]

Selbstverständlich kann bei der Beurteilung nicht nur auf den Ausgang der Erfolgsprognose abgestellt werden. Als ein in die Zukunft gerichtetes Instrument ist eine Prognose mit erheblichen Unsicherheiten verbunden.[1047] Wegen der Unsicherheit der Zukunft – Niall Ferguson spricht gar von Zukünften – sind Investitionsentscheidungen nur Versuche das „Gesicht als rationale[s] ‚ökonomisches Wesen' [zu] wahren“: 1. Die Gegenwart wird als Richtschnur für die Zukunft verwendet und die Tatsache, dass man über die Zukunft nichts weiß, schlicht ausgeblendet; 2. gegenwärtige Preise werden als richtige Preise künftiger Wertentwicklungen eingeschätzt; 3. als Maßstab gilt die äußere Welt, der Durchschnitt.[1048] Von daher ist die Kritik von *Leisner-Egensperger* berechtigt, wenn sie

---

1042 So auch *Birk*, Liebhaberei im Ertragsteuerrecht, S. 860 (861) und *Reiß*, in: Kirchhof, Einkommensteuergesetz, § 15, Rn. 43.

1043 Vgl. BFH, Urteil vom 19. November 1985 – VIII R 4/83 –, Tz. 37, juris, BFHE 145, 375, BStBl II 1986, 289; so ja auch schon RFH, Urteil vom 14. März 1929 VI A 1473 – StuW 1929 II, Urteil Nr. 494, Sp. 917 (918, 919).

1044 *Dirk Wüllenkemper*, Anmerkung zu FG Köln, Urteil vom 19. Mai 2010 – 10 K 3679/08 -, EFG 2010, 1411, in: EFG 2010, S. 1413 (1414).

1045 *Falkner*, Die Einkünfteerzielungsabsicht als subjektives Besteuerungsmerkmal, Diss., S. 34 u. 135; vgl auch *Bernd Heuermann*, Objektivierung eines subjektiven Tatbestandsmerkmals, in: DStZ 2004, S. 9 (14) und *Weber-Grellet*, in: Schmidt, EStG, § 2, Rn. 23.

1046 *Falkner*, Die Einkünfteerzielungsabsicht als subjektives Besteuerungsmerkmal, Diss., S. 126, 133 f. u. 171, die vom „homo fiscalis“ spricht; vgl. auch BFH, Beschluss vom 01. März 2005 IX B 170/04 – BFH/NV 2005, 1066.

1047 Vgl. *Heuermann*, Objektivierung eines subjektiven Tatbestandsmerkmals, S. 9 (13); siehe auch schon die Kritik bei *Klaus Vinzenz*, Der Fiskus noch auf dem Boden des Grundgesetzes? – Zur Beurteilung der “Gewinnerzielungsabsicht” im Einkommensteuerrecht –, in: DStR 1993, S. 550 (552).

1048 *Ferguson*, Der Aufstieg des Geldes, S. 304, der wiederum *John Maynard Keynes*, „The General Theory of Employment“, S. 214 zitiert.

Prognosen für problematisch hält, um eine abstrakte Erfolgsgeeignetheit festzustellen.[1049] Jedoch geht ihr Vorschlag zu weit, vollständig auf eine Erfolgsprognose verzichten zu wollen, da sie den Steuerpflichtigen, verfassungswidrig übermäßig in seine ökonomische Handlungsfreiheit eingreifend, in ein starres Nutzungskonzept zwingen würde.[1050] Jedoch verlangt sie selbst, dass der Steuerpflichtige seine Tätigkeit auf eine Einkünfteerzielung ausrichten müsse: „Entscheidend ist, dass positive Mieteinkünfte stets erzielbar werden [sic!].“[1051] Sie übersieht dabei, dass in „erzielbar“ eine Prognose im Sinne der Erfolgsmöglichkeit enthalten ist.

Der abstrakte Tatbestand kann für diese Beurteilung jedoch nicht genügen.[1052] Erforderlich ist eine Subsumtion des konkreten Verhaltens. Da das Ausrichten in den meisten Fällen zukunftsbezogen ist, geht dies nur auf Grund einer Prognose, die von den konkreten Nutzungsvorkehrungen ausgeht und unterstellt, dass sich diese in der Zukunft nicht ändern.[1053] Dieser Aspekt hängt wesentlich mit der dargelegten

---

1049 *Leisner-Egensperger*, Zulässigkeit von Überschussprognosen bei Vermietungen?, DStZ 2010, S. 790 (798).

1050 *Leisner-Egensperger*, Zulässigkeit von Überschussprognosen bei Vermietungen?, DStZ 2010, S. 790 (798); a.A. und zur Geeignetheit von Prognosemodellen bei Vermietungseinkünften vgl. *Credo*, Abgrenzung von Einkünfteerzielungsabsicht und Liebhaberei am Beispiel der Einkünfte aus Vermietung und Verpachtung von Immobilien, Diss., S. 416, These 11.

1051 *Leisner-Egensperger*, Zulässigkeit von Überschussprognosen bei Vermietungen?, DStZ 2010, S. 790 (797).

1052 Entsprechend erklären sich denn auch die zahlreichen Ausnahmen von der angeblichen Unbeachtlichkeit der Erwerbsgerichtetheit im Rahmen der Vermietung und Verpachtung. Sie zeigen, dass eben aus den konkreten Umständen auf eine Erwerbsgerichtetheit geschlossen werden kann oder nicht. Ein völliger Verzicht auf diese Prüfung, wie ihn jedenfalls *Leisner-Egensperger* propagiert, liegt hier also gerade nicht vor. Vgl. zu den zahlreichen Ausnahmen nur *Bernd Heuermann*, in: Bernd Heuermann/Peter Brandis (Hg.), Blümich, Einkommensteuergesetz Kommentar, 125. Aufl., 2015, Stand: 116. EL, 08.2012, § 21, Rn. 171 ff.

1053 Vgl. nochmals *Kirchhof*, in: Kirchhof, EStG, § 2, Rn. 66 und *Weber-Grellet*, in: Schmidt, EStG, § 2, Rn. 18 u. 23; *Lang*, Die Bemessungsgrundlage der Einkommensteuer, S. 309 weist ausdrücklich auf die übliche Planmäßigkeit des Erwirtschaftens hin. Dies verweist auch auf die Planmäßigkeit. Pläne sind auch in einer Marktwirtschaft ein, wenn nicht das wesentliche Instrument zur Steuerung – aber eben der Einzelwirtschaft. Vgl. nur *Döring*, Wöhe, Einführung in die Allgemeine Betriebswirtschaftslehre, S. 73. Es handelt sich um einen Rechtsgrundsatz – man könnte ihn als „Beharrungsgrundsatz“ bezeichnen –, da auch das Zivilrecht stets unterstellt, dass immer alles beim alten bleibt und sich nichts ändert, vgl. nur die Gutglaubenstatbestände und das Vertrauensprinzip. Die Unsicherheit von Prognosen bedingt daher, dass der Steuerpflichtige einen Anspruch auf Anwendung eines tragfähigen Prognosemodells auf Grundlage von validierten Prognosefaktoren hat. Zudem muss die Prognose im Zeitablauf revisibel sein und eine Neubewertung für die Zukunft erlauben (Ausfluss aus dem Prinzip der Leistungsfähigkeit).

Trennung von Erwerbs- und Konsumsphäre zusammen.[1054] Insofern müssen über die Verlusthinnahme hinaus Ansatzpunkte für eine Wertung vorliegen, ob die Verluste steuererheblich oder steuerunerheblich sind.[1055] Die normative Gesetzesanwendung verlangt daher im dauernden Verlustfalle und im Falle der Anlaufverluste, dass diese zumindest typisch mit dieser Tätigkeit zusammenhängen.[1056] Dieser Zusammenhang ist zumindest dann unterbrochen, wenn bei einer längeren Tätigkeit nach mehrjähriger Verlusterzielung keine Reaktion des Steuerpflichtigen zu erkennen ist, dieser negativen Prognose etwas entgegenzusetzen, er gleichsam „indifferent" bleibt.[1057] Darin zeigt sich, dass „für die Fortführung der verlustbringenden Tätigkeit nicht das Streben nach einem Totalgewinn [Totalüberschuss], sondern persönliche Gründe ursächlich waren" und der Steuerpflichtige eben nicht (mehr) als typischer, dem Fremdvergleich standhaltender „Einkünfteerzieler" anzusehen ist.[1058] Als persönliche Motive gelten dabei insbesondere das Ausüben eines teueren Hobbys wie zum Beispiel im Rahmen des § 22 Nr. 3 EStG der Unterhalt einer teuren Yacht.[1059] Diese dienen aber insoweit lediglich als Indizien und nicht als tatsächliche negative Tatbestandsmerkmale. Daher verlangt der BFH zu recht nicht die Herausarbeitung konkreter persönlicher Motive, solange die Möglichkeit ihres Vorliegens nicht ausgeschlossen werden kann, was nur dann möglich ist, wenn der Steuerpflichtige nachweisen kann, dass er gerade nicht indifferent ist.[1060]

Im angesprochenen Yachtvermietungs-Fall beruhte die Vermietung nur deswegen auf einer Liebhaberei, weil die Vermietung zum einen nur Verluste einbrachte, auch die Überschussprognose negativ ausfiel und der Steuerpflichtige zudem hierauf nicht reagierte und keine anderen beachtlichen steuerlichen Motive hierfür nennen

---

1054 Vgl. nur *Lang*, Die Bemessungsgrundlage der Einkommensteuer, S. 47, S. 267 ff. und am Beispiel von VuV-Einkünften *Heuermann*, in: Blümich, EStG, § 21, Rn. 206.

1055 Siehe hierzu unten Kap. 4, C. III. Privatsphäre.

1056 Falkner, Einkünfteerzielungsabsicht, S. 275 f.; dass eine typisierende Betrachtungsweise im Steuerrecht zumindest ein Auslegungsmaßstab ist, beschreibt *Hans Bernhard Brockmeyer*, Typisierungen im Einkommensteuerrecht durch die Rechtsprechung des Bundesfinanzhofs, in: Paul Kirchhof/Wolfgang Jakob/Albert Beermann (Hg.), Steuerrechtsprechung, Steuergesetz, Steuerreform – Festschrift für Klaus Offerhaus, 1999, S. 13 (23); *Musil*, in: H/H/R, EStG/KStG, § 2, Rn. 400 unterscheidet zwischen positiven, negativen und unsicheren Prognosen und will nur bei letzteren auf weitere Beweisanzeichen für die Geeignetheit abstellen.

1057 *Wacker*, in: Schmidt, EStG, § 15, Rn. 32.

1058 BFH, Urteil vom 19. November 1985 – VIII R 4/83 –, Tz. 33, juris, BFHE 145, 375, BStBl II 1986, 289; *Weber-Grellet*, in: Schmidt, EStG, § 2, Rn. 22.

1059 BFH, Beschluss vom 01. März 2005 – IX B 170/04 –, BFH/NV 2005, 1066.

1060 Vgl. BFH, Urteil vom 25. Juni 1996 – VIII R 28/94 –, Tz. 42, juris, BFHE 181, 133, BStBl II 1997, 202: Diese Schlussfolgerung ist erlaubt, wenn eindeutig feststeht, dass nach den konkreten Umständen niemals mit positiven Einkünften zu rechnen war. Nach objektiver Beurteilung lag dann von Anfang an keine Einkunftsquelle iSd Einkommensteuerrechts vor.

konnte. Und auch hier handelt es sich nicht um die Prüfung einer Absicht, sondern um die Frage, ob die Verlusthinnahme nicht Teil eines umfassenderen Plans des Steuerpflichtigen ist und daher in diesem Kontext beurteilt werden muss. Aber auch hierfür bedarf es eines objektiven, nachvollziehbaren Zusammenhangs. Stellt sich dieser Zusammenhang als einheitliche Erwerbsgrundlage dar, ist diese nicht in eine verlustträchtige und in eine gewinnbringende Tätigkeit aufzuspalten.[1061] Maßstab ist aber auch hier wieder der angesprochene „Einkünfteerzieler". Hängen die Tätigkeiten hingegen nur lose zusammen, so sind sie getrennt voneinnander zu bewerten und eine Segmentierung vorzunehmen.[1062] Stellt sich eine Tätigkeit hingegen als eine bloße Hilfs- oder Nebentätigkeit dar, handelt es sich um keinen abtrennbaren selbständigen Tätigkeitsbereich, insbesondere wenn der zu Verlusten führende Teil ohne die ertragbringende Haupttätigkeit nicht existieren würde.[1063] Maßgeblich bei dieser Beurteilung ist das Vorliegen eines ausreichenden „Förderungs- und Sachzusammenhangs" zwischen den Tätigkeiten.[1064] Ein solcher Zusammenhang liegt vor, wenn sich die verschiedenen Tätigkeiten derart bedingen, dass die verlustbringende die ertragbringende Tätigkeit maßgeblich fördert und insgesamt ein positives Ergebnis erzielt wird.[1065]

Aus alldem folgt, dass die Liebhaberei einer Tätigkeit ihren Bewirkungscharakter nimmt.[1066] Da die Frage der Erwerbsgerichtetheit auch bei Körperschaften auftreten kann und wie gesehen die steuerliche Indifferenz bei gleichzeitiger negativer Totalgewinnprognose und bereits dauernden Verlusten für die Rechtsprechung ausreichende Indizien für eine außersteuerliche Motivation darstellen (es wird ausdrücklich keine private verlangt), sollte es eine solche außersteuerliche Sphäre auch bei Körperschaften geben. Wie bei Gewerbebetrieben nach § 15 EStG können hier durch Segmentierung diese „Teilbetriebe" aus der steuerlichen Gewinnermittlung herausgelöst werden, wenn kein ersichtlicher Förderungs- und Sachzusammenhang und mithin nachvollziehbarer Gesamtplan besteht, wodurch eine Schattenbilanzierung eingeführt wird. Lässt sich eine Nähe zur Lebensführung des Anteilseigners finden, liegen verdeckte Gewinnausschüttungen vor, ansonsten schmälern die nicht abzugsfähigen Verluste schlicht den nachsteuerlichen Gewinn.[1067] Es bedarf keiner

---

1061 *Kirchhof*, in: Kirchhof, EStG, § 2, Rn. 72.

1062 *Kirchhof*, in: Kirchhof, EStG, § 2, Rn. 69.

1063 *Dirk Wüllenkemper*, Anmerkung zu FG Köln, Urteil vom 16. 5. 2012 10 K 3587/11, in: EFG 2012, S. 1623 (1625); BFH, Urteil vom 25. Juni 1996 VIII R 28/94, BFHE 181, 133, BStBl II 1997, 202.

1064 *Wacker*, in: Schmidt, EStG, § 15, Rn. 29.

1065 *Franz Dötsch*, Anmerkung zu BFH 3. Senat, Urteil vom 17.10.2013 – III R 27/12, in: jurisPR-SteuerR 15 2014, Anm. 2 (C. 2.).

1066 Vgl. zum Unterschied zwischen bewirkender Handlung und erzielter Wirkung, *Kirchhof*, Gesetzlich nicht abzugsfähige Betriebsausgaben und Werbungskosten, S. 201 (210).

1067 Nachschüsse würden die Anschaffungskosten des Anteilseigners erhöhen.

Konstruktion einer fiktiven Privatsphäre einer Körperschaft. Der Sachverhalt ist vergleichbar mit nicht abzugsfähigen Betriebsausgaben, vgl. etwa § 10 Nr. 3, 4 KStG und § 8 Abs. 1, 2 KStG i.V.m. § 4 Abs. 5 Nr. 1–11 EStG. Dadurch wird keine Privatsphäre einer Körperschaft geschaffen, aber eine wettbewerbsverzerrende Besteuerung vermieden.[1068]

bb) Objektive Betrachtung

Aus den genannten Gründen sollte das Absichtsmerkmal aufgegeben werden und eine rein objektive Erwerbsgerichtetheit verlangt werden.[1069] Es geht dabei nicht darum, dem Steuerpflichtigen seine Subjekteigenschaft abzusprechen, wie es anscheinend *Escher* unterstellt. Er verkennt, dass das Abstellen auf ein finales Handeln und damit den verfolgten Zweck durchaus objektiv durch Dritte von außen bestimmt werden kann und dass nicht die Absicht des Steuerpflichtigen entscheidend ist, sondern die Tatsache, ob „objektiv-final sein Tätigwerden auf die Erzielung positiver Einkünfte hin angelegt ist".[1070] Selbst für die Vertreter der subjektiven Theorie kommt es im Erfolgsfalle mit Verweis auf die Gleichheit aller Steuerpflichtigen nicht auf ein solches Wollenselement an – obwohl doch der angebliche Willensbezug im Übrigen so wichtig ist – und im Verlustfalle stellen sie darauf ab, ob diese „durch eine Handlung zu Erwerbszwecken verursacht" worden sind – wie dargelegt eine nur vorgeblich subjektive Prüfung des individuellen

---

1068 Vgl. *Birk*, Liebhaberei im Ertragsteuerrecht, S. 860 (865); so bereits *Heinrich Weber-Grellet*, Liebhaberei im Ertragsteuerrecht, in: DStR 1998, S. 873 (877); vgl. auch die Entwicklung zu einer strafrechtlichen Verantwortlichkeit von Kapitalgesellschaften so wie sie aktuell im Rahmen der Schaffung eines Unternehmensstrafrecht diskutiert wird, siehe *Jürgen Johannes Witte/Marco Wagner*, Die Gesetzesinitiative Nordrhein-Westfalens zur Einführung eines Unternehmensstrafrechts, in: BB 2014, S. 643 ff.

1069 Vgl. *Karsten Schmidt*, in: Karsten Schmidt (Hg.), Münchner Kommentar zum Handelsgesetzbuch, 3. Aufl., 2010, § 1, Rn. 24, der zu Recht darauf hinweist, dass der Begriff der Gewinnerzielungsabsicht heute den Zweck hat, ertragsteuerlich nur ertragreiche Betätigungen zu belasten. Im Handelsrecht (und darüber gelangte der Begriff der Gewinnerzielungsabsicht ursprünglich ja auch ins Ertragsteuerrecht) sei besser von Entgeltlichkeit zu sprechen. Subjektivierende Überlegungen seien fehl am Platze. Inhaltlich sei lediglich denen zuzustimmen, die objektivierend auf die Unternehmensführung nach betriebswirtschaftlichen Grundsätzen abstellen, *ders.*, a.a.O., § 1, Rn. 31.

1070 *Falkner*, Die Einkünfteerzielungsabsicht als subjektives Besteuerungsmerkmal, Diss., S. 260 f.; ein Handlungswille ist dabei trotzdem normalerweise notwendig, aber auch hinreichend, vgl. Falkner, a.a.O., S. 261, Fn. 104; *Paul Kirchhof* betont daher auch, dass eine Objektivierung nicht mit einer Ausblendung der individuellen Verhältnisse einhergehe, sondern stets das konkrete tatsächliche Verhalten Beurteilungsgegenstand bleibe, so wiedergegeben von *Gerlind Wendt*, Subjektive Tatbestandsmerkmale im Steuerrecht – Tagungsbericht, in: DStR Beihefter zu Heft 39 1997, S. 3 (4).

Erfolgwillens.[1071] Denn die Absicht als subjektive Zielrichtung sei nicht bei jedem Vorgang zu prüfen, sondern – um auch Zufallsgewinne oder -verluste erfassen zu können – es komme auf eine Gesamtbetrachtung an und die Orientierung an den privaten Motiven sei in bestimmten – nicht näher bezeichneten – Konstellationen anhand objektiver Kriterien zu modifizieren.[1072] Ferner müssten die subjektiven Vorstellungen anhand objektiver Tatsachen bestimmt werden, weshalb eine Unterscheidung eher konzeptioneller Natur sei, nämlich ob man Kriterien suche, die auf das persönliche Motiv schließen lassen oder eine objektive Zielgerichtetheit des Erwerbens nachgewiesen werden solle.[1073] Auch *Hey* weist explizit darauf hin, dass der Steuerpflichtige ohne objektivierende Betrachtung stets die für ihn günstigste Absicht behaupten würde.[1074] Das Steuerrecht lehnt also die Anerkenntnis der bloß behaupteten Absicht ab, verlangt vielmehr eine objektiv feststellbare Zwecksetzung.[1075] Durch seinen bloßen Willen alleine kann der Steuerpflichtige in der Regel nicht auf das Steuerschuldverhältnis einwirken.[1076] Es geht bei der Feststellung, ob erwerbswirtschaftliches Verhalten vorliegt, in der Regel um eine Prognose[1077], um die Feststellung eines Planes und Zweckes einer Tätigkeit. Es handelt sich dabei – wie bei den übrigen Tatbestandsmerkmalen der jeweiligen Einkunftsarten – um objektive Tatbestandsmerkmale, auch wenn sie zweifellos subjektiv vom Steuerpflichtigen abhängen und an sein Verhalten und der nach außen getretenen Zwecksetzung anknüpfen.[1078] Es geht im Einkommensteuerrecht um die Teilhabe an wirtschaftlichen (Miss-)erfolgen auf Grund entfalteter Tätigkeiten, nicht jedoch um die Begründung neuer Tätigkeitspflichten.[1079] Absichten

---

1071 *Escher*, Steuerliche Liebhaberei und Subjektbezug der Einkünfteerzielungsabsicht, Diss., S. 36 f.

1072 Vgl. *von Hammerstein*, Privatsphäre im Steuerrecht, 1993, S. 246.

1073 *von Hammerstein*, Privatsphäre im Steuerrecht, 1993, S. 246.

1074 *Hey*, Tipke/Lang, Steuerrecht (21. Aufl.), § 8, Rn. 129.

1075 Siehe bereits, wenn auch sehr weitgehend *Joachim Schulze-Osterloh*, "Bereicherungswille" bei freigebiger Zuwendung im Schenkungsteuerrecht, in: StuW 1977, S. 122 (131).

1076 *Hensel*, Steuerrecht, S. 57; eine Ausnahme muss jedoch für die Fälle gelten, in denen die wirtschaftliche Betrachtungsweise keine eindeutigen Ergebnisse liefert und bei der Zuordnung zu einer Einkunftsart, siehe unten zur Freiwilligkeit Kap. 5, II. b).

1077 *Hey*, Tipke/Lang, Steuerrecht (21. Aufl.), § 8, Rn. 129; *Kirchhof*, Subjektive Merkmale für die Erzielung von Einkünften, S. 11 (15, re. Sp.).

1078 Daher spricht *Heinrich Weber-Grellet*, Die Unterschiede handels- und steuerrechtlicher Wertaufhellung – Ein Beitrag zur weiteren Objektivierung des Steuerrechts, in: Paul Kirchhof/Hans Nieskens (Hg.), Festschrift für Wolfram Reiß, 2008, S. 483 (493) auch von dem generellen steuerrechtlichen Anliegen, auf objektive Kriterien abzustellen und auch sog. subjektive Tatbestandsmerkmale in einem objektiven Sinne zu verstehen.

1079 So auch schon *Schanz*, Der Einkommensbegriff und die Einkommensteuergesetze, S. 1 (55); vgl. heute *Leisner-Egensperger*, Zulässigkeit von Überschussprognosen bei Vermietungen?, DStZ 2010, S. 790 (797); dies kann zu Um- und Neuqualifizierungen

alleine sind irrelevant[1080], als Motive begründen entfalten sie keine rechtliche Wirkung und begründen oder verhindern nicht die Steuerbarkeit.

Diese Prämissen lassen sich auch rechtstheoretisch fundieren[1081]:

Unter Zwecken versteht man die beabsichtigten Folgen einer Handlung. Handlung ist demnach die Überführung einer Situation in eine andere. Situation ist ein Gefüge von irgendwelchen Beziehungen zwischen Personen und Gegenständen und immer nur ein Ausschnitt der Wirklichkeit. Mittel sind geeignete Verhaltensweisen um eine gegebene Ausgangssituation in eine gewünschte andere Situation (Zweck) zu überführen. Ziel und Zweck einer Handlung ist also die Überführung einer Situation in eine andere. Zweck einer Handlung ist daher eine operational beschriebene künftige Situation. Die Auswahl von Handlungszwecken erfolgt nach Maßgabe von Interessen – subjektiven wie objektiven. Erstere bestehen in den vom Menschen selbst wahrgenommenen Bedürfnissen. Zweitere schreiben den Menschen vor, was für sie gut und richtig ist und welche Interessen von der Rechtsordnung als berechtigt eingestuft werden. Sie finden sich zum Beipsiel wieder in den „Belangen" in § 1 VI BauGB oder dem Schutzbedürfnis. Ferner gibt es Wirkungen, die auch ohne dass sie bezweckt worden sind, eintreten und als Funktionen von Handlungen bezeichnet werden.

Auf das Steuerrecht übertragen bedeutet dies, dass eine Prüfung der maßgeblichen Interessen an Hand der Berechtigung erfolgt und daher durchaus objektiv erfolgen kann: Ausscheidung der privaten Lebensführung und Berücksichtigung nur solcher Vorgänge, die auf einen wirtschaftlichen Erfolg gerichtet sind. Ferner werden durch das Veranlassungsprinzip und seine Erweiterung um die Risikosphäre auch die Funktionen derartiger Handlungen berücksichtigt.

Da im Falle positiver Einkünfte es nicht auf einen Erfolgswillen ankommt, dass Fehlen der Gewinnerzielungsabsicht das Hauptkriterium bei der Liebhaberei ist, schließt *Falkner*, dass das Ziel der Rechtsfigur Liebhaberei – ein Verlustverrechnungsverbot zu statuieren – durch ein rein negatives Tatbestandsmerkmal verwirklicht werden kann und es somit erst im Verlustfalle der gesonderten Prüfung bedarf, ob die Tätigkeit auf einen Erwerb ausgerichtet ist.[1082] Ihrer These, dass die Erwerbsgerichtetheit deswegen kein gemeinsames, positives Tatbestandsmerkmal aller Einkunftsarten sei, soll widersprochen werden.[1083]

---

führen, vgl. BFH, Urteil vom 18. Februar 1997 – VIII R 54/95 –, BFHE 183, 6, BStBl II 1997, 647 und BFH, Urteil vom 24. Mai 2011 – VIII R 3/09 –, BFHE 235, 197, BStBl II 2012, 254.

1080 Vgl. auch *Kirchhof*, Subjektive Merkmale für die Erzielung von Einkünften, S. 11 (12).

1081 Nachfolgender Absatz beruht auf den Ausführungen bei *Röhl/Röhl*, Allgemeine Rechtslehre, S. 263 ff.

1082 *Falkner*, Die Einkünfteerzielungsabsicht als subjektives Besteuerungsmerkmal, Diss., S. 263.

1083 Auch *Becker*, Die Grundlagen der Einkommensteuer, S. 397 hält den Begriff der Liebhaberei hier für zu eng und betont, dass im Gegenteil stets von den

Zwar mag das Institut der Liebhaberei tatsächlich nur im Verlustfalle zum Tragen kommen, eine bloße Einnahme begründet jedoch noch keine Einkunftsart. Somit geht es um die vorgelagerte Frage, ob eine Tätigkeit überhaupt der Einkunftserzielungssphäre zugeordnet werden kann.[1084] Erfordert diese Tätigkeit ein willentliches Verhalten so erfolgt die Prüfung mit Hilfe des objektiv feststellbaren, „im Handeln dokumentierten Wollens".[1085] Zutreffend stellt *Falkner* fest, dass der subjektive Wille notwendiger Bestandteil der steuerbaren Tätigkeit ist.[1086] Sie widerspricht sich dann jedoch selbst, wenn sie ausführt, dass es einerseits nur im Verlustfalle auf ein objektives, einem Fremdvergleich standhaltenden Streben nach Gewinn ankommen soll. Andererseits aber dieses objektive Streben dazu dienen soll, Vorgänge, die zwar äußerlich einer Erwerbstätigkeit entsprechen, aber *ohne Gewinnstreben* vorgenommen werden, aus dem steuerlichen Nexus herauszuhalten.[1087] *Falkner* erkennt also auch die Möglichkeit einer Einnahmenerzielung an, die nicht steuerbar ist, hält die Differenzierung sogar für geboten und bestimmt diese Tatsache anhand des Erwerbstrebens, das im Falle von Vorgängen in der „Privatssphäre" von dieser gleichsam verdrängt werden kann.[1088] Durch den Subjektbezug soll also keine

---

Voraussetzungen der einzelnen Einkunftsarten auszugehen ist, sieht also, wie hier vertreten, in dem Merkmal der „Erwerbsgerichtetheit" ein positives Tatbestandsmerkmal; so auch *Heinrich Weber-Grellet*, Die leidige Gewinnerzielungsabsicht – Erwiderung auf Vinzenz, DStR 1993, 550, in: DStR 1993, S. 980 (981, These 1); vergleichbar wie hier nur für die Gewinnerzielungsabsicht *Schell*, Subjektive Besteuerungsmerkmale im Einkommensteuerrecht, Diss., S. 180 und *Wolfgang Jakob*, Der Steuertatbestand im Grenzbereich zwischen privater Vermögensverwaltung und gewerblicher Tätigkeit, in: Arndt Raupach/Adalbert Uelner (Hg.), Ertragsbesteuerung, Festschrift für Ludwig Schmidt, 1993, S. 115 (123).

1084 *Theisen*, Die Liebhaberei – Ein Problem des Steuerrechts und der Betriebswirtschaftlichen Steuerlehre, S. 255 (258); *Hey*, Tipke/Lang, Steuerrecht (21. Aufl.), § 8, Rn. 121 ff.; *Lang*, Die Bemessungsgrundlage der Einkommensteuer, S. 46.

1085 *Weber-Grellet*, Die leidige Gewinnerzielungsabsicht – Erwiderung auf Vinzenz, DStR 1993, 550, S. 980, These 4.

1086 *Falkner*, Die Einkünfteerzielungsabsicht als subjektives Besteuerungsmerkmal, Diss., S. 147.

1087 *Falkner*, Die Einkünfteerzielungsabsicht als subjektives Besteuerungsmerkmal, Diss., S. 263; ebenso kann der Wille jedoch auch im Erfolgsfalle relevant sein, S. 251 und aber auch im im Verlustfalle irrelevant, S. 266; der typisierte Wille hingegen ist wieder Kriterium des nicht zu prüfenden Willens, S. 271; das kann nicht überzeugen.

1088 *Falkner*, Die Einkünfteerzielungsabsicht als subjektives Besteuerungsmerkmal, Diss., S. 251; bei der Unterscheidung ganzer Tätigkeitskomplexe im Randbereich zur privaten Lebensführung ist die verobjektivierte Zwecksetzung des Steuerpflichtigen maßgeblich, *Paul Kirchhof*, in: Paul Kirchhof/Hartmut Söhn/Rudolf Mellinghoff (Hg.), Einkommensteuergesetz Kommentar, 254. Ergl., 01.2015, (Stand: 34. Ergl. 1994), § 2, Rn. B 196.

Motivforschung betrieben werden, sondern die einkommensteuerliche Irrelevanz der Betätigung festgestellt werden, zu der selbstverständlich auf die Verhältnisse des Steuerpflichtigen eingegangen werden sollen.[1089]

Die Prüfung der Erwerbsgerichtetheit orientiert sich dabei an der Idee des sich normgerecht verhaltenden Steuerpflichtigen und wird durch das Vorliegen einer „werbenden Tätigkeit" gekennzeichnet.[1090] Die Voraussetzungen ergeben sich dabei aus den einzelnen Einkunftsarten. Dogmatisch wird dies durch den Verweis in § 2 EStG auf die §§ 13–22 EStG deutlich. Eine Einkunftsart, die zumindest dem Gesetze nach nicht auf einen Erwerb gerichtet ist, ist denknotwendig ausgeschlossen. Das heißt nicht, dass jede der dort genannten Tätigkeiten immer einen steuerlichen Erfolg nach sich ziehen müsste. Vergleiche hierzu nur die umfangreiche Literatur zur Einkünfteerzielungsabsicht im Rahmen des § 21 EStG.[1091] Die Erwerbsgerichtetheit liegt somit vor, wenn „die durch objektive Vorkehrungen auf den Erwerb ausgerichtete Erwerbsgrundlage" genutzt worden ist.[1092] Maßgeblich bei der Prüfung ist dabei, was der „Steuerpflichtige dank seines Willens tatsächlich bewirkt. Den Handlungstatbestand erfüllt, wer dem Erwerb nachgeht und nicht sein persönliches Leben gestaltet."[1093] Hierdurch wird deutlich, dass die Frage der Erwerbsgerichtetheit und damit die Frage der Abgrenzung der steuerbaren von der nicht-steuerbaren Sphäre auf allen Stufen des Einkommensteuertatbestandes relevant wird. Auch wenn der Vergleich sich dabei an einem typisierten Handlungswillen ausrichtet, bildet den Bezugspunkt des Willens nicht das jeweilige Handlungsmotiv, sondern die Aufnahme der Tätigkeit als solches.[1094] Dieser Fall ist mit dem Entnahmewillen nach § 4 Abs. 1 EStG vergleichbar, bei dem es auch nur auf die rein tatsächliche außerbetriebliche Nutzung ankommt, ohne dass der Entnehmende dies beabsichtigen muss.[1095] Bei der Bestimmung des Bezugspunktes gilt es auch den persönlichen Lebensführungsbereich zu berücksichtigen.[1096] Kennzeichen der Tätigkeit soll ein wirtschaftlich ausgewogenes Leistungsaustauschverhältnis sein.[1097] Es geht also um

---

1089 *Weber-Grellet*, Die leidige Gewinnerzielungsabsicht – Erwiderung auf Vinzenz, DStR 1993, 550, S. 980 (981, These 2).

1090 *Falkner*, Die Einkünfteerzielungsabsicht als subjektives Besteuerungsmerkmal, Diss., S. 187, Fn. 86 und S. 286, These Nr. 8.

1091 *Eisgruber/Schallmoser*, Einkommensteuerrecht, 2. Aufl. 2010, S. 133, Rn. 388 ff.

1092 *Kirchhof*, in: Kirchhof, EStG, § 2, Rn. 57.

1093 *Kirchhof*, in: Kirchhof, EStG, § 2, Rn. 61.

1094 Für die Irrelevanz der Handlungsmotive im Erfolgsfall vgl. auch BFH, Urteil vom 04. August 1994 – VI R 94/93 – Tz. 10, juris, BFHE 175, 276, BStBl II 1994, 944; vgl. auch *Falkner*, Die Einkünfteerzielungsabsicht als subjektives Besteuerungsmerkmal, Diss., S. 287, These Nr. 12 zum Bezugspunkt des Willens.

1095 *Walter Bode*, in: Paul Kirchhof (Hg.), Kichhof, Einkommensteuergesetz, 13. Aufl., 2014, § 4, Rn. 89.

1096 Zu diesem Falkner, Einkünfteerzielungsabsicht, S. 207, Fn. 239.

1097 *Falkner*, Einkünfteerzielungsabsicht, S. 229, Fn. 366 und S. 230, Fn. 370.

einen Fremdvergleich, der vom Streben nach Erfolg bestimmt wird[1098] und der auf der normativen Ebene stattfindet[1099].

cc) Zwischenergebnis

Es geht bei der Frage der Erwerbsgerichtetheit mithin auch um das Problem der Entscheidung zwischen Einkommenserzielungs- und Einkommensverwendungssphäre. Ohne eine Gesamtbetrachtung des vollständigen Tatbestands – also hier § 22 Nr. 3 EStG i.V.m. § 2 Abs. 1 EStG – und des gesamten zu betrachtenden Verhaltens, kann diese Entscheidung nicht getroffen werden.[1100] Als erstes ist daher zu prüfen, mit welchem Verhalten die fragliche Einnahme oder Ausgabe zusammenhängt. Ferner, ob es sich als eigenständige Leistung oder als Annex zu einer anderen Einkunftsart darstellt. Ist sie eigenständig, muss der Zusammenhang ein wirtschaftlicher und damit in erster Linie ein entgeltlicher sein. Die weitere Prüfung der konkreten Erwerbsgerichtetheit der Tätigkeit bedeutet dabei wie gezeigt nicht die Einführung eines Willenelements der „Erstrebung" von Überschüssen.[1101] Der Wille des auf einen Erfolg hin strebenden Steuerpflichtigen ist der Maßstab, an dem die *Tätigkeit* in objektivierter Weise gemessen wird.[1102] Dieser Entscheidung liegt wie gesehen eine Wertung zu Grunde.[1103] Dabei kann aus der eindeutigen Tatsache, dass niemals mit Einkünften zu rechnen ist, bereits auf die fehlende Erwerbsgerichtetheit geschlossen werden, wenn sich diese Tätigkeit nicht in ein umfassenderes positives Erwerbskonzept eingliedert.[1104] Dies gilt auch für nur glückspielartige Gewinnchancen; fehlen „vernünftige Anhaltspunkte für eine reale Überschusserzielungsmöglichkeit, scheidet eine Erwerbsgerichtetheit aus".[1105]

1098 *Falkner*, Einkünfteerzielungsabsicht, S. 247/248 und S. 274, Fn. 185.

1099 *Falkner*, Einkünfteerzielungsabsicht, S. 232, Fn. 387 u. 391.

1100 A.a. wohl *Peter Bauschatz*, in: Klaus Korn, et al. (Hg.), Einkommensteuergesetz, 84. EL, Dezember 2014, Stand: Mai 2012, § 22, Rn. 114, demzufolge die Überschusserzielungsabsicht für die Leistungseinkünfte typisiert erfüllt sei.

1101 Vgl. auch *Schuck*, Veranlassung als Kriterium der "Liebhaberei", S. 975 (976 f.), der jedoch einen uferlosen Privatbereich unterstellt. Ferner kann es nicht darauf an kommen, ob der Steuerpflichtige im Neben- oder Haupterwerb tätig ist. Denn eine rein einkommensteuerrechtliche Betrachtung lässt andere Finanzierungsmöglichkeiten des Konsums außen vor (z. B. durch einen Lottogewinn oder eine hohe Erbschaft, etc.).

1102 *Heuermann*, Objektivierung eines subjektiven Tatbestandsmerkmals, S. 9 (10 li. Sp.) (eigene Hervorhebung).

1103 Und errinnert an die Figur des „competent judge" des Utilitarismus, vgl. hierzu *John Stuart Mill*, Utilitarianism, 1861/1871, Chapter 2.

1104 BFH, Urteil vom 25. Juni 1996 – VIII R 28/94 –, Tz. 42, juris, BFHE 181, 133, BStBl II 1997, 202.

1105 *Wacker*, in: Schmidt, EStG, § 15, Rn. 32.

Für die Einkünfte aus § 22 Nr. 3 EStG lässt sich daher schlussfolgern, dass reine Glückspiele nicht geeignet sind, eine erwerbsgerichtete Tätigkeit zu begründen.[1106] Die Grenzen zur Erwerbssphäre sind jedoch fließend, denn was für einen ein Glücksspiel darstellt, kann für einen anderen durchaus reale Gewinnchancen vermitteln. Von daher lassen sich hier nur die Fälle ausscheiden, deren Gewinnwahrscheinlichkeit von vornherein bestimmbar ist. Hierfür schlägt *Ismer* die Heranziehung des Erwartungswerts vor:[1107] Ist dieser negativ, scheide eine Steuerbarkeit aus. Die Rechtsprechung hält den Erwartungswert hingegen stets für irrelevant und stellt zu recht nur auf die Wahrscheinlichkeit.[1108] Eine Grenze, ab wann eine Gewinnwahrscheinlichkeit ausreicht, dass eine Erwerbsgeeignetheit vorliegt, ist nicht definiert. Die Nichtbesteuerung von Lotto und ähnlichen Gewinnspielen beruht auch hinsichtlich dieser Grenze lediglich auf einer Konvention.[1109] Damit ergibt sich für diesen

---

1106 Anders, wenn ein Veranlassungszusammenhang mit einer bereits steuerbaren Tätigkeit besteht. Darin liegt auch kein Verstoß gegen Art. 3 Abs. 1 GG vor, da beide Vermögensmehrungen unterschiedlichen Bedingungen unterliegen. Vgl. zum Beispiel die Behandlung von betrieblich vs. privat veranlassten Gewinnen: Vorrang des privaten Veranlassung: RFH, Urteil vom 30. Juni 1927 – VI A 261 –, StuW 1927 II, Urteil Nr. 300, Sp. 338; BFH Urteil vom 02. September 2008 – X R 8/06 –, BFHE 223, 31; BStBl. II 2010, 548. Vorrang der betrieblichen oder beruflichen Veranlassung: BFH, Urteil vom 25. November 1993 – VI R 45/93 –, BStBl. II 1994, 254 (256); BFH, Urteil vom 02. September 2008 – X R 25/07 –, BFH/NV 2009, 63. Zwar liegt bei der beruflichen Veranlassung noch kein Zufluss durch Einräumung der Gewinnmöglichkeit zu; diese Chance verknüpft aber den späteren Gewinn mit der beruflichen Tätigkeit und stellt den Veranlassungszusammenhang sicher. Vgl. auch *Krey*, Besteuerung sonstiger Leistungen, Diss., S. 240 und *Ismer*, Glück im Spiel – Pech für die Dogmatik, S. 235 (239).

1107 Hierzu *Ismer*, Glück im Spiel – Pech für die Dogmatik, S. 235 (238): *„Den Erwartungswert erhält man, indem man die Zahlungen, die sich bei unterschiedlichen Ausgängen ergeben, mit der jeweiligen Wahrscheinlichkeit des Ausgangs multipliziert und die Kosten für den Einsatz abzieht. Hat man in einer Lotterie eine Gewinnchance von 1:5.000.000, beträgt die Gewinnsumme € 10.000.000 und kostet jedes Los € 1,50, dann kann man den Erwartungswert errechnen als (1/5.000.000) × € 10.000.000 minus € 1,50, also € 2 minus € 1,50. Der Erwartungswert der Lotterie beträgt € 0,50 und ist damit positiv. Die Teilnahme an dieser Lotterie stellt damit keine Liebhaberei dar. Der Teilnehmer hat vielmehr Einkünfteerzielungsabsicht. Es kommt dabei – entgegen einer bisweilen geäußerten Ansicht [FG München, Urteil vom 18.3.1987 – I 70/85 E, U, G, EFG 1987, 467] – nicht allein auf die Wahrscheinlichkeit des Gewinns an, sondern auf das Produkt von Gewinnwahrscheinlichkeit und Gewinn.“* Eine andere Definition des Erwartungswerts findet sich am Beispiel der Lotterie bei *Michael Adams*, Ökonomische Theorie des Rechts: Konzepte und Anwendungen, 2002, S. 427 ff.

1108 BFH, Urteil vom 24. April 2012 – IX R 6/10 –, Rn. 31, juris, BFHE 237, 197, BStBl II 2012, 581 und *Weber-Grellet*, in: Schmidt, EStG, § 22, Rn. 131, der zum Beispiel bei Sportpreisen auf die Gewinnwahrscheinlichkeit abstellt, Rn. 150.

1109 Das REStG 1920 setzte eine Steuerbarkeit ausdrücklich fest. Nach dem pr. EStG 1891 und dem EStG 1925 waren diese Gewinne nicht steuerbar, so zumindest nach

Ansatz in dem hier vertretenen Umfang nur ein überschaubarer Anwendungsbereich: Betroffen sind lediglich die Gewinnspiele, bei denen sich die Leistungshandlung auf einen Geldeinsatz beschränkt (nach hier vertretender Auffassung liegt zwar bereits keine taugliche Leistungshandlung als Anknüpfungspunkt vor, soll aber zunächst unterstellt werden[1110]) und der Erwartungswert auf Grund einer feststehenden Gewinnchance – zum Beispiel Lotto, Würfelspiele oder Roulette – problemlos feststellbar ist. Nach *Knight* liegt hier lediglich ein Risiko vor, eine durch Wahrscheinlichkeitsrechnung im Voraus bestimmbare feste Eintrittswahrscheinlichkeit.[1111] Bei den übrigen Spielen gegen Leistung eines Einsatzes, deren Chance auch von individuellen Wissen und Können abhängt, hilft dieser Ansatz nicht weiter, da ein Erwartungswert bzw. eine Gewinnwahrscheinlichkeit für diese Geschicklichkeitsspiele gerade nicht ohne weiteres ausrechenbar ist.[1112] Hier lässt sich eine Wahrscheinlichkeit höchstens auf Grund vergangener Erfahrungswerte hochrechnen und bedarf daher einer umfassenden Würdigung des Einzelfalles über einen längeren Zeithorizont. Auf diese Konstellationen soll im Zusammenhang mit anderen „privaten Vorgängen" im Rahmen der Darstellung der nicht steuerbaren Privatsphäre eingegangen werden.[1113] Mit *Knight* sind damit genau die Umstände gemeint, die er mit „uncertainty" – also Unsicherheit – umschreibt: Diese Situationen zeichnen sich durch ihre Einzigartigkeit aus, man kann sich ihnen durch eine Wahrscheinlichkeitsrechnung vielleicht nähern, aber nie beherrschen.[1114]

Wenn die Gewinnchance hingegen im Rahmen eines umfassenderen Austauschvertrages zusätzlich zu einem Entgelt und/oder abhängig von einer Mitwirkungsleistung gewährt wird, teilt sie diesen Veranlassungszusammenhang.[1115] Das Zufallsmoment macht den Veranlassungszusammenhang nicht zu einem privaten.[1116] Denn hier kann in der Regel eine reale, auf vernünftigen Anhaltspunkten

---

den Gesetzesbegründungen, siehe oben Kap. 2. Dem folgt bis heute die Rechtsprechung und herrschende Meinung.

1110 Siehe oben im Rahmen der Entgeltlichkeit und der Veranlassung.

1111 Siehe zu Frank H. Knight *Greer*, Ethics and Uncertainty, S. 43, der aus Knights, ‚Risc, Uncertainty, and Profit', zitiert, S. 20 u. 233 (1921/1957, Houghton Mifflin, New York).

1112 Von daher ist *Ismers* Vorschlag auf jeden Fall zu weit gehend.

1113 Siehe unten unter III.

1114 Für *Knight* rechtfertigt sich das kapitalistische Wirtschaftssystem gerade wegen dieser Unsicherheit und Gewinn ist für ihn Ausdruck effektiver Entscheidungswahl vor dem Hintergrund einer ungewissen Umwelt, *Greer*, Ethics and Uncertainty, S. 43.

1115 BFH, Urteil vom 28. November 2007 – IX R 39/06 –, BFHE, 220, 67; BStBl. II 2008, 469 (Dating-Show); BFH, Urteil vom 24. April 2012 – IX R 6/10 –, Tz. 36, juris, BFHE 237, 197, BStBl II 2012, 581 (Big-Brother).

1116 So aber *Gebhardt*, „Münchner Steuer-Roulette" – Dogmatische Zufälligkeiten bei der BFH-Rechtsprechung zu Preisgeldern S. 65 (66); a.A. wie hier *Kubicki*, Die Dogmatik des § 22 Nr. 3 EStG einschließlich der Querbezüge zur Schenkungsteuer, Diss., S. 87.

beruhende Gewinnchance nicht verneint werden, auch wenn der Gewinn unsicher ist.[1117] Dies erklärt auch, warum Differenzgeschäfte früher nur bei einer betrieblichen Veranlassung steuerbar sein konnten – wenn eben die Umstände auf ein zumindest beherrschbares Risiko schließen ließen und ein betrieblicher Zusammenhang nicht willkürlich erschien.[1118] Im Falle privater Differenzgeschäfte verneinte der BFH jedoch regelmäßig die Steuerbarkeit.[1119] Ihre Geeignetheit ergibt sich jetzt abstrakt aus § 20 Abs. 2 Nr. 2 EStG, wobei mE bei völlig untypischen Sachverhalten eine Steuerbarkeit dennoch mangels Erwerbsgerichtetheit ausscheiden kann.

Für andere Spiele, die der Steuerpflichtige professionell betreibt, kann die Spieltätigkeit sogar die Schwelle zur Gewerblichkeit überschreiten, wenn sie eben nicht nur vom Zufall abhängig ist, wie zum Beispiel bei einem professionellen Pokerspieler.[1120]

Im Falle der zweiaktigen Leistungen, in denen zunächst eine steuerlich indifferente Handlung der Entgegennahme der Gegenleistung und damit Widmungshandlung vorangeht, zeigt sich die Erwerbsgerichtetheit dagegen erst in der Entgegennahme der Gegenleistung, wobei dann die Geeignetheit, einen Überschuss generieren zu können, in der Regel offen zu Tage tritt.[1121] Dass die Erwerbsgerichtetheit im Rahmen der Leistungseinkünfte bedeutungslos ist, kann also nicht behauptet werden.

Die Beantwortung der Frage nach der Erwerbsgerichtetheit bedarf zusätzlich der Eröterung, inwieweit sich der Wille des Steuerpflichtigen, abgesehen von der Einkünfteerzielungsabsicht, auf die Steuerbarkeit einer Tätigkeit auswirkt. Da durch eine Verneinung der Erwerbsgerichtetheit das Verhalten der nicht steuerbaren Lebensführungssphäre zugeordnet wird, ist auch auf diese gesondert einzugehen. Schließlich fehlt sodann noch ein weiterer wichtiger Aspekt: die Vermögenssphäre. Beide Gesichtspunkte fließen in die Prüfung der Erwerbsgerichtetheit und des Veranlassungszusammenhangs mit ein und werden daher unten eingehender dargestellt.

1117 Vgl. zu dieser generellen Anforderung *Heinrich Weber-Grellet*, Wo beginnt die Grenze zur "Liebhaberei"? (Teil II), in: DStR 1992, S. 602 (603 unten), wonach es auf die konkrete Betrachtung ex-ante ankommt und *Weber-Grellet*, Liebhaberei im Ertragsteuerrecht, S. 873 (874).

1118 Vgl. *Heinicke*, in: Ludwig Schmidt, Einkommensteuergesetz, § 4, Rn. 148 ff.; zur Entwicklung siehe bereits oben , II. 2. a) aa) am Ende.

1119 Vgl. BFH, Urteil vom 08. Dezember 1981 – VIII R 125/79 –, NJW 1982, 2279; BFH, Urteil vom 25. August 1987 – IX R 65/86 –, BFHE 151, 132; BStBl. II 1988, 248 (249 re. Sp.).

1120 FG Köln, Zwischenurteil vom 31. Oktober 2012 – 12 K 1136/11 –, juris, DStRE 2013, 198.

1121 So auch *Bernd Heuermann*, Die Erwerbsgerichtetheit von Einkünften aus Vermietung und sonstigen Leistungen, in: DStR 2005, S. 1338 (1342); a.A. wohl *Klaus Korn/Claas Fuhrmann*, Entwicklungen und Zweifelsfragen zur "Liebhaberei" im Einkommensteuerrecht (Teil II), in: DStZ 2004, S. 431 (436 unten), aber in einem anderen Kontext und ohne dies näher zu begründen.

b) *Handlungswillen, Erwerbsaufnahme und Freiwilligkeit*

Ein weiteres Merkmal der Erwerbsgerichtetheit ist, dass der Steuerpflichtige seine Erwerbsgrundlage nutzt indem er sie am Markt öffentlich freiwillig anbietet.[1122] Dies deckt sich mit *Langs* und *Heys* Definition der Erwerbstätigkeit, die sich durch zielgerichtetes Handeln kennzeichnet.[1123] Wirtschaftliche Tätigkeit sei gleichbedeutend mit selbstbestimmtem planvollen Wirtschaften, was jedoch nicht bedeutet, dass der Tätigkeitsbereich neben dem bewussten Handeln und den bezweckten Folgen nicht auch ungewollte Folgen umfasse.[1124] Die Erwerbsaufnahme bedarf daher zunächst einer willensgetragenen Erwerbsaufnahme[1125], was nicht gleichbedeutend mit der Gewinnerzielungsabsicht ist.[1126] *Kirchhof* spricht hierbei von einer „gewidmeten Betätigung".[1127] Erforderlich ist daher kein absichtsvolles Erwerbsengagement im Sinne eines Verwirklichungswillen[1128], aber eine Zurechnung zu einer nach außen getretenen Widmung einer Erwerbsgrundlage[1129]. Denn grundsätzlich ist der Bürger in seiner Entscheidung frei, ob er einen Steuertatbestand nach § 38 AO verwirklichen

---

1122 *Kirchhof*, Die Steuern, HStR V, § 118, Rn. 124; *Kirchhof*, in: Einkommensteuergesetz Kommentar, § 2, Rn. A 116 u. 125.

1123 *Lang*, Tipke/Lang, Steuerrecht (20. Aufl.), § 9, Rn. 122 und *Hey*, Tipke/Lang, Steuerrecht (21. Aufl.), § 8, Rn. 122: Rechtsdogmatisch beruhe die Erwerbstätigkeit auf zweckgerichtetem, vorsatzgesteuertem, finalem Handeln.

1124 *Lang/Hey*, jeweils am a.a.O., die diesen Bereich als willensunabhängige Risikosphäre bezeichnen; durch das Prinzip der Veranlassung werden der Erwerbstätigkeit samt seiner Risikosphäre sodann Erwerbsaufwendungen und Erwerbseinnahmen zugeordnet, vgl. hierzu schon oben die Ausführungen zur Veranlassung. Die Selbstbestimmtheit in unserem Wirtschaftsystem betont auch *Leisner-Egensperger*, Zulässigkeit von Überschussprognosen bei Vermietungen?, DStZ 2010, S. 790 (798).

1125 *Jakob*, Steuertatbestand, in: FS Schmidt, 1993, S. 115 (122); *Kirchhof*, in: Einkommensteuergesetz Kommentar, § 2, Rn. A 116 u. B 188; *Falkner*, Die Einkünfteerzielungsabsicht als subjektives Besteuerungsmerkmal, Diss., S. 66; S. 147, Fn. 299 u. 300.

1126 *Falkner*, Die Einkünfteerzielungsabsicht als subjektives Besteuerungsmerkmal, Diss., S. 260 f. (Fn. 104); a.A. *Schell*, Subjektive Besteuerungsmerkmale im Einkommensteuerrecht, Diss., S. 72.

1127 So wiedergegeben von *Wendt*, Subjektive Tatbestandsmerkmale im Steuerrecht – Tagungsbericht, S. 3 (4); so auch schon in *Kirchhof*, in: Einkommensteuergesetz Kommentar, § 2, Rn. A 116.

1128 Ebenso *Heinrich Weber-Grellet*, Feststellung subjektiver Tatbestandsmerkmale im Besteuerungsverfahren, in: DStR Beihefter zu Heft 39 2007, S. 40 (46 re. Sp.); *Kirchhof*, in: Einkommensteuergesetz Kommentar, § 2, A 120: „Die Einkommensteuer erfasst den erworbenen Überschuss, nicht den Willen zum Überschuss."

1129 *Kirchhof* stellt auf den Unterschied zwischen Erwerbsgrundlage und ihrer Nutzung ab: Bei der Begründung der Erwerbsgrundlage, also der Widmung seiner Arbeitskraft und seines Kapitals, seien die subjektiven Vorstellungen des Steuerpflichtigen maßgeblich, nicht mehr hingegen bei der späteren Nutzung, *Kirchhof*, in: Einkommensteuergesetz Kommentar, § 2, Rn. B 188.

möchte oder nicht.[1130] Dies setzt seitens des Steuerpflichtigen also ein Verhalten und ein gewisses Maß an Bewusstsein voraus, dass die grundsätzlichen Voraussetzungen einer Einkunftsart vorliegen.[1131] Eine genaue Vorstellung über einen Gewinn ist jedoch nicht erforderlich: In Fällen von Zinsen für eine Kapitalforderung und der Gegenrechnung von Schuldzinsen stellt der BFH auf das Bewusstsein ab, dass eine Zahlung durch den Schuldner geleistet werden muss und hierfür auch Fremdzinsen anfallen.[1132]

Für den Tatbestand des § 22 Nr. 3 EStG hat das BVerfG die Unterscheidung des BFH zwischen freiwilligen und hoheitlich erzwungenen Tätigkeiten sanktioniert mit der Erwägung, dass „[e]s [...] keinen verfassungsrechtlichen Bedenken [begegnet], in einkommensteuerrechtlicher Hinsicht zwischen vertraglich vereinbarten Zahlungen des Grundstücksnachbarn und einer aufgrund hoheitlichen Eingriffs in das Eigentumsrecht geleisteten Entschädigung zu unterscheiden. Einkommensteuerrechtlich erheblich sind nicht Einnahmen schlechthin, sondern nur durch eine Tätigkeit erzielte Einnahmen; § 2 Abs. 1 S. 1 EStG deutet diesen einkommensteuerlichen Grundtatbestand durch das tätigkeitsbezogene Tatbestandsmerkmal ‚erzielt' an".[1133] Dabei befasste sich das Gericht ausdrücklich nicht mit der Frage, wann ein

1130 *Franz Dötsch*, Subjektive Tatbestandsmerkmale und innere Tatsachen im Rahmen der Einkunftsermittlung, in: FR 2007, S. 589 (590); *Schell*, Subjektive Besteuerungsmerkmale im Einkommensteuerrecht, Diss., S. 69 ff. begründet dies verfassungsrechtlich mit der Garantie der Menschenwürde und steuersystematisch mit der Markteinkommenstheorie. *Jakob* weist daraufhin, dass der Gesetzgeber bei einer Anküpfung an ein erzwungenes Verhalten dies ausdrücklich normiert, zB § 1 Abs. 1 Nr. 1a UStG, wobei hier ja das freiwillig geleistete Entgelt belastet werden soll, *Jakob*, Steuertatbestand, in: FS Schmidt, 1993, S. 115 (121); vgl. auch *Kirchhof*, in: StuW 1984, S. 297 (309) u. *Kirchhof*, Empfiehlt es sich, das Einkommensteuerrecht zur Beseitigung von Ungleichbehandlungen und zur Vereinfachung neu zu ordnen? Gutachten F, S. F 14 F 14; unterstützt wird diese These mit der Norm des § 24 EStG, der für bestimmte nicht freiwillige Eigentumsnutzungen die Steuerpflicht im Rahmen der einschlägigen Einkunftsart feststellt.

1131 Und damit eine willensgetragene Erwerbsaufnahme vorliegt, *Weber-Grellet*, DStR 2007, Beihefter zu Heft 39, S. 40 (47 oben); *Reiß*, in: Kirchhof, Einkommensteuergesetz, § 15, Rn. 37 weist daraufhin, dass allen einkommensteuerbaren Tätigkeiten eine willensmäßige Steuerung zugrunde liegt; vgl. mit der „Parallelwertung in der Laiensphäre" im Strafrecht, bei der der Täter auch nicht den Subsumtionsschritt vornehmen muss, aber Kenntnis der Tatumstände haben muss, die der Richter unter die Definition des Tatbestandes subsumiert.

1132 BFH, Urteil vom 24. Mai 2011 – VIII R 3/09 –, BFHE 235, 197, BStBl II 2012, 254 mit Verweis auf BFH, Beschluss in BFH/NV 2009, 1977, BeckRS 2009, 25015621: Es sei folglich nicht rückschauend zu prüfen, ob der Kläger subjektiv einen Zusammenhang zwischen den Schuldzinsen und möglicherweise künftig anfallenden (höheren oder niedrigeren) Zinseinnahmen hergestellt habe.

1133 BVerfG, Kammerbeschluss vom 07. Juni 1993 – 2 BvR 1148/92 –, juris, wobei es dem Wortlaut nach exakt einem früheren Beschluss aus den 1970er Jahren folgt, vgl. StRK, Einkommensteuergesetz 1975, § 22 Nr.3, Rechtsspruch 14.

Vorgang die Eigentumssubstanz betrifft und wann es noch dem Nutzungsbereich zugeordnet werden kann. Auf dieser Grundlage ist man geneigt anzunehmen, dass im Einkommensteuerrecht bei hoheitlichen Maßnahmen die Steuerbarkeit – zumindest was die Überschusseinkunftsarten betrifft – ausgeschlossen ist. Dies ist jedoch mitnichten der Fall. Weder in der Rechtsprechung noch in der Literatur findet sich eine dogmatisch eindeutige Behandlung dieser Fälle.

In Anlehnung an diese Rechtsprechung des BVerfG schließt ein Teil der Literatur aus dem Erfordernis der willentlichen Betätigung, dass Tatbestände, die zumindest zum Teil auf Grund einer staatlichen Zwangseinwirkung vollendet werden, nicht einkommensteuerbar sind.[1134] Die unterschiedliche Behandlung zwischen Gewinn- und Überschusseinkunftsarten rechtfertigt sich durch die unterschiedliche Ausgestaltung der Erwerbsgrundlagen, die eine unterschiedliche steuerliche Verstrickung insbesondere des Vermögens bedingt. Im Bereich der Veräußerungseinkünfte nach §§ 22 Nr. 2, 23 EStG ist die Erwerbsgrundlage das einzelne Veräußerungsgeschäft, dessen Tatbestand zumindest auch nach herrschender Meinung nicht durch einen Zwangserwerb begründet werden kann.[1135] Da im Bereich der Leistungseinkünfte stets an ein Verhalten des Steuerpflichtigen angeknüpft wird, interessiert die Frage, ob insbesondere bei den einaktigen Leistungen eine Freiwilligkeit vorliegen muss. Dabei sollte sich die Diskussion auf das Begriffspaar Staat – Bürger beschränken.[1136] Man kann argumentieren, dass bei einem staatlichen Widmungszwang einer Erwerbsgrundlage eine Besteuerung vor dem Hintergrund des Belastungsgrunds der Einkommensteuer – Teilhabe am Erfolg privaten Wirtschaftens – nicht gerechtfertigt werden kann. Insofern fordert etwa *Schell* im Hinblick auf die Regelung des § 24 Nr. 3 EStG – nach dem Nutzungsvergütungen für die Inanspruchnahme von Grundstücken für öffentliche Zwecke auch zu den Einkünften nach § 2 Abs. 1

1134 *Musil*, in: EStG/KStG, § 23, Rn. 73 ff.; *Fabian Steinlein*, Zweifelsfragen bei der Besteuerung privater Veräußerungsgeschäfte nach § ESTG § 23 Abs. ESTG § 23 Absatz 1 Satz 1 Nr. 2 EStG Anmerkungen zum BMF-Schreiben vom 25. 10. 2004, in: DStR 2005, S. 456 (461); *Dieter Carlé*, in: Klaus Korn, et al. (Hg.), Einkommensteuergesetz, 84. EL, Dezember 2014, Stand: 09.2009, § 23, Rn. 52.5; unklar *Hanno Kube*, in: Paul Kirchhof (Hg.), Kirchhof, Einkommensteuergesetz, 13. Aufl., 2014, § 23, Rn. 14, der zwar ein willentliche Veräußerung verlangt, aber gleichzeitig die Entschädigung für eine Enteignung anscheinend für steuerbar hält; a.A. *Weber-Grellet*, in: Schmidt, EStG, § 23, Rn. 55; vgl. auch *Falkner*, Die Einkünfteerzielungsabsicht als subjektives Besteuerungsmerkmal, Diss., S. 114 u. 117.

1135 *Musil*, in: EStG/KStG, § 2, Rn. 73; zum Erwerb Rn. 97; *Weber-Grellet*, in: Schmidt, EStG, § 23, Rn. 36.

1136 *Erich Waclawik*, Ausgeschlossen und dennoch veräußert? – Die einkommensteuerlichen Folgen der „Steuerfalle Squeeze-out“ bei Privatanlegern, in: DStR 2003, S. 447 (452) hält auch für die Ebene Bürger – Unternehmen eine Gesetzesänderung für nötig, aber problematisch. ME bewegt sich hier der Bürger am Markt zu den marktüblichen Regeln, weshalb eine Besteuerung vor dem Hintergrund des Belastungsgrundes gerechtfertigt ist.

EStG gehören – eine einschränkende Auslegung dahingehend, dass nur bereits dem Erwerb gewidmete Grundstücke hiervon erfasst werden sollen.[1137] Denn es ist gerade Voraussetzung des § 24 Nr. 3 EStG, dass der Bürger nicht freiwillig, sondern auf Grund hoheitlichen Drucks handelt.[1138] Und nach der Rechtsprechung werden Nutzungsverhältnisse von Grundstücken sowohl von § 21 Abs. 1 EStG als auch § 22 Nr. 3 EStG erfasst.

Zur Frage der Freiwilligkeit wird zunächst auf die Rechtsprechung eingegangen.

aa) Rechtsprechung

Der BFH differenziert bei Grundstücksnutzungen danach, ob es zu einer tatsächlichen Gebrauchsüberlassung kommt. Die Gebrauchsüberlassung fällt unter § 21 EStG, alle anderen „Nutzungsarten" (zum Beispiel Beschränkungen) in der Regel § 22 Nr. 3 EStG. Nun setzt der BFH für eine Besteuerung von Vermietungseinkünften ein freiwillig eingegangenes Rechtsverhältnis ausdrücklich nicht voraus.[1139] Auch die Gebrauchsüberlassung durch eine hoheitliche Beschlagnahme als Eigentumseingriff, ist als Vermietungseinkunft steuerbar. Anstelle einer Differenzierung zwischem hoheitlichen Eingriff einerseits und freiwilligem Überlassen andererseits stellt der BFH auf einen wirtschaftlichen Vergleich ab: Nutzungsentschädigungen für staatliche Beschlagnahmen seien steuerbar, wenn diese wirtschaftlich eine Gegenleistung für die Beschlagnahme darstellten. Wie bei Miete und Pacht würden sie für die Gebrauchsüberlassung erfolgen. Auf die Höhe komme es hierbei nicht an. Dieses Urteil betraf eine Beschlagnahme im Zuge des Besatzungsregimes nach dem Zweiten Weltkrieg. Da der BFH alleine auf einen wirtschaftlichen Vergleich abstellt, sollte die ratio decidendi auch für Nutzungen ohne Gebrauchsüberlassungen gelten.[1140] Folgerichtig wendet der BFH daher den § 24 Nr. 3 EStG, den der Gesetzgeber explizit als Reaktion auf die Beschlagnahmerechtspruchung

---

1137 *Schell*, Subjektive Besteuerungsmerkmale im Einkommensteuerrecht, Diss., S. 80.

1138 *Rudolf Mellinghoff*, in: Paul Kirchhof (Hg.), Kirchhof, Einkommensteuergesetz, 13. Aufl., 2014, § 24, Rn. 48.

1139 BFH, Urteil vom 14. Juni 1963 – VI 216/61 U –, BFHE 77, 169 = BStBl. III 1963, 380 (Tz. 6); diesem Urteil lag das zusammengeballte Zufließen von einer Entschädigung für die Beschlagnahme von Grundvermögen zu Grunde. Als Antwort auf dieses Urteil wurde § 24 Nr. 3 EStG in das Gesetz aufgenommen, da der BFH es ablehnte, die sehr hohe Entschädigung tarifvergünstigt zu besteuern (siehe Begründung des Ausschusses, BT Drs. zu IV/3189 zum Steueränderungsgesetz – StÄndG – 1965 vom 14. Mai 1965, BGBl I 1965, 377).

1140 Das BVerfG stellt in seiner oben zitierten – BVerfG, Kammerbeschluss vom 07. Juni 1993 – 2 BvR 1148/92 –, juris – Begründung zur Qualifizierung einer Tätigkeit ausdrücklich auf den alle Einkunftsarten betreffenden § 2 Abs. 1 EStG ab und verlangt eine Tätigkeit bei allen Einkunfsarten. Eine Differenzierung zwischen den Einkunftsarten bedarf daher einer Begründung, insb. innerhalb der Überschusseinkunftsarten. Eine solche hat der BFH bislang nicht vorgelegt.

geschaffen hatte, auch auf Nutzungen ohne Gebrauchsüberlassungen im Rahmen des § 22 Nr. 3 EStG an.[1141]

Der BFH differenziert anschließend jedoch innerhalb der Überschusseinkunftsarten ohne Begründung. Ausdrücklich für nicht erforderlich hält er ein freiwilliges Tätigwerden bei den Einkünften aus §§ 20 und 21 EStG.[1142] Anders bei wertmindernden Eingriffen in das Eigentum ohne Gebrauchsüberlassung: hier bejaht der BFH prinzipiell eine Steuerpflicht, wenn der Steuerpflichtige zurechenbar daran mitwirke.[1143] Er verneint sie jedoch, wenn hoheitlich in das Eigentumsrecht eingegriffen und hierdurch eine Entschädigungspflicht nach Art. 14 Abs. 3 GG ausgelöst werde. So sei die Entschädigung für einen Substanzschaden nicht zu versteuern, weil kein Verhalten des Steuerpflichtigen erkennbar sei, nicht etwa, weil ein Schaden vorliege.[1144] Wobei letzteres auch dann gilt, wenn der Steuerpflichtige durch Abschluss eines entsprechenden Vertrages einer drohenden Enteignung zuvorkommt.[1145] Es wäre wünschenswert gewesen, wenn sich der BFH mit den einschlägigen Fragen nach Substanzschäden und Wertminderung dogmatisch auseinandergesetzt hätte, insbesondere vor dem Hintergrund der Frage nach der grundsätzlichen Steuerbarkeit solcher Vorgänge im Bereich der Überschusseinkünfte. Da die Abgrenzung zwischen Vermögenssphäre und Erwerbssphäre bis heute dogmatisch nicht – siehe hierzu sogleich unten – überzeugend erfolgt, ist es aber verständlich, dass der BFH hier auf die Frage ausweicht, ob überhaupt ein Verhalten vorliegt. Es erstaunt, dass diese Frage angeblich bei den anderen Einkunftsarten irrelevant sei und eine Freiwilligkeit im Rahmen des § 24 Nr. 3 EStG gerade nicht vorliegen müsse. Darüber hinaus kommt es dem BFH auch nicht darauf an, ob es tatsächlich zu einem einseitigen hoheitlichen Eingriff gekommen ist oder ob Verwaltung und Bürger einen Vergleichsvertrag abschließen. In beiden Fällen liege kein zurechenbares steuerbares Verhalten vor.[1146]

1141 BFH, Urteil vom 12. September 1985 – VIII R 306/81 –, BFHE 145, 320, BStBl. II 1986, 252.

1142 BFH, Urteil vom 19. April 1994 – IX R 19/90 –, BFHE 174, 342; BStBl. II 1994, 640 (641 re. Sp.) und BFH, Urteil vom 12. September 1985 – VIII R 306/81 –, BFHE 145, 320, BStBl. II 1986, 252.

1143 BFH, Urteil vom 17. Oktober 1968 – IV 84/65 –, Tz. 11, juris, BFHE 94, 369, BStBl II 1969, 180; hierbei äußert sich der BFH jedoch nur im Rahmen eines obiter dictums und zitiert dabei auch noch Urteile, denen völlig andere Sachverhalte zu Grunde lagen; nunmehr eine gesicherte Rechtsprechung behauptend: BFH, Urteil vom 26. August 1975 – VIII R 167/71 –, BFHE 116, 550, BStBl II 1976, 62.

1144 BFH, Urteil vom 12. September 1985 – VIII R 306/81 – BFHE 145, 320; BStBl. II 1986, 252 (255 li. Sp.); BFH Urteil vom 17. Mai 1995 X R 64/92 – BFHE 177, 479; BStBl. II 1995, 640 (642 re. Sp.); BFH, Urteil vom 10. August 1994 – X R 45/91 –, juris (Tz. 17).

1145 BFH, Urteil vom 17. Mai 1995 – X R 64/92 –, Tz. 25, juris, BFHE 177, 478, BStBl II 1995, 640.

1146 BFH, Urteil vom 10. August 1994 – X R 45/91 –, Tz. 18, juris; anders aber nach hM bei § 24 Nr. 3 EStG.

Bei Entschädigungen differenziert der BFH ferner, ob die Entschädigung „für" etwas oder nur durch eine andere Ursache mit verursacht wird. Bei letzterem falle die Entschädigung nicht unter § 24 Nr. 1 EStG. Handele es sich dann auch noch um eine echte Entschädigung für einen endgültigen Vermögensverlust (durch eine Entwertung eines Vermögensgegenstands, der dadurch unter Wert veräußert werden musste), liege eine nicht steuerbare Entschädigung für einen erlittenen Substanzverlust vor.[1147] Gleiches gelte für „echte" Schadensersatzleistungen aus unerlaubter Handlung wie Schmerzensgeld auf dem Gebiet immaterieller Schäden. Diese seien – im Gegensatz zu Ersatzleistungen für positive Vertragsverletzungen – nicht steuerbar[1148], sie können kein wie auch immer geartetes freiwilliges Dulden begründen.

bb) Literatur

Spiegelbildlich zu den unklaren dogmatischen Grundlagen der Rechtsprechung zeigt sich auch das Bild in der Literatur uneinheitlich.

Killat-Risthaus folgen dem BFH unreflektiert: Ein vertraglich vereinbartes Dulden oder Unterlassen liege nicht vor, wenn durch eine hoheitliche Maßnahme in das Eigentum des Steuerpflichtigen eingegriffen werde.[1149] Dies gelte auch dann, wenn dem Eingriff ein förmlicher Vergleich vorausgehe.[1150] Ebenso sieht es *Fischer* ohne nähere Begründung.[1151]

Nach *Leisner-Egensperger* unterliegen hoheitliche Eingriffe in der Regel nicht der Entscheidungsgewalt des somit nur vermeintlich Leistenden.[1152] Erforderlich sei immer ein „Erbringen" der Leistung.[1153] Entschädigungen und Schadensersatz seien daher nicht steuerbar, eine Steuerbarkeit könne sich nur aus § 24 EStG ergeben, der gerade eine Unfreiwilligkeit voraussetzt.[1154] Dies gelte auch dann, wenn

1147 BFH, Urteil vom 19. März 2013 – IX R 65/10 –, Tz. 22 f., BFH/NV 2013, 780.

1148 BFH, Urteil vom 29. Oktober 1963 – VI 290/62 U –, Tz. 4, juris, BFHE 78, 32, BStBl. III 1964, 12.

1149 *Killat/Risthaus*, in: H/H/R, EStG/KStG, § 22, Rn. 391.

1150 HM, vgl. nur BFH, Urteil vom 28. April 1998 – VIII R 22/95 –, Tz. 22, juris, BFHE 186, 214, BStBl II 1998, 560: Die Vorinstanz hatte im Einklang mit der hM „mit Recht hergeleitet, daß die „Inanspruchnahme für öffentliche Zwecke" i.S. von § 24 Nr. 3 EStG einen entsprechenden Hoheitsakt oder doch zumindest die Anwendung „hoheitlichen Drucks" erfordert. Folglich bleibt für die Anwendung dieser Vorschrift dann kein Raum, wenn die öffentliche Hand beim Erwerb des Grundstücks auf die Ausübung jedweden hoheitlichen Drucks verzichtet und der Steuerpflichtige ihr das Grundstück deshalb als gleichberechtigter Vertragspartner frei von gegenwärtigem und künftig zu gewärtigendem Zwang veräußert."

1151 *Fischer*, in: Kirchhof, Einkommensteuergesetz, § 22, Rn. 66.

1152 *Leisner-Egensperger*, in: K/S/M, EStG, Lfg. 132 2003, § 22, D121.

1153 *Leisner-Egensperger*, in: K/S/M, EStG, Lfg. 132 2003, § 22, D105.

1154 Auf diesen Aspekt geht sie jedoch nicht ein.

eine Duldung vertraglich vereinbart werde und dabei lediglich einer drohenden hoheitlichen Maßnahme zuvorgekommen werde.[1155] Die Leistung müsse gegeben und nicht vom Leistungsempfänger genommen werden: Ein nicht-steuerbares Wegnehmen müsse von einer die Aneignung ‚duldenden Leistung' abgegrenzt werden.[1156] Ein solches Wegnehmen umfasse zum Beispiel Diebstähle, Unterschlagungen und Untreuevergehen. Belasse der Verletzte die Zuordnungsänderung, dann liege darin keine nachträgliche Leistung, sondern allenfalls eine Schenkung. Auch leiste der Entwender nichts (zum Beispiel bei einem Diebstahl oder Raub).[1157] Anders hingegen seien alle übrigen „Hingaben" wie Schmiergelder, Erpressungs- und Drogengelder zu beurteilen; diese könnten als sonstige Leistung erfasst werden, da hier etwas vom „Verbrecher" erbracht werde.[1158] Man muss also zwischen der Täter- und Opferperspektive bei solchen Vorgängen klar differenzieren: So verzichtet der Erpresser auf eine Handlung und leistet dadurch (Versprechen). Nach der Vermögenszugangstheorie müsste auch ein Dieb oder Räuber besteuert werden; dieses befremdliche Ergebnis vermeidet die Markteinkommenstheorie, da sie einen Leistungsaustausch voraussetz, wenn auch unabhängig von der sittlichen Bewertung, § 41 AO. Dieses Ergebnis lässt auch durch die Erwägung rechtfertigen, dass strafrechtlich relevante Bereicherungen des Diebes oder Räubers Verfall und Einziehung unterliegen, eine Besteuerung leerlaufen würde. Im Übrigen hat der Beraubte einen Herausgabeanspruch.[1159]

Harder, Pönicke und *Kubicki* nehmen zu dieser Frage nicht ausdrücklich Stellung.[1160] Widersprüchlich äußert sich *Krey*: Die Erwerbstätigkeit sei immer vom Willen des Steuerpflichtigen abhängig, weshalb dieser auch immer der Herr seiner steuerbaren Tätigkeit sei.[1161] Gleichwohl sei eine Freiwilligkeit für die Leistung nicht erforderlich.[1162] Wie dies zusammenpassen soll, erläutert sie nicht.

Ausdrücklich gegen eine Freiwilligkeit der Leistung spricht sich *Weber-Grellet* aus, der als Beispiel die Entschädigung für die Beschlagnahme und Nutzung eines

---

1155 *Leisner-Egensperger*, in: K/S/M, EStG, Lfg. 132 2003, § 22, D121.
1156 *Leisner-Egensperger*, in: K/S/M, EStG, Lfg. 132 2003, § 22, D102.
1157 *Leisner-Egensperger*, in: K/S/M, EStG, Lfg. 132 2003, § 22, D103.
1158 *Leisner-Egensperger*, in: K/S/M, EStG, Lfg. 132 2003, § 22, D104.
1159 Verzichtet der Geschädigte auf die Geltendmachung seines Herausgabeanspruchs, könnte man allenfalls eine Schenkung annehmen, die aus rechtsstaatlichen Gründen in diesem Fall nur durch den Beschenkten versteuert werden sollte, sofern dieser noch bereichert ist.
1160 *Pönicke*, Einkünfte aus Leistungen (1999), Diss., S. 62 ff.; *Kubicki* äußert sich hierzu nicht., *Harder*, Die Sonstige Leistung im Einkommensteuerrecht, Diss., S. 162 f. verlangt für eine Leistung ein planvolles Vorgehen des Steuerpflichtigen, welches man bei einem hoheitlichen Eingriff wohl verneinen muss.
1161 *Krey*, Besteuerung sonstiger Leistungen, Diss., S. 107 mit weiteren Nachweisen.
1162 *Krey*, Besteuerung sonstiger Leistungen, Diss., S. 76, die wohl deshalb auch Nutzungen nach vorhergehenden Beschlagnahmen für steuerbar hält, a.a.O., S. 144.

Wirtschaftsgutes nennt, wobei er – wohl versehentlich – unter anderem ein ihm widersprechendes Urteil zitiert.[1163]

cc) Stellungnahme

Mindesterfordernis der Erwerbsgerichtetheit ist also ein Handlungsbewusstsein im Moment der Begründung der steuerbaren Tätigkeit. Das bedeutet, dass bei zunächst steuerlich indifferenten Vorgängen sowohl die Entgegennahme des Entgelts als Widmungsakt als auch die zunächst indifferente Handlung freiwillig erfolgen müssen. Auch *Weber-Grellet* hebt hervor, dass die Aneignung (der Nutzung) ohne Wissen und Wollen des Leistenden nicht steuerbar sei.[1164] Hier eine Leistung annehmen zu wollen, ginge also über den Wortlaut des Gesetzes hinaus, das ja ein anknüpfungsgeeignetes Verhalten voraussetzt, das zur Einkünfteerzielung vorgenommen wird, § 2 Abs. 1 EStG, also die Erwerbsgrundlagenwidmung deutlich macht. Für die Leistungseinkünfte sollte daher für die Erwerbsgerichtetheit eine Freiwilligkeit in dem Sinne vorliegen, dass die Erwerbsgrundlage nicht durch hoheitlichen Zwang genutzt werden kann. Dies gilt sowohl für die Form der Zwangsarbeit, was die tätigkeitsbezogenen Verhaltensweisen betrifft, als auch für Formen der hoheitliche Inanspruchnahme von Vermögenspositionen (durch Gesetz oder Verwaltungsakt vorgeschriebene Vermögensnutzungen) hinsichtlich der vermögensbezogenen Verhaltensweisen.[1165] Tätigkeitspflichten – was den Einsatz der Arbeiteskraft oder

---

1163 Er verweist auf BFH, Urteil – VI 216/61 U, BStBl. III 1963, 380 und BFH, Urteil – X R 45/91 –, BFH/NV 1995, 387. Im letzteren Urteil verneint der BFH aber ausdrücklich die Steuerbarkeit.

1164 *Weber-Grellet*, in: Schmidt, EStG, § 22, Rn. 133.

1165 Zwangsarbeit ist gemäß Art. 12 Abs. 3 GG nur bei einer gerichtlich angeordneten Freiheitsentziehung zulässig. Für die Anforderungen siehe BVerfGE 98, 169 (201) – Arbeitspflicht; BVerfGE 74, 102 (116 ff.) – Erziehungsmaßregeln; für die Nichtsteuerbarkeit der Zwangsarbeiterentschädigungen: OFD München, 04.02.2000, S 2223–130 St 41; zur Nichtsteuerbarkeit nach § 19 EStG von anderen, auf Grund eines öffentlich-rechtlich Gewaltverhältnis erbrachter „entlohnter" Tätigkeiten von Strafgefangenen und Asylbewerbern vgl. *Hans-Joachim Herrmann*, in: Gerrit Frotscher/Matthias Geurts (Hg.), Frotscher/Geurts, Einkommensteuerrecht, Stand: 04.02.2015, § 19, Rn. 38 und OFD Erfurt, 15.03.1999, S 2331 A – 08 – St 332; zur gegenteiligen Rechtslage bei Strafgefangenen in Österreich: VwGH vom 17. September 1974, Z.1714/73, § 36 Abs 3 EStfG 1967 E 160 und Hofstätter-Reichel, EStG-Kommentar Tz. 4 zu § 25 EStG. Vgl. zum Sozialversicherungsrecht *Josef Berchtold*, in: Ralf Kreikebohm/Wolfgang Spellbrink/Raimund Waltermann (Hg.), Kommentar zum Sozialrecht, 3. Aufl., 2013, § 7 SGB IV, Rn. 15. ME sollten diese Vorgänge daher auch nicht nach § 22 Nr. 3 EStG besteuert werden, da auch hier ein freiwilliger Leistungsaustausch fehlt. a.A. und eine Steuerbarkeit nach § 19 Abs. 1 EStG bejahend *Thomas Eisgruber*, in: Paul Kirchhof (Hg.), Kirchhof, Einkommensteuergesetz, 13. Aufl., 2014, § 19, Rn. 18; so auch *Krüger*, in: Schmidt, EStG, § 19, Rn. 13 und *Walter Drenseck*, in: Heinrich Weber-Grellet (Hg.), Ludwig Schmidt, Einkommensteuergesetz, 30. Aufl., 2011, § 19, Rn. 7; beide verweisen

des Vermögens betrifft – sind nur in engen Grenzen verfassungsrechtlich zulässig. Prinzipiell widerspricht eine steuerliche Teilhabe an den durch diese Tätigkeiten erwirtschaften Gewinn, dem Grundsatz, dass der Staat gerade keine Erwerbspflicht seiner Bürger kennt.[1166]

Insofern § 24 Nr. 3 EStG eine andere Wertung nahelegt, kann hier eine teleologische Reduktion vertreten werden: Zum einen wurde die Norm ausdrücklich nur für Fälle des § 21 Abs. 1 EStG in das EStG eingefügt, eine Freiwilligkeit damit auch nur bei § 21 EStG unerheblich ist. Zum anderen fehlt bei einer vorherigen marktoffenbaren Nutzung die Widmung der Erwerbsgrundlage im Markt.[1167] Auch fehlt in den meisten Fällen eines hoheitlichen Eingriffs ein anknüpfungsfähiges Verhalten des Steuerpflichtigen Dieses könnte höchstens in der anschließenden Duldung des Eingriffs gesehen werden. Diesen Anknüpfungspunkt lehnt die Rechtsprechung jedoch konsequent ab.[1168]

Eine Leistung ist damit jedes eine Gegenleistung auslösende, geeignete wirtschaftliche Verhalten. Es kennzeichnet sich durch eine freiwillige Austauschbeziehung im Rahmen der Nutzung einer Erwerbsgrundlage aus.

III. Privatsphäre

Wie oben bereits ausgeführt, ist die Trennung zwischen Einkommensverwendungs- und Einkommenserzielungssphäre eine immante Eigenschaft des geltenden Einkommensteuerrechts.[1169] Dabei soll die Prämisse gelten, dass „[d]ie Privatsphäre [...] einen Freiheitsraum bildet, der wegen seines besonderen Bezuges zur Persönlichkeit

---

auf FG Rheinland-Pfalz, Urteil vom 29. Mai 1998 – 3 K 2553/97 –, juris, EFG 1998, 1313, wobei in diesem Fall der Freigänger gerade nicht als Gefangener entlohnt wurde, sondern außerhalb des Gefängnisses in der Privatwirtschaft tätig war. Sowohl *Eisgruber* als auch *Krüger* und *Drenseck* halten hingegen die Zwangsarbeiterentschädigungen aber zu Recht für nicht steuerbar. Eine Arbeitspflicht von Strafgefangenen besteht in vielen Bundesländern heute nicht mehr, so zum Beispiel auch nicht in Rheinland-Pfalz, § 29 LJVollzG RLP.

1166 Anders scheinbar *Georg Schanz*, Soll man Lebensversicherungsprämien vom steuerpflichtigen Einkommen abziehen lassen?, in: FinanzArchiv 1896, S. 210 (223), der sich jedoch nur hinsichtlich erzwungener Spareinlagen, also dem Kapitalvermögen, äußert.

1167 So auch *Schell*, Subjektive Besteuerungsmerkmale im Einkommensteuerrecht, Diss., S. 80.

1168 BFH, Urteil vom 10. August 1994 – X R 45/91 –, Tz. 18, juris; BFH, Urteil vom 17. Mai 1995 – X R 64/92 – BFHE 177, 479; BStBl. II 1995, 640 (642 li. Sp.); FG München, Urteil vom 03. März 2004 – 9 K 2400/03 –, Tz. 15, juris, EFG 2004, 1120 (1121).

1169 Siehe bereits oben zu Beginn des 4. Kapitels unter B.; *Birk*, Liebhaberei im Ertragsteuerrecht, S. 860; *Fuisting*, Die Grundzüge der Steuerlehre, S. 187; *Schanz*, in: FinanzArchiv, 1896, S. 210 (219); so auch *Becker*, Die Grundlagen der Einkommensteuer, S. 377, nach dem auch Einnahmen zur steuerlich unbeachtlichen persönlichen Lebenshaltung gehören können.

eines intensivierten Schutzes gegenüber jeglicher staatlichen Inanspruchnahme bedarf."[1170] Es geht um einen Bereich, an dem der Staat nicht am ökonomischen Erfolg teilhaben darf, auch wenn sich ein solcher errechnen ließe – mithin keine Erwerbsgrundlage vorliegt.[1171]

Die Abgrenzung zur nicht-steuerbaren Privatsphäre erfolgt in negativer Hinsicht: Alles was nicht unter § 2 EStG und seinen Einkünftekatalog fällt, ist aus Sicht des Einkommensteuerrechts nicht steuerbar und daher zwangsläufig der nicht-steuerbaren Privatsphäre zugeordnet.[1172] Durch das Rechtsinstitut der Liebhaberei werden zudem solche Vorgänge der Privatsphäre zugeordnet, die ihrem Verhalten nach zunächst geeignet sind, eine Einkunftsart zu begründen, aber letztlich in ihrer wirtschaftlichen Ausprägung nicht erwerbsgerichtet sind, also Konsum darstellen.[1173] Die Nichtabziehbarkeit von Konsumausgaben hebt § 12 EStG hervor.[1174] Gleichwohl erscheint die konsequente Herausnahme aller Konsumausgaben nicht gerecht: Um an Tauschbeziehungen teilhaben zu können, muss der Einzelne erst physisch und psychisch dazu in der Lage sein. Diese Grundvoraussetzungen der Existenz werden daher als typisiertes Existenzminimum von den Erträgen abgezogen (subjektives Nettoprinzip), eine Berücksichtigung und Bewertung der individuellen Aufwendungen für alle Steuerpflichtigen ist praktisch unmöglich.[1175] Darüber hinaus gewährt das EStG die Berücksichtigung von Sonderlasten im Wege der außergewöhnlichen Belastungen, vgl. § 33 EStG.

Die Abgrenzung zur Privatsphäre erfolgt zunächst entlang der Grenzen der einzelnen Einkunftsarten. Die Grenze wird aus der positiven Definition der jeweiligen Einkunftsart abgeleitet. Daraus folgert wohl *Krey*, dass eine positive Bestimmung der Privatsphäre unmöglich sei – sie verneint sogar das Bestehen einer Privatsphäre.[1176]

1170 *Fritz von Hammerstein*, Privatsphäre im Steuerrecht, 1993, S. 69.

1171 So gibt es heute durchaus Berechnungen über den Wert der Leistungen in einem Haushalt. Theoretisch lässt sich alles – zumindest versuchsweise – bewerten: z.B. der Wert von Freundschaften und sozialen Beziehungen etwa im Hinblick auf Krankheitskosten oder der Wert von Naturdienstleistungen für die Gesellschaft. Im Rahmen der Einzelwirtschaft „Steuerpflichtiger" beschränkt sich das Gesetz hingegen nur auf die gesetzlich abschließend definierten Vorgänge der Einkunftsarten.

1172 So auch schon *Becker*, Die Grundlagen der Einkommensteuer, S. 397.

1173 Vgl. nur *Birk*, Liebhaberei im Ertragsteuerrecht, S. 860.

1174 Die Nichtabziehbarkeit von Einkommensverwendungen ergibt sich nach *Fuisting* bereits aus dem Zweck des Einkommens, eben gerade die Mittel für die Aufwendungen zur Verfügung zu stellen. Aus systematischer und rechtshistorischer Sicht handelt es sich um eine deklaratorische Klarstellung und, was die Repräsentationsaufwendungen angeht, um eine konstitutive Einschränkung, vgl. *Fuisting*, Die Grundzüge der Steuerlehre, S. 194 und so gleich unten.

1175 Wie die bereits heute als zu gering kritisierte Häufigkeit von Betriebsprüfungen zeigt, ist ein dadurch verursachte zusätzlicher Prüfungsaufwand nicht darstellbar.

1176 *Krey*, Besteuerung sonstiger Leistungen, Diss., S. 73, freilich wenig überzeugend, schreibt sie doch auf S. 71 und S. 111 selbst, dass es eine nicht-steuerbare Privatsphäre gibt und teleologisch auch geben müsse.

Dabei kann sie sich auf *Tipke* berufen, der – vorgeblich – nicht die Eingriffsgrenze einer Privatsphäre kennt: weder verfahrensrechtlich noch materiellrechtlich, denn der steuerrechtliche Eingriff sei stets ein Vorgang der Sozialsphäre.[1177] Freilich hindert dies *Tipke* nicht – wie oben bereits beschrieben – aus einer „Klugheitsregel" heraus ein Grenze der Besteuerung zu fordern, die exakt dem oben beschriebenen Privatsphärenschutz entspricht.[1178] Somit kennt auch Tipke eine Eingriffsgrenze, nur begründet er sie anders und ordnet zum Beispiel insbesondere auch Liebhabereieinnahmen der nicht-steuerbaren Privatsphäre zu.[1179] Dem Postulat einer nicht vorhandenen Eingriffsgrenze ist auch mit *Leisner-Egensperger* zu widersprechen. Die Privatsphäre in der Abgrenzung zu § 22 Nr. 3 EStG ist wegen des weiten Wortlauts so gut als möglich positiv zu bestimmen, um die nicht-steuerbaren Vorgänge herauszuarbeiten.[1180] Dies werde insbesondere bei den Vermögensübertragungen im Privatbereich deutlich – § 22 Nr. 3 EStG erfasse keine Vermögensumschichtungen im privaten Bereich[1181] –, da das eigentumsrechtlich konsolidierte Privatvermögen einkommensteuerrechtlich besonders „geschützt sei".[1182] Selbstverständlich kann es nicht um klar voneinander abgegrenzte Sphären gehen. Wirtschaftlicher Erfolg kann ein bewegliches Ziel darstellen, dass nur schwer zu erfassen ist. Weil auch das Recht auf Privatheit keine absoluten Grenzen kennt, folgt für den Ausgleich der beiden maßgeblichen Prinzipien der Leistungsfähigkeit und des Schutzes der Privatsphäre, dass dieser Ausgleich gradueller, wertender Natur ist.[1183] Es gilt daher den Kern festzustellen und die Wertungsgesichtspunkte zu benennen. Die wichtigsten „Kerne" sind zum einen § 12 EStG, der die Ausgabenseite betrifft und damit auch Entnahmen, Betriebsausgaben und Werbungkosten, §§ 4, 9 EStG. Mit diesen Normen verknüpft ist ferner die Rechtsfigur der „Liebhaberei", geht es doch auch bei ihr um die Ausgrenzung von Konsumaufwendungen. Jedoch betrifft – zumindest in Deutschland – diese Rechtsfigur auch die

---

1177 *Tipke*, StRO I, S. 425, 428 u. 485.

1178 *Tipke*, StRO II, S. 648 ff.: so sei die Erfassung zum Beispiel nicht praktikabel und nicht gleichmäßig durchführbar; vgl. auch *ders.*, StRO I, S. 485.

1179 *Tipke*, StRO II, S. 665. Er begründet gar pauschal die Nichtbesteuerung von Spiel- und Lotteriegewinnen mit dem Argument, dass sich beide in der Privatsphäre abspielten, *ders.*, a.a.O., S. 668.

1180 *Leisner-Egensperger*, in: K/S/M, EStG, Lfg. 132 2003, § 22, D31; im Gegensatz zu anderen Einkunftsarten seien „Leistungen" nicht aus sich heraus bestimmbar, sondern nur gleichzeitiger Gegenüberstellung der Privatsphäre. So bereits *Strutz*, in: Strutz, EStG 1925, Band II, § 41, Anm. 4, S. 700.

1181 *Leisner-Egensperger*, in: K/S/M, EStG, Lfg. 132 2003, § 22, D 149.

1182 Für der persönlichen Lebensführung dienende Vermögensgegenstände: *Jachmann*, Belastungsgrenzen im Steuerrecht, in: StuW 1996, S. 97 (104); *Leisner-Egensperger*, in: K/S/M, EStG, Lfg. 132 2003, § 22, D 34 und 37.

1183 Mit Ausnahme des „Kernbereichs der persönlichen Lebenssphäre", dem aber eher theoretische Bedeutung zukommt, *Fritz von Hammerstein*, Privatsphäre im Steuerrecht, 1993, S. 29; für „Zonen unterschiedlicher Schutzbedüftigkeit", *ders.*, a.a.O., S. 90; eine gegen jede Beeinträchtigung abgeschirmte Intimsphäre gebe es nicht, *ders.* a.a.O., S. 125.

Einnahmeseite und entfaltet hierdurch auch einen Privatsphärenschutz.[1184] Schließlich bildet die bereits angesprochene Vermögenssphäre einen weiteren wichtigen Teilaspekt der Privatsphäre. Der Schutz der Privatsphäre, der als Begriff allgemein positiv besetzt ist, kann jedoch im Einzelfall für den Steuerpflichtigen als höhere Steuerbelastung zumindest ökonomisch nachteilig sein. Denn die Rechtsfigur der Liebhaberei und das Argument der nicht beachtlichen Vermögenssphäre dienen in vielen Fällen gerade der Versagung eines vom Steuerpflichtigen erstrebten Abzugs von Verlusten und Aufwendungen.[1185]

Als staatlicher Eingriff muss die Besteuerung dem verfassungsrechtlichen Übermaßverbot entsprechen, was gerade im Privatbereich auch den Schutz vor Verschonung von übermäßigen bürokratischen Pflichten und Obliegenheiten bedeuten kann.[1186] Bei der Anwendung des gleichheitssatzgeprägten Leistungsfähigkeitsprinzips stellt die Vermeidung von Eingriffen in das Grundrecht auf Privatsphäre und die Beschränkung der Steuer auf die Erwerbssphäre auch im Hinblick auf die Praktikabilität ein zulässiges Differenzierungsmerkmal im Rahmen des Art. 3 Abs. 1 GG dar.[1187] *Kirchhof* schlägt vor, dies auch am Unterschied zwischen der Status- und der Gestaltungsgleichheit zu verdeutlichen, auch wenn sich daraus nicht unmittelbar ableitbare Einzelfolgerungen ergeben;[1188] insoweit können sie aber der Gesetzgebung und der Auslegung durch die Rechtsprechung Wertmaßstäbe an die Hand geben. „Der Gleichheitssatz ist umso strikter, je mehr eine Regelung den Einzelnen als Person betrifft und umso offener für gesetzgeberische Gestaltungen, je mehr allgemeine, für rechtliche Einwirkungen zugängliche Lebensverhältnisse geregelt werden."[1189] Die Statusgleichheit ist daher viel enger zu verstehen, da sie

---

1184 In den USA werden hingegen Einnahmen, die über die Liebhabereiausgaben gehen, komplett versteuert; Liebhabereiverluste hingegen nicht weiter berücksichtigt, Sec. 183 IRC; vgl. *Tipke*, StRO II, S. 663 f. und *Thomas A. Jesch/Andreas Striegel*, Grundlagen des US-amerikanischen Steuerrechts, 2007, Rn. 267.

1185 Vgl. die Fälle eines verlustbringenden Automatenaufstellungsbetriebs, einer KFZ-Werkstatt oder eines Yachtvermieters: FG Nürnberg, Urteil vom 25.08.2000 – VII 153/97 –, BeckRS 2000, 21010005; FG Hessen, Urteil vom 11.10.2004 – 13 K 562/02 –, EFG 2007, 121 und nachgehend BFH, Urteil vom 19.03.2009 – V R 40/06 –, BFH/NV 2009, 1115; BFH, Beschluss vom 01. März 2005 – IX B 170/04 –, BFH/NV 2005, 1066.

1186 *Fritz von Hammerstein*, Privatsphäre im Steuerrecht, 1993, S. 111. Zwar knüpfe das materielle Steuerrecht vielfach an private Umstände an und somit sei zwangsläufig auch ein (gerechtfertigter) Eingriff in die Privatsphäre gegeben, S. 197, jedoch komme eine Beschränkung der Besteuerung auf den nicht privaten Bereich zugleich dem verfassungsrechtlichen Privatheitsschutz zugute. S. 212.

1187 Vgl. zum Erfordernis der Praktikabiliät, Realisierbarkeit und Durchsetzbarkeit *Tipke*, StRO I, S. 485 und *ders.* StRO II, S. 662; siehe auch *Fritz von Hammerstein*, Privatsphäre im Steuerrecht, 1993, S. 210.

1188 *Kirchhof*, in: StuW 2000, S. 316 (318); aber auch *ders.*, in: StuW 1985, S. 319 (328).

1189 *Kirchhof*, in: StuW 2000, S. 316 (318) unter Verweis auf: BVerfGE 82, 60 (89f.) – Familienexistenzminimum; 87, 153 (170) – Grundfreibetrag; 96, 1 (6) – Arbeitnehmerfreibetrag; Schutzfunktion der ehelichen und familiären Selbstbestimmung;

jeden Menschen in seiner personalen Struktur erfasst und daher differenzierenden Regelungen reserviert gegenübersteht. Zu ihr gehört die private Lebensführung, die unter anderem das aus versteuertem Einkommen gebildete Vermögen als in bestimmten Grenzen nicht weiter besteuerbare Grundlage der individuellen Lebensgestaltung und im besonderen Status von Ehe und Familie das Familiengut gegenüber jedem Steuergesetzgeber schütze.[1190] Hiermit könnte die Forderung und Feststellung gerechtfertigt werden, dass Vorgänge innerhalb der Familie oder einer Lebensgemeinschaft auch dann nicht besteuert werden, wenn an sich kein Eigenverbrauch des Tätigen vorliegt, sondern der Tätige in Austausch mit „seiner" Gemeinschaft tritt[1191] oder wenn es um Wertzugänge und Wertabgänge an Wirtschaftsgütern der privaten Lebenssphäre geht, auch wenn nicht nur das Existenzminimum betroffen ist.[1192] Anders die Gestaltungsgleichheit, die den Freiheitsgebrauch des Menschen in Begegnung mit der Rechtsgemeinschaft betrifft. Hierzu gehört das übrige Wirtschaftsleben samt den marktoffenbaren Lebensverhältnissen.[1193]

Der besondere Schutz der selbstverantwortlichen ökonomischen Sicherung des Familienverbandes[1194] ergibt sich zudem auch aus der Menschenwürdegarantie und

---

eine ähnliche Formulierung findet sich auch in BVerfGE 100, 226 (241) – Denkmalschutz.

1190 *Kirchhof*, in: StuW 2000, S. 316 (318); BVerfGE 93, 121 (140) – Vermögensteuer; BVerfGE 93, 166 (175) – Erbschaftsteuer; ähnlich für die Erbschaftsteuer von einem „Familienprinzip" sprechend *Tipke*, StRO II, S. 911.

1191 Vgl. *Lang*, Die Bemessungsgrundlage der Einkommensteuer, S. 253, aber (noch) beschränkt auf die Familie.

1192 So *Jachmann*, Belastungsgrenzen im Steuerrecht, in: StuW 1996, S. 97 (104); *Tipke*, StRO II, S. 665; vgl. auch die Unterscheidung zwischen der konsequentialistischen und deontologischen Theorie zur Bestimmung einer gerechten Steuer. Betrachtet man Steuern als Grundvoraussetzung der Gemeinschaft, hält aber trotzdem eine allumfassende Besteuerung für problematisch, schlagen *Murphy/Nagel*, The myth of ownership: taxes and justice, S. 45 f. vor, als dritte Möglichkeit einen Mittelweg zwischen beiden Theorien einzuschlagen, einen hegelianischen, wonach Individuen das Recht auf ein Minimum an Eigentum haben um ihre Freiheit und Willen durch äußere Objekte ausdrücken zu können. Dieses Konzept bereichere die konsequentialistischen Theorien um einen Kern an Individualrechten, der nach hier vertretener Auffassung einen Besteuerungszugriff abwehren kann. (Sie berufen sich auf *Georg Wilhelm Friedrich Hegel*, Philosophie des Rechts, 1819/20, Abschnitte 41–53. Vgl. auch folgenden Auszug aus *Hegels* Vorlesung, a.a.O.: " [...] Die Person wird sich im Eigentum gegenständlich ... [...] denn im Eigentum gibt die Freiheit sich dasein.").

1193 *Kirchhof*, in: StuW 2000, S. 316 (318): Der Gesetzgeber ist „befugt und gehalten, diese Begegnungen [...] gestaltend zu regeln".

1194 Der Begriff soll hier nicht im Sinne des überkommenen Familienbegriffs verstanden werden. Auch moderne Erscheinungsformen einer Gemeinschaft können hierunter subsumiert werden, wenn sie vergleichbar sind. Damit wird jedoch eine Begriffsverwirrung vermieden.

zeigt sich zunächst in der Garantie des familiären Existenzminimums.[1195] Das Prinzip der Subsidiarität, das aus dem Rechts- und Sozialstaatsprinzip folgt, in Verbindung mit dem Gebot der Familienförderung aus Art. 6 Abs. 1 GG, fordert darüberhinaus aber auch die Abwehr eines allumfassenden staatlichen Zugriffs auf die intrafamiliären Beziehungen und kann dabei den Angemessenheitsvergleich normativ anleiten.[1196]

Das durch die Rechtsfigur der Liebhaberei angestrebte Verlustverrechnungsverbot verwirklicht zudem eine Schutzfunktion für den Steuerpflichtigen: ohne Herausnahme der erwerbsgerichteten Tätigkeiten, würde der Steuerzugriff durch § 2 Abs. 1 Satz 1 EStG weite Teile der Privatsphäre des Steuerpflichtigen marginalisieren.[1197] Die Liebhaberei begrenzt daher den steuerlichen Nexus, was für den Schutz und die Anerkennung der Privatsphäre des Steuerpflichtigen notwendig sei und *Falkner* nennt als Beispiel den passionierten Hobby-Künstler, der bei einem Verkauf seines Kunstwerks an einen Freund den Verkaufserlös als steuerpflichtige Einkunft erfassen müsste. Durch ihre Nähe zur Lebenshaltung und damit auch Ausdruck der eigenen Persönlichkeit sind gerade private Hobby-Tätigkeiten steuerlich nicht zu erfassen, was sowohl damit verbundene Ausgaben wie Einnahmen betrifft.[1198]

1. § 12 EStG

Nach § 12 Abs. 1 Nr. 1 Satz 1 EStG darf der Steuerpflichtige Beträge, die er für seinen Haushalt und den Unterhalt seiner Angehörigen aufwendet, bei den Einkunftsarten nicht abziehen. Hierzu ordnet Satz 2 auch die Kosten der Lebensführung, die auf Grund der wirtschaftlichen oder gesellschaftlichen Stellung des Steuerpflichtigen verursacht werden, auch wenn sie für den ausgeübten Beruf oder die Tätigkeit

1195 *Jüptner*, Leistungsfähigkeit und Veranlassung, Diss., S. 80.

1196 *Jüptner*, Leistungsfähigkeit und Veranlassung, Diss., S. 81; *Jachmann*, Belastungsgrenzen im Steuerrecht, in: StuW 1996, S. 97 (103); BVerfGE 61, 319 (347) – Ehegattensplitting; für das Schenkungsteuerrecht ähnlich *Steiner*, Der Alltag als Schenkungsteuerfalle? – 10 Praxisfälle, S. 110 (114): „Schwieriger sind andere Fälle unentgeltlicher Nutzungsüberlassung. Hier spielt sich die Abgrenzung zwischen steuerpflichtigem Tatbestand und steuerfreier Privatsphäre meist unter dem Aspekt der Entreicherung ab. Eine solche Entreicherung des Zuwendenden liegt vor, wenn nach den Umständen des Einzelfalls davon auszugehen ist, dass er den überlassenen Gegenstand ansonsten zur Einkünfteerzielung verwandt hätte. In der Praxis werden solche Fälle von den Finanzbehörden nicht aufgegriffen, wobei nicht bekannt ist, ob dies aus Unkenntnis oder aus Augenmaß geschieht. Letzteres ist zu wünschen, zumal es verfassungsrechtlich geboten ist (Art. 2 Abs. 1 GG), dass der Staat auch im Steuerrecht die Privatsphäre der Bürger respektiert. Hierzu gehört auch, dass zwischen Freunden, Verwandten und Lebensgefährten nicht alle wirtschaftlichen Vorgänge bis ins Letzte ausgeleuchtet werden müssen."

1197 *Falkner*, Einkünfteerzielungsabsicht, S. 251.

1198 *Tipke*, StRO II, S. 665; Falkner, Einkünfteerzielungsabsicht, S. 251; *Fritz von Hammerstein*, Privatsphäre im Steuerrecht, 1993, S.239.

förderlich sein sollten. Satz 2 trägt der Tatsache Rechnung, dass berufliche und private Veranlassung sich nicht immer klar von einander trennen lassen, schränkt aber die Nichtabziehbarkeit der Kosten auf die sog. Repräsentationsaufwendungen ein, die dem Leitbild sozialer Erwartung folgen; die Grenzen lassen sich dabei nicht abstrakt festlegen, sondern obliegen der Wertung im Einzelfall.[1199] Nach systematischer Auslegung bedeutet dies, dass die Lebensführungskosten bereits zu den Haushaltskosten zugehören und das bei gemischter Veranlassung Satz 2 ein Abzugsverbot für die gesamten sog. Repräsentationskosten statuiert – ohne Normierung also eine Aufteilung möglich wäre.[1200] Wie sich aus der Gesetzesbegründung und der vorherigen Rechtsprechung ergibt, war Telos dieses Einschubs nicht die Schaffung eines rigorosen Aufteilungs- und Abzugsverbots. Es sollte vielmehr nur dann ein solches statuieren, wenn eine Aufteilung von privater und beruflicher Veranlassung nicht möglich sei.[1201] Dem folgt nunmehr auch die Rechtsprechung.[1202]

Schon § 18 S. 1 EStG 1925 legte wie schon § 15 REStG 1920 fest, dass Aufwendungen, „die sich als Verwendung des Einkommens darstellen", nicht abgezogen werden durften. Satz 2 Nr. 2 zählte hierzu insbesondere „die zur Bestreitung des Haushalts der Steuerpflichtigen" aufgewendeten Beträge. Im preußischen Einkommensteuergesetz fand sich die entsprechende Regelung in § 9 Abs. 2 pr. EStG 1891 und später in § 8 Abs. 3 Nr. 2 pr. EStG 1906. Sowohl der Gesetzgeber als auch *Strutz* sahen in dieser Norm nur eine Klarstellung, dass Einkommensverwendung eben nicht Einkommenserzielung sein könne.[1203] Schon damals verstand man unter den „Aufwendungen zur Befriedigung persönlicher Bedürfnisse" – der Wortlaut der Nr. 2 – jegliche Aufwendungen für persönliche Bedürfnisse und Annehmlichkeiten des Steuerpflichtigen und seiner Angehörigen, also Ausgaben für Wohnung, Unterhalt und einen „standesgemäßen Haushalt" im weitesten Sinne.[1204] Letzteres schloss daher auch die Absetzbarkeit für Kosten der Gartenpflege oder des Gesindes aus. Berufskleidung hingegen war uneingeschränkt abzugsfähig, soweit diese lediglich und unmittelbar der Berufsausübung diente. Die Kosten der Wohnung

---

1199 *Christian Seiler*, in: Paul Kirchhof (Hg.), Kirchhof, Einkommensteuergesetz, 13. Aulf., 2014, § 12, Rn. 2.

1200 Wie hier *Jüptner*, Leistungsfähigkeit und Veranlassung, Diss., S. 173; a.A., also für Lebensführung als Oberbegriff, *Fissenewert*, in: Hermann/Heuer/Raupach, Einkommensteuer- und Körperschaftsteuergesetz, § 12, Rn. 31.

1201 Begründung zu § 12 EStG 1934, abgedruckt in: RStBl. 1935, 33 (41 li. Sp.); auf die Problematik der Gesetzesbegründung von 1934 hinweisend, *Fissenewert*, in: Hermann/Heuer/Raupach, Einkommensteuer- und Körperschaftsteuergesetz, § 12, Rn. 56 aE.

1202 BFH, Beschluss vom 21. September 2009 – GrS 1/06 –, Tz. 108, juris, BFHE 227, 1, BStBl II 2010, 672.

1203 *Strutz*, in: Fuisting/Strutz, Die preußischen direkten Steuern, Einkommensteuergesetz, Bd. 1, § 8, Anm. 55.

1204 *Strutz*, in: Fuisting/Strutz, Die preußischen direkten Steuern, Einkommensteuergesetz, Bd. 1, § 8, Anm. 57.

waren auch dann nicht abzugsfähig, wenn die steuerpflichtige Tätigkeit den Ort der Wohnung beeinflusste.[1205] Im Übrigen sollten die Kosten für andere Ausgaben aufgeteilt werden.[1206]

Schon damals galt also ein von der Rechtsprechung entwickeltes Aufteilungs- und Abzugsverbot für die sogenannten Repräsentationsaufwendungen und ein Aufteilungsgebot für die übrigen Kosten der Lebenshaltung[1207], wenn diese als Werbungskosten einer Einkunftsart zugeordnet werden konnten.[1208]

Strenggenommen handelt es sich bei § 12 nicht um eine Norm der Einkommensverwendung.[1209] Denn es kommt gerade nicht darauf an, ob Einkommen im Sinne des EStG verwendet wird. Die Mittelherkunft ist unerheblich. Besser ist es also von Konsumausgaben zu sprechen, die nicht als Werbungskosten oder Betriebsausgaben abziehbar sind. Die Norm ist im Kontext des Nettoprinzips zu lesen, das sie konkretisiert: „Aufwendungen zur Erzielung der Einkünfte stehen nicht für die private Bedürfnisbefriedigung zur Verfügung und sind daher kein Einkommen i.S. eines Zuwachses an wirtschaftlicher Leistungsfähigkeit".[1210] Die Aufwendungen werden durch die Betriebsausgaben und Werbungskosten gemäß §§ 4 Abs. 4, 9 Abs. 1 EStG definiert; hingegen sind Privataufwendungen grundsätzlich unbeachtlich und dürfen nur abgezogen werden, wenn dies ausdrücklich zugelassen ist.[1211] Das Veranlassungsprinzip stellt die Verknüpfung zwischen den Aufwendungen und der jeweiligen Einkunftsart dar, wofür der wirtschaftliche Zusammenhang festgestellt werden muss. Dies ist eine Wertung und Gewichtung auch mehrerer Gründe. Alle steuerrechtlichen Kausalitäts- und Veranlassungstheorien bezwecken eine Abgrenzung von einkommensteuerrelevanter

---

1205 *Strutz*, in: Fuisting/Strutz, Die preußischen direkten Steuern, Einkommensteuergesetz, Bd. 1, § 8, Anm. 58 h).

1206 *Strutz*, in: Fuisting/Strutz, Die preußischen direkten Steuern, Einkommensteuergesetz, Bd. 1, § 8, Anm. 58 b).

1207 Bereits *Becker*, Die Grundlagen der Einkommensteuer, S. 17 gebrauchte den Begriff der Lebenshaltung als Oberbegriff für Lebensführung, Haushalt und Unterhalt. Von rechtshistorischen Interesse sind seine Ausführungen, da er entsprechend der damaligen Zeit auf die Bedeutung hinwies, dass die Norm des § 12 EStG die Zurückdrängung der „Eigensucht" des Einzelnen zugunsten des Interesse des Staates und der nationalsozialistischen Bewegung betonte. Interessanterweise warnt er aber sodann auf S. 28 vor der Anwendung einer rein typischen Betrachtungsweise (zugunsten einer Abwägung im Einzelfall, wobei zugunsten des BA-/WK-Abzugs auch gesamtwirtschaftliche Erwägungen ausschlaggebend sein sollten).

1208 So auch für das EStG 1920 *Strutz*, in: Handausgabe des Einkommensteuergesetzes vom 29. März 1920, § 15, Rn. 11.

1209 *Enno Becker*, Das Einkommensteuergesetz 1925, Kommentar, 1928, § 15, Bem. 5; a.A. *Hans-Wolfgang Arndt*, in: Paul Kirchhof/Rudolf Mellinghoff (Hg.), Kirchhof/Söhn/Mellinghoff, Einkommensteuergesetz Kommentar, 254. Ergl., 01.2015, Stand: 126. Ergl., 10.2002, § 12, Rn. A 18.

1210 *Arndt*, in: K/S/M, EStG, § 12, Rn. A 19.

1211 *Loschelder*, in: Schmidt, EStG, § 12, Rn. 1.

und einkommensteuerirrelvanter Sachverhalte und setzen eine Wertung des Normanwenders voraus.[1212] Bei der Feststellung des auslösenden Grundes und des Umfangs gibt es keinen einheitlichen Maßstab; es muss der jeweils sachgerechte herangezogen werden.[1213] Qualitativ unwesentliche Mitverursachung bzw. Mitveranlassung sind aber nach herrschender Meinung auszugrenzen, wobei sich die Frage, wann eine derartige unwesentliche Mitverursachung vorliegt, nach den eigenen Wertungen (des Richters) bemisst.[1214]

a) Kernbereich

Auf Grund der Relativität der Privatsphäre muss der erforderliche Grundrechtsschutz bereits bei der Bestimmung des Normbereichs einsetzen.[1215] Erforderlich ist daher eine generalisierende Bestimmung dessen, was typischerweise zur Privatsphäre gehört. Hierbei ist beachten, dass die Auffassungen hierzu einem ständigen Wandel unterliegen.[1216] Dies zeigt sich im Steuerrecht, wenn der RFH und die herrschende Meinung der Prostitution zunächst jeden erwerbswirtschaftlichen Charakter absprachen und damit eine Steuerbarkeit verneinten; heute liegt nach allgemeiner Meinung eine steuerpflichtige Tätigkeit vor. Möglicherweise lässt sich durch die Veränderung der gesellschaftlichen Wertvorstellungen auch die Rechtsprechung zur Besteuerung von TV-Spielgewinnen erklären. Es sind äußere, leicht feststellbare Merkmale zu wählen, die typischerweise den privaten Charakter eines Sachverhalts ausmachen, um entsprechende Zuordnungsentscheidungen zu treffen. Zur privaten Lebenshaltung gehören zunächst Aufwendungen für den Haushalt und den Unterhalt des Steuerpflichtigen und seiner Familie. Dies umfasst die Lebensführung im Sinne der Gestaltung des Lebens und des Daseins und erfasst damit auch alle Aufwendungen, die für die Lebensführung in geistiger, sittlicher und weltanschaulicher Sicht bestimmend sind.[1217] Jedoch können beruflich veranlasste Krankheits- und Unfallkosten im Falle typischer Berufskrankheiten als

1212 BFH, Beschluss vom 21. September 2009 – GrS 1/06 –, Tz. 93, juris, BFHE 227, 1, BStBl II 2010, 672; *Arndt*, in: K/S/M, EStG, § 12, Rn. A 66.

1213 *Loschelder*, in: Schmidt, EStG, § 12, Rn. 5.

1214 BFH, Beschluss vom 21. September 2009 – GrS 1/06 –, Tz. 93, juris, BFHE 227, 1, BStBl II 2010, 672; *Arndt*, in: K/S/M, EStG, § 12, Rn. A 66; *Loschelder*, in: Schmidt, EStG, § 12, Rn. 4 u. 20.

1215 *Fritz von Hammerstein*, Privatsphäre im Steuerrecht, 1993, S. 92 ff. insb. 95 f. insbesondere zu dem Problem, dass jedes Individuum ganz eigene Auffassungen davon hat, was für ihn oder sie als privat einzustufen ist.

1216 Vgl. *Fritz von Hammerstein*, Privatsphäre im Steuerrecht, 1993, S. 92 ff., insb. S. 96, der dies als Problem der historischen und kulturellen Relativität bezeichnet.

1217 BFH, Urteil vom 04. März 1986 – VIII R 188/84 –, Tz. 29, juris, BFHE 146, 151, BStBl II 1986, 373; vgl. BFH, Urteil vom 30. Oktober 1980 – IV R 27/77 –, Tz. 12, juris, BStBl II 1981, 303–305, BFHE 132, 235: „Zu den Kosten der „Lebensführung" gehören insbesondere Aufwendungen, die der Erhaltung des Lebens, der Erhaltung oder Wiederherstellung der Gesundheit oder der Erhaltung oder Wiederherstellung

Betriebsausgaben oder Werbungskosten geltend gemacht werden.[1218] Die tatbestandliche Ausgestaltung darf jedoch nicht auf eine Nivellierung der persönlichen Bedürfnisse auf nur noch durchschnittliche Bedürfnisse hinauslaufen und muss daher auch im Bereich der „persönlichen Lebensführung“ die unterschiedliche Leistungsfähigkeit der Bürger respektieren.[1219]

b) Aufteilungsgebot

Wie ausgeführt gilt für diese Ausgaben ein Aufteilungsgebot, wenn die Kosten auch durch eine Erwerbstätigkeit veranlasst sind und ein sachgerechter Aufteilungsmaßstab vorhanden ist. Geht die Berufssphäre im qualitativen Sinne wertend vor oder beträgte die private Nutzung weniger als 10%, sind private Nutzungsmöglichkeiten irrelevant.[1220] Im Übrigen sind eindeutig berufliche Kosten immer abziehbar, insbesondere wenn sie sog. „sowieso-Kosten“ darstellen und ein privater Vorteil sich daher nicht in zusätzlichen Aufwendungen niederschlägt, zum Beispiel bei einer beruflichen Fahrt die kostenlose Mitnahme einer Person aus privaten Gründen.[1221]

---

der persönlichen Freiheit eines Menschen dienen. Denn Leben, Gesundheit und Freiheit sind höchstpersönliche Rechtsgüter.“
Insbesondere sind hiervon umfasst: Kosten für „Wohnung, Ernährung, Kleidung, allgemeine Schulbildung, Kindererziehung, persönliche Bedürfnisse des täglichen Lebens (zB Erhaltung der Gesundheit, Pflege, Hygieneartikel), Informationsgewinnung, Unterhaltung und Zerstreuung durch Zeitungslektüre und Rundfunkgeräte, Besuch kultureller und sportlicher Veranstaltungen, die Anschaffung medizinischer Hilfsmittel zur Behebung körperlicher Mängel, allgemeine Aufwendungen zur Förderung der Gesundheit, die Anschaffung bürgerlicher Kleidung“; ferner sog. Repräsentationsaufwendungen, auch wenn sie durch eine einkommensteuerbare Tätigkeit mitveranlasst sind, *Fissenewert*, in: Hermann/Heuer/Raupach, Einkommensteuer- und Körperschaftsteuergesetz, § 12, Rn. 33; vgl. auch *Seiler*, in: Kirchhof, Einkommensteuergesetz, § 12, Rn. 2 uns *Kreft*, Vorab veranlasste Erwerbsaufwendungen im Einkommensteuerrecht, S. 82, insb. zu Allgemeinbildung, die keine berufstypischen Kenntnisse vermittle.

1218 BFH, Urteil vom 30. Oktober 1980 – IV R 27/77 –, Tz. 14 ff., juris, BStBl II 1981, 303–305, BFHE 132, 235.

1219 *Leisner*, Eigentum, HStR VIII, § 173, Rn. 114 f.

1220 *Fissenewert*, in: Hermann/Heuer/Raupach, Einkommensteuer- und Körperschaftsteuergesetz, § 12, Rn. 62, 73 u. 80.

1221 *Drenseck*, in: Schmidt, EStG, 2011, § 12, Rn. 12; umgekehrt kenn die Rechtsprechung private Sowieso-Kosten, die auch im Falle eines beruflichen Vorteils nicht abgezogen werden können, zB die AfA für ein privatgenutztes Dach, das als Grundlage einer gewerblichen Solaranlage dient, BFH, Urteil vom 17. Oktober 2013 – III R 27/12 –, BFHE 243, 327, BStBl II 2014, 372; BFH, Urteil vom 16. September 2014 – X R 32/12 –, juris, BFH/NV 2015, 324.

2. *Liebhaberei als Privatsphärenschutz*

Reine Erfolgslosigkeit begründet wie gesehen noch keine Liebhaberei. Erforderlich ist ferner, dass sich die Tätigkeit zudem als nicht erwerbsgerichtet darstellt. Hierfür stellt die Rechtsprechung auf außersteuerliche, insb. also private Motive ab, zu denen die Aufwendungen in einem Veranlassungszusammenhang stehen. Dabei geht es jedoch wiederum nicht um eine Motivforschung, sondern um eine Bewertung der Gegebenheiten. „Nicht auf Erwerb gerichtete Betätigungen verdienen keine steuerliche Präferenz" und zählten zur nicht-steuerbaren Sphäre.[1222] Der außersteuerliche Bereich findet sein Grundlage in § 12 EStG und erstreckt sich „von der Erholung und Freizeitgestaltung, persönlicher Passion im Rahmen gehobener Lebensführung bis hin zur Steuerersparnis [...] und der Absicht, steuerfreie Veräußerungsgewinne zu erzielen".[1223] Der BFH schreibt zwar, dass die Finanzverwaltung und nachfolgend die Gerichte ein privates Motiv für die Verlusthinnahme feststellen müssen. Jedoch zählen hierzu alle einkommensteuerlich irrelevanten Motive und maßgeblich kann unter anderem auch eine mangelnde oder indifferente Reaktion auf eine dauernde Verlustsituation sein, wenn zugleich eine Nähe zur Freizeitgestaltung – also eine „typischen Privataufwendung" vorliegt: Dies reicht als Beweisanzeichen neben der negativen Überschussprognose um eine Liebhaberei anzunehmen, so dass andere private Motive nicht nachgewiesen werden müssen.[1224]

Bei Vorliegen von Liebhaberei wird nach der herrschenden Dogmatik die ganze Tätigkeit dem steuerlichen Nexus entzogen, so dass auch zwischenzeitliche Einnahmen nicht besteuert werden.[1225] Dies ist zweifellos unter Leistungsfähigkeitsgesichtspunkten nicht unproblematisch. Denn durch die Zusammenfassung von Ausgaben und Einnahmen zu einer „privaten", nicht-steuerbaren Tätigkeit bleiben etwaige Erträge unbesteuert, mit denen der Steuerpflichtige einen Teil seiner Konsumaufwendungen gegenfinanzieren kann.[1226] *Hundsdoerfer* schlägt daher in Fällen, in denen keine Trennung möglich ist und die Tätigkeit zur Zeit vollständig als Liebhaberei gewertet wird, vor, den konsumtiv verursachten Anteil an dieser Gesamttätigkeit zu bestimmen – in dem der Konsumnutzen bewertet wird, gemessen in der Zahlungsbereitschaft des Steuerpflichtigen für die Leistung zu

1222 *Weber-Grellet*, Wo beginnt die Grenze zur "Liebhaberei"? (Teil II), 602 (606).

1223 *Weber-Grellet*, Wo beginnt die Grenze zur "Liebhaberei"? (Teil I), S. 561 (565).

1224 BFH, Beschluss vom 01. März 2005 – IX B 170/04 –, Tz. 4, juris, BFH/NV 2005, 1066; BFH, Urteil vom 23. Mai 2007 – X R 33/04 –, Tz. 28, juris, BFHE 218, 163, BStBl II 2007, 874.

1225 BFH, Urteil vom 07. November 2001 – I R 14/01 –, Tz. 11, juris, BFHE 197, 287, BStBl II 2002, 861; *Tipke*, StRO II, S. 665; *Jochen Hundsdoerfer*, Die einkommensteuerliche Abgrenzung von Einkommenserzielung und Konsum, 2002, S. 381.

1226 *Lang*, Die Bemessungsgrundlage der Einkommensteuer, S. 267 ; kritisch daher *Hundsdoerfer*, Die einkommensteuerliche Abgrenzung von Einkommenserzielung und Konsum, S. 386 und Sec. 183 IRC in den USA.

ihrem Marktpreis – und diesen sodann als fiktive Einnahme gegenzurechnen.[1227] Freilich führt dies nur dann zur Besteuerung, wenn die Gesamttätigkeit hierdurch einen Überschuss abwirft und zweitens setzt sie eine schwer zu bewerkstelligende Nutzenwertbestimmung voraus, die auch nur dann möglich ist, wenn ein Nutzen überhaupt vorliegt. Für typische erwerbsgerichtete Tätigkeiten, die dem Steuerpflichtigen einen Nutzenvorteil gewähren in Form einer Segelyacht oder ähnlichem, mag dies – de lege ferenda – ein möglicher Ansatz sein.[1228] Für typische private Tätigkeiten ist jedoch die gegenwärtige Rechtsprechung auch im Hinblick auf den Schutz der Privatsphäre vorzugswürdig. Außerdem versagt der Vorschlag, wenn es keinen bestimmbaren Nutzen gibt, also der Steuerpflichtige einer verlustreichen Tätigkeit einfach nachgeht, zum Beispiel im Fall der Spielautomatenaufsteller. Was ist hier der Komsumnutzen? Die Steuerersparnis trotz unterstellter Verlusttragung? *Hundsdoerfers* Vorschlag lässt auch eine weitere Schwierigkeit ungelöst: Jede Einkommensbesteuerung sieht sich vor der Herausforderung der Abgrenzung von Konsum- zu Privatsphäre, einerlei ob nach dem geltenden EStG, der *Schanz*'schen Reinvermögenszugangstheorie oder einer wie auch immer ausgestalteten Konsumbesteuerung.[1229]

Dies soll nachfolgend am Beispiel von Hobbysportlern verdeutlicht werden, deren Einnahmen sowohl unter § 19 EStG als auch unter § 22 Nr. 3 EStG fallen können (und seit dem geltenden Mindestlohngesetz ungeahnte Aktualität bekommen haben).[1230]

3. *Typische private Tätigkeiten*

Sowohl im Rahmen des § 12 EStG als auch bei der Liebhaberei spielt es also eine Rolle, ob eine typische private Tätigkeit vorliegt.[1231] Die typisierten Aspekte der Handlung fließen daher in dessen Beurteilung und damit in die Sphärenzuordnung

---

1227 *Hundsdoerfer*, Die einkommensteuerliche Abgrenzung von Einkommenserzielung und Konsum, S. 138 u. 387; beachte auch § 4 Abs. 5 S. 1 Nr. 4 und S. 2 EStG; es handelt sich also um eine Art vGA oder Nutzenentnahme.

1228 Vgl. für den Ansatz einer generellen Lösung über Einlage- und Entnahmetatbestände *Weber-Grellet*, Liebhaberei im Ertragsteuerrecht, S. 873 (877).

1229 Vgl. *Schanz*, Der Einkommensbegriff und die Einkommensteuergesetze, S. 1 (2, 23 f., 75) (Ausscheidung der Kosten für Haushaltung und persönliche Angelegenheiten); *Hundsdoerfer*, Die einkommensteuerliche Abgrenzung von Einkommenserzielung und Konsum, S. 2, 55, 62 u. 66; zu den Schwierigkeiten der Unterscheidung auf Einnahmeseite bei Arbeitnehmern *Lang*, Die Bemessungsgrundlage der Einkommensteuer, S. 484 ff.

1230 Arbeitsrechtlich soll nach den Verlautbarung der Bundesarbeitsministerin *Andrea Nahles* bei Sportlern und Ehrenamtlichen, bei denen nicht der Broterwerb, sondern der Gemeinwohl und der Spaß an der Sache im Vordergrund steht, das Mindestlohngesetz keine Anwendung finden, siehe Meldung Amateurfußball: Vertragsspieler von Mindestlohn befreit, SPIEGEL ONLINE vom 23.02.2015.

1231 Vgl. nur *Weber-Grellet*, Wo beginnt die Grenze zur "Liebhaberei"? (Teil I), S. 561 (565).

ein: Die meisten Tätigkeiten können grundsätzlich in beide Sphären fallen, so zum Beispiel im Falle von Sportlern. Sport ist sowohl eine Freizeitaktivität, die unter § 12 EStG fällt, also auch eine berufliche Tätigkeit, die erhebliche Einnahmen generieren kann. Für den Amateursport stellt der BFH darauf ab, ob die Einnahmen nicht nur ganz unwesentlich höher als die Ausgaben sind.[1232] Hierfür wird auf die Gesamttätigkeit des Steuerpflichtigen abgestellt und auf Grund der Totalgewinn-/Totalüberschussprognose zwischen Erwerbsgerichtetheit und Liebhaberei entschieden.[1233] Insofern soll hieraus ein allgemeines Prinzip für diese januskopfartigen[1234] Tätigkeiten abgeleitet werden: Solange eine typische Freizeitaktivität vorliegt und Einnahmen nur den tatsächlichen Aufwand des Steuerpflichtigen abdecken oder nur unwesentlich über diesen liegen, handelt es sich um keine erwerbsgerichtete Tätigkeit, auch wenn der Einzelne hierdurch gegenüber einem anderen, der keine Einnahmen für seine Hobbytätigkeit erhält, leistungsfähiger erscheint. Erforderlich ist also, dass der Steuerpflichtige nachhaltig, also auf eine längere Sicht hin gesehen, einen nicht nur ganz unmerklichen Überschuss erzielen muss, um von der typischen, nicht-steuerbaren Privatsphäre in die Erwerbssphäre zu wechseln. Für die Vergleichsrechnung ist nun zu fragen, inwieweit man die Tätigkeit des Steuerpflichtigen segmentieren kann.[1235] Betrachtet man die gesamte Tätigkeit mit allen Aufwendungen? Wie grenzt man das typische Private im Hinblick auf § 12 EStG und § 4 Abs. 5 Satz 1 Nr. 5 EStG aus, der ja verdeutlicht, dass Ausgaben, die rein privat veranlasst sind, bei der Frage, ob die Ausgaben den Einnahmen gegenzurechnen sind, nicht in die Erwägung mit einfließen dürfen? Das Problem der Beurteilungsperspektive ist dabei kein spezifisches Problem des § 12 EStG.

a) Mögliche Beurteilungskriterien

Bei Körperschaften verneint der BFH eine nicht-erwerbsgerichtete Sphäre. Lediglich auf der Gesellschafterseite greift er das angesprochene Entnahmeprinzip auf und nimmt bei einer privaten Veranlassung – besser: der Einschlägigkeit des § 12 EStG und einer Nähe zur Lebenshaltung – eine verdeckte Gewinnausschüttung an (die

1232 BFH, Urteil vom 23. Oktober 1992 – VI R 59/91 –, Tz. 13 BFHE 170, 48, BStBl II 1993, 303; so auch bei Ehrenamtlichen, vgl. *Krüger*, in: Schmidt, EStG, § 19, Rn. 14 u. 35 'Ehrenamtl Tätigkeit'; zuvor ebenso bereits *Drenseck*, in: Schmidt, EStG, 2011, § 19, Rn. 15; möglicherweise wird durch den Mindestlohn auch eine erneute Diskussion bezüglich des Entgelts bei ehrenamtlicher Tätigkeit angestoßen. Vgl. aktuell die Regelung des § 3 Nr. 26 EStG, der eine Steuerbefreiung von Einnahmen bis € 2.400,- vorsieht.

1233 BFH, Urteil vom 09. April 2014 – X R 40/11 –, Tz. 31, juris, BFH/NV 2014, 1359.

1234 *Christoph Uhländer*, Vermögensverluste im Privatvermögen – Der Einkünftedualismus als Januskopf der Einkommensteuer, 1996, beschreibt im Untertitel seiner Untersuchung den Einkünftedualismus als Januskopf der Einkommensteuer.

1235 Bei der Liebhabereiprüfung wird generell auf die Gesamttätigkeit abgestellt, BFH, Urteil vom 07. November 2001 – I R 14/01 –, Tz. 13, juris, BFHE 197, 287, BStBl II 2002, 861.

mit der oben angesprochenen Bewertungsproblematik einhergeht). Aus steuersystematischer Sicht kann dies freilich nicht überzeugen: hier wäre eine Segmentierung und Aussonderung bei nicht-erwerbsgerichteter Tätigkeit nicht nur denkbar.[1236]

Bei Tätigkeiten gemeinnütziger Körperschaften trennt der BFH hingegen sehr wohl zwischen der steuerlich begünstigten Tätigkeit und einem gesondert zu behandelnden wirtschaftlichen Geschäftsbetrieb, beispielsweise bei einem Sportverein die Bandenwerbung oder der Betrieb einer Gaststätte, obwohl anders als bei einer Segmentierung, also dem Fehlen eines ausreichenenden Förderungs- und Sachzusammenhangs, in diesen Fällen der Wirtschaftsbetrieb nur auf Grund der steuerfreien Tätigkeit bestehen kann und der Förderungs- und Sachzusammenhang eindeutig zu Tage tritt.[1237] Hierbei liegen der Trennung folgende Wertungen zu Grunde: Die Gemeinnützigkeit hat sich als Entgegenkommen des Staates auf einen bestimmten Zweck zu beschränken. Eine zu weite Beurteilungsperspektive würde zu einer Benachteiligung möglicher Wettbewerber führen, die rein kommerzielle Zwecke verfolgen. Und schließlich die Zwecksetzung: Der Wirtschaftsbetrieb soll zusätzliche Einnahmen für die geförderte Kerntätigkeit generieren und nicht andersherum, die Kerntätigkeit erst den Wirtschaftsbetrieb ermöglichen. Mithin wendet der BFH folgende Regel für die Ausgaben an: Sie sind stets mit dem primären Anlass, der steuerbefreiten Tätigkeit verknüpft.

> *„Der primäre Anlaß ist für die Zuordnung allein maßgebend, wenn die Ausgabe auch ohne den steuerpflichtigen wirtschaftlichen Geschäftsbetrieb entstanden wäre. Wirkte sich der sekundäre Anlaß der Entstehung auf die Höhe der Ausgabe nicht aus, besteht kein Grund, ihn zu berücksichtigen. Wäre die Ausgabe ohne den steuerpflichtigen wirtschaftlichen Geschäftsbetrieb geringer gewesen, ist sie nach einem objektiven und sachgerechten Maßstab aufzuteilen. Eine Aufteilung entsprechend dem Verhältnis der durch die verschiedenen Tätigkeiten erzielten Einnahmen ist nur dann sachgerecht, wenn Anhaltspunkte dafür vorliegen, daß die Einnahmen und Ausgaben ihrer Höhe nach direkt voneinander abhängen und daß diese Abhängigkeit für jede der Tätigkeiten gleich hoch ist.“*[1238]

Für den (privaten) Hobbysportler, dessen Tätigkeit unter § 22 Nr. 3 EStG fallen kann, hat kürzlich das FG Baden-Württemberg eine ähnliche Parallele gezogen[1239]:

Der Steuerpflichtige, Deutscher Meister und Vizeweltmeister in seiner Diszplin, erhielt eine Vergütung in Höhe von € 825,- für die Beteiligung an Autogrammstunden und Schauveranstaltungen. Bedingung war hierfür seine erfolgreiche Teilnahme an Wettkämpfen. Hierfür trainierte er ca. an fünf Tagen in der Woche, nahm pro Saison im Regelfall zwischen drei und fünf Mal an auswärtigen Lehrgängen in

---

1236 *Birk*, Liebhaberei im Ertragsteuerrecht, S. 860 (865); so bereits *Weber-Grellet*, Liebhaberei im Ertragsteuerrecht, S. 873 (877); siehe oben, II. 4. a) aa).

1237 BFH, Urteil vom 27. März 1991 – I R 31/89 –, DStR 1991, 1279.

1238 BFH, Urteil vom 27. März 1991 – I R 31/89 –, DStR 1991, 1279; so auch BFH, Urteil vom 21. Juli 1999 – I R 55/98 –, Tz. 11, juris, BFH/NV 2000, 85.

1239 FG Baden-Württemberg, Urteil vom 09. September 2014 – 6 K 4193/12 –, juris, EFG 2015, 116.

Leistungszentren des Verbandes teil und investierte in die erforderliche teure Ausrüstung. Teilweise wurden diese Kosten vom Verband übernommen. Die Aufwendungen überstiegen unstrittig die Einnahmen. Das FA schätzte die Werbungskosten auf 10% der Einnahmen und unterwarf den Rest der Besteuerung nach § 22 Nr. 3 EStG. Das FG bestätigte die Steuerbarkeit: Als Werbungkosten könnten nur die im unmittelbaren Zusammenhang stehenden Ausgaben abgezogen werden, also nur die Reisekosten zu den Sponsorenveranstaltungen und der damit verbundene Sachaufwand. Der übrige Aufwand für die Sportausübung falle in die Lebensführungssphäre und sei als deren unverzichtbarer Teil weder aufteilbar noch abziehbar.[1240]

Ein Rechtsgrundsatz, dass Sport und damit einhergehender Aufwand stets privat veranlasst sei, gibt es jedoch nicht.[1241] Insoweit beruht die Entscheidung des FG Baden-Württemberg mE auf einer fehlerhaften Rechtsauslegung.

b) Abgrenzung im Bereich typischer Freizeitbeschäftigungen

Es stellt sich hier die Frage, ob man die Aufwendungen als *unverzichtbaren* Lebensführungsaufwand qualifiziert. Wie die Kommentierungen zu § 9 Abs. 1 Satz 3 Nr. 6 EStG zeigen, sind Aufwendungen für Sportgeräte durchaus abziehbar, nämlich dann, wenn sie Teil der Erwerbsgrundlage des Steuerpflichtigen sind.[1242] Der Große Senat hat in seinem Beschluss zu § 12 EStG hervorgehoben, dass dem Steuerpflichtigen der Abzug von Betriebsausgaben oder Werbungskosten nicht mit der Begründung versagt werden könne, sein Beruf erfordere Aufwendungen, die für andere Steuerpflichtige Privataufwendungen sind.[1243] Zwar gelte das Aufteilungsgebot nicht für die nicht aufteilbaren unverzichtbaren Aufwendungen der Lebensführung, da hier in der Regel die Trennung sowohl dem Grunde als auch der Höhe nach nicht auf Grund objektivierbarer Kriterien möglich sei und diese bereits durch das subjektive Nettoprinzip abgedeckt seien.[1244] Jedoch betont der BFH dieses Prinzip vor dem Hintergrund, dass Steuerpflichtige im Grenzbereich zwischen Berufs- und Privatsphäre geneigt sein könnten, eine berufliche Veranlassung zu behaupten um einen Werbungskostenabzug von Konsumaufwendungen herbeiführen zu können.[1245]

1240 FG Baden-Württemberg, Urteil vom 09. September 2014 – 6 K 4193/12 –, Tz. 37 ff., juris, EFG 2015, 116.

1241 FG des Saarlandes, Urteil vom 19. März 1991 – 1 K 55/91 –, Tz. 15, juris, EFG 1991, 377: Werbungskostenabzug für Tennis als Dienstsport; kein Abzug aber bei reiner Förderung der allgemeinen Fitness: Finanzgericht des Landes Sachsen-Anhalt, Urteil vom 25. Juli 2006 – 1 K 1783/05 –, juris, EFG 2007, 29.

1242 *von Beckerath*, in: Kirchhof, Einkommensteuergesetz, § 9, Rn. 133 u. 135.

1243 BFH, Beschluss vom 21. September 2009 – GrS 1/06 –, Tz. 110, juris, BFHE 227, 1, BStBl II 2010, 672.

1244 BFH, Beschluss vom 21. September 2009 – GrS 1/06 –, Tz. 122, juris, BFHE 227, 1, BStBl II 2010, 672; vgl. *Peter Fischer*, Der BFH verabschiedet das sog. Aufteilungs- und Abzugsverbot in: NWB 2010, 412 (417).

1245 BFH, Beschluss vom 21. September 2009 – GrS 1/06 –, Tz. 126, juris, BFHE 227, 1, BStBl II 2010, 672.

Bei der Bewertung von Vorgängen im Privatbereich sollte nicht gleich auf die segmentelle Perspektive wie im Bereich von gemeinnützigen Körperschaften abgestellt werden. Vielmehr gilt es die Gesamttätigkeit zu betrachten, auch um der Gefahr einer zu kleinteiligen Aufteilung (*Wüllenkemper* spricht von „Atomisierung“) der in Betracht zu nehmenden Tätigkeiten zu begegnen.[1246] Wie im Falle eines Restaurantkritikers kann darauf abgestellt werden, ob die Generierung der Einnahmen ohne die Ausübung des konkreten Verhaltens – hier also des intensiv betriebenen Hobbys – schlechterdings unmöglich ist.[1247] Ohne diese Gesamtbetrachtung würde sich die vom BFH geforderte Prüfung der Liebhaberei im Hobbybereich erübrigen; stets ließen sich die Aufwendungen der Privatsphäre zuordnen. Insoweit stellt sich die Frage, warum das FG Baden-Württemberg im oben genannten Fall nicht auch eine Besteuerung der Zuschüsse des Verbandes erwogen hat.

Im Übrigen betont der BFH die Nichtteilbarkeit der *unverzichtbaren* Lebensführungskosten. Wenn die Tätigkeit einen solchen Umfang einnimmt, dass der typische Freizeitsportbereich überschritten wird und damit Geld verdient werden kann, spricht dies zudem gegen eine Annahme, dass die Ausgaben unverzichtbar für die Lebensführung sind und damit bereits nach Maßgabe des subjektiven Nettoprinzips durch die entsprechenden Vorschriften des EStG abgegolten sind.[1248] Denn Mehraufwendungen können stets auch abgezogen werden, ausdrückliche gesetzliche Einschränkungen wie § 4 Abs. 5 Satz 1 Nr. EStG für Verpflegungsmehraufwand ausgenommen.[1249] Zudem könnte der Vorteil des Dual-Use auch schätzweise pauschal durch einen Vergleich zu üblichen Aufwendungen im Wege des Fremdvergleichs in Ansatz gebracht werden, § 162 Abs. 1 AO. Eine völlige Ausblendung der Ursachen der Einnahmen erscheint aber unverhältnismäßig.

Betrachtet man nochmals den Fall des FG Baden-Württemberg[1250], muss also gefragt werden, ob die wesentliche Ursache der Einnahmen die private Lebensführung und das semiprofessionell ausgeübte Hobby war oder der Veranlassungszusammenhang zur einer zweiten, die Einkommensteuerbarkeit begründenden Tätigkeit vorgelegen hat. Zwar ist bei der Frage einer möglichen Segmentierung zunächst von dem Gesamtplan des Steuerpflichtigen auszugehen, jedoch gilt dies nicht, wenn

1246 Gleiches gilt auch bei der Beurteilung der Tätigkeit eines Betriebs, vgl. BFH, Urteil vom 07. November 2001 – I R 14/01 –, Tz. 13, juris, BFHE 197, 287, BStBl II 2002, 861; zur Atomisierung vgl. *Wüllenkemper*, Anmerkung zu FG Köln, Urteil vom 16. 5. 2012 10 K 3587/11, S. 1623 (1625).

1247 BFH, Beschluss vom 25. August 2000 – IV B 131/99 –, Tz. 3, juris, BFH/NV 2001, 162.

1248 *Heinz-Jürgen Pezzer*, Das Aufteilungsverbot ist aufgegeben; wie geht es weiter?, in: DStR 2010, S. 93 (95 f.).

1249 *Fischer*, Der BFH verabschiedet das sog. Aufteilungs- und Abzugsverbot S. 412 (417).

1250 Siehe oben S. 260, Fn. 1239.

die einzelnen Teile in keinem Sach- und Förderungszusammenhang stehen oder ein Teil eine Nähe zur privaten Lebensführung aufweist.[1251]

Bei sportlichen Tätigkeiten gehört auch noch der Wettkampf zur typischen, normalen Ausübung. Für viele ist der Wettkampf auch im Freizeitsportbereich ein wesentlicher Aspekt. Daher entscheidet auch der BFH, dass der bloße Gewinn von Wettkampfpreisen noch nicht ausreicht, um eine entgeltliche Leistung oder eine Gewinnerzielungsabsicht annehmen zu können.[1252] Im vorliegenden Fall ging es aber nicht um die Besteuerung etwaiger Wettkampfpreise, sondern um Provisionen für Werbeveranstaltungen. Daher sprechen gute Gründe dafür, hier einen steuerpflichtigen Veranlassungszusammenhang anzunehmen, der die private Veranlassung verdrängt. Zunächst handelt es sich um ein eigenständiges, von der sportlichen Tätigkeit separates Rechtsverhältnis. Die Ausübung des Sports war hiervon unabhängig. Nach dem Plan des Steuerpflichtigen hat dieser den Sport nicht wegen der Sponsorentermine ausgeübt. Sicherlich stehen die Werbeeinnahmen in einem Bedingungszusammenhang mit dem Sport – aber hier ist es wie beim wirtschaftlichen Geschäftsbetrieb einer gemeinnützigen Körperschaft: Die Wahrnehmung der Sponsorentermine steht nicht mehr in unmittelbaren Zusammenhang mit dem Hobby und damit der privaten Lebensführung, sondern führt lediglich zur Generierung von Einnahmen, für die der Steuerpflichtige selbstverständlich die konkreten Mehrausgaben geltend machen kann, wie es auch das FA und das FG zugestanden haben. Die Gelder stehen in engerem Zusammenhang mit der Persönlichkeit des Sportlers und fließen nicht als Erfolgsprämie oder dergleichen. Sie sind insoweit vergleichbar mit Werbeeinnahmen von Schauspielern. Auch dort besteht unzweifelhaft ein Zusammenhang mit ihrer Tätigkeit als Schauspieler, ohne dass hier eine einheitliche Betätigung angenommen werden könnte. Art. 3 Abs. 1 GG verlangt eine gleichheitsgerechte Belastung. Belastungsgrund ist die Öffnung der persönlichen Lebensführung über das Hobbytypische hinaus und rechtfertigt die steuerliche Verstrickung dieses „Mehr“: Das Hobby kann der Steuerpflichtige auch ohne das Sponsoring ausüben. Der Fall ist dann nicht mehr mit dem Amateuer vergleichbar, der auch eine Leistung gegenüber seinem Verein erbringt, aber solange sich Einnahmen und Ausgaben die Waage halten, die private Lebensführung nicht verlässt. So wie sich der Sachverhalt darstellt, gab es aber keine derartige Verknüpfung der gesamten Tätigkeit mit dem Sponsor. Die Gelder flossen nicht pauschal für den Sport, sondern anlassbezogen für Werbeveranstaltungen. Hierin unterscheidet sich

---

1251 Oben II. 4. a) a)) oder nochmals zur Segmentierung allgemein BFH, Urteil vom 27. März 1991 – I R 31/89 –, DStR 1991, 1279.

1252 Eine Entgeltlichkeit der Preise und eine Gewinnerzielungsabsicht verneinend im Rahmen einer gewerblichen Tätigkeit: BFH, Beschluss vom 03. November 1993 – II B 129/92 –, Tz. 18, juris, BFHE 173, 78, BStBl II 1994, 201. Und dies gilt unabhängig von der hier vertreteten Auffassung, ob man dies bei § 15 oder 22 Nr. 3 EStG prüft. Die Häufigkeit und Höhe mögen ein Indiz der nachhaltigen, also sich wiederholenden Betätigung sein. Das „Ob“ des Gewinns ist nach beiden Normen entweder ein Austausch oder keiner.

der Fall auch von BFH, BStBl. II 1986, 424, in dem ein Spitzensportler während der Wettkampfteilnahme die Sportausrüstung des Sponsors offen tragen musste und der BFH gewerbliche Einkünfte annahm.[1253] Auf diese Details ist das FG jedoch aus seiner Sicht zu Recht nicht eingegangen, daher kann hier keine abschließende Beurteilung geleistet werden. Insoweit hätte auch die Annahme einer umfassenden gewerblichen Tätigkeit naheliegen können.

Der Fall ist auch nicht vergleichbar mit dem Hobbymaler, der gelegentlich und zufällig ein Bild verkauft und hierdurch ein unmittelbarer Zusammenhang mit der Kunstausübung an sich hergestellt wird. Würde der erfolglose Künstler hingegen einen Werbeauftrag annehmen, würde dieser auch einer separaten Beurteilung unterliegen. Es geht bei der Rechtsfigur der Liebhaberei zwar auch um den Schutz der engeren Privatsphäre, aber nicht um die Ermöglichung von steuerfreien Einnahmen um sich ein teures Hobby leisten zu können.

Eine Besteuerung im obigen Fall des FG Baden-Württemberg würde auch nicht auf Grund des § 22 Nr. 1 Satz 2 EStG scheitern, da insoweit die Rückausnahme des § 22 Nr. 1 Satz 2 Halbsatz 2 lit. a) EStG greifen würde, wenn der Verein die Zuwendungen außerhalb der Erfüllung steuerbegünstiger Zwecke im Sinne der §§ 52–54 AO gezahlt hätte. Bei Einschlägigkeit der Nr. 1 tritt § 22 Nr. 3 EStG subsidiär zurück, § 22 Nr. 3 Satz 1 EStG.

Der Aspekt der Entlohnung der Persönlichkeit verdrängt also den Zusammenhang mit der Lebensführung. Wie § 12 Abs. 1 EStG und das subjektive Nettoprinzip verdeutlichen, stellen Aufwendungen für die Person und Persönlichkeit im Allgemeinen keine Erwerbsaufwendungen dar. Wer dennoch seine Person kommerzialisiert, muss die Einnahmen voll versteuern. Dies gilt für Werbetreibende wie für jeden anderen, der gegen Entgelt zum Beispiel Rechte an Bildern und Geschichten seines „Privatlebens" verkauft. Hier wird die typische Lebensführung verlassen, der Verkauf und das Öffnen für den Markt stellen eine erwerbsbegründende Widmungshandlung dar. Ebenso rechtfertigt sich daher auch aus diesem Gesichtspunkt die Besteuerung der TV-Gewinnspiele, die eben auch das Interesse der Gegenseite an der „Person" entlohnen. Die Gewinnchance stellt sich als Gegenleistung für dieses Öffnen zum Markt und für das Verlassen des typisch Privaten dar. Der Unterscheidung zwischen Rate- und Geschicklichkeitsshow sollte daher keine Bedeutung zukommen. Aus bildungsbürgerlicher Sicht mag Wissen wertvoller sein als das „bloße Abhängen" im Container, aus steuerrechtlicher Sicht erschließt sich jedoch der Unterschied nicht, wenn beide Personen hierfür an einer Unterhaltungssendung teilnehmen.

Diese Differenzierungen mögen sicherlich speziell erscheinen, die Trennung von Konsum- und Erwerbssphäre würde jedoch ansonsten an Klarheit und Bedeutung

1253 BFH, Urteil vom 19. November 1985 – VIII R 104/85 –, BFHE 146, 115, BStBl II 1986, 424. Zugleich ließ der BFH auch einen umfassenden Betriebskostenabzug zu, auch für die Kosten des Trainings. Tritz einer Hobbytätigkeit wurde ein nachhaltiger Gewinn erzielt.

verlieren, was einen klaren Verstoß gegen Art. 3 Abs. 1 GG bedeuten würde, da die Trennung beider Sphären gerade den Kern der Einkommensteuer ausmacht. Wenn beim Hobbysportler also die Einnahmen nur für Autogramm- und Sponsorentermine anfallen ist dies zu unterscheiden von dem Fall, dass Einnahmen durch Preisgelder für die Sportausübung an sich anfallen.[1254]

c) Zwischenergebnis

Eine reine Veranlassungsprüfung bleibt auf halben Weg stehen.[1255] Eine grundsätzliche Zuweisung solcher Vorgänge zur Privatsphäre kann nicht überzeugen. Es kommt auf eine rechtliche Bewertung aller Umstände des Einzelfalles an.[1256] Hierbei wird der Grundsatz deutlich, dass die Quantität des steuerlichen Erfolgs durchaus Einfluss haben kann auf die Beurteilung der steuerlichen Qualität einer Tätigkeit. Grundsätzlich sollte daher gelten: Für die Frage, ob eine typische private Tätigkeit und die damit einhergehenden Einnahmen und Ausgaben der Privatsphäre oder der Erwerbssphäre zugeordnet werden sollen, ist auf die Perspektive des Steuerpflichtigen abzustellen: In welchem Verhältnis erfolgt die Leistung und zu welcher Erwerbsgrundlage lässt sie sich zuordnen? Hier zeigt sich der Konflikt des Grundsatzes der Aufteilung von privaten und beruflichen Aufwendungen einerseits mit dem Grundsatz der Zugrundelegung des einheitlichen Handlungsplans des Steuerpflichtigen anderseits.[1257] Die Leistung teilt daher zunächst grundsätzlich das Schicksal des umfassenderen Vertragsverhältnisses, des Rechtsverhältnisses oder des Aufwandzusammenhanges, auf das sich das fragliche Verhalten bezieht. Denn die erfolgsvermittelnde Handlung – im Falle des Amateursportlers die Teilnahme an Wettbewerben – hätte ohne die übrigen Handlungen, die den Rahmen des unverzichtbaren Lebensführungsaufwands übersteigen, keinen potentiell einkommensteuerlich bedeutsamen Erfolg vermitteln können. Solange diese Handlungen noch der persönlichen Lebensführung zugerechnet werden können, ordnet mE § 12

1254 In solchen Fällen kann wohl mit *Weber-Grellet* bei der Teilnahme an diesen Veranstaltungen ausgeschlossen werden, dass sie primär auf sportlichen Erwägungen beruhen, *ders.*, in: Schmidt, EStG, § 22, Rn. 150 Stichwort ‚Preise'. Auch hier taucht wieder der beschriebene Unterschied zwischen primärer und sekundärer Veranlassung auf.

1255 Nach *Schuck*, Veranlassung als Kriterium der "Liebhaberei", S. 975 (978) ist bei Tätigkeiten, die auf „privaten Neigungegn ruhen", nur auf diesen privaten Veranlassungzusammenhang abzustellen. Dies ist selbst im Verlustfalle zu eng; kritisch wohl *Gebhardt*, „Münchner Steuer-Roulette" – Dogmatische Zufälligkeiten bei der BFH-Rechtsprechung zu Preisgeldern S. 65 (66).

1256 *Kirchhof*, in: Kirchhof, EStG, § 2, Rn. 69 spricht von der steuerjuristischen Beurteilung der Erwerbshandlung und der dazu erforderlichen Aufwendungen.

1257 *Kirchhof*, in: Kirchhof, EStG, § 2, Rn. 69 (Segmentierung) und Rn. 72 (einheitliche Erwerbsgrundlage).

Nr. 1 EStG für die ganze Tätigkeit die Spezialität der Privatsphäre an.[1258] In diesem Fall sind sowohl die Ausgaben als auch damit zusammenhängende Einnahmen der privaten Lebensführung zugeordnet. Wenn jedoch ein Teilbereich der privaten Lebensführung als Erwerbsgrundlage genutzt wird, sind auch die damit zusammenhängenden Ausgaben zu berücksichtigen und damit das Abzugsverbot des § 12 Nr. 1 EStG eingeschränkt. Ähnlich hat der BFH den Fall einer persönlichen Krankengeldtageversicherung entschieden. So sichert eine Krankentagegeldversicherung das Risiko eines Einnahmeausfalls ab. Da das Risiko, krank zu werden, grundsätzlich der privaten Lebensführung zugeordnet werde, seien auch die entsprechenden Versicherungsprämien und -leistungen im Krankheitsfalle nicht steuerbar.[1259] Die Grenze zur Erwerbssphäre wird erst überschritten, wenn die Einnahmen die Ausgaben nicht nur unwesentlich übersteigen oder wenn die Ergebnisprognose positiv ausfällt bzw. eine Liebhaberei auf Grund eines tragfähigen Geschäftskonzepts ausgeschlossen werden kann, vgl. § 4 Abs. 5 S. 2 EStG. Dann liegt nicht mehr privates, sondern erwerbsgerichtetes Handeln vor. Das Umschlagen der Qualität einer Handlung erfasst dabei richtigerweise sowohl die Einnahmen- als auch die Ausgabenseite: Was für einen Steuerplichtigen Lebensführungsaufwand darstellt, kann für einen anderen Steuerpflichtigen auf Grund der damit generierten Einnahmen Erwerbsaufwand sein.

Entsprechend sind mE auch Mitfahrvergütungen zu behandeln: Liegt der Fahrt ein privater Anlass zu Grunde, so prägt diese private Bewirkung den gesamten Vorgang.[1260] Die Fahrt bildet mit der Mitnahme eine Einheit. Die erlangte Mitfahrervergütung ist daher nicht wie der Fall der Entlohnung der Persönlichkeit durch den Sponsor zu behandeln, da sie konkret für das Mitfahren gezahlt wird, die gleichzeitig uno actu auch die die Lebensführung betreffende Handlung ist. Erst wenn die Einnahmen die Ausgaben wiederum nicht nur unwesentlich übersteigen, kommt eine Steuerbarkeit nach § 22 Nr. 3 EStG in Betracht (hier wäre aber möglicherweise schon die Grenze zur gewerblichen Personenbeförderung überschritten, was auch aufsichtsrechtliche und versicherungsrechtliche Folgen nach sich ziehen kann). Je intensiver eine Handlung im ökonomischen Sinne ausgeübt wird und je mehr dabei die Sphäre der engen Lebensführung verlassen wird, desto eher spricht dies für eine Steuerbarkeit. Der Hobbygärtner, der eine Pflanze veräußert oder einen Preis für seinen Garten bekommt, bleibt steuerlich in der Privatsphäre. Der Landwirt, der Blumenzüchter oder der Fahrer bei UberPop sind hingegen Gegenbeispiele einer Betätigung am Markt.

1258 Vgl. auch *Kirchhof*, Gesetzlich nicht abzugsfähige Betriebsausgaben und Werbungskosten, S. 201 (217); im Falle des FG Baden-Württemberg erlaubt die Veranlassung der Einnahmen durch die Werbetätigkeit eine andere Beurteilung; anders, wenn man alles einer gewerblichen Sportlertätigkeit zuordnen will.

1259 BFH, Urteil vom 12. Mai 2011 – VI R 42/10 (II. 2. d), juris.

1260 In diese Richtung auch *Axel Schmidt-Liebig*, Einkommensteuerliche Einordnung von Einnahmen aus einer Fahrgemeinschaft, in: FR 1995, S. 100 (103 f.), der eine Steuerbarkeit nach § 22 Nr. 3 EStG bei Erheblichkeit der Einnahmen bejaht.

Anders daher der folgende Fall, der immer als Beispiel für Mitfahrerfälle für eine steuerbare Leistung nach § 22 Nr. 3 EStG angeführt wird.[1261] Die Steuerpflichtige war nichtselbständig tätig und bildete mit ihrem späteren Ehegatten eine Fahrgemeinschaft. Diesem stellte sie die Benutzung des Fahrzeugs in Höhe ihrer tatsächlichen Kosten (28 Pfennige pro km) in Rechnung. Für die Fahrten zu ihrer Arbeitsstätte gab sie für die Werbungskosten nur die einfache Strecke an. Die gemeinsame Rückfahrt stellte sie ihrem jetzigen Mann in Rechnung. Der BFH wertete die entgeltliche Überlassung des PKW als Eröffnung einer weiteren Einkunftsquelle, die unter § 22 Nr. 3 EStG falle und ließ als Werbungskosten nur den zusätzlichen Aufwand zum Abzug zu.[1262] Hier ließe sich diskutieren, ob die Fahrt eine private Handlung mit beruflicher Wirkung oder eine berufliche Handlung ist. Solange lediglich eine Kostendeckung erreicht wird, liegt mE keine Erwerbsgerichtetheit vor. Im vorliegenden Fall versuchte die Steuerpflichtige zusätzlichen Aufwand geltend zu machen. Dem schob des FA einen Riegel vor, indem es dafür nur die zusätzlichen Mehraufwendungen ansetzte.

Richtigerweise ist auch hier das Nettoprinzip zur Anwendung zu bringen: Sein mit der Leistung aufgewendetes wirtschaftliches Opfer darf der Steuerpflichtige unabhängig davon in Ansatz bringen, ob hier bereits ein Werbungskostenabzug stattgefunden hat.[1263] Also sind die tatsächlichen Kosten nach Köpfen zu teilen und für den Steuerpflichtigen gilt sein Anteil pauschal als abgegolten.[1264] Alternativ hierzu addiert man die abgezogene Entfernungspauschale bei den Gesamtkosten wieder hinzu, da insoweit kein wirtschaftliches Opfer mehr vorliegt. Stellen dann die Mitfahrervergütungen eine reine Kostenbeteiligung dar, liegt keine steuerbare Leistung vor.

4. *Besondere private Tätigkeiten*

Neben den beschriebenen Konstellationen gibt es aber noch solche Tätigkeiten, die zwar durchaus eine Entgeltlichkeit aufweisen und damit als Leistungsaustausch gewertet werden könnten, aber aus besonderen Gründen nicht besteuert werden sollen.[1265] *Weber-Grellet* formuliert folgerndermaßen: „Die mehr oder weniger zufällige Zahlung gelegentlich einer aus rechtlichen, staatspolitischen, moralischen,

1261 BFH, Urteil vom 15. März 1994 – X R 58/91 –, BFHE 174, 84; BStBl. II 1994, 516.

1262 BFH, Urteil vom 15. März 1994 – X R 58/91 –, BFHE 174, 84; BStBl. II 1994, 516 (518 li. Sp.); A.a. FG Baden-Württemberg, Urteil vom 21. Februar 1973 – V 21/72 –, juris, EFG 1973, 429.

1263 *Schnorr*, Die steuerrechtliche Abzugsfähigkeit von "Drittaufwand", S. 222 (232).

1264 So auch *Bernhard Paus*, Behandlung von Fahrgemeinschaften, in: FR 1994, S. 741 (744).

1265 Im Gegensatz zu den soeben behandelten typischen privaten Tätigkeiten, bei denen die wirtschaftliche Betrachtungsweise maßgebend ist und bei nachhaltigen Überschüssen auch eine Steuerbarkeit vorliegen kann, kommt es bei den hier zu behandelnden Fällen gerade nicht auf die wirtschaftliche Betrachtungsweise an.

sportlichen, spielerischen oder sonstigen nicht wirtschaftlichen Gründen erbrachten Leistung wird nicht besteuert."[1266] Als Beispiele nennt der die Entschädigung eines ehrenamtlichen Richters, Pflegegeld bei familiärer Verpflichtung, Erbeinsetzung für gelegentliche Hilfeleistung, Spendensammeltätigkeit, Belohnungen für die Ermittlung von Straftätern, Finderlohn, Ehrungen für das Lebenswerk und Preisen von Amateursportlern, und anderen Leistungen, bei denen die Leistungsverpflichtung unabhängig von der Gegenleistung besteht, zum Beispiel § 965 BGB.

Diese Vorgänge betreffen alle Ebenen des zu prüfenden Leistungstatbestands. Es handelt sich bei den von *Weber-Grellet* genannten nicht wirtschaftlichen Gründen mE um Indizien, die bei der Prüfung des jeweiligen Tatbestandsmerkmals mit in die Wertung einfließen. Sofern es also auf die Erwerbsgerichtetheit – im Falle der Sportpreise von Amateuren – ankommt, wurde dieser Aspekt bereits behandelt. In den übrigen Fällen kommen die nicht wirtschaftlichen bei der Prüfung der Entgeltlichkeit zum Tragen: Besteht eine ausreichende konkrete Verknüpfung? Ist die Tätigkeit fremdnützig? Bei einer zufälligen Verknüpfung ist dies sicherlich zu verneinen. Auch im Falle der Ehrung des Lebenswerks fehlt es an der erforderlichen Konnexität. In die Veranlassungsprüfung fließen also wie oben beschrieben auch die Interessenbewertung des Gegenleistenden ein. Was im Übrigen moralische und staatspolitische Gründe sein sollen, definiert *Weber-Grellet* nicht. Da es generell nicht auf die Motive im Sinne der subjektiven Einstellung des Steuerpflichtigen ankommt, sollten Fälle an Hand der oben dargestellten Kriterien geprüft werden.[1267] Soll eine Steuerbarkeit verneint wird, verlangt die hier vertretende Auffassung die Offenlegung der Wertung und maßgeblichen Wertungsgesichtspunkte. Dem kommt die Rechtsprechung leider nicht immer nach.

Insgesamt sollen an dieser Stelle folgende Konstellationen betrachtet werden, die sich nicht nach den bisher dargestellten Kriterien lösen lassen oder bei denen eine Sonderbehandlung in Betracht zu ziehen ist.

a) Zufall und Geringfügigkeit als Kennzeichen der Privatsphäre

aa) Zufall, Spielcharakter und Sozialüblichkeit als mögliche Merkmale nicht-steuerbarer Tätigkeit?

Es soll nochmals auf den Einwand *Gebhards* eingegangen werden, dass der Zufall oder die nicht vorhandene Einwirkungsmöglichkeit die Erwerbsgerichtetheit ausschließt und den Vorgang daher der Privatsphäre zuweist.[1268] Bei Tätigkeiten wie Big Brother übt der Steuerpflichtige zunächst keine typische Freizeitaktivität aus.

1266 *Weber-Grellet*, in: Schmidt, EStG, § 22, Rn. 133.

1267 So auch *Kruse*, Über Liebhaberei, S. 143 (149, Fn. 50), nachdem altruistische oder karitative Erwägungen oder auch das eigene Vernügen keine Rolle spielen (mit Verweis auf entspr. Rechtsprechung).

1268 *Gebhardt*, „Münchner Steuer-Roulette" – Dogmatische Zufälligkeiten bei der BFH-Rechtsprechung zu Preisgeldern S. 65 (66).

Alleine die vertraglichen Umstände derartiger TV-Shows sprechen gegen eine Zurodnung zur Lebensführung. Wird die Sphäre der Lebensführung der Öffentlichkeit geöffnet und dabei Einnnahmechancen generiert, spricht dies für eine Erwerbsgerichtetheit. Der Aspekt der Zufalls, also der Ungewissheit des späteren Gewinns, sind kein typisches Anzeichen privater Tätigkeit. Wie oben gezeigt eignet sich das Rekurrieren auf einen angeblichen Spielcharakter nicht als Beurteilungsmaßstab. Auch eine Modehändlerin spekuliert im Winter auf den Trend der kommenden Saison. Und wie ein Händler Marketingaktivitäten mit ungewissem Erfolgsausgang starten kann und muss, so liegt es auch in der Hand der Teilnehmer derartiger Shows durch besondere Geschicklichkeit oder andere Verhaltensweisen Einfluss auf ihre Gewinnchance zu nehmen. Der Steuerpflichtige verpflichtet sich zu umfassenden Leistungen gegenüber dem Veranstalter (Verschwiegenheit, Abtretung von Persönlichkeitsrechten, Mitwirkung) und erhält als Gegenleistung ein Paket an „Rechten": Oft ein geringes Fixhonorar und die Gewinnchance, die nun an die Leistung gekoppelt ist, den Veranlassungszusammenhang herstellt und einen Spielcharakter in den Hintergrund treten lässt. Es handelt sich dabei um eine Erfolgsprämie für eine bestimmte Mitwirkung: Die Gewinnchance wird für die Bereitschaft des Handelns gewährt, das über einen bloßen Kapitaleinsatz hinausgeht.

Zu Recht bejaht die Rechtsprechung daher auch in diesen Fällen von Auslobungsveranstaltungen die Steuerbarkeit.[1269]

Im Grenzbereich zur Privatsphäre liegen auch Rate-Shows.[1270] Der Steuerpflichtige setzt hierfür zwar sein typischerweise zur Privatsphäre gehörendes Allgemeinwissen ein, nutzt dieses jedoch als Erwerbsgrundlage. Auch die einmalige Mitwirkung an einer öffentlichen TV-Sendung mit der Erwartung eines nicht unerheblichen Gewinnes und einer nicht nur rein theoretischen Gewinnchance, kann sicherlich nicht einem Privatbereich zugeordnet werden.[1271] § 22 Nr. 3 EStG soll gerade einmalige Tätigkeiten erfassen und § 12 Nr. 1 EStG zeigt, dass die Tatsache,

---

1269 BFH, Urteil vom 28. November 2007 – IX R 39/06 –, BFHE 220, 67, BStBl II 2008, 469; BFH, Urteil vom 24. April 2012 – IX R 6/10 –, BFHE 237, 197, BStBl II 2012, 581; BFH, Beschluss vom 16. Juni 2014 – IX B 22/14 –, juris; FG Münster, Urteil vom 15. Januar 2014 – 4 K 1215/12 E –, juris, EFG 2014, 638.

1270 *Kirchhof*, in: Kirchhof, EStG, § 2, Rn. 56.

1271 So auch *Burkhard Binnewies*, Die Besteuerung von Gewinnen aus der Teilnahme an einer Fernsehshow, in: DStR 2012, S. 1586 (1588) und wohl auch *Ismer*, Die einkommensteuerliche Privatsphäre nach „Big Brother" – dogmatische Grundfragen bei den sonstigen Leistungen, S. 1057 (1060); a.A. BMF, BStBl. I 2008, 645 – VV zu Fernseh-Preisgeldern; das BMF hält solche bei nur einmaligen Auftritt noch nicht für steuerbar; Gewinne Prominenter, die direkt an gemeinnützige Organisationen ausgezahlt werden, stellen kein Einkommen der Prominenten dar, da kein Zufluss von Einnahmen vorliegen soll, BMF, BStBl. I 2006, 342. Es handelt sich hier um eine sicherlich gerechtfertigte Ausnahme: Für Privatleute gilt im Falle der ringweisen Provisionsweiterleitung ein anderer Maßstab, vgl. BFH, Urteil vom 22. September 2009 – IX R 29/08 –, juris, BFH/NV 2010, 195.

dass hier privates Know-How verwertet wird, keinen Einfluss auf die Frage hat, ob eine Erwerbsgrundlage genutzt wird. Denn anders als bei typischen Freizeitaktivitäten gibt es keinen Zusammenhang zu einer spezifisch eingrenzbaren Tätigkeit.

Eine andere Einschränkung schlägt in einem obiter dictum auch das FG Köln vor, das in erster Instanz über die Steuerbarkeit des Big-Brother-Gewinnes zu entscheiden hatte. Als Beispiel einer nicht steuerbaren Tätigkeit denkt es an eine Karaokeveranstaltung bei einem Schulfest, bei dem der Lehrer mit dem meisten Applaus einen Preis gewinnt, der oberhalb der Freigrenze von € 256,- liegt. ME würde aber auch genau dieser Fall erfasst werden: der Lehrer würde sich im Beispielsfall freiwillig an einer Veranstaltung außerhalb der engsten Privatsphäre – es betrifft sogar seine Berufsphäre – beteiligen. Wie bei anderen Arbeitnehmern auch, läge sogar eine berufliche Veranlassung vor.[1272]

Eine weitere hier zu behandelnde Konstellation stellt die Teilnahme an Preisausschreiben und anderen Gewinnveranstaltungen dar. Diese Fälle lassen sich meistens im Rahmen der Prüfung der Entgeltlichkeit lösen: Liegt ein konkretes Verhalten des „Leistenden“ vor, das über den bloßen Einsatz hinaus geht? Und wenn ja, wie ist dieses zu werten? Besteht ein objektiv feststellbares Interesse des Gegenleistenden an dieser Leistung als Grundlage zum Beispiel einer verwertenden Tätigkeit wie dies bei Unterhaltungsveranstaltungen der Fall ist oder handelt es sich um eine reine Werbemaßnahme des Gegenleistenden? Kann der Leistende durch die Leistungshandlung keinen weiteren Einfluss auf den Gewinn nehmen und erschöpft sich Tätigkeit in der bloßen Teilnahme an einem Preisausschreiben?

Solange nicht systematisch vorgegangen wird, liegt in diesen Fällen seitens des Leistenden kein erwerbsgerichtetes Verhalten vor. Die Teilnahme an Preisausschreiben in „normalen“, sozial-üblichen Umfange kann daher der privaten, nicht steuerbaren Sphäre zugeordnet werden. Eine Intensivierung und Systematisierung der Betätigung kann mE jedoch zu einer anderen Beurteilung führen, so dass dann von einer erwerbsgerichteten Tätigkeit auszugehen ist.[1273] Dies zeigt sich auch beim Finderlohn als eine von der herrschenden Meinung unter gewöhnlichen Umständen für nicht-steuerbar gehaltenen Belohnung, der jedoch bei systematischem und planvollem Vorgehen durchaus Entgeltcharakter zukommt.[1274]

1272 Im Übrigen wäre eine Annahme des Gewinns für den Lehrer nicht ratsam, wie der Fall einer Lehrerin zeigt, die für die Annahme eines € 200,- Geschenks schließlich € 4.000,- für die Einstellung eines Strafverfahrens zahlen musste, siehe *Annette Kögel*, Was dürfen Lehrer annehmen? 200 Euro Geschenk – 4000 Euro Strafe, in: Der Tagesspiegel 01.01.2015, abgerufen am 23.02.2015 unter: http://www.tagesspiegel.de/berlin/was-duerfen-lehrer-annehmen-200-euro-geschenk-4000-euro-strafe/11173484.html.

1273 Ähnlich wohl auch *Kubicki*, Die Dogmatik des § 22 Nr. 3 EStG einschließlich der Querbezüge zur Schenkungsteuer, Diss., S. 89.

1274 Die gesetzliche Zwecksetzung, das Belohnen der Ehrlichkeit, wird dann von dem Gewinninteresse des Suchenden verdrängt Die gleiche Überlegung stellt *Lang*,

Hierbei zeigt sich nochmals, dass die Errechnung eines Erwartungswertes nicht weiterhelfen würde, da sich diese Fälle gerade nicht durch ein im Vorhinein eindeutig und unveränderbares Risiko auszeichnen. Es gäbe nur einen unbestimmten und nur annäherungsweise bestimmbaren Erwartungswert und es ist eine Frage des Einzelfalles, ob schon im Vorfeld mit *Weber-Grellet* nur von einer rein theoretischen Chance gesprochen werden kann und damit keine Erwerbsgeeignetheit vorliegt.

bb) Geringfügigkeit der Gegenleistung

Zuweilen findet sich der Vorschlag, für Leistungen eine Erheblichkeitsschwelle einzuführen – ungeachtet der Freigrenze von € 256,-. Einzelne Leistungen würden dann generell nicht steuerbar sein, solange sie eine bestimmten Eurobetrag nicht überschreiten würden. *Ismer* spricht hier von „de minimis“ Fällen und nennt als Beispiel Kunden werben Kunden Programme von Zeitschriften und Banken:[1275] Zu schnell würde ansonsten im Falle mehrerer Leistungen selbst bei deren Geringfügigkeit die Freigrenze von € 256,- überschritten werden und eine Steuerpflicht für alle Leistungen nach sich ziehen. Zu recht weist er aber auch auf die entgegenstehende Rechsprechung hin, die immer betont, dass auch einmalige Leistungen von geringer Dauer und geringem Müheeinsatz steuerbar sind. Sein Auslegungsvorschlag widerspricht aber auch der Gesetzesbegründung: Gerade gelegentliche, also sich bei Gelegenheit bietende Vermittlungsleistungen sollen durchaus steuerbar sein, ohne dass es auf die Gewinnhöhe ankomme. Im Ergebnis sollte daher anstelle einer fixen Grenze für einzelne Leistungen de lege ferenda die bestehende Freigrenze angepasst werden. Der Gesetzgeber hat die Freigrenze gerade auch wegen diesen geringfügigen Fällen für die damalige Zeit so hoch angesetzt hatte, dass typische geringfügige Handlungen regelmäßig aus der Besteuerung herausfallen konnten. Eine Anpassung an die heutigen Verhältnisse wäre also durchaus geboten. Der Betrag läge bei Zugrundelegung der damaligen Verhältnisse mindestens bei € 2.000,- und dürfte damit auch für die von *Ismer* befürchteten Kommulationseffekte ausreichend großzügig sein.[1276]

cc) Zwischenergebnis

Zufall und Geringfügigkeit der Gegenleistung alleine sind keine tauglichen Kriterien um eine Steuerbarkeit einer Leistung zu verneinen. Bei nicht typischen Vorgängen der Lebensführung greift zudem der oben vorgeschlagene Spezialitätsgrundsatz nicht. Wenn die Privatsphäre betroffen ist, verlangt § 8 EStG die Aufteilung der

---

Die Bemessungsgrundlage der Einkommensteuer, S. 272 für den Fall eines „Systemroulettespielers“ an.

1275 *Ismer*, Die einkommensteuerliche Privatsphäre nach „Big Brother“ – dogmatische Grundfragen bei den sonstigen Leistungen, S. 1057 (1062).

1276 Hierdurch würde sich auch ein Streit um die Steuerpflicht im vom FG Köln angedachten Fall eines Karaoke-Preis des Lehrers erledigen. Vgl. zum Betrag oben Kap. 2.

Einnahmen. Im Gegensatz zum beschriebenen Abzugsverbot von Kosten der privaten Lebensführung und gegebenem Aufteilungsverbot (für Repräsentationsaufwendungen oder bei Nichtvorliegen eines tauglichen Aufteilungsmaßstabs), gilt auf der Einnahmenseite uneingeschränkt das Veranlassungsprinzip.[1277] In Fällen gemischter Veranlassung lassen sich daher die Einnahmen entsprechend der Verursachungsbeiträge aufteilen, gegebenenfalls im Wege sachgerechter Schätzung nach § 162 Abs. 1 AO.[1278]

b) Belohnung für Fund oder Aufklärung einer Straftat

Beim Finderlohnanspruch liegt in der Rückgabe der Fundsache ein Verhalten vor. Der Finderlohn soll die Mühewaltung und die Ehrlichkeit des Finders honorieren.[1279] Insofern fließt das Geld in einem wirtschaftlichen Zusammenhang zu einem fremdnützigen Verhalten, dem Finden und Abgeben. Wie bei der zweifellos steuerbaren Informationsweitergabe, bei der nach der Rechtsprechung weder im Zeitpunkt der Informationserlangung noch der Weitergabe eine steuerbare Handlung vorliegt, sondern erst, wenn auch ein Entgelt zurechenbar fließt, könnte hier auf die Rückgabe der Fundsache und Entgegennahme des Finderlohns abgestellt werden. Dieses Ergebnis widerspricht der hM – was an sich nicht gegen das Ergebnis spricht. Jedoch spielt der auch von *Weber-Grellet* betonte Aspekt der gesetzlichen Verpflichtung eine wesentliche Rolle. Bereits im Zeitpunkt des Fundes ist der Finder per Gesetz verpflichtet, den Fund wieder abzugeben. Als Ausgleich und Anreiz erhält er den Anspruch auf Finderlohn. Diese gesetzliche und moralische Verpflichtung und die Tatsache, dass hier keine freiwillige und planmäßige Marktteilnahme vorliegen, rechtfertigt die generelle Nichtbesteuerung; es fehlt die Erwerbsgrundlage.

Aus ähnlichen Erwägungen heraus verneinte das FG Düsseldorf die Besteuerung einer privatrechtlich ausgelobten Belohnung zur Aufklärung einer Straftat, weil die Tätigkeit nicht wirtschaftlicher Art sei und daher wirtschaftlich nicht den anderen Einkunftsarten entspreche.[1280] Bei Erlangung des Wissens läge auf Grund der Zufälligkeit keine Tätigkeit vor und die Wissensweitergabe entspreche keinen anderen Tatbeständen des EStG und sei daher auch nicht als geeignete Tätigkeit anzusehen. Das Gericht hob zudem hervor, dass der Steuerpflichtige an sich zur Aufklärung unter Strafandrohung verpflichtet sei. Hier spielte die

---

1277 *Kirchhof*, in: Kirchhof, EStG, § 8, Rn. 19.

1278 BFH, Urteil vom 18. August 2005 – VI R 32/03 –, Tz. 35 ff., juris, BFHE 210, 420, BStBl II 2006, 30; für die Ausgabenseite vgl. *Schimmele*, Nutzungsüberlassung, S. 131.

1279 *Peter Bassenge*, in: Peter Bassenge/u. a. (Hg.), Palandt, Bürgerliches Gesetzbuch, 73. Aufl., 2014, § 971, Rn. 1.

1280 FG Düsseldorf, Urteil vom 21. August 1968 – VIII 401/67 E –, EFG 1969, 120, wobei es in Anschluss an den RFH die Entgeltlichkeit als maßgebliches Ähnlichkeitskriterium ansieht.

Wertung eine Rolle, dass die Information zufällig erlangt wurde und das Interesse an einer Aufklärung von Straftaten den Entgeltcharakter des „Leistungsaustausches“ zurücktreten lässt. In der Regel spielt die Mühe und Zufälligkeit der Informationsgewinnung und Verwertung keine Rolle. Ausnahmsweise wird hier aus Gründen einer übergeordneten moralischen und gesetzlichen Verpflichtung eine Steuerbarkeit ausgeschlossen.

In beiden Fällen kann daher argumentiert werden, dass die gesetzliche Aufklärungspflicht, das überragende Interesse an der Aufklärung strafbarer Handlungen oder die gesetzliche Abgabepflicht von Funden die Entgeltlichkeit überlagert, die nach hier vertretener Auffassung gleichwohl gegeben ist. Es handelt sich dann um keine typischen, dem Normalfall einer Marktbeteiligung entsprechenden Tätigkeiten.[1281] Aber auch hier sollte gelten: Wenn der Steuerpflichtige planmäßig auf die Erlangung solcher Informationen oder Funde hinarbeitet, kann durchaus eine – sogar gewerbliche – Tätigkeit vorliegen.[1282]

c) Ehrenamtliche Betätigungen

Im Falle einer ehrenamtlichen Richterin entschied das FG Berlin, dass keine Leistung nach § 22 Nr. 3 EStG vorlag.[1283] Zwar erhielt die Richterin eine Aufwandspauschale, die sowohl den tatsächlichen Aufwand als auch die Zeitversäumnis abdecken sollte. Jedoch hätte die Richterin diese Tätigkeit nicht zum Zwecke der Einkunftserzielung ausgeübt. Die Erfüllung der staatsbürgerlichen Pflicht verdränge als wesentliches Handlungsmotiv eine Steigerung der wirtschaftlichen Leistungsfähigkeit. Hintergrund war interessanterweise der Versuch der Richterin, einen Schaden auf Grund eines Unfalls auf dem Weg zum Gericht als Werbungskosten abzuziehen.

Diese Einschätzung kann an sich nur dann Bestand haben, wenn die Entschädigung – wie bei den typischen Freizeitaktivitäten – nur geringfügig über den Ausgaben liegt. Dann scheint es gerechtfertigt bei solchen im Grenzbereich liegenden Tätigkeiten auf diese Größe abzustellen.[1284] Eine Erwerbsgerichtetheit kann jedoch im Falle der gleichzeitigen Erfüllung einer staatsbürgerlichen Pflicht nicht pauschal verneint werden.[1285] Wenn Leistung und Gegenleistung wie hier in einem ausreichenden Zusammenhang stehen, sollte es eher Aufgabe des Gesetzgebers sein, solche Tatbestände von der Steuer zu befreien, vgl. § 3 Nr. 26 ff. EStG.

1281 Ähnlich bereits für das preußische EStG von 1891 *Krause*, Das preußische Einkommensteuergesetz vom 24. Juni 1891, S. 46, Anm. 2 zu § 7.

1282 So auch *rr*, FR 77, 298 (juris). Es ist dabei nicht nur an die Kopfgeldjäger im Wilden Westen und den Strafkolonien zu denken.

1283 FG Berlin, Urteil vom 6. Dezember 1979 – IV 460/78 –, rkr., EFG 1980, 280 (281).

1284 So auch *Fischer*, in: Kirchhof, Einkommensteuergesetz, § 22, Rn. 69.

1285 So auch *von Beckerath*, in: Kirchhof, Einkommensteuergesetz, § 3, Rn. 55.

d) Leistungen im engen Familienkreis

Abschließend sollen Tätigkeiten auf familienrechtlicher Grundlage betrachtet werden.[1286]

Der BFH hat sich mehrfach mit dieser Fallgruppe beschäftigt.

aa) Das Pflege-Urteil

In diesem grundlegenden Urteil BFH entschied, dass Zahlungen für die Pflege von Angehörigen im Rahmen der familiären Lebensgemeinschaft grundsätzlich nicht steuerbar seien, da die entsprechenden Leistungen keine Erwerbshandlungen darstellten.[1287]

Der Kläger war als Vormund seines Schwagers bestellt, der in seinem Haus wohnte und den er pflegte. Für die Pflege und den Unterhalt erhielt er mit Genehmigung der Sozialbehörde und des Vormundschaftsgerichts 1.100 DM pro Monat aus dessen Vermögen. Das FA wollte den Betrag als sonstige Einkunft versteuern. Dem widersprachen das FG und der BFH. Der BFH verwendet seine übliche Definition der Leistung und fordert darüberhinaus einen wirtschaftlichen Leistungsaustausch.[1288] Dieser werde durch das Tatbestandsmerkmal der Entgeltlichkeit erfasst. Um des „Entgelts willen" meine jedoch nicht, dass diese Austauschbeziehung auf einem gegenseitigen Vertrag beruhen müsse. Maßgeblich sei, dass das Entgelt durch die Leistung ausgelöst werde und Leistender und Leistungsempfänger übereinstimmend die Leistung als angemessen vergütet sehen. Das Entgelt könne dabei auch nachträglich fließen, bzw. vereinbart werden.[1289] Kennzeichnend für diesen Leistungsaustausch sei aber, wie bei allen Einkunftsarten, dass der Tatbestand eines auf Einkommens- und Vermögensmehrung durch Leistungsaustausch gerichteten wirtschaftlichen Verhaltens erfüllt sei. Erfasst werde also das Ergebnis einer Erwerbstätigkeit oder Vermögensnutzung, die die allgemeinen Merkmale des Erzielens von Einkünften gemäß § 2 EStG voraussetzten. Ein solcher Leistungsaustausch liege aber grundsätzlich nicht vor, wenn „Angehörige im Rahmen des familiären Zusammenlebens untereinander Leistungen erbringen und Zahlungen empfangen". Zwar könnten auch zwischen Familienangehörigen steuerrechtlich wirksame Verträge abgeschlossen werden, wenn ihr Inhalt dem zwischen Fremden Üblichen

---

1286 *Kirchhof*, in: Kirchhof, EStG, § 2, Rn. 54, bezeichnet die Vorgänge als private Lebenshilfe.

1287 BFH, Urteil vom 14. September 1999 – IX R 88/95 –, BFHE 189, 424; BStBl. II 1999, 776.

1288 BFH, Urteil vom 14. September 1999 – IX R 88/95 –, BFHE 189, 424; BStBl. II 1999, 776 (777 li. Sp.): Leistung ist jedes „Tun, Dulden oder Unterlassen, das Gegenstand eines entgeltlichen Vertrages sein kann und um des Entgelts willen erbracht wird; ausgenommen sind Veräußerungsvorgänge oder veräußerungsähnliche Vorgänge im privaten Bereich".

1289 BFH, Urteil vom 14. September 1999 – IX R 88/95 –, BFHE 189, 424; BStBl. II 1999, 776 (777 re. Sp.).

entsprächen. „Hingegen sind Einnahmen und Ausgaben innerhalb der privaten Lebensgemeinschaft, die üblicherweise auf familienrechtlicher Grundlage oder auf der Grundlage einer nichtehelichen Wirtschaftsgemeinschaft erbracht werden, einkommensteuerrechtlich unbeachtlich". Für die Ausgaben sei dies in § 12 Nr. 1 und 2 EStG ausdrücklich normiert. Dies habe spiegelbildlich auch für die entsprechenden Einnahmen zu gelten, da die Leistungen innerhalb der familiären Lebensgemeinschaft nicht dem Erzielen von Einkünften im Sinne des § 2 EStG dienten. Diese innerhalb der privaten Lebensgemeinschaft erbrachten Leistungen gehörten nach ständiger Rechtsprechung zur einkommensteuerrechtlich unbeachtlichen Privatsphäre.[1290] Die Aufnahme eines pflegebedürftigen Angehörigen in den Haushalt des Steuerpflichtigen und der Erhalt entsprechender Zahlungen aus dem Vermögen des Gepflegten seien regelmäßig der familiären Lebensgemeinschaft zugeordnet; dies verdeutliche klarstellend auch § 3 Nr. 36 EStG.[1291] Vorliegend gebe es auch kein Indiz, wie zum Beispiel eine zu hohe, unangemessene Zahlung, dass die Grenze zur Einkünfteerzielung ausnahmsweise überschritten sei.[1292]

bb) Stellungnahme

Auch in diesem Urteil zeigt sich, dass bereits vor der Entscheidung in 2004 das Merkmal „um des Entgelts willen" mit neuem Inhalt versehen wird. Der BFH verschiebt die Bedeutung hin zur Prüfung der Erwerbsgerichtetheit, wodurch unterstrichen wird, dass dieses Merkmal schon zuvor seine eigenständige Bedeutung verloren hat, die es erst in den 1960er Jahren bekam.[1293]

Ferner verdeutlicht der BFH die Bedeutung des Fremdvergleichs auch bei der Beurteilung von Tätigkeiten in der Privatsphäre. Es fügt sich in eine Reihe weiterer Entscheidungen zur Abgrenzung der familiären Privatsphäre zur steuerbaren Einkommenssphäre.

cc) Weitere Entscheidungen

Generell hat der Steuerpflichtige die Wahlfreiheit, ob er Unterhalt gewährt oder Arbeitsverträge mit seinen mitarbeitenden Familienangehörigen schließt.[1294] Dies gilt jedoch nicht uneingeschränkt. Tätigkeiten, die üblicherweise in der Familie auch ohne Entlohnung erbracht werden, können weder durch entsprechende

1290 BFH, Urteil vom 14. September 1999 – IX R 88/95 –, BFHE 189, 424; BStBl. II 1999, 776 (777 re. Sp.); Verweis u. a. auf BFHE 126, 285; 173, 140; 180, 74.

1291 BFH, Urteil vom 14. September 1999 – IX R 88/95 –, BFHE 189, 424; BStBl. II 1999, 776 (778 li. Sp.); vgl. BTDrucks 13/1558, 152.

1292 BFH, Urteil vom 14. September 1999 – IX R 88/95 –, BFHE 189, 424; BStBl. II 1999, 776 (778 li. Sp.).

1293 Vgl. BFH, Urteil vom 21. September 1982 – VIII R 73/79 –, BFHE 137, 251; BStBl. II 1983, 201 (203 li. Sp.).

1294 BFH, Urteil vom 19. August 1971 – IV R 121/66 – BFHE 103, 463; BStBL. II 1972, 172 (Leitsatz).

Gestaltungen zu einem Abzugstatbestand umgestaltet werden noch können anderseits Einnahmen, die sich eher als Unterhaltszahlungen erweisen, in Einnahmen umqualifiziert werden. Letzteres gilt wohl aber nur so lange, wie die Entlohnung und der Umfang der Tätigkeit dem nach der Verkehrsauffassung typischen Verhältnissen in einer Familie entsprechen. Eine Zahlung in Höhe eines fremdüblichen Entgelts ist innerhalb der Familie durchaus steuerbar. So entschied der BFH in einem Fall der Geltendmachung von „Arbeitslohn" nach einer gescheiterten Hofübergabe.[1295] Durch die gerichtliche Geltendmachung und Entgegennahme der Ausgleichszahlung hätten die Kläger ihre anfänglich allein auf familienrechtlicher Grundlage erbrachten Leistungen der Erwerbssphäre zugeordnet. Sicherlich spielte hierbei eine Rolle, dass die Mithilfe auf einem Hof bei Aussicht einer späteren Übernahme ökonomisch eine andere Bedeutung hatte als die Pflege eines Verwandten.

Die Grenze der Gestaltungsfreiheit zeigt sich auch an folgendem Beispiel. Der Kläger wollte für sein häusliches Arbeitszimmer auch die Reinigungskosten als Werbungskosten abziehen. Hierfür schloss er mit seiner Ehefrau einen Dienstvertrag. Der BFH lehnt dieses Ansinnen des Steuerpflichtigen ab. Zwar gehörten auch die Reinigungskosten zu den Werbungskosten.[1296] Aber selbst wenn Verträge zwischen Ehegatten grundsätzlich steuerlich anzuerkennen seien, sei doch eine Grenze bei unbedeutenden Hilfeleistungen zu ziehen. In Anlehnung an die verfassungsgerichtliche Rechtssprechung[1297] folge nämlich, „dass die Mithilfe eines Ehegatten bei der beruflichen Tätigkeit des anderen Ehegatten, die nach Art und Umfang über den Rahmen unbedeutender Hilfeleistungen nicht hinausgeht und nach den Verhältnissen üblich ist, steuerlich regelmäßig auch dann als Mitarbeit auf familienrechtlicher Grundlage zu behandeln ist, wenn die Ehegatten einen Arbeitsvertrag geschlossen haben".[1298] Denn üblicherweise würden solche Hilfeleistungen im Rahmen der ehelichen Lebensgemeinschaft unentgeltlich erbracht. Dies sei vorliegend der Fall. Insbesondere komme dem Arbeitszimmer, das nur außerhalb der Dienststunden genutzt werde, keine so große Bedeutung bei. Im Übrigen sei die Haushaltsführung durch die Unterhaltsgewährung mit abgegolten, so dass die Reinigung des Arbeitszimmers mit dieser in engem Zusammenhang stehe und nicht vergleichbar sei mit der Reinigung gewerblich genutzter Räume oder der Mitarbeit im Büro. Mithin seien die Leistungen der Ehefrau auf familienrechtlicher Grundlage gewährt, die eine steuerliche Anerkennung ausschließe.[1299]

1295 BFH, Urteil vom 08. Mai 2008 – VI R 50/05 –, BFHE, 221, 157; BStBl. II 2008, 868 (870 li. Sp.).

1296 BFH, Urteile vom 27. Oktober 1978 – VI R 166, 173, 174/76 – BFHE 126, 285; BStBl. II 1979, 80 (80 re. Sp.).

1297 Verweis auf BVerfGE 13, 290 – Ehegatten-Arbeitsverhältnisse und 13, 318 – Ehegatten-Arbeitsverhältnisse.

1298 BFH, Urteile vom 27. Oktober 1978 – VI R 166, 173, 174/76 – BFHE 126, 285; BStBl. II 1979, 80 (81 li. Sp.).

1299 BFH, Urteile vom 27. Oktober 1978 – VI R 166, 173, 174/76 – BFHE 126, 285; BStBl. II 1979, 80 (81 re. Sp.).

Ähnlich ordnet die Rechtsprechung auch „Vermietungstätigkeiten" innerhalb einer Lebensgemeinschaft der Privatsphäre zu, wie folgender Fall veranschaulicht[1300]:

Der Steuerpflichtige war Eigentümer einer Wohnung, in der er zusammen mit seiner Lebensgefährtin wohnte. Er vermietete die halbe Wohnung für DM 350,- an seine Lebensgefährtin, wobei er sich zur alleinigen Nutzung nur das Arbeitszimmer vorbehielt. Den Werbungskostenüberschuss machte er in seiner Steuererklärung geltend. Das FA lehnte eine Berücksichtigung der „Vermietungstätigkeit" ab, da er die gesamte Wohnung nach wie vor benutzt hätte. Es setzte weder die Einnahmen noch die Ausgaben an. Das FG wies die Klage ab. Es schloss aus § 12 Nr. 1 Satz 2 EStG, dass die geltend gemachten Aufwendungen nicht als Werbungskosten abgezogen werden könnten.[1301] Der BFH wies die Revision zurück. Er stützt sein Urteil nicht auf § 12 EStG, sondern verneint eine einkommensteuerbare Tätigkeit überhaupt. Zwischen dem Steuerpflichtigen und seiner Partnerin hätte im Streitjahr eine Lebensgemeinschaft bestanden. Eine Lebensgemeinschaft sei zugleich auch eine Wirtschaftsgemeinschaft, deren wesentlicher Bestandteil das gemeinsame Wohnen sei.[1302] Grundlage für das gemeinsame Wohnen sei die persönliche Beziehung („innere Beziehung"). Auf dieser Grundlage trügen die Partner einer Lebensgemeinschaft unter dem Aspekt der Wirtschaftsgemeinschaft nach ihren Kräften finanziell zur gemeinsamen Lebensführung samt dem Wohnen bei. Die als Mietzins deklarierten Zahlungen seien daher als Beiträge zur gemeinsamen Haushaltsführung zu betrachten. Und wenn die Einnahmen nicht als Mieteinahmen bewertet werden könnten, so könnten auch keine entsprechenden Aufwendungen geltend gemacht werden.[1303]

dd) Zusammenfassung der Rechtsprechung

Bei Verträgen innerhalb der Familie kommt es neben der tatsächlichen Durchführung und rechtswirksamen Vereinbarung entscheidend auf das zwischen Fremden Übliche an, ob eine Leistung und damit auch die Gegenleistung dem Betrieb und allgemeiner der Erwerbssphäre oder dem privaten Bereich zuzuordnen ist.[1304] Hilfeleistungen, die üblicherweise auf familienrechtlicher Grundlage erbracht werden, finden in der Regel steuerrechtlich keine Anerkennung, da diese gerade wegen ihrer

---

1300 BFH, Urteil vom 30. Januar 1996 – IX R 100/93 –, BFHE 180, 74; BStBl. II 1996, 359.

1301 FG Baden-Württemberg, Urteil vom 29. Oktober 1993 – 9 K 69/91 –, EFG 1994, 192.

1302 BFH, Urteil vom 30. Januar 1996 – IX R 100/93 –, BFHE 180, 74; BStBl. II 1996, 359 (360li. u re. Sp.).

1303 BFH, Urteil vom 30. Januar 1996 – IX R 100/93 –, BFHE 180, 74; BStBl. II 1996, 359 (360 re. Sp.)

1304 BFH, Urteil vom 09. Dezember 1993 – IV R 14/92 –, BFHE 173, 140; BStBl. II 1994, 298 (298 re. Sp.).

Geringfügigkeit, ihrer Eigenart oder mangels sachlicher und zeitlicher Festlegung ihres Inhalts, dem Fremdvergleich nicht standhalten.[1305]

Aus den gleichen Erwägungen ist auch Taschengeld nicht steuerbar, da ihm – auch bei Verknüpfung mit familiären Gegenleistungen – der Erwerbscharakter fehle.[1306]

Auch das Wohnen ist bereits durch die Berücksichtigung des Existenzminimums steuerrechtlich abgegolten. Wie die Lebenspartner ihren Konsum aufteilen und wer mehr oder weniger hierzu beiträgt, soll grundsätzlich Privatsache bleiben und weder den Staat berechtigen zu sehr in diese Angelegenheiten einzudringen noch den auskunftsfreudigen Bürger Möglichkeit geben, seine Konsumausgaben als Erwerbsausgaben zu deklarieren. Daher nimmt der BFH an, dass es auch andere Grundlagen für Vermögensverschiebungen geben kann, ohne dass diese gleich einkommen- oder schenkungssteuerpflichtig sein müssten. Hierin liegt eine Wertung und als Maßstab eine typisierende Betrachtung der Partnerschaft als eine Wirtschaftsgemeinschaft, die im Rahmen des Üblichen nicht steuerbar sein soll (Fremdvergleich).[1307]

Für Pflegeleistungen hat der Gesetzgeber mit dem Jahressteuergesetz 1996 den § 3 Nr. 36 EStG geschaffen und in der Gesetzesbegründung die Rechtsprechung sanktioniert, dass bei einer familienrechtlichen Motivation kein Leistungsaustausch vorliege.[1308] Insoweit wirkt die neue Norm nur klarstellend.[1309] Sie begründet die Steuerfreiheit darüberhinaus, der Höhe nach jedoch beschränkt, für andere Personen, die aus ähnlicher Verbundenheit Pflegeleistungen erbringen.[1310] ME sollte der Freibetrag des § 3 Nr. 36 EStG aus Gleichbehandlungserwägungen, die den geänderten gesellschaftlichen Anschauungen Rechnung tragen, als begrenzender Maßstab für die Beurteilung einer Pflegeleistung auf familienrechtlicher Grundlage herangezogen werden.[1311]

1305 BFH, Urteil vom 09. Dezember 1993 – IV R 14/92 –, BFHE 173, 140; BStBl. II 1994, 298 (298 re. Sp.); vgl. zum Fremdvergleich zur Abgrenzung von Einkünfteerzielungsbereich und Privatbereich auch, *Egmont Kulosa*, in: Heinrich Weber-Grellet (Hg.), Schmidt, Einkommensteuergesetz Kommentar, 33. Aufl., 2014, § 21, Rn. 48.

1306 *Reimer*, Schnecke mit Spoiler: Das Steuerverinfachungsgesetz 2011, S. 929 (934); dort auch zu § 2 Nr. 2 BFDG: keine Erwerbsabsicht, wenn nur angemessenes Taschengeld, Nr. 4.

1307 Vgl. *Lang*, Die Bemessungsgrundlage der Einkommensteuer, S. 546, der von einer Erwerbs- und Verbrauchsgemeinschaft spricht.

1308 BT-Drucks. 13/1558, S. 152.

1309 BFH, Urteil vom 14. September 1999 – IX R 88/95 –, BFHE 189, 424; BStBl. II 1999, 776 (778 li. Sp.).

1310 So auch *von Beckerath*, in: Kirchhof, Einkommensteuergesetz, § 3, Rn. 69.

1311 Allgemein zum Fremdvergleich: *Pezzer*, Der Fremdvergleich als Prüfmaßstab für Verträge zwischen nahestehenden Personen. Sachverhaltswürdigung oder rechtliche Subsumtion?, S. 850 ff.; BFH, Urteil vom 31. Juli 2007 – IX R 8/07 –, BFH/NV 2008, 350.

5. Zwischenergebnis

Eine Leistung kann nicht allein deswegen verneint werden, weil zugleich eine staatsbürgerliche Pflicht erfüllt wird. Der systematisch vorgehende Hobbydetektiv oder Schatzsucher kann unter Umständen steuerpflichtig werden, auch wenn er durch Fundabgabe oder Informationsweitergabe staatsbürgerlichen Pflichten nachkommt. Ohne Wertung aller Umstände des Einzelfalls kann eine pauschale Zuordnung also nicht getroffen werden. Als Regel kann aber festgestellt und auch vertreten werden, dass der Veranlassungszusammenhang dann unterbrochen wird, wenn die Handlung nicht erwerbsgerichtet erfolgt, also nicht geeignet ist, einen dauernden Überschuss zu erzielen. Gleiches soll gelten, wenn die „Ersthandlung" (Fund, Informationserlangung) nicht planmäßig erfolgt und die anschließende „Verwertungshandlung" auf Grund einer gesetzlichen Pflicht vorgenommen wird und somit nicht ins Belieben des Steuerpflichtigen gestellt ist.

Bei familienbezogenen Leistungen sind in der Regel Ausgaben und Einnahmen der nicht-steuerbaren Sphäre zugeordnet.[1312] Dies gilt auch, wenn nur gegenseitige Hilfeleistungen ausgetauscht werden. Diese werden „uno actu" durch die familiäre oder lebenspartnerschaftliche Lebensführung verbraucht, ohne dass es zu einer Vermögensmehrung durch Marktteilnahme kommt.[1313] Die Bewertung, ob die Gegenleistung für eine solche Tätigkeit noch angemessen ist und der Vorgang insgesamt den Bereich der Privatsphäre nicht verlässt, erfolgt an Hand eines Fremdvergleichs. Die in diesem Zusammenhang besprochenen Urteile verdeutlichen, dass das Einkommensteuergesetz in erster Linie am Markt erwirtschaftete Vermögensmehrungen erfassen, also die Nutzung einer Erwerbsgrundlage treffen will. Bei Vorgängen in der Privatsphäre soll daher nicht an den einzelnen Austauschakt angeknüpft werden, sie sollen einkommensteuerlich geschont oder von der Besteuerung ausgenommen sein.

Die Liebhaberei oder der Gesichtspunkt der familienrechtlichen Grundlage dienen auch dem Schutz der Privatssphäre. Bei typischen Tätigkeiten der Lebensführung wie einem Hobby wendet die Rechtsprechung daher zu recht einen großzügigeren Beurteilungsmaßstab an. Die darin etwa bestehende Ungleichbehandlung rechtfertigt sich als Ausfluss verfassungsrechtlich fundierter Prinzipien durch den beschriebenen Privatsphärenschutz: Nicht-Besteuerung von Handlungen innerhalb der privaten Lebensführung, die auch sonstige, auf familienrechtlicher Grundlage erbrachte Leistungen erfasst. Dabei spielt natürlich auch der Gesichtspunkt der Praktikabilität und Gleichmäßigkeit der Besteuerung eine Rolle.

Darüberhinaus könnte allgemein der zeitlich versetzte gleichartige Austausch von Sachleistungen – wie gegenseitige Kinderbetreuung – oder allgemein der Austausch von Sachleistungen, die nicht zur jeweiligen beruflichen Sphäre des Leistenden

---

1312 So auch *Ismer*, Die einkommensteuerliche Privatsphäre nach „Big Brother" – dogmatische Grundfragen bei den sonstigen Leistungen, S. 1057 (1062).

1313 *Lang*, Die Bemessungsgrundlage der Einkommensteuer, S. 253.

gehören, könnten, wie *Ismer* vorschlägt, der Privatsphäre zugeordnet werden.[1314] Diese Fälle können mE jedoch alle über die dargestellten Kriterien gelöst werden.

Das Einkommensteuerrecht möchte am wirtschaftlichen Erfolg, also einem Ertrag, partizipieren. Bei einem Sachleistungstausch auf der privaten Lebensführungsebene ist ein solcher jedoch gerade nicht feststellbar, wenn lediglich gleichartige Leistungen getauscht werden. Das auslösende Moment muss dabei in einer persönlichen Beziehung bestehen und nach der Verkehrsanschauung sozialüblich sein. Eine zu weite Ausdehnung würde im Übrigen § 8 EStG widersprechen, der auch geldwerte Vorteile zu den Einkünften rechnet. Liegt also in dem angesprochenen Sachleistungsaustausch die Nutzung einer Erwerbsgrundlage, stellt der Empfang der Gegenleistung durchaus eine steuerbare Einnahme dar. Wenn hierbei Vermögensgegenstände des Privatvermögens betroffen sind, hängt die Steuerbarkeit von der Bestimmung der Vermögenssphäre ab, die auch als privat bezeichnet wird. Diese soll nun untersucht werden.

IV. Vermögenssphäre

Dem geltenden Einkommensteuerrecht liegt der Einkünftedualismus zu Grunde: die Einkunftsarten des § 2 Nr. 1 bis 3 EStG ermitteln als Bemessungsgrundlage den Gewinn, in der Regel durch einen Bestandsvergleich des Vermögens zu Beginn und Schluss eines Steuerjahres, die Einkunftsarten des § 2 Nr. 4 bis 7 EStG ermitteln als Bemessungsgrundlage die Differenz von Einnahmen und Werbungskosten durch eine Überschussrechnung.[1315] Daraus schließt die herrschende Meinung, „dass Wertveränderungen des zur Erzielung von Überschusseinkünften eingesetzten Vermögens [im Gegensatz zu Gewinneinkünften] grundsätzlich unbeachtlich sind".[1316] Der Dualismus der Einkünfteermittlung bewirkt einen dualistischen Vermögensbegriff: Zum einen gibt es das von der Einlage bis zur Entnahme steuerlich verstrickte Betriebsvermögen. Zum anderen gibt es das nicht steuerverstrickte Privatvermögen, die nicht-steuerbare Vermögenssphäre.[1317] So formuliert der BFH im Zusammenhang mit der Leistungsdefinition, dass die Leistung ein Tun, Unterlassen und Dulden ist, das Gegenstand eines entgeltlichen Vertrages sein kann und um des Entgelts willen

1314 *Ismer*, Die einkommensteuerliche Privatsphäre nach „Big Brother" – dogmatische Grundfragen bei den sonstigen Leistungen, S. 1057 (1062).

1315 Streng genommen handelt es sich um einen Dualismus der Einkommensbegriffe, denn die Einkünfte kann man auch bei den Gewinneinkünften durch eine Überschussrechnung bestimmen, § 4 Abs. 3 EStG. Auch *Hey* weist hierauf hin, *Hey*, Tipke/Lang, Steuerrecht (21. Aufl.), § 8, Rn. 187. Aber da auch sie sonst vom Dualismus der Einkunfsarten bzw. Einkünfteermittlung spricht, so explizit in § 8, Rn. 181, wird auch für in dieser Arbeit an dieser gängigen Terminologie festgehalten.

1316 Vgl. nur *Schimmele*, Nutzungsüberlassung, S. 22.

1317 Das zivilrechtliche Verständnis des Privatvermögens deckt sich nicht mit dem steuerlichen Begriff des Privatvermögens.

erbracht wird, soweit es sich nicht um einen in der – *grundsätzlich nicht steuerbaren – Vermögenssphäre* liegenden Vorgang handelt".[1318] Dies legt die Vermutung nahe, dass es eine Definition der Vermögenssphäre gibt. Aber weder im Gesetz noch in der Rechtsprechung findet sich eine entsprechende Definition. In jedem Kommentar und Lehrbuch findet sich jedoch in unterschiedlicher Formulierung folgende Hypothese:

Es gibt eine nicht-steuerbare Vermögenssphäre. Sie wird gebildet aus dem Teil des Privatvermögens, das nicht steuerverstricktes Betriebsvermögen bei den Gewinneinkunftsarten ist. Alle Wertveränderungen dieser Sphäre sind unbeachtlich – realisiert oder unrealsiert –, es sei denn, eine Norm lässt die Berücksichtigung einer Wertveränderung ausdrücklich zu oder schreibt eine Berücksichtigung ausdrücklich vor.[1319] Abzüge konnen daher nur als Werbungskosten geltend gemacht werden, weshalb § 9 Abs. 1 Satz 3 Nr. 7 EStG konstitutive Wirkung zukomme.[1320] Entsprechende Einnahmen (positiv wie negativ) sind nur dann beachtlich, wenn eine Norm die Erfassung einer wertrealisierenden Veräußerung vorschreibt, zum Beispiel §§ 22 Nr. 2, 23 EStG. Alle anderen wertrealisierenden Einnahmen sind nicht steuerbar.

Aber diese Hypothese war nie ein wirklichkeitsgetreues Abbild der Rechtsprechung, heute weniger als je zuvor.

1. Entwicklung des Begriffs der Vermögenssphären in der Rechtsprechung des RFH und BFH

a) Die Rechtsprechung des RFH

Der RFH hat sich den sonstigen Leistungseinkünften (damals noch Leistungsgewinne) im Bereich der vermögensbezogenen Leistungen zaghaft und vorsichtig angenähert.

Der RFH entschied schon früh, dass Veräußerungen und veräußerungsähnliche Vorgänge nicht unter die sonstigen Tätigkeiten des § 41 Abs. 1Nr. 2 EStG 1925 subsumiert werden könnten. Als Tätigkeit könne aber zunächst jede Betätigung in Betracht kommen, die nicht lediglich in einer Veräußerung bestünde.[1321]

1318 BFH, Urteil vom 05. August 1976 – VIII R 97/73 –, BFHE 120, 180; BStBl. II 1977, 26 (27 li. Sp.) – Hervorhebung durch den Verfasser.

1319 Vgl. nur *Hey*, Tipke/Lang, Steuerrecht (21. Aufl.), § 8, Rn. 182: Sie spricht vom steuerlich unbeachtlichen Stammvermögen, so dass Veräußerungseinkünfte und Substanz- und Wertverluste des Stammvermögens irrelvant seien; *dies.*, a.a.O., § 8, Rn. 50: Wertveränderungen im Stammvermögen = Quellvermögen einschließlich der Wertrealisation seien unbeachtlich.

1320 BFH, Urteil vom 21. Dezember 1982 – VIII R 215/78 –, BStBl. II 1983, 410 (412).

1321 RFH, Urteil vom 12. September 1934 – VI A 664 –, StuW 1934 II, Urteil Nr. 659, Sp. 1418 (1420).

aa) Einwirkung auf Sachen im Eigentum des Steuerpflichtigen

Der RFH hatte ein sehr weites Verständnis von Veräußerungen und zählte hierzu auch alle Rechtsgeschäfte, die einer Veräußerung vorgehen oder nachlaufen können. So hielt er Optionen für nicht steuerbar, da lediglich eine Rechtslage auf der Vermögensebene geschaffen werde, aber keine besondere Tätigkeit entfaltet werde.[1322] Später begründete er dies zusätzlich damit, dass sie Beschränkung der Verfügungsfreiheit darstellten.[1323] Auch Vertragsstrafen waren per se nicht steuerbar.

Dass die Vorgänge zudem nicht veräußerungsähnlich sein dürfen, begründet *Becker*, der nach eigenem Bekunden ca. 2000 Urteile pro Jahr abfasste, mit einem Vergleich zum damaligen § 41 Abs. 1 Nr. 1 EStG, der Spekulationsgewinne erfasste, aber eben eine Unterart der Leistungseinkünfte war.[1324] Da Veräußerungen zu den Spekulationsgewinnen zählten und diese verschieden von den Tätigkeitseinkünften nach Nr. 2 seien, könnten veräußerungsähnliche und spekulationsähnliche Vorgänge nicht unter die sonstigen Tätigkeiten fallen.[1325] *Becker* begründet den Kerngedanken folgendermaßen: Ein Unternehmer schaffe durch seine Tätigkeit Werte, durch deren Absatz in Form von Lieferungen und Leistungen er Entgelt als Gegenleistung erzielt; Spielen, Betteln, Schmuggeln und Klauen seien dagegen einseitige Raubzüge.[1326] Gleichwohl schränkt auch *Becker* wieder ein, dass mit der entgeltlichen Tätigkeit nur die Grund-Tätigkeit der § 6 Abs. 1 Nr. 1 – 3 EStG 1925 gemeint sei, also das Wesen und Idealbild, welches dem Gesetzgeber vorschwebte. Der Gegensatz zwischen Spekulation und „normaler" Tätigkeit zeige sich darin, dass bei letzterer das Gewinnerzielen aus einem Dienen für den Verkehr im Vordergrund stehe und bei ersterem nicht so sehr die Bedürfnisbefriedigung Dritter als die eigene Gewinnmaximierung des Spekulanten.[1327] Im Übrigen werde durch die Eingrenzung des Tätigkeitsbegriffs dem Gebot der Leichtigkeit, Sicherheit und Gleichmäßigkeit der Besteuerung entsprochen und verhindert, dass durch die Hintertür des § 41 Abs. 1 Nr. 2 EStG 1925 der *Schanz*'sche Einkommensbegriff wieder in das Gesetz Eingang finde.[1328]

1322 RFH, Urteil vom 28. Mai 1930 – VI A 1948 –, StuW 1930 II, Urteil Nr. 1375, Sp. 2100 (2101/2102); RFH Urteil vom 02. März 1932 – VI A 1330 –, StuW 1932 II, Urteil Nr. 645, Sp. 1251.

1323 RFH, Urteil vom 06. Oktober 1937 – VI A 576 –, StuW 1937 II, Urteil Nr. 632, Sp. 1208 (1215).

1324 *Becker*, Die Grundlagen der Einkommensteuer, im Vorwort; vgl. auch die nachfolgenden Fußnoten.

1325 *Becker*, in: StuW 1928 I, Sp. 809–838 (823f.), der dort auch allgemein auf die Möglichkeit eines entgeltlichen Duldens im Rahmen des § 41 Abs. 1 Nr. 2 EStG (1925) hinweist (im Sinne einer Nutzung des Eigentums).

1326 *Becker*, in: StuW 1928 I, Sp. 589 (591).

1327 *Becker*, in: StuW 1928 I, Sp. 589 (592f.).

1328 *Becker*, in: StuW 1928 I, Sp. 589 (594), insb. können so Tätigkeiten zum Eigenverbrauch ausgeschieden werden.

bb) Einwirkung auf das Vermögen als solches durch Verpflichtungen

Spekulation ist, wie schon oben im historischen Abriss erörtert, damals wie heute ein nicht unbedingt positiv besetzter Begriff.[1329] Die Rechtsprechung neigte dazu, solche „unehrenhaften" Vorgänge nicht zu besteuern. Bei der Spekulation fehle jede *besondere* Tätigkeit. Daher hielt der RFH auch Bürgschaftsprovisionen für nicht steuerbar: Der bedingte Vermögenseinsatz, die Übernahme eines Wagnisses auf dem Gebiet des Vermögens sei nichts anderes als ein Lottospiel mit umgekehrten Vorzeichen und daher ein ausschließlich auf dem Gebiet des Kapitalvermögens stattfindender Vorgang, der nicht steuerbar sei.[1330] Einnahmen wie Ausgaben fielen in der Vermögenssphäre an.

Sieben Jahre später kam der RFH zu einer denkwürdigen Rechtsprechungsänderung. Danach fiel die Bürgschaftsübernahme immer noch in die Vermögenssphäre, aber die Avalprovision unterfiel nun trotz einer der Bürgschaft immanenten Gefahr als wiederkehrender Bezug dem § 22 Nr. 1 EStG.[1331] Diese Schlussfolgerung entbehrt jeder Logik, denn entweder ordnet man einen Vorgang der Vermögenssphäre zu oder nicht. Aber der RFH schafft beides in einem und zeigt damit, dass schon damals die Hypothese der Trennung von Vermögenssphäre und Einkommenssphäre keinen einheitlichen Prämissen folgte. Es fehlten dem RFH eindeutige Kriterien, mit deren Hilfe sich eine Trennung überzeugend nachvollziehen ließ, wenn das rekurrieren auf Bilder wie das Lottospiel nicht funktionierte. Denn in einem ähnlichen Fall einer Erfolgsbeteiligung – hier an einer Gesellschaft – nahm der RFH selbstverständlich die Steuerbarkeit des „Erfolgszinses" an, auch wenn die Rückzahlung des eingesetzten Kapitals hoch spekulativ war.[1332] Die Hingabe an Geld reichte dem RFH hier augenscheinlich, um eine besondere Tätigkeit begründen zu können (was im Falle des Lotteriekaufes oder des Versprechens, eine Bürgschaft zu übernehmen, verneint wird). Gleichzeitig könne von einem Ertrag erst dann gesprochen werden, wenn der Einsatz zuvor zurückgezahlt worden sei.

Anfangs fungierte die Vermögenssphäre als Argument zur Bejahung eines nichtsteuerbaren Vorgangs – wie bei der Bürgschaft. Mit den Jahren verwendete der RFH und ihm nachfolgend der BFH die Vermögenssphäre auch als Argument, Ausgaben und Wertverluste, die mit einer Einnahme wirtschaftlich unfraglich in Zusammenhang standen, die Abzugsfähigkeit als Werbungskosten abzusprechen. Hielt *Becker* einer Besteuerung der Avalprovision auch deswegen für sonderbar, weil man dann den Bürgschaftsfall als Werbungkosten betrachten müsste[1333], erklärte der RFH und

1329 Vgl. auch *Jonas*, Fehlgeschlagene Aufwendungen, 1993, Diss., S. 41 u. 129.
1330 RFH, Urteil vom 22. Januar 1936 – VI A 16 –, StuW 1936 II, Urteil Nr. 188, Sp. 484.
1331 RFH, Urteil vom 11. Februar 1943 – IV 119 – StuW 1943 II, Urteil Nr. 105, Sp. 174 (174).
1332 RFH, Urteil vom 17. Oktober 1935 – VI A 273 – StuW 1935 II, Urteil Nr. 704, Sp. 1708 (1710).
1333 *Becker*, in: StuW 1936 I, Sp. 1669 (1672) sowie *ders.*, in: StuW 1936 I, Sp. 513 (531).

ihm nachfolgend der BFH ohne Begründung lapidar, dass sich die Ausgaben in der unbeachtlichen Vermögenssphäre abspielten.

cc) Einwirkungen auf bestehende Rechtspositionen wie Forderungsrechte, Immaterialgüterrechte und deren Vorstufen

Problematisch war von Beginn an die Besteuerung von Vorgängen, die sich auf bestehende Rechtspositionen bezogen, zum Beispiel Mietrechte, Lizenzen, Know-How und Erfindungen, aber auch Gestaltungsrechte. *Becker* und der RFH diskutierten viele Vorgänge dabei als „Problem" der Vermögenssphäre, die man heute eher unter der Einkünfteerzielungsabsicht diskutiert und stellten zudem gerne auf technische Details ab: Fließe für ein Verhalten mehrmalig eine Geldsumme, so gleiche das einer Nutzungsüberlassung, fließe hingegen nur einmalig eine Geldsumme, so würde das einer Vermögensverschiebung ähneln. Stichwort ist hier die unterschiedliche Behandlung von Bürgschaftsprovisionen, aber auch die Übernahme von Nutzungsbeschränkungen des eigenen Vermögens, wie zum Beispiel die Verpflichtung, sein Gartengrundstück nicht zu bebauen. Bei laufender Zahlung liege ein mietähnliche Nutzung vor. Wenn jedoch gegen einmaliges Entgelt eine Grundgerechtigkeit eingeräumt werde, falle dies in die Vermögenssphäre, die neben vollständigen Veräußerungen von Vermögensgegenständen auch weitere Vorgänge erfasse.[1334]

Dies bedeutet nicht, dass für den RFH alle Veräußerungen im Privatvermögen steuerfrei waren. So waren Einnahmen für die Verwertung von Erfindungen auch als Leistungseinkunft steuerbar, selbst wenn die Verwertung nur durch Veräußerung des sie verkörpernden Rechts erlangt werden konnte.[1335] Hier werde, betonte der RFH wiederholt, die Gesamtheit der Tätigkeit entlohnt. Das Recht verkörpere lediglich die zusammengeballte, vorherige Tätigkeit.[1336]

Ähnlich urteilte der RFH später zur Aufgabe einer Mietwohnung.[1337] Hier erhielt der Steuerpflichtige für die Inanspruchnahme seiner Rechtspositionen für ein Verkehrsprojekt eine Entschädigung. Fraglich war nun, wie die Entschädigung für

---

1334 *Becker,* in: StuW 1936 I, Sp. 1669–1692 (1672).

1335 RFH, Urteil vom 08. Februar 1933 VI A 493 – StuW 1933 II, Urteil Nr. 789, Sp. 1780.; anders heute der BFH zu Zufallserfindungen, die zumindest nicht von § 22 Nr. EStG erfasst werden sollen, BFH, Urteil vom 18. Juni 1998 – IV R 29/97 –, Tz. 24, juris, BFHE 186, 351, BStBl II 1998, 567; jedoch handelt es sich um eine rein akademische Gedankenübung, da keine Idee ohne jedwede technische Ausarbeitung und Erläuterung unmittelbar patentierbar ist. Zwar stellt der Patentantrag keine Leistung dar, aber die vorherige Ausarbeitung und Ausformulierung des Antrags. Zu Recht weißt der BFH darauf hin, dass ihm kein Fall einer Zufallserfindung bekannt sei, siehe sogleich unten.

1336 Einer Besteuerung kann der Erfinder nicht dadurch ausweichen, dass er das Ergebnis seiner Erfindertätigkeit als Recht deklariert und dieses dann als Vermögensbestandteil seines Privatvermögens veräußert.

1337 RFH, Urteil vom 12. September 1934 VI A 664 – StuW 1934 II, Urteil Nr. 659, Sp. 1418.

die Aufgabe der Mietwohnung besteuert werden konnte. Der RFH verglich den Fall mit dem gesetzlichen Beispiel der gelegentlichen Vermittlung und bejahte die Steuerbarkeit der Entschädigung für die Wohnung nach § 41 Abs. 1 Nr. 2 EStG 1925, warf aber in diesem Zusammenhang das Problem auf, ob man nicht Werbungskosten für das Suchen einer neuen Wohnung abziehen müsste oder ob diese nicht ohnehin in die Privatsphäre fielen.[1338] Später vertrat der RFH eine völlig geänderte Rechtsauffassung: Leistungseinkünfte erfassten solche Entgelte nicht, die das Vermögen betreffen.[1339] Auch Rechte könnten wie Gegenstände veräußert werden und das Entgelt enspräche in der Regel dem Wert des hingegebenen Vermögenswerts. Auch die Überlegung zum Werbungskostenabzug hielt er für abwegig, denn wer gebe schon seine Wohnung auf, um die Entschädigung zu erhalten. Für das Mietrecht gelte: Die Aufgabe des eigenen Rechts, für den Fall, dass ein Dritter in das Mietverhältnis eintreten könne, sei eine Veräußerung und die Aufgabe des eigenen Rechts zugunsten des Eigentümers, sei veräußerungsähnlich.[1340] Darüberhinaus erscheine die Zahlung einer Abstandssumme in diesen Fällen geboten, weil sie nach dem Normalbild dem Ausgleich gegenwärtiger und künftiger, mit der Aufgabe der Wohnung zusammenhängender Mehrausgaben dienen soll. Im Ergebnis werde ein Substanzschaden ersetzt. Die Rechtsprechung vollzog hiermit die erste 180° Kehrtwendung im Falle der Aufgabe und Beschränkungen von Mietrechten.

Selbstverständlich reagierten die Steuerpflichtigen auf diese Rechtsprechung, indem sie ihre Handlungen als Veräußerungen von Rechtspositionen darstellen wollten. So verhandelte ein Geschäftsführer einer Wirtschaftskammer während der Nazizeit mit einem jüdischen Geschäftsmann über die Arisierung und Übernahme seines Unternehmens.[1341] Die Übernahme scheiterte, aber er bot einer anderen Firma „seine Vorarbeiten" gegen die Zahlung von RM 100.000,- an. Diese übernahm sodann das Unternehmen. Die Zahlung an den Kläger, sei, so seine spätere Argumentation, nicht für seine Tätigkeit, sondern für den Verkauf des Verwertungsrechts an dem Unternehmen gezahlt worden. Der RFH folgte dieser Argumentation nicht, sondern sah hier eine Vermittlungsleistung, da es der Firma um den Erwerb des jüdischen Unternehmens samt seiner attraktiven Vermögenspositionen ging, und der Kläger diesen Erwerb unterstützte. Der Kläger habe darüberhinaus keine wie auch immer geartete Rechtsposition „Verwertungsrecht" besessen.

dd) Kritische Anmerkung von *Enno Becker*

Enno Becker wies bereits damals auf die Ungereimtheiten der Trennung von Vermögenssphäre und steuerbarer Sphäre hin, dass zum Beispiel sowohl der Verbrauch als auch der Untergang des Stammvermögens bei den Vermietungs und

1338 Hinsichtlich der Frage des Werbungskostenabzugs hat sich der RFH nicht geäußert.

1339 RFH, Urteil vom 11. Juli 1940 IV 113 – StuW 1940 II, Urteil Nr. 375, Sp. 277 (277).

1340 RFH, Urteil vom 11. Juli – 1940 IV 113 –, StuW 1940 II, Urteil Nr. 375, Sp. 277 (278).

1341 RFH, Urteil vom 07. August – 1941 IV 8 –, StuW 1941 II, Urteil Nr. 438, Sp. 344.

Verpachtungseinkünften zu den Werbungskosten gehört, aber nicht bei den Kapitaleinkünften.[1342] Gleichzeitig wies er auf die Problematik hin, dass die Scheidung von Fruchtziehung und Ertrag nicht mehr dem Rechtsempfinden entspreche, wenn gerade im Bereich der Kapitaleinkünfte es zu Verlagerungen in die nicht einkommensteuerbare Sphäre komme.[1343] Ungeachtet seiner Bedenken, dass es dabei nicht nur zu Verzerrungen zwischen Gewinn- und Überschusseinkunftsarten, sondern auch zu erheblichen Ungleichgewichten innerhalb der Überschusseinkunftsarten selbst komme, hielt er die Trennung für richtig und gerecht. Ein Erhaltungsgrundsatz des Vermögens sei eben keine unerlässliche Voraussetzung einer Besteuerung.[1344] Diese Schlussfolgerung ist jedoch bereits dogmatisch fragwürdig, wenn im Bereich der angeblich der Quellentheorie nachgebildeten Überschusseinkunftsarten die Erhaltung und der Bestand der Quelle irrelevant sein soll. Jedoch war damit der Weg vorgezeichnet, den der BFH nachfolgend einschlug.

b) Die Rechtsprechung des BFH

Der BFH verfolgt einen eher pragmatischen Ansatz und setzt damit die bereits unter dem IV. Senat in den 1940er Jahren begonnene Entwicklung fort. Für den BFH ist nunmehr die Übernahme eines finanziellen Wagnisses gegen Entgelt eine „Leistung" und Bürgschaftsprovisionen daher stets steuerbar.[1345] Die Begründung beschränkt sich auf die leere Behauptung, dass sich die Auslegung des Leistungsbegriffes gewandelt habe: Im Gegensatz zur Rechtsprechung des RFH sei eine Tätigkeit keine notwendige Voraussetzung mehr, sondern auch Dulden und Unterlassen genügten. Allein es findet sich kein Urteil des RFH, bei dem eine solche Differenzierung entscheidungserheblich war. Dieser hat lediglich oftmals eine *besondere* Tätigkeit verlangt und damit nicht das Verhalten an sich gemeint, sondern auf die Beziehung dieses Verhaltens zur Vermögenssphäre des Steuerpflichtigen abgehoben. Richtig ist also die Feststellung, dass der BFH die Reichweite der Vermögenssphäre anders beurteilt, in der Regel mit der Zuweisung der Einnahmen zur steuerbaren Sphäre und der Ausgaben zur steuerlich unbeachtlichen Vermögenssphäre.

Ebenso setzt der BFH sich nicht mit dem Problem der Werbungskosten im Verlustfalle auseinander. So sei der eingetretene Verlust infolge der Inanspruchnahme aus der Bürgschaft und der Verwertung verpfändeter Gegenstände ein bloßer Vermögensverlust und rechtfertige als solcher keinen Abzug als Werbungskosten.[1346] Das Gleiche unterstellt der BFH bei Prämien aus grundsätzlich steuerbaren Stillhaltergeschäften, bei denen Verluste aus dem Deckungsgeschäft unbeachtlich seien.

1342 *Enno Becker*, Zur Rechtsprechung, in: StuW 1931 I, 1283 u. 1285.
1343 *Becker*, Zur Rechtsprechung, 1285.
1344 *Becker*, Zur Rechtsprechung, 1286.
1345 BFH, Urteil vom 22. Januar 1965 – VI 242/62 U – BFHE 82, 184; BStBl. III 1965, 313 (315 li. Sp.).
1346 BFH, Urteil vom 11. Januar 1966 – I 53/63 – BFHE 85, 13; BStBl. III 1966, 218 (219 re. Sp.).

Die Steuerbarkeit von Stillhalterprämien – unter dem RFH nicht steuerbar, weil die Schaffung einer Rechtslage keine (besondere) Tätigkeit war – ist dem BFH zufolge jedoch steuerbar, weil die Schaffung einer derartigen Rechtslage doch als ein Tun anzusehen sei. Mehr als diese Feststellung benötigt der BFH nicht um seine Rechtsprechungsänderung zu begründen. Die Stillhalteverpflichtung sei auch nicht Teil des Veräußerungsgeschäfts, weil das Eigentumsrecht bis zur Annahme des Angebots bestehen bleibe.[1347]

Der BFH verkehrt die Argumentation des RFH in ihr Gegenteil, ohne den Inhalt der nicht steuerbaren Vermögenssphäre zu definieren.[1348]

Mitte der 1960er Jahre zeigte sich, dass (geänderte) politische und moralische Ansichten in der Gesellschaft die Rechtsfindung maßgeblich beeinflussen.[1349]

Dies wird an der bereits oben dargestellten Rechtsprechungsänderung zur Besteuerung der Prostitution deutlich. Hier hatte der VI. Senat des RFH unter *Enno Becker* der Prostituierten noch ein rein passives Sich-hergeben unterstellt, was keine Tätigkeit und damit keine sonstige Leistung sei. Der IV. Senat des RFH und nachfolgend der BFH hielten hingegen eine Nichtbesteuerung für ungerechtfertigt und unterwarfen das nun als aktiv beurteilte, aber als nicht wirtschaftlich bezeichnete Verhalten der Besteuerung nach § 22 Nr. 3 EStG.

Weiterhin erhielt der BFH erneut die Möglichkeit, zu Mieterabfindungen Stellung zu nehmen. Angesichts der Wohnungsknappheit würden immer mehr Mieter ihre Lage ausnutzen und sich nicht gerechtfertigte Abfindungen verschaffen.[1350] Diese Dreistigkeit könne nicht noch steuerlich belohnt werden. Da sein Leistungsbegriff weiter gefasst sei als der des RFH, dessen Auffassung möglicherweise noch aus Zeiten eines anderen Mietwohnungsmarktes stammten, könne man nun die Abfindung als Leistungseinkunft erfassen: Der Mieter verzichte auf seine Rechtsposition und ermögliche dadurch einem Dritten, das Mietverhältnis fortzusetzen.

Gemäß dieser Argumentation wäre eigentlich jede Veräußerung oder jeder veräußerungsähnliche Vorgang zu besteuern. Deshalb revidierte der BFH später seine Auffassung erneut.

Zunächst hielt der BFH in den 1970er Jahren entsprechend der zitierten Rechtsprechung die Einräumung einer Baulast für steuerbar gemäß § 22 Nr. 3 EStG, nachdem das FG noch einen dauerhaften Wertverlust und lediglich einen

---

1347 BFH, Urteil vom 26. April 1977 – VIII R 2/75 –, BFHE 122, 271; BStBl. 1977, 631 (632 re. Sp.).

1348 Heute werden Stillhalterprämien von § 20 Abs. 1 Nr. 11 EStG erfasst. Vgl. zur Rechtsprechung zuletzt Kubicki, Die Dogmatik des § 22 Nr. 3 EStG einschließlich der Querbezüge zur Schenkungsteuer, Diss., S. 138 ff.

1349 Vgl. auch den Anschauungswandel bei den Werbungskosten: Für *Strutz* war es 1927 selbstverständlich, dass eine Ehefrau den Haushalt führte und bei einer Berufstätigkeit der Mehraufwand für den Haushalt als Werbungskosten abziehbar sein müsste, *Strutz*, in: Strutz, EStG 1925, Band I, Einleitung, S. 125.

1350 BFH, Urteil vom 16. Dezember 1966 – VI R 61/66 –, BStBl. III 1967, 251 (re. Sp.).

Vermögensausgleich festgestellt hatte.[1351] Der Nachbar des Steuerpflichtigen hatte das Recht eingeräumt bekommen, auf einer Teilfläche eines dem Steuerpflichtigen gehörenden Grundstücks KFZ-Stellplätze einzurichten. Dies wurde in einer Baulast fixiert. Der BFH verneinte eine Veräußerung, weil gar kein Erwerber der Baulast feststellbar sei. Aber auch eine Vermögenswerthingabe sei nicht feststellbar, denn der Baulastbesteller sei nach wie vor Eigentümer des gesamten Grundstücks. Selbst wenn die Teilfläche einer anderen Nutzung durch den Nachbarn zugeführt worden sei, handele es sich dennoch um eine Nutzung seiner Teilfläche. Die Baulast sei nur dauerhaft, aber nicht für die Ewigkeit bestellt, eine bloß dauerhafte Wertminderung sei unerheblich.[1352]

Folgerichtig scheiterte auch ein weiterer Steuerpflichtiger mit seiner Rechtsauffassung, dass der Verzicht auf die Einhaltung des baurechtlichen Grenzabstands nicht steuerbar sein sollte. Der BFH anerkannte zwar ausdrücklich die Existenz einer nicht steuerbaren Vermögenssphäre an, diese würde jedoch nur Veräußerungen und substanzmindernde Vermögensumschichtungen umfassen.[1353] Diese liege nur bei einem Verzicht oder einem Wegfall eines selbständig zu beurteilenden Vermögenswertes oder einer abtrennbaren Rechtsposition vor. Nun sei der Anspruch auf Einhaltung des Grenzabstands zwar tatsächlich ein *vermögenswertes*, subjektiv-öffentliches *Recht*. Es sei aber als solches untrennbar mit dem Eigentum verbunden. Auch nach dem Verzicht oder Wegfall des Abwehrrechts bestünde die Rechtsposition „Eigentum" fort. Nach dieser recht technischen Sichtweise, die den BFH wohl selbst nicht gänzlich überzeugte, führt er als weitere Begründung an: Der Verzicht erfolge freiwillig und schlage sich allenfalls in der Nutzbarkeit des Eigentums nieder. Dass die Nutzbarkeit des Eigentums eine wesentliche Funktion – wenn nicht *die* Funktion des Freiheitsrechtes überhaupt ist – ficht den BFH nicht an. Also liegt die Vermutung nahe, dass in dem Verzicht weder ein Substanzverlust noch eine Vermögensumschichtung vorlag. Anders der BFH: Die Umschichtung von Vermögenswerten trete lediglich in den Hintergrund gegenüber der Nutzung der verbleibenden Substanzwerte. Entscheidend ist also die weitere, wenn auch eingeschränkte Nutzbarkeit der Gesamtrechtsposition „Eigentum".[1354] Im Ergebnis gleiche der Verzicht bei der gebotenen wirtschaftlichen Betrachtung der Verpachtung des eigenen Grundstücks und könne nicht anders behandelt werden als der Verzicht auf eine bestimmte Nutzung oder der Bestellung einer Baulast.[1355] An diesem Urteil

---

1351 BFH, Urteil vom 26. August 1975 – VIII R 167/71 –, BFHE 116, 550; BStBl. II 1976, 62.

1352 BFH, Urteil vom 26. August 1975 – VIII R 167/71 –, BFHE 116, 550; BStBl. II 1976, 62 (63 re. Sp.).

1353 BFH, Urteil vom 05. August 1976 – VIII R 97/73 –, BFHE 120, 180; BStBl. II 1977, 26 (27 li. Sp.).

1354 ME war hier wohl problematisch, dass der Verzicht nur schuldrechtlich erfolgte, was der BFH aber nur am Rande streifte.

1355 BFH, Urteil vom 05. August 1976 – VIII R 97/73 –, BFHE 120, 180; BStBl. II 1977, 26 (27 re. Sp.).

wird deutlich, wie schwer dem VIII. Senat des BFH die Unterscheidung zwischen einer Fruchtziehung durch (dauerhafte) Nutzungsüberlassung und einer Nutzung durch eine Vermögensumschichtung oder -beschränkung fällt.[1356] Der Satz, dass realisierte Wertsteigerungen und Wertminderungen unerheblich seien und in die nicht-steuerbare Vermögenssphäre fielen, scheint vergessen.

Spätestens nach den letzten drei Urteilen würde man daher meinen, dass die Frage der Reichweite der Vermögenssphäre beantwortet sei und die Beschränkung eines bloßen Mietrechts erst recht keine Vermögensumschichtung sein sollte, wenn schon die vollständige Aufgabe derselben Rechtsposition keine solche darstellte: Eine Beschränkung tritt ja hinter den übrigen Substanznutzen zurück und eine Vermögensumschichtung lieg nicht vor, weil der Vorgang vergleichbar mit einer Verpachtung eines Rechts ist und lediglich die eigene Nutzungssphäre betrifft. Anders wiederum der BFH.

In diesem wahrscheinlich ausführlichsten Urteil zu dieser Thematik kommt der VIII. Senat zu dem Ergebnis, dass Abfindungen für die vermögenswerte Einschränkung einer Mietposition nicht der Einkommensteuer unterliegen.[1357] Die Kläger bewohnten im Jahre 1967 eine Mietwohnung. Der Vermieter veräußerte nun einen Teil des Mietgrundstücks. Der Erwerber wollte hierauf einen Anbau errichten, für den es erforderlich war, die Mietwohnung erheblich umzubauen (u. a. Balkonabriss und Fensterverlust). Zwischen den Beteiligten wurde ein Vergleich geschlossen, in dem die Mieter sich verpflichteten, die Umbaumaßnahmen hinzunehmen und keine Mietminderung für den Umbau geltend zu machen. Im Gegenzug erhielten sie DM 20.000,- ausbezahlt. Diese Summe wollte das FA und das FG unter Hinweis auf eine Entscheidung des BFH als sonstige Einkunft aus Leistungen versteuern.[1358] Der VIII. Senat setzt sich dezidiert mit den vorherigen, widersprechenden Urteilen des BFH auseinander. Zunächst räumt er ein, dass die Definition der Leistung zwar einen abschließenden Eindruck mache, „obwohl der Begriff der Leistung i. S. von § 22 Nr. 3 EStG nicht erschöpfend umrissen wird".[1359] Dann räumt er ein, dass der angebliche, das erste Mal im Urteil vom 22. Juni 1962[1360] behauptete Bedeutungswandel des Leistungsbegriffs eigentlich nur meinte, dass Leistung im Sinne des § 22 Nr. 3 EStG nicht nur ein aktives Tun umfasse – wie gesehen eine Selbstverständlichkeit auch schon zu Zeiten des RFH. Er betont ferner, dass – wie auch § 49 Abs. 1 Nr. 9 EStG zeige –, im Privatvermögen nur Nutzungsvergütungen einkommensteuerbar seien und dass „der Gesetzgeber nach dem Sinn und Zweck der Einkommensbesteuerung die durch

1356 Kritisch auch *Michael Fuchs/Bettina Lieber*, Entschädigungen für naturschutzrechtliche Ausgleichsflächen nicht steuerbar, in: FR 2005, S. 285 (290), die davon ausgehen, dass der BFH den Fall heute entgegengesetzt entscheiden würde.

1357 BFH, Urteil vom 05. August 1976 – VIII R 117/75 –, BFHE 120, 182; BStBl. II 1977, 27.

1358 BFH Urteil vom 16. Dezember 1966 – VI R 61/66 –, BFHE 88,1, BStBl. III 1967, 251.

1359 BFH, Urteil vom 05. August 1976 – VIII R 117/75 –, BFHE 120, 182; BStBl. II 1977, 27 (28 li. Sp.).

1360 BFH, Urteil vom 22. Juni – 1962 VI 112/59 S – BFHE 75, 537; BStBl. III 1962, 465.

die Umschichtung privater Vermögenswerte zutage tretenden Wertsteigerungen nur unter ganz besonderen Voraussetzungen den steuerbaren Einkünften zuordnen wollte und zugeordnet hat".[1361] Er hebt hervor, dass es noch keine gesicherte Abgrenzung der Vermögenssphäre von den Leistungseinkünften gebe. Für die Abgrenzung könne es nicht darauf ankommen, ob ein Vermögenswert übertragen werde. Der für die Besteuerung nach § 22 Nr. 3 EStG auszuklammernde Vermögensbereich sei weiter und nicht auf echte Veräußerungen beschränkbar. Zur Begründung führt er den Fall an, dass jemand gegen Entgelt sein Haus abbricht. Das Entgelt würde in einem solchem Fall eine nicht steuerbare Entschädigung darstellen, obwohl kein Austauschverhältnis im Sinne einer Veräußerung vorliege.[1362] Entsprechendes müsse auch für Ersatzleistungen *materieller Vermögensverluste* gelten, womit dem RFH zugestimmt werde, dass es nicht steuerbare, weil veräußerungsähnliche Vorgänge (Vermögensumschichtungen) gebe.[1363] Der Gesetzgeber habe mit § 22 Nr. 2, § 23, § 17, § 22 Nr. 1 EStG abschließende Regelungen für die Umschichtung von Sachen und Rechten im Privatvermögen getroffen, auch wenn dies der Wortlaut zunächst nicht erkennen lasse. Natürlich liege nicht jede Überlassung privater Vermögenswerte gegen Entgelt auf der nicht einkommensteuerbaren Vermögensebene (siehe nur §§ 20, 21 EStG). Und auch wenn derartige Nutzungsverhältnissen mit Wertverlusten einhergingen, unterlägen sie zweifellos der Besteuerung.[1364] Zentral sei daher die Frage, für was das Entgelt gezahlt werde: als Gegenleistung für die Nutzungsüberlassung oder als Entschädigung für die Aufgabe eines Vermögenswertes im Bereich der Umschichtung (Veräußerung). Die Antwort auf diese Frage müsse nach dem wirtschaftlichen Gehalt der zugrunde liegenden Vereinbarungen gegeben werden. Eine Entschädigung liege dann vor, wenn der Vorgang bei wirtschaftlicher Betrachtung dem Normalbild des Ausgleichs für eine Minderung des Vermögenswertes in seiner Substanz entspricht. Dies sei nicht der Fall, wenn lediglich auf eine bestimme Nutzungsmöglichkeit verzichtet werde (dann liege wirtschaftlich ein Nutzungsverhältnis vor).[1365]

Interessant ist die nachfolgend dargestellte Begründungsstruktur für einen Wertausgleich: Zunächst nimmt der Senat die betroffene Rechtsposition in den Blick, das „Bezugsobjekt" oder „Leistungsbündel", auf das eingewirkt wird. Mit Abschluss des Mietvertrages hätten die Kläger ein vermögenswertes Recht auf Nutzung der gemieteten Wohnung für die voraussichtliche Dauer des Vertrages zu dem vereinbarten

1361 BFH, Urteil vom 05. August 1976 – VIII R 117/75 –, BFHE 120, 182; BStBl. II 1977, 27 (28 re. Sp.).

1362 BFH Urteil vom 05. August 1976 – VIII R 117/75 –, BFHE 120, 182; BStBl. II 1977, 27 (28 re. Sp.).

1363 BFH Urteil vom 05. August 1976 – VIII R 117/75 –, BFHE 120, 182; BStBl. II 1977, 27 (28 li. Sp.); Hervorhebung durch den Verfasser.

1364 BFH Urteil vom 05. August 1976 – VIII R 117/75 –, BFHE 120, 182; BStBl. II 1977, 27 (28 re. Sp. u. 29 li. Sp.).

1365 BFH, Urteil vom 05. August 1976 – VIII R 117/75 –, BFHE 120, 182; BStBl. II 1977, 27 (29 li. Sp.).

Mietpreis erlangt.[1366] Dieses Recht hätte sodann bei den Klägern im privaten Vermögensbereich gelegen. Nach den Feststellungen des FG sei durch die Umbauten eine *dauernde* Minderung des Vermögenswertes eingetreten. Es lägen weiter keine Hinweise vor, dass die Wertminderung hier nicht angemessen ermittelt worden sei. Durch den *Verzicht* auf die Geltendmachung ihrer Mieter*ansprüche* hätten sie einen der *selbständigen Beurteilung* fähigen *Teil* ihres Miet*rechts endgültig aufgegeben.*[1367] Das Entgelt hätten sie somit für die Hingabe dieses Vermögenswertes und nicht für ihre abstrakte Zustimmung zu den Umbaumaßnahmen erhalten (Wortlaut der Vereinbarung, wirtschaftliche Bedeutung). Denn auch eine nahe liegende Minderung des Mietpreises hätte ihre Einkünfte nicht berührt. Es komme einzig auf die *Wertminderung des Rechts auf Nutzung* einer höherwertigen Wohnung an, gleichgültig ob fremde Dritte für die veränderte Wohnung einen höheren Mietzins zahlen würden.[1368]

Der Unterschied zu den vorherigen Fällen liegt in der Dauerhaftigkeit der Veränderung.[1369] Im letzten Fall vermittelt das Mietrecht dauerhaft eine andere, im Vergleich zum vorherigen Zustand geringerwertige Wohnung. Dieser Gesichtspunkt kann auch auf die Rechtsposition des Eigentümers übertragen werden. Auch in seinem Falle liegt ein dauerhaft geringerwertiges Grundstück vor. In beiden Fällen muss die Änderung für die Ewigkeit sein. Der Nachbar kann sein angebautes Haus wieder abreißen und der Ursprungszustand kann wieder hergestellt werden. Insbesondere störte es den BFH nicht an, dass der Mieter auch vorzeitig aus der Wohung ausziehen könnte. Zur Typisierung wird gefragt, ob der Verzicht absehbar reversibel oder praktisch unmöglich ist.

Auf diese Frage musste der BFH schon bald eingehen. In dem häufig als U-Bahn-Röhren-Fall zitierten Urteil legt der BFH eine ausführliche und pragmatische, seinen Wertungmaßstab offenlegende Entscheidung vor.[1370]

1366 BFH, Urteil vom 05. August 1976 – VIII R 117/75 –, BFHE 120, 182; BStBl. II 1977, 27 (29 li. Sp.).

1367 BFH, Urteil vom 05. August 1976 – VIII R 117/75 –, BFHE 120, 182; BStBl. II 1977, 27 (29 li. Sp., Hervorhebung durch den Verfasser).

1368 BFH, Urteil vom 05. August 1976 – VIII R 117/75 –, BFHE 120, 182; BStBl. II 1977, 27 (29 re. Sp., eigene Hervorhebung).

1369 Dieser Aspekt war bereits unter dem Preußischen OVG von Bedeutung. Ebenso wie die Einräumung einer Dienstbarkeit grundsätzlich keine Veräußerung darstellt, aber unter Umständen wie eine solche zu behandeln ist, wurde zuvor die Überlassung eines Regals behandelt: Das Regal, wenn es dauerhaft einem anderen überlassen werde, wandele sich um in Kapitalvermögen und seine Überlassung stelle eine Veräußerung dar, *Georg Strutz*, Handausgabe des EStG, Berlin 1921, § 5, Anm. 4, S. 42: Pr. OVG XI a 33 vom 25. Januar 1919 DStBl. I 427 und Pr. OVG H C 81 vom 23. November 1911.

1370 BFH, Urteil vom 18. August 1977 – VIII R 7/74 –, BFHE 123, 176; BStBl. II 1977, 796.

Die Klägerin, Eigentümerin eines Grundstücks, schloss mit ihrer Stadt einen notariellen Vertrag, in dem sie dieser gegen Entgelt eine beschränkte persönliche Dienstbarkeit einräumte, wonach die Stadt das unwiderrufliche und immerwährende Recht erhielt, das Grundstück in einer bestimmten Fläche und einer bestimmten Tiefe unter der Geländeoberkante für den Betrieb einer U-Bahn zu bebauen und zu unterfahren. Sowohl das FA als auch das FG verneinten die Übertragung wirtschaftlichen Eigentums auf die Stadt und bejahten eine steuerbare Nutzungsüberlassung.[1371] Zunächst stellt der BFH klar, dass „das Entgelt für Überlassung zum Gebrauch, bzw. zur Nutzung eines Wirtschaftsguts, das in seinem *Substanzwert erhalten* wird, im allgemeinen der Einkommensteuer, sei es nach § 21, sei es nach § 22 EStG" unterliegt. Und grundsätzlich bedeute die Belastung eines Grundstücks oder eines Grundstücksteils mit einer Dienstbarkeit keinen *endgültigen* Rechts- und damit Eigentums*verlust* im Vermögensbereich.[1372] Auch hier anerkennt der BFH, dass ein Verlust an Wertsubstanz vorliege, nur müsse dieser für die Ewigkeit feststellbar sein. Unter Heranziehung der vorherigen Urteile hätte der BFH eine solche endgültige Belastung verneinen müssen, da der jeweilige Inhaber des beschränkenden Rechts jederzeit auf dieses verzichten kann, und daher höchstens eine dauerhafte Beschränkung, aber kein endgültiger Rechtsverlust vorliegt. Der BFH weicht von dieser Argumentationslinie jedoch ab: Es gebe Konstellationen, in denen die von den Steuerpflichtigen gewählten rechtlichen Gestaltungsmittel zwar nicht zu einer bürgerlich-rechtlichen Eigentumsübertragung führten, aber doch zu einer wirtschaftlich vergleichbaren Situation.[1373] „Die Grenze vom Nutzungs- zum Vermögensbereich ist dann überschritten, wenn die *gewählte Gestaltung* und die *tatsächliche Durchführung* der durch die Dienstbarkeit gesicherten schuldrechtlichen *Vereinbarungen* dazu führen, dass der Besteller zwar bürgerlich-rechtlich Eigentümer des belasteten Grundstücks bleibt, dass seine *Herrschaftsgewalt* daran *wirtschaftlich* gesehen jedoch *endgültig in vollem Umfang verliert* und eine *Rückübertragung* dieser Herrschaftsgewalt *praktisch unmöglich* wird. Diese Fälle des Verlustes des wirtschaftlichen Eigentums an Wirtschaftsgütern des Privatvermögens hat der BFH stets von der Zurechnung des Entgelts zu den Einkünften i. S. von § 21 bzw. § 22 Nr. 3 EStG ausgenommen. [...] In Übereinstimmung damit ist die Übertragung des wirtschaftlichen Eigentums als Vermögensübertragung i. S. von § 23 EStG zu beurteilen."[1374] Vorliegend liege ein Verlust des wirtschaftlichen Eigentums vor, weil der im Zeitpunkt des Vertragsschlusses *objektiv vorhandene Vermögenswert* durch die Änderung der *tatsächlichen Verhältnisse* faktisch nicht im Nutzungsbereich,

---

1371 BFH, Urteil vom 18. August 1977 – VIII R 7/74 –, BFHE 123, 176; BStBl. II 1977, 796 (796 li. Sp.).

1372 BFH, Urteil vom 18. August 1977 – VIII R 7/74 –, BFHE 123, 176; BStBl. II 1977, 796 (796 li. Sp. eigene Hervorhebung).

1373 BFH, Urteil vom 18. August 1977 – VIII R 7/74 –, BFHE 123, 176; BStBl. II 1977, 796 (796 li. Sp.).

1374 BFH, Urteil vom 18. August 1977 – VIII R 7/74 –, BFHE 123, 176; BStBl. II 1977, 796 (796 re. Sp. eigene Hervorhebung).

sondern in seiner *Substanz* von dem übrigen Grundstückseigentum *abgespalten* worden sei. Der BFH macht dies an mehren Punkten fest: Es liege keine Überlassung zu einem bestimmten Gebrauchszweck vor, da die Stadt das Erdreich entfernen darf und das Wirtschaftsgut „Grundstücksteil" durch die komplette und unwiderrufliche Bebauung des entstandenen Hohlraums derartig verändert werde, dass eine Rückübertragung der Herrschaftsgewalt absehbar ausgeschlossen sei. Ferner bliebe der Eigentümerin keine weitere Nutzungsmöglichkeit an dem betroffenen Grundstücksteil.[1375] Sie sei darüber hinaus tatsächlich und rechtlich nicht in der Lage, sich Zugang zu dem betreffenden Teil in ihrer Eigenschaft als Eigentümerin zu verschaffen, mithin sei die *tatsächliche Herrschaft* in vollem Umfang auf die Stadt *übergegangen*.[1376] Ihr verblieb lediglich das insoweit wirtschaftlich wertlose abstrakte Verfügungsrecht. Ferner müsse berücksichtigt werden, dass das Eigentum an dem betreffenden Grundstücksteil zivilrechtlich nicht übertragen werden konnte, so dass bei Würdigung der wirtschaftlichen Folgen keine Nutzungsüberlassung, sondern eine nicht steuerbare Übertragung der Vermögenssubstanz vorliege.[1377] Für die nicht steuerbare Übertragung sei es ausreichend, dass der belastete Grundstücksteil wie ein eigenes Wirtschaftsgut behandelt werde kann. Von einem eigenständigen Wirtschaftsgut könne man dann sprechen, wenn es in einem von einem anderen Wirtschaftsgut trennbaren Nutzungs- und Funktionszusammenhang stehe. Dies gelte auch für Wirtschaftsgüter im Privatvermögen. Der Grund und Boden ließe sich in mehrere Wirtschaftsgüter aufspalten, wodurch auch ein Dritter wirtschaftliches Eigentum an einem räumlich abgegrenzten, unselbständigen Teil eines Grundstücks erwerben könne, womit der einheitliche Nutzungs- und Funktionszusammenhang des Grund und Bodens durchbrochen werde.[1378]

Die Voraussetzungen einer Vermögensumschichtung lassen sich folgendermaßen definieren:

- *rechtsgeschäftliche Vereinbarung*, dinglich oder schuldrechtlich
- *tatsächliche Durchführung*
- *Verlust der wirtschaftlichen Herrschaftsgewalt*
- *praktische Unmöglichkeit einer Rückübertragung* dieser Herrschaftsgewalt

Der Umfang bezieht sich dabei auf das losgelöste Wirtschaftsgut, hier also den belasteten Grundstücksteil. Von einer bestehenden, gegenständlichen Rechtsposition wird faktisch ein Teil abgespalten, was bei einem Grundstück plastisch darstellbar ist. Wie das Mietrechtsurteil des BFH mit seinem obiter dictum für den Fall eines

1375 Dies stellt in der Rechtsprechung des BFH zuvor kein Argument dar, weil der Verzicht auf eine bestimmte Nutzung auch eine (negative) Nutzung ist.

1376 BFH, Urteil vom 18. August 1977 – VIII R 7/74 –, BFHE 123, 176; BStBl. II 1977, 796 (796 re. Sp. eigene Hervorhebung).

1377 BFH, Urteil vom 18. August 1977 – VIII R 7/74 –, BFHE 123, 176; BStBl. II 1977, 796 (797 li. Sp.).

1378 BFH, Urteil vom 18. August 1977 – VIII R 7/74 –, BFHE 123, 176; BStBl. II 1977, 796 (797 li. Sp.).

Hausabbruchs zeigt[1379], gilt dies für jede dauerhafte Umgestaltung einer Sache, gleichgültig ob an dieser Sache ein dingliches oder schuldrechtliches Nutzungsrecht des Sachherrschaftsinhabers besteht. Der BFH zeigt, dass in diesen Fällen die abgetrennte Rechtsposition als eigenständiges Wirtschaftsgut betrachtet werden kann.

Im Mietrechtsurteil knüpfte der BFH dabei ausdrücklich an die Ansprüche des Mieters aus dem Mietvertrag an und zählte auch den Verzicht auf die Minderung des Mietzinzes zur Vermögenssphäre. Entscheidend war letztendlich die Wertminderung der Rechtsposition auf Nutzung einer höherwertigen Rechtsposition. Ein Substanzverzicht in Form einer Umgestaltung eines körperlichen Gegenstands ist daher nicht immer Voraussetzung für die Qualifizierung eines Vorgangs als Umschichtung in der Vermögenssphäre, sondern lediglich ein Indiz hierfür. Dies zeigt auch ein Vergleich mit dem folgenden Bausperren-Urteil.

Der BFH entschied im Falle einer vorübergehenden faktischen Bausperre – die Behörde hatte nur angekündigt, keine Baugenehmigung zu erteilen –, dass die Entschädigung nicht steuerbar sei.[1380] Zunächst läge keine nach § 21 Abs. 1 Nr. 1 EStG steuerbare Nutzungsvergütung vor, da hierfür eine Gebrauchsüberlassung erforderlich sei. Reine Gebrauchsminderungen unterfielen höchstens § 22 Nr. 3 EStG. Sodann stellte der BFH fest, dass die mangelnde Bebaubarkeit einen Substanzschaden darstelle, der ob seiner hoheitlichen Ursache auch entschädigungspflichtig sei. Eine Steuerbarkeit nach § 22 Nr. 3 EStG scheitere wegen des hoheitlichen Zwangscharakters. Nur zwangsweise Gebrauchsüberlassungen zur Nutzung durch Dritte seien stets steuerbar.[1381]

Also gilt: Bei einer dauerhaften Eigenschaftsänderung eines Vermögensgegenstandes des Privatvermögens stellt die Gegenleistung einen nicht-steuerbaren Vermögensausgleich dar. Hierfür ist eine Übertragung nicht unbedingt erforderlich, sondern nur die praktische Unmöglichkeit der Rückerlangung des vorherigen Zustands. Dies gilt sowohl für dingliche als auch obligatorische Rechtspositionen des Steuerpflichtigen. Ein solcher Vorgang unterfällt dann weder unter die VuV-Einkünfte noch unter den Leistungstatbestand. Liegt hingegen eine vorübergehende Nutzungsüberlassung vor, gilt auch bei hoheitlichen Zwang § 21 Abs. 1 EStG. Bei einer Beschränkung ohne Überlassung soll es bei hoheitlichem Zwang hingegen an einer Handlung fehlen und der Vorgang nicht steuerbar sein, unabhängig von der Dauer der Beschränkung. Wenn der BFH betont, dass alle Einkunftsarten eine Erwerbstätigkeit voraussetzen, verwundert die unterschiedliche Behandlung des gleichen Vorgangs bei unterschiedlichen Einkunftsarten derselben Einkunftsartgruppe.

1379 BFH, Urteil vom 05. August 1976 – VIII R 117/75 –, BFHE 120, 182; BStBl. II 1977, 27 (29 re. Sp.).

1380 BFH, Urteil vom 12. September 1985 – VIII R 306/81 –, BFHE 145, 320; BStBl. II 1986,252 (255 li. Sp.).

1381 BFH, Urteil vom 12. September 1985 – VIII R 306/81 –, BFHE 145, 320; BStBl. II 1986,252 (253 re. Sp. u. 254 li. Sp.); kritisch zur Bejahung eines Substanzschadens in diesem Fall *Schimmele*, Nutzungsüberlassung, S. 82.

Mit dieser vorläufigen Definition bleiben die Fälle problematisch, in denen die Substanz ausgebeutet wird. Verträge über die *entgeltliche* und *zeitlich begrenzte Überlassung* eines Grundstücks zur Aneignung von Bodenschätzen (Ausbeuteverträge) seien stets Pachtverträge[1382], selbst wenn der Steuerpflichtige die Verwertung als Substanzverzehr darstellen möchte.[1383] Die Parallele zu den Verzichtsverträgen zeigt aber, dass es auch im Privatvermögen, wenn keine Umschichtung angenommen werden soll, eine Absetzung der Substanzverringerung gewährt werden sollte, auch wenn für den Bodenschatz zunächst nichts aufgewendet wurde.[1384] Ein Bodenschatz kann als derivatives Wirtschaftsgut angesehen werden, dass rechtlich das Schicksal der „Muttersache" teilt und daher als Sachaufwand zum gemeinen Wert in das „Überschusserzielungsvermögen" eingelegt werden kann.[1385]

In späteren Urteilen zeigt sich aber wieder die Tendenz, lediglich Substanzveränderungen als vermögensumschichtend zu betrachten, die einer Wirtschaftsgutabspaltung ähneln.

Hintergrund des nachfolgend dargestellten Falles war die Duldung eines achtgeschossigen Neubaus auf dem Nachbargrundstück. Der Eigentümer wollte sein Grundstück veräußern, jedoch verringerte sich der Wert nach Bekanntwerden der Baupläne um ca. 20%. Um das Projekt nicht zu gefährden, zahlte der bauwillige Nachbar eine entsprechende „Entschädigung". Für den BFH lag hierin eine sonstige Leistung, da der Verzicht auf die Ausübung tatsächlicher oder vermeintlicher Nachbarrechte das Hinnehmen der Einschränkung der eigenen Rechte darstelle, ohne das es zu einem Substanzverlust oder einer Substanzübertragung komme. Für eine Vermögensumschichtung müsse ein Teil des Eigentums wirtschaftlich abgespalten werden mit der Folge des dauerhaften Verlustes der Herrschaftsgewalt über den betroffenen Teil.[1386]

1382 BFH, Urteil vom 30. Oktober 1967 – VI 331/64 –, BFHE 90, 215; BStBl. II 1968, 30 (34 re. Sp. eigene Hervorhebungen).

1383 BFH, Urteil vom 12 Dezember 1969 – VI R 197/67 –, Tz. 11, juris, BFHE 97, 542; BStBl. II 1970, 210.

1384 A.a. hM, vgl. *Kulosa*, in: Schmidt, EStG, § 7, Rn. 194; § 11 d Abs. 2 EStDV: Begründung: Bruttobesteuerung sei zu gewährleisten, BFH, Urteil vom 6. Mai 2003 – IX R 64/98 –, BFH/NV 2003, 1175; vgl. auch BFH, Beschluss vom 4. Dezember 2006 – GrS 1/05 –, BStBl. II 2007, 508. Überzeugt mE nicht, weil es die Prämisse der Unbeachtlichkeit von Wertminderungen und Wertsteigerungen und ihrer Realisierungen missachtet.

1385 In diesem Fall ist § 11 d EStDV einschränkend auszulegen, vgl. *Stefan Wolf*, Besteuerung der Bodenschatzverwertung, Diss., 2011, S. 316 f. Siehe auch unten unter d) aa); ähnlich bereits zur Rechtslage nach dem EStG 1934 *Becker*, Die Grundlagen der Einkommensteuer, S. 460, der auf den gemeinen Wert zur Zeit des Grundstückserwerbs abstellen will, also den fiktiven Wert, der bei Kenntnis um den Bodenschatz aufgewendet worden wäre.

1386 BFH, Urteil vom 26. Oktober 1982 – VIII R 83/79 –, BFHE 138, 177; BStBl. II 1983, 404 (405 li. Sp.); vgl. abgrenzend zum Wohnrecht BFH, Urteil vom 09. August 1990 – X R 140/88 –, BFHE 161, 531; BStBl. II 1990, 1026 (1028 li. Sp.).

Vergleichbar mit diesem Fall entschied der BFH den Fall der Rücknahme eines Widerspruches gegen ein Bauprojekt.[1387] Dass der Verzicht auf möglicherweise nur vermeintliche Abwehrrechte bloß einmalig erklärt werden könnte, sei irrelevant. Auf die Frage der Vermögenssphäre geht der BFH ansonsten nicht ein. Interessant sind aber die Gedanken zu den Werbungkosten: In dem Abfluss geldwerter Güter – also der Abwehrrechte – könnten prinzipiell Werbungkosten gesehen werden, jedoch stellten diese vorliegend noch keinen konkretisierbaren wirtschaftlichen Wert dar.[1388] Wirtschaftlich gesehen stellten sie anscheinend durchaus einen Wert dar, die Vertragsparteien haben eine bezifferte Gegenleistung vereinbart. ME hätte der BFH zunächst den so geäußerten Parteiwillen würdigen müssen. Dieser hat Vorrang, wenn er einer objektiven wirtschaftlichen Betrachtung standhält.

Das Merkmal der hinreichenden Konkretisierbarkeit war auch im nachfolgenden Fall entscheidungserheblich.

Der Steuerpflichtige war Eigentümer eines bebauten Grundstücks. Hinsichtlich der nachbarlichen Grundstücke gab es im Servitutenbuch eine Regelung (vor 1900), demzufolge der Nachbar bei Einhaltung einer bestimmten Höhe „dicht" an das Grundstück anbauen durfte. Im Rahmen eines Vergleiches verzichtete der Kläger auf dieses Recht (Höhenhöchstmaß) und erhielt hierfür DM 200.000,-.[1389] Im Gegensatz zur Ansicht des FA und FG stelle ein solcher Verzicht aber keine Leistung dar, sondern eine nicht steuerbare private Vermögensumschichtung[1390]: Diese verlange ein Zweifaches, nämlich einen Vermögenswert und dessen Aufgabe. Zunächst stelle es eine eigenständige Rechtsposition dar, auch wenn es nicht vom Eigentum getrennt übertragbar sei, denn es erfasse eine über das normale Eigentum hinausreichendes dingliches Recht am Nachbargrundstück und sei zudem selbständig begründ- und aufhebbar. Durch den Verzicht sei die Rechtsposition endgültig weggefallen.

Hatte der BFH im Urteil der Rücknahme eines Widerspruchs noch ausgeführt, dass der Wert der Abwehrrechte zumindest deswegen nicht als Werbungkosten abgezogen werden könnte, weil sie nicht hinreichend konkretisiert waren, genügte im nachfolgenden Fall auch nicht eine Titulierung als Konkretisierung.[1391] Die Steuerpflichtigen waren Eigentümer eines selbst genutzten Wohnhauses. Dahinter errichtete die Nachbarin ein viergeschossiges Haus, obwohl nach dem Bebauungsplan nur drei Geschosse zulässig waren. Im verwaltungsgerichtlichen Verfahren schlossen die Parteien einen Vergleich, wonach im vierten Geschoss in Richtung

---

1387 BFH, Urteil vom 12. November 1985 – IX R 183/84 –, BFHE 145, 576; BFHE 147, 305; BStBl. II 1986, 890 u. 340.

1388 BFH, Urteil vom 12. November 1985 – IX R 183/84 –, BFHE 145, 576; BFHE 147, 305; BStBl. II 1986, 890 (891 re. Sp.).

1389 BFH, Urteil vom 19. Dezember 2000 – IX R 96/97 –, BFHE 194, 178; BStBl. II 2001, 391.

1390 BFH, Urteil vom 19. Dezember 2000 – IX R 96/97 –, BFHE 194, 178; BStBl. II 2001, 391 (392 li. Sp.).

1391 BFH, Beschluss vom 22. August 2003 – IX B 85/03 –, BFH/NV 2004, 41 (Überschrift juris).

auf das Grundstück der Kläger keine Fenster ausgeführt werden durften. Trotzdem errichtete die Nachbarin Fenster und einen Balkon. Mit Erfolg erwirkten die Steuerpflichtigen einen Titel auf Entfernung des Balkons und der Fenster. Sodann schlossen die Parteien einen Vergleich in Höhe von DM 125.000,- in dem die Kläger auf ihre Rechte aus dem gerichtlichen Vergleich und deren Vollstreckung verzichteten. Hier verneinte der BFH das Bestehen einer eigenständigen Rechtsposition, da sie zum einen öffentlich-rechtlich begründet sei und zum anderen nicht separat vom Eigentum übertragen werden konnte. Zwar liege unstreitig eine Wertminderung vor. Diese sei aber unerheblich, weil sie eben durch die Nutzung der Steuerpflichtigen anfalle.[1392]

Auf Grund der Rechtsprechung des BFH hält das FG Berlin-Brandenburg hoheitliche Nutzungsentschädigungen für dauerhafte Gebrauchsüberlassungen für steuerbar und für dauerhafte Nutzungsbeschränkungen für nicht steuerbar. So sei die Entschädigungszahlung für eine Dienstbarkeit, die einen Deichbau dinglich sichern soll, nach § 21 Abs. 1 EStG steuerbar, auch wenn die Dienstbarkeit dauernd eingeräumt werde und als solche eine Enteignung nach § 71 WHG darstelle. Es liege kein Substanzverlust vor, auch wenn dem Eigentümer alle umgestaltenden und den Deich gefährdenden Nutzungen untersagt seien, da der Steuerpflichtige zumindest fremden Dritten den Zugang verwehren und im Sommer auf der Wiese des Deiches im Liegestuhl die Sonne genießen könnte.[1393] Letzter Zusatz zeigt, dass das FG durchaus Humor hat und es den Ball nochmals dem BFH zuspielen wollte, da es die Revision zugelassen hat. Wohl hätte das FG hier auf Grund der eingeschränkten Restnutzung, analog zum U-Bahn-Röhren-Fall, einen wirtschaftlichen Substanzentzug durch die Deichanlage sehen können. Leider ging das FG nicht auf den Sachverhalt ein, sondern zitiert bloß die typischen Schlagworte einer mangelnden Substanzübertragung und beruft sich dabei auf zwei Urteile des BFH zu Überspannungsleitungen.

In einem Fall erhielten die Steuerpflichtigen eine Entschädigung für die Eintragung einer Dienstbarkeit, nach der ihr Grundstück durch Stromleitungen überspannt und zwecks Wartung betreten werden durfte. Zudem verpflichteten sie sich, das Grundstück nur in Übereinstimmung mit den Schutzvorschriften und nach Zustimmung des Unternehmens zu bebauen. Sie kamen damit einer möglichen Enteignung nach § 45 Abs. 1 EnWG zuvor. Tatsächlich wurde das Grundstück nur geringfügig überspannt, befand sich aber in dem besagten Schutzstreifen, der nur eine eingeschränkte Nutzungsmöglichkeit vorsah. Der X. Senat des BFH wertete dies als bloße Gebrauchsminderung, die nicht unter § 21 EStG falle. Eine Leistung verneinte es, da es an einem Verhalten fehle und das Einkommensteuerrecht nur an ein Tätigwerden anknüpfe, was durch das Merkmal „erzielt" in § 2 Abs.1 Satz

1392 BFH, Beschluss vom 22. August 2003 – IX B 85/03 –, juris Tz. 10; BFH/NV 2004, 41.

1393 FG Berlin-Brandenburg, Urteil vom 02. Juli 2014 – 3 K 3338/10 –, Rz. 45, juris, EFG 2014, 1674.

1 EStG angedeutet sei.[1394] Die hoheitliche Belastung von Grundstücken stelle eine entschädigungspflichtige Enteignung dar. Zwar reiche für Stromleitungen die Einräumung von Dienstbarkeiten aus, doch auch diese stellten Beschränkungen des Eigentumsrechts dar und die Entschädigung solle den eintretenden Rechtsverlust oder andere Vermögensnachteile ausgleichen.[1395] Maßstab für die Berechnung von Entschädigung von Leitungsdienstbarkeiten sei dabei die Minderbewertung eines solchen Grundstücks im Verhältnis zu vergleichbaren unbelasteten Grundstücken. Ausdrücklich erkannte der X. Senat daher durch die Beschränkung eine dauerhafte Wertminderung an, die durch das „Entgelt" lediglich ausgeglichen worden war. An sich sollte die Frage, ob eine Wertminderung vorliegt, unabhängig sein von der sich anschließenden Frage, wie es zu dieser Wertminderung gekommen ist.

Einen ähnlichen Fall hatte der IX. Senat des BFH noch entgegengesetzt entschieden:

Einer Elektrizitäts-AG wurde durch Besitzeinweisungsbeschluss seitens des Regierungspräsidiums der Bau einer Hochspannungsleitung gestattet. Zudem vereinbarte die AG mit dem Eigentümer eines betroffenen Grundstücks die Bestellung einer Grunddienstbarkeit. Der Kläger erhielt hierfür einmalig DM 100.000,-. Davon entfielen DM 95.000,- auf die Entschädigung für die Überspannung mit den Leitungen und DM 5.000,- auf die Entschädigung für die Neuerrichtung der Masten. Die Entschädigung für die Errichtung der Masten, die wohl auf den Flurschaden entfiel, wurde nicht besteuert, der Rest hingegen als Einnahme aus Vermietung und Verpachtung.

Der BFH bestätigte das Urteil. In der Gestattung der Überspannung des Grundstücks liege eine Nutzung des Privatvermögens. Dabei spiele es für die Anwendung des § 21 EStG keine Rolle, ob die Gebrauchsüberlassung ihren Rechtsgrund in einer freiwilligen Vereinbarung oder in einer staatlichen Anordnung habe, denn es werde jede Gebrauchsüberlassung, unabhängig welches Rechtsverhältnis zu Grunde liege, steuerlich erfasst.[1396] Die Belastung mit der Grunddienstbarkeit betreffe nicht den Vermögensbereich, weil mit ihrer Einräumung kein dauerhafter Rechtsverlust verbunden sei. Der Steuerpflichtige habe die wirtschaftliche Herrschaftsmacht an seinem Privatbesitz weder endgültig noch in vollem Umfang verloren, da die überspannten Flächen nach wie vor landwirtschaftlich genutzt werden konnten.[1397]

Fraglich ist auch, wieso im Gegensatz zum U-Bahn-Fall hier kein Substanzverlust hinsichtlich des Luftraums diskutiert wird. Denn auch im Falle des U-Bahn-Baus

---

1394 BFH, Urteil vom 17. Mai 1995 – X R 64/92 –, BFHE 177, 479; BStBl. II 1995, 640 (642 li. Sp.).

1395 BFH, Urteil vom 17. Mai 1995 – X R 64/92 –, BFHE 177, 479; BStBl. II 1995, 640 (642 re. Sp.).

1396 BFH, Urteil vom 19. April 1994 – IX R 19/90 –, BFHE 174, 342; BStBl. II 1994, 640 (641 re. Sp.); interessant ist die unterschiedliche Bewertung des Merkmals der Freiwilligkeit durch den X. und IX. Senat (siehe die Fußnote zuvor).

1397 BFH, Urteil vom 19. April 1994 – IX R 19/90 –, BFHE 174, 342; BStBl. II 1994, 640 (641 re. Sp.).

konnte die Grundstückseigentümerin die Erdoberfläche ungehindert weiter nutzen, wahrscheinlich sogar weniger eingeschränkt als der Landwirt.

Den Aspekt des hoheitlichen Eingriffs hebt hingegen das FG München in einer Entscheidung zu einer Entschädigung auf Grund eines Planfeststellungsbeschlusses hervor.[1398] Dort leistete das Straßenbauamt Entschädigungen für die Wertminderung von Grundstücken, wenn die Lärmbelästigung der planfestgestellten Straßenbaumaßnahme gewisse Grenzen überschritt. Das FG hob hervor, dass die Entschädigung nicht für entgangene Mieteinnahmen, sondern für die Wertminderung auf Grund der erhöhten Verkehrslärmbeeinträchtigung geleistet wurde.[1399] Als solches gleiche sie einen Eingriff in das Eigentumsrecht aus. Zudem liege keine Leistung vor, da die Zahlung auf Grund des hoheitlichen Eingriffs erfolgte.[1400]

Das Gleiche sollte mE auch für den Deichbau-Fall gelten. Durch den Deichbau wird dem Eigentümer die wirtschaftliche Nutzung dieses Grundstücksteils entzogen, lediglich die Deichkrone bleibt sehr eingeschränkt – faktisch gar nicht – nutzbar. Damit bleibt dem Steuerpflichtigen in diesem Fall ein erheblich vermindertes Restnutzungspotential als im U-Bahn-Röhren-Fall. Dortbetraf die Überlassung lediglich einen unterirdischen, in der Regel wirtschaftlich nicht nutzbaren Teil. Hier berührt der Deichbau sogar die Erdoberfläche. Die rechtliche Differenzierung erschließt sich nicht ohne weiteres.

Ähnlich wie einen Verzicht auf ein Mietrecht behandelt der BFH hingegen den Verzicht auf ein obligatorisches, durch Vermächtnis eingeräumtes Wohnrecht: Das Wohnrecht stelle eine vermögenswerte Rechtsposition auf Nutzung einer Wohnung dar und sein Verzicht eine Hingabe dieses Vermögenswertes.[1401]

Genauso wird auch ein entgeltlicher Erb- und Pflichtteilsverzicht behandelt, der eine Umschichtung privaten Vermögens darstelle.[1402] Der Verzicht als erbrechtlicher *Verfügungs*vertrag bezwecke eine endgültige, unmittelbar mit dem Erbfall eintretende Änderung der Verhältnisse, führe gegenüber dem Erblasser zum endgültigen Verlust der erbrechtlichen Ansprüche, sei damit veräußerungsähnlich und unterliege höchstens der Erbschaftsteuer.[1403]

Hier problematisiert der BFH also nicht, ob es zu einer Substanzminderung oder einer Substanzübertragung kommt.

1398 FG München, Urteil vom 03. März 2004 – 9 K 2400/03 –, juris, EFG 2004, 1120.

1399 FG München, Urteil vom 03. März 2004 – 9 K 2400/03 –, Tz. 14, juris, EFG 2004, 1120.

1400 FG München, Urteil vom 03. März 2004 – 9 K 2400/03 –, Tz. 15, juris, EFG 2004, 1120.

1401 BFH, Urteil vom 09. August 1990 – X R 140/88 –, BFHE 161, 531; BStBl. II 1990, 1026 (1028 li. Sp.).

1402 BFH, Urteil vom 20. Oktober 1999 – X R 132/95 –, BFHE 190, 178; BStBl. II 2000, 82 (84 li. Sp.) mit Verweis auf Beschluss des BVerfG vom 22. Juni 1995 2 BvL 37/91, BStBl. II 1995, 655 – betr. Einheitswerte – unter C. II. 3.

1403 BFH, Urteil vom 20. Oktober 1999 X R 132/95 –, BFHE 190, 178; BStBl. II 2000, 82 (84 re. Sp. Hervorhebungen im Urteil).

Der Verzicht auf vermeintliche Abwehrrechte des Inhabers eines Warenzeichens soll wie beim Eigentümer und anders als beim Mieter keine Vermögensumschichtung sein.[1404] Der Kläger schloss einen Vergleich, in dem er sich verpflichtete, seine Rechte nicht mehr geltend zu machen, aber gleichzeitig sein Warenzeichen auch nicht zu löschen. Der BFH verneinte hier eine Veräußerung und Nutzungsüberlassung, da das Recht nicht übertragen oder zur Nutzung überlassen worden sei. Da das Zeichen in seiner Substanz auf niemanden übergegangen sei, läge keine Umschichtung vor. Die Substanz bestünde zudem unvermindert fort. Etwaige Veränderungen wie zum Beispiel eine Schwächung des Markenzeichens beträfen höchstens den Nutzungsbereich, da es zwar nicht mehr unverwechselbar sei, aber jedenfalls hätte der Inhaber noch sein Recht.[1405]

Diese Begründung überzeugt nicht: Ein Übergang der Substanz ist nach der dargestellten Rechtsprechung *keine* Voraussetzung einer Umschichtung.[1406] Ferner ist die Aussage, dass die Schwächung des Markenrechts höchstens den Nutzungsbereich treffe wenn nicht falsch, so doch grenzwertig. Der BFH unterlässt die Definition des Nutzungsbereichs und der Substanz. Die Unterscheidungskraft des Markenrechts gehört ihm zufolge nicht zur Substanz. Wirtschaftlich betrachtet ist es genau umgekehrt. Vermögensstamm und Nutzungsbereich lassen sich gar nicht trennen – es kann keine Nutzung ohne den Vermögensstamm geben. Der BFH behauptet hier die Irrelevanz der durchaus auch von ihm zugestandenen Wertminderung. Nach herrschender Dogmatik sollen Wertveränderungen und entsprechende Ausgleichszahlungen jedoch nicht besteuert werden. Hier zeigt sich die Schwierigkeit der Differenzierung zwischen einer nutzenden und einer umschichtenden Beschränkung. Wenn der Mieter einen Teil seines Mietrechts aufgibt, dann spielt sich die Minderung in der Vermögenssphäre ab. Wenn der Eigentümer einen Teil seines Eigentums – wirtschaftlich betrachtet – aufgibt, dann spielt sich der Vorgang in der Vermögenssphäre ab. Wenn der Warenzeicheninhaber einen Teil seines Rechts aufgibt, dann ist es eine Nutzung. Die von *Weber-Grellet* behauptete Unterscheidung, dass beim Eigentümer nur der Eigentumverlust, beim Nutzungsberechtigten dagegen jede Beschränkung des Rechts in den Vermögensbereich fällt, ist mithin falsch.[1407] Beim U-Bahn-Röhren Fall liegt gerade kein Eigentumsverlust vor. Nur steuerjuristisch verzichtet dort der Eigentümer auf die Ausübung seines Rechts gegenüber einem Dritten, bei einem Grundstück also auf einen Teil davon, sei er unter der Erdoberfläche, über der Erdoberfläche oder auf der Erdoberfläche

---

1404 BFH, Urteil vom 25. September 1979 – VIII R 34/78 –, BStBl. II 1980, 114 (Leitsatz).

1405 BFH, Urteil vom 25. September 1979 – VIII R 34/78 –, BStBl. II 1980, 114 (116 li. Sp.).

1406 So auch *Fischer*, in: FR 2001, S. 646 (647), der von einer Wertparzelle und einem Recht spricht, auf das verzichtet werden müsse.

1407 *Weber-Grellet*, in: Schmidt, EStG, § 22, Rn. 137; wie hier *Peter Fischer*, Kommentar zu BFH, Urt. v. 2.3.2004 – IX R 43/03, in: FR 2004, S. 714, nach dem ausdrücklich auch Ausgleichszahlungen für Gebrauchs- und Wertminderungen nicht steuerbar seien (die Schwierigkeit der Abgrenzung hervorhebend).

und verzichtet auf die ihm zugewiesene Nutzungsmöglichkeit. Bei einem Warenzeichen kann der Inhaber wirtschaftlich auch auf die Ausübung eines Teil seines Rechts verzichten. Vermittelt ein Recht die ausschließliche Warenzeichennutzung, so stellt ein Verzicht auf die Rechtsausübung gegenüber einem Dritten wirtschaftlich ebenso einen Verlust dieser Nutzungmöglichkeit dar.[1408] Der Versuch hier über die Unterscheidung zwischen obligatorischem und absolutem Recht eine Systematik zu begründen, widerspricht der wirtschaftlichen Betrachtungsweise und ist zurückzuweisen. Eine andere Frage ist sicherlich, ob das Ergebnis nicht trotzdem zutrifft, weil wertungsmäßig ein Verzicht auf das Abwehrrecht bei einem Markenzeichen wie ein minus zur Überlassung gewertet werden kann und es daher insoweit keine Trennung von Vermögensstamm und Nutzung geben kann. Für VuV-Einkünfte – insbesondere denen aus Immaterialgüterrechten – reicht es aus, wenn das Entgelt zumindest im wirtschaftlichen Sinne für eine Nutzungsüberlassung gezahlt wird.[1409] Hier durfte der Entgeltzahlende das Zeichenrecht zwar nicht für seine eigenen Rechte verwenden, jedoch durfte er die aus ihm fließenden Abwehrrechte geltend machen und sein Produkte vertreiben, die ein verwechslungsfähiges Zeichen nutzten. Wirtschaftlich war er somit einem Lizenznehmer vergleichbar. Die nutzungsbedingte Wertminderung für den Steuerpflichtigen ist in diesem Fall bereits pauschal durch die jährliche Abschreibung des Wertes des Markenrechts berücksichtigungsfähig.[1410] Handelt es sich um eine erstmalige Nutzung, ist also von der entsprechenden Rest-Afa auszugehen, wie auch bei jeder anderen „Nutzungseinlage“ bei den Überschusseinkunftsarten.[1411] Handelt es sich um ein selbstgeschaffenes Immaterialgüterrecht, ist der Vorgang vergleichbar mit einer Einlage in das Betriebsvermögen und, mangels Beriebsvermögeneigenschaft, als Bemessungsgrundlage der künftigen AfA der gemeine Wert heranzuziehen.[1412] Anderenfalls würden die vorherigen Aufwendungen auf das Markenrecht unberücksichtigt bleiben, was gegen das objektive

---

1408 So auch *Killat/Risthaus*, in: H/H/R, EStG/KStG, § 22, Rn. 393, die jedoch in der Folge eine Steuerbarkeit gänzlich ausschließen und stattdessen eine nicht-steuerbare Vermögensumschichtung annehmen.

1409 Vgl. *Kulosa*, in: Schmidt, EStG, § 21, Rn. 8, 57.

1410 Zur Abschreibung von Marken vgl. *Claus Lambrecht*, in: Paul Kirchhof (Hg.), Kirchhof, Einkommensteuergesetz Kommentar, 13. Aufl., 2014, § 7, Rn. 35.

1411 Vgl. zur Umwidmung *Loschelder*, in: Schmidt, EStG, § 9, Rn. 179, zur Berechnungsgrundlage *Kulosa*, in: Schmidt, EStG, § 7, Rn. 29; und *Lambrecht*, in: Kirchhof, Einkommensteuergesetz Kommentar, § 7, Rn. 35; vgl. zum BV *Weber-Grellet*, in: Schmidt, EStG, § 5, Rn. 164 u. 186.

1412 Generell sollte bei Umwidmungen von Vermögensgegenständen des Privatvermögens auf den gemeinen Wert abgestellt werden, *Lang*, Tipke/Lang, Steuerrecht (20. Aufl.), § 9, Rn. 253, Fn. 96 und *Hey*, Tipke/Lang, Steuerrecht (21. Aufl.), § 8, Rn. 253, Fn. 3; a.A. *Loschelder*, in: Schmidt, EStG, § 9, Rn. 179 und BFH, Urteil vom 02. Februar 1990 – VI R 22/86 –, Tz. 19, juris, BFHE 160, 162, BStBl II 1990, 684; BFH, Urteil vom 14. Februar 1989 – IX R 109/84 –, Tz. 19, juris, BFHE 156, 417, BStBl II 1989, 922.

Nettoprinzip verstoßen würde.[1413] Der Ansatz zum gemeinen Wert rechtfertigt sich nach der hier vertretenen Auffassung aus dem Gesichtspunkt, dass die Rechtsposition auch wertmäßig steuerverstrickt ist.[1414]

In diese Richtung entwickelt sich die weitere Rechtsprechung des BFH. So lag auch im Falle der Duldung eines Spielsalons durch einen Eigentümer einer Eigentumswohnung eine steuerbare Leistung und keine Vermögensumschichtung vor, auch wenn feststand, dass durch den Betrieb des Spielsalons das Sondereigentum in störender Weise genutzt wurde.[1415] Der entsprechende Abwehranspruch stelle aber kein vermögenswertes Recht dar. Ein Substanzverlust liege nur dann vor, wenn sich die zivilrechtliche oder abgabenrechtliche (§ 39 AO) Rechtszuständigkeit bezüglich des Wohnungseigentums geändert hätte.

Die nach wie vor ungelöste Problematik der Zuordnung von Vorgängen in die Vermögenssphäre verdeutlicht das nachfolgende Urteil des FG Düsseldorf.[1416]

Hintergrund war eine Entschädigungszahlung, die seitens eines Flughafenbetreibers zugunsten der Mitglieder eines Aktionsbündnisses gegen Fluglärm ausgezahlt wurde. Die Entschädigung in Höhe von € 5.000,- wurde dabei je betroffenem Grund- und Wohungseigentum oder Nutzungsrechts ausgezahlt. Nach der herrschenden Meinung würde diese Zahlung bei den Empfängern zu unterschiedlichen steuerlichen Folgen führen, je nach dem ob Eigentum oder ein Nutzungsrecht betroffen wäre. Die Mitglieder erhielten die Entschädigung für eine Wertminderung ihrer Rechtspositionen als auch für die Rücknahme von Widersprüchen und den Verzicht der Geltendmachung weiterer Abwehrrechte. Die Steuerpflichtigen waren hier Eigentümer: Also müsste nach der bisherigen Rechtsprechung die Entschädigung wegen der Verzichtshandlung trotz der damit verbundenen Wertminderung steuerbar sein, da höchstens die Wertminderung die nicht-steuerbare Vermögenssphäre betreffe, die Duldung des Lärms und der Verzicht auf die Abwehrrechte aber eine Leistung darstellten. Das FG entschied den Fall jedoch abweichend. Es hielt bereits die Entschädigung wegen ihres Ausgleichscharakters der Wertminderung nicht für steuerbar und ordnete den gesamten Vorgang der Vermögenssphäre zu.[1417]

1413 Und anders als bei einer Bodenschatzverwertung ist hier der Teilwert nicht mit dem Nutzungsentgelt gleichzusetzen, vgl. BFH, Urteil vom 6. Mai 2003 – IX R 64/98 –, BFH/NV 2003, 1175. Eine Regel, dass die Nutzung selbstgeschaffener Immaterialgüter „brutto", ohne Absetzungen, zu besteuern sei, existiert nicht.

1414 Vgl. zu den möglichen Wertansätzen und der pauschalen Ablehnung eines Teilwertansatzes *Markus Alt*, Das Überschussvermögen im Einkommensteuerrecht, 1994 (zugl. Diss., Universität Augsburg, 1992), S. 152 ff.

1415 BFH, Urteil vom 21. November 1997 – X R 124/94 –, BFHE 184, 540; BStBl. II 1998, 133.

1416 FG Düsseldorf, Urteil vom 20. November 2013 – 7 K 1301/13 E –, juris, nicht rkr.; dieses Urteil macht deutlich, wieso die zusammengefasste Darstellung der bisherigen Rechtsprechungsfälle gerechtfertigt ist.

1417 FG Düsseldorf, Urteil vom 20. November 2013 – 7 K 1301/13 E –, Tz. 20, juris, nicht rkr.

Hier bietet sich die bereits oben angesprochene Möglichkeit eine Aufteilung der Einnahmen– notfalls im Schätzwege – in eine nicht-steuerbare Wertminderung und eine möglicherweise steuerbaren sonstige Leistung angeboten.

Auch hinsichtlich der Rücknahme der Widersprüche und des Verzichts auf künftige Abwehrmaßnahmen, sogenannte Stillhalte- und Wohlverhaltenspflichten, verneinte das FG eine Steuerbarkeit nach § 22 Nr. 3 EStG, weil diese vollständig hinter die Wertminderung zurückträten. Ferner betonte das FG, dass in dem Verzicht eine dauerhafte Aufgabe der entsprechenden Rechtspositionen liegen und das Entgelt lediglich die damit verbundenen Nachteile ausgleichen würde.[1418]

Dieses Urteil, sollte es inhaltlich Bestand haben[1419], widerspricht in weiten Teilen der bisherigen Rechtsprechung des BFH zu Ein- und Beschränkungen innerhalb der Vermögensphäre. Es bleibt zu beobachten, ob der BFH diesen Fall und den des Deichbaus zum Anlass nimmt, seine Rechtsprechung zu konsolidieren.

Der BFH bestätigte auch die Rechtsprechung des RFH, dass Erfindungen in der Regel Ausfluss einer umfassenden Tätigkeit seien, die entweder nach § 18 Abs. 1 Nr. 1, 3 oder § 15 EStG steuerbar seien.[1420] Daher umfasse der steuerbare Gewinn dann auch die Erlöse aus einer Veräußerung der Patente oder Schutzrechte. Jedoch gelte dies entgegen dem RFH nicht im Falle einer Zufallserfindung.[1421] Werde ohne Entfaltung jeglicher Tätigkeiten eine Idee direkt patentiert und anschließend veräußert, liege ein vermögensumschichtender Vorgang vor, der nicht steuerbar sei.[1422] Der Verkauf einer Idee ist also dann nicht steuerbar, wenn man sie verdinglichen kann, ohne hierfür eine Tätigkeit entfalten zu müssen. Wird hingegen lediglich die Idee oder das Know-How als solches „veräußert", stelle dies eine steuerbare Leistung dar.[1423] Wirtschaftsgut und Vermögensgegenstand seien synonym zu verstehen und umfassten nicht nur Sachen und Rechte im Sinne des BGB, sondern auch tatsächliche Zustände und konkrete Möglichkeiten. Damit jedoch aus einem Vermögenswert ein Vermögensgegenstand werde, müsse dieser greifbar sein.[1424] Dies liege im Falle

1418 FG Düsseldorf, Urteil vom 20. November 2013 – 7 K 1301/13 E –, Tz. 22, juris, nicht rkr.

1419 Das Urteil wurde wegen Verfahrensmängeln aufgehoben und zurückverwiesen, BFH, Beschluss vom 18. September 2014 – IX B 9, 19/14, IX B 9/14, IX B 19/14 –, juris.

1420 BFH, Urteil vom 18. Juni 1998 – IV R 29/97 –, BFHE 186, 259; BStBl. II 1998, 567 (569 li. Sp.).

1421 BFH, Urteil vom 10. September 2003 – XI R 26/02 –, BFHE, 203, 448; BStBl. II 2004, 218 (219 re. Sp.); zum RFH siehe bereits oben RFH, Urteil vom 08. Februar 1933 VI A 493 – StuW 1933 II, Urteil Nr. 789, Sp. 1780.

1422 BFH, Urteil vom 10. September 2003 – XI R 26/02 –, BFHE, 203, 448; BStBl. II 2004, 218 (220 re. Sp.).

1423 BFH, Urteil vom 26. Oktober 2004 – IX R 53/02 –, BFHE, 207, 305; BStBl. II 2005, 167 (168 li. Sp.).

1424 BFH, Urteil vom 26. Oktober 2004 – IX R 53/02 –, BFHE, 207, 305; BStBl. II 2005, 167 (168 li. Sp.).

einer Lizenzierungsmöglichkeit vor, nicht hingegen bei einer bloßen Idee. Im konkreten Fall vereinbarten die Partein für die erfolgreiche Umsetzung der Idee eine anteilige Erfolgsprämie, worin der BFH ein partiarisches Rechtsverhältnis und keine Vermögensumschichtung erblickte.[1425]

Zu Recht weist der BFH darauf hin, dass eine Zufalls- oder Spontanerfindung noch niemals – zumindest in der finanzgerichtlichen Rechtsprechung – vorgekommen sei.[1426] Denn neben der Idee müsse der Erfinder noch „eine technische Lehre zur Lösung des Problems entwickelt und/oder dargestellt haben", was zugleich das Vorliegen eines Wirtschaftsgutes „Erfindung" bedeuten würde.[1427]

Sofern der XI. Senat des BFH auf eine Wiederholungsabsicht abstellt, um zwischen einer nur gelegentlichen oder schon vorübergehenden Tätigkeit zu unterscheiden, kann diesem jedoch nicht gefolgt werden. Zum einen handelt es sich um die Anknüpfung an ein subjektives Merkmal, das die oben dargestellten Probleme mit sich bringt. Zum anderen ergibt sich die Notwendigkeit der Wiederholungsabsicht nicht aus dem Gesetzestext. Bereits dem RFH genügte alternativ zur Wiederholungsabsicht der Umfang der Tätigkeit, um die Gelegentlichkeit zu verneinen[1428] Auch der IV Senat des BFH verneint die Gelegentlichkeit bereits bei einer gewissen Planmäßigkeit der Tätigkeit, wenn diese erfoderlich ist, um eine Spontanidee zur Verwertungsreife zu bringen.[1429] Auf eine Wiederholungsabsicht als maßgebliches Kriterium ist daher nicht abzustellen.[1430] Der BFH übersieht, dass

1425 BFH, Urteil vom 26. Oktober 2004 – IX R 53/02 –, BFHE, 207, 305; BStBl. II 2005, 167 (168 re. Sp.).

1426 BFH, Urteil vom 18. Juni 1998 – IV R 29/97 –, Tz. 24, juris, BFHE 186, 351, BStBl II 1998, 567.

1427 BFH, Urteil vom 10. September 2003 – XI R 26/02 –, Tz. 18, juris, BFHE 203, 448, BStBl II 2004, 218.

1428 RFH, Urteil vom 07. Juli 1927 VI A 217 – StuW 1927 II, Urteil Nr. 404, Sp. 538 (542).

1429 Vgl. BFH, Beschluss vom 11. April 2003 – IV B 170/01 (NV) –, BFH/NV 2003, 1406: „Bedürfe es nach einem spontan geborenen Gedanken einer weiteren Tätigkeit, um die Erfindung bis zur Verwertungsreife zu fördern, liege eine planmäßige Erfindertätigkeit vor, die nicht mehr als ‚gelegentlich' anzusehen sei. Eine Tätigkeit, die nicht nur gelegentlich ausgeübt werde, sei aber als nachhaltig anzusehen."; BFH Urteil vom 18. Juni 1998 IV R 29/97 – BFHE 186, 259; BStBl. II 1998, 567; er widerspricht sich damit selbst, vgl. BFH, Urteil vom 28. Januar 1971 – IV R 194/70 –, Tz. 6, juris, BFHE 102, 367, BStBl II 1971, 684; auf die ungenaue Wortwahl der Verwertungsreife hinweisend *Heinrich List*, Die Zufallserfindung und die Einkommensteuer, in: DB 1999, S. 1085 (1086): Erforderlich ist lediglich, dass ein Recht an der Erfindung besteht, die Idee also verlautbart ist und ein Durchschnittsfachmann diese mit Hilfe der Angaben des Erfinders ausführen kann. ME nach meint der BFH dies mit den Worten der Verwertungsreife.

1430 *Lambrecht*, in: Kirchhof, Einkommensteuergesetz Kommentar, § 18, Rn. 103; auf die Problematik der Abgrenzung von Täigkeiten alleine an Hand des Merkmalpaares gelegentlich und nachhaltig hinweisend *Schmidt-Liebig*, Einkommensteuerbarkeit und Einkünftequalifikation von Spiel- und ähnlichen Gewinnen, S. 162 (168); er

er hier die Definition einer nachhaltigen Tätigkeit heranzieht und nach ständiger Rechtsprechung wiederholte Tätigkeiten auch dann vorliegen, „wenn der Grund zum Tätigwerden auf einem einmaligen Entschluß beruht, die Erledigung aber mehrere (Einzel-)Tätigkeiten erfordert: Durch eine solche Reihe von Einzelhandlungen wird der Begriff „nachhaltig“ erfüllt. Deshalb genügt zur Annahme einer nachhaltigen Tätigkeit auch die rein objektive Vornahme mehrerer Handlungen, ohne daß den einzelnen Handlungen die Absicht, nachhaltig Gewinn zu erzielen, zugrunde zu liegen braucht. [...]Dabei ist die Nachhaltigkeit nicht schon deshalb zu verneinen, weil die wiederholten (Einzel-)Tätigkeiten „unselbständige Teile einer in organisatorischer, technischer und finanzieller Hinsicht aufeinander abgestimmten Gesamttätigkeit“ waren“.[1431] Der BFH bejaht die Nachhaltigkeit, wenn der Steuerpflichtige diese Tätigkeiten durch Dritte ausführen lässt. Die Annahme einer Spontanidee, die ohne jede weitere Tätigkeit zum Patent ist, sollte als eine realitätsleere Rechtsidee aufgegeben werden. Auch die pauschale Zuordnung einer Patentveräußerung zur nicht-steuerbaren Vermögenssphäre kann nicht überzeugen. Die reine Verdinglichung einer Idee ändert mE nichts an der wirtschaftlichen Betrachtung des zugrundeliegenden Sachverhalts. Ebenso sieht die herrschende Meinung auch Nutzungsverhältnisse auf Grund dinglicher Rechte als durchaus steuerbar an, vgl. § 21 Abs. 1 Nr. 1 EStG. Interessanterweise sind nach herrschender Meinung Abspaltungen von Eigentumssplittern im Wege der Begründung dinglicher Rechte nicht als Substanzübertragungen anzusehen. Der BFH übersieht hier, dass bereits vor der Patenterteilung ein technischer Urheberschutz existiert.[1432] Aus der bloßen Tatsache, dass die Rechtsordnung dem Erfinder die Möglichkeit einräumt, eine absolute Rechtsposition zum Schutz seiner Idee zu begründen, kann für das Steuerrecht nicht gefolgert werden, dass diese Rechtsposition der nicht-steuerbaren Vermögenssphäre zuzuordnen ist. Insoweit ist sie nicht wie eine von Dritten entgeltlich oder unentgeltlich erworbene Rechtspositionen zu behandeln.[1433]

Die Frage kann daher nur mit Hilfe der Erwerbsgrundlage beantwortet werden: Nutzt der Steuerpflichtige durch die Veräußerung eine Erwerbsgrundlage, die der steuerbaren Sphäre zugewiesen ist, oder gehört der Vorgang in die Privatsphäre. Die Verwertung von Wissen und Know-How ist wie oben dargestellt grundsätzlich steuerbar. Daher kann bei selbstgeschaffenen Immaterialgüterrechten die Idee der Vermögensumschichtung nicht greifen, wie bereits der RFH feststellte. Bei dem Begriff „Veräußerung“ primär an einen Vorgang in der Vermögenssphäre zu denken, ist naheliegend. Die Schlussfolgerung eines nicht steuerbaren Vorgangs trifft jedoch nur dann zu, wenn eine Vermögensumschichtung vorliegt. Der BFH betont,

---

verlangt vielmehr eine umfassende Bewertung am „Normaltypus“ des Gewerbetreibenden.

1431 BFH, Urteil vom 21. August 1985 – I R 60/80 –, Tz. 20, juris, BFHE 145, 33, BStBl II 1986, 88.

1432 BVerfGE 36, 281 (290) – Patentanmeldung.

1433 Das Gleiche gilt für gefundene Gegenstände, also im Zeitpunkt der Erwerbs bereits bestehende Rechtspositionen; a.A. *List*, in: DB 1999, S. 1085 (1088).

dass zumindest eine Veräußerung nach §§ 22 Nr. 2, 23 EStG daran scheitert, „dass die eigene Erfindung nicht im Sinne des Gesetzes angeschafft worden ist. Die Anschaffung setzt einen entgeltlichen Erwerb eines Wirtschaftsguts von einem Dritten voraus".[1434]

Es ist zu fordern, dass der gleiche Gedanke auch auf für die Beurteilung der Veräußerungsähnlichkeit gilt. Hierfür ist zumindest ein vorheriger derivativer Rechtspositionenerwerb Voraussetzung. Der Fall lässt sich mit dem Hobbygärtner und Landwirt vergleichen. Ihr Eigentumserwerb an den Feldfrüchten ist nur mittelbar derivativ und daher prinzipiell steuerpflichtig, wenn er sich außerhalb der Privatsphäre abspielt. Wer also als Hobbygärtner exotische Früchte anbaut und mit dem Verkauf einen Gewinn erwirtschaftet, betreibt keine private Vermögensverwaltung oder private Veräußerungsgeschäfte, sondern geht einer steuerbaren Tätigkeit nach, die ob ihres ökonomischen Erfolgs besteuert wird und nicht weil die Tätigkeit einen bestimmten zeitlichen Umfang einnimmt. Darauf weist *Wiemer* zu recht für den Fall einer selbständigen Tätigkeit hin, dass die einkommensteuerpflichtige Einkünfte lediglich im Gewande von Veräußerungserlösen daherkommen. Nicht überzeugend ist jedoch seine Einwand, dass der rein intuitive Gedanke in die Vermögenssphäre fallen solle, seine „Veräußerung" daher nicht unter § 22 Nr. 3 EStG subsumierbar sei.

Wenn die Weitergabe von Know-How und auch rechtlicher Vorstufen eines Immaterialgüterrechts steuerbar ist, ist kein Grund ersichtlich, die Besteuerung nicht auch auf die Weitergabe der Rechtsposition an sich zu erstrecken. Der Steuerpflichtige hat neben der längerfristigen Verwertung auch die Möglichkeit der Verwertung durch einmalige Weitergabe der das Wissen verkörpernden Rechtsposition. An der Erwerbsgrundlage Wissen und Know-How ändert sich hierdurch nichts. In allen Fällen der Verwertung kommt es auf die Erlangung der persönlichen Kenntnisse an. Wenn eine entsprechende Rechtsposition nicht derivativ, zum Beispiel durch ein Kauf, erfolgte, kann die Rechtsfolge bei der Verwertung nur einheitlich die Steuerbarkeit sein.[1435]

Der RFH betrachtete Vorgänge rund um die Veräußerung von Vermögensgegenständen als Vorgänge innerhalb der Vermögenssphäre. Anders der BFH, der die Einräumung von Vorkaufs- und Optionsrechten als steuerbare Leistung qualifiziert. Die Prämie für das Stillhalten erhalte der Stillhalter allein als Entschädigung für die *vertraglich* eingegangene *Bindung* sowie das damit *verbundene Risiko* der Inanspruchnahme, die er durch das Begeben des Optionsrechts eingehe.[1436] Auf das Basisgeschäft komme es dabei nicht an. Die Prämie sei die Gegenleistung für diese wirtschaftlich und rechtlich selbständige Leistung, womit der BFH die

---

1434 BFH, Urteil vom 10. September 2003 – XI R 26/02 –, Tz. 23, juris, BFHE 203, 448, BStBl II 2004, 218.

1435 Wie hier auch schon der RFH und *Herrmann-Heuer*, Kommentar zum EStG und KStG, 8. Aufl., Köln, 1958, § 22, Anm. 12, 9. Absatz, zitiert nach *Wiemer*, Nicht einkommensteuerpflichtige Einkünfte, Diss., S. 56Wiemer, a.a.O., S. 56.

1436 BFH, Urteil vom 17. April 2007 – IX R 40/06 –, BFHE, 217, 566; BStBl. II 2007, 608 (608 re. Sp., 609 li. Sp., eigene Hervorhebung).

Trennungstheorie im Zivilrecht bestätigt.[1437] Der Stillhalter erwerbe den Anspruch bereits mit Abschluss des Optionsgeschäfts und er behalte die Prämie unabhängig von der Frage, wie das Optionsgeschäft beendet werde.[1438] Ebenso verhalte es sich bei einem Vorkaufsrecht mit einem fest vereinbarten Kaufpreis.[1439] Wird hingegen das gleiche wirtschaftliche Ergebnis durch ein „Reuegeld" erreicht, soll dieses nicht steuerbar sein[1440]: Die Steuerpflichtigen veräußerten ein Grundstück und ließen sich in dem Veräußerungsvertrag die Zahlung eines Reuegeldes zusichern, falls der Käufer von dem vertraglich eingeräumten Rücktrittsrecht Gebrauch machen sollte (Bedingung war die Nichtausweisung als Gewerbegebiet). Ausdrücklich sollte es gezahlt werden für die Tatsache, dass die Verkäufer in dieser Zeit keine anderweitige Möglichkeit der Veräußerung hatten. Nach der Rückabwicklung des Kaufvertrages unterwarf das FA das Reuegeld in Höhe von knapp DM 200.000,- der Besteuerung (ursprünglich sollte es 10% des Kaufpreises von ca. DM 4 Mio. entsprechen). Der BFH verneint in der Vereinbarung eines Reuegeldes eine Leistung, da keine Erwerbstätigkeit feststellbar sei: Die Vereinbarung und Vereinnahmung des Reuegeldes seien keine Elemente einer erwerbswirtschaftlichen Tätigkeit, denn die Steuerpflichtigen hätten nicht die Erlangung des Reuegeldes, sondern den nicht steuerbaren Verkauf des Grundstücks erstrebt. Es handele sich vielmehr um eine Entschädigung für einen möglichen Mindererlös und sei „bloße Folgevereinbarung des – dem nicht steuerbaren Vermögensbereich zuzuordnenden – Kaufvertrages".[1441] Entscheidend waren zwei Aspekte: Zum einen soll ein etwaiger Mindererlös in der Vermögenssphäre entschädigt werden – eine leere Behauptung – und zum anderen soll die Entschädigung Teil des nicht-steuerbaren Kaufvertrags gewesen sein – eine Schlussfolgerung, die auf keinem Rechtsgrundsatz beruht und das Ergebnis vorwegnimmt.

Bei Vorkaufsrechten zu festen Preisen und Optionsrechten gleichen die Prämien nach herrschender Meinung die Bindung und damit einen möglichen Mindererlös aus, ohne dass der BFH dies zum Anlass nimmt, diese Vorgänge nicht zu besteuern. Dass die Verkäufer das Reugeld nicht anstrebten, ist auch falsch, denn es war von Beginn an fest vereinbart und stellte daher ein Mindestentgelt dar, das gerade <u>ohne</u> Veräußerung erzielbar und sicher war – wie auch in den Optionsfällen. Es handelte sich auch nicht um eine Vertragsstrafe, sondern um die Gegenleistung für die Einräumung des

1437 BFH, Urteil vom 17. April 2007 – IX R 40/06 –, BFHE, 217, 566; BStBl. II 2007, 608 (609 li. Sp.); zur zivilrechtlichen Trennungstheorie bei Optionsrechten *Matthias Casper*, Der Optionsvertrag, 2005, S. 55 ff.

1438 BFH, Urteil vom 17. April 2007 – IX R 40/06 –, BFHE, 217, 566; BStBl. II 2007, 608 (609 li. Sp.).

1439 BFH, Urteil vom 30. August 1966 – VI 284/64 –, BFHE 87, 131; BStBl. III 1967, 69 (70 re. Sp.); BFH, Urteil vom 10 August 1994 – X R 42/91 –, BFHE 175, 362; BStBl. II 1995, 57.

1440 BFH, Urteil vom 24. August 2006 – IX R 32/04 –, BFHE, 214, 542; BStBl. II 2007, 44.

1441 BFH, Urteil vom 24. August 2006 – IX R 32/04 –, BFHE, 214, 542; BStBl. II 2007, 44 (45 li. Sp.).

Rücktrittsrechts, vgl. § 353 BGB. Der Fall entspricht daher einer Optionseinräumung mit einer bedingten Stillhalterprämie, die nach dem BFH steuerbar wäre.[1442] Das Reuegeld war den Eigentümern auf jeden Fall sicher und hatte neben dem Kaufvertrag eine eigenständige wirtschaftliche Bedeutung. Der Abschluss des Kaufvertrags war zwar Bedingung des Reuegeldes, aber die entgeltliche Einräumung des Rücktrittsrechts stellt eine wirtschaftlich eigenständige Ergänzung des Kaufvertrages dar.[1443] Durch die unterschiedliche zivilrechtliche Einkleidung des gleichen wirtschaftlichen Vorgangs sollten keine unterschiedlichen steuerlichen Folgen resultieren. In beiden Fällen steht der Entgeltanspruch neben der weiterbestehenden Eigentumsposition. Wenn man in der Optionseinräumung und einem Stillhaltergeschäft die Nutzung einer Erwerbsgrundlage erblickt, dann muss dies auch für den Fall der Vereinbarung eines „Reuegeldes" gelten. Hier konnten die Verkäufer unmittelbar über den Kaufpreis verfügen und ließen sich das Rücktrittsrecht mit 10% der Kaufpreissumme auch angemessen bezahlen. Diese Summe floss gerade für den Fall der Rückabwicklung des Kaufvertrags und ist daher kein Teil der Veräußerung und Übertragung des Eigentums. Der Vertrag stellte sich für beide Seiten als hochspekulatives Geschäft dar, dass ohne Reuegeld unstrittig nicht einkommensteuerbar gewesen wäre. Durch die Vereinbarung des Reuegeldes ließ sich der Käufer die Bindung an das Geschäft entgelten, also für den Verzicht, das Grundstück im nachhinein nicht an einen Dritten veräußern zu können. Aber genau für diese Bindung wird das Reuegeld und die Optionsprämie gezahlt. Eine unterschiedliche Besteuerung ist willkürlich und verstößt gegen Art. 3 Abs. 1 GG. Hier liegt also ein wesentlicher Unterschied zu Sign-on-Prämien: Wenn diese eine längere Entscheidungsfrist für den Prinzipal erkaufen, dann teilen sie das Schicksal des Hauptvertrages.[1444] Im Falle eines Grundstückskaufvertrags würde mithin lediglich der Kaufpreis höher ausfallen. Hier erhöhte sich jedoch nicht der Kaufpreis – es kam

1442 So auch *Jonas*, Fehlgeschlagene Aufwendungen, 1993, Diss., S. 53, wenn auch für einen anderen, fiktiven Sachverhalt.

1443 Ebenso *Ellen Siegers*, Anmerkung, in: EFG 2004, S. 1528 f., Richterin am FG. Sie betont ausdrücklich den eigenständigen wirtschaftlichen Gehalt der Rücktrittsklausel. Jedoch ordnet sie das Reuegeld dem Rücktrittsvorgang zu: Durch den Rücktritt werde das Grundstück zurückübertragen und Entgelte für die Aufgabe einer Vermögensposition seien nicht steuerbar. ME unterliegt ihre Argumentation im letzten Punkt einem Missverständnis: Das Entgelt ist für den Aufgebenden, also hier den Zurücktretenden, nicht steuerbar. Hier zahlt aber gerade der Zurücktretende für seine Rechtsausübung. Die Verkäufer geben keine Vermögensposition auf, sondern erhalten eine zurück. Zwar mag in dem Rücktritt eine Vernichtung der Vermögensposition „Kaufvertrag" liegen. Aber zum einen bestand dieser Kaufvertrag von Anfang nur mit dieser Bedingung. Und zum anderen erhält der Verkäufer seinen Kaufgegenstand zurück. Auch im Falle einer Vermietung gehört die Entschädigung des Mieters, früher aus einem Mietvertrag entlassen zu werden, zu den steuerbaren Vermietungseinkünften. A.A. *Wiemer*, Nicht einkommensteuerpflichtige Einkünfte, Diss., S. 63.

1444 *Reimer*, Der Ort des Unterlassens, S. 129.

im Endeffekt gar nicht zu einer Veräußerung –, sondern die Verkäufer erhielten ein separates Entgeld.

Durch den Abschluss erlangten die Verkäufer bereits den Anspruch auf den Kaufpreis und erhielten so einen nicht unerheblichen Zinsvorteil.

Zu diesem Problembereich gehören auch die Provisionen für gelegentliche Vermittlungen, obwohl sie in den Kommentaren nicht bei den Tätigkeiten mit Vermögensbezug erwähnt werden. Diese sind stets steuerbar, wenn sie dem gesetzlichen Regelbeispiel entsprechen.[1445] Wie die Rechtsprechungszusammenstellung gezeigt hat, qualifizierte auch schon der RFH, freilich zu unrecht, Vorgänge in der Vermögenssphäre als steuerbare Vermittlungsleistungen (Aufgabe einer Mietposition). Aber auch die heutige Instanzrechtsprechung neigt dazu, Veräußerungsvorgänge, die wirtschaftlich eine Einheit bilden auseinander zu reißen und die einzelene Elemente zu besteuern, wenn zum Beispiel im Rahmen eines wirtschaftlich betrachtet einheitlichen Veräußerungsvorgang eine separate Zustimmung des Veräußerers fingiert wird und als Leistung besteuert werden soll.[1446]

Ein Bezug zur Vermögenssphäre liegt auch dann vor, wenn für einen Eigenerwerb eine Provision fließt oder der Vermittler seine Provision an den Steuerpflichtigen weiterleitet. Diese ist nach herrschender Meinung bei Vorgängen im Privatvermögen nie steuerbar, weil es sich insoweit um unmittelbare Anschaffungskostenminderungen handelt und der Provisionsanspruch ohne den eigenen Vertragsabschluss nicht gedacht werden kann.[1447] Es handelt sich aus der Sicht des Vertragsschließenden um eine Minderung seiner Aufwendungen, aber nicht um eine Entlohnung einer separaten Vermittlungsleistung.[1448] Insofern ist der Fall mit den Veräußerungsvorgängen vergleichbar, bei denen alle Entgelte, die durch die Veräußerung veranlasst sind, dieser zugerechnet werden.[1449]

1445 Vgl. im Sinne von Standardbeispielen: RFH, Urteil vom 22. Juli 1931 – VI A 1403 –, StuW 1931 II, Urteil Nr. 963, Sp. 1735; RFH, Urteil vom 26. Juli 1939 – VI 716 –, StuW 1939 II, Urteil Nr. 475, Sp. 778; BFH, Urteil vom 19. April 1967 VI R 270/66 –, BFHE 88, 493; BStBl. III 1967, 462; BFH, Urteil vom 20. April 2004 – IX R 39/01 –, BFHE, 206, 418; BStBl. II 2004, 1072; BFH, Urteil vom 21. September 2004 – IX R 13/02 –, BFHE, 207, 284; BStBl. II 2005, 44.

1446 FG Rheinland-Pfalz, Urteil vom 15.02.2006 – 1 K 1294/04 –, BeckRS 2006, 26022674; aufgehoben durch BFH, Urteil vom 29. Mai 2008 – IX R 97/07 –, juris.

1447 BFH, Urteil vom 18. März 1982 – IV R 183/78 –, BFHE 136, 76; BStBl. II 1982, 587; BFH, Urteil vom 02. März 2004 – IX R 68/02 – BFHE 205, 253; BStBl. II 2004, 506; BFH, Urteil vom 16. März 2004 – IX R 46/03 – BFHE, 206, 231; BStBl. II 2004, 1046.

1448 BFH, Urteil vom 17. August 2005 – IX R 23/03 –, BFHE, 211, 143; BStBl. II 2006, 248 (249 li. Sp.).

1449 Hierbei wird der Unterschied zwischen Reuegeld und Veräußerungsentgelt deutlich. Zwar ist auch das Reuegeld zunächst durch den Veräußerungsvorgang veranlasst, es stellt aber wirtschaftlich keinen Teil des Veräußerungsentgelts, sondern einen wirtschaftlich selbständigen, bedingten Zahlungsanspruch dar.

Dies gilt aber nur für den Privatbereich, in dem also keine alternative Veranlassung für die Entgeltzahlung feststellbar ist. Eigenprovisionen im betrieblichen Bereich sind nach der Rechtsprechung hingegen Betriebseinnahmen, auch wenn der Vertrag letztlich zum Privatvermögen des Betriebsinhabers gehört. Die Auskehrung stellt dann lediglich eine Einkommensverwendung dar.[1450] Der BFH versteht unter Betriebseinnahmen Erwerbsbezüge, die durch den Betrieb veranlasst sind. Erforderlich ist ein wirtschaftlicher Zusammenhang. Die Einnahme müssen nicht als Entgelt für eine konkrete betriebliche Leistung fließen. Der rein objektiv zu bestimmende Zusammenhang reicht aus. Es muss weder zu einem Wertzuwachs kommen, noch kommt es auf die Verwendung der Betriebseinnahme an.[1451] Als Beispiele führt der BFH an: Geschenke, Preise und freiwillige Zahlungen von Geschäftspartnern. Aus diesen Beispielen werde deutlich, dass es nur darauf ankomme, dass die Zahlungen auf der gewerblichen Tätigkeit des Steuerpflichtigen beruhten. Unerheblich sei aber, dass er gleichzeitig als privater Versicherungsnehmer Nutznießer des vermittelten Vertrages sei. Zwar sei keine konkrete Vermittlungsleistung zu beobachten, aber diese sei auch gar nicht erforderlich, da Betriebseinnahmen einen Leistungsbezug nicht voraussetzen. Entscheidend sei, dass Rechtsgrund der Zahlungen das Auftragsverhältnis zwischen Versicherungsunternehmen und dem Vermittler gewesen sei, also in dessen Erwerbssphäre stattfand und nach außen hin die Vorgänge wie Fremdvorgänge behandelt wurden.[1452]

Hier liegt die Wertung zugrunde, dass die Provision ohne den betrieblichen Zusammenhang nicht hätte fließen können und daher der Veranlassungszusammenhang durch den privaten Nutzungshintergrund nicht unterbrochen wird. Eine Provisionsauskehrung wäre also im Zweifel zumindest eine Entnahme, die den Gewinn nicht mindern darf.

Der BFH entschied sodann in einem Fall einer gelegentlichen „Selbstvermittlung", dass es nicht darauf ankommt, ob die vermittelten Verträge das Betriebs- oder Privatvermögen betreffen, sondern dass die vertragliche Grundlage der Provisionszahlung entscheidend ist.[1453] Da Eigenprovisionen versicherungsrechtlich untersagt sind, versuchten Steuerpflichtige dies zu umgehen, in dem sie pro forma einen Vermittlervertrag abschlossen und letztlich nur einen einzigen, nämlich ihren Vertrag an sich selbst vermittelten.[1454] Der BFH entschied hier wie im vorherigen Urteil, dass durch das Dazwischentreten des Pro-forma-Vertrages ein separater

1450 BFH, Urteil vom 27. Mai 1998 – X R 17/95 –, BStBl. II 1998, 618.

1451 BFH, Urteil vom 27. Mai 1998 – X R 17/95 –, BStBl. II 1998, 618 (618 re. Sp.).

1452 BFH, Urteil vom 27. Mai 1998 – X R 17/95 –, BStBl. II 1998, 618 (619 li. Sp.).

1453 BFH, Urteil vom 27. Mai 1998 – X R 94/96 –, BFHE 186, 259; BStBl. II 1998, 619 (621 li. Sp.); abweichend mit Zustimmung des IV. Senats von BFH, Urteil vom 18. März 1982 – IV R 183/78 –, BFHE 136, 76; BStBl. II 1982, 587.

1454 § 81 Abs. 2 Satz 4 VAG i.V.m. der Anordnung vom 08.03.1934 über das Verbot von Sondervergütungen und Vergünstigungsverträgen in der Lebensversicherung, zitiert aus dem Tatbestand: BFH, Urteil vom 20. Januar 2009 – IX R 34/07 –, BFHE, 224, 252; BStBl. II 2009, 532.

Veranlassungszusammenhang entstehe.[1455] Eine Anschaffungskostenminderung durch Weiterleitung der Provision sei gerade nicht möglich. Durch das Ausweichen auf die Konstruktion eines Vermittlervertrages hätten die Steuerpflichtigen zwar wirtschaftlich ihre Anschaffungskosten mindern wollen. Dies hätten sie aber eben nur durch eine separate Tätigkeit, nämlich die einmalige Vermittlungsleistung gegenüber der Versicherung, erreichen können. Die private Zweckbestimmung der vermittelten Verträge sei daher irrelevant und strahle nicht auf die Vermittlungsleistung aus.

Ebenso entschieden das Niedersächsische FG und nachfolgend der BFH zur „kreuzweisen" Vermittlung von Versicherungen zweier Brüder.[1456] Die Provisionen waren steuerbar, ohne dass ein Werbungskostenabzug für die ausgekehrten Provisionen zugelassen wurde. Die Weiterleitung der jeweiligen Provision sei nicht durch die vertragliche Vereinbarung mit dem Versicherungsunternehmen veranlasst worden. Sie sei weder aufgewandt worden, um die Vermittlungsleistung erbringen zu können noch erfolgte sie zur Sicherung oder Erhaltung weiterer Einnahmen. Die Weiterleitung beruhte vielmehr auf einer vom Kläger behaupteten Vereinbarung mit seinem Bruder, die den wirtschaftlichen Zweck hatte, eine günstigere Versicherungspolice zu erlangen. Dieses Streben nach einem Rabatt vollziehe sich indes auf der steuerlich unbeachtlichen Vermögensebene und führe nicht zu Werbungskosten.[1457] Auch liege keine Entgeltminderung für den eigenen Versicherungsvertrag vor, da dies nur in Fällen angenommen werden könne, wenn der Vermittler die Provision an den Versicherungsnehmer weiterreiche und dieser lediglich daran partizipiere.[1458]

Den Gedanken, dass die Weiterleitung der Provision auf der Ebene der Einkommensverwendung erfolgt, wandte der BFH dann auch auf einen Fall der ringweisen Vermittlung an.[1459] Zugrunde lag eine ringweise Vermittlung von Verträgen, wobei die „Vermittler" – drei Schwestern – sich die Auskehrung der jeweiligen Provision versprachen. Auch hier wurde die erstmalige Auszahlung der Provision an die jeweilige Vermittlerin besteuert, da Grundlage ein eigenes Vertragsverhältnis mit der Versicherung war. Die Weitergabe stellte aus Sicht der Vermittlerin dann wie in den anderen zitierten Entscheidungen eine Verwendung versteuerten Einkommens dar und die Entgegennahme aus Sicht der jeweiligen Schwester eine Minderung

1455 BFH, Urteil vom 27. Mai 1998 X R 94/96 –, BFHE 186, 259; BStBl. II 1998, 619 (620 re. Sp.) mit Verweis auf *Jansen*, in: Herrmann/Heuer/Raupach, ESt- und KStG, Kommentar, 21. Aufl., § 22 EStG, Rz. 243, 234.

1456 Niedersächsisches FG, Urteil vom 25. Januar 2005 – 13 K 555/00 –, EFG 2005, 1936; BFH, Urteil vom 27. Juni 2007 – IX R 25/05 –, juris; BFH/NV 2007, 657.

1457 Niedersächsisches FG Urteil vom 25.01.2005 – 13 K 555/00 –, Tz. 16, juris, EFG 2005, 1936.

1458 Niedersächsisches FG, Urteil vom 25.01.2005 – 13 K 555/00 –, Tz. 17, juris, EFG 2005, 1936.

1459 BFH, Urteil vom 20. Januar 2009 – IX R 34/07 –, BFHE, 224, 252; BStBl. II 2009, 532.

ihrer Anschaffungskosten.[1460] Die Auskehrungen stellten auch keine die Provisionen neutralisierenden Werbungskosten dar, da die „Verwendungsvereinbarung" der Schwestern bewirkte, dass jede der Schwestern einen wechselseitigen Anspruch auf Auskehrung der Provision inne hatte und gleichzeitig jede eine Verpflichtung auf Weiterleitung traf. Diese neutralisierten sich, so dass am Ende jede den ursprünglich „verdienten" Provisionsanspruch gegenüber der Versicherung hatte, der nach § 22 Nr. 3 EStG zu versteuern sei.[1461]

Diese Schlussfolgerung ist freilich nicht zwingend. Entscheidend ist, ob man die Weiterleitung als Einkommensverwendung betrachtet oder als Teil einer steuerbaren Vermittlungsleistung. Für *Jachmann* stellt gerade die Verknüpfung zwischen der Weiterleitungspflicht und dem eigenen Auskehrungsanspruch – die „Verwendungsvereinbarung" – den maßgeblichen Wertungsgesichtspunkt dar, um von einer abgeschlossen Einkommenserzielung und einer separaten Einkommensverwendung sprechen zu können.[1462] Das vorinstanzliche FG Münster sah hingegen in der „Verwendungsvereinbarung" eine steuerlich zu beachtende Gestaltung, die nicht in die gemäß § 12 EStG unbeachtliche Vermögenssphäre falle.[1463] Die Weiterleitungsverabredung sei notwendig für eine erfolgreiche nachfolgende Vermittlung gewesen und wegen der sich ausgleichenden Zahlungen habe es den Schwestern an der Überschusserzielungsabsicht gefehlt.[1464]

2. *Stellungnahme*

Zwei Aspekte verdeutlichen die besondere Problematik der „Vermögenssphäre": Zum einen kennzeichnet sie einen wirtschaftlich bedeutsamen Bereich, der trotz seiner Bedeutung einkommensteurrechtlich irrelevant ist. Problematisch ist hier die Abgrenzung zwischen Privat- und Erwerbssphäre, insbesondere die Bestimmung der Konsumsphäre. Zum anderen bildet das Vermögen das Fundament fast jeder Erwerbstätigkeit. Erst dieses ermöglicht in aller Regel dem Steuerpflichtigen einer Erwerbstätigkeit nachzugehen. Es fasst die Mittel zusammen, die dem Einzelnen zur Lebensführung und zur Investition in eine Erwerbsgrundlage zur Verfügung stehen. Da die Einkommensteuer den wirtschaftlichen Erfolg belasten will, sind die hierfür notwendigen Aufwendungen abzuziehen und unerhebliche Konsumaufwendungen

---

1460 BFH, Urteil vom 20. Januar 2009 – IX R 34/07 –, BFHE, 224, 252; BStBl. II 2009, 532 (533 re. Sp.).

1461 BFH, Urteil vom 20. Januar 2009 – IX R 34/07 –, BFHE, 224, 252; BStBl. II 2009, 532 (533 re. Sp.).

1462 *Monika Jachmann*, Anmerkung zu Provisionen bei ringweiser Vermittlung von Lebensversicherungen, in: jurisPR-SteuerR 15/2009, Anm. 5, unter C. und D.

1463 FG Münster, Urteil vom 16. Mai 2007 – 10 K 1577/05 E –, Tz. 30 u. 32, juris, EFG 2007, 1511.

1464 FG Münster, Urteil vom 16. Mai 2007 – 10 K 1577/05 E –, Tz. 28, juris, EFG 2007, 1511.

auszuscheiden. Nur so kann der „return on investment“ festgestellt werden. Die Abgrenzung von Privat- und Erwerbssphäre setzt sich also im Nettoprinzip fort.[1465]

a) Vermögensneutralitätsprinzip – ein Scheinargument

Die Grundsatz der Unbeachtlichkeit der Vermögenssphäre bei den Überschusseinkunftsarten wird nach der überwiegenden Lehrmeinung mit dem Dualismus der Einkunftsarten begründet: In der Zuordnung zu einer der beiden Ermittlungsmethoden der steuerbaren Einkünfte nach § 2 Abs. 2 EStG liege zugleich die dogmatische Grundentscheidung, ob *Wertveränderungen* des Vermögens, das zur Erzielung der Einnahmen verwendet wird, zu berücksichtigen seien.[1466] „Die private Vermögenssphäre steht gänzlich außerhalb des steuerbaren Bereichs. Das gilt auch für das Vermögen des Steuerpflichtigen, das ihm dazu dient, Einkünfte zu erzielen.“[1467]

Die These der herrschenden Meinung von der Unbeachtlichkeit der Vermögenssphäre kann in ihrer Allgemeinheit jedoch nicht überzeugen – weder für die Gewinn- noch für die Überschusseinkünfte.[1468]

aa) Vorgebliche dogmatische Begründung der Vermögensneutralität

Bei den Gewinneinkunftsarten bilde nach der herrschenden Meinung die Berechnung des Reinvermögenszugangs im Rahmen eines Bestandsvergleich die Besteuerungsgrundlage. Gemäß ihrer Fundierung auf der Reinvermögenszugangstheorie, die auf *Schanz* zurück gehe und im EStG 1920 umgesetzt worden sei, seien Einkünfte Vermögensmehrungen und alle realisierten Wertveränderungen seien zu erfassen.[1469]

Als Kontrapunkt wird als Grundlage der Überschusseinkunftsarten dann die Quellentheorie bezeichnet, die auf Fuisting zurückgehe[1470]: Nach dieser fände das Vermögen selbst keinen Eingang in die Einkommensermittlung, Wertveränderungen seien daher grundsätzlich – also hier bereits einschränkend formuliert – ohne Bedeutung; nur die Früchte des Vermögensstamms bildeten Einnahmen. Daher schieden bei der Ermittlung des Überschusses Wertminderungen des privaten Vermögens aus, insbesondere in Gestalt von Veräußerungs- und Substanzverlusten.[1471]

1465 *Jonas*, Fehlgeschlagene Aufwendungen, 1993, Diss., S. 15, Fn. 69 geht hingegen davon aus, dass beide Gesichtspunkte unvermittelt nebeneinander stehen. Ähnlich wie hier eine gegenseitige Abhängigkeit feststellend hingegen *Ruppe*, Die Abgrenzung der Betriebsausgaben/Werbungskosten von den Privatausgaben, S. 103 (107).

1466 *Birk/Desens/Tappe*, Steuerrecht, Rn. 609.

1467 *Schimmele*, Nutzungsüberlassung, S. 102.

1468 *Jonas*, Fehlgeschlagene Aufwendungen, 1993, Diss., S. 29, spricht insoweit von einem „nichtssagenden Grundsatz“.

1469 *Birk/Desens/Tappe*, Steuerrecht, Rn. 610.

1470 *Birk/Desens/Tappe*, Steuerrecht, Rn. 611.

1471 *Birk/Desens/Tappe*, Steuerrecht, Rn. 995, 1021.

Lediglich wenn innerhalb der Veräußerungensfristen ein Wert „realisiert" werde, greife die Steuer auf den Überschuss zu. Im Übrigen seien weder Wertsteigerungen noch Wertminderungen noch Aufwendungen für den Vermögensstamm in irgendeiner Form zu berücksichtigen, es sei denn der Gesetzgeber ordne dies ausdrücklich an: Daher könnten als Werbungskosten auch nur unmittelbar mit der Fruchtziehung verbundene Kosten ausnahmsweise abgezogen werden, wenn nämlich durch die Fruchtziehung ein qualitativer oder quantitativer Wertverzehr des Vermögensstamms eintrete.[1472]

bb) Überprüfung des dogmatischen Unterbaus

Generell wird von der herrschenden Meinung betont, dass das geltende Recht keine der beiden Theorien – Reinvermögenszugangs- und Quellentheorie – vollständig umsetze. Eine Rückführung auf diese Theorien ergibt demnach nur dann Sinn, wenn sich aus dieser Rückführung verallgemeinerungsfähige Aussagen gewinnen lassen. Die Bemühungen scheitern an diesem Erfordernis, weil sie die Theorien zu sehr verkürzen und einer rechtshistorischen und rechtsdogmatischen Untersuchung nicht standhalten. Dies fängt bereits bei den Formalien an: Weder geht die Reinvermögenszugangstheorie auf *Schanz* noch geht die Quellentheorie auf *Fuisting* zurück.[1473] Beide Autoren haben niemals eine Urheberschaft für die jeweilige Theorie behauptet, sondern vielmehr bestehende Theorien fortentwickelt oder intensiv dargestellt. Die herrschende Meinung bedient sich vereinfachender Zuschreibungen, die zudem den gemeinsamen Ursprung beider Theorien verdunkeln. Denn sowohl die Quellentheorie als auch die Reinvermögenszugangstheorie knüpfen inhaltlich – was die Erhaltung des Stammgutes anbelangt – an den Einkommensbegriff von *Hermann* an.[1474]

Die Vereinfachung zeigt sich aber auch in materieller Hinsicht. Wie oben bereits ausgeführt, sollten nach *Schanz* sowohl realisierte als auch nichtrealisierte Wertzuwächse und Wertminderungen erfasst werden.[1475] Letzterer Umstand wird

---

1472 *Birk/Desens/Tappe*, Steuerrecht, Rn. 1021, 1027; mithin folgen sie der Ansicht *Knobbe-Keuks*, dass nicht das Faktum der Aufwandsentstehung, sondern der tatsächliche Wertverzehr eines Wirtschaftsguts für eine Abziehbarkeit entscheidend und § 9 Abs. 1 Nr. 7 EStG daher konstitutiv für einen Abzug sei, *Brigitte Knobbe-Keuk*, Die Einkommensbesteuerung der entgeltlichen Überlassung von Bodensubstanz, in: DB 1985, S. 144 (147).

1473 Für *Fuisting* weist *Roland Krüger*, Führen Werbungskosten zu Überschußerzielungsvermögen, in: FR 1995, S. 633 (633) auf die Grundlagen bei *Guth*, *Neumann* und *Wagner* hin.

1474 So *Strutz*, in: Strutz, EStG 1925, Band I, Einleitung, S. 35 f. für die Reinvermögenszugangstheorie und S. 9, 18 u. 32 für die Quellentheorie; zu *Hermann* auch *Schanz*, Der Einkommensbegriff und die Einkommensteuergesetze, S. 1 (6); *Jonas*, Fehlgeschlagene Aufwendungen, 1993, Diss., S. 19, betont, dass die Vertreter der Quellentheorie sich auf *Hermann* berufen.

1475 *Schanz*, Der Einkommensbegriff und die Einkommensteuergesetze, S. 1 (7).

in heutigen Darstellungen häufig unterschlagen. Auch die Behauptung, dass alle Wertveränderungen Beachtung finden müssen, stimmt nicht: Selbstverständlich kannte auch *Schanz* einen privaten Bereich, wonach Kosten der Lebensführung nicht absetzbar waren.[1476] Hier stellt sich zwangsläufig die Frage nach einer wie auch immer gearteten Konsumvermögenssphäre: Sie betrifft alle Wertveränderungen der privaten Einrichtung – von den Kosten Kosten für Besteck bis zu anderem typischen Gebrauchsvermögen, das sich im Laufe der Zeit verbraucht. Für die Abgrenzung des Konsumfondsvermögens, das nicht erfasst werden soll, zum zu erfassenden Vermögen bietet auch die Reinvermögenszugangstheorie *keinen* eindeutigen Maßstab, auch weil Vermögen und Einkommen nach ihr ein und dasselbe „Anschauungsobjekt" betreffen.[1477] Wie oben im historischen Teil und im Abschnitt über die Privatsphäre gezeigt, bedingt jede Einkommensbesteuerung die Unterscheidung zwischen Konsum und Erwerb und kennt daher zwangsläufig eine Privatsphäre, selbst wenn eine strenge Investitionsgutlösung vertreten wird und alle Gegenstände des Privatvermögens laufend inventarisiert werden. Diesen Schwachpunkt auch der Reinvermögenszugangstheorie räumt zum Beispiel bereits *Moll* ein, wie *Strutz* betont.[1478]

Lang weist in seiner umfassenden Darstellung über die einkommensteuerliche Bemessungsgrundlage zurecht daraufhin, dass ein wesentlicher Grund in der nicht steuerbaren Vermögenssphäre gerade in der mangelnden Praktikabilät der Besteuerung der ihr zugeordneten Vermögensvorgänge liegt.[1479] Hier tun sich in Anbracht der technischen Möglichkeiten heute – Stichwort „Internet der Dinge" –ganz neue Möglichkeiten eines allumfassenden Steuersystems auf. Aber selbst bei einer totalen Einkommenssteuer, einer reinen Bereicherungssteuer, wird man nicht umhin kommen, den privaten Anlass für Vermögensabflüsse auszuscheiden: wer seinen PC mutwillig zerstört, kann im Gegensatz zu einem Arbeitsunfall die „private" Wertvernichtung nicht geltendmachen. Die Veranlassungsproblematik bleibt auch in einer immer umfassenderen Besteuerung bestehen.[1480]

Schon bei der Verabschiedung des die Reinvermögenszugangstheorie umsetzenden EStG 1920 war daher Konsens, dass das Gebrauchsvermögen und mit ihm

---

1476 So stellten nach *Schanz* Lebensversicherungsprämien nicht Abzugsposten vom Einkommen, sondern Einkommensverwendungen dar, *Schanz*, in: FinanzArchiv, 1896, S. 210 (219).

1477 Auf die Schwierigkeiten zur Unterscheidung zwischen Nutzungs- und Vermögensbereich weist auch *Schimmele*, Nutzungsüberlassung, S. 83 f. hin.

1478 *Strutz*, in: Strutz, EStG 1925, Band I, Einleitung, S. 35, Fußnote 1 unten.

1479 *Lang*, Die Bemessungsgrundlage der Einkommensteuer, S. 40 f.

1480 Selbstverständlich scheiden auch bei den Gewinneinkunftsarten private Vorgänge, die die betriebliche Vermögenssphäre betreffen, aus: So stellen privatveranlasste Vermögensverluste Entnahmen zum Buchwert dar und privatveranlasste Nutzungsentnahmen werden mit den Selbstkosten bewertet, vgl. *Uhländer*, Vermögensverluste im Privatvermögen, 1996, S. 106 unter Verweis auf BFH, Urteil vom 26. Januar 1994, BStBl. II 1994, 353.

zusammenhängende Aufwendungen, weil dessen Anschaffung typischer Konsum sei und typischerweise mit einer Wertverminderung einhergehe, das Einkommen nicht mindern sollte. Daher griff der Gesetzgeber auf das Merkmal der Wiederverkaufsabsicht zurück, um das Gebrauchsvermögen von Spekulationsobjekten unterscheiden zu können, die typischerweise nicht im Wert fielen und daher steuerverstrickt sein sollten.[1481]

Auf der anderen Seite ist es erstaunlich, dass die Überschusseinkünfte zwar auf die Quellentheorie zurückgehen sollen, der Abzug von Aufwendungen bei diesen jedoch nach der herrschenden Meinung systemfremd sei.[1482] Wie gezeigt, war für *Fuisting* als prominentesten Vertreter der Quellentheorie der Abzug von Aufwendungen wesentliches Merkmal dieses Konzeptes. Besteuert werden sollten nicht die Roh-, sondern die Reineinnahmen: aus verbrauchten Vermögen könne niemals Einkommen entstehen. Daher mutet der Streit, ob § 9 Abs. 1 Satz 3 Nr. 7 EStG eine konstitutive oder deklaratorische Wirkung hat, merkwürdig an.[1483] Die AfA bezweckt als Ausfluss des Verursachungsprinzip die periodengerechte Berücksichtigung des

---

1481 *Lang*, Die Bemessungsgrundlage der Einkommensteuer, S. 41. Es sei hier aber angemerkt, dass das Merkmal der Wiederverkaufsabsicht keine Erfindung des EStG 1920 ist, sondern bereits in das preußischen EStG 1891 Eingang gefunden hatte und nichts mit der Reinvermögenszugangstheorie zu tun hat, sondern mit dem Versuch, quellentheoretisch fundierte Einkommensteuergesetze erweiternd auszulegen; es ist daher auch konsequent, dass der Gesetzgeber der Auslegung des BFH zu Gebrauchsvermögen einen Riegel vorgeschoben hat. Dies zeigt aber auch die dogmatische „Willkür" des BFH: Während bei Veräußerungsgeschäften lediglich der Wortlaut maßgeblich ist, soll bei Verlusten und Aufwendungen auf das Wesen der Überschusseinkünfte rekurriert werden können, um einen Abzug auszuschließen.

1482 So *Uhländer*, Vermögensverluste im Privatvermögen, 1996, S. 111; *Thomas Durchlaub*, Zur Steuerpflicht der Gewinne aus der Veräußerung von Privatvermögen, 1993, S. 108.

1483 Vgl. *Loschelder*, in: Schmidt, EStG, § 9, Rn. 176; *Knobbe-Keuk*, in: DB 1985, S. 144 (147) für die Wertverzehrthese; für die Aufwandsverteilungsthese *Wolfgang Jakob/Rolf Wittmann*, Von Zweck und Wesen steuerlicher AfA, in: FR 1988, S. 540 (542), die darauf hinweisen, dass der Streit sich nicht inhaltlich auswirken muss; ähnlich auch *Ulrich Prinz*, Grundsatzbetrachtungen zum Werbungskostenbegriff, in: FR 1986, S. 397 (408); *Josef Feldhofer*, Die einkommensteuerliche Behandlung von Forderungsverlusten im Haushaltseinkünftebereich, Diss., 1995, S. 127; *Jonas*, Fehlgeschlagene Aufwendungen, 1993, Diss., S. 83 lehnt die Aufwandsverteilungsthese ab und nimmt eine reine Vermögensumschichtung an, ohne jedoch zu berücksichtigen, dass es bei der Einkommensteuer um die Ermittlung des Rein- und nicht bloß Rohertrags geht und eine Entscheidung, sofern man dieser Prämisse zustimmt, notwendig ist, wie man die Aufwendungen berücksichtigt. Dies ist wie gezeigt gerade keine Frage des Dualismus. Zu recht weist er an anderer Stelle auf „den Schutz der Vermögenssubstanz, zumindest mit ihrem Nominalwert", hin, S. 33, 143; *Jakob/Wittmann* heben a.a.O, S. 540 (548). hervor, dass aus der Vermögensumschichtungsgedanken nicht gegen die Aufwandsverteilungsthese spricht.

Vermögensaufwands.[1484] Dies gilt sowohl für die Gewinn- als auch die Überschusseinkunftsarten und wurde so von *Fuisting* und *Schanz* vertreten. Die Auffassung, dass § 9 Abs. 1 Satz 3 Nr. 7 EStG daher rechtsbegründenden Charakter habe und sein Fehlen einen Abzug gänzlich ausschlösse oder gar einen Sofortabzug aller Aufwendungen nach sich zöge, kann weder systematisch noch dogmatisch überzeugen und ist verfassungsrechtlich im Hinblick auf Art. 3 GG bedenklich.[1485]

Die vorgebliche dogmatische Stringenz der herrschenden Meinung kann auch im Hinblick auf den Umfang möglicher Abschreibungsgüter nicht überzeugen. *Fuisting* war die „willkürliche" Trennung von Anlage- und Betriebsvermögen und Einkommen- und Vermögenssphäre bewusst. Die Grenzziehung ist eine Folge einer pragmatischen Steuerwürdigkeitsentscheidung, *Fuisting* erkannte die Notwendigkeit von Korrekturen in Ausnahmefällen an. So konnte seiner Meinung nach ein nicht abnutzbarer Gegenstand abschreibungsfähig sein, wenn Umstände in fortgesetzter Weise die Gebrauchsfähigkeit und den Wert verminderten.[1486] Der Mangel an diesem erfrischenden Pragmatismus zeigt sich heute immer noch bei der Behandlung von Grundvermögen.[1487] Das Bewusstsein um die Fiktion, die für eine gerechte

---

1484 *Heinrich Weber-Grellet*, Bilanzsteuerrecht, 2011, Rn. 281 zur AfA und Rn. 53 zum Verursachungsprinzip; *Loschelder*, in: Schmidt, EStG, § 9, Rn. 176; *Jakob/Wittmann*, in: FR 1988, S. 540 (549).

1485 Vgl. die gut begründete Differenzierung mit Hilfe des Nettoprinzips von *Jakob/Wittmann*, in: FR 1988, S. 540 (552); ähnlich wie hier auch *Feldhofer*, Die einkommensteuerliche Behandlung von Forderungsverlusten im Haushaltseinkünftebereich, Diss., S. 152; a.A. *Schimmele*, Nutzungsüberlassung, S. 118 f.

1486 *Fuisting*, Die Grundzüge der Steuerlehre, S. 143 u. 145; da *Fuistings* Unterscheidung zwischen Anlage- und Betriebskapital an sich alle Einkunftsarten betraf, ist die Frage der Abschreibung für alle Einkunftsarten gleich.

1487 So existiert nach *Lang* bei Grundstücken kein Problem der Vermögensminderung, weil diese stets im Wert zunähmen, *Lang*, Die Bemessungsgrundlage der Einkommensteuer, S. 41. Hierzu sei nur angemerkt, dass a) diese Aussage zunächst nur auf den Grund und Boden zutreffen kann, da Häuser typischerweise an Wert verlieren und b) diese Aussage auch im Hinblick auf Grund und Boden in ihrer Absolutheit unzutreffend ist. Wie im rechtshistorischen Abriss aufgezeigt, beruht die Wertstabilität auf einer Fiktion, vgl. nur *Schanz*, Der Einkommensbegriff und die Einkommensteuergesetze, S. 1 (19): Für ihn war dieser Aspekt ein wesentlicher Kritikpunkt an dem Erfordernis einer dauernden Bezugsquelle der Quellentheorie, dass sie also auf einer Fiktion beruhte: Ein Atoll in der Südsee mag sicherlich nicht stets im Wert steigen, wenn es in Folge des Meeresspiegelanstiegs überspült wird. Zweitens gibt es – wie der Haus- und Grundtsückspreisverfall in Spanien und in den ländlichen Regionen in Deutschland oder die Subprime-Krise in den USA zeigt – auch durchaus sinkende Haus- und Grundstückspreise. Entsprechend werden auch Aufwendungen durch eine Verseuchung des Erdreichs in Folge einer steuerbaren Nutzung als Werbungskosten anerkannt, vgl. *Wolf*, Besteuerung der Bodenschatzverwertung, Diss., S. 51.

Besteuerung in den meisten Fällen durchaus berechtigt ist, würde jedoch manchem dogmatischen Argument ihre Schärfe nehmen.

Voraussetzung dieser „Teilwert-Abschreibung" auf Vermögensgegenstände des Vermögensstamms war bei *Fuisting* zudem gerade kein Bestandsvergleich, galt er doch für alle Einkunftsarten. Mithin sollte auch die Behauptung, dass Teilwertabschreibungen bei den 4 III-Rechnern unzulässig seien, aufgegeben werden. Die einzige Begründung für diesen Ausschluss ist denn auch kein dogmatisch-systematischer Einwand, sondern das Argument, dass die Teilwertabschreibung dem Vereinfachungscharakter des § 4 Abs. 3 EStG nicht entspräche.[1488] Ein schwaches Argument, wenn man an die unstrittig mögliche AfaA denkt.[1489] Auch spricht der Wortlaut des § 4 Abs. 3 S. 5 letzter Hs. EStG gegen diese Auslegung, der ausdrücklich auch andere, nachträgliche Wertansätze erwähnt und das Führen eines Vermögensverzeichnisses vorsieht.

Die Entscheidung über eine Berücksichtigung von Wertveränderungen und Aufwendungen kann nicht mit der Einkunftsermittlungsmethode begründet werden. Zu recht lässt die herrschende Meinung daher auch bei 4 III-Rechnern Totalabschreibungen auf Forderungsverluste zu.[1490] Eine Versagung muss dogmatisch begründet werden, was ebenso für die Überschusseinkünfte gilt.

b) Vermögensneutralität als Kennzeichen für alle Überschusseinkünfte – Substanzerhaltungsgrundsatz

Den Überschusseinkünften liegt der Gedanke zu Grunde, der sich in den §§ 2 Abs. 2, 8 Abs. 1, 9 Abs. 1 EStG zeigt. Zum Einkommen gehören nur Zuwächse und Abflüsse von Gütermengen in einem bestimmten Zeitraum.[1491] Der Sinn, dass nur Ab- und Zuflüsse betrachtet werden, liegt darin, dass so Bewertungen der „Quellen" überflüssig werden sollen.[1492] Dabei werden Aufwendungen für den Privathaushalt und für die Umwandlung von Wertzugängen in Vermögensgegenstände ausgenommen.[1493] Der wertneutrale Tausch von Vermögensgegenständen – zum Beispiel Geld gegen einen abnutzbaren Vermögensgegenstand – ist zunächst nur eine Vermögensumschichtung, mit der Folge, dass die möglichen Nutzungen wie

---

1488 *Weber-Grellet*, Bilanzsteuerrecht, Rn. 430.

1489 *Heinicke*, in: Schmidt, EStG, § 4, Rn. 392.

1490 BFH, Urteil vom 2. September 1971 – IV 342/65 –, BFHE 104, 311, BStBl. II 1972, 334; *Jonas*, Fehlgeschlagene Aufwendungen, 1993, Diss., S. 141, da den Gewinneinkunftsarten das gleiche Bestandserhaltungskonzept zugrundeliegt; a.A. *Durchlaub*, Veräußerung von Privatvermögen, 1993, S. 109.

1491 *Enno Becker*, Grundfragen aus den neuen Steuergesetzen, in: StuW 1926 I, Sp. 525 (530).

1492 *Jonas*, Fehlgeschlagene Aufwendungen, 1993, Diss., S. 117.

1493 *Becker*, Grundfragen, in: StuW 1926 I, Sp. 525 (530); hier besteht also kein prinzipieller Unterschied zu den Gewinneinkünften; *Knobbe-Keuk*, in: DB 1985, S. 144 (147); *Jakob/Wittmann*, in: FR 1988, S. 540 (552 f.).

auch der entsprechende Aufwand der Privatsphäre zugeordnet sind. Erst durch die (beabsichtigte) Einräumung dieser Nutzungsmöglichkeit an Dritte verzichtet der Steuerpflichtige in Höhe des anteiligen Aufwands auf seine eigene Nutzungsmöglichkeit.[1494] Alles darüberhinaus Zufließende stellt für den Steuerpflichtigen Ertrag dar. Deswegen lässt die herrschende Meinung bei abnutzbaren Vermögensgegenständen, die erst nach ihrer Anschaffung einer Erwerbstätigkeit gewidmet werden, den Abzug des verbleibenden AfA-Volumens zu: Im Umfang der bisherigen „privaten" Nutzung wird das Gesamt-AfA-Volumen gekürzt, mit der möglichen Folge, dass der Vermögensgegenstand bei Umwidmung auch bereits fiktiv abgeschrieben sein kann.[1495]

Hier zeigt sich der Substanzerhaltungsgrundsatz: Im Normalfall tritt an die Stelle eines vorhandenen Vermögensgegenstandes ein anderer. Gleichzeitig gewährleistet § 9 Abs. 1 EStG die Berücksichtigung des wertmäßigen Abflusses von in Vermögensgegenständen „gespeicherten" Aufwendungen. Unter den Abfluss kann prinzipiell neben dem Abgang eines Vermögensgegenstands auch dessen Wertverzehr und Untergang subsumiert werden.[1496] *Jonas* hat überzeugend dargelegt, dass die Einnahmen-/Werbungskosten-Überschussrechnung keine Geldverkehrsrechnung ist[1497]: Es handele sich um eine, an der Quellentheorie orientierende, die Vermögenssubstanz schonende Einkunftsermittlungsmethode. Nur solange die Vermögenssubstanz nicht berührt werde, gleiche sie einer Geldverkehrsrechnung. Die Möglichkeiten des Werbungskostenabzuges für abnutzbare Vermögensgegenstände des Privatvermögens als Folge von beruflich bedingten Wertverlusten zeigen, dass rein zahlungstrombasierende Ansätze nicht stimmen. Für die Überschusseinkünfte offenbart sich der pauschale Verweis auf die Unbeachtlichkeit der Vermögenssphäre, um eine Nichtberücksichtigung von dauernden Wertverlusten begründen zu können, mithin als ungenügend.[1498] Denn obwohl die Vermögenssphäre unbeachtlich sein soll, lässt der BFH und die herrschende Meiungung neben den „üblichen" Aufwendungen auch den Abzug von Vermögensverlusten zu. Dies gilt uneingeschränkt, wenn Vermögenswagnisse nicht selbst die Einkunftsquelle bilden, sondern als Werbungskosten qualifiziert werden können, weil sie in einem Veranlassungszusammenhang mit anderen Überschusseinkünften stehen.[1499] So

1494 Für *Knobbe-Keuk*, in: DB 1985, S. 144 (147) ist nur der Wertverzehr, nicht der Aufwand Grund der AfA. Im Ergebnis stellt aber auch sie auf den fiktiven Aufwandsverzehr ab.

1495 *Loschelder*, in: Schmidt, EStG, § 9, Rn. 179; a.A. und großzügiger *Lang*, der als Bemessungsgrundlage sogar den gemeinen Wert annehmen möchte, in: Tipke/Lang (20. Aufl.) § 9, Rz. 253; ebenso *Hey*, in: Tipke/Lang (21. Aufl.), § 8, Rn. 253.

1496 *Lang*, Die Bemessungsgrundlage der Einkommensteuer, S. 320 u. 498.

1497 *Jonas*, Fehlgeschlagene Aufwendungen, 1993, Diss., S. 142.

1498 *Krüger*, in: FR 1995, S. 633 (635); *Jonas*, Fehlgeschlagene Aufwendungen, 1993, Diss., S. 142: Einzahlungen für Quellsubstanzverluste sind nicht steuerbar.

1499 Kritisch hierzu *Alt*, Das Überschussvermögen im Einkommensteuerrecht, S. 49 f. u. 58 f.

können Bürgschafts- und Darlehensverluste im Rahmen von Einkünften nach § 19 EStG Werbungskosten darstellen, nicht jedoch wenn sie selbst die Einkunftsquelle bilden.[1500]

Auch hier zeigt sich die Problematik eines oberflächlichen Rekurses auf die Quellentheorie, um solche Ergebnisse vorgeblich dogmatisch begründen zu können. Für *Fuisting*[1501] waren nur die Früchte *dauernder* Quellen einkommensteuerbar, daher waren für ihn sowohl im betrieblichen als auch im sonstigen privaten Bereich Vorgänge, die die Vermögenssubstanz der Quelle, das Anlagekapital, betrafen, nur dann steuererheblich, wenn diese Vorgänge mit der gewöhnlichen Nutzung zusammenhingen. Außergewöhnliche Ereignisse konnten daher niemals Abschreibungen rechtfertigen, weder im betrieblichen noch im privaten Anlagevermögen. Veränderungen des Zustands einer Quelle waren somit niemals steuerbar, weder damit zusammenhängende Einnahmen noch entsprechende wertmäßige Aufwendungen. Grund ist weniger die heutige Einteilung in abschreibungsfähige und nicht-abschreibungsfähige Wirtschaftsgüter, sondern die Einteilung Anlage- und Betriebskapital sowie gewöhnliche und außergewöhnliche Ursachen. *Fuisting* ließ eine Abschreibung auf an sich nicht abschreibungsfähige Güter zu, wenn diese ausnahmsweise dauernd im Wert gemindert waren, da für ihn der Erhalt der Quelle ein Kennzeichen der Quellentheorie war. Hingegen schied er rigoros solche Ursachen aus, die auf dem Verhalten des Steuerpflichtigen beruhten oder auf andere Weise erwerbsuntypisch waren. Wenn der Steuerpflichtige den Zustand der Quelle veränderte, betraf dies eben nicht den Ertrag. Anders war das Betriebskapital des Unternehmers zu behandeln. Hier konnten auch außergewöhnliche, erwerbsuntypische Umstände berücksichtigt werden, da für *Fuisting* das Betriebskapital die eigentliche Einkommensquelle war. Die Wertentwicklung eines Vermögensgegenstands des Betriebskapitals konnte sich daher unmittelbar im Ertrag niederschlagen. Es ist also festzuhalten, dass zumindest nach *Fuisting* eine Abschreibung nicht davon abhing, ob der betroffene Gegenstand wertmäßig steuerlich verstrickt war. Dieser Umstand lag beim Betriebskapital nur zwangsläufig stets vor. Eindrückliches Beispiel ist der Verlust eines Vermögensgegenstands des Anlagekapitals durch einen Brand oder eine Naturkatastrophe. Nach *Fuisting* zog ein solcher niemals eine Abschreibung für außergewöhnliche Abnutzung (AfaA) nach sich, da er nicht auf der bestimmungsgemäßen Nutzung des Gegenstands beruhe und die Stammvermögenssphäre betreffe. Würde man die BFH Rechtsprechung konsequent auf diesen Fall im Bereich der Überschusseinkünfte anwenden, müsste auch hier die AfaA ausscheiden, weil der Brand die Quelle der Einkunftsart Vermietung und Verpachtung unmittelbar

---

1500 BFH, Urteil vom 29.02.1980 – VI R 165/78 –, BStBl. II 1980, 395 (397) unter Verweis auf RFH, Urteil vom 21.02.1934 – VI A 152/34 –, RStBl. 1934, 628; *Loschelder*, in: Schmidt, EStG, § 9, Rn. 25 ; vgl. eingehend auch *Feldhofer*, Die einkommensteuerliche Behandlung von Forderungsverlusten im Haushaltseinkünftebereich, Diss., S. 182 ff., der jedoch einen Abzug generell ausschließen will.

1501 Die Quellnachweise für nachfolgende Bezugnahmen auf *Fuisting* finden sich bereits oben in Kap. 2, A. II. 2. b) bb).

selbst betrifft und ein Brand nicht in die Risikosphäre der Vermietungstätigkeit fällt. So vertreten es zumindest denn auch *Lang* und *Hey*.[1502] Wobei die Ausführungen *Langs* offenbaren, dass er hier dogmatisch unfundiert auf *Fuisting* aufbaut, wenn er einerseits dessen Einteilung in gewöhnliche und außergewöhnliche Ursachen übernimmt, andererseits aber für eine weite Risikosphäre und damit einen weiten Veranlassungsbegriff eintritt.[1503] Der BFH und die Finanzverwaltung lassen hingegen eine AfaA ausdrücklich zu, erkennen also auch im Bereich der Überschusseinkünfte den Totalverlust der Einkunftsquelle an, ohne dass die Quelle hierfür selbst wertmäßig steuerverstrickt sein müsste.[1504] Folgerichtig verlangt *Loschelder* denn auch alle Vermögensopfer als Werbungskosten zu berücksichtigen – mit Ausnahme bloßer Wertminderungen.[1505] So liegt – wie es der BFH im Bausperren-Fall ausdrücklich und in allen anderen Urteilen zumindest implizit festgestellt hat – in einer Nutzungsbeeinträchtigung eine Nutzenwertminderung und damit eine Vermögenseinbuße vor. Da jedes Vermögensopfer zugleich eine Wertminderung ist, bleibt jedoch fraglich, wie zwischen Vermögensopfer und bloßer Wertminderung unterschieden werden kann. Eine Antwort bleibt *Loschelder* schuldig. Wer jetzt meint, dass dies zwar ein Verstoß gegen die Prinzipien der Quellentheorie sei, aber im Einklang mit der

---

1502 *Lang*, Tipke/Lang, Steuerrecht (20. Aufl.), § 9, Rn. 281; *Hey*, Tipke/Lang, Steuerrecht (21. Aufl.), § 8, Rn. 281, die Risikosphäre sei quellentheoretisch zu begrenzen und die Stammvermögenssphäre grundsätzlich auszuscheiden. Jedoch sei ein Abzug bei Realisierung eines spezifischen beruflichen Risikos zum gemeinen Wert des verlorenen Vermögensgegenstandes zuzulassen; so auch schon *Becker*, Die Grundlagen der Einkommensteuer, S. 249.

1503 *Lang*, Tipke/Lang, Steuerrecht (20. Aufl.), § 9, Rn. 281 u. 365, nach dem ein Hausbrand kein typisches Risiko sei. Er unterlässt aber im Übrigen eine Definition des spezifischen Risikos. Gleichzeitig sei für den Verlustfalle jedes Risiko, das der Einkunftsart zugeordnet werden kann, auch zu berücksichtigen, Rn. 211. Insbesondere fielen auch zufällige Verluste in den steuerbaren Bereich. Dies gilt aber letztlich dann für alle Vermögensgegenstände, die im Rahmen einer Überschusseinkunftsart genutzt werden, und müsste daher auch für das Kapitalvermögen und § 22 Nr. 3 EStG gelten. Hierdurch legt *Lang* die Willkürlichkeit der jetzigen Risikosphärendefinitionen offen. Auch bei der Abgrenzung der Vermögenssphäre ist er ungenau, wenn er BFH, Urteil vom 02. März 2004 – IX R 43/03 –, BFHE 205, 257, BStBl II 2004, 507 als Grenzfall einstuft, bei dem gerade keine dauerhafte Wertminderung durch einen Vergleich, sondern eine vorübergehende tatsächliche Gebrauchsüberlassung eines Grundstückteils entgeltet wurde, *ders.*, a.a.O., § 9, Rn. 509; siehe hierzu auch den Kommentar von *Peter Fischer*, Urteilsanmerkung zu BFH, BStBl II 2004, 507, in: FR 2004, S. 712 (714), der auf die Schwierigkeit der Abgrenzung hinweist.

1504 Siehe die Hinweise bei *Georg Grube*, Katastrophenschäden an privaten Wohngebäuden im Einkommensteuerrecht, in: DStZ 2000, S. 469 (469 li. Sp.) und *Kulosa*, in: Schmidt, EStG, § 21, Rn. 100 'Katastrophenschäden'; so schon *Becker*, Die Grundlagen der Einkommensteuer, S. 247.

1505 *Loschelder*, in: Schmidt, EStG, § 9, Rn. 25.

Reinvermögenszugangstheorie sei, muss enttäuscht werden. Nach *Schanz* war ein solcher Wertverlust zwar durchaus zu berücksichtigen, aber im Falle selbstgenutzten Wohnraumes fiele er in die unbeachtliche Vermögenssphäre, obwohl der Vorteil der Wohnraumnutzung durch die Nutzungswertbesteuerung bereits besteuert wird. Der BFH ist daher zu kritisieren, insofern er auf den angeblichen konstitutiven Charakter der AfA-Verweisung bei den Überschusseinkünften abstellt, um einen völligen Vermögensverlust im Substanzbereich berücksichtigen und ihn ansonsten für nicht abnutzbare Vermögensgegenstände der nicht steuerbaren Vermögenssphäre zuordnen zu können.[1506] Denn für die Bestimmung des Veranlassungszusammenhanges kann die Verweisung keine Bedeutung erlangen, da die Ursache für eine AfaA – so zumindest die quellentheoretische Sicht *Fuistings* – entweder privater oder beruflicher Natur sein kann und die Berücksichtigung mithin von der Bestimmung der „Risikosphäre" abhängt.[1507] Die Ansicht des BFH führt denn auch zu erheblichen Ungleichgewichten in der Besteuerung der Überschusseinkünfte, deren dogmatische Grundlage wie dargelegt einer Berücksichtigung des Werteinsatzes auch bei nicht abnutzbaren Vermögensgegenständen zumindest nicht entgegensteht.[1508]

c) Vermögensneutralität – Unbeachtlichkeit von Bestandsänderungen

Mithin gilt, dass nicht der Werteinsatz und mit ihm der Wertverbrauch, sondern allenfalls Bestandsänderungen und nicht realisierte Wertschwankungen unbeachtlich sind.[1509] Aber wie gesehen werden auch Bestandsänderungen, also dauerhafte Verluste von Vermögensgegenständen und von Einkunftsquellen berücksichtigt. Wertschwankungen in Form von Wertsteigerungen und Wertverlusten sind nicht steuerbar, solange sie mangels Zu- oder Abfluss noch nicht realisiert sind oder wenn sie nicht mehr im Rahmen einer Veräußerung von Privatvermögen von §§ 20, 22 Nr. 2, 23 EStG erfasst werden. Lediglich in diesen Fällen gilt der Grundsatz, dass Wertveränderungen in der nicht betrieblichen Sphäre unbeachtlich und für den Eigentümer sowohl Verluste als auch Gewinne steuerneutral sind.[1510]

Das grundsätzliche Problem bei der Bestimmung der „Unbeachtlichkeit der Vermögenssphäre" liegt daher in der Abgrenzung von dauerhaften, vollständigen Wertverlusten zu Bestandsveränderungen und von dauerhaften Wertveränderungen zu nur vorübergehenden Wertschwankungen in Folge einer Vermögensnutzung. Diese Fälle gehen ineinander über, ohne dass diese stets dogmatisch sauber getrennt werden

---

1506 Hierin liegt nach *Knobbe-Keuk* ein Verstoß gegen Art. 14 GG. Folgerichtig verlangt sie die Nichtbesteuerung von „Substanzentgelten", *Knobbe-Keuk*, in: DB 1985, S. 144 (147 f.).

1507 So auch *Lang*, Tipke/Lang, Steuerrecht (20. Aufl.), § 9, Rn. 281; *Hey*, Tipke/Lang, Steuerrecht (21. Aufl.), § 8, Rn. 281.

1508 A.A. *Feldhofer*, Die einkommensteuerliche Behandlung von Forderungsverlusten im Haushaltseinkünftebereich, Diss., S. 165 u. 172.

1509 *Krüger*, in: FR 1995, S. 633 (635).

1510 *Wolf*, Besteuerung der Bodenschatzverwertung, Diss., S. 50.

könnten.[1511] Jedoch sollte für beide Fälle gelten, dass solche Werteinsätze, wenn sie ein Vermögensopfer darstellen, entweder als Gegenposten den Rohertrag mindern oder dass sie bereits auf der „Bestandsebene" mit ihnen zusammenhängende Einnahmen neutralisieren und der gesamte Vorgang nicht steuerbar ist. Steuerlich wirkt sich die „Vermögensminderung" in beiden Fällen zugleich als „ertragsmindernd" aus.[1512] Es sind Kriterien herauszuarbeiten, die erlauben, ein Vermögensopfer von einer vorübergehenden oder einer von einer Nutzung unabhängigen Wertschwankung zu differenzieren. Hierzu soll zunächst auf die Normalfälle der vermögensbezogenen Tätigkeiten bei den Überschusseinkünften eingegangen werden.

d) Vermögensneutralität und Privatsphärenschutz

Wie oben bereits ausgeführt, statuiert Art. 14 GG den Substanzerhaltungsgrundsatz. Eine Steuer, deren Belastungsgrund der Ertrag ist, hat diese Grundentscheidung folgerichtig umzusetzen. Eine darüberhinausgehende größere Zurückhaltung bei der Besteuerung von privaten Vorgängen lässt sich neben dem Prinzip der Praktikabilität zudem verfassungsrechtlich rechtfertigen. Bei einem Bezug zur Privatsphäre ist das bereits oben angesprochene Grundrecht der Privatsphäre berührt, dass „einen verfassungsrechtlich geschützten Freiraum [konstituiert] und [...] dem Einzelnen das Recht zur Abwehr gegen staatliche Eingriffe in diesen Bereich [gibt]"; Verstärkung erfahre es zudem durch seinen objektiven Gehalt, „der dem Staat eine prinzipielle Neutralitätspflicht gegenüber allen Formen privaten Tuns und Unterlassens auferlegt".[1513] Da das Grundrecht auf Privatheit keine absoluten Grenzen kennt, folgt für den Ausgleich beider Verfassungsprinzipien (Leistungsfähigkeitsprinzip und Schutz der Privatsphäre), dass dieser Ausgleich gradueller, wertender Natur ist und auch bei einer Bestimmung der steuerlichen Privatsphäre keine strikten Grenzen zu erwarten sind.[1514]

Dies rechtfertigt einen abgestuften Eingriff der Einkommensteuer, je nach dem, ob das Privat- oder Betriebsvermögen betroffen ist. Entscheidend ist, in welcher Sphäre und in welcher Intensität der Steuerpflichtige zum Beispiel Vermögensgegenstände nutzt. Grundlage des Privatsphärenschutzes ist Art. 14 GG. Insoweit rücke „[d]ie privatheitssichernde Funktion des privat genutzten Eigentums [...] das Grundrecht des Art. 14 GG in die Nähe des allgemeinen Persönlichkeitsrechts".[1515] Zu diesen

1511 *Pönicke*, Einkünfte aus Leistungen (1999), Diss., S. 79 spricht von fließenden Grenzen.

1512 *Jakob/Wittmann*, in: FR 1988, S. 540 (553) begründen auf diese Weise folgerichtig die Abziehbarkeit von fehgeschlagenen Aufwendungen auch für nicht abnutzbare Wirtschaftsgüter; vgl. hierzu auch *Jonas*, Fehlgeschlagene Aufwendungen, 1993, Diss., S. 83.

1513 *Fritz von Hammerstein*, Privatsphäre im Steuerrecht, 1993, S. 102.

1514 Vgl. auch *Fritz von Hammerstein*, Privatsphäre im Steuerrecht, 1993, S. 29; eine gegen jede Beeinträchtigung abgeschirmte Intimsphäre gebe es nicht, *ders.* S. 125, und S. 90 für „Zonen unterschiedlicher Schutzbedürftigkeit".

1515 *Fritz von Hammerstein*, Privatsphäre im Steuerrecht, 1993, S. 45.

Einschränkungen zählt auch ein Eingriff in die Privatnützigkeit des privaten Vermögensstamms.[1516] Die Besteuerung von Nutzungen muss deswegen auch den Aufwand für diese Nutzungen berücksichtigen. Hier steht das Prinzip der gerechten Erfassung aller Aufwendungen dem Interesse des Einzelnen gegenüber, den Bürokratieaufwand im privaten Bereich möglichst gering zu halten. Bei der Nutzung privater Vermögensgegenstände rechtfertigt sich mE typischerweise eine Nicht-Besteuerung, wenn die Nutzung dieser Gegenstände dauerhaft gegen ein Entgelt eingeschränkt, aber weiterhin im Übrigen vollumfänlich – sowohl in zeitlicher als auch räumlicher Perspektive – privat genutzt werden. Dann liegt lediglich ein Tausch von Aussicht, Lärmfreiheit oder Belästigungsfreiheit gegen Geld in der privaten Sphäre vor.

e) Ausblick

Im Rahmen der Überschusseinkünfte lassen sich zwei Normalfälle einer steuerbaren, vermögensbezogenen Tätigkeit identifizieren:

1. Veräußerungen und Nutzungsüberlassungen.[1517] Veräußerungen von Kapitalvermögensbestandteilen sind stets steuerbar. Veräußerungen von anderen, nach §§ 22 Nr. 2, 23 EStG steuerverstrickten Vermögensgegenständen sind lediglich innerhalb der Veräußerungsfristen steuerbar. Im Übrigen sind Veräußerungen von Vermögensgegenständen und die damit einhergehenden Realisierungen von Wertveränderungen des nicht steuerverstrickten Privatvermögens nicht steuerbar. Dies betrifft heute uneingeschränkt jedoch nur noch das Gebrauchsvermögen und Vermögensgegenstände, die außerhalb der „Spekulationsfristen" veräußert werden.

2. Der zweite Normalfall ist die Fruchtziehung aus zu erhaltender Vermögenssubstanz.

Durch die AfA wird der nominelle Wertverzehr typisiert durch die Verteilung der Herstellungs- und Anschaffunfskosten auf die Nutzungsdauer berücksichtigt. Daneben lässt § 9 Abs. 1 EStG selbstverständlich auch die normalen Instandhaltungsaufwendungen zum Abzug zu.

Der Nutzer zahlt für den Wertverzehr durch die Abnutzung und die Bereitschaft des Überlassenden, den Vermögensgegenstand zeitlich befristet zu überlassen – also für den Verzicht des Berechtigten auf dessen Eigennutzung. Soweit mit der Fremdnutzung eine Wertminderung einhergeht, ist diese nicht berücksichtigungsfähig: Sie geht typischerweise mit einer Überlassung einher und ist daher wie diese nicht endgültiger Natur. Im Gegensatz dazu sind Schadensersatzleistungen nicht steuerbar, wenn sie für eine Vermögenseinbuße geleistet werden und einen unfreiwillig erlittenen Schaden ausgleichen sollen. In der Hinnahme des Schadensersatzes liegt nämlich nicht zugleich das Dulden der Schadenszufügung: Ersetzen die Zahlungen ausgefallene Einnahmen oder ein noch bestehendes AfA-Volumen, so sind sie steuerbar, vgl. § 24 EStG. Werden sie jedoch für einen darüberhinaus verbleibenden Schaden gezahlt, der sich erst bei einer Veräußerung materialisieren würde, sind

1516 Siehe oben Kap. 3.
1517 Vgl. auch *Knobbe-Keuk*, in: DB 1972, S. 1130 (1132).

sie wegen ihres Bezugs zur Vermögenssphäre nicht steuerbar.[1518] Daher sind auch auch echte – im Gegensatz zu Ersatzlastungen für positive Vertragsverletzungen –Schadensersatzleistungen aus unerlaubter Handlung wie Schmerzensgeld auf dem Gebiet immaterieller Schäden nicht steuerbar.[1519] Ausgehend von dieser Grundlage lassen sich Lösungsvorschläge für die nachfolgenden Problemfälle entwickeln:

Einräumen von Dienstbarkeiten als dauerhafte Nutzungsüberlassungen; Nutzungen durch Beschränkungen: Beschränkung durch Unterlassen einer Überlassung, Beschränkung der Selbstnutzung durch Hinnahme von Immissionen, Bebauungsbeschränkungen; Verzicht auf Nachbarrechte oder Abwehrrechte; Bürgschaften.

Nachstehend eine Übersicht über die Normalfälle der Nutzung und Veräußerung und den Beschränkungen im „Nutzungsbereich" von privat genutzten Vermögensgegenständen:[1520]

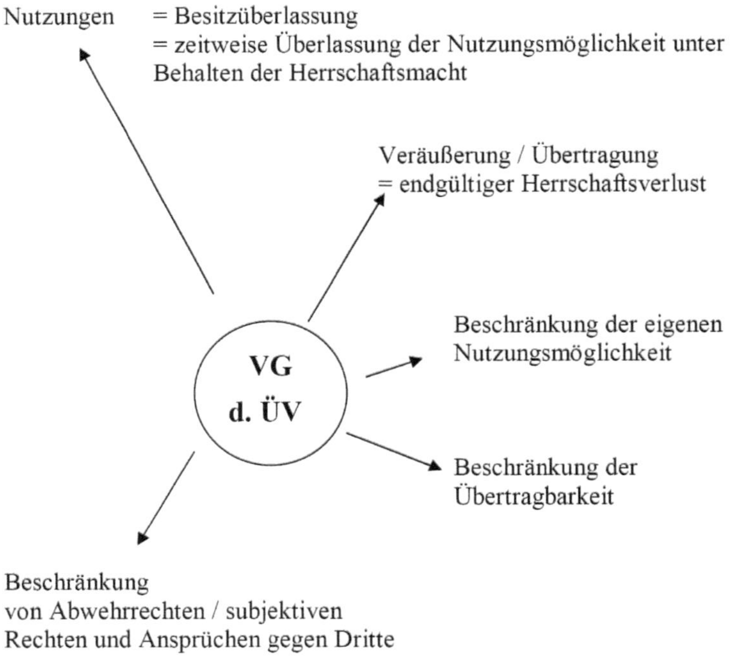

1518 *Loschelder*, in: Schmidt, EStG, § 9, Rn. 67; so auch schon *Knobbe-Keuk*, in: DB 1972, S. 1130 (1131).

1519 BFH, Urteil vom 29. Oktober 1963 – VI 290/62 U –, BFHE 78, 32 = BStBl. III 1964, 12 (Tz. 4).

1520 VG = Vermögensgegenstände; ÜV = Überschussvermögen.

3. *Lösungsvorschlag*

Aufbauend auf der Feststellung, dass der Substanzerhaltungsgrundsatz in den Überschusseinkunftsarten angelegt ist, soll der auch in einigen Urteilen des BFH anklingende Grundsatz, dass sich Zustandsveränderungen des Stammvermögens nicht zu einer steuerbaren Ertragsgenerierung eignen, ausgebaut werden.[1521]

a) Nachhaltigskeitsfaktor

Grundsätzlich sollte für alle Vermögensgegenstände gelten, dass sie keinen tauglichen Bezugspunkt des Nutzungstatbestands bilden, wenn durch die „Nutzung" die Eigenschaft des betreffenden Vermögensgegenstandes dauerhaft verändert wird. Dies ist dann der Fall, wenn es praktisch unmöglich ist, den Zustand ex-ante wiederherzustellen.[1522] Dann liegt schon begrifflich kein Ertrag mehr vor, sondern ein Eingriff in die Vermögenssubstanz und somit in das Eigentumsrecht, nämlich die Übertragung oder Aufgabe einer Wertparzelle.[1523] Dies gilt unabhängig, ob es sich um Forderungs- oder Sacheigentum handelt und ob in die Sach- oder sonstige Vermögenssubstanz eingegriffen wird. Nach herrschende Meinung ist ein Entgelt nur dann nicht steuerbar, wenn es als Ausgleich für einen Substanzeingriff geleistet werde.[1524] Dies wird zuweilen als Argument angeführt, bei Sacheigentum einen Eingriff gerade in die Sachsubstanz zu verlangen, was dazu führt, dass beim Grundeigentümer der dauerhafte Verzicht auf einen Teil des Erdbodens umschichtenden Charakter haben soll, nicht hingegen der dauerhafte Verzicht auf den Luftraum oder die Erdoberfläche.[1525] Hingegen zeigt sich in den Urteilen zur faktischen Bausperre, Mietrechtsbeschränkung und zum U-Bahnbau, dass der BFH gelegentlich ein weites Verständnis der Vermögenssubstanz hat und hierzu alle Aspekte zählt, die bei wirtschaftlicher Betrachtungsweise den betreffenden Vermögensgegenstand ausmachen. Dies bestätigt die hier vertretene Auffassung, dass die aus dem Eigentum fließenden Befugnisse und Ansprüche Teil der Eigentumssubstanz sind und dauerhafte Nutzungsverzichte und Nutzungsbeschränkung daher einer Substanzaufgabe und

---

1521 Der Grundsatz findet sich schon bei *Fuisting*, Die Grundzüge der Steuerlehre, S. 147, angelegt.

1522 Obwohl im folgenden *Leisner-Egensperger* wie hier eine restriktive Auslegung fordert, vgl. nur *Leisner-Egensperger*, in: K/S/M, EStG, § 22, Rn. D 150, soll ihrer Meinung nach der endgültige Charakter einer Leistung nicht besteuerungsschädlich sein (zB Verzicht auf Grenzabstand), § 22, Rn. D 130.

1523 So auch *Leisner-Egensperger*, in: K/S/M, EStG, § 22, Rn. 152 ff.; *Killat/Risthaus*, in: H/H/R, EStG/KStG, § 22, Rn. 392; *Kubicki*, Die Dogmatik des § 22 Nr. 3 EStG einschließlich der Querbezüge zur Schenkungsteuer, Diss., S. 97.

1524 BFH, Urteil vom 05. August 1976 – VIII R 97/73 –, BFHE 120, 180; BStBl. II 1977, 26 (27 li. Sp.).

1525 Dies verwundert umso mehr, da der unstrittig stets endgültige Verkauf von Bodensubstanz in der Regel eine Nutzung des Bodens darstellen soll (vgl. Substanzausbeuteverträge).

Substandminderung gleichzusetzen sind.[1526] Zu eng ist daher die Auffassung von *Fuchs* und *Lieber*, die zwar zu recht darauf hinweisen, dass wesentliche Beschränkungen und Belastungen auch nach der Rechtsprechung Indizien für einen Vorgang in der Vermögenssphäre sind, aber die ein Überschreiten dieser Wesentlichkeitsschwelle erst bei einem gravierenden Wegfall des bisherigen Nutzungspotentials der Sachsubstanz annehmen wollen.[1527] Nach dem BVerfG ist die Eigentumssubstanz betroffen, wenn elementare Rechte wertlos werden oder wegfallen.[1528] Auch der BGH sieht in einer die Duldungsgrenze überschreitenden Immission einen Eingriff in die Substanz, ohne dass hierdurch das Nutzungspotential abstrakt vermindert sein müsste.[1529] Für die These, dass unter Substanz nur etwas Gegenständliches verstanden werden kann, findet sich bezeichnenderweise keine Begründung.[1530] Entscheidend ist vielmehr, ob das Verhalten einen Bezug zu einer *Eigenschaft* des betreffenden Vermögensgegenstandes hat.[1531] Versteht man Eigentumsrechte – Property Rights – als Rechtsbündel von Verfügungsrechten, wird dies noch deutlicher[1532]: Generell kann zwischen vier verschiedenen Grundtypen unterschieden werden: „dem Recht auf Gebrauch der Sache, dem Recht auf die Erträge der Sache, dem Recht zur

---

1526 So auch *Schimmele*, Nutzungsüberlassung, S. 121; *Leisner-Egensperger*, in: K/S/M, EStG, § 22, Rn.D 155 f.

1527 *Fuchs/Lieber*, in: FR 2005, S. 285 (289).

1528 BVerfGE 42, 263 (295) – Contergan; dazu oben Kap. 3, A. II. 2. c) aa).

1529 BGH, Urteil vom 29. März 1984 – III ZR 11/83 –, BGHZ 91, 20; sieht man hierin jedoch ein verändertes Nutzungspotential, so muss dieses für jede Eigenschaftsänderung gelten. Die Dauerhaftig- und Nachhaltigkeit der Änderung bewirkt die Wesentlichkeit des Vorgangs, nicht aber ein Vergleich mit dem verbleibenden Nutzungspotential. Fraglich wäre hier nämlich auch, auf welche Perspektive bei der Bewertung des Nutzungspotentials abzustellen wäre.

1530 Auf den umfassenden Bedeutungsgehalt von Substanz und Kern des Eigentums weist auch *Leisner*, Eigentum, HStR VIII, § 173, Rn. 71 ff. hin; vgl. auch *Leisner-Egensperger*, in: K/S/M, EStG, § 22, Rn. D 152: Auf eine zu enge Sichtweise, die nur bloße Substanzauswechslungen vom Substanzerhaltungsgrundsatz umfasst sieht, dürfe bei den nichtsteuerbaren Austauschvorgängen nicht zurückgegriffen werden.

1531 Dies sind alle eine Sache unmittelbar kennzeichnenden, wertbildenden Faktoren, die in der Sache selbst ihren Grund haben, *Jürgen Ellenberger*, in: Palandt, Bürgerliches Gesetzbuch, 73. Aufl., 2014, § 119, Rn. 24 u. 27; einschränkend wohl *Kubicki*, Die Dogmatik des § 22 Nr. 3 EStG einschließlich der Querbezüge zur Schenkungsteuer, Diss., S. 97, die lediglich auf die Befugnisse des Steuerpflichtigen abstellen will.

1532 Vgl. *E. G. Furubotn/S Pejovich*, Property rights and economic theory: A survey of recent literature, in: Journal of Economic Literature 1972, S. 1137 ff.; zum Begriff des Eigentums allgemein *Ingo Böbel*, Eigentum, Eigentumsrechte und instutioneller Wandel, 1988, S. 21 ff. u. 208 f.. Dies bedeutet aber nicht, dass man verfassungsrechtlich nun den Eigentumsschutz auf das Recht zur Übertragung verengen könnte, Art. 14 GG schützt das Eigentum einheitlich, *Leisner*, Eigentum, HStR VIII, § 173, Rn. 86.

Veränderung der Sachsubstanz bis hin zur Zerstörung sowie dem Recht auf Übertragung des Eigentums oder einzelner Nutzungsmöglichkeiten".[1533] Bei der Nutzung lässt sich dann zwischen dem usus, usus fructus und abusus unterscheiden.[1534] Die Nutzung und die Fruchtziehung greifen aber niemals die Substanz des Rechts an, dies wäre zweifellos ein „abusus". Sofern die Rechtsordnung ausnahmsweise den Substanzverzehr bei Grundstücken als Nutzung deklariert, beruht dies auf einer überkommenen Sichtweise des römischen Rechts, nach dem die Bodensubstanz belebt sei und sich erneuere.[1535]

Ein Verhalten soll daher dann nicht steuerbar sein, wenn es zu einem unwiderruflichen und dauernden Rechtsverzicht kommt.[1536] Ein gleichheitsgerechtes Steuerrecht beachtet den Vermögenseinsatz des Steuerpflichtigen und muss daher eine allzu enge Sachherrschaftsperspektive, die einzig an die körperliche Substanz anknüpft, verlassen und die Rechtsposition in den Blick nehmen und fragen, ob ein endgültiger Verlust, eine Aufgabe oder eine Veränderung dieser Rechtsposition vorliegt. In Anlehnung an den negatorischen Eigentumsschutz aus §§ 1004, 823 BGB, der eine Haftung und Schadensersatz für die Fälle vorsieht, in denen die Wiederherstellung des ursprünglichen Zustandes unmöglich ist, liegt in solchen Fällen des Rechtsverzichts keine Nutzung durch Fruchtziehung vor, da die Muttersache verändert wird. Die Ansicht, dass nur losgelöste Eigentumssplitter, wie Grunddienstbarkeiten, Eigentum seien, andere Rechtspositionen des Eigentümers aber nicht, verkennt den Schutzcharakter des Art. 14 GG. Die Verdinglichung macht diese nur zu absoluten Rechtspositionen. Hierauf ist der Eigentümer jedoch nicht angewiesen, da er das Eigentum ohnehin inne hat. Der Verzicht auf eine solche verdinglichte Position, die eine gewisse Nutzungsmöglichkeit oder zumindest eine bestimmte Rechtsposition vermittelt, ist zu recht nicht steuerbar.[1537] Dann müsste

1533 *Röhl/Röhl*, Allgemeine Rechtslehre, S. 646.

1534 Abusus verstanden als Umstrukturierung der Tätigkeit und des Eigentums, *Jürgen Backhaus*, Failing property rights – the problem of sleeping owners in the city, in: Donatella Porrini/Giovanni Battista Ramello (Hg.), Property Rights Dynamnics, 2007, S. 219 (220).

1535 *Knobbe-Keuk*, in: DB 1985, S. 144 (145): Den Verfassern des BGB ging es nicht um einen wirtschaftlich korrekten Fruchtbegriff und daher auch nicht um eine auch für das Steuerrecht maßgebliche Unterscheidung von Substanz und Ertrag. So auch *Wolf*, Besteuerung der Bodenschatzverwertung, Diss., S. 195.

1536 Ein Nutzungs- und Besitzverzicht reichen hierfür aus; vgl. auch *Schimmele*, Nutzungsüberlassung, S. 123; so auch *Krey*, Besteuerung sonstiger Leistungen, Diss., S. 156.

1537 Vgl. das Urteil zu Verzicht auf ein Servitut BFH, Urteil vom 19. Dezember 2000 – IX R 96/97 –, BFHE 194, 178; BStBl. II 2001, 391; auf den entscheidenden gleichen Leistungsinhalt auch bei dinglichen und obligatorischen Nutzungsrechten weist *Manfred Groh*, Nutzungseinlagen im Handels- und Steuerrecht, in: BB 1982, S. 133 (138), dort insb. Fn. 78 dazu, dass sich der unterschiedliche Schutz nur rechtshistorisch erklären lasse. Zu recht stellt *Groh* daher auf die wirtschaftliche Betrachtungsweise ab; s.a. *Pönicke*, Einkünfte aus Leistungen (1999), Diss., S. 72 f.

aber das Gleiche für den Eigentümer gelten, wenn er dauerhaft auf eine vergleichbare Rechtsposition verzichtet.[1538] Rechtstheoretisch gibt es kein Eigentum ohne Sekundärrechte. Es wird vielmehr durch diese definiert. Zu recht hält die herrschende Meinung daher den Verzicht auf „Abwehrrechte" beim obligatorisch Berechtigten für nicht steuerbar.[1539] Vergleichbar hebt die Rechtsprechung auch bei dauerhaften Beschränkungen in Folge von Leitungsdienstbarkeiten bei Grundeigentümern stets den vermögensumschichtenden Charakter hervor und wertet die Zahlungen als Entschädigungen, da hier die drohende Enteignung dauerhafte Wirkung entfaltet. Die zusätzliche Absicherung, dass schon deswegen gar keine Leistung vorliege, überzeugt hingegen nicht, da es zu willkürlichen Ungleichbehandlungen zu den VuV-Einkünften führt. Zu Recht hat das FG Düsseldorf daher zu den Ausgleichszahlungen für Flughafenlärm entschieden, dass hierin keine steuerbare Duldung oder gar Nutzung des Eigentums liege, auch ohne ein unmittelbar drohendes Enteignungsverfahren.[1540] Bei wirtschaftlicher Betrachtung liegt der wesentliche Unterschied zu einer steuerbaren Nutzung auch darin begründet, dass der Inhaber der Rechtsposition durch den Verzicht seinen getätigten Aufwand dauerhaft entwertet bzw. umwidmet und lediglich einen Teil des Wertes seiner Rechtsposition realisiert. Im Gegensatz zu einer Nutzung, bei der der Eigentümer die Vorteile aus dem Vermögensgegenstand unmittelbar einem Dritten überlässt, liegt bei einem Verzicht auf ein Abwehrrecht in der Regel keine solche Nutzung vor, da diese Rechtsposition keine dem Eigentum innewohnende Nutzungsmöglichkeit ist. Sie definiert vielmehr seine Grenzen gegenüber Dritten. Gleichzeitig eröffnet diese Rechtsposition dem Eigentümer einen Handlungsspielraum: Er kann diesen Wert zu Geld machen, da die Nichtgeltendmachung dieser Rechtsposition für einen Dritten einen monetären Wert hat. Hierbei ist jedoch zu beachten, dass der Steuerpflichtige in diesen Fällen aber auch alle mit der Nutzung des Vermögensgegenstands verbundenen gegenwärtigen und vergangenen Aufwendungen trägt.[1541] Die derzeitige Rechtsprechung würde hier im Bereich des Vermögens daher einen aufwandlosen Ertrag

1538 So auch *Pönicke*, Einkünfte aus Leistungen (1999), Diss., S. 79 f. u. 86 f.

1539 Siehe bereits *Weber-Grellet* und *Killat/Risthaus*, in: H/H/R, EStG/KStG, § 22, Rn. 393.

1540 FG Düsseldorf, Urteil vom 20. November 2013 – 7 K 1301/13 E –, juris, nicht rkr; vgl. bereits oben die Besprechung.

1541 Beschränkungen hielt der RFH auch bei Landwirten, da dort der Grund und Boden anfänglich nicht zum Betriebsvermögen gehörte, zunächst für nicht steuerbar, RFH, Urteil vom 8. Dezember 1937 – VI 653/37 –, StW. 1938, Nr. 297; *Becker* weist im Rahmen einer ausführlichen Darstellung daraufhin, dass hier zugleich das Betriebsvermögen betroffen werde und hält den Vorgang deswegen für grundsätzlich steuerbar, will den Vorgang aber durch eine Passivierung vorübergehend neutralisieren, da sich der Wert der Belastung erst abschließend bei einer Veräußerung zeige, *Becker*, Die Grundlagen der Einkommensteuer, S. 453 und eine Wertminderung und Beeinträchtigung des Betriebs unstrittig vorliege. Er lehnt also eine sofortige Besteuerung, wie sie der BFH heute vorsieht, ab.

annehmen, obwohl unstrittig eine Wertminderung eintritt und nach der gegenwärtigen Gesetzeslage realisierte Wertveränderungen, die unmittelbar das Stammvermögen betreffen, nicht steuerbar sind.[1542] Solange ein Vermögensgegenstand des Überschussvermögens nicht auch wertmäßig im Hinblick auf Veräußerungen steuerverstrickt ist, spielen sich die diskutierten Vorgänge tatsächlich in der nicht steuerbaren Vermögenssphäre ab.[1543]

Der Umstand, dass das geltende Einkommensteuerrecht durch die Vorgabe von Veräußerungsfristen manche Vermögensgegenstände des Privatvermögens nur teilweise steuerlich verstrickt, führt in den Fällen zu Friktionen, in denen eine Wertrealisierung innerhalb der Veräußerungsfristen stattfindet. Im Gegensatz zu einer nachträglichen Entdeckung eines Bodensschatzes wurde in diesen Fällen der Anschaffungsaufwand gerade auch für diese „Wertparzelle" entrichtet. ME sollte hier versucht werden, den Anteil am Gesamtkaufpreis für diese „Wertparzelle" zu schätzen, um ihn mit dem aktuellen Entgelt zu verrechnen. Ein überschießender Betrag wäre als Leistungsentgelt steuerbar, da diese Wertumschichtung nach teleologischer Auslegung innerhalb der Veräußerungsfristen nicht in die unbeachtliche Vermögenssphäre fiele.[1544]

Schwierig stellt sich auch die Abgrenzung von einem dauerhaften zu einem nur vorübergehenden Vermögensopfer – einer temporären Vermögensnutzungsminderung – dar, wenn zum Beispiel wie im Falle der Baulast für den Nachbarn, keine Enteignung droht. Vergleichbar mit dem U-Bahn-Röhren-Fall kann hier auf die absehbare, praktische Unmöglichkeit der Rückgängigmachung der „Leistung" abgestellt werden. So fällt die Baulast nicht wegen Zeitablaufs oder Wunsch des Eigentümers wieder weg. Zudem ist die Nutzung des betreffenden Grundstücksteils dem Nachbarn zugeordnet, nicht anders als beim U-Bahn-Röhren-Fall dem Bahnunternehmen. Ein Grund für die Ungleichbehandlung der beiden Fälle erschließt sich daher nicht.

Für alle anderen Beschränkungen könnte als zeitmäßige Grenze, ab der eine dauerhafte Umgestaltung vorliegt, ein Zeitraum von 30 Jahren gelten, wenn nicht ausnahmsweise der Wegfall der Beschränkung fest vereinbart ist. Dies kann also nur in den Fällen greifen, in denen eine Beschränkung für einen nicht absehbaren Zeitraum von mindestens 30 Jahren kondiktionsfest dinglich gesichert ist. In allen anderen Fällen dürfte unter Heranziehung des Rechtsgedankens aus § 548 BGB eine Dauerhaftigkeit verneint werden.

1542 Kritisch auch *Leisner-Egensperger*, in: K/S/M, EStG, § 22, Rn. D 159, die in diesem Zusammenhang auch von para-vertraglichen Wertminderungen spricht. Unverständlich insoweit, dass der Verzicht auf den Grenzabstand ihrer Meinung nach steuerbar ist, a.a.O., § 22, Rn. D 130.

1543 So im Ergebnis auch *Kubicki*, Die Dogmatik des § 22 Nr. 3 EStG einschließlich der Querbezüge zur Schenkungsteuer, Diss., S. 119.

1544 Generell für die Möglichkeit der Aufteilung solcher Entgelt, die sowohl in die Nutzungs- als auch Vermögenssphäre fallen *Schimmele*, Nutzungsüberlassung, S. 129 f. (mit weiteren Nachweisen in Fn. 521).

Wie oben bereits in der Darstellung der Rechtsprechung gezeigt, und um die Eigenschaftsänderung erweitert, sind die Voraussetzungen für einen nicht steuerbaren, vermögensumschichtenden Vorgang:[1545] Eine *rechtsgeschäftliche Vereinbarung*, dinglich oder schuldrechtlich, deren *tatsächliche Durchführung*, ein *Verlust der wirtschaftlichen Herrschaftsgewalt*. Hierbei muss die *Rückübertragung* der Herrschaftsgewalt praktisch *unmöglich* sein. Diese vier Voraussetzungen sind um den zum Verlust der wirtschaftlichen Herrschaftsgewalt alternativen Aspekt einer *Eigenschaftsänderung* zu erweitern. Dies bedeutet, dass auch die *Rückgängigmachung der Änderung praktisch unmöglich* sein muss.

Der Rechtskreis des Leistungsempfängers kann erweitert werden durch Einräumung einer Rechtsposition oder durch Verzicht auf eine Rechtsposition:

Einräumung einer Rechtsposition	Verzicht auf eine Rechtsposition
z. B. Vorkaufsrecht, Vermietung, Optionen, Reuegeld	z. B. Nachbarrechte, Mietrechtsverzicht, Überbaurenten, Baurechtsbeschränkung (hier aber möglicherweise keine dauerhafte Vermögenseinbuße, daher außerhalb eines staatlichen Eingriffs steuerbar als bloße temporäre Nutzungsbeschränkung)
Jederzeitige abstrakte Möglichkeit der Einräumung, entsteht aber erst im Moment der Einräumung	Rechtsposition besteht schon abstrakt vor dem Verzicht; ist sodann konkret und kann vor dem Verzicht geltend gemacht werden
nach Einräumung zwar nicht in der Zeit wiederholbar (unmöglich bei konkreter Nutzungsüberlassung), aber abstrakt wiederholbar bei Rückfall (z. B. Miete) => kein endgültiger Wertverlust	nach Verzicht endgültig verloren => typischerweise endgültiger Wertverlust für die konkrete Eigenschaft
Zuordnungsobjekt bleibt das Eigentum => steuerbare Nutzung	Zuordnungsobjekt ist zwar das Eigentum, aber in Gestalt der betroffenen individualisierten Rechtsposition => Vermögenssphäre betroffen

An sich müssten daher auch Substanzausbeuteverträge und Lizenzrechtsverhältnisse nicht steuerbar sein, wenn sie auf Rechtspositionen Bezug nehmen, die dem steuerlichen Privatvermögen zugeordnet sind, und diese beschränken oder

1545 Vgl. auch *Leisner-Egensperger*, in: K/S/M, EStG, § 22, Rn. 152 ff.; vgl. oben Fn. 1365 zu BFH, Urteil vom 18. August 1977 – VIII R 7/74 –, BFHE 123, 176; BStBl. II 1977, 796 (797 li. Sp.).

vermindern.[1546] Da aber Inhalt und Schranken des Eigentums durch den Gesetzgeber vorgegeben werden und er das Substanzausbeuterecht oder die Nutzung von Know-How und Lizenzen besonders regelt, muss dem auch die steuerrechtliche Würdigung folgen: Kann etwas patentiert werden, aber schwindet das Recht mit der Zeit, so ist dieser „Substanzverlust" dem Recht immanent. Der Substanzverlust kann in diesem Zusammenhang nicht als Argument angeführt werden, dass dem Steuerplichtigen ein nutzbarer Vermögenswert verbleiben müsse. Die Nutzung durch Lizenzierung und Veräußerung im Falle der lediglich als theoretischen Möglichkeit zu bezeichnenden privaten Zufallserfindung wäre daher stets steuerbar, da lediglich durch die Verdinglichung des Know-How keine andere Beurteilung des Vorgangs der Wissensüberlassung gerechtfertigt werden kann.[1547] Selbstverständlich sind hier die Aufwendungen abzugsfähig, nur werden im Falle der Zufallserfindung keine Kosten neben den Kosten für die Patenterteilung anfallen, da dies gegen den Zufallscharakter im Privatbereich sprechen würde.

Es sind daher entgegen dem BFH bei der Substanzausbeute von Grundstücken Abschreibung für Substanzverluste auch bei Bodenschatzfunden im Privatvermögen vorzunehmen. Da im privaten Vermögensbereich eigenschaftsverändernde Vorgänge nicht steuerbar sein sollen, muss dies auch für Substanzausbeutevertäge gelten. Bereits *Strutz* und *Becker* wiesen auf den Notwendigkeit hin, den Aufwand für Substanzverzehr steuerlich zu berücksichtigen.[1548] Da es sich wie oben dargestellt bei Bodenschätzen um derivative Wirtschaftsgüter handelt, teilen sie wertmäßig und steuerrechtlich das Schicksal der „Muttersache".[1549] Ist das Grundstück steuerverstrickt, ist eine Nutzung der Bodensubstanz daher in vollem Umfang steuerbar – sei es durch eine Veräußerung oder durch eine Verpachtung –, wenn für den Bodenschatz keine separater Aufwand zuordenbar ist (zum Beispiel durch Ausweis

1546 Daher ist nach *Killat/Risthaus*, in: H/H/R, EStG/KStG, § 22, Rn. 393 der Verzicht des Warenzeicheninhabers auf Abwehrrechte nicht steuerbar. Sie stellen aber lediglich auf den Verzichtscharakter ab und missachten mE dadurch das „Bezugsobjekt" des Verzichts. In Rn. 394 finden sich hingegen zahlreiche Beispiele, wo es trotz eines Verzichts auf „Abwehrrechte" eine Steuerbarkeit auch von Killat/Risthaus bejaht wird. Ihre Differenzierung eweist sich daher als untauglich.

1547 A.A. *Pönicke*, Einkünfte aus Leistungen (1999), Diss., S. 90 f.; *Kubicki*, Die Dogmatik des § 22 Nr. 3 EStG einschließlich der Querbezüge zur Schenkungsteuer, Diss., S. 191 und *List*, in: DB 1999, S. 1085 (1087); der auf S. 1088 angestellte Vergleich mit einer AG passt nicht auf den Fall einer Zufallserfindung im Privatvermögen. Er beschreibt auch keine klaren Kriterien der Abgrenzung. Selbstverständlich gilt die hier vertretene Auffassung nicht für Übertragungen eines zuvor angeschafften Rechts an einer Erfindung; vgl. die Ausführungen oben nach Fn. 1415 ff.

1548 So schon das Preußische OVG und heute auch *Knobbe-Keuk*, in: DB 1985, S. 144 (146 f.); Nachweise bei *Wolf*, Besteuerung der Bodenschatzverwertung, Diss., S. 246; *Becker*, Die Grundlagen der Einkommensteuer, S. 460; a.A. *Weber-Grellet*, in: Schmidt, EStG, § 22, Rn. 139, mit der Begründung, dass der Wert des Grundstücks trotz Rohstoffabbaus nicht vermindert werde.

1549 *Wolf*, Besteuerung der Bodenschatzverwertung, Diss., S. S. 63, 153 ff., 314.

eines Kaufpreisanteils beim Grundstückserwerb). Erfolgt die Entdeckung jedoch erst nach Ablauf der Spekulationsfrist, ist der Bodenschatz mit seinem gemeinen Wert anzusetzen, der in Folge als Abschreibungsvolumen dient, da ansonsten eine Grundstücksnutzung versteuert werden müsste, die eine dauerhafte Zustandsänderung nach sich zöge.[1550] Der Bodenschatz stellt insoweit eine Sachaufwendung des Steuerpflichtigen dar. § 11 d EStDV ist in diesem Fall einschränkend auszulegen.[1551] Da Wertverluste und -steigerungen des Sachvermögens im Falle ihrer Realisierung nur eingeschränkt steuerverstrickt sind, nämlich innerhalb der Veräußerungsfristen, hat diese Grundwertung sich auch bei einer ausnahmsweisen Besteuerung von substanzverändernden Vorgängen widerzuspiegeln. Ansonsten würde der Grundsatz der Substanz- also Vermögensstammerhaltung zur leeren Worthülse.[1552]

b) Spezialitätsgrundsatz

Wie bereits bei der Privatsphäre kann auch im Vermögensbereich der Gedanke eines „Spezialitätsgrundsatzes“ zum Tragen kommen. Dabei ist zu fragen, in welchen „Nutzungsbereich“ nicht dauerhafte Nutzungsbeschränkungen fallen, wie zum Beispiel das Unterlassen einer Vermietung.[1553] Hierunter wäre auch der Fall einer Baulast einzuordnen, wenn man im Einzelfall ihren dauerhaften Charakter verneinen mag. Letzteres wird oftmals bei der Errichtung von Windparks der Fall sein, da hier regelmäßig betroffene Grundstücksbesitzer auf die Einhaltung der öffentlich-rechtlichen Abstandsflächen verzichten müssen. In vielen Bundesländern geben die Eigentümer entsprechende Baulastübernahmeerklärungen gegenüber der Baurechtsbehörde ab. Der Gedanke, der aus § 12 EStG und der Liebhabereirechtsprechung entwickelt wurde, dass im privaten Lebensführungsbereich Einnahmen erst dann steuerbar sind, wenn sie die mit ihnen zusammenhängenden Ausgaben übersteigen, soll auf privat, d.h. selbstgenutzte Vermögensgegenstände übertragen werden.

Betrifft eine Entgeltzahlung ein bereits bestehendes Rechtsverhältnis, dass der Privatsphäre zuordenbar ist, wie zum Beispiel ein Mietverhältnis, dann teilt diese das Schicksal des Hauptvertrages und wirkt sich lediglich als Aufwendungsminderung aus. Aus der Sicht des Mieters und damit des Leistenden ist seine Leistung Teil des Austauschverhältnisses Mietvertrag, das seine private, nicht steuerbare Lebensführung berührt. Ein Entgelt für eine Beschränkung etc. stellt sich dabei als Mietminderung dar und betrifft das schuldvertragliche Äquivalenzinteresse, mithin handelt es sich um eine Aufwandsminderung. Eine Marktbeteiligung, die über das

---

1550 A.A. allgemein *Alt*, Das Überschussvermögen im Einkommensteuerrecht, S. 152.

1551 *Wolf*, Besteuerung der Bodenschatzverwertung, Diss., S. 281 u. 317; auf die Verfassungswidrigkeit hinweisend bereits *Knobbe-Keuk*, in: DB 1985, S. 144 (149).

1552 Siehe zu einem verfassungsrechtlichen „Kernwertschutzes“ *Leisner*, Eigentum, HStR VIII, § 173, Rn. 75.

1553 Vgl. bereits *Karl Schefold*, Erläuterungen zur Rechtsprechung, in: StuW 1940 I, Sp. 939 (943).

bestehende Rechtsverhältnis hinausreicht, ist nicht ersichtlich. Eine Steuerbarkeit scheidet daher für solche Vorgänge aus. Zu Recht hat der BFH seine Rechtsprechung in diesem Bereich angepasst.

Entsprechend ist ein Entgelt für den Verzicht auf ein Gestaltungsrecht in einem Arbeitsvertrag steuerbar, da dieses bereits dem Grunde nach der Erwerbssphäre zugeordnet ist und eine Zahlung eher den Charakter eines Bonus hat.[1554] Dies gilt für alle Handlungen, die einen Bezug zu einer bereits bestehenden Erwerbstätigkeit haben: Diese sind stets, zumindest als sonstige Leistung, steuerbar, wenn der Leistende an dem bisherigen Rechtsverhältnis beteiligt ist und die Leistung in seiner Macht steht. Nach diesem Grundsatz ist auch das Entgelt für die Mitnahme von Pendlern, der Prozesskostenzuschuss eines Aktionärs oder die Zahlung an einen räuberischen Aktionär steuerbar. In allen Fällen betrifft das Verhalten eine bereits steuerverstrickte Rechtsposition.

Mit Hilfe dieses Grundsatzes lassen sich auch die neuen Vorgänge, die unter dem Stichwort der „share economy“ in den letzten Jahren aufgekommen sind, beurteilen. Hierunter sind Sachverhalte zu verstehen, in denen private Gebrauchsgegenstände wie Autos und Werkzeuge unentgeltlich oder entgeltlich mit anderen geteilt werden. Solange die Einnahmen die privaten Aufwendungen nicht übersteigen, soll der gesamte Vorgang nicht steuerbar sein, ohne dass ein etwaiger privater Nutzungsanteil aus der Rechnung herausfallen müsste. Wer hingegen nicht nur unerhebliche Reinerträge erzielt, muss diese versteuern. Gleiches gilt für private Dienstleistungen wie Nachbarschaftskochen oder Nachbarschaftshilfe gegen Bezahlung in Lokalwährungen. Betrifft die Dienstleistung zugleich die private Lebensführung und halten sich die erhöhten Aufwendungen und die Einnahmen die Waage, ist der Vorgang nicht steuerbar.[1555] So lassen sich diese Vorgänge auch zu dem Fall des Sportlers abgrenzen, der einer separaten Werbetätigkeit nachgeht, oder einem Inhaber einer Rechtsposition, der sich gegenüber Dritten verpflichtet, seine Sekundärrechte gegenüber Dritten geltend zu machen, wie im Falle des Markenrechtsinhabers: Hier finden die Handlungen der Steuerpflichtigen nicht im Bereich der privaten Lebensführung statt, sondern er handelt auf Grund besonderer Verpflichtungen, die den Rechtskreis des Leistungsempfängers erweitern. Sie schränken keine der privaten Lebensführung zugewiesene Nutzungsmöglichkeiten der Steuerpflichtigen ein und ziehen keine Aufwandsumwidmung nach sich.

Bei zeitlich und räumlich überschneidenden Aufwendungen, die sowohl durch die private Lebensführung als auch durch die Einnahmeerzielung veranlasst sind, gestaltet sich die Abgrenzung schwierig. Es geht dabei sowohl um die Abgrenzung

---

1554 A.A. *Harder*, Sonstige Leistungen, S. 121.

1555 Beispielsweise kann wirtschaftlich der Vorteil der Eigennutzung festgestellt werden. So wurde bis zur Aufgabe der Wohnwertbesteuerung auch der Abzug des so versteuerten Wohnwertes als Werbungskosten zugelassen, wenn der betreffende Vermögensgegenstand (teilweise, z. B. Untervermietung) fremdnützig verwendet wurde.

von Erwerbs- zu Privataufwendungen, als auch um die Feststellung, ob eine Tätigkeit per se geeignet ist, steuerbare Einnahmen zu generieren. Diese Zuordnung ist deshalb notwendig, weil der Vermögenstamm neben den Aufwendungen für Verbesserungen, Vermehrungen und Instandsetzungen des Vermögens auch den Aufwand des erstmaligen, derivativen Erwerbs bindet, mag er entgeltlich oder unentgeltlich erfolgt sein. Dagegen ist der Aufwand des Haltens und Erhaltens des Vermögensgegenstands dessen Nutzungssphäre zugeordnet. Fällt also eine Beschränkung in die Nutzungssphäre, dann muss auch der anteilige Verzicht auf die korrespondierende Aufwandsposition berücksichtigt werden: Der Verzicht auf die Eigennutzung stellt insoweit in Höhe des nominellen Aufwands Werbungskosten dar. Wenn der betroffene Gegenstand trotzdem weiterhin privat genutzt werden kann und kein Abzugsverbot nach § 12 Nr. 1 EStG vorliegt, ist ein anteilsmäßiger Aufwandsposten zu schätzen (Aufwandseinlage).[1556] Beeinhaltet eine Beschränkung jedoch zugleich eine räumliche Nutzungsüberlassung, kann unproblematisch der anteilige Aufwand festgestellt werden, der voll abzugsfähig ist, da in diesen Fällen kein Restnutzen beim Steuerpflichtigen verbleibt. Bei einmaligen Zahlungen für nur vorübergehende Einschränkungen bietet sich zum Feststellen der Erwerbsgerichtetheit eine Abzinsung des Wertverzichts der Eigennutzung an.

c) Bürgschaft als Beispiel einer Risikoübernahme in der Vermögenssphäre

Als Beispiel für sogenannte „Risikogeschäfte“ in der Vermögenssphäre soll abschließend auf Bürgschaftsverträge eingegangen werden. Die nachfolgenden Ausführungen gelten daher stellvertretend für alle risikobehafteten Vorgänge in der Vermögenssphäre.[1557]

1556 In diesem Sinne auch *Lang*, Die Bemessungsgrundlage der Einkommensteuer, S. 334; *Alt*, Das Überschussvermögen im Einkommensteuerrecht, S. 142 ff.; zur Aufwandseinlage BFH, Beschluss vom 26. Oktober 1987 – GrS 2/86 –, BFHE 151, 523, BStBl II 1988, 348; Problematisch daher der Fall der Nutzung eines Daches als Fundament einer Solaranlage: hier verdrängt die Erwerbshandlung keine private Nutzung, sondern baut auf dieser auf; folgerichtig verneint der BFH eine Aufteilungsmöglichkeit der anteiligen AfA, BFH, Urteil vom 17. Oktober 2013 – III R 27/12 –, BFHE 243, 327, BStBl II 2014, 372; BFH, Urteil vom 16. September 2014 – X R 32/12 –, juris, BFH/NV 2015, 324; anders noch FG München, Urteil vom 02. August 2012 – 15 K 770/12 –, juris, EFG 2012, 2279. Der Fall ist mE vergleichbar mit dem des Hobbysportlers, der Sponsorengelder einnimmt. Für eine Aufteilung, im Zweifel im Wege der Schätzung nach § 162 AO, auch *Schimmele*, Nutzungsüberlassung, S. 129. Vgl. zur Segmentierung auch *Wüllenkemper*, Anmerkung zu FG Köln, Urteil vom 16. 5. 2012 10 K 3587/11, S. 1623 f.

1557 Die in diesem Zusammenhang in der Literatur breit diskutierten Stillhalterprämien gehören nunmehr zu den Einkünften aus Kapitalvermögen nach § 20 Abs. 1 Nr. 11 EStG. Bei Optionsgeschäften lassen sich grundsätzlich vier Möglichkeiten unterscheiden: Kauf einer Kaufoption = long call; Kauf einer Verkaufsoption = long put; Verkauf einer Kaufoption = short call; Verkauf einer Verkaufsoption = short put,

Die herrschende Meinung sieht in Anlehnung an die oben dargestellte Rechtsprechung in der Bürgschaftsbestellung ein Risikogeschäft, bei dem es sich „um eine Art der Vermögensnutzung“ handele.[1558] Der Steuerpflichtige nehme das Verlustrisiko um des Entgelts willen in Kauf, worin zugleich der maßgebliche Unterschied zu Spiel-, Wett- und Lotteriegewinnen liege.[1559] Auch *Pönicke* ordnet die Provisionen für die Übernahme von Bürgschaften unter den Oberbegriff der Risikoübernahme durch obligatorische Geschäfte und gesellt diese damit zu den Prämien für Optionsrechte.[1560] Weder nutze noch veräußere der Bürge etwas – insbesondere sei auch das Eigentum des Bürgen nicht betroffen –, sondern er stelle sich lediglich als zusätzlicher Schuldner zur Verfügung.[1561] Damit liege ein umgekehrter Fall zu einem Lotteriespiel vor und der Bürge sei mit dem – insoweit auch steuerpflichtigen – Lotterieveranstalter vergleichbar.[1562] Es handele sich um ein finanzielles Wagnis gegen Entgelt.[1563] In der Risikoübernahme sieht sie wohl die Gegenleistung. Ebenso bejahen *Harder*, *Krey* und *Kubicki* eine Steuerbarkeit, da die Bürgschaft eine Übernahme einer Vermögensminderungsgefahr sei und Risikoübernahmen prinzipiell steuerbar seien.[1564]

Neben dem RFH gibt es aber auch in der Literatur zahlreiche Stimmen, die eine Steuerbarkeit der (zumindest einmaligen) Bürgschaftsprovisionen verneinen. Die Übernahme finanzieller Wagnisse sei keine Leistung, sondern stelle die Umkehrung des Lotteriespiels dar.[1565] *Jonas* zufolge sind Entgelte aus Bürgschaften nicht der Erwerbssphäre, sondern der Vermögenssphäre zuzuordnen.[1566] Bei der entgeltlichen Bürgschaftsübernahme handele es sich wirtschaftlich um den Verkauf einer Verkaufsoption (sog. Bonitäts-put): „Der Bürge verkauft an den Forderungsinhaber das Recht, von ihm bei gesunkener Bonität des Schuldners den Kauf der Forderung

---

vgl. *Matthias Epple/Rainer Jurowsky/Thomas Schäfer*, Private Kapitalanlagen, 2004, S. 242; Einnahmen aus Optionsprämien, also Stillhalterprämien betreffen daher den Verkauf von Kauf- und Verkaufsoptionen. Die nachfolgenden Ausführungen sind jedoch auf diese übertragbar. Für eine umfassende Berücksichtigung aller Aufwendungen und Einnahmen vgl. nur *Rüdiger Philipowski*, Die asymmetrische Besteuerung von Stillhaltergeschäften ist nicht gerechtfertigt, in: DStR 2011, S. 1298 ff.

1558 *Weber-Grellet*, in: Schmidt, EStG, § 22, Rn. 150 ‘Risikogeschäfte’.

1559 *Weber-Grellet*, in: Schmidt, EStG, § 22, Rn. 150 ‘Risikogeschäfte’ mit Verweis auf BFH I R 61/96, BStBl. II 1998, 270.

1560 *Pönicke*, Einkünfte aus Leistungen, 1999, S. 109, 103.

1561 *Pönicke*, Einkünfte aus Leistungen, 1999, S. 110 f.

1562 *Pönicke*, Einkünfte aus Leistungen, 1999, S. 111.

1563 *Pönicke*, Einkünfte aus Leistungen, 1999, S. 109 ff.

1564 *Harder*, Sonstige Leistung, 1990, S. 120, 113; *Krey*, Besteuerung sonstiger Leistungen, Diss., S. 188; *Kubicki*, Die Dogmatik des § 22 Nr. 3 EStG einschließlich der Querbezüge zur Schenkungsteuer, Diss., S. 132.

1565 *Knobbe-Keuk*, in: DB 1972, S. 1130 (1133) *Killat/Risthaus*, in: H/H/R, EStG/KStG, § 22, Rn. 430 ‚Bürgschaftsprovisionen‘.

1566 *Jonas*, Fehlgeschlagene Aufwendungen, 1993, Diss., S. 112.

zu dem jetzt bestehenden Preis (=Nennwert) verlangen zu dürfen".[1567] Das Entgelt stelle nur die Gegenleistung für das übernommene Risiko des Vermögens dar und sei daher vermögensneutral – auch dann, wenn das Risiko wie bei einer Verkaufsoption kein Wirtschaftsgut darstelle. Es handele sich um eine Vermögensumschichtung, die bei den Überschusseinkünften steuerlich unbeachtlich sei. Deshalb dürften die Entgelte nicht nach § 22 Nr. 3 EStG versteuert werden (und ebenso wenig seien Zahlungen beachtlich, wenn sich das übernommene Risiko verwirkliche).[1568] Auch *Becker* hält Bürgschaften für nicht steuerbar und begründet dies damit, dass das EStG 1934 die Begrenzung des Werbungskostenabzugs im Rahmen der sonstigen Leistungen auf die Höhe der sonstigen „Einnahmen" vorsieht und dass es weiterhin sehr gekünstelt aussähe, wenn die Erfüllung der Garantie oder Bürgschaft als Werbungskosten anzusetzen wäre.[1569] Implizit hält er also eine völlige Verneinung der Werbungskostenqualität für ausgeschlossen. Die Rechtsprechung habe aus der Annahme, dass Gewinne aus Veräußerungsgeschäften nur im Rahmen der Spekulationsgewinne im Sinne der §§ 41 I Nr. 1, 42 EStG 1925 einer Einkommensbesteuerung unterliegen sollen, den Gedanken entwickelt, dass alles, was sonst mit dem Erwerb und der Veräußerung (Vermögensumschichtungen) zusammenhänge, nicht unter die Einkünfte aus sonstigen Leistungen falle; man müsse dies sehr weit verstehen, also sowohl die entgeltliche Einräumung von Verkaufsrechten (Optionen), als auch das Abstandnehmen gegen Entgelt von einem bereits geschlossenen Mietvertrag erfassen: all diese Vorgänge seien unter dem Gesichtspunkt der Vermögensumschichtung zu sehen, nämlich der Aufgabe eines Rechts gegen Vergütung, die ebenso wie die Erstehung von Lotterielosen und der Eingehung von finanziellen Wagnissen im privaten Bereich eben nicht der Einkommensbesteuerung unterlägen, sondern als Wertveränderungen im Stammvermögen der Vermögenssphäre zuzurechnen seien.[1570]

Daneben wird auch die Haltung des BFH und der Finanzverwaltung kritisiert, dass Zahlungen auf die Bürgenschuld angeblich in die Vermögenssphäre fielen und daher keine Werbungskosten darstellten. So ist für *Pönicke* die Nichtberücksichtigung eintretender Verluste durch die Bürgschaftsübernahme nicht verständlich.[1571] Es lägen zumindest Werbungskosten für den Fall der Inanspruchnahme aus der Bürgschaft vor, da entsprechende Zahlungen durch die Bürgschaftsübernahme veranlasst seien.[1572] Für Arbeitnehmerdarlehen und –bürgschaften bejaht – insoweit

1567 *Jonas*, Fehlgeschlagene Aufwendungen, 1993, S. 110.

1568 *Jonas*, Fehlgeschlagene Aufwendungen, 1993, S. 112.

1569 *Enno Becker*, Erläuterungen zur Rechtsprechung, in: StuW 1936 I, Sp. 513 (531); *Becker*, in: StuW 1936 I, Sp. 1669 (1672); so auch *von Bonin*, in: FR 1986, S. 11 (13).

1570 *Becker*, in: StuW 1936 I, Sp. 513 (531 f.)

1571 *Pönicke, Einkünfte aus Leistungen (1999)*, S. 112.

1572 *Killat/Risthaus*, in: H/H/R, EStG/KStG, § 22, Anm. 359 u. 386; *Franz Zitzlaff*, Erläuterungen zur Rechtsprechung, in: StuW 1943 I, Sp. 445.

überraschend – die Rechtsprechung Werbungskosten in diesen Fällen.[1573] Der BFH geht bei seiner Beurteilung in drei Schritten vor: (1) Werbungskosten sind bei Einkünften aus nichtselbständiger Tätigkeit alle Ausgaben, die durch den Beruf veranlasst sind. (2) Erforderlich ist daher, dass die Ausgaben objektiv mit dem Beruf in einem Zusammenhang stehen und subjektiv zur Förderung des Berufs getätigt werden (wobei letzteres Merkmal nicht notwendig immer vorliegen muss). (3) Es werden auch vorab entstandene Werbungskosten anerkannt, wenn der Zusammenhang hinreichend klar ist. Ausgaben zur Tilgung einer Bürgschaftsverpflichtung könnten daher Werbungskosten sein, wenn der berufliche Zusammenhang bereits bei Übernahme der Bürgschaft besteht.[1574] Übertragen auf die Fälle, in denen die Bürgschaftsübernahme selbst die Einkunftserzielungshandlung darstellt, muss dies daher erst Recht zu einer Anerkennung als Werbungskosten führen.[1575]

Bei wirtschaftlicher Betrachtung stellt der Bürge eine Sicherheit, und zwar in Form einer Personalsicherheit, und haftet dabei mit seinem ganzen Vermögen. Trotzdem liegt hierin mE keine Vermögensnutzung – mit der die herrschende Meinung ihren Standpunkt rechtfertigt – sondern eine Risikoübernahme, die zunächst völlig unabhängig von einem vorhandenen Vermögen ist.[1576] Durch die zivilrechtlichen Regelungen kann hier sicherlich eine bedingte, nämlich aufschiebend bedingte Kapitalüberlassung gesehen werden: im Bürgschaftsfall muss der Bürge gegenüber dem Gläubiger leisten und erlangt eine Forderung gegen den Schuldner.[1577] Bis dahin liegt aber weder eine Kapitalüberlassung noch eine Vermögensnutzung vor.[1578] Die herrschende Meinung verkennt den Charakter der Personalsicherheit.

Nach bislang genannten allgemeinen Kriterien liegt in der Möglichkeit, gegen Entgelt ein Risiko zu übernehmen, der Zustandstatbestand der Bürgschaftsübernahme

---

1573 BFH, Urteil vom 29.02.1980 – VI R 165/78, BStBl. II 1980, 395 (397); vgl. eingehend auch *Josef Feldhofer*, Die einkommensteuerliche Behandlung von Forderungsverlusten im Haushaltseinkünftebereich, 1995, S. 182 ff., der jedoch einen Abzug generell ausschließen will.

1574 BFH, Urteil vom 29.02.1980 – VI R 165/78, BStBl. II 1980, 395 (397) unter Verweis auf RFH, Urteil vom 21.02.1934 – VI A 152/34 –, RStBl. 1934, 628.

1575 Konsequent lehnt *Feldhofer*, Die einkommensteuerliche Behandlung von Forderungsverlusten im Haushaltseinkünftebereich, Diss., S. 186, die Berücksichtigung von Darlehens- und Bürgschaftsverlusten bei Arbeitnehmern ab.

1576 Vgl. nur die letztlich nichtigen Ehegattenbürgschaften bei Kreditverträgen.

1577 Hierin könnten Anschaffungskosten für diese Forderung gesehen werden.

1578 Interessant ist, dass *Weber-Grellet*, der Bürgschaftsverluste bislang analog zu Kapitalverlusten behandelt wissen wollte, immer noch gegen eine Verlustberücksichtigung argumentiert, obwohl seiner Meinung nach nun Kapitalnutzung- und Kapitalvermögenssphäre gleichermaßen steuerbar sind, *Weber-Grellet*, in: Schmidt, EStG, § 20, Rn. 126, 133; Schwachpunkt seines Arguments bleibt die fehlende Auseinandersetzung, was denn bei der Bürgschaft das konkrete Vermögensstammrecht ausmacht, was Vermögen als solches überhaupt ist und wie das Verhältnis zwischen Vermögen und Werbungskosten ist.

und damit allgemein eines Risikogeschäftes. Durch die Abgabe der Bürgschaftserklärung wird der Handlungstatbestand erfüllt. Hierdurch aktualisiert sich die abstrakte Möglichkeit des Einzelnen in der konkreten Risikoübernahme. Fraglich ist jedoch, ob eine Bürgschaftsübernahme tatsächlich auch erwerbsgerichtet ist. Dies kann nur bejaht werden, wenn man den Bürgschaftsfall nicht als Bestandteil des Bürgschaftsvertrages ansieht – eine wohl nicht vertretbare These – oder aber den Veranlassungszusammenhang mit der zweifellos bestehenden Aufwendung verneint, weil Verluste bei den Überschusseinkünften niemals erheblich seien. Wie oben dargestellt, hält auch diese These einer dogmatischen Überprüfung nicht stand. Denn mit Einnahmen kausal verknüpfte Verluste sind nichts anderes als Werbungskostenüberschüsse. Die gegenteilige Ansicht könnte nur richtig sein, wenn Verluste des Stammvermögens steuerlich unerheblich wären. Dies trifft mittlerweile aber auf keine Einkunftsart des übrigen Überschussvermögens mehr uneingeschränkt zu. Bei §§ 19, 20 und 21 EStG erkennt die Rechtsprechung und Finanzverwaltung unmittelbare Vermögensopfer der Einkunftsquelle als steuererheblich an.

Der herrschenden Meinung zu Folge sind Vermögensverluste *in der Regel* keine Werbungskosten. Vermögensnutzungen seien stets risikobehaftet und auch bei riskanten Darlehensgewährungen falle der Verlust im Privatvermögen nicht unter die Werbungskosten.[1579] Hier wird auf den Grundsatz verwiesen, dass Einkünfte aus Kapitalvermögen auf der Nutzung privaten Geldvermögens beruhen. Nach alter Rechtslage (bis VZ 2008) zählten zu diesen Einkünften nur die Früchte der Kapitalüberlassung, Substanzveränderungen waren grundsätzlich irrelevant.[1580] Durch das Unternehmensteuergesetz 2008 wurde die Trennung von Vermögensstamm und Vermögensfrucht gänzlich aufgehoben, § 20 Abs. 1 Nr. 7, Abs. 2 EStG.[1581] Abs. 1 Nr. 7 erfasst alle laufenden Erträge und Abs. 2 alle Erträge durch Veräußerung. Durch das Tatbestandsmerkmal Kapitalforderung sind nun alle auf Geld gerichteten Forderungen umfassend steuerlich verstrickt, auch wenn zuvor ursprünglich hierunter nur Kapitalrückzahlungsansprüche fielen.[1582]

1579 *Weber-Grellet*, in: Schmidt, EStG, § 22, Rn. 150 'Risikogeschäfte'; zur Bürgschaft *Kubicki*, Die Dogmatik des § 22 Nr. 3 EStG einschließlich der Querbezüge zur Schenkungsteuer, Diss., S. 133.

1580 *Weber-Grellet*, in: Schmidt, EStG, § 20, Rn. 3, 4.

1581 *Heike Jochum*, in: Paul Kirchhof/Rudolf Mellinghoff (Hg.), Kirchhof/Söhn/Mellinghoff, Einkommensteuergesetz, Kommentar, 254. Ergl., 01.2015, 224. Ergl., 11.2011, § 20, Rn. C/7 5.

1582 *Jochum*, in: Kirchhof/Söhn/Mellinghoff, Einkommensteuergesetz, Kommentar, § 20, Rn. C/7 11 f., die entgegen dem Wortlaut und gesetzgeberischen Willen auch heute nur solche Rückzahlungsansprüche erfassen will, die wenigstens dem Grunde nach bestehen, selbst wenn die Höhe der Rückzahlung Null betragen kann. Es wäre ansonsten unklar, welche Kapitalforderung gemeint sei. ME ist es bei bei Hingabe von Kapital der erworbene Anspruch auf Geldzahlung. Denn das ist eine Forderung auf Geldzahlung. Ohne diesen läge eine ungerechtfertigte Bereicherung vor. Aber entweder gibt man Geld hin und erhält einen Rückzahlungsanspruch

Daher erscheint seit der umfassenden Einbeziehung der Vermögenssphäre in die Besteuerung die Nichtberücksichtigung von Forderungsausfällen im Rahmen des § 20 EStG unsystematisch.[1583]

Das bisherige Konzept der herrschenden Meinung kann in ihrer Pauschalität der Gleichstellung von Risikogeschäften mit Kapitalüberlassungen nicht überzeugen.

Zunächst setzt sich die Rechtsprechung nicht mit Frage auseinander, was sie überhaupt unter „Vermögen“ versteht. Eine klare gesetzliche Definition liegt nicht vor. Wenn man lapidar behauptet, Vermögen betreffe die Einkommensverwendungssphäre, so hat bereits *Strutz* in seinem Kommentar zum Einkommensteuergesetz von 1925 ausgeführt, dass hiermit nur etwas postuliert wird, was eigentlich zu beweisen ist.[1584] Unter Vermögen, der Begriff findet sich in § 18 Abs. 1 S. 2 Nr. 1 EStG 1925 („Aufwendungen für das Vermögen“), kann nach *Strutz* ein zweifaches verstanden werden: entweder in einem weiten Sinne die Summe aller wirtschaftlichen Güter, die sich im Eigentum einer Person befinden, nach Abrechnung ihrer Schulden oder in einem engen Sinne des sogenannte Stammvermögens als „Summe der einer Person gehörigen, weil nicht periodisch aus dauernden Quellen sich ergänzend, ohne Schmälerung seines Bestandes nicht zum Verbrauche verwendbare Vorrat an geldwerten Sachgütern und Berechtigungen“.[1585] Nach dem weiten Verständnis gehören zum Vermögen sowohl die Einkommenszuflüsse als auch die Aufwendungen, die das Vermögen unmittelbar betreffen und lediglich Veränderungen in der Anlage des Vermögens darstellen. Beim engen Vermögensbegriff müsse hingegen beachtet werden, dass eben solche Vorgänge nicht beachtet würden, die eine Verbesserung des Ist-Zustandes oder eine Vermehrung der Vermögensgegenstände nach sich zögen. Nichtsdestotrotz blieben Ausgaben, die unter den Begriff der Werbungskosten subsumiert werden könnten, selbstverständlich abzugsfähig. § 18 EStG 1925 sei daher nur klarstellend,[1586] so wie auch heute die herrschende Meinung § 12 EStG nur deklaratorische Bedeutung zumisst.

Ferner hat auch der RFH den Forderungsausfall oder Forderungsuntergang als Werbungskosten anerkannt. Im entschiedenen Fall stellte der RFH darauf ab, ob die Veränderung im Bestand bereits in der privaten Vermögenssphäre stattfand oder noch mit der Erzielung von Mieteinahmen in wirtschaftlichen Zusammenhang stand.[1587] Unterschlägt der Hausverwalter Mietzinszahlungen der Mieter, so kann

---

dem Grunde nach oder man erhält Geld und erhält ebenso einen Ertragsanspruch dem Grunde nach oder eben beides. Wo der Unterschied und die Problematik hierbei besteht, wird nicht klar. Wie hier zu recht *Weber-Grellet*, in: Schmidt, EStG, § 20, Rn. 100 ff.

1583 So auch *Weber-Grellet*, in: Schmidt, EStG, § 20, Rn. 126; *Ratschow*, in: Blümich, EStG, § 20, Rn. 427a.

1584 Vgl. *Strutz*, in: Strutz, EStG 1925, Band I, § 18, Rn. 5, S. 1087.

1585 *Strutz*, in: Strutz, EStG 1925, Band I, § 18, Anm. 12, S. 1093 f.

1586 *Strutz*, in: Strutz, EStG 1925, Band I, § 18, Rn. 12, S. 1097.

1587 RFH, Urteil vom 08.08.1929 – VI A 989/28, StuW VIII, Nr. 698, zitiert nach *Georg Strutz*, in: Eugen Schiffer, u. a. (Hg.), Ergänzungsband zum Kommentar zum

der Vermieter den unterschlagenen Betrag als Werbungskosten geltend machen. Jedoch weist *Strutz* an dieser Stelle darauf hin, dass unter Umständen eine Schadensersatzforderung gegen den Verwalter gemäß § 11 Abs. 1 EStG 1925 als Einnahme anzusetzen sei. Auch heute sind nach ständiger Rechtsprechung Forderungsverluste im Bereich der Überschusseinkünfte als Werbungskosten zu berücksichtigen.[1588] Abzugsfähig sind auch Verluste von Wirtschaftsgütern, Bargeld sowie vergebliche oder erfolglose Aufwendungen, sofern sie mit einer Einkunftserzielungstätigkeit in Verbindung stehen. Auch ein Abzug von Anschaffungskosten für Grund und Boden wird für zulässig gehalten, wenn die an sich geplante Vermögensumschichtung scheitert.[1589] Ebenso kann der Verlust der wirtschaftlichen Verfügungsmacht über ein Gebäude zu einem Werbungskostenabzug führen.[1590] In diesem Falle wird das Gebäude als Vermögensgut angesehen, der Verlust der Verfügungsmacht stelle dann einen Abfluss von geldwerten Gütern im Sinne des § 9 Abs. 1 S. 1 EStG dar: Hierzu müsse jedoch festgestellt werden, ob das zugeflossene Entgelt für die Überlassung des Gebäudes oder (in diesem Falle ein Erbbaurecht) für das zugrunde liegende Nutzungsverhältnis geleistet wurde. In ersterem Falle liege eine nicht steuerbarere Übertragung von Privateigentum vor.[1591] Nur in letzterem Fall stelle der Verlust der wirtschaftlichen Verfügungsmacht eine Aufwendung dar, die sofort abziehbar sei.[1592]

Übertragen auf die Bürgschaft bedeutet dies:

Die Verbindlichkeit wird nicht anders als bei Arbeitnehmerdarlehen und –bürgschaften „für" den Erhalt der Einkünfte eingegangen. Zwar könnte argumentiert werden, dass anders als dort, bei den Bürgschaften die Einkunftsart erst begründet würde. Jedoch spielt es keine Rolle ob Aufwendungen für die Begründung und den späteren Erhalt einer Einkunftsart getätigt werden. Ein Arbeitnehmer, der seinen Arbeitsplatz nur bekommt, wenn er zeitgleich ein Darlehen oder eine Bürgschaft gewährt, wird entsprechende Ausgaben nach der Rechtsprechung des BFH in Ansatz bringen können. Wenn selbst erfolglose Aufwendungen für eine Einkunftsquelle abziehbar sind, dann muss das umso mehr für ein von Anfang an dem Grunde nach bestehendes, sich nur später realisierendes Vermögensopfer gelten.[1593] Zu Recht stellt sich dann zwangsläufig die Frage, ob es bei einem derartigen Risikogeschäft überhaupt eine geeignete Erwerbsgrundlage vorliegt. So wird auch die ablehnende

---

Einkommensteuergesetz vom 10. August 1925, 1930, Nachträge zu § 16, Anm. 4, S. 155 f.

1588 *Loschelder*, in: Schmidt, EStG, § 9, Rn. 25, 55 ff.

1589 *Loschelder*, in: Schmidt, EStG, § 9, Rn. 47.

1590 *Drenseck*, in: Schmidt, EStG, 2011, § 9, Rn. 28, der diesen Fall jedoch als Grenzfall bezeichnet.

1591 BFH, Urteil vom 19.01.1982 – VIII R 102/78 –, BStBl. II 1982, 533 (534).

1592 BFH, Urteil vom 19.01.1982 – VIII R 102/78 –, BStBl. II 1982, 533 (534), wobei es darauf ankommt, ob beim Erwerb das Gebäude bereits zu den AK zählte, wenn von vornherein eine Erbbaurechtsbestellung beabsichtigt war.

1593 Wie hier zu recht *von Bonin*, in: FR 1986, S. 11 (13).

Haltung des RFH, *Enno Beckers* und anderer Steuerjuristen verständlich, Bürgschaftsprovisionen der Besteuerung zu unterziehen.[1594]

Legt man den Zustandstatbestand in vorliegenden Sinne aus, so resultiert daraus, dass im Falle von Risikogeschäften nur eine *bedingte* Erwerbsgeeignetheit vorliegt. Da es bei Bürgschaften im Privatbereich keine Aussage über die Wahrscheinlichkeit des Eintritts der Bürgschaftsfälligkeit und damit der Realisierung des Risikos gemacht werden kann, beruht die entsprechende Beurteilung auf bloßer Unsicherheit. Die Geeignetheit kann weder verneint noch bejaht werden. ME handelt es sich bei Fälligkeit der Bürgschaft um eine nachträgliche Veränderung der ursprünglichen Tatsachenlage, so dass die Erwerbsgeeignetheit für diesen konkreten Fall verneint werden muss, soweit die Zahlung nicht mit anderen Einkunftsarten in einem wirtschaftlichen Zusammenhang steht (daher anders im Falle von Arbeitnehmerbürgschaften, bei denen die Zahlung auf die Bürgenverbindlichkeit Werbungskosten darstellen). Bejaht man hingegen die Steuerbarkeit der Avalprovision generell, so stellt die Begleichung der Bürgenverbindlichkeit im Jahr des Abflusses sofort abziehbare Werbungskosten dar.[1595]

d) Zwischenergebnis

Die steuerliche Behandlung der sogenannten Vermögenssphäre zeichnet sich durch immanente dogmatische Strukturprobleme aus, die sich nicht gänzlich auflösen lassen und stets verfassungsrechtlich problematisch bleiben, wenn die Grenzziehung nicht mehr realitätsgerecht vorgenommen wird. Das Postulat einer nicht steuerbaren Vermögenssphäre bei den Überschusseinkünften entbehrt heute einer für alle Überschusseinkünfte geltenden Grundlage. Wie gezeigt gibt es eine solche im Bereich der §§ 19, 20 und 21 EStG nicht.

Im Rahmen der Vermögenssphäre ist insbesondere der Begriff der Wertveränderung problematisch. Wertveränderungen können realisierte und unrealisierte Wertveränderungen meinen. Wie oben gezeigt gehörten nach *Schanz* alle Wertveränderungen zum Einkommen. Nach der herrschenden Dogmatik umfasst die Vermögenssphäre auch realisierte Wertveränderungen.[1596] Die Wertveränderung muss spezifischer und dauerhafter Natur sein: Ein Beispiel für nicht realisierte Wertveränderung sind Kursschwankung von Aktien oder Wertentwicklungen von Grundvermögen. Der Wert von Vermögensgegenständen des sog. Privatvermögens unterliegt täglichen, minütlichen, ja sekündlichen und noch schnelleren Wertveränderungen – erinnert sei hier nur an das high-frequency-Trading. Solange der Inhaber, der Dispositionsbefugte, diesen Wert nicht realisiert – also seine Inhaberschaft zum Beispiel dauerhaft aufgibt –, generiert er nur „Konjunkturgewinne", aber keinen separaten, von dem betroffenen Gegenstand losgelösten Wert, der an seine Stelle getreten ist. Hier zeigt sich die gegenständliche Anschauung der herrschenden Meinung: Ein

1594 *Knobbe-Keuk*, in: DB 1972, S. 1130 (1133).
1595 So auch *Killat/Risthaus*, in: H/H/R, EStG/KStG, § 22, Rn. 386.
1596 *Hey*, Tipke/Lang, Steuerrecht (21. Aufl.), § 8, Rn. 50.

Aktiendepot oder ein Haus mit hohem Wert kann durchaus als Sicherheit eingesetzt werden. Je höher der Wert des Vermögensgegenstands, desto höher ist der Wert für den Sicherungsnehmer (hier wird deutlich, dass möglicherweise verschiedene Wertbegriffe verwendet werden, ohne dass dies von den Nutzerkreisen offengelegt wird). Somit lässt sich also durch die Wertschwankung ein Wert – etwa durch niedrigere Schuldzinsen, etc. – realisieren, ohne dass steuerrechtlich eine Wertrealsierung vorliegt.

In der Vermögenssphäre kann nicht pauschal mit dem Begriff der unbeachtlichen Wertveränderung argumentiert werden. Erforderlich ist eine am jeweiligen Einzelfall ausgerichtete wirtschaftliche Betrachtung, ob im Zusammenhang mit der Leistung des Steuerpflichtigen ein entsprechend dauerhafter Wertabfluss vorliegt. Das Postulat der Unbeachtlichkeit der Vermögenssphäre muss sich auch auf die Einnahmenseite erstrecken, so dass Vorgänge in Gänze nicht der Einkommensteuer unterliegen können. Auf der anderen Seite sind mit einer als steuerbar erkannten Tätigkeit in wirtschaftlichem Zusammenhang stehende Aufwendungen – unabhängig von der rechtlichen Bezeichnung – zum Werbungskostenabzug zuzulassen. Eine unbeachtliche Risikosphäre, die unabhängig von einer Leistung des Steuerpflichtigen ist, existiert bei wirtschaftlichter Betrachtungsweise nicht.

Abschließend lässt sich damit gerade auch für die Vermögenssphäre de lege ferenda aus Vereinfachungsgründen eine weitergehende Typisierung rechtfertigen, wenn sich eine solche in ein Gesamtkonzept einbettet und niedrige Steuersätze und angemessene Werbungskostenpauschalen einen weitgehenden Verzicht auf Einzelfallbetrachtungen rechtfertigen.[1597] Zu fordern ist eine umfassende steuerliche Verstrickung des Privatvermögens jenseits des privaten Gebrauchsvermögens, insbesondere eine Aufhebung der „Spekulationsfristen“.[1598] Gleichzeitig sollte auch beim Immobliargebrauchsvermögen das Prinzip der Vermögensneutralität konseqeunt umgesetzt werden. Die meisten Abgrenzungsprobleme würden sich hierduch erledigen und nur noch das private Gebrauchsvermögen betreffen. Dabei sind im Rahmen einer Steuerbarkeitsprüfung die oben dargestellten Grundsätze – Nachhaltigkeit und Spezialität – zu beachten.

1597 Vgl. das Konzept des Einkommensteuergesetzbuchs, das im Jahre 2003 von *Paul Kirchhof* vorgestellt wurde, *Paul Kirchhof*, Einkommensteuergesetzbuch – ein Vorschlag zur Reform der Einkommen- und Körperschaftsteuer (Bundessteuergesetzbuch, BStGB), 2003 (2011), S. 383 ff. zu § 44 BStGB (2011).
Siehe auch bereits den Ansatz im EStG 1925, der eine hohe Freigrenze für die Leistungseinkünfte vorsah, nach heutigem Stand ca. € 2.000,-.

1598 Im Ergebnis auch *Feldhofer*, Die einkommensteuerliche Behandlung von Forderungsverlusten im Haushaltseinkünftebereich, Diss., S. 211 f.

Kapitel 5 – Ergebnisse

A. Zusammenfassung der Ergebnisse

I. Historische Grundlagen der Norm

Die heutige Norm des § 22 Nr. 3 EStG basiert auf dem EStG von 1925. Lediglich der heutige Wortlaut geht zurück auf das Einkommensteuergesetz von 1934. Der Aussage in der Literatur, dass die Norm ohne Vorbild in das geltende Einkommensteuergesetz Eingang gefunden hätte, ist unzutreffend. Der Wortlaut des damaligen § 41 Abs. 1 Nr. 2 EStG 1925 findet sich bereits in Kommentierungen zum preußischen Einkommensteuergesetz von 1891. Und auch Fallgestaltungen, die heute im Rahmen der Leistungseinkünfte diskutiert werden, wurden bereits in den Kommentaren zum preußischen EStG 1891 und dem REStG 1920 diskutiert.

Nach der Gesetzesbegründung von 1925 ging es dem Gesetzgeber bei den sonstigen Leistungsgewinnen vornehmlich um die Erfassung einmaliger Tätigkeiten, die einen Gewinn abwerfen, und um die Abschöpfung sogenannter Spekulationsgewinne, eine präzise Definition wurde für unmöglich erachtet. Es wurde jedoch betont, dass nicht alle Einkünfte erfasst werden sollten und insbesondere einmalige, nicht tätigkeitsbezogene Vermögensanfälle unterlagen keiner Besteuerung. Hierzu gehörten insbesondere Vorgänge, die den Vermögensstamm des Steuerpflichtigen betrafen.

II. Fallgruppenbildung

Die unübersichtliche Vielzahl von Einzelentscheidungen hat bereits früh dazu geführt, dass in der Literatur Fallgruppen des Leistungseinkunftstatbestands gebildet wurden. Eine solche Einteilung verführt jedoch dazu, Lebenssachverhalte bestimmten Fallgruppen zuzuordnen, ohne die dahinterliegende Wertung der Steuerbarkeit oder Nichtsteuerbarkeit offenzulegen. Problematisch ist auch, dass eine Zuordnung eines Lebenssachverhaltes oftmals zu mehreren Gruppen des Leistungstatbestands möglich ist. Zudem sehen alle diese Fallgruppen mehr oder minder diffuse Auffanggruppen vor.

III. Dreigliediger Einkommensteuertatbestand

Die vorliegende Arbeit setzt sich mit dem Leistungseinkunftstatbestand der sonstigen Einkünfte vom dreigleidrigen Einkommensteuertatbestand ausgehend auseinander. Dieser setzt sich zusammen aus einem Zustands-, einem Handlungs- und einem Erfolgstatbestand.

Das besondere Interesse galt dabei dem Zustands- und Handlungstatbestand. Der Zustandstatbestand beschreibt das Nutzungspotential, der Handlungstatbestand die tatsächliche Nutzung einer Erwerbsgrundlage.

Es konnte festgestellt werden, dass der RFH und die damalige Literatur den Leistungstatbestand eher restriktiv auslegten, insbesondere im Hinblick auf den

Zustandstatbestand. Zugleich ist immer wieder angeführten Argumentation des BFH zu widersprechen, dass der BFH den Leistungstatbestand im Hinblick auf die Anforderungen an das Verhalten und damit den „Nutzungstatbestand" gegenüber dem RFH erweiternd auslege. Im Gegenteil erweisen sich die tatbestandlichen Voraussetzungen des „Nutzungstatbestands" als sehr konstant. Vielmehr wird deutlich, dass der BFH den Bereich des Zustandstatbestands erweitert hat, insbesondere im Bereich der sogenannten Vermögenssphäre, ohne sich jedoch mit den Implikationen einer solchen Erweiterung auseinandergesetzt zu haben.

IV. Belastungsgrund

Um diese Erweiterungen – auch im Hinblick auf den unbestimmten Wortlaut der Norm – zu beleuchten und zu bewerten, wird als Bewertungsmaßstab der Belastungsgrund der Einkommensteuer herangezogen. Grundlage der Einkommensbesteuerung ist die Teilhabe und damit Belastung des wirtschaftlichen Erfolgs des Einzelnen auf Grund seiner Zugehörigkeit zur Produktivitätsgemeinschaft des Staates. Dieser Gemeinschaft gibt das Grundgesetz den Rahmen vor. Steuern sind die Kehrseite der Freiheitsrechte. Dies schließt jedoch die Feststellung nicht aus, dass die Einkommenbesteuerung in den Schutzbereich des Art. 14 GG eingreift und sich daher auch an Art. 14 GG messen lassen muss. Eine Einkommenbesteuerung hat grundsätzlich die Privatnützigkeit des Eigentums und des wirtschaftlichen Erfolgs zu beachten, insbesondere gehört hierzu der Grundsatz der Substanzerhaltung und die Freiwilligkeit der Teilnahme an Austauschbeziehungen.

V. Nutzungstatbestand

Die Nutzung einer Erwerbsgrundlage setzt einen entgeltlichen Leistungsaustausch voraus und stellt einen wirtschaftlichen Vorgang dar.

Die Entgeltlichkeit wird durch konkrete, unmittelbar aufeinander bezogene Tauschbeziehungen gekennzeichnet (kausaler Veranlassungzusammenhang). Erforderlich ist, dass die Leistung einen spezifischen fremdnützigen Aspekt aufweist. Bei dieser Beurteilung kommt es insbesondere auf die Zwecksetzungen von Leistungserbringer und Leistungsempfänger an. Ohne objektiv nachvollziehbare Verknüpfung ist die im Raume stehende Vermögensmehrung potentiell schenkungsteuerpflichtig.

Im Falle von vermögensbezogenen Handlungen muss auf den Zustandstatbestand durchgegriffen werden: Dem Entgelt muss eine konkrete Einwirkungsmöglichkeit des Leistenden auf ihm zuzurechende Vermögenspositionen gegenüberstehen.

So erschöpft sich der Kauf einer Gewinnchance (z.B. im Lotto) in der Hingabe von Zahlungsmitteln und stellt keine Begründung eines Leistungsaustauschsverhältnisses im Rahmen des § 22 Nr. 3 EStG dar. Im Falle des Erwerbs von Kapitalforderungen (zum Beispiel im Rahmen von Prozessfinanzierungen) erweist sich § 22 Nr. 3 EStG gegenüber den Kapitaleinkünften als subsidiär. Im Übrigen muss insbesondere bei Spielen das Vorliegen eines Leistungsaustauschs entgegen der herrschenden

Meinung bejaht werden (wie zum Beispiel der Teilnahme an Pokerturnieren; so auch zuletzt die Rechtsprechung).

Der Nutzungstatbestand zeichnet sich ferner dadurch aus, dass die Nutzung freiwillig erfolgen muss. Dies gilt zumindest im Hinblick auf die Begründung der steuerbaren Tätigkeit. Zutreffend hält die herrschende Meinung daher eine durch hoheitlichen Zwang erfolgte Inanspruchnahme von privaten Vermögegensgegenständen nicht für einkommensteuerbar.

Zudem muss die Nutzung erwerbsgerichtet sein: Diese Prüfung erfolgt objektiv am Maßstab des auf einen Erfolg hin strebenden Steuerpflichtigen. Die Nichtsteuerbarkeit von Spielen folgt daher nicht wegen eines nicht feststellbaren Leistungsaustausches, sondern wegen der fehlenden Erfolgsaussichten. Auch dies wird in den Entscheidungen des BFH zu „professionellen" Spielern deutlich.

VI. Erwerbsgrundlage

Bei der Prüfung des weiteren Tatbestandsmerkmals, dem Zustandstatbestand, sind zwei Punkte besonders in den Blick zu nehmen. Einmal die bereits angesprochene Vermögenssphäre und ferner die Privatsphäre.

1. Privatsphäre

Als Korrektiv im Bereich der Privatsphäre werden entgeltliche Leistungen, die die oben genannten Voraussetzungen eines Leistungsaustauschs erfüllen und daher an sich steuerbar wären, als nicht steuerbar angesehen. Hierzu gehören insbesondere typische Freizeitaktivtäten wie Fussspielen, die nicht steuerbar sind, solange die Einnahmen den Aufwand nur ausgleichen oder lediglich unwesentlich übersteigen. Damit wird an die Rechtsprechung des BFH zu Amateurspielern angeknüpft. Gemäß § 12 Abs. 1 EStG gilt für den gesamten Tätigkeitskomplex die *Spezialität der Privatsphäre.*

Der Umfang der typischen Tätigkeit kann jedoch nur im Einzelfall bestimmt werden. Hierbei gelten zwei Grundsätze: je enger eine Tätigkeit mit der persönlichen Lebensführung verknüpft ist, desto weniger erlaubt sich eine isolierte Betrachtung einer einzelnen Tätigkeit. In Rechsprechung und Literatur finden sich hier als Beispiel die sogenannten Hilfeleistungen auf familienrechtlicher Grundlage. Und je intensiver und systematischer eine Tätigkeit gerade auch im Hinblick auf mögliche Einnahmequellen ausgeübt wird, desto eher spricht dies für eine separate Steuerbarkeit und damit einer Teilung der vormals rein privaten Angelegenheit. Bei der Berechnung des Einnahmeüberschusses müssen jedoch stets die Aufwendungen in angemessenem Umfange berücksichtigt werden – im Zweifel ist dies zu schätzen.

2. Vermögenssphäre

Der zweite wichtige Prüfungspunkt im Rahmen der Erwerbsgrundlage ist die Frage, ob der zu betrachtende Vorgang die Vermögenssphäre betrifft. Nach hM sind Vorgänge in der Vermögenssphäre nicht steuerbar. Diese Prüfung knüpft an die

Tatbestandsdefinition der Rechtsprechung an: Veräußerungen und veräußerungsähnliche Vorgänge im Privatbereich stellen keine Leistungen dar. Veräußerungsähnliche Vorgänge sind nach dem BFH durch die Endgültigkeit der Aufgabe eines Vermögenswertes in seiner Substanz gekennzeichnet.

Rechtshistorisch geht diese Einschränkung auf die grundsätzliche steuerliche Nichterfassung des privaten Stammvermögens zurück. Im Rahmen der Untersuchung ließ sich feststellen, dass die Idee, dass die Einkommensteuer nur die Reineinahmen und nicht die Roheinnahmen besteuern soll, ein grundlegendes Merkmal sowohl der Quellentheorie als auch der Reinvermögenszugangstheorie ist. Der stets betonte Gegensatz zwischen Quellentheorie und Reinvermögenszugangstheorie und damit der Gewinn- und Überschusseinkünften stellt sich bei näherer Betrachtung nicht als so unüberwindbar dar, wie dies landläufig wiedergegeben wird. So ist zum Beispiel auch nach der Reinvermögenszugangstheorie das Gebrauchsvermögen einkommensteuerlich nicht verstrickt. Und nach der Quellentheorie sind zwar Vermögensminderungen des Stammvermögens grundsätzlich unbeachtlich, aber in besonderen Ausnahmefällen kann zumindest nach *Fuisting* als einem der maßgeblichen Vertreter der Quellentheorie eine außerordentliche Wertminderung auch im Bereich des Stammvermögens Berücksichtigung finden.

Gerechtfertigt durch die Festellungen zum Belastungsgrund sind Werteinsatz und Wertverbrauch daher grundsätzlich im Rahmen der Bestimmung des Zustandstatbestands zu berücksichtigen: Dieser besteht aus einem Nutzungspotential, dem bei vermögensbezogenen Handlungen in der Regel (bei derivativ erworbenen Vermögensgegenständen) eine entsprechende Aufwandsposition rechnerisch gegenübergestellt werden kann. Hierbei ist zu beachten, dass der Gesamtwert eines Vermögensgegenstands nicht unbedingt nur durch ein einziges korrespondierendes Nutzungspotential gebildet wird. Bei der Identifizierung des Nutzungspotentials und damit der Bestimmung der Erwerbsgrundlage ist im Hinblick auf die tatsächliche Nutzung ein entsprechender Wertabgang als Aufwandsverbrauch zu berücksichtigen.

Nicht steuerbar sind daher nur unrealisierte Wertschwankungen und Bestandsänderungen (Aktivtausch) außerhalb der Spekulationsfristen. Im Übrigen ist bei einer Vermögensnutzung eine Abgrenzung zwischen dauerhaften Wertveränderungen und Wertverlusten zu nur vorübergehenden Wertschwankungen erforderlich.

Diese Prüfung läuft auf die Einführung eines für die Zwecke der Untersuchung so bezeichneten *Nachhaltigkeitsfaktors* hinaus: Wenn es für den Berechtigten praktisch unmöglich ist, den Zustand ex-ante wiederherzustellen, schließt der Grundsatz der Substanzerhaltung eine Besteuerung aus. Dies gilt sowohl für Sach- als auch für Foderungseigentum. Es liegt in diesen Fällen eine Übertragung einer „Wertparzelle" vor. Dauerhafte Nutzungsaufgaben und Nutzungsbeschränkungen sind Substanzminderungen gleichzusetzen, die bereits heute nach hM keine steuerbare Nutzung darstellen. Dauerhaft bedeutet hier zumindest eine Zeitspanne von mehr als 30 Jahren und liegt bei Bedingungen und Befristungen nicht vor.

Bei ausschließlich privatgenutzten Vermögensgegenständen rechtfertigt sich die Nicht-Besteuerung von dauerhaften Einschränkungen zusätzlich aus dem grundsätzlichen Vorrang der Privatsphäre, wenn der Vermögensgegenstand im Übrigen weiterhin ausschließlich privat genutzt wird. Dann sind alle Aufwendungen für diesen Vermögensgegenstand bislang nach § 12 Abs. 1 EStG unberücksichtigt geblieben und in Folge dessen ein nicht-steuerbarer Wertparzellentausch anzunehmen: Das Nutzungspotential ist umfassend der Privatsphäre zugeordnet. Beispiele aus der Rechtsprechung sind der Verzicht auf die Geltendmachung von Abwehrrechten gegen Nutzungen auf benachbarten Grundstücken und die Hinnahme von Gebrauchsminderungen (Tausch von Aussicht gegen Geld; Tausch von Nutzungsmöglichkeit(en) gegen Geld).

Ist die Vermögensposition hingegen steuerlich verstrickt, so ist der gesamte Vorgang steuerbar (insbesondere auch innerhalb der Spekulationsfrist). Im Rahmen von bestehenden Rechtsverhältnissen (z. B. Mietverträgen) stellen Entgelte für Beschränkungen – dauerhafte oder bloß vorübergehende – zunächst eine Aufwandsminderung dar. Die Entgelte teilen das Schicksal des Hauptvertrages.

In beiden Fällen ist einer Besteuerung also grundsätzlich nicht ausgeschlossen. Jedoch ist der Aufwand für das Halten und Erhalten des Vermögensgegenstands der Nutzungssphäre zugeordnet mit der Folge, dass der anteilige Verzicht auf die korrespondierende Aufwandsposition – notfalls im Schätzwege – berücksichtigt werden muss.

Bei sogenannten Risikogeschäften in der Vermögenssphäre wie der entgeltlichen Übernahme von Bürgschaften ist eine bedingte Erwerbsgerichtetheit anzunehmen. Es existiert kein Grundsatz, dass endgültige Verluste immer in die unbeachtliche Vermögenssphäre fallen. Im Verlustfalle sind die Verluste daher als Werbungskosten zu berücksichtigen oder die Erwerbsberichtetheit entfällt nachträglich.

VII. Ausblick

In der Gesamtschau lautet die Empfehlung an den Gesetzgeber; dass auf Grund der Schwierigkeit der Abgrenzung von der Vermögenssphäre zur Erwerbsphäre die Besteuerungsbasis durch die Verstrickung des gesamten Privatvermögens mit Ausnahme des Lebensführungsvermögens (und des Gebrauchsvermögens) erweitert werden sollte.

Darüber hinaus sollte die Freigrenze, die momentan € 256,- beträgt, deutlich erhöht werden. Diese läge bei einer Anpassung der Beträge von 1925 an heutige Verhältnissebereits bei mehreren tausend Euro.

B. Die Ergebnisse im Einzelnen

Entwicklungslinien

Der Gesetzgeber des EStG 1925 bekannte sich ausdrücklich zum objektiven Nettoprinzip und kannte auch für die Überschusseinkünfte ein Anlagevermögen, also mit anderen Worten ein Überschussvermögen. § 41 Abs. 1 Nr. 2 EStG 1925 als Vorläufernorm des heutigen § 22 Nr. 3 EStG kam lediglich eine Ergänzungsfunktion zu (Kap. 2, A. I. 2., Seite 21).

Der Gesetzgeber des EStG 1925 folgte wie auch der Gesetzgeber heute ausdrücklich keiner der Einkommenstheorien. Um die Dogmatik des geltenden Einkommensteuerrechts zu diskutieren, kann auf die bislang ergangene Rechtsprechung und Literatur zurückgegriffen werden.

Auch vor 1925 wurden Vorgänge, die heute unter die sonstigen Leistungseinkünfte fallen, besteuert. Insbesondere erfasste bereits das preußische EStG einmalige Vorgänge im Rahmen der Besteuerung gewinnbringender Beschäftigung. Der Begriff der Leistung findet sich schon in den Kommentierungen zum preußischen. EStG 1891. Nach der herrschenden Meinung war eine subjektive Gewinnerzielungsabsicht kein Merkmal steuerbarer Einkünfte und nachträgliche Entgelte im Rahmen gewinnbringender Beschäftigung einkommensteuerbar. Der bloße Kauf eines Loses reichte für die Annahme einer gewinnbringenden Beschäftigung nicht aus. Im Übrigen genügte das Gegenüberstehen von Leistung und Gegenleistung, um eine gewinnbringende Beschäftigung anzunehmen (Kap. 2, A. II. 2. b) cc) u. dd), Seite 40 u. 46).

Damals wurde bereits vertreten, dass private Hilfeleistungen in die Privatsphäre fielen und lediglich Leistungen mit „geschäftlichem Charakter" besteuert werden sollten.

Quellentheoretisch müssen steuerbare Erträge auf einem wirtschaftlichen Tauschverkehr beruhen. Zustandsveränderungen der Quelle betreffen das Stammvermögen und bilden keinen Ertrag. Die Unbeachtlichkeit der Vermögenssphäre war auch für *Fuisting* nicht absolut. So ließ *Fuisting*, als prominentester Vertreter der Quellentheorie, unter anderem auch Abschreibungen auf nicht abnutzbare Vermögensgegenstände zu, wenn eine dauerhafte Wertminderung feststellbar war, (Kap. 2, A. II. 2. b) bb) (1), Seite 31).

Sowohl nach der Quellentheorie als auch nach der Reinvermögenszugangstheorie bilden nur Reinerträge das Einkommen. Folglich gilt nach beiden ein strenger Kapitalerhaltungsgrundsatz, (Kap. 2, A. II. 2. b) bb) (2), Seite 37).

Schon *Fuisting* räumt ein, dass die Unterscheidung zwischen Einkommen und Vermögen schwierig sei, (Kap. 2, A. II. 2. b) bb) (3), Seite 39).

Eingriffe in die Sachsubstanz, aber auch Verzichte auf Rechtspositionen, die zu dauernden Wertminderungen führten, sollten nach der Literatur auch unter dem weitgehend der Reinvermögenszugangstheorie folgenden REStG 1920 nicht steuerbar sein (Kap. 2, IV. 2. a), Seite 57).

<u>Belastungsgrund und verfassungsrechtliche Grundlage</u>
Der Belastungsgrund bietet einen Wertmaßstab für die Beurteilung der Besteuerung. Er weist auf den Entstehungsaspekt der Leistungsfähigkeit hin. Belastet wird der wirtschaftliche Erfolg des Einzelnen auf Grund seiner Zugehörigkeit zur Produktivitätsgemeinschaft des Staates, das durch individuelle Leistung durch Arbeit und Kapital Hinzuerworbene (Kap. 3, A. II. 1.), Seite 76).

Die Freiheitsrechte, insbesondere Art. 14 GG, wirken maßstabsbildend (Kap. 3, A. II. 2.), Seite 78). Die Einkommensbesteuerung greift in den Schutzbereich des Art. 14 GG ein. Prinzipiell rechtfertigt der Steuerstaat den Eingriff in das

Eigentumsgrundrecht und die Besteuerung des Markteinkommens. Die Steuern gehören zum Freiheitsrecht dazu, sie sind dessen Kehrseite. Dies gilt aber nur, wenn die Steuer insbesondere die Privatnützigkeit und die Verfügungsbefugnis des Eigentums beachtet. Art. 14 verweist so auf den Grundsatz der Substanzerhaltung und die Teilhabe an der freiwilligen Marktteilnahme (Kap. 3, A. II. 3. d), Seite 97).

§ 22 Nr. 3 EStG – Der Tatbestand

Grundlagen
Aus rechtssystematischer Sicht bietet sich im Rahmen des § 22 Nr. 3 EStG eine Fallgruppenbildung, die aber die Gefahr birgt, die den Urteilen zu Grunde liegenden Wertungen zu übersehen und ihre Gemeinsamkeiten oder Unterschiede zu verwischen. In der Beliebigkeit der Fallgruppenbildung wird deutlich, dass keine dogmatische Deduktion aus diesen Einteilungen möglich sind (Kap. 4, A. II. 5.), Seite 113).

Dem geltenden Einkommensteuerrecht kann bei einer Untersuchung der dreigliedrige Einkommensteuertatbestand zugrunde gelegt werden (Kap. 4, B. I. 2., Seite 115).

§ 22 Nr. 3 EStG stellt wie bereits zuvor § 41 Abs. 1 Nr. 2 EStG 1925 keine Auffang-, sondern eine Ergänzungsnorm dar (Kap. 4, B. II. 1., Seite 119).

Besteuert wird ein Verhalten, dass als Mindestvoraussetzung eine freiwillige Marktteilnahme darstellen muss (Kap. 4, B. II. 7., Seite 129).

Anfänglich können in der Literatur Bestrebungen festgestellt werden, aus der Unterscheidung zwischen Handlung und Tätigkeit Rechtsfolgen für den Leistungsbegriff abzuleiten. Die Auffassung des historischen Gesetzgebers diesbezüglich ist unklar. Nach heutiger Dogmatik ist jedoch nicht die Art und Weise des Verhaltens entscheidend, sondern der wirtschaftliche Kontext, in das das Verhalten eingebettet ist. So verwendet der BFH die Begriffe Tätigkeit und Handlung synonym.

Der Begriff der Leistung und zuvor der Begriff der Tätigkeit umfasste nach der Rechtsprechung des RFH stets jedes Tun, Dulden und Unterlassen. Eine angeblich erforderliche erweiternde Auslegung des BFH ist daher eine bloße Behauptung, die der BFH anstelle einer argumentativen Auseinandersetzung aufstellte. Der RFH hat schlicht nicht jede Tätigkeit unter den Begriff der Leistung subsumiert, worin ihm heute der BFH folgt (Kap. 4, C. I., Seite 130).

Bei einem Dulden muss stets auch der Zustandstatbestand, der Fundus, betrachtet werden. Er ist Teil der Erwerbsgrundlage, die wiederum das eingesetzte Vermögen betrifft und dem Substanzerhaltungsgrundsatz unterliegt (Kap. 4. C. I. 3., Seite 135)

Leistungsaustausch und Entgeltlichkeit
Leistungen sind wirtschaftliche Vorgänge, die Teil eines Leistungsaustausches sein müssen. Teilweise anderslautende Rechtsprechung ist überholt (Kap. 4, B. II. 6. u. C. II. 1., Seiten 127 u. 145).

Geprüft wird das Vorliegen eines Leistungsaustausches im Rahmen der Entgeltlichkeit. Daran hat die Aufgabe des Merkmals „um des Entgelts willen“ durch den BFH nichts geändert (Kap. 4. C. II. 2. u. 3. aa), Seiten 152 u. 161).

Das Entgelt kann nachträglich fließen und vereinbart werden, auch durch Annahme. Dies ist ständige Rechtsprechung bereits des Preußischen OVG (Kap. 4, C. II. 3. a). ee) u. Kap. 2, A. II. 2. b) cc) u. dd), Seiten 166 u. 40, insb. 46).

Die Entgeltlichkeit liegt vor, wenn die Gegenleistung durch die Leistung veranlasst ist. Der Veranlassungszusammenhang beschreibt einen (wirtschaftlichen) Kausalzusammenhang, der einer objektiven Bewertung unterliegt. Im Rahmen der Leistungseinkünfte, bei denen aber oftmals nur eine einzige Tätigkeit zu beobachten ist oder auf den Zustandstatbestand durchgegriffen werden muss, kommt die Prüfung der Tatbestandsmäßigkeit jedoch nicht umhin, den Veranlassungszusammenhang auch bei der Beantwortung der Frage heranzuziehen, ob denn eine steuerbare Tätigkeit dem Grunde nach überhaupt vorliegt, an die angeknüpft werden kann (Kap. 4, C. II. 3. c) aa), Seite 185).

Bei den Leistungseinkünften können nur konkrete, unmittelbar auf einander bezogene Tauschbeziehungen berücksichtigt werden, (Kap. 4, C. II. 3. c) bb), Seite 191).

Die Leistung muss hinreichend konkret sein, damit mit ihr ein spezifischer fremdnütziger Aspekt verknüpft werden kann. Dies liegt zumindest dann vor, wenn beide Seiten das fragliche Entgelt als angemessene Gegenleistung ansehen. Es kommt bei der Beurteilung auf die Beteiligten und insbesondere auch auf die Zwecksetzung des Leistungsempfängers und Zuwendenden an. Jedoch muss diese Zweckverknüpfung objektiv nachvollziehbar sein. Ohne diese Verknüpfung ist die Gegenleistung potentiell schenkungsteuerpflichtig. Ein Indiz für die Fremdnützigkeit ist insbesondere das Interesse an der Leistung als Vorstufe einer weiteren Verwertungshandlung oder der Konsum der so eingekauften Leistung. Da das Einkommensteuerrecht an wirtschaftliche Vorgänge anknüpft, ist der hier vertretene Entgeltbegriff enger als der zivilrechtliche im Rahmen der Abgrenzung von Entgeltlichkeit zur Unentgeltlichkeit im Schenkungsrecht. Im Einkommensteuerrecht besteht die geforderte Konnexität nicht schon bei einer rechtlichen, sondern erst bei einer wirtschaftlichen oder tatsächlichen Geschäftsgrundlage. Dabei reicht bei der Begründung der steuerbaren Tätigkeit eine tatsächliche Anknüpfung nicht aus, so dass hier zumindest eine wirtschaftliche Geschäftsgrundlage zu fordern ist (Kap. 4, C. II. 3. c) bb), Seite 191).

Bei vermögensbezogenen Leistungen liegt eine Entgeltlichkeit zumindest immer dann vor, wenn ihr eine konkrete Einwirkung durch Leistenden auf seine bestehenden Vermögenspositionen gegenübersteht. Dies ist dann der Fall, wenn ein konkretes Handlungspotential des Steuerpflichtigen feststellbar ist und die Gegenleistung eine Einwirkung auf dieses Potential entgilt und aus Sicht der Beteiligten bezweckt. Eine Zahlung ohne eine solche Einwirkung wäre aus Sicht des Gegenleistenden weder synallagmatisch noch konditional oder bloß kausal mit einer *erhaltenen* Gegenleistung verknüpft und mithin in den meisten Fällen unentgeltliche Schenkung. Aus diesem Grunde sind auch Schadensersatzleistungen nicht steuerbar, wenn sie lediglich einen eingetretenen Schaden ausgleichen (Kap. 4, C. II. 3. c) cc), Seite 195).

Bei den sonstigen Tätigkeiten reicht ein Verhalten nicht aus, das sich im Kauf einer Gewinnchance erschöpft. Liegt hierin der Kauf einer Kapitalforderung, erfolgt eine Besteuerung nach § 20 EStG. Insbesondere Erfolgsbeteiligungen können mE unter § 20 Abs. 1 Nr. 7 EStG fallen.

Liegt ein Spiel vor, so scheiden nur solche Glückspiele aus, für die lediglich eine Chance (z.B. ein Los) gekauft werden muss. In allen anderen Fällen von Spielen liegt ein Leistungsaustausch vor und die Steuerbarkeit scheitert nicht an einer fehlenden Entgeltlichkeit, sondern an einer möglicherweise zu verneinenden Erwerbsgerichtetheit oder einem Vorrang der privaten Lebensführung. Das Wort Spiel sollte nur noch für nicht-steuerbare Spiele verwendet werden. Es taugt zumindest nicht als Differenzierungsmerkmal (Kap. 4, C. II. 3. c) aa) u. cc), Seiten 185 u. 195).

Erwerbsgerichtetheit
Als weiteres Merkmal neben der Entgeltlichkeit ist das Merkmal der Erwerbsgerichtetheit zu prüfen, die eine Nutzung einer Erwerbsgrundlage und einen zukünftigen, möglichen Erfolg voraussetzt (Kap. 4, C. II. 4. a.), Seite 209).

Die Prüfung erfolgt objektiv: Maßstab ist der Wille des auf einen Erfolg hin strebenden Steuerpflichtigen, an dem die *Tätigkeit* in objektivierter Weise gemessen wird (Kap 4, C. II. 4. a) cc), Seite 222).

Bei Gewinnspielen richtet sich die Prüfung nicht nach einem Erwartungswert (nur möglich, wenn ein feststehendes, ausrechenbares Risiko vorliegt), sondern nach einer Einzelfallbetrachtung. Die Gewährung einer Gewinnchance im Rahmen einer Auslobungsveranstaltung reicht für die Annahme eines Zurechnungszusammenhangs aus. Auch der professionelle Pokerspieler kann so erwerbsgerichtet handeln (Kap. 4, C. II. 4. a) cc), Seite 222).

Für die Leistungseinkünfte muss weiterhin für die Erwerbsgerichtetheit eine *Freiwilligkeit* in dem Sinne vorliegen, dass die Erwerbsgrundlage nicht durch hoheitlichen Zwang genutzt werden kann. Dies gilt sowohl für die Form der Zwangsarbeit was die tätigkeitsbezogenen Verhaltensweisen betrifft als auch den Zwang der Vermögensnutzung hinsichtlich der vermögensbezogenen Verhaltensweisen (Kap. 4, C. II. 4. a) cc), Seite 222).

Privatsphäre
Als negatives Tatbestandsmerkmal ist die Privatsphäre zu prüfen. Dabei soll für typische Freizeitaktivitäten gelten (in Übereinstimmung mit der Liebhabereirechtsprechung): Solange die Einnahmen nur den tatsächlichen Aufwand des Steuerpflichtigen abdecken oder nur unwesentlich über diesen liegen, handelt es sich um keine erwerbsgerichtete Tätigkeit, auch wenn der Einzelne hierdurch gegenüber einem anderen, der keine Einnahmen für seine Hobbytätigkeit erhält, leistungsfähiger erscheint (Kap. 4, C. III. 3.), Seite 245).

Die Leistung teilt grundsätzlich das Schicksal des umfassenderen Vertragsverhältnisses, des Rechtsverhältnisses oder des Aufwandzusammenhanges, auf das sich das fragliche Verhalten bezieht. Denn die erfolgsvermittelnde Handlung kann – im Falle des Amateursportlers die Teilnahme an Wettbewerben – ohne die übrigen Handlungen, die den Rahmen des unverzichtbaren Lebensführungsaufwands übersteigen, keinen potentiell einkommensteuerlich bedeutsamen Erfolg vermitteln.

Solange diese Handlungen noch der persönlichen Lebensführung zugerechnet werden können, ordnet § 12 Nr. 1 EStG für die ganze Tätigkeit die Spezialität der Privatsphäre an. In diesem Fall sind sowohl die Ausgaben als auch die damit zusammenhängenden Einnahmen der privaten Lebensführung zugeordnet. Wenn jedoch ein Teilbereich der privaten Lebensführung als Erwerbsgrundlage genutzt wird, sind auch die damit zusammenhängenden Ausgaben zu berücksichtigen und damit das Abzugsverbot des § 12 Nr. 1 EStG eingeschränkt. Je intensiver eine Handlung im ökonomischen Sinne ausgeübt wird und je mehr dabei die Sphäre der engen Lebensführung verlassen wird, desto eher spricht dies für eine Steuerbarkeit (Kap. 4, C. III. 3. c), Seite 252).

Die Teilnahme an Preisausschreiben in „normalen", sozial-üblichen Umfange kann daher der privaten, nicht steuerbaren Sphäre zugeordnet werden. Eine Intensivierung und Systematisierung der Betätigung kann jedoch zu einer anderen Beurteilung führen, so dass dann von einer erwerbsgerichteten Tätigkeit auszugehen ist. Zufall und Geringfügigkeit der Gegenleistung alleine sind keine tauglichen Kriterien um eine Steuerbarkeit einer Leistung zu verneinen (Kap. 4, C. III. 4. a) cc), Seite 258).

In Finderlohn und Belohnungsfällen kann argumentiert werden, dass die gesetzliche Aufklärungspflicht, das überragende Interesse an der Aufklärung strafbarer Handlungen oder die gesetzliche Abgabepflicht von Funden, die Entgeltlichkeit überlagert, die nach hier vertretener Auffassung in diesen Fällen grundsätzlich gegeben ist. Es handelt sich dann um keine typischen, dem Normalfall einer Marktbeteiligung entsprechenden Tätigkeiten. Aber auch hier sollte gelten: Wenn der Steuerpflichtige planmäßig auf die Erlangung solcher Informationen oder Funde hinarbeitet, kann durchaus eine steuerbare– sogar gewerbliche – Tätigkeit vorliegen (Kap. 4, C. III. 4. b), Seite 258).

Hilfeleistungen, die üblicherweise auf familienrechtlicher Grundlage erbracht werden, sind in der Regel nicht einkommensteuerbar, da diese gerade wegen ihrer Geringfügigkeit, ihrer Eigenart oder mangels sachlicher und zeitlicher Festlegung ihres Inhalts, dem Fremdvergleich nicht standhalten (Kap. 4, C. III. 4. d) dd), Seite 264).

Die generelle Herausnahme von Sachleistungstauschen aus dem Tatbestand des § 22 Nr. 3 EStG ist abzulehnen (Kap. 4, C. III. 5.), Seite 266).

Vermögenssphäre

Auch Vorgänge in der Vermögenssphäre unterliegen keiner Steuerbarkeit nach § 22 Nr. 3 EStG. Der BFH setzt sich in seinen Entscheidungen zur Vermögenssphäre nur vereinzelt eingehender mit dem Substanzerhaltungsgrundsatz bei den Überschusseinkunftsarten auseinander (Kap. 4, C. IV. 1. b), Seite 273).

Weder die Quellen- noch die Reinvermögenszugangstheorie eignen sich zur Begründung der Unbeachtlichkeit der Vermögenssphäre. Der Substanzerhaltungsgrundsatz kennzeichnet beide. Beide Theorien stellen auf die Besteuerung der Reinerträge ab und sind aus diesem Gesichtpunkt taugliche Konzepte zur Besteuerung des Einkommens im Sinne einer Ertragsteuer. Ferner geht weder die Quellentheorie einzig auf *Fuisting* noch die Reinvermögenszugangstheorie alleine auf *Schanz* zurück (Kap. 4, C. IV. 2. a), Seite 300).

Nicht der Werteinsatz und mit ihm der Wertverbrauch, sondern allenfalls Bestandsänderungen und nicht realisierte Wertschwankungen sind unbeachtlich.

Das grundsätzliche Problem bei der Bestimmung der „Unbeachtlichkeit der Vermögenssphäre" liegt daher in der Abgrenzung von dauerhaften, vollständigen Wertverlusten zu Bestandsveränderungen und von dauerhaften Wertveränderungen zu nur vorübergehenden Wertschwankungen in Folge einer Vermögensnutzung (Kap. 4, C. IV. 2. c), Seite 309).

Bei der Nutzung privater Vermögensgegenstände rechtfertigt sich typischerweise eine Nicht-Besteuerung, wenn die Nutzung dieser Gegenstände dauerhaft gegen ein Entgelt eingeschränkt, aber weiterhin im Übrigen vollumfänglich – sowohl in zeitlicher als auch räumlicher Perspektive – privat genutzt werden. Dann liegt lediglich ein Tausch von Aussicht, Lärmfreiheit oder Belästigungsfreiheit gegen Geld in der Privatsphäre vor (Kap. 4, C. IV. 2. d), Seite 310).

Im Übrigen soll die Prüfung an Hand zweier Merkmale – einem Nachhaltigkeitsfaktor und dem Spezialitätsgrundsatz – vorgenommen werden.

Nachhaltigkeitsfaktor

Grundsätzlich sollte für alle Vermögensgegenstände gelten, dass sie keinen tauglichen Bezugspunkt des Nutzungstatbestands bilden, wenn durch die „Nutzung" die Eigenschaft des betreffenden Vermögensgegenstandes dauerhaft verändert wird. Dies ist dann der Fall, wenn es praktisch unmöglich ist, den Zustand ex-ante wiederherzustellen. Dann liegt schon begrifflich kein Ertrag mehr vor, sondern ein Eingriff in die Vermögenssubstanz und somit in das Eigentumsrecht, nämlich die Übertragung oder Aufgabe einer Wertparzelle. Dies gilt unabhängig, ob es sich um Forderungs- oder Sacheigentum handelt und ob in die Sach- oder sonstige Vermögenssubstanz eingegriffen wird. Nach herrschender Meinung ist ein Entgelt nur dann nicht steuerbar, wenn es als Ausgleich für einen Substanzeingriff geleistet wird. Die aus dem Eigentum fließenden Befugnisse und Ansprüche sind Teil der Eigentumssubstanz, dauerhafte Nutzungsverzichte und dauerhafte Nutzungsbeschränkungen sind daher einer Substanzaufgabe und Substandminderung gleichzusetzen. Entscheidend ist, ob das Verhalten einen Bezug zu einer Eigenschaft des betreffenden Vermögensgegenstandes hat. Ein Verhalten ist deshalb nicht steuerbar, wenn es zu einem unwiderruflichen und dauernden Rechtsverzicht kommt. Die Ansicht, dass nur losgelöste Eigentumssplitter, wie Grunddienstbarkeiten, Eigentum seien, andere Rechtspositionen des Eigentümers aber nicht, verkennt den Schutzcharakter des Art. 14 GG. Für alle Beschränkungen könnte als zeitmäßige Grenze, ab der eine dauerhafte Umgestaltung vorliegt, ein Zeitraum von 30 Jahren gelten, wenn nicht ausnahmsweise der Wegfall der Beschränkung fest vereinbart ist. Dies kann also nur in den Fällen greifen, in denen eine Beschränkung für einen nicht absehbaren Zeitraum von mindestens 30 Jahren kondiktionsfest dinglich gesichert ist. In allen anderen Fällen dürfte unter Heranziehung des Rechtsgedankens aus § 548 BGB eine Dauerhaftigkeit verneint werden (Kap. 4, C. IV. 3. a), Seite 313).

Spezialitätsgrundsatz
Betrifft eine Entgeltzahlung ein bereits bestehendes Rechtsverhältnis, das der Privatsphäre zuordenbar ist, wie zum Beispiel ein Mietverhältnis, dann teilt diese das Schicksal des Hauptvertrages und wirkt sich lediglich als Aufwandsminderung aus.

Im Falle nicht dauerhafter Beschränkungen des Vermögens ist der Aufwand des Haltens und Erhaltens des Vermögensgegenstands der Nutzungssphäre zugeordnet. Fällt eine Beschränkung in die Nutzungssphäre, dann muss auch der anteilige Verzicht auf die korrespondierende Aufwandsposition berücksichtigt werden (Kap. 4, C. IV. 3. b), Seite 320).

Für die sogenannten Risikogeschäfte in der Vermögenssphäre gilt, dass diese zumindest bedingt erwerbsgerichtet sind: Entweder sind die Verluste im Zeitpunkt des Abflusses als Werbungskosten zu berücksichtigen oder die Erwerbsgerichtetheit entfällt nachträglich, wie im Falle des Fälligwerdens der Verbindlichkeit einer Bürgschaft, sodass der gesamte Vorgang samt den Einnahmen nicht steuerbar ist. Ein Grundsatz, dass endgültige Verluste immer in die unbeachtliche Vermögenssphäre fallen, existiert nicht (vgl. nur die Rechtsprechung zu §§ 19, 21 EStG) (Kap 4, C. IV. 3. c), Seite 322).

Abschließend lässt sich festhalten, dass die Besteuerung der Leistungseinkünfte eine immer weitere Ausdehnung erfahren hat, insbesondere im Hinblick auf die Vermögenssphäre. Auf Grund der mittlerweile kaum mehr zu überschauenden Kasuistik sollte der BFH die Dogmatik der Vermögensphäre stärker herausarbeiten. Die entsprechenden Fälle liegen ihm regelmäßig zur Entscheidung vor. Daneben wäre aus Sicht des Gesetzgebers eine Neugestaltung der Besteuerung im Bereich des Privatvermögens naheliegend. Eine Verbreiterung der Bemessungsgrundlage würde dabei eine großzügige Ausnahme von Vorgängen, die Vermögensgegenstände der privaten Lebensführung betreffen, rechtfertigen. Im Zusammenspiel mit einer gleichzeitigen angemessenen Erhöhung der Freigrenze würde dies zu einer deutlichen Reduzierung von streitigen Fällen im Bereich der Leistungseinkünfte führen.

Literaturverzeichnis

Kürschners Handlexikon für alle Wissensgebiete, 10. Aufl., ca. 1920, Union deutsche Verlagsgesellschaft Berlin, Leipzig, Stuttgart.

Adams, Michael, Ökonomische Theorie des Rechts: Konzepte und Anwendungen, 2002, Peter Lang, Frankfurt am Main.

Alt, Markus, Das Überschussvermögen im Einkommensteuerrecht, 1994 (zugl. Diss., Universität Augsburg, 1992), C.F. Müller, Heidelberg.

Arndt, Hans-Wolfgang, in: Paul Kirchhof/Rudolf Mellinghoff (Hg.), Kirchhof/Söhn/Mellinghoff, Einkommensteuergesetz Kommentar, Stand: 126. Ergl., 10.2002, C.F. Müller, Heidelberg.

Backhaus, Jürgen, Failing property rights – the problem of sleeping owners in the city, in: Donatella Porrini/Giovanni Battista Ramello (Hg.), Property Rights Dynamnics, 2007, Routledge, London, S. S. 219–225.

Bassenge, Peter, in: Peter Bassenge/u. a. (Hg.), Palandt, Bürgerliches Gesetzbuch, 2014, C.H. Beck, München.

Bauschatz, Peter, in: Klaus Korn, et al. (Hg.), Einkommensteuergesetz, 2014, Stollfuss, Bonn.

Bauschatz, Peter, in: Klaus Korn, et al. (Hg.), Einkommensteuergesetz, Stand: Mai 2012, Stollfuss, Bonn.

Bayer, Frank, Verlorene Gesellschafterdarlehen im steuerlichen Privatvermögen, in: DStR 2009, S. S. 2397–2402.

Bayer, Hermann-Wilfried, Die Erwerbstätigkeit – der Steuergegenstand des Einkommensteuerrechts, in: BB 1988, S. S. 141–147.

Bayer, Hermann-Wilfried, Steuerlehre, 1997, de Gruyter, Berlin.

Becker, Enno, Das Einkommensteuergesetz 1925, Kommentar, 1928, Heß, Stuttgart.

Becker, Enno, Die Grundlagen der Einkommensteuer, Reprint 1982 Verlag NWB, 1940, Bergmann/Springer, München/Berlin.

Becker, Enno, Erläuterungen zur Rechtsprechung, in: StuW 1936 I, S. Sp. 1669–1692.

Becker, Enno, Erläuterungen zur Rechtsprechung, in: StuW 1936 I, S. Sp. 513–542.

Becker, Enno, Grundfragen aus den neuen Steuergesetzen, in: StuW 1926 I, S. Sp. 525.

Becker, Enno, Zur Rechtsprechung, in: StuW 1928 I, S. Sp. 589–608.

Becker, Enno, Zur Rechtsprechung, in: StuW 1928 I, S. Sp. 809–838.

Becker, Enno, Zur Rechtsprechung, in: StuW 1935 I, S. Sp. 779 ff.

Becker, Enno, Zur Rechtsprechung, in: StuW 1935 I, S. Sp. 1 ff.

Becker, Enno, Zur Rechtsprechung, in: StuW 1931 I, S.

Berchtold, Josef, in: Ralf Kreikebohm/Wolfgang Spellbrink/Raimund Waltermann (Hg.), Kommentar zum Sozialrecht, 2013, C.H. Beck, München.

Berz, Stefan, Liebhaberei und Segmentierung einer einheitlichen gewerblichen Tätigkeit von Personengesellschaften, in: DStR 1997, S. S. 358–360.

Binnewies, Burkhard, Die Besteuerung von Gewinnen aus der Teilnahme an einer Fernsehshow, in: DStR 2012, S. S. 1586–1589.

Birk, Dieter, Das Leistungsfähigkeitsprinzip als Maßstab der Steuernormen, 1983.

Birk, Dieter, Liebhaberei im Ertragsteuerrecht, in: BB 2009, S. S. 860–867.

Birk, Dieter/Desens, Marc/Tappe, Henning, Steuerrecht, 17. Aufl., 2014, C.F. Müller, Heidelberg.

Böbel, Ingo, Eigentum, Eigentumsrechte und instutioneller Wandel, 1988, Springer, Berlin.

Bode, Walter, in: Paul Kirchhof (Hg.), Kichhof, Einkommensteuergesetz, 2014, Dr. Otto Schmidt, Köln.

Brockmeyer, Hans Bernhard, Typisierungen im Einkommensteuerrecht durch die Rechtsprechung des Bundesfinanzhofs, in: Paul Kirchhof/Wolfgang Jakob/Albert Beermann (Hg.), Steuerrechtsprechung, Steuergesetz, Steuerreform – Festschrift für Klaus Offerhaus, 1999, Dr. Otto Schmidt, Köln, S. S. 13–34.

Buck, Ludwig, Die Ermittlung des steuerpflichtigen Einkommens auf Grund des neuen Reichseinkommensteuergesetzes vom 29. März 1920, 3. Aufl., 1921, Spaeth & Linde, Berlin.

Burkart, Karl, Die bestehenden Einkommensteuern. Eine vergleichende Darstellung, im Auftrage des Steuer-Reformvereins bearbeitet., in: Annalen des Deutschen Reiches für Gesetzgebung, Verwaltung und Statistik. Staatswissenschaftliche Zeitschrift und Materialsammlung 1876, S.

Carlé, Dieter, in: Klaus Korn, et al. (Hg.), Einkommensteuergesetz, Stand: 09.2009, Stollfuss, Bonn.

Casper, Matthias, Der Optionsvertrag, 2005, Mohr Siebeck, Tübingen.

Chiusi, Tiziana J., in: Michael Martinek (Hg.), Julius von Staudingers Kommentar zum Bürgerlichen Gesetzbuch: Staudinger BGB – Buch 2: Recht der Schuldverhältnisse, §§ 516–534 (Schenkungsrecht), Neubearbeitung 2013, Sellier-de Gruyter, München.

Credo, Hartmut, Abgrenzung von Einkünfteerzielungsabsicht und Liebhaberei am Beispiel der Einkünfte aus Vermietung und Verpachtung von Immobilien, Diss. Jena, 2005, Publisher.

Creedy, John, Personal income tax structure: theory and policy, in: Iris Claus, et al. (Hg.), Tax Reform in Open Economies, 2010, Edward Elgar Publishing, Inc., Cheltenham, UK, S. 137–165.

Crezelius, Georg, Schenkungsteuer bei Gesellschafterleistungen an eine Kapitalgesellschaft, in: ZEV 2008, S. 154.

Depenheuer, Otto, in: Christian Starck (Hg.), Das Bonner Grundgesetz, 1999, Franz Vahlen, München.

Depenheuer, Otto, Solidarität und Freiheit, in: Josef Isensee/Paul Kirchhof (Hg.), Handbuch des Staatsrechts – Band IX, 3. Aufl., 2011, C. F. Müller, Heidelberg, S. S. 665–697.

Döring, Ulrich, Wöhe, Einführung in die Allgemeine Betriebswirtschaftslehre, 25. Aufl., 2013, Verlag Franz Vahlen, München.

Dötsch, Franz, Anmerkung zu BFH 3. Senat, Urteil vom 17.10.2013 – III R 27/12, in: jurisPR-SteuerR 15 2014, S. Anm. 2.

Dötsch, Franz, Subjektive Tatbestandsmerkmale und innere Tatsachen im Rahmen der Einkunftsermittlung, in: FR 2007, S. S. 589–597.

Drenseck, Walter, in: Heinrich Weber-Grellet (Hg.), Ludwig Schmidt, Einkommensteuergesetz, 2011, C.H. Beck, München.

Droege, Michael, Wie viel Verfassung braucht der Steuerstaat, in: StuW 2011, S. 105–112.

Drüen, Klaus-Dieter, Typus und Typisierung im Steuerrecht, in: StuW 1997, S. S. 261–274.

Durchlaub, Thomas, Zur Steuerpflicht der Gewinne aus der Veräußerung von Privatvermögen, (zugl. Diss. jur. Bochum), 1993, Berlin.

Eekhoff, Johann/Vossler, Christian, in: Jürgen F. Bauer/Peter Salje/Matthias Schmidt-Preuß (Hg.), Regulierung in der Energiewirtschaft, 2011, Wolters Kluwer, Köln, S.

Eisgruber, Thomas, in: Paul Kirchhof (Hg.), Kirchhof, Einkommensteuergesetz, 2014, Dr. Otto Schmidt, Köln.

Eisgruber, Thomas/Schallmoser, Ulrich, Einkommensteuerrecht, 2. Aufl., 2010, Luchterhand, Köln.

Ellenberger, Jürgen, in: Palandt, Bürgerliches Gesetzbuch, 2014, C.H. Beck, München.

Englisch, Joachim, Eigentumsschonende Ertragsbesteuerung, in: StuW 2003, S. S. 237–248.

Enneking, Felix/Denk, Cornelia, Qualifikationsprobleme bei der Besteuerung der inländischen Einkünfte von unbeschränkt steuerpflichtigen Sportlern, in: DStR 1996, S. S. 450–455.

Epple, Matthias/Jurowsky, Rainer/Schäfer, Thomas, Private Kapitalanlagen, 2004, Schäffer-Poeschel, Stuttgart.

Ernst, Markus/Schill, Stephan, Die Behandlung von Stipendien im Einkommensteuerrecht, in: DStR 2008, S. S. 1461–1466.

Escher, Jens, Steuerliche Liebhaberei und Subjektbezug der Einkünfteerzielungsabsicht, Diss. Münster, 2005, Publisher.

Falkner, Melanie, Die Einkünfteerzielungsabsicht als subjektives Besteuerungsmerkmal, Diss. Passau, 2009, Publisher.

Feldhofer, Josef, Die einkommensteuerliche Behandlung von Forderungsverlusten im Haushaltseinkünftebereich, Diss. München, 1995, Publisher.

Ferguson, Niall, Der Aufstieg des Geldes, 2. Aufl., 2009, Econ, Berlin.

Fischer, Lothar, Zur Steuerpflicht von TV-Spielgewinnen, in: SteuK 2012, S. S. 391–394.

Fischer, Peter, Der BFH verabschiedet das sog. Aufteilungs- und Abzugsverbot in: NWB 2010, S. S. 412–421.

Fischer, Peter, in: Paul Kirchhof (Hg.), Kirchhof, Einkommensteuergesetz, 2014, Dr. Otto Schmidt, Köln.

Fischer, Peter, Kommentar zu BFH, Urt. v. 2.3.2004 – IX R 43/03, in: FR 2004, S. S. 714.

Fischer, Peter, Kommentar zu BFH, Urt. v. 19.12.2000 – IX R 96/97, in: FR 2001, S. S. 646–647.

Fischer, Peter, Urteilsanmerkung zu BFH, BStBl II 2004, 507, in: FR 2004, S. S. 712–714.

Fissenewert, Hans-Ulrich in: Winfried et. al. Bergkemper (Hg.), Hermann/Heuer/Raupach, Einkommensteuer- und Körperschaftsteuergesetz, Stand: 244. Lfg. 12.2010, Dr. Otto Schmidt, Köln.

Flume, Werner, Steuerwesen und Rechtsordnung, in: Festschrift für Rudolf Smend, 1952 (Nachdruck 1986), Dr. Otto Schmidt, Köln.

Friauf, Karl Heinrich, Verfassungsrechtliche Anforderungen an die Gesetzgebung über die Steuern vom Einkommen und vom Ertrag, in: Karl Heinrich Friauf (Hg.), Steuerrecht und Verfassungsrecht, DStJG 12, 1989, Dr. Otto Schmidt, Köln, S. S. 3–32.

Fuchs, Michael/Lieber, Bettina, Entschädigungen für naturschutzrechtliche Ausgleichsflächen nicht steuerbar, in: FR 2005, S. S. 285–295.

Fuhrmann, Claas/Kohlhaas, Karl-Friedrich, Erfolgsbeteiligung an einer Prozessfinanzierung als Leistungseinkünfte?, in: FR 2008, S. S. 1081–1086

Fuisting, Bernhard, Die Grundzüge der Steuerlehre, 1902, Carl Heymanns, Berlin.

Furubotn, E. G./Pejovich, S, Property rights and economic theory: A survey of recent literature, in: Journal of Economic Literature 1972, S. S. 1137–1162.

Gebel, Dieter, in: Max Troll/Dieter Gebel/Marc Jülicher (Hg.),Stand: 15. Januar 2011, Franz Vahlen, München.

Gebhardt, Thomas, „Münchner Steuer-Roulette“ – Dogmatische Zufälligkeiten bei der BFH-Rechtsprechung zu Preisgeldern in: FR 2013, S. S. 65–66.

Gitter, Wolfgang, Gebrauchsüberlassungsverträge, Band 7, 1988, Mohr, Tübingen.

Glaser, Fritz, in: Das Einkommensteuergesetz vom 29. März 1920 – Erste Lieferung, 1922, Hermann Sack, Berlin.

Goetze, Andreas, Die Ersetzung der sieben Einkunftsarten des EStG durch eine einzige – zur Gleichheit aller Erwerbsgrundlagen in einem vereinfachten Steuerrecht, 2010, Peter Lang, Frankfurt am Main.

Greer, William, Ethics and Uncertainty, 2000, Edward Elgar Publishing Ltd., Northampton.

Groh, Manfred, Nutzungseinlagen im Handels- und Steuerrecht, in: BB 1982, S. S. 133–142.

Groll, Rüdiger von, Zur Bedeutung des § 2 EStG für die Systematik des Steuerrechts, in: Paul Kirchhof, et al. (Hg.), Steuer- und Gesellschaftsrecht zwischen Unternehmerfreiheit und Gemeinwohl, Festschrift für Arndt Raupach, 2006, Dr. Otto Schmidt, Köln, S. S. 131–141.

Gröpl, Christoph, Wirtschaftlichkeit und Sparsamkeit staatlichen Handelns, in: Josef Isensee/Paul Kirchhof (Hg.), Handbuch des Staatsrechts – Band V, 3. Aufl., 2007, C.F. Müller, Heidelberg, S. S. 1227–1264.

Grotherr, Siegfried/Hardeck, Inga, Zur Steuerpflicht von Preisgeldern für Wissenschaftspreise, in: StuW 2014, S. S. 3–15.

Grube, Georg, Katastrophenschäden an privaten Wohngebäuden im Einkommensteuerrecht, in: DStZ 2000, S. S. 469 –

Grzeszick, Bernd, Rationalitätsanforderungen an die parlamentarische Rechtsetzung im demokratischen Rechtsstaat, in: VVDStRL 71 (Hg.), Grundsatzfragen der Rechtssetzung und Rechtsfindung, 2012, De Gruyter, S. S. 49–81.

Haase, Klaus/Leisner, Walter Georg, Kalte Progression und Mittelstandsbauch im Steuertarif und ihr Einfluss auf die Leistungsfähigkeit des Handwerks – Leitplanken zu einer Neugestaltung des Einkommensteuertarifs, 2013, Gildebuch, Alfeld.

Hacker, Mark, Gibt es „Gerechtigkeit" in der Steuerpolitik?, Diss. FU Berlin, 2013, Publisher.

Haft, Fritjof, Juristische Lernschule, 2010, Normalfall GmbH, München.

Hansmann, Marc, Vor dem dritten Staatsbankrott? Der deutsche Schuldenstaat in historischer und internationaler Perspektive, 2012, Oldenbourg, München.

Harder, Nils, Die Sonstige Leistung im Einkommensteuerrecht, Diss. Tübingen, 1990, Publisher.

Heinicke, Wolfgang, in: Walter Drenseck (Hg.), Ludwig Schmidt, Einkommensteuergesetz, 2011, C.H. Beck, München.

Heinicke, Wolfgang, in: Heinrich Weber-Grellet (Hg.), Ludwig Schmidt, Einkommensteuergesetz Kommentar, 2014, C.H. Beck, München.

Heintzen, Markus, Staatshaushalt, in: Josef Isensee/Paul Kirchhof (Hg.), Handbuch des Staatsrechts – Band V, 3. Aufl., 2007, C.F. Müller, Heidelberg, S.

Hellwig, Martin, Richtige und falsche Ängste vor einer expansiven Geldpolitik, in: F.A.S. 08. März 2015, S.

Hensel, Albert, Steuerrecht, 3., 1933, Julius Springer Verlag, Berlin.

Herrmann, Hans-Joachim, in: Gerrit Frotscher/Matthias Geurts (Hg.), Frotscher/Geurts, Einkommensteuerrecht.

Heuchemer, Michael, in: Bernd von Heintschel-Heinegg (Hg.), Beck'scher Online-Kommentar StGB, Stand: 10.11.2014, C.H. Beck, München.

Heuermann, Bernd, Anmerkung zu BFH, U. v. 21.09.2004 – IX R 13/02 – (Neuer Begriff der sonstigen Leistung) in: INF 2004, S. S. 886.

Heuermann, Bernd, Anmerkung zu BFH, U. v. 21.09.2004 – IX R 13/02 – (Vorliegen von Einkünften aus einer (sonstigen) Leistung), in: HFR 2005, S. S. 32.

Heuermann, Bernd, Anteilsveräußerungen (§ 17 EStG) und Gesellschafterfinanzierung. Insolvenzrechtliche versus gesellschaftsrechtliche Bindung?, in: NZG 2009, S. S. 841–848.

Heuermann, Bernd, in: Bernd Heuermann/Peter Brandis (Hg.), Blümich, Einkommensteuergesetz Kommentar, Stand: 116. EL, 08.2012, Vahlen, München.

Heuermann, Bernd, Die Erwerbsgerichtetheit von Einkünften aus Vermietung und sonstigen Leistungen, in: DStR 2005, S. S. 1338–1342.

Heuermann, Bernd, in: Blümich (Hg.), Einkommensteuergesetz Kommentar, 2014, C.H. Beck, München.

Heuermann, Bernd, Objektivierung eines subjektiven Tatbestandsmerkmals, in: DStZ 2004, S. S. 9–14.

Hey, Johanna, in: Seer, et al. (Hg.), Tipke/Lang, Steuerrecht, 21. Aufl., 2013, Dr. Otto Schmidt Verlag, Köln, S.

Hey, Johanna, Rezension des Buches "Steuerlehre" von Hermann-Wilfried Bayer, 1998, in: StuW 1998, S. S. 285–289.

Höhn, Ernst, Zweck(e) des Steuerrechts und Auslegung, in: Joachim Lang (Hg.), Die Steuerrechtsordnung in der Diskussion – Festschrift für Klaus Tipke zum 70. Geburtstag, 1995, Verlag Dr. Otto Schmidt, Köln, S. S. 213–236.

Hsieh, Ju-Lan, Die Reduktion der Sachverhaltsermittlungspflicht im Besteuerungsverfahren durch typisierende Normsetzung, Diss. Heidelberg, 2008, Publisher.

Hue de Grais, Robert, Handbuch der Verfassung und Verwaltung in Preußen und dem Deutschen Reiche, 5. Aufl., 1886, Springer, Berlin.

Hundsdoerfer, Jochen, Die einkommensteuerliche Abgrenzung von Einkommenserzielung und Konsum, 1. Aufl., 2002, Deutscher Universitäts-Verlag, Wiesbaden.

Isensee, Josef, Staatsvermögen, in: Josef Isensee/Paul Kirchhof (Hg.), Handbuch des Staatsrechts – Band V, 2007, C.F. Müller, Heidelberg, S. S. 1265–1322.

Ismer, Roland, Die einkommensteuerliche Privatsphäre nach „Big Brother" – dogmatische Grundfragen bei den sonstigen Leistungen, in: FR 2012 2012, S. S. 1057–1064.

Ismer, Roland, Glück im Spiel – Pech für die Dogmatik, in: FR 2007, S. S. 235–240.

Ismer, Roland, Nochmals: Zur Dogmatik der sonstigen Leistungen nach § 22 Nr. 3 EStG in: FR 2013, S. S. 66–68.

Jachmann, Monika, Anmerkung zu Provisionen bei ringweiser Vermittlung von Lebensversicherungen, in: jurisPR-SteuerR 15/2009, S. Anm. 5.

Jachmann, Monika, Belastungsgrenzen im Steuerrecht, in: StuW 1996, S. S. 97–105.

Jakob, Wolfgang, Der Steuertatbestand im Grenzbereich zwischen privater Vermögensverwaltung und gewerblicher Tätigkeit, in: Arndt Raupach/Adalbert Uelner (Hg.), Ertragsbesteuerung, Festschrift für Ludwig Schmidt, 1993, C.H. Beck, München, S. S. 115–125.

Jakob, Wolfgang, Einkommensteuer, 4. Aufl., 2008, C.H. Beck, München.

Jakob, Wolfgang/Wittmann, Rolf, Von Zweck und Wesen steuerlicher AfA, in: FR 1988, S. S. 540–553.

Jesch, Thomas A./Striegel, Andreas, Grundlagen des US-amerikanischen Steuerrechts, 2007, Erich Schmidt, Berlin.

Jochum, Heike, in: Paul Kirchhof/Rudolf Mellinghoff (Hg.), Kirchhof/Söhn/Mellinghoff, Einkommensteuergesetz, Kommentar, 224. Ergl., 11.2011, C.F. Müller, Heidelberg.

Jonas, Martin Christian, Fehlgeschlagene Aufwendungen als Werbungskosten (Die Vermögenssphäre bei den Überschusseinkünften), Diss. Bonn, 1993, Publisher.

Jüptner, Roland, Leistungsfähigkeit und Veranlassung, Diss. Augsburg, 1987/88, Publisher.

Kanzler, Hans-Joachim, Von Steckenpferden und ihren Reitern – Einige Gedanken zur Liebhaberei, in: DStZ 2005, S. S. 766–772.

Kassner, Thorsten, Der Steuerreformer Johannes von Miquel, Diss. Osnabrück, 2001, Publisher.

Ketterle, Jürgen, Die Einkommensteuer in Deutschland -Modernisierung und Anpassung einer direkten Steuer von 1890/91 bis 1920, Diss. Köln, 1994, Publisher.

Keynes, John Maynard, Economic Possibilities for our Grandchildren, in: John Maynard Keynes (Hg.), Essays in Persuasion, 1931, Macmillan and Co., London, S. 358–373.

Killat, Anne/Risthaus, Anne, in: Hermann/Heuer/Raupach (Hg.), EStG/KStG, Stand: 266. Lieferung 10.2014, Dr. Otto Schmidt, Köln.

Kirchhof, Paul, Allgemeiner Gleichheitssatz, in: Josef Isensee/Paul Kirchhof (Hg.), Handbuch des Staatsrechts – Band VIII, 3. Aufl., 2010, C.F. Müller, Heidelberg, S. S. 697–838.

Kirchhof, Paul, Besteuerung im Verfassungsstaat, 2000, Mohr Siebeck, Tübingen.

Kirchhof, Paul, Besteuerung und Eigentum (Zweiter Beratungsgegenstand. 1. Bericht) in: VVDStRL (39) 1981, S. S. 213–280.

Kirchhof, Paul, Der verfassungsrechtliche Auftrag zur Besteuerung nach der finanziellen Leistungsfähigkeit, in: StuW 1985, S. S. 319–329.

Kirchhof, Paul, Die Kunst der Steuergesetzgebung, in: NJW 1987, S. S. 3217–3226.

Kirchhof, Paul, Die Steuern, in: Josef Isensee/Paul Kirchhof (Hg.), Handbuch des Staatsrechts – Band V, 3. Aufl., 2007, C.F. Müller, Heidelberg, S. S. 959–1099.

Kirchhof, Paul, Die verfassungsrechtliche Rechtfertigung der Steuern, in: Paul Kirchhof/Dieter Birk/Moris Lehner (Hg.), Steuern im Verfassungsstaat – Symposion zu Ehren von Klaus Vogel aus Anlaß seines 65. Geburtstags, 1996, C. H. Beck, München, S. S. 27.

Kirchhof, Paul, Die Widerspruchsfreiheit im Steuerrecht als Verfassungspflicht, in: StuW 2000, S. S. 316–327.

Kirchhof, Paul, in: Paul Kirchhof/Hartmut Söhn/Rudolf Mellinghoff (Hg.), Einkommensteuergesetz Kommentar, (Stand: 34. Ergl. 1994), C.F. Müller, Heidelberg.

Kirchhof, Paul, in: Paul Kirchhof (Hg.), Einkommensteuergesetz Kommentar, 2014, Dr. Otto Schmidt, Köln.

Kirchhof, Paul, Einkommensteuergesetzbuch – ein Vorschlag zur Reform der Einkommen- und Körperschaftsteuer (Bundessteuergesetzbuch, BStGB), 2003 (2011), C.F. Müller, Heidelberg.

Kirchhof, Paul, Empfiehlt es sich, das Einkommensteuerrecht zur Beseitigung von Ungleichbehandlungen und zur Vereinfachung neu zu ordnen? Gutachten F, in: Ständige Deputation des Deutschen Juristentages (Hg.), Verhandlungen des 57. Deutschen Juristentages, Mainz 1988, 1988, C.H. Beck, München, S.

Kirchhof, Paul, Freiheit im ausgleichenden Finanzstaat, in: Bernd Rüthers/Klaus Stern (Hg.), Freiheit und Verantwortung im Verfassungsstaat – Festgabe zum 10jährigen Jubiläum der Gesellschaft für Rechtspolitik, 1984, C.H. Beck, München, S. S. 157–176.

Kirchhof, Paul, Gesetzlich nicht abzugsfähige Betriebsausgaben und Werbungskosten, in: Hartmut Söhn (Hg.), Die Abgrenzung der Betriebs- oder Berufssphäre von der Privatsphäre im Einkommensteuerrecht, 1980, Dr. Otto Schmidt, Köln, S. S. 201–226.

Kirchhof, Paul, Grundlinien des Steuerverfassungsrechts in der Rechtsprechung des Bundesverfassungsgerichts, in: Steuerberater-Jahrbuch 1994/95 1995, S. S. 5–22.

Kirchhof, Paul, in: Paul Kirchhof/Rudolf Mellinghoff (Hg.), Kirchhof/Söhn/Mellinghoff, Einkommensteuergesetz Kommentar, Stand: 34. Ergl., 1994, C.F. Müller, Heidelberg.

Kirchhof, Paul, Steuer als Ausdruck der Staatsverfassung, in: Everhardt Franßen (Hg.), Bürger – Richter – Staat, Festschrift für Horst Sendler, 1991, C.H. Beck, München, S. S. 65–79.

Kirchhof, Paul, Steuergerechtigkeit und sozialstaatliche Geldleistungen, in: JZ 1982, S. S. 305–312.

Kirchhof, Paul, Steuergleichheit, in: StuW 1984, S. S. 297–314.

Kirchhof, Paul, Subjektive Merkmale für die Erzielung von Einkünften, in: DStR Beihefter zu Heft 39 2007, S. S. 11–15.

Knobbe-Keuk, Brigitte, Die Einkommensbesteuerung der entgeltlichen Überlassung von Bodensubstanz, in: DB 1985, S. S. 144–149.

Knobbe-Keuk, Brigitte, Die Einkünfte aus sonstigen Leistungen (§ 22 Ziff. 3 EStG), in: DB 1972, S. S. 1130–1133.

Koch, Jens, in: Franz Jürgen Säcker/Roland Rixecker (Hg.), Münchner Kommentar zum BGB, 2012, C.H. Beck Verlag, München.

Kögel, Annette, Was dürfen Lehrer annehmen? 200 Euro Geschenk – 4000 Euro Strafe, in: Der Tagesspiegel 01.01.2015, S.

Koller, Andreas, Abgrenzung von Einkunftstatbeständen im Einkommensteuerrecht, 1993, Oldenbourg, München.

Korn, Klaus/Fuhrmann, Claas, Entwicklungen und Zweifelsfragen zur "Liebhaberei" im Einkommensteuerrecht (Teil II), in: DStZ 2004, S. S. 431–437.

Krause, Paul, Das preußische Einkommensteuergesetz vom 24. Juni 1891, 1892, Franz Vahlen, Berlin.

Kreft, Volker, Vorab veranlasste Erwerbsaufwendungen im Einkommensteuerrecht, 2000, Springer, Berlin.

Krey, Sylvia, Besteuerung sonstiger Leistungen, Diss. Bonn, 2010, Publisher.

Krüger, Roland, Führen Werbungskosten zu Überschußerzielungsvermögen, in: FR 1995, S. S. 633–641.

Krüger, Roland, in: Heinrich Weber-Grellet (Hg.), Schmidt, Einkommensteuergesetz Kommentar, 2014, C.H. Beck, München.

Kruse, Heinrich Wilhelm, Über Liebhaberei, in: Paul Kirchhof, et al. (Hg.), Steuer- und Gesellschaftsrecht zwischen Unternehmerfreiheit und Gemeinwohl, Festschrift für Arndt Raupach, 2006, Dr. Otto Schmidt, Köln, S. S. 143–152.

Kube, Hanno, in: Paul Kirchhof (Hg.), Kirchhof, Einkommensteuergesetz, 2014, Dr. Otto Schmidt, Köln.

Kubicki, Anneka, Die Dogmatik des § 22 Nr. 3 EStG einschließlich der Querbezüge zur Schenkungsteuer, Diss. Kiel, 2011, Publisher.

Kulosa, Egmont, in: Heinrich Weber-Grellet (Hg.), Schmidt, Einkommensteuergesetz Kommentar, 2014, C.H. Beck, München.

Lambrecht, Claus, in: Paul Kirchhof (Hg.), Kirchhof, Einkommensteuergesetz Kommentar, 2014, Dr. Otto Schmidt, Köln.

Lang, Joachim, in: Lang, et al. (Hg.), Tipke/Lang, Steuerrecht, 20. Aufl., 2010, Dr. Otto Schmidt Verlag, Köln, S.

Lang, Joachim, Die Bemessungsgrundlage der Einkommensteuer, 1981/88, Dr. Otto Schmidt Verlag, Köln.

Lang, Joachim, Über das Ethische der Steuertheorie von Klaus Tipke, in: Joachim Lang (Hg.), Die Steuerrechtsordnung in der Diskussion, Festschrift für Klaus Tipke, 1995, Dr. Otto Schmidt, Köln, S. S. 3–24.

Lehner, Moris, Wirtschaftliche Betrachtungsweise und Besteuerung nach der wirtschaftlichen Leistungsfähigkeit. Zur Möglichkeit einer teleologischen Auslegung der Fiskalzwecknorm, in: Joachim Lang (Hg.), Die Steuerrechtsordnung in der Diskussion – Festschrift für Klaus Tipke zum 70. Geburtstag, 1995, Verlag Dr. Otto Schmidt, Köln, S. S. 237–249.

Leisner-Egensperger, Anna, in: Paul Kirchhof/Rudolf Mellinghoff (Hg.), Kirchhof/Söhn/Mellinghoff, Einkommensteuergesetz Kommentar, Stand: 132. Ergl. 2003, C.F. Müller, Heidelberg.

Leisner-Egensperger, Anna, in: Paul Kirchhof/Rudolf Mellinghoff (Hg.), Kirchhof/Söhn/Mellinghoff, Einkommensteuergesetz Kommentar, Stand: 132. Ergl., 2003, C.F. Müller, Heidelberg.

Leisner-Egensperger, Anna, Zulässigkeit von Überschussprognosen bei Vermietungen?, in: DStZ 2010, S. S. 790–800.

Leisner, Walter, Eigentum, in: Josef Isensee/Paul Kirchhof (Hg.), Handbuch des Staatsrechts – Band VIII, 3. Aufl., 2010, C.F. Müller, Heidelberg, S. 301–392.

Lepsius, Oliver, Anmerkung zu BVerfG, U. v. 09.12.2008 – 2 BvL 1/07, 2 BvL 2/07, 2 BvL 1/08, 2 BvL 2/08 – (Erwerbsaufwendungen im Einkommensteuerrecht), in: JZ 2009, S. S. 260–263.

Lindberg, Klaus, in: Gerrit Frotscher/Matthias Geurts (Hg.), Einkommensteuergesetz, Stand: 08.2012, Haufe, Freiburg.

List, Heinrich, Die Zufallserfindung und die Einkommensteuer, in: DB 1999, S. S. 1085–1088.

Locher, Peter, Eigenmietwertbesteuerung in der Schweiz, in: Joachim Lang (Hg.), Die Steuerrechtsordnung in der Diskussion – Festschrift für Klaus Tipke, 1995, Dr. Otto Schmidt, Köln, S. S. 617–638.

Loschelder, Friedrich, in: Heinrich Weber-Grellet (Hg.), Schmidt, Einkommensteuergesetz Kommentar, 2014, C.H. Beck, München.

Maaßen, Julius, in: Julius Maaßen (Hg.), Das Einkommensteuergesetz (vom 24. Juni 1891) für Preußen, 1891, Verlag der Rommerskirchen's Buchhandlung (Mellinghaus), Köln.

Mathiak, Walter, Das preußische Einkommensteuergesetz von 1891 im Rahmen der Miquelschen Steuerreform 1891/93, 2011, Duncker & Humblot, Berlin.

Mathiak, Walter, Das sächsische Einkommensteuergesetz von 1874/78, 2005, Saxonia, Dresden.

Mathiak, Walter, Die erste Einkommensteuer in Deutschland: Das Reglement vom 23.2.1808 für Ostpreußen, in: StuW 1995, S. S. 352–380.

Mathiak, Walter, Was von einem großen Plan blieb: Die preußische klassifizierte Einkommensteuer von 1851, in: StuW 2001, S. S. 324–340.

Meincke, Jens Peter, in: ErbStG, Kommentar, 2012, C.H. Beck, München.

Mellinghoff, Rudolf, in: Paul Kirchhof (Hg.), Kirchhof, Einkommensteuergesetz, 2014, Dr. Otto Schmidt, Köln.

Moench, Dietmar, in: Dietmar Moench/Norbert Weinmann (Hg.), Moench/Weinmann, ErbStG Kommentar, 56. EL 2011, Haufe-Lexware, Freiburg.

Moll, Bruno, Probleme der Finanzwissenschaft (Band 1), 1924, Akademische Verlagsgesellschaft, Leipzig.

Möller, Christian, Die wirtschaftliche Betrachtungsweise im Privatrecht, Diss. Bayreuth, 1995/96, Publisher.

Mosley, Warren, Seven Deadly Innocent Frauds of Economic Policy, 2010, Valence.

Münkler, Herfried, Der Große Krieg – Die Welt 1914 bis 1918, 6. Aufl., 2014, Rowohlt, Berlin.

Murhard, Karl, Theorie und Politik der Besteuerung, 1834, Dieterische Buchhandlung, Göttingen.

Murphy, Liam/Nagel, Thomas, The myth of ownership: taxes and justice, 2002, Oxford University Press, New York.

Musil, Andreas, in: Herrmann/Heuer/Raupach (Hg.), EStG/KStG, Stand: 267. Lieferung 01.2015, Dr. Otto Schmidt, Köln.

Musil, Andreas, in: Herrmann/Heuer/Raupach (Hg.), EStG/KStG, Stand: 266. Lieferung 10.2014, Dr. Otto Schmidt, Köln.

Papier, Hans-Jürgen, in: Roman Herzog, et al. (Hg.), Maunz/Dürig, Grundgesetz Kommentar, Stand: 71. EL, 2014, C.H. Beck, München.

Paus, Bernhard, Behandlung von Fahrgemeinschaften, in: FR 1994, S. S. 741–744.

Pausch, Alfons, Persönlichkeiten der Steuerkultur, 1992, NWB, Herne.

Pezzer, Hans-Jürgen, Der Fremdvergleich als Prüfmaßstab für Verträge zwischen nahestehenden Personen. Sachverhaltswürdigung oder rechtliche Subsumtion?, in: DStZ 2002, S. S. 850–855.

Pezzer, Heinz-Jürgen, Das Aufteilungsverbot ist aufgegeben; wie geht es weiter?, in: DStR 2010, S. S. 93–96.

Philipowski, Rüdiger, Die asymmetrische Besteuerung von Stillhaltergeschäften ist nicht gerechtfertigt, in: DStR 2011, S. S. 1298–1302.

Pöllath, Reinhard, Einkommensteuer – einfach am Ende, am Ende einfach, in: Paul Kirchhof, et al. (Hg.), Steuer- und Gesellschaftsrecht zwischen Unternehmerfreiheit und Gemeinwohl, Festschrift für Arndt Raupach, 2006, Dr. Otto Schmidt, Köln, S. S. 153–175.

Pönicke, Astrid, Einkünfte aus Leistungen – Reichweite und Grenzen des § 22 Nr. 3 EStG, Diss. Augsburg, 1999, Publisher.

Prinz, Ulrich, Grundsatzbetrachtungen zum Werbungskostenbegriff, in: FR 1986, S. S. 397–410.

Protick, Sarker/Hanig, Florian, Ein Land löst sich auf, in: GEO 2014, S. S. 94–102.

Ratschow, Eckart, in: Bernd Heuermann/Peter Brandis (Hg.), Blümich, Einkommensteuergesetz Kommentar, Stand: 119. EL, 06.2013, Vahlen, München.

Rawls, John, Eine Theorie der Gerechtigkeit, 1979, Suhrkamp Taschenbuch Verlag, Frankfurt am Main.

Reimer, Ekkehart, Der Ort des Unterlassens, 2004, zugl. Diss. LMU München 2003, C.H. Beck, München.

Reimer, Ekkehart, Schnecke mit Spoiler: Das Steuerverinfachungsgesetz 2011, in: FR 2011, S. S. 929–937.

Reisch, Max/Reichardt, Oswald/Urbanke, Urs, Probleme bei der Besteuerung von Amateursportlern aus nationaler und internationaler Sicht, in: DB 1988, S. S. 359–365.

Reiß, Wolfram, in: Paul Kirchhof (Hg.), Kirchhof, Einkommensteuergesetz, 2014, Dr. Otto Schmidt, Köln.

Renker, Jan, Markt und Gerechtigkeit – Untersuchungen zum Selbstverständnis des Bürgers im Ausgang von Rawls, Kant und Hegel, 2012, Ergon, Würzburg.

Röhl, Klaus/Röhl, Hans Christian, Allgemeine Rechtslehre, 3. Aufl., 2008, Carl Heymanns Verlag, Köln.

Ronellenfitsch, Michael, Wirtschaftliche Betätigung des Staates, in: Josef Isensee/Paul Kirchhof (Hg.), Handbuch des Staatsrechts – Band IV, 3. Aufl., 2006, C.F. Müller, Heidelberg, S.

Rüping, Hinrich, Aufstieg und Fall des Reichsfinanzhofs, in: Mario Ascheri (Hg.), "Ins Wasser geworfen und Ozeane durchquert" – Festschrift für Knut Wolfgang Nörr, 2003, Böhlau, Köln, S. S. 827–844.

Ruppe, Hans Georg, Die Abgrenzung der Betriebsausgaben/Werbungskosten von den Privatausgaben, in: Hartmut (für DStJG) Söhn (Hg.), Die Abgrenzung der Betriebs- oder Berufssphäre von der Privatsphäre im Einkommensteuerrecht, 1980, Dr. Otto Schmidt, Köln, S. S. 103–147.

Ruppe, Hans Georg, Übertragung von Einkunftsquellen als Problem der Zurechnung von Einkünften, in: Klaus Tipke (Hg.), Übertragung von Einkunftsquellen im Steuerrecht, 2. Aufl., 1979, Dr. Otto Schmidt Verlag, Köln, S. S. 7–40.

Säcker, Franz Jürgen, in: Franz Jürgen Säcker/Roland Rixecker/Kurt Rebmann (Hg.), Münchener Kommentar zum Bürgerlichen Gesetzbuch, 2013, C.H. Beck, München.

Schanz, Georg, Der Einkommensbegriff und die Einkommensteuergesetze, in: FinanzArchiv 1896, S. S. 1–87.

Schanz, Georg, Soll man Lebensversicherungsprämien vom steuerpflichtigen Einkommen abziehen lassen?, in: FinanzArchiv 1896, S. S. 210–223.

Schefold, Karl, Erläuterungen zur Rechtsprechung, in: StuW 1940 I, S. Sp. 939–944.

Schell, Matthias, Subjektive Besteuerungsmerkmale im Einkommensteuerrecht, Diss. Augsburg, 2006, Publisher.

Schimmele, Jürgen, Nutzungsüberlassung versus Vermögensveräußerung: zur Grenzlinie zwischen steuerbaren und nicht steuerbaren Einkünften im Anwendungsbereich des § 21 Abs. 1 Satz 1 Nr. 1 EStG, 1997, Peter Lang, Frankfurt am Main.

Schipper, Lena, Warum Nationen scheitern, in: F.A.S. Ausgabe vom 08. März 2015, S.

Schmidt-Liebig, Axel, Einkommensteuerbarkeit und Einkünftequalifikation von Spiel- und ähnlichen Gewinnen, in: StuW 1995, S. S. 162–172.

Schmidt-Liebig, Axel, Einkommensteuerliche Einordnung von Einnahmen aus einer Fahrgemeinschaft, in: FR 1995, S. S. 100–104.

Schmidt, Karsten, in: Karsten Schmidt (Hg.), Münchner Kommentar zum Handelsgesetzbuch, 2010, C.H. Beck, München.

Schmidt, Rainer, Staatliche Verantwortung für die Wirtschaft, in: Josef Isensee/Paul Kirchhof (Hg.), Handbuch des Staatsrechts – Band IV, 3. Aufl., 2006, C.F. Müller, Heidelberg, S.

Schmidt, Reiner, Geld und Währung, in: Josef Isensee/Paul Kirchhof (Hg.), Handbuch des Staatsrechts – Band V, 3. Aufl., 2007, C.F. Müller, Heidelberg, S. S. 935–958.

Schnorr, Randolf, Die steuerrechtliche Abzugsfähigkeit von "Drittaufwand", in: StuW 2003, S. S. 222–236.

Schober, Tibor, Verfassungsrechtliche Restriktionen für den vereinfachenden Einkommensteuergesetzgeber, 2009, Nomos, Baden-Baden.

Schöchli, Hansueli, Der Eigenmietwert ist besser als sein Ruf, in: NZZ Ausgabe vom 21. August 2012, S.

Schön, Wolfgang, Unternehmerrisiko und Unternehmerinitiative im Lichte der Einkommenstheorien, in: Paul Kirchhof/Wolfgang Jakob/Albert Beermann (Hg.), Steuerrechtsprechung, Steuergesetz, Steuerreform – Festschrift für Klaus Offerhaus zum 65. Geburtstag, 1999, Verlag Dr. Otto Schmidt, Köln, S. 385.

Schuck, Stephan, Veranlassung als Kriterium der "Liebhaberei", in: DStR 1993, S. S. 975–980.

Schulze-Osterloh, Joachim, "Bereicherungswille" bei freigebiger Zuwendung im Schenkungsteuerrecht, in: StuW 1977, S. S. 122–142.

Seer, Roman, Der sog. Halbteilungsgrundsatz als verfassungsrechtliche Belastungsobergrenze der Besteuerung, in: FR 1999, S. S. 1280–1291.

Seiler, Christian, in: Paul Kirchhof (Hg.), Kirchhof, Einkommensteuergesetz, 2014, Dr. Otto Schmidt, Köln.

Seiler, Hans Hermann, in: Herbert (Bearb.) Roth/Hans Hermann (Bearb.) Seiler/Karl-Heinz (Red.) Gursky (Hg.), Julius von Staudingers Kommentar zum Bürgerlichen Gesetzbuch: Staudinger BGB – Buch 3: Sachenrecht, §§ 903–924 (Eigentum 1), Neubearbeitung 2002, Sellier-de Gruyter, Berlin.

Seuffert, Walter, Über die Einkommensteuerpflicht gewerkschaftlicher Streikunterstützungen, in: DStR 1979, S. S. 395–400.

Siegers, Ellen, Anmerkung, in: EFG 2004, S. S. 1528–1529.

Sinn, Hans-Werner, Das Geld der EZB fällt nicht wie Manna vom Himmel, in: F.A.S. Ausgabe vom 15. März 2015, S.

Sinn, Hans-Werner 'So wurden die Euro-Retter erpressbar' in *F.A.Z.* of.

Söhn, Hartmut, Betriebsausgaben, Privatausgaben, gemischte Aufwendungen, in: Hartmut Söhn (Hg.), Die Abgrenzung der Betriebs- oder Berufssphäre von der Privatsphäre im Einkommensteuerrecht, 1980, Dr. Otto Schmidt, Köln, S. S. 13–102.

Söhn, Hartmut, Erwerbsbezüge, Markteinkommenstheorie und Besteuerung nach der Leistungsfähigkeit, in: Joachim Lang (Hg.), Die Steuerrechtsordnung in der Diskussion – Festschrift für Klaus Tipke zum 70. Geburtstag, 1995, Verlag Dr. Otto Schmidt, Köln, S. S. 343–364.

Söhn, Hartmut, in: Paul Kirchhof/Rudolf Mellinghoff (Hg.), Kirchhof/Söhn/Mellinghoff, Einkommensteuergesetz Kommentar, C.F. Müller, Heidelberg.

Sprau, Hartwig, in: Peter Bassenge/u. a. (Hg.), Palandt, Bürgerliches Gesetzbuch, 2014, C.H. Beck, München.

Steichen, Alain, Die Markteinkommenstheorie: Ei des Kolumbus oder rechtswissenschaftlicher Rückschritt, in: Joachim Lang (Hg.), Die Steuerrechtsordnung in der Diskussion – Festschrift für Klaus Tipke zum 70. Geburtstag, 1995, Verlag Dr. Otto Schmidt, Köln, S. S. 365–390.

Stein, Michael, Der Geist des EStG als Rechtfertigung für Liebhaberei, 1. Aufl., 2013, BoD – Books on Demand, Jena.

Steiner, Anton, Der Sponsor in der Schenkungsteuerfalle?, in: ErbStB 2007, S. S. 204–207.

Steiner, Anton Der Alltag als Schenkungsteuerfalle? – 10 Praxisfälle, in: ErbStB 2007, S. S. 110–114.

Steinlein, Fabian, Zweifelsfragen bei der Besteuerung privater Veräußerungsgeschäfte nach § ESTG § 23 Abs. ESTG § 23 Absatz 1 Satz 1 Nr. 2 EStG Anmerkungen zum BMF-Schreiben vom 25. 10. 2004, in: DStR 2005, S. S. 456–461.

Stern, Fritz, Fünf Deutschland und ein Leben, 2009, Deutscher Taschenbuch Verlag, München.

Strutz, Georg, in: Die preußischen direkten Steuern, Bd. 1, 1. Hälfte, Kommentar zum Einkommenssteuergesetz, 1915, Carl Heymann, Berlin.

Strutz, Georg, in: Eugen Schiffer, u. a. (Hg.), Ergänzungsband zum Kommentar zum Einkommensteuergesetz vom 10. August 1925, 1930, Otto Liebmann, Berlin.

Strutz, Georg, in: Handausgabe des Einkommensteuergesetzes vom 29. März 1920, 3. Aufl. 1921, Otto Liebmann, Berlin.

Strutz, Georg, in: Eugen Schiffer, u. a. (Hg.), Kommentar zum Einkommensteuergesetz vom 10. August 1925 – Erster Band §§ 1–18, 1927, Otto Liebmann, Berlin.

Strutz, Georg, in: Eugen Schiffer, u. a. (Hg.), Kommentar zum Einkommensteuergesetz vom 10. August 1925 – Zweiter Band §§ 19–117, 1929, Otto Liebmann, Berlin.

Theisen, Manuel René, Die Liebhaberei – Ein Problem des Steuerrechts und der Betriebswirtschaftlichen Steuerlehre, in: StuW 1999, S. S. 255–263.

Thier, Andreas, Steuergesetzgebung und Verfassung in der konstitutionellen Monarchie – Staatssteuerreformen in Preußen 1871–1893, 1999, zugl. Diss. Universität München 1998, Vittorio Klostermann, Frankfurt/Main.

Tipke, Klaus, Die Steuerrechtsordnung I, 2. Aufl., 2000, Verlag Dr. Otto Schmidt, Köln.

Tipke, Klaus, Die Steuerrechtsordnung II, 2. Aufl., 2003, Verlag Dr. Otto Schmidt, Köln.

Tipke, Klaus, Hütet das Nettoprinzip, in: Paul Kirchhof, et al. (Hg.), Steuer- und Gesellschaftsrecht zwischen Unternehmerfreiheit und Gemeinwohl, Festschrift für Arndt Raupach, 2006, Dr. Otto Schmidt, Köln, S. S. 177–193.

Tipke, Klaus, Rechtfertigung der Themenwahl; Ziel der Tagung, in: Hartmut Söhn (Hg.), Die Abgrenzung der Betriebs- oder Berufssphäre von der Privatsphäre im Einkommensteuerrecht, 1980, Dr. Otto Schmidt, Köln, S. S. 1–12.

Trzaskalik, Christoph, Vom Einkommen bis zu den Einkunftsarten. Marginalien zum steuertheoretischen Grundansatz von Klaus Tipke, in: Joachim Lang (Hg.), Die Steuerrechtsordnung in der Diskussion – Festschrift für Klaus Tipke zum 70. Geburtstag, 1995, Verlag Dr. Otto Schmidt, Köln, S. S. 321–341.

Uhländer, Christoph, Vermögensverluste im Privatvermögen – Der Einkünftedualismus als Januskopf der Einkommensteuer, 1996, Duncker & Humblot, Berlin.

Vinzenz, Klaus, Der Fiskus noch auf dem Boden des Grundgesetzes? – Zur Beurteilung der "Gewinnerzielungsabsicht" im Einkommensteuerrecht –, in: DStR 1993, S. S. 550–558.

Vogel, Max, Die Auslegung privatrechtlich geprägter Begriffe im Ertragsteuerrecht, 1. Aufl., 2015, zugl. Heidelberg, Diss. 2014, Nomos, Baden-Baden.

von Beckerath, Hans-Jochem, in: Paul Kirchhof (Hg.), Kirchhof, Einkommensteuergesetz, 2014, Dr. Otto Schmidt, Köln.

von Bonin, Teßmar, Vorgänge in der steuerfreien Vermögenssphäre als sonstige Leistungen, in: FR 1986, S. S. 11–13.

von Hammerstein, Fritz, Der verfassungsrechtliche Schutz der Privatsphäre im Steuerrecht, 1993, Peter Lang, Frankfurt.

von Hayek, Friedrich August, Recht, Gesetz und Freiheit. Eine Neufassung der liberalen Grundsätze der Gerechtigkeit und der politischen Ökonomie, 2013, Mohr Siebeck, Tübingen.

von Mises, Ludwig, Nationalökonomie – Theorie des Handelns und Wirtschaftens, 1. Aufl., 1980 (unveränderter Nachdruck der 1. Aufl., Genf 1940), Philosophia (1940: Editions Union), München.

von Wilmowski, B., in: Kommentar zum Preußischen Einkommensteuergesetz vom 24. Juni 1891, 1896, F.U. Kern, Breslau.

Wacker, Roland, in: Heinrich Weber-Grellet (Hg.), Schmidt, Einkommensteuergesetz Kommentar, 2014, C.H. Beck, München.

Waclawik, Erich, Ausgeschlossen und dennoch veräußert? – Die einkommensteuerlichen Folgen der „Steuerfalle Squeeze-out" bei Privatanlegern, in: DStR 2003, S. S. 447–454.

Waldhoff, Christian, Die "andere Seite" des Steuerverfassungsrechts, in: Wolfgang Schön/Karin E. M. Beck (Hg.), Zukunftsfragen des deutschen Steuerrechts, 2009, Springer, Berlin, S. S. 125–160.

Waldhoff, Christian, Grundzüge des Finanzrechts des Grundgesetzes, in: Josef Isensee/Paul Kirchhof (Hg.), Handbuch des Staatsrechts – Band V, 3. Aufl., 2007, C.F. Müller, Heidelberg, S. S. 813–933.

Wassermeyer, Franz, Veranlassung und Fremdvergleich, in: Paul Kirchhof/Wolfgang Jakob/Albert Beermann (Hg.), Steuerrechtsprechung, Steuergesetz, Steuerreform – Festschrift für Klaus Offerhaus zum 65. Geburtstag, 1999, Verlag Dr. Otto Schmidt, Köln, S. S. 405–418.

Waterkamp-Faupel, Afra, Die sonstige Leistung im Einkommensteuerrecht, in: FR 1995, S. S. 41–46.

Weber-Grellet, Heinrich, Bilanzsteuerrecht, 11. Aufl., 2011, Alpmann Schmidt, Münster.

Weber-Grellet, Heinrich, Die leidige Gewinnerzielungsabsicht – Erwiderung auf Vinzenz, DStR 1993, 550, in: DStR 1993, S. S. 980–981.

Weber-Grellet, Heinrich, Die Unterschiede handels- und steuerrechtlicher Wertaufhellung – Ein Beitrag zur weiteren Objektivierung des Steuerrechts, in: Paul Kirchhof/Hans Nieskens (Hg.), Festschrift für Wolfram Reiß, 2008, Dr. Otto Schmidt, Köln, S. S. 483–493.

Weber-Grellet, Heinrich, Feststellung subjektiver Tatbestandsmerkmale im Besteuerungsverfahren, in: DStR Beihefter zu Heft 39 2007, S. S. 40–48.

Weber-Grellet, Heinrich, Liebhaberei im Ertragsteuerrecht, in: DStR 1998, S. S. 873–877.

Weber-Grellet, Heinrich, in: Heinrich Weber-Grellet (Hg.), Schmidt Einkommensteuergesetz, 2014, C.H. Beck, München.

Weber-Grellet, Heinrich, Steuern im modernen Verfassungsstaat, 2001, Dr. Otto Schmidt, Köln.

Weber-Grellet, Heinrich, Wo beginnt die Grenze zur "Liebhaberei"? (Teil I), in: DStR 1992, S. S. 561–566.

Weber-Grellet, Heinrich, Wo beginnt die Grenze zur "Liebhaberei"? (Teil II), in: DStR 1992, S. S. 602–607.

Weber, Guido, Die Abgrenzung zwischen Erwerbs- und Privatsphäre nach dem Veranlassungsprinzip, in: StuW 2009, S. S. 184–196.

Weidenkaff, Walter, in: Palandt, Bürgerliches Gesetzbuch, 2014, C.H. Beck, München.

Wendt, Gerlind, Subjektive Tatbestandsmerkmale im Steuerrecht – Tagungsbericht, in: DStR Beihefter zu Heft 39 1997, S. S. 3–11.

Wendt, Volker, Das Verhältnis von Entnahme/Einlage zur Anschaffung/Veräußerung im Einkommensteuerrecht, 2003, Dr. Otto Schmidt, Köln.

Werder, Alexander, Dispositionsschutz bei der Änderung von Steuergesetzen zwischen Rückwirkungsverbot und Kontinuitätsgebot, 2005 (zugl. Diss. 2004), Duncker & Humblot, Berlin.

Wernsmann, Rainer, in: Hartmut Söhn/Bernd Heuermann (Hg.), Hübschmann/Hepp/Spitaler, Abgabenordnung/Finanzgerichtsordnung, Kommentar, Stand: 230. Lfg., 2014, Dr. Otto Schmidt, Köln.

Wieland, Joachim, in: Horst Dreier (Hg.), Grundgesetz Kommentar, 2013, Mohr Siebeck, Tübingen.

Wiemer, Hans-Joachim, Nicht einkommensteuerpflichtige Einkünfte, Diss. Universiät Köln, 1961, Publisher.

Witte-Petit, Kerstin, Kein Recht, kein Vertrauen, in: DIE RHEINPFALZ Ausgabe vom 12. Januar 2015, S.

Witte, Jürgen Johannes/Wagner, Marco, Die Gesetzesinitiative Nordrhein-Westfalens zur Einführung eines Unternehmensstrafrechts, in: BB 2014, S. S. 643–648.

Wolf, Stefan, Besteuerung der Bodenschatzverwertung, Diss. Bonn, 2011, Publisher.

Wüllenkemper, Dirk, Anmerkung zu FG Köln, Urteil vom 16. 5. 2012 10 K 3587/11, in: EFG 2012, S. S. 1623–1625.

Wüllenkemper, Dirk, Anmerkung zu FG Köln, Urteil vom 19. Mai 2010 – 10 K 3679/08 –, EFG 2010, 1411, in: EFG 2010, S. S. 1413–1414.

Zitzlaff, Franz, Erläuterungen zur Rechtsprechung, in: StuW 1943 I, S. Sp. 445 – Sp. 446.

Zugmaier, Oliver, Einkünftequalifikation im Einkommensteuerrecht bei Einzelpersonen, in: StuW 1998, S. S. 334–350.

Zugmaier, Oliver, in: Hermann/Heuer/Raupach (Hg.), EStG, KStG Kommentar, Stand: Lfg. 207 2002, Dr. Otto Schmidt, Köln.

Finanz- und Steuerrecht in Deutschland und Europa

Herausgegeben von Klaus-Dieter Drüen, Hanno Kube
und Rainer Wernsmann

Band 1 Gordon Dreher: Das Alterseinkünftegesetz. Systematische Darstellung und verfassungsrechtliche Zweifelsfragen. 2007.

Band 2 Nils Meyer-Sandberg: Die Duale Einkommensteuer als Modell ungleicher Besteuerung von Arbeit und Kapital. 2008.

Band 3 Alexander Pfab: Die Behandlung von Bildungsaufwendungen im deutschen Einkommensteuerrecht. 2008.

Band 4 Christian Johannes Müller: Einnahmeverzicht im Einkommensteuerrecht – insbesondere durch verbilligte Wohnungsüberlassung an nahe Angehörige. 2009.

Band 5 Melanie Falkner: Die Einkunftserzielungsabsicht als subjektives Besteuerungsmerkmal. Eine Analyse subjektiver Tatbestandsmerkmale im Steuerrecht. Zugleich ein Beitrag zur Liebhaberei im Steuerrecht. 2009.

Band 6 Steffen Ott: Die Vertreterbetriebsstätte nach OECD-MA. 2009.

Band 7 Christoph Wagner: Steuergleichheit unter Standortvorbehalt? Verfassungsrechtliche Grenzen einer ungleichen Einkommensbesteuerung von Kapital und Arbeit. 2010.

Band 8 Andreas Goetze: Die Ersetzung der sieben Einkunftsarten des EStG durch eine einzige. Zur Gleichheit aller Erwerbsgrundlagen in einem vereinfachten Steuerrecht. 2010.

Band 9 Hanno Kube: Der bundesstaatliche Finanzausgleich. Verfassungsrechtlicher Rahmen, aktuelle Ausgestaltung, Entwicklungsperspektiven. 2011.

Band 10 Katharina Brauer: Abgrenzung der Lebensmittellieferung von der Restaurationsdienstleistung im Umsatzsteuerrecht. 2011.

Band 11 Marc Schubert: Die Verfassungswidrigkeit der Erbschaft- und Schenkungsteuer und die verfassungsrechtlichen Anforderungen an eine Neuregelung. 2011.

Band 12 Martin Rehberg: Der Zuzug und Wegzug von Kapitalgesellschaften in gesellschafts- und steuerrechtlicher Hinsicht. 2011.

Band 13 Dirk Wünschig: Perspektiven eines europarechtskonformen Gemeinnützigkeits- und Zuwendungsrechts. Eine Untersuchung nach „Stauffer" und „Persche" bei gleichzeitiger Kritik an der Neufassung des Gemeinnützigkeitsrechts nach dem Jahressteuergesetz 2009. 2011.

Band 14 Sebastian Grimm: Die negative Konkurrentenklage im Steuerrecht. 2011.

Band 15 Arne von Freeden: Minder- und Mehrabführungen nach § 14 Abs. 4, § 27 Abs. 6 KStG. Ausgleichspostenlösung und Einlagelösung. 2011.

Band 16 Anne Keller: Rechtsschutz gegen Maßnahmen der steuerlichen Außenprüfung. 2011.

Band 17 Larissa Maier-Bledjian: Sondervermögen des Bundes. 2011.

Band 18 Philipp Riedl: Die internationale Doppelbesteuerung im EU-Binnenmarkt. 2012.

Band 19 Anna Schwarz: Die Pensionszusage an den Mitunternehmer der Personengesellschaft im Einkommensteuerrecht. 2012.

Band 20 Carsten Höink: Nichtsteuerbare Vermögensübertragungen im Umsatzsteuerrecht. Eine rechtssystematische Analyse der Entwicklung des Rechtsinstituts der Geschäftsveräußerung im Ganzen. 2013.

Band 21 Christian Kniese: Europarechtlicher Rahmen einer steuerlichen Förderung von Forschung und Entwicklung. 2013.

Band 22 Katarina Günther: Vertrauensschutz bei Angaben Dritter im Umsatzsteuerrecht. 2013.

Band 23 Andreas Königer: Ertragsteuerrechtliche Behandlung grenzüberschreitender Spaltungen von Rechtsträgern. Unter besonderer Beachtung der Vorgaben des Unionsrechts. 2014.

Band 24 Matthias Diete: Das obligatorische Schiedsverfahren in der deutschen DBA-Praxis. Erweiterung des zwischenstaatlichen Rechtsschutzes bei Doppelbesteuerungskonflikten. 2014.

Band 25 Friederike Grube: Der Einfluss des unionsrechtlichen Beihilfenverbots auf das deutsche Steuerrecht. Dargestellt an den Beispielen der sogenannten Sanierungsklausel und der Steuervergünstigungen für gemeinnützige Unternehmen. 2014.

Band 26 Tobias Loscher: Präventive Aufsicht der Europäischen Union über den Bundeshaushalt. 2014.

Band 27 Jochen Lutz Tillmanns: Divergenz und Konvergenz von Umsatzsteuer und Einkommensteuer. Zur problematischen Verwendung ertragsteuerlicher Konzepte und Begriffe im Umsatzsteuerrecht. 2015.

Band 28 Cornelia Zirkl: Die Neutralität der Umsatzsteuer als europäisches Besteuerungsprinzip. Inhalt, Herleitung und der Umgang mit Neutralitätsverletzungen. 2015.

Band 29 Matthias Ernst: Die Dienstleistungsbetriebsstätte im Abkommensrecht. Begriffsbestimmung, Abgrenzung und Analyse eines alternativen Betriebsstättentatbestands. 2015.

Band 30 Michael Brandl: Mehrfachansässigkeit im Ertragsteuerrecht. 2016.

Band 31 Stephanie Krebbers-van Heek: Die mitunternehmerische Besteuerung der Komplementäre der Kommanditgesellschaft auf Aktien. 2016.

Band 32 Felix Klemt: Körperschaftsteuerliche Verluste junger innovativer Unternehmen. Rechtliche und wirtschaftliche Analyse, Alternativen de lege ferenda. 2016.

Band 33 Nina Erm: Personengesellschaften in Steuerverfahren. Verfahrensklarheit trotz Einheit und Vielheit. 2016.

Band 34 Christian Erich Rödel: Der Teilbetriebsbegriff in den Einbringungstatbeständen des Umwandlungssteuergesetzes. 2016.

Band 35 Florian Wenk: Einkünfte aus Leistungen nach § 22 Nr. 3 EStG. Eine Untersuchung zum Belastungsgrund der Einkommensteuer. 2017.

www.peterlang.com

www.ingramcontent.com/pod-product-compliance
Ingram Content Group UK Ltd.
Pitfield, Milton Keynes, MK11 3LW, UK
UKHW041827290926
8980IPUK00002B/105

9 783631 714775